한국불교,
근대종교로 태어나다

韓國近代宗教叢書
한국근대종교 총서
03

한국불교, 근대종교로 태어나다

송현주 지음

도서출판 모시는사람들

머리말

19세기 이전 한국에는 오늘날과 같은 의미의 '종교'라는 말이 없었다. 그러나 이제 '종교'라는 말은 너무도 평범한 용어가 되었다. 인구조사에서 나이나 성별만큼 중요한 것이 바로 종교 항목이다. 종교를 가졌는지 여부, 그리고 종교를 가졌다면 어느 종교인지를 묻는 것은 중요한 필수항목이 되었다. 종교가 그만큼 우리 삶에 중요한 요소가 되었다는 의미일 것이다.

오늘날 '종교'라는 말에서 우리는 곧 '종교의 자유'와 '정교분리'를 떠올린다. 그리고 그것을 보편적인 최선의 가치인 것처럼 생각하는 경향이 있다. 따라서 그것이 서양에서 오랜 종교분쟁의 결과로 탄생한 근대의 새로운 질서이며, 19세기 후반 갑자기 동아시아에 표준적 모델로 부과된 사회문화 구조임을 연상하기란 결코 쉽지 않다. 나아가 오늘날 우리가 알고 있는 기독교, 불교, 이슬람 등 세계종교들의 병존 및 경쟁 구도도 19세기에 들어서야 형성된 것임을 인식하기란 더더욱 쉽지 않다.

이 책은 이와 같이 종교를 통한 근대의 새로운 질서 형성 과정을 이해하는 데 작은 기여가 될 수 있기를 바란다. 우리가 알고 있는 보편적 질서가 사실은 어느 시점 어느 곳에서 '형성'된 것이며, 그것이 전 세계로 확장된 역사적 산물임을 이해하는 것은 매우 중요한 일이다. 더욱이 그 질서의 배후에 어떤 힘의 불균형이 작용했는지, 그로 인해 그 질서에 편입되어야 하는 지역의 문화가 어떻게 강제로 변형되어야 했는지 확인하는 것도 꼭 필요한 일이다. 그 구체적 확인 작업이 수행된 후에야 비로소 우리는 현재의 세계질서 및 종교 구조가 과연 최선의 보편적 상태인지 물어볼 수 있게 될 것이다.

돌이켜보면, 이 책을 쉽게 낼 수 없었던 이유는 무엇보다 '종교'라는 개념에 압도되었기 때문이다. 사실 '종교'라는 단어 하나만으로도 인류의 전 역사를 관통할 수 있으며, 동양과 서양의 문화권을 모두 아우를 수도 있다. 여기에 '불교'라는 개념이 하나 더 얹어지게 되면 그 작업은 실로 방대해지게 된다. 하지만 그 모든 어려움에도 불구하고 '종교', 그리고 '불교' 개념은 탐구할 만한 가치가 있는 정말 중요한 용어라는 사실이 연구를 거듭할수록 확인되었다.

이 책을 준비하면서 일찍이 캔트웰 스미스(Cantwell Smith, 1916-2000)가 '종교'는 물상화되었다고 한탄했던 그 심정을 충분히 공감할 수 있었다. 처음에 순수하게 '종교'를 알고자 시작했던 공부도 시간이 갈수록 어느덧 종교를 대상화하여 분석하는 타성에 젖어 들고 있었음을 자각하게 되었다. 그래서 종교가 본래 가지고 있어야 할 '신비'와 '매혹'이 책상과 도서관에 갇혀 점점 빛을 잃어 가고 있는 것은 아닌지 자문하게 되었다.

종교학, 그중에서도 불교를 연구한다며 꽤 오랜 시간을 보냈다. 이 책 가운데 그간 다른 지면을 통해 발표했던 글들도 섞여 있다. 결국 하나의 문제의식으로 모아지는 일련의 과정이었기에 빼놓을 수 없었다. 그나마 시간이 허락되어 이들을 완전히 새롭게 재구성할 수 있었다면 좀 더 나은 결과물을 내놓지 않았을까 하는 아쉬움이 남는다. 여러모로 책을 내기에는 여전히 준비가 부족하다고 스스로 생각한다. 그럼에도 비록 연구과정의 중간 단계에 있는 미완의 상태이기는 하지만, 지금까지의 연구결과를 이제 세상에 내 놓고자 한다.

이 연구가 많이 지연된 것은 전적으로 필자의 역량 부족에 기인한다. 이 과정을 묵묵히 지켜봐 준 연구팀원들에게 감사와 더불어 송구한 마음을 전한다. 촉박한 일정에도 흔쾌히 책 편집 작업을 마쳐주신 출판사에도 감사드린다.

2025년 8월
송현주

차례   한국불교, 근대종교로 태어나다

머리말 —— 5

I. 불교는 어떻게 '종교'가 되었는가? —— 11
1. 개념사적 연구의 필요성 —— 12
2. 근대 한국불교의 시기 구분: 연속성과 불연속성 —— 15
3. 근대가 가져온 종교 개념, 그리고 불교의 변화 —— 20
4. 책의 구성과 내용 —— 24
5. 선행연구, 그리고 남는 과제들 —— 34

II. 근대 종교 개념의 형성과 전개 —— 41
1. 종교 개념이 왜 중요한가? —— 42
2. 종교 개념과 제기되는 문제들 —— 44
3. 캔트웰 스미스의 종교 개념 비판 —— 51
4. '종교'에 대한 성찰적 전환: 캔트웰 스미스를 넘어서 —— 75
5. 종교 개념 연구사의 결론과 의의 —— 129

III. 서구 근대불교학의 출현과 '부디즘'의 창안 —— 135
1. 근대불교학과 오리엔탈리즘 산물로서의 '부디즘' —— 138
2. 동아시아의 불교: '불법(佛法)'에서 '불교(佛敎, Buddhism)'로 —— 165

IV 근대불교(Modern Buddhism)의 다양성 —— 179

1. 근대불교란 무엇인가? —— 181
2. 도날드 로페즈의 근대불교론 —— 187
3. 서구 근대불교의 형성과 특징 —— 195
4. 아시아 근대불교의 전개 양상 —— 209

V 조선시대 불교는 억압되었나? —— 233

1. '정교분리' 개념 적용과 두 가지 문제의식 —— 235
2. '숭유억불'의 오해와 진실 —— 244
3. '교(敎)'와 '삼교(三敎)', '이단(異端)'과 '사교(邪敎)'로서의 불교 —— 252
4. 국가와 불교의 관계 - 전근대 시기 종교와 세속은 분리되었는가 —— 282
5. 조선시대 불교 인식의 계승과 단절 —— 300

VI 근대불교는 어떻게 유교의 대안이 되었나? —— 307

1. 근대 한국의 종교적 상황 —— 310
2. 근대 한국불교계의 유교 인식: '철학'과 '윤리'로서의 유교 —— 315
3. 동아시아 근대 사상가들의 불교에 대한 긍정적 인식 —— 322

VII 일본불교, 동지인가 적인가? —— 343

1. 일본 근대불교의 동향 —— 345
2. 이노우에 엔료와 일본불교의 '근대종교' 만들기 —— 357
3. 근대 한국불교에 미친 일본불교의 영향 —— 409

VIII 기독교, 불교의 경쟁자이자 조력자 ——— 419
1. 한국불교와 기독교의 만남 —— 421
2. 불교의 기독교 인식 —— 425
3. 종교 개념의 등장과 불교의 '종교 정체성' 인식 —— 444
4. 불교개혁운동의 전개와 기독교 —— 459

IX 한국불교 전통의 발견과 조계종의 탄생 ——— 467
1. 한국불교 종단 설립과 한국불교의 원형 탐구 —— 470
2. 한국불교 성격론의 역사적 배경 —— 474
3. 한국불교 성격론의 등장과 전개 —— 488
4. 한국불교 성격론과 전통의 발견 —— 504

X 한국불교의 근대적 종교 정체성 형성 ——— 513
1. 근대 일본에서 '종교'와 '세속'의 형성 —— 517
2. 근대 한국에서 '종교'와 '세속'의 형성 —— 553
3. 근대 한국불교에서 '세계종교' 및 '종교의 본질' 담론 —— 572

마무리하며 ——— 609

참고문헌 —— 620
출전 —— 645
찾아보기 —— 646

I

불교는 어떻게 '종교'가 되었는가?

1. 개념사적 연구의 필요성
2. 근대 한국불교의 시기 구분: 연속성과 불연속성
3. 근대가 가져온 종교 개념, 그리고 불교의 변화
4. 책의 구성과 내용
5. 선행연구, 그리고 남는 과제들

1. 개념사적 연구의 필요성

조선시대 내내 억압과 탄압으로 그 힘과 위상을 잃어가던 불교가 어떻게 근·현대 한국의 대표적 종교의 하나로 자리잡게 되었는가? 이 책은 이 물음에 대한 하나의 가능한 해답을 근대의 '종교' 개념 전래와 그 영향에 초점을 맞춰 추적하고자 한다. 조선시대 국교의 지위를 가졌던 유교는 오늘날 한국에서 종교로서의 뚜렷한 정체성 및 지위를 가지고 있지 않은 반면, 불교는 기독교와 더불어 종교의 양대 산맥으로 자리 잡고 있다. 본 연구는 개항 후 일제강점기 기간의 한국불교를 '근대불교'라고 규정하고, 그 시기에 오늘날 우리가 부르는 '불교'가 종교로서의 지위와 성격을 대부분 갖추게 되었다고 본다.

조선시대를 거치면서 쇠락해 갔던 불교가 '근대불교'로 다시 환생하는 과정은 매우 중요한 종교사적 사건이 아닐 수 없다. 1989년에 출판된 『한국종교사(Korea: A Religious History)』에서 제임스 헌틀리 그레이슨(James Huntley Grayson, 1944-)은 다음과 같이 말하고 있다.

지금으로부터 약 백여 년 전인 조선조 말기에는 대부분의 사람들이 한국불교는 쇠진하였기 때문에 곧 없어지고 말 것이라고 생각하였다. 20세기

초기에 한국불교를 체계적으로 서술하였던 장로교 선교사 클라크(Charles Allen Clark, 1878-1961)는 사찰의 황폐, 재정의 부실, 불교 교단의 분열, 그리고 승려들의 전반적인 무지에 대해 언급하였다. 그는 한국에서 불교가 사라질 것이라고 예측한 여러 사람들 가운데 한 사람이다. 그러나 근래의 정부의 조사 통계가 보여주듯이 이러한 일은 일어나지 않았다. 한국에서 불교는 다시 부흥하였다. 이러한 현상을 우리는 어떻게 설명할 수 있을 것인가?[1]

그레이슨이 주목한 근대 한국불교의 부흥에 대한 의문은 이 책의 문제의식과도 일맥상통한다. 그레이슨은 조선시대 미약했던 불교가 근대에 부흥하게 된 이유를 다음 세 가지로 설명한다.[2]

첫째, 조선이 서구세계와 외교 관계를 수립하고 무역을 개시한 이후 모든 종교 활동에 대한 제한이 철폐되었다. 조선이 서구세계와의 교류를 지속시키기를 원하는 한 불교를 포함한 그 어떤 종교에도 공식적인 탄압 정책을 벌일 수 없었다.

둘째, 기독교의 갑작스럽고 급속한 성장은 불교교단 내의 좀 더 진보적인 세력에게 경쟁의식을 고취시켰다. 시간이 지나감에 따라 불교도 포교

---

1   제임스 헌틀리 그레이슨 지음, 『한국종교사』, 강돈구 옮김, 민족사, 1995, 281쪽. 그레이슨은 미국에서 인류학과 신학을 전공하고 영국 에딘버러 대학에서 세계종교사 분야의 박사학위를 받은 감리교 목사이다. 1971년부터 1987년까지 한국에서 미국 감리교 선교사로 활동하였다. 1987년부터 영국 쉐필드 대학의 한국학과 과장으로 재직하다 2009년 은퇴하였다.
2   위의 책, 281-282쪽.

활동을 적극적으로 벌이면서 고등학교·대학·병원 등을 세우고, 기독교를 모방하여 학생단체를 만들었다.

셋째, 일본의 영향을 지적할 수 있다. 19세기 말과 20세기 초에 한국이 유교의 영향 아래 있었다면 일본은 불교로부터 많은 영향을 받고 있었다. 1910년 한국을 병합한 일본은 한국불교를 일본화 하려 노력했다. 명목상으로는 한국불교의 개혁을 위한 것이라고 주장했지만, 한국불교에 대한 일본의 지원은 두말할 것도 없이 그들의 정치적인 이유에서 비롯된 것이었다. 한국의 기독교인들 상당수는 젊고 진보적인 민족주의자들이었으며, 일본은 이러한 기독교에 대항하기 위해서 불교를 지원하고자 했던 것이다. 물론 많은 승려들이 불교가 식민통치를 위해 이처럼 이용당하는 것에 반대하였다. 그럼에도 한국불교가 일본의 지원에 의해 제도적으로 재건될 수 있었던 것은 의심의 여지가 없는 사실이었다.

이렇게 본다면, 한국불교가 조선시대를 거쳐 다시 근대불교로 부활하게 된 것은 불교 자체의 자생력보다 서구와의 외교적 상황, 일본 정부와 일본불교의 영향 등 불교 외부의 환경 변화에 기인한 측면이 강하다. 이처럼 근대불교로의 부활 과정에 외부 상황이 주요하게 작용했음을 부인할 수 없지만, 그렇다고 그것만으로 한국불교의 부흥이 모두 설명되는 것은 물론 아니다. 외부상황에 따른 수동적 측면에 조응하는 능동적이고 내적인 요인들이 필히 추가될 때에만 그 설명이 완성될 수 있기 때문이다. 이 책이 여러 정치적 상황 이외에도 '종교' 및 '불교' 개념의 형성 및 수용에 초점을 맞추고자 하는 것도 바로 그런 이유에서이다. 즉 '종교' 개념의 수용과 전래, 그에 따른 종교지형의 변화, 그리고 그 안에서 불교가 종교로 자리잡아 가는 능동적 과정을 살펴볼 때에만 이 논의가 완성될 수 있을 것이다. 만약 이런 과정을 제외한다면 지금의 한국불교가 구축한 정체성 및 자기인식을 제대로 설명할 수 없는 한계에 곧바로 직면하게 될 것이다. 이런 이유에서 이 책은 종교 및 불교의 개념형성 과정을 추적하는 것에 초점을 맞출 것이며, 따라서 일종의 사실적 연구라기보다 개념사적 연구의 성격을 지닌다고 할 수 있다.

2. 근대 한국불교의 시기 구분: 연속성과 불연속성

'한국불교, 근대종교로 태어나다'라는 제목에서 '근대종교'와 '태어나다'라는 말 모두 이중적 의미를 지닌다. '근대종교'라는 말은 '근대'와 '종교'의 합성어이다. '근대종교'란 '근대적 종교' 즉 근대성(modernity)을 지닌 종교를 의미할 수도 있고, 동시에 '근대의 종교'라는 시간상의 의미를 내포할 수도 있다. 나아가 그것은 불교를 '전근대(pre-modern)'와 '근대(modern)'로 나누어볼 수 있다는 인식을 전제하고 있다. 여기서 이중적 의미란 전근대 불교(pre-modern Buddhism)와 근대불교(modern Buddhism) 사이에는 불연속성과 함께 연속성이 있음을 가리키는 것이다. 불연속성은 단절을 의미하지 않으며, 완전한 결별을 의미하지도 않는다. 불연속성이란 연속성을 전제한 후에나 성립 가능할 것이기 때문이다. '불교'라는 하나의 공통 범주 속에서 전근대와 근대의 관계를 서술할 수 있기 위해서는 그 둘 사이에 반드시 최소한의 '연속성'이 상정되어야 한다. 따라서 이 책은 전근대 불교와 근대불교의 '최소한의 연속성'과 함께, 그 둘 사이에 발생한 '커다란 불연속성'을 탐구하는 것에 촛점을 맞추고자 한다.

그렇다면 '근대종교'에서 '근대'는 어떤 의미인가? 만일 그것이 시기 구분을 의미한다면, '한국불교'가 근대 이전에는 한반도에 존재하지 않았다는 것인가? 이 질문은 '태어나다(born out)'라는 말의 이중적 의미를 해명하는 문제와도 관련된다. '태어나다'라고 말한다고 해서 그 이전에 불교가 없었다는 것을 의미하는 것은 아니다. 근대 이전 한반도에 오늘날 우리가 종교 혹은 불교라고 볼 수 있는 현상이 없었다고 보는 것은 이해하기 어렵다.

이와는 달리 '근대'가 시기 구분이 아니라 불교를 수식하는 일종의 형용사의 의미를 지닌다고 가정해볼 수도 있다. 만일 '근대종교'에서 '근대'가 이처럼 형용사적 의미로 사용된다면, 한국종교 나아가 한국불교에서 '근대성'이란 과연 무엇이라 할 수 있는가? 이 책에서는 바로 이와 같은 개념적 문제를 둘러싼 논의들을 중심적으로 다루고자 한다.

그에 앞서 한국에서 근대불교는 언제부터 어떻게 시작되었는지에 대한 논의를 간단히 소개하고자 한다. 결론적으로 말하자면, 한국불교가 언제부터 근대불교라 할 수 있는지 합의된 하나의 기준은 없다. 근대불교라고 할 때 '근대'란 일반적으로 사용하는 고대, 중세, 근대라는 3분법보다 세분화된 개념이다. 넓은 의미에서 근대불교는 개항(開港, 1876년) 이후부터 일제에서 해방된 시점(1945년)까지 폭넓게 포괄하고 있다.[3] 그러나 한국불교

---

3 김경집,『한국근대불교사』, 경서원, 1998, 13-18쪽 참조. 김경집은 근대불교의 기점을 어디로 잡을 것인지의 문제를 제기하고, 지금까지 나온 학계의 근대불교 관계 자료들의 시대구분 개념을 검토하고 있다. 김경집은 이 글에서 대부분의 근대불교관계자료들(예를 들어 불교사학회 편,『근대한국불교사론』(민족사, 1988); 김광식,『한국근대불교사연구』(민족사, 1996); 정광호,『근대한일불교관계사연구』(인하대출판부, 1994) 등)은 모두 일제 강점기에 관한 부분만을 다루고 있으면서도 근대라는 시대구분을 사

사의 구체적 사건을 중심으로 볼 때 근대불교의 기점에 대해서는 1895년, 1897년, 1899년 등 여러 가지 의견으로 갈라지고 있다. 의견이 이렇게 나뉘게 된 것은 각 시점마다 한국불교사에 특별히 의미 있는 사건이 발생했기 때문이다.

논의의 편의를 위해 그 구체적인 의견을 몇 가지만 간단히 소개하고자 한다. 가령 김영태는 『한국불교사개설』에서 왕조사를 기준으로 시대구분을 한 후, 근대불교의 시기를 1897년부터 1945년으로 잡고 있다. 그는 근대불교를 '최근대불교(最近代佛敎)'로 명명하기도 하는데, 그가 1897년을 근대불교의 기점으로 삼는 이유는 시대구분의 편의상 왕조사(王朝史)[4]의 형식에 따라 국호(國號)가 대한(大韓)으로 변경된 시점에 주목한 것이다.[5] 그럼에도 김영태도 1895년 승려의 도성출입금지령(都城出入禁止令) 해제가 사실상 한국불교의 커다란 전환점이 되었다는 것을 강조하고 있다.

한국불교의 근대를 1899년부터라고 보는 관점은 1899년의 원흥사(元興寺) 설립을 중요한 역사적 사건으로 보는 데 근거하고 있다. 박경훈은 한국불교의 근대는 조선 정부가 그동안 방치했던 사찰을 국가가 관리하기 위하여 원흥사를 세운 1899년(光武 3년)에 시작했다고 보았다. 그것은 이 시기에 조정이 한반도를 둘러싼 중국, 소련, 일본, 프랑스, 영국 등 열강에

용함은 물론, 어떠한 이유에서 근대라는 용어를 사용해야 하는지 그 이유를 누락하고 있다고 지적한다.
4 허흥식, 「한국불교사 시대구분론」, 불교신문사 편, 『한국불교사의 재조명』, 불교시대사, 1994, 24-32쪽. 허흥식은 대부분의 개설서가 왕조사와 불교를 연결 짓는 방법에 의존하고 있다고 보며, 불교사의 의미를 드러내는 다양한 시도를 통해 불교사의 시대구분이 좀 더 활성화되기를 제안하고 있다.
5 김영태, 『한국불교사개설』, 경서원, 1993, 233-234쪽.

의해 어쩔 수 없이 개항하게 되면서 사찰 관리에도 근대적 제도를 도입하게 되었기 때문이다.[6] 그러나 박경훈 역시 1899년의 원흥사 설립보다 한국불교사에 더 중요한 계기는 1895년의 승려도성출입금지 해제 사건으로 보고 있다. 물론 이 사건은 일본의 승려에 의해 추진되었기 때문에 불교의 친일적 성격이 강화될 수 있는 계기로 작용하기도 했다. 그럼에도 박경훈이 1899년에서 더 거슬러 올라가 1895년에서 근대의 장(章)이 열렸다고 기술한 것[7]은 승려의 도성출입금지 해제로 불교가 비로소 조선시대의 숨막혔던 억불정책에서 벗어날 수 있게 되었다고 보았기 때문이다.

따라서 승려의 도성출입금지 해제를 기점으로 한국불교의 '근대'가 시작되었다고 보는 데에는 많은 사람들이 동의한다. 그때까지 승과(僧科)와 도첩제(度牒制)의 폐지 등과 같은 배불정책으로 불교는 사회포교라는 본연의 임무를 다하지 못하고 산중으로 들어가 국민으로서의 자격은 물론 종교인으로서의 지위를 상실한 상태였으나, 도성출입금지 해제를 계기로 이런 상태에서 벗어나 민중에게 포교할 수 있는 최소한의 기반을 마련할 수 있었기 때문이다. 또한 그것이 그동안 소외시켜왔던 불교를 국가적 차원에서 관리하기 시작하게 되었고, 잃어버렸던 종단을 재건하는 동인(動因)으로 작용하게 되었기 때문이다.[8] 이런 이유로 이 사건을 '근대'의 시작으로 보는 데에는 큰 이견이 없다.

---

6 박경훈,「근세불교의 연구」, 불교사학회 편,『근대한국불교사론』, 민족사, 1988, 15쪽.
7 위의 글, 16쪽; 승려의 도성출입금지 해제 문제에 대해서는 이 외에도 정광호,「일제의 종교정책과 식민지불교」, 불교사학회 편, 앞의 책, 70-83쪽; 유병덕,「일제시대의 불교」, 불교사학회 편, 앞의 책, 144-146쪽 참조.
8 김경집, 앞의 책, 17, 22, 33쪽.

이런 논의를 종합한다면 한국불교에서 '근대'는 좁게는 1895년 승려의 도성출입금지 해제로부터 1945년 해방까지의 기간을 의미한다. 그러나 하나의 사건이 어떤 시점에 이르러 역동적인 힘을 발휘하려면 그에 앞서 그것이 작동할 수 있는 여건이 조성되어야만 한다. 근대 한국불교사에서 그 힘은 1876년 개항을 전후하여 이미 형성되기 시작했다는 점에서 개항도 매우 중요한 변수였다고 볼 수 있다.[9] 일본불교의 한반도 상륙이라는 점을 고려하면 특히 이 시기는 매우 중요한 의미를 지닌다. 1876년의 강화도조약(江華島條約)은 일본의 대륙진출을 합법적으로 보장하고 그것이 마침내 한국에 대한 식민지 지배로 이어지게 되면서 일본불교의 활동이 한반도에서 본격화하는 계기를 제공한다.[10]

요컨대 근대의 시대적 상황은 한국불교에게는 위기와 기회가 공존하는 역설적인 시기였다. 개항으로 촉발된 사회적 변화는 조선조 억불정책 아래 억눌려 온 불교에 새로운 기회를 제공했던 반면, 일본불교의 상륙과 개신교의 포교를 자유롭게 허용하는 신교자유(信敎自由)의 다종교사회를 경험하게 만들었다. 이런 가운데 한국불교는 대내외적으로 매우 복합적 상황에 처하게 된다. 한편에서는 조선조 500여 년의 억불정책의 사슬에서 벗어나게 되었지만, 또 다른 한편에서는 서구 기독교가 들어와 그 세력을 급격하게 확장하면서 불교를 위협하였다. 이런 가운데 동학(東學) 및 각종의 신종교가 발흥하여 구세도중(救世度衆)을 부르짖고 있었다.[11] 이처럼 근대불교의 여명기는 개항 이후 새롭게 조성된 여러 상황 속에서 종교적·

---

9 위의 책, 18쪽.
10 양은용, 「근대불교개혁운동」, 『한국사상사대계』 6, 한국정신문화연구원, 1993, 147쪽.
11 한종만, 「불교유신사상」, 한종만 편, 『현대한국의 불교사상』, 한길사, 1980, 167쪽.

사회적으로 불안이 가중되는 시기였다.

3. 근대가 가져온 종교 개념, 그리고 불교의 변화

근대불교의 성립 및 불교의 부흥 과정은 단순히 근대적 시기의 도래만으로는 설명되지 않는다. 개항에서부터 해방에 이르는 시기에 한반도가 처한 상황은 불교에게도 중요한 변화를 가져다준 것은 틀림없지만, 그것만으로 '종교' 고유의 상황적 변화를 설명하기에는 충분하지 않다. 그 과정에서 무엇보다 중요한 것은 다름 아닌 '종교' 개념이 도입, 제도화되는 과정을 통해 우리 종교 현상에 깊이 영향을 미치게 되었다는 사실이다. '종교' 개념의 도입에서 제도화에 이르는 과정을 요약하면 다음과 같다.

1) 우리에게 불교가 하나의 '종교'로 성립될 수 있었던 계기는 서구의 문명과 세계관과의 만남이다. 근대에 '종교(religion)'라는 개념이 수입되었고, 서구종교의 모델인 기독교가 종교의 기준점이 되었다. 물론 이것은 불교에게는 위기이자 기회로 작용했다. 불교는 조선망국론의 책임을 지게 된 유교를 대신하여 조선의 민족적 전통으로 부각되었다. 또 기독교와 경쟁할 수 있는 거의 유일한 종교체계로 이해되었다. 불교는 기독교에 비교될 수 있는 교리와 조직체 등 풍부한 전통을 갖고 있는 것은 물론, 기독교와 같이 초월적·내세적 세계관을 가졌다는 점에서 종교의 범주에 포섭되기 유리했다.

2) 특히 여기에 덧붙여 서구불교학에 의한 '불교의 발견'과 '불교의 세계사적 유통'이라는 종교지형은 한국불교의 정체성 강화에 커다란 도움이

되었다. 근대에 '부디즘(Buddhism)'은 밖으로는 기독교·유대교 등의 종교와 구별되며, 안으로는 '남방불교(Southern Buddhism)'·'북방불교(Northern Buddhism)'·'동방불교(Eastern Buddhism)'[12] 등을 포괄하는 하나의 커다란 보편적 범주로 자리 잡게 되었다. 동양과 서양의 만남, 그리고 서구불교학의 성립은 불교의 다양성을 꿰뚫는 불교의 보편적 원형에 대한 탐구를 촉진시켰으며, 그 결과 세계의 다양한 불교적 현상들은 이 불교의 보편성(universality)의 역사적·문화적 개별성(particularity)으로 배치되어 정착하게 되었다. 과거 '라마교'라고 불렸던 신앙 형태가 근대에 티벳불교로 명칭이 바뀌어 '불교'에 귀속되었던 현상이 그 대표적인 예라 할 수 있다.

3) 이런 상황 속에서 한국불교도 자신을 근대적 의미의 '불교(Buddhism)'라는 틀 속에서 일원화하여 스스로를 이해하기 시작했다. 조선시대까지도 불교에 해당하는 다양한 믿음과 실천체계가 있었지만, 그들은 오늘날과 같이 '불교'라는 용어로 일원화하여 통칭되지도, 이해되지도 않았다. 근대 이전까지 불교는 '불교(佛敎)' 이외에도 '불법(佛法)', '불도(佛道)' 등으로 다양하게 불리어 왔다. 나아가 유(儒)·불(佛)·도(道) '삼교(三敎)' 속에서 '교(敎)'로서 그 지위를 인정받기도 했다. 하지만 서구에서 창안된 'Buddhism'에 대응하는 번역어로 '불교(佛敎)'가 그 지위를 굳혀 간 것은 근대 이후였다. 이렇게 본다면 하나의 종교에 대한 지시어로 등장한 '불교'라는 용어 자체가 근대의 신물이라 할 수 있다.

---

12 '남방불교'와 '북방불교'는 서구의 근대불교학이 아시아에서 전통적으로 사용하던 불교의 분류 범주인 '대승불교(Mahāyāna)'와 '소승불교(Hīnayāna)'를 대체하며 널리 사용하게 되었고, '동방불교'는 주로 근대에 일본이 일본불교를 세계불교의 최종적 완성이라고 자부하며 부른 명칭이다.

4) 이에 따라 아시아의 불교는 지역·국가명과 관련하여 "일본불교", "중국불교", "조선불교" 등으로 개별화하게 된다. 마찬가지로 '한국불교(Korean Buddhism)'라는 범주도 불교라는 '보편'의 '개별'로서 위치 지워지게 되었다. 이 시기에 '조선불교사'를 규명하기 위한 다수의 체계적 연구들이 시작된 것이 바로 그 증거라고 할 수 있다. 이를 위해 한국의 불교계도 한국불교의 정체성 구축을 모색하기 시작하였다.

그 방향은 크게 두 가지로 나타났다. 하나는 한용운과 같이 '근대적 불교의 원형'을 추구하는 것, 다른 하나는 '한국적 불교전통'의 복원을 추구하는 것이었다. 전자가 『조선불교유신론』으로 나타났다면, 후자는 최남선의 '통불교(通佛敎)' 담론으로 나타났다. 이런 양방향의 노력이 수렴되면서 근대 한국불교의 풍경이 구체적으로 드러나기 시작했다. 한국불교는 중국불교나 일본불교와 구별되는 독자적 정체성을 모색하게 되었고, 선종 전통의 재발견을 통해 1941년 조선불교조계종(朝鮮佛敎曹溪宗)이라는 종명(宗名)을 탄생시켰다. '한국불교 전통'이라는 단일 개념에 입각해 전 국토의 사찰을 하나의 종명, 종지(宗旨), 종조(宗祖)로 통일하는 새로운 관념이 탄생하게 된 것이다. 이와 같이 다양한 종파, 학파가 사라지고 모든 사찰이 '조계종'이라는 하나의 종단 명을 공유하게 된 것은 근대 한국불교의 커다란 성취이자 중요한 특징이라 할 수 있다.

5) 불교가 종교로서 공식적, 제도적 지위를 갖게 된 것은 1915년〈포교규칙〉을 통해서이다. 이처럼 불교를 '종교'로 공인한 일본 총독부의 종교정책과 일본불교의 영향은 제도적으로 한국불교의 종교적 지위를 공고하게 만들었다. 일찍이 일본은 '신사비종교론(神社非宗敎論)'을 바탕으로 국가신도 정책을 추진하면서〈사찰령〉(1911)과〈포교규칙〉(1915) 등을 통해 세

속(Secular)과 종교(Religious)의 영역을 분명하게 분할하고, 그 구분 속에서 불교를 '종교'의 영역에 배치하였다. '종교' 영역의 설정 및 '세속'의 영역의 탄생은 근대성(modernity)의 커다란 특징의 하나이다. 일제강점기 일본의 종교정책 아래 있었던 한국에도 비로소 제도적으로 '종교'와 '세속'의 구분이 생겨나게 된 것이다.

6) 전근대시기 불교는 '삼교(三教)'의 담론체계 속에서 '교(教)'의 지위를 부여받아, 유교와 함께 '치국(治國)' 혹은 '치교(治教, 혹은 治道)' 기능의 일부를 담당했다고 볼 수 있다. 근대 이전까지 불교가 삼교의 체계에서 논의되어 왔다는 것은 불교가 조선시대에도 여전히 넓은 의미의 치교 행위, 즉 국민교화에 동참하고 있었음을 의미한다. 물론 숭유억불정책으로 불교는 표면적으로 '치교'의 역할에서 제외된 듯 보였다. 하지만 조선 조정은 불교를 완전히 박멸시킬 만큼 탄압하거나 박해하지 않았고, 오히려 불교의 영역을 은밀히 인정·보존해 주었다. 물론 유학자들의 불교 비판이 치열했지만, 불교계의 답변은 언제나 불교가 "더 큰 충[大忠]", "더 큰 효[大孝]"의 역할을 하고 있다는 항변이었다. 조선의 불교계는 언제나 왕권을 존중하였고, 결코 스스로 왕권을 넘어서겠다고 주장하지 않았다. 오히려 국가에 봉사하는 것을 당연하다고 생각하였고, 승군(僧軍)이나 원당(願堂), 4대 사고(史庫) 등을 통해 국가 기관의 일부로 참여하는 것을 자연스럽게 받아들였다. 이같은 상황은 조선시대까지는 아직 '종교'와 '세속'의 분리가 엄격하게 이루어지지 않은 상태였음을 의미한다. 다만 외부적으로는 불교가 억압당하는 양상을 보여주고 있었던 만큼, 그 '치교'는 소극적 의미의 치교에 머물러 있었다고 평가하는 것이 합당할 것이다.

요약하자면, 한국불교사에서 '불교(Buddhism)' 및 '세계종교(World Religions)'의 등장으로 종교지형이 재편되는 과정에서 한국불교가 근대성을 획득하면서 하나의 정체성을 형성하게 된 것은 불교 나름의 주체적 대응 결과였다고 할 수 있다. 불교가 '세계종교'의 하나로 자연스럽게 '종교' 범주에 포함되는 세계사의 흐름과, 또한 '불교'라는 전 세계적 보편적 범주가 성립되는 상황 속에서 한국 불교는 자신을 그 범주들에 속하는 하나의 '개별'로서 인식하면서 근대종교로서의 정체성을 갖추게 된 것이다.

4. 책의 구성과 내용

이처럼 불교가 근대종교로서의 정체성을 갖추게 되는 과정을 살피는 일은 종합적이고도 총체적 작업이어서 단편적 기술로 그 전모를 설명하는 데에는 한계가 있기 마련이다. 어떤 역사적, 철학적 사태를 설명하는데 각 분야별 수단과 방법론은 제한적일 수밖에 없다. 특히 한국 근대 불교의 경우처럼, 서양의 종교사에서부터 시작해 일본불교와 조선시대의 불교를 엮어 그 전모를 밝혀내는 일은 결코 간단한 작업이 아니다. 그럼에도 불구하고 이 책은 나름대로 체계를 잡아 완결된 이해에 다가가고자 노력했다. 머리말을 제외하고 그 내용을 정리하면 다음과 같다.

2장은 서구 '종교' 개념의 전래와 그 영향에 대해 살펴보고 있다. 우선 '종교' 개념의 형성 또한 역사적 구성의 결과물이라는 학계 일부의 이론을 기반으로 근대적 종교 개념이 '정교분리'라는 정치적 조건에서 형성된 것임을 설명한다. 그리고 '종교의 자유'가 어떻게 본질적 요소로 자리 잡게 되었는지도 살펴본다. 이러한 체제는 '종교'와 '세속'의 분리를 전제한 것이고, 이러한 분리에 의해 사실상 종교적 영역은 근대에 들어 창안된 것임을 강조한다. 이에 대한 설명은 주로 종교 개념을 둘러싼 '비판적 종교연구(the critical study of religion)'의 이론과 관점을 소개하는 방식으로 이뤄진다. 다소 자세하고 긴 소개이지만 이 책 전체 전개과정에 꼭 필요한 부분이다. 이 논의는 결국 10장으로 이어져 한국에서 종교 개념의 수용, 그리고 한국 근대불교가 종교로 정착되는 과정을 논의하기 위한 이론적·방법론적 토대를 제공할 것이다.

3장에서는 서구에서 근대불교학이 출현하고 '부디즘'이 창안되는 과정을 다룬다. 한국불교의 근대적 재구성을 가능하게 했던 요인 중의 하나는 근대 서구유럽을 중심으로 형성된 새로운 불교연구의 경향과 그 결과물인 '불교의 창안'이다. 불교는 제국주의 시대 유럽에서 '세계종교'의 개념을 형성할 때 핵심적 요소로 작용했다. 근대 유럽에서 불교는 크게 긍정과 부정 두 가지 이미지로 구성되었다. 한편에서는 세계종교 가운데서도 매우 특별하고 이상적인 '근대적 종교(Modern Religion)'로 인식되었으며, 다른 한편에서는 허무적이고 염세적인 내세관을 지닌 '적멸의 종교'로 이해되어 공포의 대상이 되기도 했다.

한국에서 불교가 근대적 종교의 범주로 형성, 혹은 재편되는 과정을 살펴보기 위해서도 이와 같이 서구유럽에서 형성된 불교의 근대적 인식 내용을 이해하는 것이 필수적이다. 식민지 시대 일본을 통해 수입된 서구유럽의 '종교' 개념과 '불교' 개념은 세계사적 흐름의 일부였다. 그런만큼 한국의 불교사는 한국만이 아니라 세계불교사의 일환이기도 한 것이다. 따라서 서구에서 이뤄진 '불교'의 발견과 창안에 대한 인식이 선행되어야만 오늘날 우리가 당연하게 여기는 근대적 종교로서의 불교의 이미지와 특징, 그리고 그것이 한국불교의 근대적 형성에 미친 영향을 이해할 수 있을 것이다.

4장에서는 근대불교에 대한 다양한 정의들을 살펴본다. 대표적으로 도날드 로페즈(D. Lopez)와 일본의 스에키 후미히코(S. Fumihiko)의 근대불교에 대한 논의를 통해 동양과 서양의 근대불교의 의미가 같고도 다를 수 있음을 다룰 것이다. 특히 도날드 로페즈가 '근대불교'의 의미에 대해 설명한 내용을 정리하여 '근대불교'에 대한 서구 불교학계 논의의 대체적 윤곽을 그려보고자 한다. 이 과정에서 무엇보다 '근대성', 그리고 '근대불교'는 어떤 내포와 정의를 가질 수 있는지 살펴보게 될 것이다.

이와 함께 서양과 동양에서 실제로 형성, 전개되었던 '근대불교'의 구체적 현상을 각각 소개한다. 이를 통해 동양과 서양의 근대불교의 공통점과 차이점이 대체적으로 드러날 수 있기 때문이다. 서양의 근대불교의 예로서는 헨리 스틸 올코트(H. S. Olcott)와 폴 카루스(Paul Carus)가 구상한 근대불교의 내용을 살펴볼 것이다. 동양의 경우에는 흔히 스리랑카의 '프로테스탄트 불교(Protestant Buddhism)'라고 부르는 현상과 중국의 양원후이(楊文會)와 어우양징우(歐陽竟無)를 중심으로 전개된 '거사불교(居士佛敎)' 운동을 조명해 볼 것이다.

5장에서는 전근대시기 한국불교의 정치적·종교적 위상을 전체적으로 개관한 후, 조선시대의 불교상황에 대해 구체적으로 살펴 볼 것이다. 한국근대불교의 성격과 위상을 이해하기 위해서는 조선시대 불교의 상황을 먼저 살펴보는 것이 필수적이다. 여기서 중요한 의제는 '과연 조선시대 불교는 억압되었는가?'로 압축될 수 있다. 흔히 조선시대 불교는 국가로부터 억압되었고, 따라서 공식적으로는 그 역할이 매우 미약했을 것으로 생각한다. 하지만 이런 인식과 달리 불교는 고려시대와는 다른 방식으로 여전히 나름의 기능을 수행하고 있었고, 그 세력 또한 결코 작지 않았다. 그 영향력은 조선시대 왕실에서 행해진 수많은 불교의례들과 조선시대에 간행된 적지 않은 불교의례집을 통해서도 엿볼 수 있다. 불교는 억불정책의 상황 속에서도 안으로는 왕실과 밀접한 관계를 유지했던 것은 물론, 서민들의 삶 속에 스며들어 민간(民間) 불교화되어 있었다.

아울러 전근대 조선에 서양에서 형성된 '종교'와 '정교분리'에 해당하는 개념이나 현상이 있었는지 살펴본다. 이를 통해 불교가 조선시대에 국가와 관련하여 어떤 성격을 가지고 있었고, 또 국가로부터 어떤 지위를 부여받았는지 간접적으로 해명할 수 있기 때문이다. 물론 이들 개념들을 전근대 한국사회에 적용하는 것은 결코 쉽지 않은 일이며, 실제로 연구에서 많은 오해가 발생하고 있음을 분석적으로 살펴본다. 또한 동아시아에서 '교(敎)'란 어떤 의미를 가진 것이었는지 역사적으로 개관하고, 근대 '종교' 개념과 비교하여 그 차이를 추론해본다. 결국, 조선시대에 '종교'에 가장 근접한 용어는 '교(敎)'라고 할 수 있으며, 불교도 유(儒)・불(佛)・도(道) '삼교(三敎)'의 체계 속에서 '국민교화'의 역할, 즉 '교'의 지위를 유지하였다. 물론 '이단'의 혐의에서 자유롭지 못했지만, 성리학적 교화론의 측면에서 묵인 또는 방임되었다. 그럼으로써 불교는 왕실은 물론, 서민의 삶 속에 그 존재감을 유지할 수 있었다. 그런만큼 '정교분리'는 기본적으로 성립할 수 없는 상황이었다.

'정교분리'는 종교우위의 사회에서 정치우위의 사회로 전환하기 위한 서구인들의 기획이었다. 그러나 이 기획이 우리에게 적용되면서 오히려

'종교의 자유'가 주요한 담론으로 등장한다. '교'로서의 불교전통이 단절, 변형, 재구조화를 거치며 근대불교로 이어지게 된다. 이에 대한 논의는 10장에서 구체적으로 다뤄지게 된다.

6장에서는 근대에 불교가 한국의 대표적인 전통종교로 부각된 경위를 살펴본다. 불교와 달리 유교는 오히려 근대종교로 정착하지 못하고 점차 주변화 되었다. 여기에는 몇 가지 요인이 작용했다. 먼저 조선의 '망국책임론'과 함께 유교를 무능한 사상으로 평가하는 시각이 등장했다. 한마디로 유교는 근대의 신문명을 책임지기에는 부적합한 세력이라는 것이다. 그것은 유교의 존재이유에 대한 회의로 이어졌고, 유교의 종교적 기능의 한계에 대한 논란으로 연결되었다. 유교의 종교성 유무의 논쟁은 이 시기의 특이한 현상으로 나타났다. 유교는 종교라기보다는 하나의 정치철학, 도덕과 윤리, 학문에 불과하다는 인식이 등장하기 시작한다. 이같은 인식은 '종교'라는 한층 추상적이고 고도화된 상위 개념이 있었기에 가능할 수 있었던 유교에 대한 분석적, 비판적 이해이다.

반면 근대 한국사회의 지식인들에게 이전에 유교에 기대했던 한국의 대표적 종교사상으로서의 역할을 불교에 요구하는 경향도 나타났다. 제국주의와 함께 시작된 외래 종교의 확산을 막는 민족의 전통적 세계관의 역할을 불교에 부과했던 것이다. 이런 가운데 유교의 종교적 지위의 약화는 제도적 요인에 의해 더욱 강화되었다. 1915년 일제 총독부는 〈포교규칙〉을 발표함으로써 유교를 공식적인 종교의 범위에서 제외시켜 버렸다. 종교의 범위에 신도, 불도, 기독교만을 포함시킴으로써 그 이외의 전통들은 종교가 아닌 것, 혹은 '유사종교'로 범주화한 것이다. 이로써 유교는 공식적 차원에서 종교로서의 정체성을 상실하게 되었다고 볼 수 있다.

7장에서는 근대일본불교의 조선 유입 양상을 살펴본다. 근대 한국불교의 부흥은 역설적이게도 개항 이후 조선왕조의 몰락과 일제의 '한국 진출'이라는 시대적 흐름과 맞물려 가능하게 되었다. 근대 한국불교는 조선시대의 제도적 억압 상태에서 벗어나 근대적 관리 체계에 편입됨으로써 새로운 발전의 기틀을 마련하게 된다. 1895년 일본 승려의 도움으로 조선 승려의 도성출입금지가 해제된 것은 한국불교 역사에 중요한 계기를 제공했다. 하지만 더 큰 변화는 일본불교가 한국에 진출한 이후 초래되었다. 1877년 일본 정토진종 동본원사파가 부산에 포교를 시작한 이후 일본불교 세력은 한반도 전체로 점차 확장되어 갔다. 하지만, 1910년 원종(圓宗)의 설립인가를 계기로 조동종을 앞세운 일본불교의 한국 진출은 한국 승려들의 저항에 부딪치면서 한국불교에 민족주의적 의식을 불러일으키게 된다. 그 대표적인 경우가 임제종 설립운동이다.

그러나 한국불교는 결국 1911년 일제 총독부 〈사찰령〉의 지배 아래 놓이게 된다. 이후 한국불교는 일본불교의 발전된 모습과 근대성에 자극받아 한국불교를 개혁하고자 한다. 하지만 그러한 의욕도 결국 조선을 침략한 일본불교를 모방한 것이라는 딜레마를 경험해야 했다. 일본불교가 한국불교의 근대화 모델로 기능함으로써 그 폐해 또한 심각했다. 해방 후 현대불교에서 큰 분란을 야기하였던 승려의 대처와 육식문제, 왜색불교 청산 문제 등이 바로 그것이다. 더욱이 일제 말기인 1937년 중일전쟁이 발발한 이후 불교는 자신의 고유한 사상과 배치되는 전쟁과 폭력의 이데올로기 지원에 동원되기도 했다. 불교는 이런 딜레마에 시달리면서도 일정 부분 근대종교의 체제를 구축하는 성과를 얻었다.

한편, 이 장에서는 서구 '종교' 개념 유입에 대한 일본불교의 대응의 한 예로서 이노우에 엔료(井上円了)의 종교담론을 살펴본다. 19세기 말 일본 불교는 일본 정부의 폐불훼석과 기독교의 도전으로 안팎의 위험에 처하게 된다. 이에 대처하기 위해 근대적 개념을 기반으로 자신의 정체성을 재규정하는 작업을 시도했다. 이노우에 엔료의 '불교는 철학적 종교' 라는 명제는 이런 시도의 한 결과물이다. 근대 한국에서 등장한 '불교는 철학인가 종교인가'라는 질문도 이런 문제의식의 연장선에 있었던 것으로 이해할 수 있다.

8장은 기독교의 도입이 근대 불교 형성에서 어떤 영향을 미쳤는지를 살펴본다. 결국 불교는 기독교와의 이중적 관계, 즉 경쟁자이자 조력자의 관계 속에서 자신의 정체성을 구축해 나갔음을 밝히고자 한다. 1886년 한불수호통상조약을 계기로 마련된 신교(信敎)의 자유는 한국에 종교다원주의라는 새로운 종교적 환경을 조성했다. 그 결과 한국종교의 지형에서 일어난 가장 큰 사건은 기독교(그중에서도 특히 개신교)라는 종교를 만나게 된 것이다.[13] 기독교와의 만남은 일본불교의 한국진출과는 또 다른 질문을 한국불교에 던져 주었다. 그것은 어떤 의미에서 일본불교보다 더욱 위협적인 것이었다. 일본불교는 무엇보다 불교라는 공통적인 세계관을 공유하고 있었다. 하지만 기독교는 한층 이질적이고 배타적인 세계관을 가지고, 공격적 선교로 불교의 종교적 정체성을 위협했다.

불교는 기독교라는 낯선 종교를 빠른 시간 내에 이해하고, 그들의 장점

---

13 한국에 천주교의 시작은 1784년 이승훈이 베이징에서 세례를 받고 귀국한 것을 기점으로 삼는 것이 통설이다. 하지만 천주교의 선교활동은 사실상 한불조약 이후에야 공인되었으므로 사실상 불교와 자유로운 경쟁의 상대로 만나게 된 것은 이때가 되어서야 가능했다고 볼 수 있다.

은 모방하되 그들의 한계는 지적하는 방식으로 그에 대응하고자 했다. 불교가 이른바 명실상부한 하나의 근대적 '종교'로서 스스로의 정체성을 확인하게 된 주요한 계기는 기독교의 도전에 의한 것이었다고 해도 과언이 아니다. 한국불교의 개혁은 이렇게 한편으로는 일본불교를 모델로, 다른 한편으로는 기독교를 경쟁상대로 하여 진행되었다. 하지만 근대불교의 개혁 담론에서 나타나듯이 불교는 단순히 경쟁에만 머물지 않았고 기독교의 여러 측면을 적극적으로 모방하려 하였다. 개신교의 교육과 의료를 통한 선교, 도심 포교, 한글 찬송가와 한글성경의 제작, 일요예배와 주일학교, 사회봉사 등이 대표적이다. 이러한 개신교 모델은 한국불교가 근대적 종교의 틀을 짜는 데 중요한 영향을 미쳤다.

이 외에도 불교가 기독교로부터 받은 긍정적 영향은 적지 않다. 그중의 하나는 전통적으로 유교가 불교에 가했던 초세속적, 현실 부정적 성격이라는 비판으로부터 자유로워진 것이다. 조선시대에 유교는 불교가 '무부무군(無父無君)'의 가르침으로 비윤리적일 뿐만 아니라 세상에 대한 무책임을 조장한다고 비판하였다. 그러나 기독교는 초월적이며 내세적 가르침의 세계를 지향한다는 면에서 불교와 닮았으며, 이런 측면에서 기독교는 불교를 종교적 파트너로 안착시키는 데에 조력자 역할을 했다고 볼 수 있다.

9상에서는 한국 불교에서 '조계종' 전통의 탄생에 대해 살펴본다. 근대에 한국불교 전통에 대한 인식과 평가에는 두 가지 관점이 존재해 왔다. 표면적으로 나타난 것은 한국불교 전통에 대한 부정적 시각이다. 이는 크게 두 가지 원인에 기인한다. 하나는 한국불교 연구를 주도한 일본인 학자들의 부정적 시각과, 또 다른 하나는 조선시대 불교의 대(對) 사회적 역량과 기능의 취약함이 그것이었다. 예컨대 일본인 학자 후루타니 기요시(古谷淸)는 조선시대불교를 '한편의 불교쇠망사'라고 표현하기도 했다.[14] 이런 이유로 19세기 말부터 불교계는 개혁과 자성의 필요성을 주장하면서 자신의 전통을 타파와 극복의 대상으로 보기 시작하였다. 이에 몇 몇 근대불교인들은 불교의 개혁을 최대 당면과제의 하나로 삼고, 새로운 '근대적 불교의 원형'을 찾고자 노력했다. 즉 개혁의 주요 방향을 '조선적 불교전통'의 계승보다 '불교의 근대적 원형 찾기'에 둠으로써, 전통에 대해서는 일정한 거리를 두면서 새로운 대안을 추구하고자 했던 것이다. 한용운의『조선불교유신론』(1913)이 그 한 예라고 할 수 있다.

다른 한편 최남선, 이능화와 같이 한국불교 전통을 긍정적으로 인식한 사람들도 있다. 한국불교는 1920년대 이후 1930년대를 거치면서 근대불교학의 영향과 민족주의적 각성을 통해 한국불교의 독자적 가치를 재발견하고, 한국불교 전통에 대한 새로운 이해와 정체성 수립을 모색한다. 한국불교 선종 전통의 재발견, 통불교(通佛敎)로서의 한국불교 성격론, 한국불교의 종명(宗名)·종지(宗旨)·종조(宗祖) 논쟁 등의 출현이 그 예가 될 수 있을 것이다. 다시말해 한국 근대불교의 토대를 다름 아닌 전통으로의 회귀 및 발견을 통해 마련하고자 한 것이다.

이처럼 '전통의 발견'을 통해 근대성을 추구한다는 점에서 '근대성'에 대한 포괄적 이해가 요구된다. 단선적 근대화를 거친 서구와 달리, 동아시아를 비롯한 식민지 국가에서는 서구적 근대에 대한 저항과 민족 정체성의 보존이라는 목표를 설정하면서 전통과의 완전한 분리가 아니라 '재전

---

14 古谷淸,「李朝佛敎史梗槪」,『佛敎史學』 1-3, 1911.

통화'를 지향하게 된다. 하지만 그것은 과거 전통의 단순한 복고가 아니라 근대라는 시기의 역사의식과 당면 목표에 의해 새롭게 재구성된 '전통'이다. 이처럼 '근대성' 혹은 '근대화'는 중층적·다중적 의미로 이해할 필요가 있다.

10장에서는 근대 한국불교의 근대적 종교 정체성이 어떻게 형성되어 갔는지 살펴본다. 먼저 총독부의 종교정책으로 '종교'와 '세속'의 영역이 분할되는 과정을 살펴본다. 여기에서는 일본에서 적용되었던 '일본형 정교분리' 정책이 한국에도 유사하게 적용되었는지 알아본다. 이 논의를 위해 시마조노 스스무(島薗進)의 "치교와 종교의 이중구조론"을 적용하여 근대일본의 종교구조를 이해하고자 한다. 그리고 신사비종교론(神社非宗教論) 형성에 큰 영향을 미친 시마지 모쿠라이(島地黙雷)의 '신도치교론(神道治教論)'도 함께 살펴보고자 한다.

그다음에는 1910~1940년대 한국의 불교잡지들에 산재해 있는 '종교' 개념 및 '세계종교', 그리고 '종교의 본질'과 관련한 크고 작은 기사들을 살펴보고자 한다. 이는 당연히 전근대 불교에서는 찾아볼 수 없었던 '종교담론들'이다. 이런 담론들은 한국불교가 근대 한국에 수용된 새로운 문화적 범주인 '종교'에 포섭되기 위한 단계적 노력의 산물이라고 할 수 있다. 이는 전근대에는 없던 '종교' 영역이 새롭게 설정되면서 그에 발맞추어 불교도 '종교'와의 관계를 새롭게 설정할 필요가 있었음을 의미한다. 1910년대부터 불교잡지를 통해 등장한 근대적 의미의 학술적 종교담론들은 주로 일본에 유학했던 학생들을 통해 빠르게 유입되었다. 근대 한국불교계에 등장한 '세계종교' 및 '종교의 본질' 담론에는 코르넬리우스 틸레(Cornelius P. Tiele)의 종교 이론, 일본을 통해 전해온 '지·정·의' 담론, 그리고 프리드리히 슐라이어마허(Friedrich D. Schleiermacher)의 종교론이 주요한 이론적 근거로 활용되고 있음을 알 수 있다.

5. 선행연구, 그리고 남는 과제들

1) 선행연구

이 책은 물론 필자만의 독창적인 연구는 아니다. 한국 근대불교 정체성을 직접 다루고 있다고 할 수는 없지만, 수많은 선행연구가 있었기 때문에 이 책의 집필이 가능했다. 하지만 그 모든 자료와 연구를 여기에 모두 소개하는 것은 불가능한 일이다. 따라서 그들 중에 이 책의 방향과 내용을 구성하는 데 기본 바탕이 된 주요 자료를 다음과 같이 세 부분으로 나누어 소개하고자 한다.

첫째, '비판적 종교학(Critical Religion)' 계열의 학자들이다. 이들은 종교야말로 사회역사적 환경 속에서 구성된 권력 현상의 하나로 본다. 다시 말해 종교란 영구불변의 실체가 아니라 특정 시대 권력이 만들어낸 하나의 인식체계라는 주장이다. 이 같은 종교 개념의 문제를 처음 제기한 선구적 연구는 윌프레드 캔트웰 스미스(Wilfred Cantwell Smith)의 『종교의 의미와 목적』(1962)[15]이다. 그리고 캔트웰 스미스의 문제의식을 계승한 일명 '비판

---

15 Wilfred Cantwell Smith, *The Meaning and End of Religion*, Harper & Row Publishers, 1978(초판본 1962); 윌프레드 캔트웰 스미스 지음, 『종교의 의미와 목적』, 길희성 역, 분도출판사, 1991.

적 종교학' 계열의 학자들 가운데 특히 조나단 스미스(Jonathan Z. Smith), 러셀 맥커천(Rusell McCutcheon), 티모시 피츠제랄드(Timothy Fitzgerald), 탈랄 아사드(Talal Asad), 브렌트 농브리(Brent Nongbri) 등의 연구를 참조했다.

그 외에도 윌리엄 카바노프(William T. Cavanaugh)의 『종교적 폭력이라는 신화: 세속적 이데올로기와 현대 분쟁의 근원』(2009)[16]은 캔트웰 스미스와 탈랄 아사드의 문제의식을 계승하여 서구에서 종교 개념의 형성 과정과 그 정치적 함의를 잘 설명하고 있다. 피터 바이어(Peter Beyer)의 「종교의 근대적 출현과 종교를 위한 글로벌 사회체계」(1998)[17]는 한 발 더 나아가 종교 개념의 형성 과정을 근대 세계체제 형성의 일부로 보는 시각을 제공하고 있다.

둘째, 이 책은 국내의 연구자들의 연구 성과를 이어받은 것임을 특별히 강조하고자 한다. 특히 장석만의 「개항기 한국사회의 종교 개념 형성에 관한 연구」(서울대학교 박사학위 논문, 1992)와 『한국 근대종교란 무엇인가?』(모시는사람들, 2017)는 이 책 집필의 출발점이자 토대가 되었다. 장석만의 연구는 국내에서 종교 개념 관련 연구를 처음 개척했다고 볼 수 있으며, 이 책의 기본 입장도 그 연장선상에 있다고 할 수 있다. 여기에 강돈구의 『한국 근대종교와 민족주의』(집문당, 1992), 그리고 윤승용의 「한국 근대 종교의 성립과 전개」(『사회와 역사』 52, 1997)는 필자의 한국 근대 종교 일반에 대한 포괄적 이해에 커다란 도움을 주었다.

---

16 William T. Cavanaugh, *The Myth of Religious Violence: Secular Ideology and the Roots of Modern Conflict*, Oxford University Press, 2009.
17 Peter Beyer, "The Modern Emergence of Religions and a Global Social System for Religion", *International Sociology*, vol.13(2), 1998, pp. 151-172.

이 외에도 조현범의 「근대 이행기 한국종교사 연구 시론: 19세기 한국 천주교사를 중심으로」(『종교문화비평』 34, 2018), 한승훈의 「전근대 동북아 종교 범주로서의 교(敎)」(『한국종교』 54, 2023)는 '종교' 개념 연구가 더욱 미세하고 심화된 연구로 발전시켜 나가야 할 것을 주장하여 이 책 집필에 좋은 자극이 되었다. 그리고 동양에서의 '교'와 '종교'의 관계에 대해서는 조성환의 「중국적 사상 형태로서의 교(敎)」[18]가 큰 도움이 되었다. 또한 박광수·조성환의 「근대일본의 '종교' 개념과 종교의 도구화」(2016)[19]도 전통시대 동아시아의 '교'와 메이지시대 '종교' 개념을 비교하고, 그것을 조선총독부의 종교정책과 연결하여 설명하고 있어서 매우 유익했다. 심형준의 「종교 개념의 적용과 해석에 대한 연구: '삼교', 유교, 무속을 중심으로」(서울대학교 석사학위논문, 2008)는 한국에서 '삼교'와 '교' 개념이 '종교'와 어떻게 관련될 수 있는지 정리해 놓아 많은 참조가 되었다. 마지막으로 돈 베이커(Don Baker)는 비록 국내 연구자는 아니지만 그의 한국종교에 대한 연구는 이 책 집필에 많은 시사점을 제공했다. 특히 그의 「조선왕조에서 불교의 사사화」(2014)[20], 그리고 「식민지 한국에서 성과 속의 창조」(2021)[21]는 조선시대의 불교상황과 조선에 대한 일본의 종교정책을 이해하는데 신선한 시각을 제공해주었다.

---

18 조성환, 「중국적 사상형태로서의 교(敎)」, 『철학사상』 11·12, 2007.
19 박광수·조성환, 「근대일본의 '종교' 개념과 종교의 도구화- 일제 강점기의 종교정책과 신종교지형을 중심으로」, 『신종교연구』 34, 2016.
20 Don Baker, "Privatization of Buddhism in the Chosŏn Dynasty", *Sungkyun Journal of East Asian Studies*, vol.14(2), 2014.
21 Don Baker, "Creating the Sacred and the Secular in Colonial Korea", *Journal of Korean Religions*, vol.12(2), 2021.

셋째, 근대 '불교'와 '세계종교'라는 개념이 주로 일본으로부터 유입되었던 만큼, 이 책의 주제와 관련된 일본의 연구 성과들도 당연히 참고하지 않을 수 없다. 특히 시마조노 스스무(島薗進)의 「근대일본에서 '종교' 개념의 수용」(2004)[22]은 근대일본에서 국가신도의 성립과 일본형 정교분리 체제 형성의 의미를 이해하는 데 큰 틀을 제공했다. 한스 마틴 크레이머(Hans Martin Krämer)의 「시마지 모쿠라이-근대일본에서 종교와 세속의 재개념화」(2015)[23]는 일본에서 '정교분리'와 '종교의 자유' 관념 형성에 미친 시마지 모쿠라이(島地黙雷)의 영향에 대해 살펴보고 있다. 이 가운데 시마지 모쿠라이가 '치교(治敎)'라는 개념을 통해 '신사비종교론'을 이끌어내고 있음을 논증하는 부분에서 도움을 받은 바가 매우 크다. 이소마에 준이치(磯前順一)의 『근대일본의 종교언설과 그 계보: 종교, 국가, 신도』(2003)[24]도 종교 개념이 근대일본의 역사 전개에서 religion에 상응하는 번역 개념으로 구성되는 그 역사적 과정과 의미를 짚어 보고 있다. 특히 이 가운데 「3장, 다중화 하는 불교: 근세 '불법'에서 근대 '불교'로의 이행」은 이 책을 집필하는데 많은 통찰을 제공했다. 호시노 세이지(星野靖二)의 『근대일본의 종교 개념-종교자의 언어와 근대』(2012)[25]도 종교가들의 말, 즉 그

---

22 島薗進, 「近代日本における〈宗教〉概念の受容」, 島薗進・鶴岡賀雄 編, 『〈宗教〉再考』, 東京: 株式會社 ぺりかん社, 2004
23 Hans Martin Krämer, *Shimaji Mokurai: and the Reconception of Religion and the Secular in Modern Japan*, Honolulu: University of Hawai'i Press, 2015.
24 磯前順一, 『近代日本の宗教言說とその系譜: 宗敎, 國家, 神道』, 岩波書店, 2003. 이 책은 한국어 번역본이 있다. 제점숙 옮김, 『근대 일본의 종교담론과 계보: 종교・국가・신도』, 논형, 2016.
25 星野靖二, 『近代日本の宗教概念-宗敎者の言葉と近代』, 東京: 有志舍, 2012. 이 책은 한국어 번역본이 있다. 이예안・이한정 옮김, 『만들어진 종교: 메이지 초기 일본을 관

들의 자기 이해에 초점을 맞춰, '종교' 개념이 어떻게 사용되었는지를 고찰하는 책으로 좋은 참고가 되었다. 제이슨 아난다 조셉슨(Jason Ānanda Josephson)의 『일본에서 종교의 발명』(2012)은 종교, 세속(과학), 미신의 삼분법으로 근대의 종교구조를 파악하는데 중요한 관점을 제공하고 있으며, 근대 일본의 종교개념 형성기를 이해하는 데 빼놓을 수 없는 유익한 연구서이다.[26]

2) 한계와 남은 과제

불교는 조선시대의 억불정책으로 공식적으로는 이미 대중들에게 숭고한 지위를 상실한 상태였다. 하지만 근대의 달라진 정치적 환경은 불교에게 위기이자 동시에 기회로 다가왔다. 기독교의 유입은 불교의 존립 자체를 위협하기도 했지만, 불교가 종교로서의 위상을 재정립할 수 있는 기회를 제공하기도 했다. 또한 일본불교는 한 사회를 이끄는 중심축으로서 불교의 가능성을 보여주는 모델이 되기도 했다. 근대 한국의 불교개혁론자들은 이미 보편성을 획득한 '근대성'이라는 틀에 불교를 맞추려고 노력하였다. 이러한 과정은 동시에 한국불교 전통의 재발견이라는 성과를 가져오기도 했다.

하지만 이미 강조한 바와 같이 근대 한국불교의 종교로서의 정립은 단지 한국 불교만의 문제가 아니라 좀 더 폭넓은 종교의 세계사적 재편 과정

통한 종교라는 물음』, 글항아리, 2020.
26 Jason Ānanda Josephson, *The Invention of Religion in Japan*, University of Chicago Press, 2012.

의 맥락 속에서 살펴보아야 할 것이다. 근대 한국불교가 종교로 자리잡는 과정은 단지 한국불교만의 노력의 결과가 아니라 동서양의 만남이라는 세계사적 환경, 그리고 일제강점기 한국의 정치적 상황, 국내에 유입된 일본불교와 기독교 등 여러 요인들이 복합적으로 만들어낸 산물이라고 할 수 있다.

다만, 이 과정에서 필자가 가장 주목했던 것은 크게는 담론적, 작게는 개념적 영향 및 상호작용이다. 불교는 서구의 '세계종교' 개념의 재편 시기에 자신에게 우호적인 환경을 만나면서 자연스럽게 그 범주 안에 안착할 수 있었던 것으로 보인다. 그리고 19세기 후반 생성되던 '불교'라는 범주 안에서 그것의 일부로서 자신의 정체성을 확인, 형성해 갔다. 따라서 한국 근대불교의 형성에서 '종교' 및 '세계종교담론'의 도입, 그리고 '불교' 개념의 형성과정 등을 살피는 일은 필수적이고도 본질적인 부분에 해당한다 할 수 있다.

물론 이 개념적 연구가 근대 한국불교 정체성의 모든 것을 설명했다고 할 수는 없다. '종교'의 특성상, '근대'에 대한 일반적 규정만으로 한국 근대불교의 정체성과 본질을 모두 설명하기는 어렵다. 이 연구는 앞으로 근대불교의 정착과 함께 의례를 포함한 신행의 실천 형식, 교리의 정비, 교단조직, 교육 제도 등 구체적인 양상에 어떤 변화가 수반되었는지 함께 살펴볼 때에만 완성될 수 있을 것이다. 하지만 그것은 필자의 능력 밖의 작업이며, 이 책은 다만 이 같은 연구가 나오기 위해 꼭 필요한 최소한의 개념적, 담론적 수준의 연구로 그 역할을 제한하고자 한다.

II

근대 종교 개념의
형성과 전개

1. 종교 개념이 왜 중요한가?
2. 종교 개념과 제기되는 문제들
3. 캔트웰 스미스의 종교 개념 비판
4. '종교'에 대한 성찰적 전환: 캔트웰 스미스를 넘어서
5. 종교 개념 연구사의 결론과 의의

1. 종교 개념이 왜 중요한가?

종교에 대한 학문적 연구에서 '종교'가 근대의[1] 발명품(a modern invention)이라는 주장은 전혀 새로운 사실이 아니다. 오늘날 우리가 사용하는 '종교' 개념이 근대의 산물이고 역사적으로 구성된 것이라는 아이디어,[2] 즉 '종교' 개념의 역사성(historicity) 문제는 연구자들 사이에서 어느 정도 통용되고 있는 관점이다. 그러나 이러한 사실이 일반 사회에까지 널리 공유된 상식이라고 말할 수는 없다. 더구나 이러한 관점에서 한국 종교의 역사와 현상을 구체적으로 살펴본 연구도 아직 그다지 많지 않다.

이제 '종교' 개념의 역사성 문제와 한국 불교 현실 사이의 연결고리를 찾는 연구가 필요한 시점이 되었다. 이 책이 '종교' 개념의 문제를 한국불교

---

[1] 세계사에서 '근대(近代)'라는 말은 서양어인 'modern'의 번역어이다. 사전적 뜻은 "오래되지 않은" 혹은 "말하는 사람과 동시대의"라는 의미로 "오늘날 우리 시대"를 의미했다. 이 책은 일반적으로 서양사에서 고대-중세-근대를 구분하는 삼분법에 따라, '중세'를 대체로 5세기부터 15-16세기, '근대'를 15-16세기 이후의 시기를 의미하는 것으로 사용한다. 이영림 · 주경철 · 최갑수, 『근대 유럽의 형성: 16-18세기』, 서울: 까치글방, 2011, 12-19쪽 참조.

[2] Brent Nongbri, *Before Religion: A History of a Modern Concept*, Yale University Press, 2013, p. 3; 호시노 세이지, 『만들어진 종교: 메이지 초기 일본을 관통한 종교라는 물음』, 이예안 · 이한정 옮김, 글항아리, 2020, 9쪽.

라는 구체적·역사적 현실에 적용시켜 분석해 보려는 이유도 바로 여기에 있다. 그러기 위해 이 장(章)에서는 우선 먼저 서구에서 '종교(religion)', '종교들(religions)'의 개념 출현과 그 의미에 대해 살펴볼 것이다. 이를 바탕으로 다음 장(Ⅲ장)부터는 '종교' 개념과 더불어 '불교(Buddhism)' 개념의 형성 과정을 추적한 후, 그것이 어떻게 아시아 및 한국 근대불교 형성에 영향을 미치게 되었는지 살펴보고자 한다.

사실, 근대 아시아 지역에서 불교는 유럽에서 만든 '종교'와 '세계종교'의 패러다임에 귀속되면서, 역설적으로 '종교'라는 일반 범주의 일원으로서 그 정체성을 확립하게 된다. 그런데 문제는 이 '종교'라는 틀이 근대 이전 동양 사회에서는 존재하지 않았던 범주라는 것이다. 따라서 동양에서는 이 '종교'라는 틀에 맞추기 위해 기존의 인식에 일정한 구조조정이 필요했다. 그것을 '종교'라는 틀에 들어가기 위한 '변화' 또는 '재개념화'로 볼 것인지, 아니면 완전한 '발명'이나 '탄생'으로 볼 것인지는 시각과 강조에 따라 다양한 스펙트럼으로 나타난다.

여기서 중요한 것은 아시아의 '불교'와 서구의 '종교'가 각각 놓여 있었던 문화적 맥락의 차이이다. 아시아에서 '근대'란 바로 외부의 힘에 의한 변화라는 맥락에서 그 의미를 구성하게 된다. 한국불교도 바로 이 같은 맥락 속에서 그 지위와 성격의 구조조정을 반강제적으로 겪게 되었다. 이 책에서는 바로 이 동아시아의 맥락과 그에 맞춘 불교의 성격 변화를 설명하고, 나아가 그것이 한국불교의 종교적 정체성 형성에는 어떤 영향을 미쳤는지를 살펴보고자 한다. 이를 위해서는 무엇보다 먼저 서구에서 '종교' 개념이 출현하게 된 상황과 그것의 함의, 또 그것이 만들어낸 인식론적 패러다임을 설명하고자 한다. 이 같은 인식과 논의를 전제할 때에만, 이 책이 궁극적으로 도달하고자 하는 한국 근대불교가 종교로서 정체성을 갖게 되는 과정이 충분히 설명될 수 있기 때문이다.

2. 종교 개념과 제기되는 문제들

오늘날 우리가 일상과 학문 영역에서 공통적으로 사용하는 '종교(宗敎)'라는 용어는 영어 'religion'의 번역어이다. 이 용어는 근대 이전 우리나라에서는 지금과 같은 의미로 전혀 사용되지 않았다. '종교'라는 말이 아주 없었던 것은 아니지만, 지금과는 그 의미가 매우 달랐다. 오늘날 우리가 사용하는 용법의 '종교'라는 한자어 개념은 근대에 이르러 비로소 '창안'된 것이라 말해도 지나치지 않다.[3] 그런데 '종교' 개념의 창안이라는 문제는 동양에만 해당되는 것이 아니다. 서양에서도 '릴리지온(religion)'이란 용어는 르네상스 이후 그 의미가 매우 다르게 변화되어 온 개념이다. 바로 이런 배경에서 '종교' 개념의 역사성 문제가 제기된다.

논의의 혼란을 피하기 위해 먼저 정리하고 넘어가야 할 것이 있다. 여기서 말하는 '종교 개념(concept of religion, 혹은 notion of religion)'은 '종교의 정의(definition)'와는 차이가 있다. 종교의 정의는 '종교란 무엇인가'라는 물음에 대한 대답을 의미한다. 종교 정의는 크게 실체적 정의와 기능적 정의(substantive & functional definitions)로 구분된다. 하지만 종교 개념의 문제

---

3 한국에서 여러 종교들을 포괄하는 '종교'라는 용어가 처음 나타난 것은 1883년 11월 10일자 《한성순보》이다. 그 이전에 기독교 · 도교 · 유교 · 불교 · 유대교 · 회교 등을 총칭하는 범주로서의 '종교'라는 개념은 사용되지 않았다. 장석만, 『한국 근대종교란 무엇인가?』, 모시는 사람들, 2017, 73쪽.

는 그와는 다른 차원의 논의이다. 다시 말해 '개념'은 분류(classification)와 구분(division)의 문제와 주로 관련되어 있기 때문이다.

모든 '개념'은 내포(內包, intension)와 외연(外延, extension)으로 이루어진다. 내포는 "어떤 명사가 가리키는 대상의 특징이나 성질을 전부 합한 것"을 말하고, 외연은 "명사가 가리키는 대상의 전체 범위"를 말한다. 이에 반해 '정의'는 "개념의 내포를 정확히 규정함으로써 개념의 의미를 판명(判明)하게 하는 것"이다.[4] 즉 '개념'은 정의는 물론 외연을 포함하는 분류 범주이다. 그런 의미에서 케빈 쉴브라크(Kevin Shilbrack)의 다음과 같은 진술은 참고할 만하다.

> 오늘날 일반적으로 '종교'라는 용어는 "일련의 사회적 관행에 대한 하나의 분류군(a taxon)이자, 유대교, 기독교, 이슬람교, 힌두교, 불교, 유교, 도교 등 이른바 '세계 종교'를 패러다임으로 하는 하나의 범주 개념(a category-concept)"으로 사용된다.[5]

이러한 맥락에서 이 책도 '종교 정의'가 아니라 '종교 개념'에 그 초점을 맞춘 연구임을 강조하고자 한다. 물론 종교 정의와 종교 개념은 서로 밀접하게 관련되어 있는 만큼, '종교 정의'의 문제가 완전히 배제될 수는 없을

---

4 이에 대해서는 다음 사이트의 〈자료분류〉 참고. https://kdy820.tistory.com/1306
5 Kevin Schilbrack, "The Concept of Religion", *Stanford Encyclopedia of philosophy*(First published Mon Mar 28, 2022)의 첫 문장. https://plato.stanford.edu/entries/concept-religion/ 여기에 거론된 7개의 종교는 1893년 세계종교의회에서 '세계종교'로 대표된 종교들의 목록을 반영한 것이다.

것이다. 하지만 오늘날 '종교' 개념이 보통 다음과 같이 크게 두 가지 의미로 사용되고 있다는 것을 유념하면, '종교 정의'와 '종교 개념'의 차이를 좀 더 분명하게 구별할 수 있을 것이다.

첫째, '종교'는 개별 '종교들(religions)'을 의미함과 동시에, 그들을 모두 포괄하는 '총칭(總稱)'의 의미도 지니고 있다. 이 때 '종교'는 그 안에 불교・기독교・유교 등 여러 종교들을 종(種, species)으로 포함하는 '유(類)'개념, 혹은 생물학에서의 '속(屬, genus)'개념에 해당한다. 이처럼 개별 종교들 각각을 의미하면서 동시에 그들 모두의 총칭이기도 한 '종교' 개념의 이중성은 근대적 종교 개념의 중요한 특징이다.[6] 그리고 이러한 구조에서 '종교들'은 '종교'라는 보편적 원형, 즉 '종교의 본질' 혹은 종교의 '공통 속성'을 분유(分有)하고 있다는 인식을 암묵적으로 전제하고 있다. 하지만 이 같은 본질주의적 생각은 오늘날 심각하게 비판받는 요소 중의 하나이기도 하다.[7]

둘째, 종교는 다른 사회영역과 구별되는 하나의 고유한 사회적・문화적 현상을 가리킨다. 이 때 '종교'는 정치・경제・철학・과학・문학・예술 등과 구별되는 인간의 특정한 사회 및 정신적 활동 영역을 지시하는 개념이다. 이런 개념은 문화현상뿐 아니라 학문 영역의 경계선 설정을 위해서

---

6 호시노 세이지, 앞의 책, 34쪽.
7 캔트웰 스미스와 탈랄 아사드 등 많은 학자들이 '종교' 개념의 본질주의적 성격을 비판한다. 여기서 '분유(分有)'라는 용어는 호시노 세이지의 표현에 따른 것이다. 호시노 세이지, 위의 책, 40쪽.

도 필요한 범주이다.[8]

이와 같은 '종교' 개념의 의미를 일본 종교 연구자인 한스 마틴 크레이머(Hans Martin Krämer)는 세 개의 연속적인 발전과정의 결과로 설명했다. 즉, '종교의 복수형의 전개, 단수형의 전개, 그리고 종교와 세속의 구별'이다.[9] 이상의 논의를 통해 오늘날 통용되고 있는 '종교' 개념의 의미를 이해하기 위해서는 '종교'의 단수형, 복수형, '세속' 개념과의 관계 설정이 중요한 키워드임을 알 수 있다.

하지만 종교 개념은 그 복잡성 때문에 설명이 결코 간단치 않다. 특히 문제는 '종교' 개념이 서양의 근대에 와서야 비로소 성립되었다는 사실이며, 지금도 종교 개념의 허구성과 부적절성이 계속 문제가 되고 있다는 점이다. 예를 들어 '종교' 개념의 역사성과 그에 내포된 문제를 처음 본격적으로 제기했던 연구자인 윌프레드 캔트웰 스미스(Wilfred Cantwell Smith, 1916-2000)[10]는 1962년 출간한 『종교의 의미와 목적(The meaning and end of

---

8 조나단 스미스와 스트렌스키는 종교학이 성립하기 위한 기본적 전제로서 종교 개념이 필요하다는 데 동의하고 있다. 조나단 스미스는 '종교' 개념이 한 학문분과의 지평선을 확정하는데 있어서 꼭 필요한 일반개념의 역할을 한다고 평가했다. Jonathan Z. Smith, "Religion, Religions, Religious", Mark C. Taylor, *Critical Terms for Religious Studies*, Chicago: University of Chicago Press, 1998, p. 282; Ivan Strenski, "On 'Religion' and its Despisers", Thomas A. Idinopulos & Brian C. Wilson edt., *What Is 'Religion': Origins, Definitions, And Explanations*, Leiden; Boston; Köln: Brill, 1998. pp. 113-132 참조.

9 Hans Martin Krämer, *Shimaji Mokurai: and the Reconception of Religion and the Secular in Modern Japan*, Honolulu: University of Hawai'i Press, 2015, pp. 16-17. (Kindle Edition, 이하 동일함)

10 캔트웰 스미스는 1964년부터 1973년까지 하버드 대학교 세계종교 연구센터의 소장

religion)』에서 현대의 종교 개념이 '분명하게 구별되는 네 가지 의미'로 사용되고 있다고 설명했다.

> 첫째, '종교'는 한 개인의 경건성(personal piety)을 의미한다. 따라서 이것은 종교를 믿는 사람과 그렇지 않은 사람을 구별해준다.
> 둘째와 셋째, 믿음이나 실천, 가치관 등으로 이루어진 한 명백한 체계(an overt system)를 가리킨다. 이것은 한 종교를 다른 종교로부터 구별해준다.
> 넷째, 유(類) 개념적 총칭으로서의 '종교', 즉 '종교 일반(religion in general)을 의미한다. 종교를 예술이나 경제와 같은 인간의 삶의 다른 영역들로부터 구별해준다. [11]

스미스는 이와 같은 종교 개념의 네 가지 다른 의미를 정확하게 인식하지 못한다면 종교에 관한 정의는 물론, 어떠한 성숙한 토론도 가능하지 않다고 강조한다.[12] 동시에 그는 자신이 분류한 네 종류의 종교 개념들을 하나하나 비판하면서 그러한 종교 개념은 모두 폐기되어야 한다고 주장한다. '종교'라는 말이 혼동을 주고 불필요하며 종교에 대한 이해를 왜곡시키

을 역임했다. 그는 『종교의 의미와 목적』에서 종교 개념의 타당성에 대하여 의문을 제기하여 많은 반향을 불러일으켰다. Wilfred Cantwell Smith, *The Meaning and End of Religion: A New Approach to the Religious Traditions of Mankind*, New York: The Macmillan Company, 1962/1963. 이 책의 번역본으로 윌프레드 캔트웰 스미스 지음, 길희성 옮김, 『종교의 의미와 목적』(분도출판사, 1991)을 참고하였다. 중요한 개념이나 표현을 인용할 경우에는 영어본을, 그 외의 경우에는 번역본을 인용했다.(앞으로 영어책 저자명은 Cantwell Smith, 번역책은 캔트웰 스미스로 축약함.)

11 Cantwell Smith, op.cit., pp. 48-50; 캔트웰 스미스, 앞의 책, 79-80쪽 참조.
12 Cantwell Smith, op. cit., pp. 49-50.

기 때문이라고 설명한다.[13]

스미스는 모든 인간이 전 역사를 통해서 '종교적'이었음을 의심하지 않았다. 하지만 인간의 '종교성'이 오랜 세월을 경유하면서 '종교'라는 개념으로 체계화되어 온 것이 문제라고 보았다. 스미스는 그것을 종교 개념의 '물상화(reification)'라고 부르고, '종교'와 '종교들'이라는 개념을 '신앙(faith)'과 '축적적 전통(cumulative tradition)'이라는 용어로 대체할 것을 주장했다. 스미스가 말하는 '신앙'이란 "개인 인격체적 신앙"으로, "한 특정한 인격체의 내적인 종교적 체험이나 개입"을 의미하고, "사실이든 관념뿐이든, 초월적인 것이 그에게 미치는 영향"을 가리킨다. 한편, '축적적 전통'이란 한 공동체의 과거 종교적 삶의 역사적 축적물을 구성하는 외적·객관적 자료의 전체 덩어리를 의미한다. 예를 들어 사원, 경전, 신학, 무용, 제도, 관습, 도덕 규범, 신화 등, 한 인격체나 한 세대에서 다른 인격체와 다른 세대로 전수되는 것으로, 역사가가 관찰할 수 있는 모든 것이 여기에 해당한다.[14] 스미스의 이런 문제의식은 이후 종교연구 영역에서 많은 사람들에게 커다란 영향을 끼쳤다.

그러나 문제는 '종교' 개념 사용에 대한 비판적 시각이 캔트웰 스미스에게서 그치지 않았다는 점이다. 한 예로 '종교' 개념에 대한 구성주의(constructionism)적 관점은 '종교' 개념의 통시대적 보편성과 적절성에 문제를 제기한다. 그리고 '종교' 개념 배후에 그 의미를 결정하고 좌우하는 모종의 권력관계가 있다는 정치공학적-이데올로기적 시각도 등장한다.

---

13 캔트웰 스미스, 앞의 책, 81쪽.
14 위의 책, 211-212쪽.

다음의 인용문이 이러한 비판적 시각을 잘 보여주고 있다.

> 종교는 하나의 구성된 범주(a constructed category)로서, 단순히 세계 속에 있는 한 실재에 대한 중립적 기술어가 아니다. …. 종교의 초역사적이고 초문화적 본질이란 없다. 어떤 컨텍스트에서 종교라고 여겨지는 것, 종교라고 보여지지 않는 것은 그 주어진 시공간에서 누가 종교를 정의하는 힘과 권위를 가지고 있는가에 달려 있다. … 종교 개념은 근대 자유주의 국가의 발전물이다. 종교-세속의 구분은 사적인 영역과 공적 영역, 종교와 정치, 교회와 국가라는 이분법의 발명을 동반한다. 종교와 세속의 구분은 또한 내적인 폭력과 식민주의적 팽창을 위한 국가의 전횡을 수반한다 … 종교의 정의 자체가 서구 권력의 역사의 일부이다.[15]

이상과 같이 '종교' 개념에 대한 비판은 시간적으로는 종교 개념의 근대성, 즉 역사성(historicity)에 초점을 두고 있고, 공간적으로는 그것의 서구적 기원이라는 지역적 특성에 주목한다. 즉, '종교' 개념은 근대 국민국가의 형성에 일조한 개념적 장치로서, 서구 근대의 특징인 세속화와 세속주의, 정교분리와 종교자유의 문제 등과 긴밀히 관련되어 있다. '종교' 개념의 문제가 근대성(modernity), 그리고 식민주의(colonialism)와의 연관성을 피해갈 수 없는 이유도 여기에 있다.

---

15 William T. Cavanaugh, *The Myth of Religious Violence: Secular Ideology and the Roots of Modern Conflict,* Oxford University Press, 2009, pp. 58-59.

3. 캔트웰 스미스의 종교 개념 비판

1) 종교 개념의 물상화: '종교', '종교들'

캔트웰 스미스는 "체계적으로 (종교의) 범주 문제를 주목한 최초의 서구 학자"로 평가받는다.[16] 그는 종교학의 고전 반열에 올랐다고 평가되는[17] 『종교의 의미와 목적』(1962)에서 종교 개념의 폐기, 나아가 '그리스도교', '불교' 등과 같이 특정 종교를 지시하는 용어들의 폐기까지도 권유했다.

> 언어상으로 나는 그리스도교, 불교 등과 같은 말들은 일단 도전을 받으면 분명히 성립되기 어려운 개념들이라는 점에서 폐기되어야 한다고 진지하게 주장한다. '종교'라는 말도 여러 가지 의미를 지녀 왔으며, 이 말도 폐기되는 것이 좋다. 그 이유의 일부는 그것이 산만한 모호성을 지니고 있다는 점이며, 또 다른 일부는 그것이 지닌 대부분의 전통적 의미들이 면밀히 검토해 보면 정당한 것이 못 된다는 점이다 … 복수적 표현인 '종교들'이나 관사를 붙인 ('the religion' 혹은 'a religion'과 같은)[18] 표현은 잘못된 것이다. 습관

---

16 Richard King, "Imagining Religions in India: Colonialism and the Mapping of South Asian History and Culture", Markus Dressler & Arvind-Pal S. Mandair, *Secularism and Religion-Making*, Oxford University Press, 2011, p. 39.

17 종교철학자 존 힉(John Hick)은 캔트웰 스미스 책의 개정판 서문(1978년과 1991년)에서 이 책을 '종교연구의 현대적 고전(a modern classic of religious studies)'이라고 불렀다. 캔트웰 스미스, 앞의 책, 11쪽; Peter Beyer, "Conceptions of Religion: On Distinguishing Scientific, Theological, and 'Official' Meaning", *Social Compass*, 50(2), 2003, p. 141 참조.

18 'the religion' 혹은 'a religion'과 같은 표현은 어떤 명확한 고정된 실체의 개념을 자아

상 '종교'라는 말을 사용하려는 충동을 느낀다 해도, 각자 자기가 가리키고자 하는 바가 무엇인가를 한 번쯤 밝혀 보면 틀림없이 많은 성과가 있을 것이다. 일단 이렇게 하고 난 다음에도 우리가 계속해서 그 말을 사용할지 의심스럽다.[19]

스미스는 '종교 일반(religion in general)'이나 '종교들(religions)' 가운데 그 어느 것도 학자나 신앙인에게 파악 가능한 하나의 실체가 될 수 없으며, 따라서 탐구 혹은 관심의 대상이 될 수도 없다고 주장한다. 그는 '종교의 본성은 무엇인가?'라는 질문 자체가 잘못된 것이라 비판한다. 그는 그 이유를 "우리의 삶 속에 '종교'라는 '어떤 것'이 있으며, 그것들은 '기독교', '불교', '힌두교' 등 서로 다른 이름을 갖고 있다."는 착각을 고착화시키기 때문이라고 설명한다. 그는 이와 같은 종교에 대한 통념들은 비교적 최근에 형성된 것인 만큼, 이런 종류의 질문은 종교현상을 다루기에 매우 부적합한 사고유형이라고 지적한다.[20]

스미스는 '종교'라는 용어 사용을 중지해야 한다고 주장한다. 왜냐하면 '종교'라는 말은 이제 고유한 종교적 정서(religious feelings)를 나타내기보다 체계들(systems)을 의미하는 것이 되어 버렸기 때문이다. 그는 종교사(宗敎史)를 하나의 '물상화'의 이야기(a story of 'reification')'로 규정한다.[21] 여기서 물상화란 "종교를 정신적으로 하나의 사물로 만드는 것, 점차 그것을

내기 때문이다. 캔트웰 스미스, 위의 책, 258-259쪽 역자주 참조.
19 위의 책, 258-259쪽.
20 위의 책, 35-36쪽.
21 Brent Nongbri, op. cit., p. 3. '물상화의 이야기'라고 표현한 것은 농브리이다.

하나의 객관적인 체계적 실체(an objective systematic entity)로 상상하는 것"이다.[22]

스미스가 말하는 '물상화'를 달리 표현하면, 원래는 '형용사적'으로 사용되었던 '종교'라는 말이 '명사'가 되었다는 의미이다. 그전에는 '종교'가 '종교적 삶'에 대한 묘사, 즉 경건하게 사는 삶의 태도(attitude)나 성향(orientation)을 표현하는 말이었지만, 근대의 어느 시점 이후부터는 현실 속에 존재하는 구체적인 '어떤 종교(들)'을 가리키는 말이 되었다. 예를 들어 중세에는 '그리스도교(Christianity)'라는 말 보다는 '그리스도적 신앙(Christian faith)'이라는 말이 표준어로 사용되었다. 이 때 '크리스천'이라는 말은 '그리스도적', 즉 '그리스도를 닮은' 혹은 '그리스도를 따르는' 이라는 형용사적 의미를 지닌 말이었다. 그러나 '그리스도교'라는 말이 종교개혁 이후부터 사용되기 시작하여 계몽주의 시대에는 표준어가 되었고, 18세기 말이 되면 주로 하나의 체계화된 '종교'를 지칭하는 이름으로 정착하게 되었다. 스미스는 이런 변화가 바로 '그리스도적 종교(Christian religion)'라는 인격체적 관념으로부터 (정관사 the가 붙은) 비인격체적이고 제도화된 개념인 '그리스도교 종교(the Christian religion)'로 의미가 전환되는 과정이었으며, 그것은 또한 그리스도교의 제도화와 물상화의 과정이라고 설명한다.[23]

---

22 Cantwell Smith, op. cit., p. 51; 캔트웰 스미스, 앞의 책, 83쪽.
23 캔트웰 스미스, 위의 책, 109-115쪽, 259쪽 참조. 이와 관련하여 스미스는 '종교'라는 명사는 거부해야 하는 반면, '종교적'이라는 형용사적 표현은 계속해서 사용할 가치가 있다고 강조한다. 그 이유는 종교적으로 산다는 것은 개인 인격체에 속해 있는 한 속성이므로 그러한 삶을 묘사하는데에는 명사보다 형용사가 실재에 더 가깝기 때문이라고 설명한다. 이와 같은 스미스의 입장은 길희성이 "종교는 명사가 아니라 형용사"라는 명제를 통해 다시 전달해주고 있다. 길희성, 『종교에서 영성으로』, 북스코프, 2018,

나아가 그는 물상화를 피하고 인간의 보편적이고 본래적인 종교적 감정을 묘사하기 위해서는 다시 '신앙(faith)'이란 말을 써야 한다고 주장한다.

2) 캔트웰 스미스의 '종교' 개념의 역사

스미스의 기여는 바로 이러한 '물상화'의 사고 유형과 행위가 언제, 어디서, 어떻게 시작되었는지 그 역사를 실제로 꼼꼼히 살펴보는 작업을 수행한 것이다. 스미스의 기초적 방법은 어휘론적 탐구이다. 단어의 사용 방식은 우리의 사고작용을 알려주는 하나의 중요한 지표이기 때문이다. 그는 먼저 '종교'라는 말 자체에 대해 살펴보고, 그다음 개별 종교들의 명칭들을 고찰한다. 여기서 중요한 것은 "이 개별 종교들 하나하나가 명칭을 지녀야 할 어떤 실체라는 관념의 발생과 역사"이다.[24] 이 종교의 물상화 과정을 설명하기 위해 스미스는 기나긴 '종교' 개념의 역사에 대해 정리하였다. (《표 1 참조》)

147-160쪽 참조.
24 캔트웰 스미스, 위의 책, 40-41쪽.

〈표 1〉 캔트웰 스미스(C.Smith), 『종교의 의미와 목적
(The Meaning and End of Religion)』 (1962)

시기	캔트웰 스미스의 도식	종교 개념
고대/로마 ~4세기 이전	• 수많은 예배 양식과 예배 대상들의 무의식적 공존	• religio: 타부/마나/의례/행위/의무 • 종교: 의례의 수행/경건한 태도/ 근면 등, 인간 삶의 일반 현상(키케로)
기원 전후 기독교의 발생 ~4세기	• 교회(ecclesia): 명확한 구조를 지닌 역동적·조직화된 공동체 등장 • 기독교는 많은 종교들 가운데 하나. ① 종교적 배타성: 선택의 문제, 순교의 등장 ② 신앙(faith) 개념의 도입	• religio: 다양하고 포괄적 의미 • 의례와 종교적 행위들, 조직, 감정, 태도 • 종교들간 경계 관념: 근대 종교 개념의 단초 • 1세기경: '유다이스모스'(ludasmos) - 인류 최초의 종교 이름(유대교)
4세기 이후 ~르네상스 이전	• 락탄티우스: 우리의 종교 vs. 당신들의 종교, 참 종교와 거짓 종교 • 아우구스티누스: 참다운 종교란 하느님의 사랑과 만나는 인격적 관계	• 구별의 분류체계 등장 • 락탄티우스에게 종교: 의례와 예배 방식 • 참종교와 거짓종교의 구별의식은 더 발전하지 않고 1000년간 잠복 (전 사회가 기독교화되었기 때문)
중세	• religio는 수도원 생활의 의미 = 한 특정한 수도단체나 규율 • 1500년경 복수 형태: 수도단체들 의미	• 종교: 수도자를 평신도 그리스도인과 구별하는 개념 • 아퀴나스에게 'religio' 개념의 비중은 높지 않음
르네상스	• 마르씰리오 피치노(1474) - religio는 인간 본성에 보편적, 불변의 현상 - 종교는 그 참됨의 정도에 있어 다를 뿐, 모두 어느 정도 선하다	• '종교성'과 같은 인식 등장 • 기독교적 플라톤주의: "하느님을 경배하는 인간의 방식들은 하느님의 허락 하에 시간과 장소를 달리하여 다양하다"
종교개혁 16세기	• 개신교는 개인의 내면적 경건성과 신앙에 관심 • 루터: '신앙(faith)에 의한 의화(義化)' • 칼빈: '종교'는 인간 본연의 특성, 내면적 태도	• 신앙 개념의 중요성 • 종교: 개인 인격체의 내면적 태도
	• 가톨릭: 종교의 복수 형태 사용 - 이 때 '종교'는 의례나 수도회처럼 구체적인 것 - 종교적 삶의 외적인 형태	• 17세기 '기독교'의 두 경향 1) 경건함을 의미: 그리스도의 내면화, 마음 속 개인의 인격체적 의미 2) 체계적·이상적·주지주의적 신조: 진리성, 합리성

17세기 ~18세기	• 종교 개념의 주지주의화 • 허버트 경: 한 종교의 진위는 교리의 진위 • '자연종교'의 대중화: 인류에게 공통되는, 혹은 인간 이성에 의해 도달될 수 있다고 생각되는 하느님과 인간과 세계에 대한 신조들	• 종교는 교리이다. • 옳거나 옳지 않은, 혹은 믿거나 믿지 않는 명제 • 체계적 · 추상적 · 지적 축조물 • '마음의 역동성'으로부터 '비인격체적 체계'로, '플라톤적 진리관'에서 '명제적 진리 개념'으로 • '단수'로부터 '복수'로
이상 요약	• 17세기와 18세기: 체계적 실체로서의 종교 관념 등장 • 현대 종교 개념의 기초	1) '종교들'이라는 복수 표현의 전개 2) 일반화로서 '종교'라는 총칭 개념 성립
19세기	1) 슐라이어마하: 내면적, 비(非) 지적(知的) 차원 회복	• 종교 개념의 확대
	2) 헤겔: 종교관념의 역사성과 단수성	• 단수로서의 사회과학적 종교 개념
	3) 포이에르바하: 『기독교의 본질』, 『종교의 본질』	• 물상화 과정의 논리적 극단. • 종교 일반, 혹은 한 특정 종교에 본질이 있다는 관념.
	※ 개별종교의 명명: 부디즘(Boudhism, 1801), 힌두이즘(Hindooism, 1829), 타오이즘(Taouism,1839), 조로아스트리아니즘(Zoroasterianism, 1854), 컨퓨셔니즘(Confucianism, 1862)	

스미스는 '종교' 개념의 형성 과정을 크게 두 부분으로 나누어 정리하고 있다. 그 하나는 고대~16세기까지이고, 다른 하나는 17세기~19세기이다. 이렇게 구분한 것은 오늘날 사용되고 있는 의미의 '종교'와 '종교들'이라는 개념이 분명하게 자리를 잡고 등장한 것이 17세기부터라고 보았기 때문이다.

(1) 고대~16세기

오늘날 우리가 사용하는 '종교'의 어원으로 추정되는 라틴어 '릴리지오(religio)'는 원래 특정한 관습의 외적(행위상의) 준수를 의미했다. "나에게는 릴리지오다"라는 말은 "내가 그것을 꼭 해야 할 일, 혹은 해서는 안 될 의무가 있다"는 뜻이였다. 그것은 맹세, 가족 간의 예의, 의례상 준수해야 할 일 등을 지칭하는 것으로 오늘날의 '종교' 개념보다 폭넓은 함의를 지닌 것이었다. 예를 들어 성 아우구스티누스(Augustinus, 354-430)는 자신의 저서를 'De Vera Religione'로 명명하였는데, 직역하면 '참다운 종교에 관해서(On True Religion)'라는 뜻이었다. 하지만 이 때 '종교'란 '올바른 경건성에 관해서(On Proper Piety)', 혹은 '진정한 예배에 관해서(On Genuine Worship)'라는 의미였다. 즉 오늘날 우리가 사용하는 '종교'와는 전혀 다른 것이었다.[25]

중세 시대가 되면 '릴리지오'는 주로 수도생활이나 수도단체를 지칭하는 뜻으로 사용되었는데, 이 용어는 5세기부터 문헌에 나타나기 시작한다. 이 때 형용사형 'the religious'는 수도자를 지칭했고, 'Religion'이란 말은 '한 특정한 수도단체나 규율'을 의미했다. 1400년경, 복수 형태로 'religions of England'라는 말이 나타나는데, 그것은 영국의 수도단체들을 가리키는 것이었다. 그러나 중세 가톨릭에서 '릴리지오'라는 말은 거의 사용되지 않았고 중요하지도 않았다. 그 대신 '신앙'이란 말이 더 중요했다. 토마스 아퀴나스(Thomas Aquinas, 1224/1225?-1274)는 『신학대전』이라는 두꺼운 책(영어 번역책 20여권 분량) 속에서 '릴리지오'의 의미에 대해 단지 몇 단락만 할애했는데, 그것도 여러 도덕적·신학적 덕목 가운데 하나로 취급했을 뿐이다.[26]

그러나 르네상스~종교개혁 시기가 되면 '종교' 개념은 중요한 관심의 대상이 된다. 스미스는 종교 개념이 "문예부흥과 더불어 시작하여, 종교개혁

---

25 위의 책, 44-58쪽.
26 위의 책, 58-60쪽.

과 더불어 확대되고, 계몽주의와 더불어 변화하게 되며, 19세기에 들어와 발전하게 된다."고 요약했다.[27] 이태리 르네상스 사상가의 한 사람이었던 마르실리오 피치노(Marsilio Ficino, 1433-1499)는 신(新)-플라톤주의자로서, 선(善)을 추구하는 인간의 보편적 본능이 신을 추구하는 것과 같다고 주장하고, 그것을 '릴리지오'라고 불렀다. 그에게 '릴리지오'란 인간을 타존재들과 구별해주는 근본적 특징이며, 세계 모든 곳의 인간에게서 발견되는 보편적 현상이다. 그것은 신으로부터 주어진 본능으로, 그것으로 인해 인간은 신을 지각하고 예배하게 된다는 것이다. 다만 역사 속에 나타난 다양한 릴리지오들은 플라톤적 이상(ideal)에 못 미친 불완전한 경우들로서, 그 참된 정도가 다를 뿐이다. 다시 말해서, 그리스도가 모범이 된 '그리스도적 릴리지오(Christiana religio)'가 가장 완성된 것이지만, 모든 종교들도 어느 정도는 다 나름대로 선하다는 것이다. 스미스는 이러한 피치노의 견해가 그 당시 종교에 대한 매우 새로운 시각이 형성되기 시작했음을 알려주는 것이라고 설명했다.[28]

종교개혁의 시기에 루터(M. Luther, 1483-1546)는 오직 '신앙(faith)'에 의해서만 구원받는다고 주장하면서 '종교'라는 관념에 별로 관심이 없었다. 반면 쯔빙글리와 칼빈은 '종교'라는 용어에 중요성을 부여하고 널리 보급하였다. 쯔빙글리(U. Zwingli, 1484-1531)는 1525년 『참된 그리고 거짓 종교에 관한 주해서(De Vera et Falsa Religione Commentarius)』에서 '릴리지오'는

---

27 위의 책, 60쪽.
28 위의 책, 60-63쪽; 한편, 농브리는 피치노가 설명하는 릴리지오의 개념이 "개별적 종교들을 '종'으로 거느린 '속'으로서의 종교"라는 근대적 프레임에 매우 근접해 보인다고 평가한다. Nongbri, op. cit., p. 88.

인간과 하느님 사이의 관계이며, '거짓 종교'는 교황과 공의회와 교회당국 등을 지나치게 신성화하는 것이라고 주장했다. 요한 칼빈(John Calvin, 1509-1564)이 1536년 『그리스도교 종교 강요(Christianae Relionis Institutio)』를 출판하면서 책 제목에서 사용한 '릴리지오'는 오늘날과 같은 '종교들 가운데 하나'를 의미하지 않았다. 그것은 인간을 예배로 이끄는 '경건성'으로, 모든 사람에게 존재하여 인간을 금수와 구별해주는 특성을 가리키는 말이었다.[29]

(2) 17~18세기: 현대적 의미의 종교 개념 탄생

17세기~18세기는 '종교' 개념에 매우 큰 변화가 생긴다. 이 시기에 바로 오늘날 우리가 볼 수 있는 '종교(religion)'와 '종교들(religions)'이라는 표현들이 등장했다. 17세기부터 유럽의 지성인들에게는 세계를 보는 방식, 그리고 교회와 진리에 대한 태도에 커다란 변화가 나타난다. 그들은 새로운 개념들을 발전시켰는데, '종교'도 그 중에 하나였다. 이 때부터 '종교'는 체계적이고 추상적인 지적(知的) 축조물을 가리키는 용어로 사용되었다. 성스러운 것에 대한 인간의 개인적이고 인격적인 감각으로부터 그 결과인 가시적 산물 혹은 역사적 축적물로 관심이 전환되기 시작한 것이다.[30]

이때 '종교'라는 용어는 마음의 역동성으로부터 비인격체적 체계로, 단수로부터 복수로, 그리고 플라톤적 진리관으로부터 명제적 진리 개념(a propositional conception of truth)으로 바뀌어 사용되기 시작했다. '릴리지

---

29 캔트웰 스미스, 앞의 책, 63-66쪽.
30 위의 책, 67쪽.

오'가 관념들(ideas)이나 신조들(beliefs)의 체계를 지칭한다는 생각은 17세기 후반부터 본격적으로 성행하기 시작했다. 대표적으로 쳐베리의 허버트 경(Lord Herbert of Cherbury, 1583-1648)은 하나의 종교가 진리냐 아니냐를 평가하는 방법으로 '5개의 명제'를 고안해 냈다.[31] "종교는 '교리이기' 때문(the religion is the doctrine)"(강조는 원문)에 한 종교의 진위는 그 종교의 교리의 진위 여부에 따른다는 가정이 등장하게 된 것이다. 그리고 이것이 사실상 '종교'라는 말이 의미하는 바가 되었다.[32]

계몽주의가 불러온 주지주의적 분위기 속에서 종교도, 그 명제들의 옳고 그름과 그것을 믿어야 할지 여부를 사변적 지성으로 판단할 수 있는 그 어떤 것이라는 생각이 지배했다. 이제 어떤 집단에 대해 '그들은 무엇을 믿는가(What do they believe?)'라고 묻는 것이 가장 기본적인 질문이 되었다. 이 당시에 '자연종교(natural religion)'가 급속히 대중화되는데, 그것은 인간의 이성에 의해 도달될 수 있다고 생각되는 하느님과 인간, 그리고 세계에 대한 신조들을 의미했다. 이신론(Deism)적 운동도 매우 주지주의적

---

31 허버트는 종교개혁 이후 기독교 공동체가 전쟁 진영으로 분열되자 다양한 시위 집단에게 그들의 공통점이 무엇인지 상기시키려고 노력했다. 그는 다섯 가지 "조항" 또는 "요소"가 모든 종교에서 발견된다고 확신하고, 이를 "공통개념(Common Notions)"이라고 불렀다. 그것은 다음과 같다. "1. 최고의 신이 있다. 2. 이 신을 숭배해야 한다. 3. 종교수행에서 가장 중요한 부분은 덕을 기르는 것이다. 4. 잘못한 것에 대해 회개를 구해야 한다. 5. 사람은 이 생과 다음 생에서 상을 받거나 벌을 받는다. Kevin Schilbrack, op. cit., 〈1. A History of the Concept〉참조. 쉴브라크에 의하면, 이것은 의례나 신도조직을 무시한 명제로서 개신교적 유일신교를 종교의 모델로 이상화한 것이다. 그리고 '종교' 개념이 기독교와 비기독교를 포함한 여러 종교들을 '종'으로 거느리는 '유'개념으로 전환되고 있음을 알리는 신호이기도 하다.
32 캔트웰 스미스, 앞의 책, 69쪽; Cantwell Smith, op. cit., p. 40.

이었지만, 이신론의 반대자들 역시 '종교'를 신조(beliefs)를 지칭하는 말로 받아들였다. 17세기는 종교 개념과 더불어 종교 영역에서 논쟁과 갈등이 본격화된 시기였다. 17, 18세기에 생겨난 '체계적 실체(a systematic entity)로서의 종교'라는 관념은 이러한 논쟁과 호교론의 산물이다.[33] 그 결과 다음과 같은 두 가지 현상이 나타났다.

첫째, '종교들(religions)'이라는 복수 표현의 등장이다. 종교의 복수 형태는 17세기 중엽부터 시작되어 18세기에 이르러 보편화되었다. 이것은 종교를 경건성, 복종, 경외, 예배 등과 같은 인간의 마음속에 있는 어떤 것으로 생각한다면 불가능한 일이다. 이러한 양상은 다른 사람들을 외부에서 관찰·추상화하고 비인격체로 물상화할 때 생기는 현상이다. '세계종교들(religions of the world)'이라는 표현도 마찬가지로 타종교들을 타자화하고 논박하기 위해 처음 사용되었다.

둘째, '종교(religion)'라는 하나의 총칭 개념이 성립되었다. 그것은 모든 신조 체계들의 전체를 하나의 외적 실체(external entity)로 지칭하거나, 혹은 단순히 그것을 일반화한 결과이다. 그런데 이것은 아이러니하게도 주로 종교 간 싸움에 지쳐서 종교 전체를 불신하는 사람들에 의해 사용되었던 개념이다. '종교'라는 외적이고 추상적 총칭은 오랫동안 주로 '종교에

---

33 위의 책, 70-73쪽. 자연 종교(natural religion)와 이신론(deism)은 모두 인간의 이성과 경험을 통해 신앙의 근거를 찾는다는 공통점이 있다. 차이가 있다면, 자연 종교가 인간에게 내재된 보편적인 종교적 지식을 강조하는 반면, 이신론은 신이 세계를 창조한 후에는 개입하지 않는다는 입장을 취한다고 보는 것이 일반적 견해이다. 즉, 이신론은 자연 종교의 한 종류로 볼 수 있다.

관한 논란(controversy about religion)'이라는 표현에서만 발견되었다.[34]

이처럼 서양에서 '종교' 개념은 장기적으로 서서히 형성되어 온 것이다. 그런데 그 개념들을 만드는 데 적극적이었던 사람들은 '종교' 또는 '종교들'을 긍정적 의미보다는 부정적 의미에서 사용하고 있었음을 발견할 수 있다. 그것은 주로 자기 종교에 대한 신앙적 표현이 아니라 타자의 종교에 대한 외적 기술로 사용되었기 때문이다. 따라서 스미스는 그 개념들의 탄생과 전개가 이른바 일종의 물상화라고 부를 수 있는 장기적인 발전 과정이라고 본다. 그리고 그 결과가 다름 아닌 바로 '세계의 종교들'이라는 관념이라고 주장한다.[35]

(3) 19세기 종교 개념 형성의 세 가지 계기

그런데 캔트웰 스미스는 현대의 종교 개념 성립에 영향을 미친 세 개의 19세기 지성적 흐름이 추가적으로 설명되어야 한다고 강조했다.[36]

첫째, 슐라이어마허(Schleiermacher, 1768-1834)로 대표되는 독일의 낭만주의 운동이다. 칸트로 대표되는 계몽주의와 합리주의에 대한 반작용으로, 공동체적·종교적 삶에 관해 개인적이고 인격적이며 도덕적인 태도를 다시 강조하는 운동이 일어났다. 슐라이어마허는 19세기가 시작되기 직전, 종교를 비방하는 사람들을 겨냥한 저서를 출간했다.[37] 이 저서에서 그는

---

34 위의 책, 73-74쪽.
35 위의 책, 83쪽.
36 위의 책, 75-78쪽.
37 Friedrich Schleiermacher, *Über die religion. Reden an die Gebildeten unter ihren*

종교를 신조들이나 행위가 아니라 마음의 문제로 생각할 것을 호소했다.

> "나는 그러므로 그대들이 보통 종교라 여기는 모든 것으로부터 눈을 돌려 내적 감정과 성향에 유의하기를 요청하노라."[38]

슐라이어마허가 대표했던 낭만파 운동은 계몽주의가 가진 합리주의를 완전히 제거하지는 못했지만, '종교' 개념 속에 비(非)지적인 측면을 포함시키는 결과를 가져왔다.

둘째, 19세기 종교 관념의 역사적 성격에 주목한 헤겔(Hegel, 1770-1831)의 영향이다. 헤겔은 역사를 중요하게 받아들인 최초의 철학자이자, 종교를 시간의 흐름 속에서 파악하고자 했던 첫 번째 지성인이다. 그는 '종교철학'이라는 용어를 최초로 사용했으며, 처음으로 '종교'를 끝없이 변화하는 역사 과정에서 역동적으로 전개되어 나타나는 하나의 자존적·초월적 관념으로 정립했다. 헤겔에게서 종교는 '단수의 실증 종교(positive religion)'로 표상되며, 사회 속에 나타난 종교는 그 자체로 인간이 생각해야 할 위대한 실재이자, 따라서 모든 역사적 현현들에 앞서 존재하는 것으로 파악된다. 그것은 서양인들의 사고에 깊은 영향을 미쳤으며, 헤겔 이후

Verächtern, Berlin, 1799; 슐라이어마허 지음, 『종교론: 종교를 멸시하는 교양인을 위한 강연』, 최신한 옮김, 대한기독교서회, 2002/2010. 스미스는 이 책을 명시적으로 '종교' 그 자체를 다룬 최초의 책으로 추정한다.

38 Friedrich Schleiermacher, *On Religion: Speeches to Its Cultured Despisers*, trans. by John Wood Oman, London: K. Paul, Trench, Trubner & Co., Ltd. 1893, p. 18. 이에 대해서는 Cantwell Smith, op. cit., p. 45, p. 241; 캔트웰 스미스, 위의 책, 74쪽의 번역 참조.

유럽은 '단수로서의 종교'를 사회과학 개념으로 다루게 되었다.

셋째, 1851년 『종교의 본질(The essence of Religion)』[39]이라는 루드비히 포이에르바하(Ludwig Feuerbach, 1804-1872)의 저작이다. 포이에르바하는 그보다 이미 10년 전에 『기독교의 본질(The essence of Christianity)』(1841)[40]을 발간했다. 포이에르바하의 중요성은 종교 일반은 물론, 하나의 특정 종교에도 '본질'이 있다는 의견을 제시한 것이다. 그 이후, '종교는 명확한 고정된 형태를 지닌 어떤 것'이라는 관념이 널리 수용되어 그 본질에 대한 탐구가 이어지는 데 큰 영향을 끼쳤다. 1900년 전후 수십 년 동안 많은 사람들의 생각을 사로잡았던 종교의 정의 문제가 바로 그 예이다. 사람들은 종교의 본성이 어디엔가 존재한다는 확신을 갖게 되었고, 수많은 책들은 종교의 본성, 나아가 불교 등 여러 종교들의 본성을 추적하는데 매진하게 되었다. 캔트웰 스미스는 이것이 바로 종교의 물상화 과정을 그 논리적 극단까지 몰고 가는 경우라고 회고한다.

3) 종교 개념의 타당성에 대한 캔트웰 스미스의 논의

캔트웰 스미스는 '종교'와 '종교들'이라는 개념이 불필요할 뿐만 아니라 유용하지도 않으며 심지어 정당하지도 않다고 본다. 그는 이런 개념들의

39　여기서 스미스는 1851년에 출판된 포이에르바하의 『추가 및 메모가 포함된 종교의 본질에 대한 강의(Vorlesungen über das Wesen der Religion, nebst Zusätzen und Anmerkungen)』(Leipzig, 1851)를 말하고 있다. Cantwell Smith, op. cit., p. 243.

40　Ludwig Feuerbach, *Das Wesen des Christentums*, Leipzig, 1841.

출현이 서구의 세속화(secularization)와 세속주의(secularism)[41]의 결과라는 점을 강조한다. '종교'에 관한 개념적 물상화와 그 결과인 추상적 총칭으로서 '종교' 개념의 탄생은, 서양의 수 세기에 걸쳐 일어난 커다란 사회적 분화 과정의 결과로 보았다. 스미스의 주장은 이러한 종교 개념들이 완전히 무의미하다는 것이 아니라, 그것이 부정확하며 사실을 왜곡하기 쉽다는 것이었다.[42] 그의 중요한 논지를 정리하면 다음과 같다.

⟨'종교' 개념의 역사성과 개념 적용의 시대착오성⟩

근대 이전 서양에서 '종교'라는 말은 오늘날의 의미와 다른 뜻으로 사용되고 있었다. 따라서 오늘날의 '종교' 개념을 근대 이전의 서양 사회와 역사에 그대로 적용한다는 것은 '시대착오적'이다. 또한 공간적으로 멀리 떨어져 있었던 비서구지역, 즉 동양 등에 확대 적용하는 경우도 '시대착오적'이기는 마찬가지이다. 왜냐하면 서양문명을 제외하고 다른 지역에는 과거에 '종교'라는 말, 특히 복수의 '종교들'이라는 의미를 지닌 단어가 거의 없었기 때문이다. 따라서 연구자는 '종교' 개념의 적용에 한계를 인식하고 신중해야 한다.[43]

---

41 스미스는 '세속주의'라는 용어가 1851년 유럽에서 생겼다고 한다. 캔트웰 스미스, 앞의 책, 172쪽. '세속주의'의 문제는 탈랄 아사드의 종교 개념 논의에서 다시 자세히 나올 것이다.
42 위의 책, 169쪽, 172-173쪽.
43 Brent Nongbri의 연구는 이러한 캔트웰 스미스의 주장에 깊이 공감하여 진행되었다. 브렌트 농브리는 뒤에서 간략히 살펴볼 것이다.

〈'종교' 개념의 본질주의 비판〉

'종교' 개념은 종교들의 역사적 현실성을 무시하고 본질주의의 함정에 빠질 위험을 가지고 있다. 고정된 존재로서의 종교들이라는 개념에서 벗어나야 하며, 존재하는 것은 정의될 수 없다는 사실을 알아야 한다. 가령 '힌두교'란 말은 관념상으로는 정의될 수 있을지 모르지만 하나의 역사적 실재를 정의한 것이라 할 수는 없다. '힌두교'란 너무도 다양한 사실들에 대해 서양이 일방적으로 부여한 이름으로, 지나친 단순화의 산물일 뿐이다.[44] 스미스는 종교에 대한 '본질주의'를 폐기할 것을 주장하였는데, 그 논지를 정리하면 다음과 같다.[45]

우선 그가 주목한 것은, 것은 20세기 초반 유행한 종교의 '본질과 기원'에 관한 이론이 지닌 결함이다. 어떤 특정 종교의 최초 형태가 가장 참된 것이며, 그 이후의 형태들은 모두 그것으로부터 탈선한 것이라고 보는 이론은 잘못된 견해라는 것이다. 초기 몇십 년 간의 붓다의 출가 생활이나 가르침을 불교의 본질과 동일시하는 것이 하나의 예이다. 실제로 서양에 의해 불교(Buddhism)가 발견된 이후, 한동안 대승불교는 불교의 타락한 형태로 간주된 바 있다.

그 다음으로 그가 문제로 삼은 것은, 모든 경우의 공통적인 것을 '종교', 혹은 '하나의 종교(a religion)'로 간주하는 견해이다. 이것은 여러 '특수들'이 '본질'을 공유한다고 보는 전통적인 아리스토텔레스적 관념이다. 그러나 힌두교나 도교나 불교의 현상들이 모두 어떤 하나의 공통점을 지니고

---

44 캔트웰 스미스, 앞의 책, 193-201쪽. 이러한 관점은 앞으로 살펴볼 피츠제랄드와 상통한다고 볼 수 있다.
45 위의 책, 201-207쪽 참조.

있다고 보기 어렵다. 설령 최소한의 공통분모가 있다 할지라도, '특수'나 '독특한 것'을 비본질적이고 무의미한 것으로 간주하는 것은 인간의 신앙을 공정하게 다루는 것이 아니라는 것이다.

스미스는 이처럼 종교에 대한 본질주의적 이해를 폐기할 것을 주장하면서, 관심의 초점을 종교(들)이 아니라 종교적 인간의 구체적 삶으로 돌릴 것을 요청했다.[46]

〈종교 물상화의 결과물로서 '종교들'의 발명〉

캔트웰 스미스의 연구에서 특히 흥미로운 부분은 19세기 초부터 등장한 세계종교들의 명칭에 대한 논의이다. 그는 오늘날과 같이 다양한 종교들이 이름을 갖게 된 이유를 설명한다. 19세기 서양에서는 주요 개별 종교 전통들에게 과거에 없었던 특정 이름들을 부여하기 시작했다. 그 이전에는 이들 전통들은 단지 '어떤 민족의 ㅇㅇ'으로 표현되었고, 'ㅇㅇ'에는 '종파', '이단', '종교' 등 다양한 용어가 사용되었다. 17세기에는 '중국의 지혜', '힌두인들의 철학' 등의 표현이 사용되었으며, 19세기 초에는 '불타의 종교'와 같은 언급이 있었을 뿐이다. 물론 '이슬람'과 '마니교(Manichism)'는 이미 17세기에도 쓰여지고 있었다.[47] 그 두 경우를 제외하면, 19세기 이전에는 서양에서 어떤 종교의 이름도 정식화해서 사용한 것을 발견할 수 없었다.

---

46 위의 책, 43-44쪽.
47 스미스에 의하면 이슬람만이 예외적으로 자신의 종교에 스스로 이름을 부여했다. 서양이 이슬람에 이름을 붙이는 일은 16세기 말까지 소급된다. 예를 들면 마후메티즘(1597), 마후메타니즘(1612), 무하메드리(1613), 이슬라미즘(1747), 무슬마니즘(1818) 등이 있었다. 위의 책, 94쪽.

그런데 19세기 중엽 새로 만든 고유명사로의 변화가 본격화된다. 이때쯤 부디즘(Boudhism, 1801), 힌두이즘(Hindooism, 1829), 타오이즘(Taouism, 1839), 조로아스트리아니즘(Zoroasterianism, 1854). 컨퓨셔니즘(Confucianism, 1862) 등이 등장한다.[48] 스미스는 19세기 서양에서 이와 같은 현상이 나타나기 시작한 것은 서양의 물상화 경향이 반영된 것이라고 설명한다. 즉 서양이 '종교'의 물상화 단계를 거친 후, 다시 여러 전통들을 개별적으로 지칭하는 특수한 개념화 과정을 밟아왔다는 것이다. 그리고 그것은 서양이 종교 체계에 대한 자신들의 관념을 정형화해 온 역사적 과정이라고 해석한다.[49]

여기서 특히 주목할 부분은, 이처럼 종교들에 이름을 부여하는 '새로운 용법'이 도입되는 것은 하나의 종교 공동체가 '자신이 비판하고자 하는 어떤 것을 지시하기 위함'이었다는 스미스의 분석이다. 그에 의하면 복수용법으로 사용된 '세계의 종교들'이라는 표현은, 자신과 대립하는 신앙들을 논박할 때만 사용했으며, 자신의 신앙에 대해서는 사용하지 않았다. 말하자면 '세계의 종교들'은 객관적으로 여러 종교들을 의미하는 개념이 아니라, '그리스도교 신앙'의 타자로서 대조의 성격을 부각시킨 개념이었고, 이후에도 계속 타종교를 비방하는 뜻으로 사용되었다.[50] 종교의 명명 주체는 언제나 외부자였고, 그 의도는 대부분 자신을 타자와 구별하기 위한 것이었다.[51]

---

48 위의 책, 94-95쪽.
49 위의 책, 170쪽.
50 위의 책, 74쪽.
51 위의 책, 94-96쪽.

이처럼 19세기~20세기 초반에 여러 전통들이 개별적 이름들을 갖게 되면서 근본적인 전환을 맞게 된다. 각 종교들은 이론적 교리 체계를 갖추는 것은 물론, 하나의 역사적·사회적 존재로 자리 잡게 된 것이다. 이제 기독교는 하나의 사회적 현상으로 사회·경제·군사 등 복잡한 인간 현상들과 결부된, 관찰 가능한 어떤 제도를 가리키는 이름이 되었다. 이름을 부여받은 동양 전통들도 종교의 객관적 성질이 더욱 두드러지게 되었다. 불교가 '불타와 같음'(Buddha-like-ness), 다시 말해 자기 헌신을 통한 개인 인격체의 완성이나 그 속성을 의미하던 기억은 사라지게 되었다. 이제 '부디즘'이라는 말은 역사적으로 발전한 어떤 관찰 가능한 신조와 행위, 그리고 제도나 자료들로 구성된 하나의 복합체를 지칭하는 이름이 되었다.[52]

〈종교 개념을 비(非)서구지역에 적용하는 문제〉

스미스에 의하면 종교 개념의 물상화를 가장 잘 보여주는 한 예가 바로 힌두이즘(Hinduism)이다. 이 경우는 특별히 잘못된 개념화로서, 힌두인들의 종교적 세계관과 양립할 수 없는 개념이다. 고대 힌두인들은 '힌두'라는 말조차 몰랐고, '힌두이즘'이라는 개념은 더구나 가지고 있지도 않았다. '힌두'라는 명칭은 AD 1000년 이후 인도를 침입한 무슬림들이 인도의 토착민을 지시하기 위해 처음 사용한 것이다. 처음에는 '인도적'이란 의미만 지닌 것이어서, 오늘날의 힌두교도 뿐만 아니라 자이나교도, 불자 등을 모두 포괄하는 말이었다. 그러나 무슬림 공동체가 자타를 구분하며 '힌두'를 무슬림 아닌 사람들로 구별하여 지칭하는 용어로 사용하기 시작하였다.

---

52 위의 책, 115-116쪽.

이후 서양인들이 이 용어를 빌려 '힌두교'라는 개념을 만들어낸 것이다.[53]

또한 전통적으로 중국의 유교, 도교, 불교는 '삼교(三敎)'로 불리며 중국에서 장구한 세월 동안 서로 존중, 공존하면서 유지되어 왔다. 이 세 학파는 서로 분명한 경계선을 긋지도 않았고 배타적 추종자를 지닌 폐쇄적 공동체를 만들지도 않았다. 따라서 전통적인 서양의 '종교' 개념의 시각에서 볼 때 중국의 종교적 상황은 이해하기 어려웠다. 스미스의 설명에 따르면, 중국은 서구에서 유입된 종교적 개념 형식에 잘 들어맞지 않았다. 그럼에도 불구하고 '삼교'가 '세가지 전통들(the three religions)'이라고 해석되지 않고 '세 종교들(the three religions)'이라고 번역됨으로써 심각한 오해를 불러일으키게 된 것이다.[54] 중국에서는 한 개인이 종교인이 되기 위해 그리스도인이나 공산주의자가 '되는' 것과 같은 분명한 절차가 있는 것이 아니었다. 가입해야 할 교회나 당(黨)도 없으며, 사회학적으로 확인할 수 있거나 개념적으로 정립된 조직이나 집단이 존재하지도 않았다. 예를 들어 중국에서 불타의 영향력은 매우 컸지만, 출가자를 제외한 민간에서 불교 공동체는 따로 존재하지 않았다.[55]

이러한 중국의 문화적 특색에 대해 스미스는, "인구 조사자에게 얼마나 많은 중국인들이 불교신자인가라고 물어보는 것은 얼마나 많은 서양인들이 아리스토텔레스주의자인가 혹은 실용주의자인가라고 물어보는 것과 마찬가지일 것"이라며 비유적으로 설명하기도 한다. 또 "'유교는 종교인

---

53 위의 책, 99-102쪽.
54 Cantwell Smith, op. cit., p. 69; 캔트웰 스미스, 앞의 책, 105쪽 참조. 캔트웰 스미스는 '교'와 '종교'의 차이를 자신의 책의 6장에서 좀 더 자세히 살펴보고 있다
55 캔트웰 스미스, 위의 책, 103-104쪽.

가'라는 질문은 서양이 대답할 수 없었던 질문이며, 중국은 결코 물을 수도 없었던 질문"이라고 강조한다.[56]

흥미로운 것은 스미스가 중국의 '교' 및 '삼교' 체계와 서양에서의 '종교'의 차이를 설명하면서 중국에서 세 종교들이 공존해 온 양상을 높이 평가했다는 사실이다. 그는 '중국의 세 종교'들이 심각하게 서로를 구별하거나 배타적이지 않았으며, 무슬림이나 서양인들이 일반적으로 이해하는 것보다 더욱 무형적(amorphous)이었다고 평가했다.[57] 나아가 중국의 '삼교'와 같은 양상은 단지 이론적 수준을 넘어 현대적 종교상황에서도 중요한 의미를 지닌다며 그 가치를 높이 평가했다. 인류가 당면하고 있는 현대적 문제의 하나는 다양한 종교적 전통에도 불구하고 하나의 범세계적 공동체를 구축하는 일이기 때문이다.[58] 중국의 '교'와 '삼교'에 대한 스미스의 시각은 이 책의 10장에서 한국불교와 종교 개념 사이의 관계를 살펴볼 때 중요한 참고가 될 것이다.

〈기독교 전통의 특수성과 종교 개념의 표준 문제〉

근대 이후 형성된 서양의 종교 개념은 '기독교'의 특성을 내포하고 있다. 그리고 종교 개념이 비서구권에 전래될 때, 기독교는 그 표준 모델로 기능하게 된다. 따라서 종교 개념을 이해하기 위해 무엇보다 기독교의 특징을

---

56 위의 책, 104-105쪽.
57 위의 책, 125쪽. 여기서 스미스가 사용한 '무형적'이라는 말은 '정형적'인 것의 반대말이다. 스미스는 '정형적'이라는 말을 '정합적이고 응집된' 것의 의미로 사용하며, 이슬람교가 가장 정형적 성격을 가진다고 설명한다. 나아가 그 정형성으로 인해 이슬람이 가장 물상화된 종교라고 주장한다.
58 위의 책, 237쪽.

살펴볼 필요가 있다.

캔트웰 스미스에 의하면 지중해에서 시작한 기독교 교회는 새로운 종류의 종교적 형태였다. 선교적 열정, 모든 사람들에게 열린 개방성, 그리고 교회에 가담하지 않은 자에 대한 날카로운 배척은 새로운 문화현상이었다. 기독교 교회는 '이것이냐 저것이냐(either/or)'의 선택을 강요했다. 그 이유는 지중해 세계의 넓은 흐름에 뛰어든 이후, 주위에 이미 유행하고 있었던 기존의 관념들과 경쟁해야 했기 때문일 것으로 추정된다.[59] 그리고 자신들의 본토에서 강제로 추방당한 유대인들은 널리 흩어져 있으면서도 종교적으로는 통합된 신앙공동체를 유지해야만 했다. 이것 역시 하나의 새로운 현상이었다. 다시말해 독립적인 종교 공동체라는 현상이 새롭게 탄생한 것이다.[60] 이처럼 유대·기독교는 강한 내부 결속력과 믿음 체계에 대한 충성심, 타자와의 구별의식 등이 뚜렷하게 나타났다. 앞으로 한국 근대에 종교 개념이 도입되는 과정을 이해하기 위해 이 점은 특별히 기억해 둘 필요가 있다.

한편, 동·서양 문명 사이의 구별되는 특징에도 주목해야 할 필요가 있다. 주지하듯이 서양문명은 두 가지 전통들로 구성되어 왔다. 이른바 그리스와 로마의 헬레니즘과 팔레스타인의 헤브라이즘 전통이 바로 그것이다. 그런데 이 둘은 결코 쉽게 융합되지 않았다. 캔트웰 스미스는 서양 종교사의 중요한 특징 중의 하나가 헬레니즘의 전통이 서양의 '종교' 개념 속에 포함되지 않았다는 사실이라고 강조한다.[61] 서양에서 종교와 철학이 별

---

59 위의 책, 131쪽.
60 위의 책, 127쪽.
61 위의 책, 133쪽.

개로 분리된 것도 그 결과라 할 수 있다. 스미스는 종교와 철학이 이처럼 분리되는 현상은 서양 문명 밖에서는 생소한 관념이라고 설명한다. 예컨대 종교와 철학을 구분하는 것은 인도 역사에 있어서는 터무니없는 일이다. 또한 특별히 종교의 개념 없이 살아온 대다수의 인류에게도 종교와 철학의 구분은 있을 수 없다. 그리고 그리스의 철학적 전통은 결코 배타적 공동체나 체계적으로 조직화된 '~주의'를 형성하지 않았다. 반면에 기독교 운동은 달랐다. 기독교 교회는 자의식을 가진 구성원들을 체계적으로 조직화했다.[62]

기독교는 하나의 실증종교이지만, 동시에 서구 종교 개념의 구체적 현실태라 할 수 있다. 이러한 기독교 중심적인 종교 개념이 근대 한국에 전래되어 마주치게 된 현실적 문제상황은 앞으로 우리의 중요 관심사가 될 것이다.

결론적으로 지금까지의 스미스의 논지를 요약하고, 추가로 종교에 대한 그의 견해를 설명하면 다음과 같다. 무엇보다 스미스에게 '종교', '종교들', 그리고 '특정한 이름을 지닌 종교들'의 개념 사용은 인류 역사에서 보편적인 경향이 아니라 하나의 특수하고 제한된 시기에 등장한 현상일 뿐이다. 이러한 용어를 비판적 반성없이 사용하는 것은 '종교'의 물상화를 반영하며, 인간의 종교적 삶의 본질을 왜곡시키므로 다른 개념으로 대체하는 것이 바람직하다.[63]

62　위의 책, 137쪽.
63　Cantwell Smith, op. cit., p. 167.

그렇다면 인간의 종교적 삶의 본질은 무엇인가? 스미스에 의하면 '종교적 신앙인은 이 세상에서 살고 있으나 동시에 이러한 제약을 초월하는 또 하나의 세계와 접촉하는 이중성(duality, 이중적 위치) 속에 사는 인간'이다. 그는 '제한되어 있으며 관찰가능하고 변화하는 현실로서의 속된 영역(mundane realm)과 이것을 초월하는 영역(realm transcending this)이라는 두 세계(two worlds) 사이에 관여'하는 존재이다.[64]

다시 말해서 스미스에게 '종교'란 인간에게 객관적으로 관찰될 수 없는 어떤 초월(혹은 초월적 존재)에 대한 인간의 경험의 역사이다. 그는 "종교 일반(religion in general), 혹은 개별 종교(each religion)라고 불러온 것의 역사는 역사적으로 전개된 관찰 가능한 사실들의 맥락과, 역사적 연구에 의해서는 직접 관찰될 수 없는 어떤 것에 인간이 참여하고 있는 역사"라고 말하고 있다. 이처럼 종교는 '초월'에 대한 인간의 '인격적 신앙(personal faith)'의 관계로 접근해야 한다는 것이 스미스의 입장이다.[65]

이런 의미에서 스미스는 서로의 경계선이 분명한 서양의 종교 공동체의 형태와 달리, 과거 중국에서처럼 사람들이 하나의 종교적 전통을 중심으로 명확하게 구분된 울타리를 치고 살지 않았던 상황을 이상적으로 여긴다. 그는 다양한 종교적 전통에도 불구하고 하나의 범세계적 공동체를 구축하는 일이 현대 세계가 당면한 과제라고 생각했기 때문이다.[66]

---

64 Ibid., pp. 154-155.
65 Ibid., p. 156. 그런데 이러한 스미스의 종교에 대한 관점은 '릴리지온' 개념에 담겨 있는 서구중심성을 드러낸다고 평가된다. 장석만, 『한국 근대종교란 무엇인가?』, 35쪽 참조.
66 Ibid, pp. 236-237.

이와 관련하여 스미스가 구체적으로 '종교'를 통해 기대한 것이 무엇인지 살펴보는 것도 스미스를 이해하는데 도움이 될 것이다. 그는 "하느님과 인간에게 궁극적인 관심사는 인격(character) 이외에 아무 것도 없다"고 말한다. 즉, "한 종교 전통을 그 신앙이 산출해주는 '인격(character)'의 성품에 의하여 평가하는 것이 이성이나 계시, 혹은 어떤 비인격체적 척도를 근거로 평가하는 것보다 더 옳은 것처럼 보인다"는 것이 그의 결론이다.[67] 스미스는 '종교의 의미와 목적'이 인간의 인격의 완성에 있다고 생각한 것이다.

4. '종교'에 대한 성찰적 전환: 캔트웰 스미스를 넘어서

1) '비판적 종교학'의 등장

1962년 캔트웰 스미스의 『종교의 의미와 목적』이 출판된 이후 그 계보를 잇는 일련의 학자들이 등장한다. 하지만 그들은 스미스의 종교 개념 비판을 계승하면서도 그것을 넘어서기 위한 새로운 의제를 제기한다. 이들은 '종교 개념이 근본적으로 과학적 개념으로서 적절한지'를 묻고, 종교 개념을 중심으로 행해지던 기존의 연구를 사회적·역사적 맥락에서 새롭게 정초하기 위한 작업을 수행한다.[68] 이런 노력에 동참한 많은 연구자들은, 종교담론 분석을 통해 종교 개념의 비(非)보편성과 문화적 편파주의를 비판한다는 공통점을 지니고 있다.

---

67 Ibid., p. 238.
68 Peter Beyer, op. cit., p. 141.

이 일군의 학자들의 공통된 질문은 '종교란 무엇인가?'가 아니라, "누가, 무엇을, 왜 '종교'라고 규정하는가?"라는 데 초점이 맞추어져 있다. 이들은 종교 개념을 통해 다양한 종교들을 분류하고 그 내용을 연구하기보다는, 누가 왜 '종교'를 발명했는지 조사하고 성찰하는 것에 집중한다.[69] 이처럼 종교 개념에 대한 성찰적·반성적 연구를 주도한 학자들로는 조나단 스미스(Jonathan Z. Smith, 1938-2017), 탈랄 아사드(Talal Asad), 티모시 피츠제랄드(Timothy Fitzgerald), 러셀 맥커천(Russell McCutcheon), 브렌트 농브리(Brent Nongbri) 등이 있다. 그 가운데서도 특히 피츠제랄드와 맥커천은 '비판적 종교학(Critical Religion)'이라는 일종의 '학파'를 형성하여 전면에서 활동하고 있다. 자신들의 연구를 '비판적 종교학'이라고 명명한 것은 러셀 맥커천이었다고 하며, 그 명칭은 때로는 '비판적 종교연구(the critical study of religion)'로 표기되기도 한다.[70]

맥커천은 자신을 비롯한 일군의 학자들이 "종교를 연구하는 것이 아니라 '종교'를 연구하고 있다"고 위트있게 표현한다. 그리고 그런 연구 흐름에 참여하는 학자들을 다음과 같이 열거함으로써, 그들 스스로가 서로 연계되어 있음을 인정하고 있다.

---

69 Kevin Schilbrack, "A metaphysics for the study of religion: A critical reading of Russell McCutcheon", *Critical Research on Religion*, vol. 8(1), 2020, p. 88.

70 Warren S. Goldstein, "What makes Critical Religion critical? A response to Russell McCutcheon", *Critical Research on Religion*, vol.8(1), 2020, p. 74. 이들은 또 '비판적 종교학' 진영(the critical religion camp)이라고 불리기도 한다; Schilbrack, "A metaphysics for the study of religion", p. 87; 비판적 종교학 협회(The Critical Religion Association)의 홈페이지는 https://criticalreligion.org ; 'critical religion'을 국내에서는 학자에 따라 '비판적 종교', 혹은 '비판적 종교학'으로 부르고 있다.

우리의 연구 분야에는 종교가 아니라 '종교'를 연구하는 비교적 일관된 학자 그룹이 있다. 윌프레드 캔트웰 스미스, 조나단 스미스, 탈랄 아사드, 토모코 마스자와(Tomoko Musuzawa), 다니엘 뒤비송(Daniel Dubuisson), 팀 피츠제럴드, 나오미 골든버그(Naomi Goldenberg), 데이비드 치데스터(David Chidester), 리차드 킹(Richard King), 그리고 기타 학자들(영국에 근거를 둔 비판적 종교협회의 구성원들 등)이 모든 측면에서 일치한다고 하기는 어렵지만 … 학문적이고 관료적인 분류가 가진 실제적 효과를 연구하고자 하는 그들의 공통된 관심은 이 분야에서 최근의 발전으로서 충분히 인식할 가치가 있다.[71]

흥미로운 것은, 캔트웰 스미스의 후속 세대라고 볼 수 있는 이 연구자들 대부분이 캔트웰 스미스를 비판하면서 자신의 견해를 개진한다는 점이다. 물론 이들 연구자들이 모두 동일한 입장에 서 있는 것은 아니다. 이들 사이에는 강조점과 연구 목적에 미세한 차이들이 있다. 하지만 이들의 연구와 시각은 전체적으로 '근대 한국에서 종교 지형의 재편과 종교로서 불교의 탄생'이라는 이 책의 주제와 밀접한 관련을 갖고 있다. 그런 만큼, 이들의 주장을 전체적 시각 및 방법론에 초점을 맞춰 개괄적으로나마 살펴볼 필요가 있다.[72]

---

71 Russell T. McCutcheon, "The Category "Religion" in Recent Publications: Twenty Years Later", *Numen*, vol. 62, 2015, p. 127.
72 '종교' 개념 연구사에 대해서는 이미 폭넓은 연구가 있다. 장석만, 『한국 근대종교란 무엇인가?』, 2017, 23-52쪽; 이소마에 준이치, 『근대 일본의 종교 담론과 그 계보: 종교·국가·신도』, 제점숙 역, 논형, 2016, 41-75쪽; 호시노 세이지, 『만들어진 종교: 메이지 초기 일본을 관통한 종교라는 물음』, 이예안·이한정 옮김, 글항아리, 2020, 34-42쪽

2) 비판적 종교학자들

앞에서 살펴보았듯이, 캔트웰 스미스는 종교에 대한 정의를 내리는 것을 반대했다. 그리고 '종교'와 '종교들'이라는 개념을 학문적 용어로 사용하는 것에 대해서도 비판했다. 그 이유는 그것이 내포하고 있는 '물상화'가 "혼란스럽고 불필요하며, 왜곡하는" 것이기 때문이라고 주장했다. 이와 같은 시각을 공유하면서 종교 개념을 비판적으로 고찰하는 일련의 학자들을 웨스턴 캐롤라이나 대학교 교수인 케빈 쉴브라크는 '성찰적 학자들(reflexive scholars)'이라고 부르면서, 이러한 연구 흐름을 '종교' 개념에 대한 '성찰적 전환(reflexive turn)'이라고 표현한다. 그는 이 학자들의 주장을 다음과 같이 설명한다.

> 이들은 종교로 간주되는 것이 개인의 정의에 따라 달라진다는 사실이 용어 사용의 자의성을 반영한다고 주장해 왔다. 그들은 종교가 모든 문화에서 발견되는 개념이 아니라, 특정 시간과 장소에서 특정 사람들이 자신의 목적을 위해 발명하고 다른 사람들에게 부과하는 도구라는 사실이 종교의 정치적 성격을 드러낸다고 주장한다. 따라서 종교가 정치적 동기에 의해 만들어진 개념적 발명이라는 인식은, 일부 사람들에게 그 개념이 과연 세상에 무엇인가 실재하는 것을 가리키는지에 대한 회의론을 불러 일으켰다. 과학철학의 도구주의와 마찬가지로, 종교에 대한 성찰은 기술적 용어 (technical term)가 가리키는 지시 대상의 존재론적 지위에 대한 의구심을

참조.

불러일으켰다.[73]

이 쉴브라크의 언급에서 주목할 부분은, 성찰적 학자들이 (1) 종교 정의의 자의성, (2) 종교 정의를 내리는 행위 뒤에 숨어 있는 정치적 동기, (3) '종교라고 부를 만한 실재가 존재하는가'에 대해 물음을 제기했다는 점이다. 이 가운데 제일 첫 번째, '종교 정의의 자의성'은 대부분의 학자들이 공감하는 부분일 것이다. 오늘날 종교 정의가 하나로 통일될 수 없고, 각 연구자들과 학문 분과의 특성에 따라 다양한 방법으로 내려질 수 있다는 것은 주지의 사실이다. 이미 막스 베버(Max Weber, 1864-1920)가 종교 정의의 '작업가설적 성격'을 강조한 것도 널리 알려져 있다.[74]

여기서 주목해야 하는 것은 두 번째와 세 번째이다. 이들 연구자들은 캔트웰 스미스가 미처 주목하지 못했던 종교 개념 배후의 정치적 성격, 제국주의적 성격 등 이데올로기적 측면을 파헤치고 있기 때문이다. 이들은 심지어 캔트웰 스미스 자신도 기독교 중심의 종교적 본질주의에 사로잡혀 있었다고 비판한다. 그리고 결국 극단적으로는 '종교라고 부를 만한 것은 없다'는 주장에까지 이르게 된다. 물론 모두가 그런 것은 아니며, 강조점에 따라 학자들 간에 다소간의 차이를 드러내기도 한다. 케빈 쉴브라크는 대체로 두 번째에 대한 '성찰적 학자들'의 견해에 대해서는 수긍하지만, 세 번째 '종교'라는 현상의 비실재성을 주장하는 극단적 입장에 대해서는 매우 비판적이다.

---

73 Kevin Schilbrack, "The Concept of Religion", 〈3. Reflexivity, Reference, and Skepticism〉.
74 Peter Beyer, op. cit., pp. 142 참조.

(1) 조나단 스미스: '종교'는 학자들의 상상적 산물

그 가운데 이 논의의 분수령을 이루는 텍스트는 시카고대학 교수였던 조나단 스미스의 『종교 상상하기(Imagining Religion)』(1982)이다.[75] 조나단 스미스는 종교 개념이 명시적으로 개신교의 변증이라 할 수는 없지만, 암묵적으로 개신교적 전제로부터 출발하고 있음을 보여주기 위한 연구에 집중했다. 예를 들어 그는 『신에 관한 고역(Drudgery Divine)』(1990)에서 초기 기독교와 후기 고대 종교들을 역사적으로 비교하는 것 자체를 비판적으로 고찰하였다.[76] 이 책에서 스미스는 그동안 양자를 비교했던 학자들의 문제의식, 그들이 사용한 범주, 비교 모델과 방법등을 선명하게 밝히는 것이 일차적 관심이라고 밝혔다. 그리고 그 결과, 이들 양자를 역사적으로 비교하는 과정에서 서구 프로테스탄티즘의 신학적·호교론적 편견이 무언의 전제로 처음부터 끝까지 관철되고 있었다고 주장한다.[77] 스미스에 따르면, 지금까지 '현상학'의 이름 아래 '신학적' 논의가 암묵적으로 진행되

---

75 Schilbrack, "The Concept of Religion", 3장 〈Reflexivity, Reference, and Skepticism〉. 쉴브라크는 종교 개념에 대한 비판적 연구 흐름을 형성하는 데 스미스의 이 책이 큰 계기가 되었다고 평가한다. 이 책은 국내에도 번역되어 있다. 조너선 Z. 스미스, 『종교상상하기』, 장석만 옮김, 청년사, 2013. 이 책의 〈옮긴이의 말(11-21쪽)〉은 스미스를 이해하는데 좋은 참고가 된다. 이와 더불어 스미스의 또 다른 책의 번역본이 있다. 조너선 스미스, 『자리 잡기: 의례 내의 이론을 찾아서』, 방원일 옮김, 이학사, 2009. 이 책의 '옮긴이의 말(261-276쪽)' 역시 스미스에 대한 좋은 안내서이다.

76 Jonathan Z. Smith, *Drudgery Divine: On the Comparison of Early Christianities and the Religions of Late Antiquity*, Chicago: The University of Chicago, 1990.

77 임현수, 「조나단 스미스의 비교이론과 방법: 이해와 비판」, 『종교문화비평』 10, 2006, 57쪽; 안신, 「조나단 스미스의 종교 현상학 연구: 형태론과 비교론을 중심으로」, 『철학과 현상학 연구』 34, 2007, 26쪽; Hans G. Kippenberg, "Comparing Ancient Religions. A Discussion of J. Z. Smith's 'Drudgery Divine'", *Numen*, vol. 39(2), 1992, p. 220

어 올 수 있었던 것은 개별 학자들의 '기독교적인' 성향과 의도를 비판적으로 검토하지 못했기 때문이다. 따라서 스미스는 세계종교나 개별종교에 대한 교리적 연구를 진행하는 것 보다도 종교학자들의 철학적, 신학적, 정치적 의도에 대한 비판적 성찰 자체가 필요하다고 주장한다. 그는 헤시오도스를 시작으로 프레이저를 거쳐 엘리아데(M. Eliade, 1907-1986)에 이르기까지 주요 종교학자들의 저서에 나타난 '범주로서의 종교'에 대한 이해를 연구했다. 그 결과 엘리아데를 위시한 종교현상학계를 지배해 온 거대담론들의 한계를 비판하고, 기존의 현상학적 연구를 교정하는 새로운 비교방법론을 제안하였다.[78] 그리고 이러한 스미스의 입장은 엘리아데의 현상학을 '본질주의자', 또는 '종교주의자'라 부르며 비판하는 '환원주의자들(reductionists)'의 이론적 입지를 더욱 강화시켜주었다.[79] 스미스의 다음과

---

[78] 안신, 앞의 글, 24-26쪽; 스미스의 비교연구방법론에 대해서는 장석만, 「인간과 관계된 것 치고 낯선 것은 없는 법이다: 조나단 스미스의 종교학」, 『현대사상』 7, 1999; 김윤성, 「차이의 놀이, 보편의 그림자: 조나단 스미스와 윌리엄 페이든의 비교종교이론」, 『종교문화연구』 7, 2005; 유요한, 「새로운 비교종교방법론의 발전 가능성과 그 방향 - 조나단 스미스의 '같은 지점'의 확인을 통해」, 『종교와 문화』 13, 2007 참조.

[79] 위의 글, 12-13쪽. 종교학에서 '환원주의(reductionism)'란 주로 사회과학적 방법론에 의한 종교연구를 일컫는 것으로, 종교현상을 종교가 아닌 것들, 즉 사회적 요인이나 심리적 요인 등으로 설명하는 연구방법을 말한다. 이에 반해 종교현상학(phenomenology of religion)은 '종교적 현상'의 '환원불가능성'을 주장하면서, 종교는 '종교 자체' 또는 '종교적 언어'로 설명되어야 한다고 주장한다. 이를 위해 외부 관찰자로서가 아니라 종교현상에 대한 공감적 연구가 필요하다고 강조한다. 이런 면에서 환원주의적 연구자들은 '종교적 현상'의 '독특성'을 강조해온 엘리아데와 그 지지자들을 '신학과 철학을 그 안에 교묘하게 숨기고 마치 과학적 학문인 척 위장한다'고 비난한다. 반면에 종교현상학자들은 객관적 과학성과 엄밀성을 내세우는 환원주의자들이야말로 종교학의 고유성을 교란시키는 '위험하고 파괴적이며 혁명적인' 인물들로 간주한다.

같은 말은 매우 유명하다.

인간, 좀 더 정확히 말해서 서양인이 종교에 대해서 상상해 온 역사는 불과 몇 세기에 지나지 않는다. 종교를 연구하는 사람이라면 누구나 바로 이런 이차적인 영역, 즉 성찰적 상상의 행위(reflective imagination)를 중심적인 관심사로 삼아야 한다. 다양한 문화에서 여러 가지 기준으로 종교적이라고 여겨진 인간의 경험과 표현, 현상과 자료가 많이 쌓여 있지만, 종교 그 자체에 해당하는 자료란 존재하지 않는다(There is no data for religion). 종교는 단지 학자들의 연구에서 창조된 것(creation)일 뿐이다. 종교는 분석적 목적을 이루기 위해 학자가 비교와 일반화라는 상상적 행위를 하면서 창출된 것이다. 종교는 학문 세계를 떠나 독자적으로 존재하지 못한다. 이런 이유로 종교 연구자, 특히 종교학자는 가혹할 만큼 자의식적이어야 한다.[80]

스미스의 이 진술은 때때로 '종교 개념에는 지시 대상이 없다.'는 명제로 요약된다. 그러나 그것은 스미스가 종교적 현상이 없다고 생각한 것이 아니라, 자료를 놓고 그것들을 분류할 때 관찰자의 판단과 선택을 전제할 수밖에 없게 된다는 사실을 강조한 것이다. 책 제목에 명시적으로 강조한 '상상'의 과정을 그는 이렇게 설명한다. "자료 그 자체에 본래적인 관심을 끌 만한 것이 있는 것은 아니다. 어떤 자료가 가치를 지니는 것은 종교를 상상하는 과정에서 그것이 근본 문제에 관한 사례로서 쓰일 경우일 뿐이

---

80 Jonathan Z. Smith, *Imagining Religion: From Babylon to Jonestown*, Chicago and London: The University of Chicago Press, 1982, p. xi.

다." 그렇다면 종교 연구자의 임무는 왜 '저것'이 아니라 다름 아닌 '이것'이 사례로서 선정되었는지 명확하게 밝혀주는 것이다. 따라서 연구자의 가장 중요한 능력은 바로 이 '선택'의 문제에 집중되어야 한다고 말한다.[81]

그렇다면 위 인용문에서 스미스가 말하고 싶어하는 것은 구체적으로 무엇이었을까? 그것은 종교라는 것이 우리가 경험하는 현상 자체가 아니라 그것을 총칭하는 이차적인 추상물이라는 점이다. 그는 우리가 구체적인 차원에서 경험하는 것을 '종교'라는 범주에 담아 그것을 다시 다양한 형태로 구분하는 것이 바로 연구자 집단이라고 강조한다. 그에 따르면 종교란 '문화'나 '언어' 처럼 만들어진 범주이며, 오직 연구만을 위해 기능하는 개념일 뿐이다.[82]

이처럼 스미스는 종교 연구 분야에서 가장 핵심적이고 중요한 '종교'라는 개념이 학자들, 그것도 서양 학자들의 상상력에 의해 창조된 산물일 뿐이며, 이를 떠나 본래 종교라고 부를 만한 자료란 존재하지 않는다고 주장한다. 이러한 주장은 '신화'나 '의례' 등과 같이 종교연구 분야에서 통용되고 있는 수많은 개념들도 자의적 창안물로 이해될 수 있는 가능성 마저 열어놓게 된다. 나아가 서구 중심적인 종교 개념을 서양에서 벗어난 다른 지역에 보편적으로 적용하는 것이 과연 적절한지에 대한 의문을 제기하게 된다.[83] 심지어 스미스는 다음과 같이 말하고 있기도 하다.

81　Ibid.
82　장석만, 〈옮긴이의 말〉, 조나선 Z. 스미스, 『종교상상하기』, 16쪽.
83　임현수, 앞의 글, 59-60쪽. 이러한 스미스의 견해에 대해 '발생론적 오류', 혹은 스미스가 선교사, 상인, 식민지 관리 등이 종교 개념의 형성에 기여한 바를 간과했다는 비판도 제기되고 있다. 장석만, 〈옮긴이의 말〉, 16쪽; 이 밖에도 조나단 스미스에 대한 다양한 논의는 장석만, 『한국 근대종교란 무엇인가?』, 36-39쪽 참조.

범주를 만든 것은 종교연구이고, '종교'를 발명한 것도 종교연구이다.

(It is the study of religion that created the category, it is the study of religion that invented 'religion'.)[84]

하지만 스미스는 티모시 피츠제럴드나 다니엘 뒤비송과는 달리, 종교라는 범주를 포기하지 않는다. 그는 단지 그 범주의 본질이 구성된 것임을 모두가 인정하기를 바랄 뿐이다. 그리고 그 범주가 정치적 기반이 있음을 폭로했지만, 러셀 맥커천처럼 그것의 정치적 맥락을 밝히는 것에는 관심이 없다. 다만 스미스가 당혹스럽게 느끼고 있는 것은 그 범주의 학문적 사용일 뿐이다.[85]

'종교'는 그 지역의 자생적 용어(native term)가 아니다. 그것은 학자들이 그들의 지적 목적을 위해 창조해낸 용어이고, 따라서 종교를 정의하는 일은 그들(학자들)의 몫이다. 2차적 개념, 유적 개념(generic concept)으로서 그것은 한 학문분과의 지평선을 확정하는데 있어서 마치 '언어'가 언어학에서 하는 것, '문화'가 인류학에서 하는 것과 같은 역할을 한다. 그러한 경계선이 없다면 종교연구라는 학문분과는 있을 수 없다.[86]

---

84 Jonathan Z. Smith,"'Religion' and 'Religious Studies': No Difference at All", *Soundings: An Interdisciplinary Journal*, vol. 71(2-3), 1988, pp. 234
85 Robert A. Segal, "Classification and Comparison in the Study of Religion: The Work of Jonathan Z. Smith", *Journal of the American Academy of Religion*, vol. 73(4), 2005, pp. 1179-1180.
86 Jonathan Z. Smith,"Religion, Religions, Religious", Mark C. Taylor, *Critical Terms for Religioius Studies*, The University of Chicago Press, 1998, p. 282.

이와 같이, 스미스는 '종교' 개념이 종교 연구 분야를 타 학문 분과와 구분하는 역할을 한다는 점에서는 그 가치를 인정한다. 쉴브라크는 이런 면에서 스미스가 '종교'라는 개념에 대응하는 실재가 없다고 주장하는 비실재론자(nonrealist)가 아니며, 단지 그 실재에 대한 '개념적' 지도가 '비개념적' 영역과 동일하지 않을 경우 그것은 다시 검증되고 수정되어야 함을 강조한 것일 뿐이라고 해석한다.[87]

조나단 스미스도 캔트웰 스미스와 마찬가지로 서양의 종교 개념의 역사를 통시적으로 살펴보는 방대한 작업을 수행했다. 이 작업에서 그의 초점은 '종교'와 '종교들'의 분류체계가 어떻게 누구에 의해서 변화해 왔고, 궁극적으로 오늘날 '세계종교'라는 분류체계가 어떻게 완성되었는가에 집중되었다.[88] (〈표 2〉 참조)

〈표 2〉 조나단 스미스(J.Z.Smith), 「종교, 종교들, 종교적
(Religion, Religions, Religious)」(1998)

시기	조나단 스미스의 도식	종교 개념의 의미
4세기	• 로마와 초기 기독교: religio/religiones • 어원: 다시 읽다, 조심스럽게 다루다, 묶다.	• '묶다'의 의미 • 릴리기오 = 의례의 준수, 제의
중세	• "enter to the religion"의 뜻은 "수도회에 들어가다"	• religio란 수도원의 서약에 묶인 삶
16세기 종교개혁	쯔빙글리, 칼빈에 의한 변화	• 종교는 마음의 상태 • 종교는 경건함, 신앙심, 독실함
17세기	• 개신교의 분열주의 악화. 권위에 대한 경쟁적 주장들과 비기독교 전통들의 존재 자각	
	• 『퍼쳐스, 그의 순례: 또는 발견된 모든 시대와 장소에서 관찰된 세계와 종교들의 관계』(1613)	• '종교들(religions)'(복수) 개념이 책 제목에 들어 있는 최초의 널리 읽힌 책

---

87 Schilbrack, "The Concept of Religion", 3장 〈Reflexivity, Reference, and Skepticism〉 참조.
88 Jonathan Z. Smith, "Religion, Religions, Religious", pp. 269-284.

	• 에드워드 브레어우드, 『세계의 주요 부분의 언어와 종교들의 다양성 연구』 (1614): 종교의 4분류	• 속(屬, genus)으로서의 '종교'와 종(種, species)인 '종교들' • '종교'의 4종(種): 기독교, 모하메타니즘, 유대교, 우상숭배
18세기	• 사무엘 존슨(1755) - "종교": "신에 대한 외경(reverence)에 기초한 미덕(virtue), 미래의 보상과 처벌에 대한 기대" • 1771년 『인사이클로피디어 브리타니카』 • 매튜 틴달, 『창조처럼 오래된 기독교, 자연종교를 재출간한 복음』(1730) • 흄, 『종교의 자연적 역사』(1749~1751, 1757) • 계몽주의의 관심은 인간 안에 종교의 위치 • 종교 = 이성 + 도덕성 + 느낌?	• '경외', '봉사', '숭배(adore)', '예배' 등 용어에서 의례적 의미 제거 → 마음의 상태 • 믿음(belief)으로 변환: '종교들'의 동의어로 '신앙(faiths)'을 사용하는 영어 용법의 증가 • 자연종교(natural religion)는 계시된 내용의 차이가 아니라 그것의 소통 방법에서 차이 • 종교: 초자연적 역사에서 자연적 역사로 • 종교적인 것은 인간현상의 한 측면인가? • 종교적 감정은 인간의 능력 어디에 위치하는가? • 인간능력의 '속(屬)' 안의 한 '종(種)'인가?
19세기	• 18세기 후반 종교 자료의 폭발 • 브레어우드의 종교의 4분류 계승 • '우상숭배' 범주의 확장과 추가 • 종교들의 명명법 발명 • 휘트니(W. D. Whitney)의 분류체계(1881) • 인종적 종교 vs. 창시자 종교 • 페어베언의 분류체계(1876) • 자발적/자연적 종교 vs. 제도종교 • 우상숭배 범주의 폐기 • 틸레(Tiele), 『보편적 종교의 확산에 대한 종교사 개론』(1876), 『종교들』(1884) - 형태론적 분류, 종교발전단계 도식 - '세계종교' 개념 형성	"Boudhism"(1821), "Hindooism"(1829), "Taouism"(1839), "Confucianism"(1862). 애니미즘, 토테미즘, 페티시즘 등 • 창시자 종교: 조로아스터교, 모하메드교, 불교, 기독교 • 브레어우드의 4분류 도식 폐기 • 유대교는 강등, 불교는 승격 • 제도종교들 가운데 '개혁된 영적 종교들': 기독교, 불교, 모하메드교 3개만 해당 • 자연종교와 윤리종교의 분류 1) 자연종교 - 다신주의적 마법종교, 반인반수의 다신교, 신인동형론적 다신교 2) 윤리종교 - (1) 민족적 규범종교: 도교, 유교 등 (2) 세계종교: 이슬람, 불교, 기독교

그 내용을 요약하면 다음과 같다. 쯔빙글리(U. Zwingli, 1484-1531)와 칼빈 (J. Calvin, 1509-1564)과 같은 종교개혁자들에 의해 '종교' 개념에서 의례적 의미가 제거되고 마음의 상태를 의미하는 것으로 변화가 시작되었다. 종

교를 정의하는 특징으로 믿음(belief)이 강조되고, '종교들'의 동의어로 '신앙(faiths)'을 사용하는 용법이 증가하였다. 개신교의 분열과 비(非)기독교 전통들의 존재가 알려지면서 새로운 분류체계들이 등장한다. 그 대표적 예가 에드워드 브레어우드(Edward Brerewood, 1565-1613)의 종교의 4분류체계이다. 그는 『세계 주요 지역의 언어와 종교들의 다양성 연구(Enquiries Touching the Diversity of Languages and Religions through the Chief Parts of the World)』(1614)에서 속(屬, genus)으로서의 '종교'에 4개의 '종(種, species)'을 배치했다. 즉 기독교, 모하메타니즘, 유대교, 그리고 우상숭배이다. 책 제목에 종교의 복수형을 사용하고 널리 읽힌 최초의 영어책은 사무엘 퍼처스(Sasmuel Purchas, 1577-1626)의 『퍼처스, 그의 순례: 또는 발견된 모든 시대와 장소에서 관찰된 세계와 종교들의 관계(Purchas His Pilgrimage; or, Relations of the World and the Religions Observed in All Ages and Places Discovered)』(1613)이다.

영국의 이신론자 매튜 틴달(Matthew Tindal, 1657-1733)의 『창조처럼 오래된 기독교, 자연종교를 재출간한 복음(Christianity as Old as the Creation; or, The Gospel, a Republication of the Religion of Nature)』(1730)은 '자연종교(religion of nature)'와 '기독교(Christianity)'라는 용어의 초기적 형태의 사용법을 담고 있다. 이 저서는 '종교'를 초자연적 역사에서 자연적 역사로 바꾸어 놓는 과정, 즉 '종교'를 신학적 범주에서 인류학적 범주로 전치시키는 과정의 시초이다. 데이비드 흄(David Hume, 1711-1776)의 저술 『종교의 자연적 역사(The Natural History of Religion)』(1757)는 종교의 "인간본성 안에서의 기원" 문제를 다뤘다. 그의 주장 가운데 주목할만한 것은 "다신론 또는 우상숭배는 인류의 가장 최초의, 그리고 가장 고대의 종교였다."는 것과,

종교의 기원은 불안, 희망, 두려움 등 "인류의 삶의 보통 감정"에서 찾아야 한다는 것이었다. 이것은 18세기 계몽주의의 논쟁에서 "인간의 힘과 기능들의 영역 안에 종교가 어디에 위치하는지 정확히 발견하여 종교를 지적으로 이해하려는 노력"의 대표적 예로 볼 수 있다

19세기에는 '종교들'에 의한 분류학적 질문이 시급한 문제로 등장했다. '종교들'은 어떻게 분류될 수 있는가? 관련 자료들의 폭발적 증가로 이 질문은 피해갈 수 없었다. 앞서 소개했던 에드워드 브레어우드(E. Brerewood)의 종교의 4분류는 19세기까지 계속되었는데, 브레어우드의 4번째 범주(우상숭배)에서 수많은 확장이 일어났다. 아시아 종교와 다양한 민족의 자료들이 이 4번째 범주에 덧붙여졌다. 이러한 과정은 결국 19세기에 이르러 오늘날 우리가 볼 수 있는 종교들의 명명법을 만들어 냈고, 그 결과 'Boudhism'(1821), 'Hindooism'(1829), 'Taouism'(1839), 'Confucianism'(1862) 등 용어가 나타났다. 이 뿐만 아니라 토테미즘, 페티시즘, 샤머니즘, 애니미즘 등 수많은 신생 용어들도 등장했다.

그러자 이제 다시 오래된 종교의 4분류 도식을 수정하여 여러 종(種)들의 다양성에 새로운 질서를 부여해야 할 필요성이 등장하게 되었다. 미국의 산스크리트학자인 윌리엄 휘트니(W. D. Whitney, 1827-1894)는 '인종적 종교(race religion)'와 '창시자 종교[religion from individual founder]'의 종교구분법을, 스코틀랜드 신학자 앤드류 페어베언(A. M. Fairbairn, 1838-1912) '자발적-자연적 종교(spontaneous or natural religions)'와 '제도종교(instituted religions)'의 이중 모델을 개발했다. 이 가운데 현재까지도 가장 영향력이 있는 것은 '세계종교(world religions)' 또는 '보편종교(universal religions)'라는 개념을 포함한 종교분류체계의 발명이었다. 네덜란드 종교학자 코르넬리

우스 틸레(Cornelius P. Tiele, 1830-1902)는 『종교사와 세계종교의 확산에 대한 개관(Outline of the History of Religion to the Spread of Universal Religions)』(1876)에서 새로운 종교 분류방식을 소개했다. 틸레의 '형태론적' 분류 체계는 종교의 발전단계를 진화론적으로 도식화하여 '자연종교(natural religion)'와 '윤리종교(ethical religion)'로 구분했다. 이 가운데 '윤리종교'의 가장 정점에 도달한 '세계종교'에는 오직 세 개의 종교만 배치되었는데, 그들이 바로 이슬람, 불교, 기독교이다.

이 같은 조나단 스미스의 연구 방법과 인식은 '종교' 개념이 동양과 한국에 수용되는 과정에 대해서도 폭넓은 이해를 제공한다. 많은 종교현상들 가운데 '누가' '어떤 것'을 '종교'의 데이터로 분류하고 축적했는지, 그리고 그것에 동원된 상상력은 무엇이었는지, 그 과정을 자세히 추적해 보아야 할 필요성을 제안하고 있기 때문이다.

(2) 러셀 맥커천: '종교'에 본질적 고유성이란 없다

미국 앨라배마 대학 교수인 러셀 맥커천은 종교 개념에 대한 비판적·성찰적 연구 흐름에서 가장 전면에 나선 학자 중 한 사람이다. 그는 이 같은 연구를 '비판적 종교학'이라 부른 장본인이며, 그것의 연구 목적을 "우리가 생각하는 개념들이 특정한 사람들에 의해서, 특정한 역사적 장소에서, 특정한 목적을 위해 발명되었다는 것을 깨닫도록 인도하는 것"에 두고 있다.[89] 그는 종교가 '보편적인 것'으로 탄생되어 통용되어 왔지만, 그것의

89　Kevin Schilbrack, "A metaphysics for the study of religion, p. 87.

경계와 정의는 매우 특별한 기독교적 성격을 띤 학문적 담론으로부터 출현했음을 지적하는 데 열정적이다. 그는 '종교' 개념에 기독교적 중심성이 함축되어 있는 만큼, 그것을 무의식적으로 사용하는 것은 타문화에 대한 이해를 왜곡할 수 있다고 강조한다.

맥커천은 특히 '종교의 고유성' 혹은 '종교 그 자체(sui generis)'라는 관념에 대해 집중 공격했다. 『종교 제작하기(Manufacturing Religion)』(1997)에서 그의 핵심 주장은 "종교 개념이 하나의 자율적이고 근본적 영역이므로 우선 그 자신의 용어로 연구되어야 한다"는 잘못된 이론이 그 동안 종교연구를 지배해왔다는 비판이다.[90] 맥커천은 북미의 종교학계에는 광범위하게 퍼져 있는 학문적 전제가 있다고 판단한다. 그것은 다름 아닌 "종교는 고유하고(sui generis) 자율적(autonomous)이고, 개인적이고 본질적이고 독특하며, 인간의 다른 모든 차원과 구별되면서 모든 것에 우선한다고 보는 전제들"이다.[91]

이 전제들이란, 곧 '종교현상학'의 고전적인 방법론을 일컫는 것임을 알 수 있다. 맥커천은 바로 이러한 종교현상학적 전제와 연구 관행이 종교 내부자들의 경험과 해석에 특권을 부여함으로써, 종교연구가 신학적·개신교적 성격에 갇히게 되었다고 비판한다. 그러므로 이제 종교연구는 이같은 모호한 성격을 직시하고 그것으로부터 벗어나, 객관적인 사회과학 본연의 입장으로 돌아와야 한다고 주장한다. 종교는 탈역사적이고 탈맥락

---

90 Russell McCutcheon, *Manufacturing Religion: The Discourse on Sui Generis Religion and the Politics of Nostalgia*, New York: Oxford University Press, 1997; Peter Beyer, op. cit., p. 145.
91 McCutcehon, *Manufacturing Religion*, p. xi.

적인 초월적 관점보다는 사회·역사적 맥락 속에 서로 긴밀하게 얽히고 설킨 존재로 파악해야 한다는 것이다.

맥커천이 이런 주장을 하게 된 사상적·이념적 배경에는 미셸 푸코(Michel Foucault) 및 조나단 스미스 등의 포스트모던적 사고가 영향을 미치고 있다. 맥커천의 포스트모던적 사고 경향은 『종교 제작하기』의 머리말에서도 잘 드러난다. 그는 자신의 책의 제목이 조나단 스미스의 『종교 상상하기(Imagining Religion)』(1982)와 에드워드 허먼(Edward Herman)과 노암 촘스키(Noam Chomsky)의 공저인 『여론조작(Manufacturing Consent)』(1988)에서 영향을 받았다고 고백한다. 그리고 스미스로부터는 '종교 범주는 하나의 개념적 도구일 뿐이며 실제 현실에 존재하는 존재론적 범주와 혼동되어서는 안 된다'는 통찰을, 허먼과 촘스키의 책으로부터는 미디어가 대중 여론을 반영하는 데 그치지 않고 강자의 정책과 이익에 부합하도록 여론을 구성한다는 비판적 시각을 배웠다고 설명한다.[92]

나아가 그는 푸코로부터 특정한 지식과 담론을 가능하게 만드는 조건들과 규칙들을 판별하는 법을 터득하게 된다. 그 결과, '성스러움(sacred)'이라는 용어가 마치 자율적 대상인 것처럼 생각하던 관행에서 벗어나 그것에 대한 비판적 관점으로 돌아서게 되었다고 토로한다. 겉으로 보기에는 비록 고정적인 것처럼 보이는 대상들도 그들의 담론 공간을 구성하는 규칙과 선략들에 주목함으로써, 그것들이 역동적으로 구성되는 과정 중에 있는 사물임을 인식하게 되었다는 것이다.[93]

---

92 Ibid., pp. viii-ix. 허먼과 촘스키의 책은 번역본이 있다. 노엄 촘스키·에드워드 허먼, 『여론조작』, 정경옥 번역, 에코리브르, 2006.
93 Ibid., p. xi.

이런 비판적 시각에서 볼 때, 종교를 자율적이며 개인적일 뿐만 아니라 다른 것과 구별되는 고유한 영역이 있는 것으로 보는 종교연구의 일반적 전제들은, 순수한 학문적 기술(description)이라기보다는 일련의 담론적·정치적 전략(discursive, political strategy)으로 해석될 수 있다. 따라서 그 전제들은 마치 종교가 '하나의 통일적이고 자율적인 현상'임이 자명하다는 인식을 유통시켜 왔지만, 이제 그러한 자명함을 비판적으로 검토할 필요가 있다고 매커천은 주장한다.[94] 이런 맥락에서 그는 종교학이라는 학문 분과의 정체성에 대해 의문을 제기한다. '종교' 개념과 종교학에 대한 매커천의 문제의식을 정리하면 다음과 같다.

첫째, 조나단 스미스와 마찬가지로 종교연구를 수행하는 대학과 연구기관들, 그리고 연구에 종사하는 학자들의 중요성을 환기시킨다. 매커천에 의하면 학자들은 단지 종교를 상상하는 것에 그치지 않고 종교를 '제작'한다.[95] 이미 앞에서 조나단 스미스가 종교는 '학자의 상상에 의한 창조물'이

---

94 Ibid.
95 매커천이 'make'를 쓰지 않고 'manufacture'라는 단어를 선택한 것에 주목할 필요가 있다. 앞에서 살펴본 호먼과 촘스키의 책은 『여론조작』이라고 번역되었다. 'manufacturing'이라는 말에는 '제조업 공장에서 대량 생산하듯 만들어 낸다'는 이미지가 들어 있는데, 'make' 보다 거대한 양적 이미지와 함께, '제조', '제작', '조작', '날조'에 이르기까지 여러 의미가 내포되어 있다. 따라서 이 용어는 여론의 흐름을 바꾸고 만들 수 있으며, 심지어 조작(제작)까지 가능하다는 의미로 해석할 수 있다. 매커천이 『여론조작』의 내용과 제목 모두에서 영감을 받았다고 토로한 것도 이러한 복합적 의미에 주목한 것이라 할 수 있다. 이러한 단어를 선호하는 것은 매커천의 이후의 책 『종교 가공하기(Fabricating Religion)』(2018)에서도 드러난다. 이 책의 서문에서 그는 'fabricate'에 대해 'to build(짓다)'와 더불어 'to lie(거짓말하다)'라는 이중적 의미가 있다고 설명한다. 이런 용어 사용에서 '종교'를 바라보는 매커천의 시각을 짐작할

라고 말한 것에서 한발 더 나아가, 맥커천은 학자들이 종교를 '발명'해 왔을 뿐만 아니라 그것을 적극적으로 '제작(제조)'해왔음을 강조한다. 그럼에도 문제는 학자들이 자신의 행위를 의식하지 못하는데 있다고 강조한다.

> 우리는 그것을 단순히 상상하는 것이 아니라 적극적으로 그것을 '제작(manufacture)'해 왔다. 그리고 이 사실을 인정하지 못함으로써, 그것을 제작하는 이론적이고 방법론적인 방식을 계속해서 모호하게 만들고 있다.[96]

맥커천에 따르면, 종교가 각 개인에게 고유하고 독특한 경험이자 사회적·역사적으로 자율적인 존재라는 주장은 단지 학문적으로 재현된 것에 불과할 뿐이다. 그럼에도 그 주장은 학문이라는 제도를 통해 특정한 담론적 실천들을 지지하거나 도우면서 자신의 정당성을 재생산해왔다. 그러기 위해 이 담론들은 나름의 독특한 방법론과 제도적 자율성을 요구한다. 하지만 이들 요구에는 당연히 개별 전문가, 사회 권력, 정치적·경제적 특권과 같은 물질적·사회정치적·지정학적 의미가 함축되어 있다. 학자들은 사회정치적 맥락 속에 있으며, 따라서 권력 재생산의 일부로 기능한다. 다시 말해 학자들의 이론 및 방법과 문헌들은 특정한 권력과 특권을 함께 분배하고 있는 일부이며, 사회와 국가 내 다양한 관계들의 개념적·물질적 구성에 공헌하고 있다는 것이다.[97]

수 있다. Russell McCutcheon, *Fabricating Religion: Fanfare for the Common e.g.*, Berlin: de Gruyter, 2018, pp. 2-3 참조.
96 McCutcehon, *Manufacturing Religion*, p. 26.
97 Ibid., p. 3, 5, 18.

그런데 문제는 종교 개념이 구성되었다는 그 흔적, 그리고 그것의 이념(이데올로기)적 의미가 무시되거나 심지어 위장되고 있다는 사실이다.[98] 따라서 맥커천은 종교연구에 메타이론적 작업을 요청한다. 조나단 스미스가 "'종교'를 발명한 것은 종교연구"라고 말했다면, 그다음에는 '누가' '어떻게' 종교를 발명했는지에 대해 연구하는 작업도 필요하게 된다. 다시 말하면, "종교와 종교의 기원·기능·발전에 대해 이론화하는 학자만 필요한 것이 아니라, '종교' 범주 자체에 대해 이론화하는 메타비평가(metacritics)도 필요하다."[99]는 것이다. 맥커천이 주장하는 연구는 '종교 현상들 자체'에 대한 연구가 아니라, '종교에 대한 담론'을 자료로 삼아 진행하는 메타이론적(metatheoretical) 연구이다. 맥커천은 그것을 '종교'에 대한 이론적 비판, 혹은 "종교 '연구'에 대한 비판(critics *of the study* of religion)"이라고 정의했다.[100]

둘째, 맥커천은 종교의 고유성과 자율성을 주장하는 것은 종교연구와 인간에 대한 인식에 커다란 결함을 초래한다고 비판한다. 종교의 고유성 담론이 종교 자료를 역사적으로 고립시켜 다른 영역에서 도저히 침투할 수 없는 것으로 '제작'해 냄으로써, 종교를 무(無)역사화 또는 탈(脫)역사화하고 보편화·일반화·본질화·자연화(naturalization)하게 된다는 것이다. 바로 이런 관점에 기초해 맥커천은 캔트웰 스미스와 엘리아데 및 그 지지자들에 대한 비판을 시도하게 된다.[101]

---

98 Ibid., p. 3, 5.
99 Ibid., p. 212. 조나단 스미스의 해당 발언에 대해서는 이 책의 '조나단 스미스' 항 참조.
100 Ibid., pp. 6-7. (강조는 원문)
101 Ibid., pp. 14-15. 이 책의 2장, 3장. 5장. 여기에는 루돌프 오토, 슐라이어마허도 포함된다.

맥커천은 현대 종교연구에서 이처럼 무역사적이고 본질주의적 방법론과 이론들이 지배함으로써, 젠더·정치·인종·경제 등 역사적 도구와 범주들의 이론적 가치를 폄하하거나 무시하게 되었다고 지적한다. 이 이론들이 추상적 본질과 동질성을 선호하는 나머지, 사회적·역사적·정치적 맥락과 차이의 중요성을 간과하고 있다는 것이다. 그 결과 인간을 구체적 역사로부터 분리·추상화하여 사회성과 역사성을 상실한 존재로 묘사하거나, 육체를 가지지 않은 신자들(disembodied believer)을 양산하게 된다고 주장한다. 그리고 이러한 관점은 결국 인간을 정치적으로 쉽게 지배할 수 있도록 만들게 된다고 강조한다.[102]

맥커천은 이러한 현상을 '척도의 패권(hegemony of scale)'이라고 표현한다. 종교 연구에서 본질주의적 척도가 규범적 지위를 가짐으로써 다른 모든 것을 종속시키는 것은 물론, 궁극적으로는 인간을 역사적·사회적·젠더적 관계망에서 추상화하게 된다는 것이다. 결론적으로, 종교의 고유성 담론은 '종교 그 자체(religion an sich)', '성스러움(the sacred)', '종교적 인간(Homo religiosus)'과 같은 초월적 주체들을 상정하고 그것을 고립시켜 특권화함으로써, '역사적 인간'의 중요성을 모호하게 만들거나 간과하게 된다는 것이 그의 주장이다.[103]

셋째, 종교 고유성 담론은 오늘날의 종교연구를 위험에 빠뜨리게 된 요인이라 비판한다. 종교의 내재적 자율성 주장은 그동안 종교학이라는 학문 분과를 합법화시켜 주기도 했지만, 이제 그 논리는 오히려 종교학을 다

---

102 Ibid., p. 3, 4, 18, 22, 181.
103 Ibid., p. 187.

른 인문·사회과학으로부터 고립시켜 자신의 존립근거를 약화시키고 있다고 비판한다. 오늘날 종교학이라는 학문의 제도적 취약성도 바로 그 자신의 학문 전통에 대한 무비판성 때문이라고 일갈한다.[104]

이런 문제를 해결하기 위해 맥커천이 제안하는 것은 종교연구에서 자연주의적 이론화(naturalistic theorizing)와 간학문적 모델(interdisciplinary model), 그리고 환원주의적(reductionistic) 연구방법의 도입이다. 이러한 방법들은 모든 인간적 사건과 개념적·텍스트적 생산물(즉, 담론)을 사회적·경제적·정치적 기원과 맥락을 가진 것으로 이해하고자 하는 자연주의적·역사적 척도를 강조한다. 이런 맥락에서 그동안 종교연구에서 사용되어 온 '성스러움'이나 '신앙'과 같은 개념적 도구들도 광범위한 사회정치적 의미를 지닌 담론적 구성물로서, 다양한 척도들에 의해 다시 검토되어야 한다고 주장한다.[105]

(3) 티모시 피츠제랄드: 종교학은 '위장된 유사-신학'

스코틀랜드 스털링 대학교 교수인 티모시 피츠제랄드의 '종교' 범주에 대한 비판도 이와 비슷한 입장이다. 자신의 종교연구를 '비판적 종교학'이라고 공공연히 표명한 또 한사람의 학자인 피츠제랄드는[106] '종교학이 '종

---

104 Ibid., p. xi.
105 Ibid., p. 5, 17, 25. 이런 측면에서 맥커천은 기존의 종교학을 지배했던 두 개의 큰 전통, 즉 엘리아데의 종교현상학 전통과 캔트웰 스미스가 추구했던 인격주의적 종교연구 모두를 비판하고 새로운 종교연구의 길을 제안한 것이라 볼 수 있다.
106 Timothy Fitzgerald, "Critical religion and critical research on religion: Religion and politics as modern fictions", *Critical Research on Religion*, vol. 3(3), 2015, pp. 303-304. 피츠제랄드는 2000년, 혹은 2003년 이후 자신이 연구하는 특정 영역을 가리키기

교' 개념을 성스러운 실체(sacred entities)와 제휴시킴으로써 신학적 가정이 종교학 연구 내부로 몰래 잠입했다'고 주장한다.[107] 그는 『종교연구의 이데올로기(the Ideology of Religious Studies)』(2000) 등의 저술[108]에서 소위 비(非)신학적인 사회과학 방법론으로 종교 공동체를 연구할 수 있다고 주장한 기존의 종교학자들에게 도전장을 던졌다. 그는 '종교'라는 용어가 도대체 '초자연적 실체' 또는 '성스러움'이라는 개념 없이도 유지될 수 있을지에 대해 근본적 의문을 제기했다. 그것은 오랫동안 종교현상학자들이 지지해온 확신에 대한 항의였다.[109] 종교현상학자들은 종교에 대한 학문적 연구가 '종교의 고유성'이라는 하나의 독립적 차원을 가지고 있는 만큼, 사회학·심리학·문화연구·언어학·정치학·경제학 등과 같은 학문분야로 환원될 수 없는 독립적인 학문분과라고 주장해왔다.

그러나 피츠제랄드에 의하면 종교현상학은 본질적으로 자유주의 에큐메니칼(교회일치) 신학의 한 지류일 뿐이다. 그것은 마치 '종교'와 그것의 다양한 현현들(즉, '종교들')이 진실되고, 다른 것과 구별되며, 따라서 고유한 교차문화적(cross-cultural) 지식의 대상인 것처럼 설명한다. 그러나 객관

위해 줄곧 'critical religion'이란 용어를 사용해왔다고 회고한다.

107 James Cox, "Religion as the Transmission of an Authoritative Tradition: The Significance of Timothy Fitzgerald's Critique of Religious Studies for a Socially Embedded Definition of Religion", *Implicit Religion*, 22(3-4), 2019, p. 331.

108 Timothy Fitzgerald, "A Critique of 'Religion' as a Cross-Cultural Category", *Method and Theory in the Study of Religion*, vol. 9(2), 1997; Timothy Fitzgerald, *The Ideology of Religious Studies*, Oxford: Oxford University Press, 2000; Timothy Fitzgerald, edt., *Religion and the Secular: Historical and Colonial Formations*, Sheffeld: Equinox, 2007.

109 James Cox, op. cit., p. 331-332.

적 지식의 대상으로 세계의 '종교'와 '종교들'이라는 개념을 제시하는 것은 서구가 "타자(the Other)를 자신의 이미지에 맞추어 재창조하고자 하는 이데올로기적 주장"일 뿐이다.[110] 따라서 피츠제랄드는 종교연구에서 핵심 개념인 '종교'는 엄격한 교차문화적 비교연구에서는 아무 소용이 없으며 심지어 해로운 도구가 될 수 있다고 비판했다.[111]

이러한 피츠제랄드의 입장은 '힌두교(Hindusim)'와 '일본불교'에 대한 그의 관점에서 잘 드러난다. 힌두교에 대한 세계종교적 접근방식에 대한 피츠제랄드의 비판은 힌두교를 인도의 사회와 문화로부터 '종교'라는 영역으로 날카롭게 잘라낼 수 있는 방법이 없다는 것이 그 근본 이유이다. 그에 의하면, 인도는 카스트 계층구조, 의례, 정치 권력, 경제적 영역 등이 하나의 전체적 세팅 안에서 서로 밀접하게 얽혀 있는 사회이다. 이런 인도사회에서 '종교'의 발명은 힌두교를 정치와 경제, 그리고 사회의 다른 영역과 구별시키고, 불교·시크교·자이나교 등의 종교들과 구별하게 하였다. 그러나 그것은 '종교' 개념 발명 이전 인도사회의 존재양상과 다른 것으로, 인도에 대한 사실에 기반한 이해에 방해가 된다.[112]

또한 일본불교를 관찰한 결과, 피츠제랄드는 여러 지역의 불교를 단지 '세계종교'의 틀로 접근하는 연구방식에도 문제가 있음을 발견했다. 그는 하나의 본질(essence)을 가진 '세계종교'로서의 불교가 있고, 남아시아의

---

110 Fitzgerald, "A Critique of 'Religion' as a Cross-Cultural Category", p. 98.
111 Fitzgerald, "Critical religion and critical research on religion", p. 91, 108; Teemu Taira & Suzanne Owen, "Twenty Years After The Ideology of Religious Studies", *Implicit Religion*, 22(3-4), 2019, p. 265.
112 Timothy Fitzgerald, "Hinduism and the world religion fallacy", *Religion*, vol. 20, 1990, pp. 101-1018.

테라바다 불교와 인도 마하라슈트라(Maharashtra)의 불교, 그리고 일본불교를 그것의 다른 세 개의 현현들(manifestations)로 보는 시각에는 심각한 오류가 있다고 지적한다. 물론 그가 보기에도 이들 세 개의 불교들 사이에 역사적, 철학적 연관관계가 있는 것은 분명한 사실이다. 하지만 이 지역 사람들의 불교 이해는 서로 매우 멀어 보인다는 것이 문제이다. 즉 마하라슈트라의 불교도들과 일본의 불교도들은 서로 매우 다른 의미론적 우주(semantic universe)에 살고 있다는 것이 피츠제랄드의 주장이다. 따라서 '세계종교'로서의 불교라는 관점으로 여러 지역의 불교를 관찰하는 것은 실체론적 오류(substantialist fallacy)를 범하는 것이며 구체성을 상실한 것이라고 비판한다.[113]

결론적으로 피츠제랄드에 의하면 '종교'라는 용어는 서양의 기독교적 이데올로기와 매우 밀접하게 묶여 있으며, 비서구문화에 대한 광범위한 권력행사를 위한 하나의 도구로 사용되어 온 것이다. 그에 의하면, '종교'와 '종교들'이 전지구적인 교차문화적 연구의 대상이라고 하는 관념을 구성하게 된 것은 서구의 제국주의, 식민주의, 그리고 신(新)식민주의라는 더 포괄적인 역사적 과정의 일부로 진행되어 온 결과이다. 그는 다음과 같이 말한다.

> 이러한 역사적 과정은 '종교'와 '종교들'이라는 근대적 개념을 '발명'했으며, 그 발명은 개인주의와 자본주의 이데올로기와 상호관련된 것이었다. 이 이념적 산물은 식민지 문화 속에도 그것(종교)과 유사한 대칭물들을 갖고

---

113 Fitzgerald, "A Critique of 'religion' as a cross-cultural category", p. 106.

있다고 가정되었다. 그러나 만일 (그 곳에서) 종교들이 발견되지 않는다면, 서구인과 서구의 법률, 자유시장경제, 그리고 교육체계를 통해 (종교들이) '발명'되었다. '종교'는 자본주의와 개인주의적 가치의 자연스러움과 이념적 투명성을 수립하는 복잡한 과정의 일부였다. 종교연구라고 알려진 산업(industry)은 '종교들'과 '신앙'이 모든 사회의 한 측면을 이루고 있다고 보는 세계관을 전파하는 일종의 발전소이다.[114]

이와 같이 피츠제랄드는 종교에 대한 연구가 객관적인 과학적 학문의 가면을 쓰고 있으나 사실은 은밀하게 신학적 또는 유사-신학적(quasi-theological) 동기를 숨기고 있으며, 종교학은 식민주의적 관심과 역사적으로 공모하면서 성장해왔다고 주장한다.[115]

이러한 피츠제랄드의 관점은, 종교학의 '고유성' 주장이 '신학적' 전제에 기인한다고 보는 점에서 맥커천과 유사하다. 그리고 '종교'라는 개념은 폐기되어야 한다고 보는 점에서는 캔트웰 스미스와도 일맥상통한다. 피츠제랄드도 지난 근대의 역사 속에서 제국주의적 권력이 확장되는 과정에 '종교'가 정치적으로 깊이 연루되어 있었던 만큼, 과학적 용어로서의 '종교' 개념은 폐기되어야 한다고 강력히 주장한 것이다.[116]

---

114 Fitzgerald, *The Ideology of Religious Studies*, pp. 8-9. (인용문 속의 괄호 내용은 필자가 삽입한 것임)
115 James Cox, op. cit., pp. 331-332.
116 Peter Beyer, op. cit., p. 148; 종교 개념의 폐기에 가장 적극적인 학자가 피츠제랄드이다. 피츠제랄드의 종교 개념, 그리고 그와 쉴브라크 사이의 논쟁에 대해서는 장석만, 『한국 근대종교란 무엇인가?』, 42-45쪽; 최정화, 「'종교'에 해당하는 자료는 존재하지 않는가? : 종교사와 비판적 실재론적 접근」, 『종교문화비평』 40, 2021, 153-157쪽 참

이처럼 맥커천과 피츠제럴드를 중심으로 한 비판적 종교연구자들에게 종교는 '허구(fiction)' 또는 '날조(fabrication)'이며, 사람들을 분류하고 통제하기 위해 고안된 개념이다. 무언가를 '종교'로 분류하는 것은 중립적이지 않으며, 새로 접한 사회를 자신의 문화와 의제에 맞게 조작하려는 외부 세력의 식민주의 및 제국주의적 정치 활동과 깊이 관련된 개념적 장치라는 것이다.[117] 이들이 보기에 종교 개념은 유럽 식민지 프로젝트의 일환으로서, 본래 그 사회의 어떤 것도 '그들의 종교'로 간주하지 않았던 사람들에게 부과된 것이다. 그리고 수세기 동안, 원시 사회에서 문명사회에 이르는 여러 문화체계들의 우열 순위를 매기는 데 사용된 핵심 도구였다. 이러한 '개념적 폭력(conceptual violence)' 또는 '인식적 제국주의(epistemic imperialism)'[118]를 피하기 위해 이들 학자들이 주장한 것은, 현대 유럽에서

조; 한편, 피츠제럴드의 연구에 대한 극단적 비판도 많지만 긍정적 평가도 꽤 많다. 헬싱키 대학교의 티무 타이라(Teemu Taira)는 피츠제럴드의 『종교연구의 이데올로기』가 종교학의 존재를 위협하기는커녕 오히려 그 연구를 활성화할 것이라고 평가했다. 나오미 골든버그(Naomi Goldenberg)도 『종교연구의 이데올로기』가 피츠제럴드의 후기 연구와 마찬가지로 '종교' 배후에 있는 정치적 우연성들과 돌발상황을 고려하도록 종교학을 확장시킨다고 평가했다. 수잔 오웬(Suzanne Owen)도 피츠제럴드의 분석이 종교에 대한 현상학적 접근으로부터 비판적 연구로 변화하는 것을 도왔다고 긍정적으로 회고했다. Teemu Taira & Suzanne Owen, op. cit., p. 267.

117 Russell McCutcheon and William Arnal, *The Sacred is the Profane: The Political Nature of "Religion"*, New York: Oxford University Press, 2012, p. 107. 앞의 문장에서 '허구(fiction)'라는 표현은 피츠제럴드의 논문(2015년)의 제목에서, '날조(fabrication)'라는 표현은 맥커천의 책(2018년) 제목에서 분명하게 표현되고 있다.

118 Daniel Dubuisson, *The Invention of Religions*, Martha Cunningham(trans.), Sheffield: Equinox, 2019, p. 137; 이와 유사한 개념으로 피츠제럴드는 '인지적 제국주의(cognitive imperialism)'를 자주 사용한다. Fitzgerald, "A Critique of 'Religion' as a Cross-Cultural Category", p. 96, 99.

발명된 이 용어를 일반화·자연화하는 것을 중단하고, 대신 이를 다시 역사화하여 그 개념과 그것이 제공하는 현실적 이해관계를 밝혀야 한다고 주장한다. 그들의 입장은 강경하다. "이제 유럽 밖의 종교에 대한 연구는 끝나야 한다"며, "'종교'라는 범주는 분석의 도구(tool)가 아니라 오히려 분석 대상(object)이 되어야 한다"고 주장한다.[119]

(4) 탈랄 아사드: '종교-세속 이분법'과 세속주의

캔트웰 스미스의 '종교' 개념 비판에 대해 정면으로 도전을 한 사람은 탈랄 아사드(Talal Asad, 1932-)[120]이다. 아사드는 종교의 개념 및 범주의 문제에서 매우 중요하게 부각되는 인물이다. 아사드는 1980년 이후 종교연구에 본격적인 관심을 갖게 되었다. 특히 근대 유럽 사회가 합리화·근대화되는 과정에서 '세속'과 '종교' 범주들이 상호 관련을 맺으면서 어떻게 지식과 권력을 구축해왔는지, 그 역사적 변화를 추적하는데 몰두했다. 종교 개념에 대한 아사드의 문제제기는 1983년 클리포드 기어츠의 종교 정의에

---

119 Fitzgerald, *The Ideology of Religious Studies*, p. 106; McCutcheon, *Fabricating Religion*, p. 18; Schilbrack, "The Concept of Religion", 〈3. Reflexivity, Reference, and Skepticism〉 참조.
120 탈랄 아사드는 사우디아라비아에서 태어나 인도와 파키스탄에서 자랐다. 18세 때 건축가가 되기 위해 런던으로 이주했으나, 몇 년 후 에딘버러로 옮겨 인류학을 전공하고 옥스퍼드에서 철학박사 학위를 취득했다. 이후 수단, 이집트, 사우디아라비아, 미국에서 인류학과 교수로 지냈다. 그의 이력에서 특이한 것은 다문화적 편력과 그의 부모의 가족 구성이다. 아사드는 '자신의 인류학적 아이디어의 실패와 성공은 그 자신의 삶 속에 뿌리가 있다'고 술회했다. Talal Asad, "Autobiographical Reflections on Anthropology and Religion", *Religion and Society: Advances in Research*, vol. 11, 2020, p. 1.

대한 비판적 논문인 「종교에 대한 인류학적 개념: 기어츠에 대한 고찰」[121]로부터 본격적으로 시작된다. 그리고 그 논문이 「종교의 계보: 그리스도교와 이슬람에서 권력의 훈육과 이유」(1993)[122]에 다시 게재되면서 학계의 주목을 끌게 된다.

여기에서 아사드는 자신이 기어츠의 종교 정의를 살펴보는 이유를 밝히고 있는데, 그가 보기에 종교에 대한 하나의 보편적(즉 인류학적) 정의를 내리는 기어츠의 방식에 큰 문제가 있다고 보았기 때문이었다. 아사드는 기어츠의 종교 개념 및 정의가 인류학과 종교학을 잘못된 방향으로 인도할 수 있다고 인식했다. 아사드에 의하면 기어츠의 종교 정의의 가장 큰 문제는 종교를 '상징(symbol)'과 '세계관(worldview)'의 체계로 본다는 점이다. 그는 기어츠의 이러한 '대담한 정식화'는 종교의 지위를 하나의 보편적 문화현상으로 제시하기 위해 정교하게 고안된 장치라고 해석한다.[123] 기어츠의 종교 정의는 다음과 같다.

"종교란 (1) 하나의 상징체계로서, (2) 인간에게 강력하고, 널리 미치며, 오래 지속되는 분위기와 동기를 성립시키고, (3) 일반적인 존재의 질서 개념을 형성함으로써, (4) 그러한 개념들에 사실성의 후광을 덧입혀, (5) 그 분위

---

121 Talal Asad, "Anthropological conceptions of Religion: Reflections on Geertz", *Man*, vol. 18(2), 1983, pp. 237-259.
122 Talal Asad, "The Construction of Religion as an Anthropological Category", *Genealogies of Religion: Discipline and Reasons of Power in Christianity and Islam*, The Johns Hopkins University Press, 1993, p. 29. 이것은 1983년 논문의 약간의 첨삭 및 수정·보완 후 재수록이다.
123 Talal Asad, "Anthropological conceptions of Religion", pp. 237-239.

기와 동기가 독특하게 현실적으로 보이게 한다."[124]

아사드는 기어츠의 종교정의가 '권력과 종교(power and religion)'의 관계에 대해 주의를 기울이지 않은 치명적 결함이 있다고 설명한다. 기어츠의 종교 정의는 의미(meanings)를 강조한다. 그러나 그 정의는 권력(power)이라는 매우 중요한 차원을 간과하여, 지식(knowledge)을 생산해내는 다양한 사회적 조건들을 무시하고 있다고 비판한다. 아사드의 목표는 "어떻게, 그리고 왜, 역사적으로 특정한 형태의 '종교'가 하나의 패러다임적 지위를 가지게 되었는가"를 추적하는 것이다. 또한 아사드는 기어츠의 종교 정의가 근대 기독교가 지닌 개인화된(privatized) 종교 형태를 닮아 있으며, 따라서 다른 문화권의 종교에도 적용될 수 있는 보편적 종교 정의가 아니라고 비판한다. 결론적으로 아사드는 종교 연구자들이 종교의 보편적 정의나 종교의 본질(essences)을 찾는 노력을 그만 두고, 역사적 관계와 상황의 구체적 항목들을 탐구해야 한다고 강조한다.[125]

그 후 2001년 아사드는 캔트웰 스미스의 1962년 책 『종교의 의미와 목적』에 대해 검토하는 논문을 발표했다. 그것이 바로 「현대의 고전 W. C. 스미스의 종교의 의미와 목적을 읽고」[126]이다. 앞에서 살펴보았듯이, 캔트웰 스미스는 '종교'라는 용어가 혼란스럽고, 불필요하며, 왜곡되었다고 주

---

[124] Clifford Geertz, *The Interpretation of Cultures*, New York: Basic Books, 1973/2017, p. 97.
[125] Talal Asad, "Anthropological conceptions of Religion", pp. 237-245.
[126] Talal Asad, "Reading a Modern Classic: W. C. Smith's The Meaning and End of Religion", *History of Religions*, vol. 40(3), 2001, pp. 205-222.

장했다. 그리고 '종교'라는 용어는 학문적 수준에서조차 다른 사람들의 전통을 이해하는 데 심각한 제약을 가하고 있다고 비판했다. 그리고 '종교' 대신 '축적적 전통(cumulative tradition)' 또는 '개인의 신앙(personal faith)'이라는 용어를 사용하기를 제안했다.[127] 스미스에게 이 두 영역을 연결하는 것은 '살아있는 사람'이며, 따라서 "종교적이라는 것은 궁극적으로 개인적 행위"로 파악되었다.[128]

그런데 아사드가 볼 때, 캔트웰 스미스는 종교에서 개인적 행위를 강조함으로써 공동체의 중요성을 간과했다. 바로 그 점에서 스미스도 슐라이어마허는 물론, 미국의 심리학자 윌리엄 제임스(William James, 1842-1910), 그리고 독일의 종교학자 루돌프 오토(Rudolf Otto, 1869-1937) 등과 그 입장이 크게 다르지 않다고 지적한다. 아사드는 스미스가 종교를 하나의 '내면의 상태(inner state)' 또는 '느낌(feeling)'으로 파악함으로써, 개신교적이며 후기 계몽주의적 현상인 종교의 사사화(privatization)를 영속화했다고 비판한다. 물론 아사드는 스미스의 책이 종교의 본질적 정의에 반대한 첫 사례였다는 점에서 높이 평가한다. 아사드도 스미스의 반(反)-본질주의적 성향에 공감한 것이다. 그럼에도 스미스가 여전히 본질주의의 한계에 묶여 있다고 비판한다. 스미스는 '종교적이라는 것(being religious)'을 내면 추구의 문제로, 그리고 시간과 문화를 넘어 보편적으로 작동한다고 파악함으로써 '암묵적 본질주의(implicit essentialism)'에 포획되어 있다고 지적한다.[129]

이러한 본질주의를 제거하기 위해 아사드는 캔트웰 스미스의 견해가 지

---

127 Cantwell Smith, op. cit., p. 50.
128 Ibid., p. 156, 171, 177.
129 Talal Asad, "Reading a Modern Classic", p. 205.

닌 두 가지 문제를 지적하고, 그것을 보완해야 한다고 제안했다.[130]

첫째, 스미스에게는 여러 종교전통들에 속해있는 실천(practice)과 훈육(discipline)의 공간이 제외되어 있다. 하지만 종교적 경험을 형성하는 데 매우 중요한 종교적 실천을 면밀하게 비교, 조사해야 한다.

둘째, 스미스에게는 근대의 구성물인 '종교'와 '세속주의(secularism)' 사이에서 형성된 상호 의존과 긴장의 본성에 대한 논의가 제외되어 있다. 그것은 그가 종교적 주체들로부터 물질성(materialities)을 무시했음을 의미한다. 세속주의는 단지 근대 자유주의 국가를 구성하는 하나의 정치적 이데올로기만이 아니라, 매일의 일상생활 속에서 행동·지식·감수성을 포괄하는 하나의 느슨한 역사적 복합체이다. 따라서 세속주의의 구성요소로서 '종교의 물질성'에 대한 탐구가 요청된다. 음악·그림·문헌이나 종교적 경험·행위·헌신을 분석하고 비교하는 과정에서 그 물질성들을 이해하는 것이 필요하다.[131] 따라서 종교의 분석 안에 '세속주의'에 대한 논의를 통합시켜야 한다.

이 두 문제를 아사드는 이슬람 연구 사례를 들어 설명하고 있다. 그는 '인간의 행위와 경험은 한 물질적 몸 안에 체현(體現)될 뿐만 아니라, 그 몸은 하나의 통합적 전체이고, 그 몸의 능력은 문화적으로 매개된다'고 설명한다.[132] 이런 전통에서는 몸과 그 능력은 단지 개인에 의해서만 소유되는

---

130 Ibid., p. 205-206, 217.
131 Ibid., p. 206.
132 Ibid., p. 218.

것이 아니다. 그것은 무슬림 동료인 타인들과 함께 짊어지는 다양한 권리와 의무에 종속되어 있다. 따라서 이들에게는 개인과 형이상학적인 책임 사이에, 그리고 집단적 책임과 개인의 일상적 책임 사이에, 즉 종말론과 사회학 사이에 지속적인 긴장관계가 형성되어 있다는 것이다.[133]

그런데 이러한 무슬림들의 일상생활 속에서의 종교적 실천이 캔트웰 스미스의 종교 개념으로는 포착될 수 없다고 아사드는 지적한다. 스미스의 종교 개념은 본질적으로 '개인주의적'이고 '저세상적'이고 경건주의적 신앙이기 때문이다. 따라서 다른 사람들의 종교를 주의깊게 탐구하기 위해서는 종교가 언제나, 그리고 본질적으로 같다는 생각, 그리고 종교가 실천적 전통으로부터 독립하여 초월적인 신앙에 의존하고 있다는 생각을 버려야 한다고 주장한다.

이와 더불어 민감한 주제로 다시 등장한 것이 '종교의 정의' 문제이다. 종교를 정의한다는 것, 그것은 고도의 정치적 행위임을 알아야 한다고 강조한다.

> '종교'를 정의하는 것은 무엇보다 하나의 행위이다. '신에 대한 믿음'이라는 용어를 사용한다면, 그것은 어떤 것을 '종교'라고 한정하기 위해 하나의 본질을 사용하는 것이다 … 정의한다는 것은 어떤 것을 내버리고 다른 것들을 취하는 것이다. '신'의 중요성을 강조하는 것은 불교를 제외시키는 것이다 … 이들 정의들은 단지 지적인 작업의 추상적 결과물이 아니다. 그것들은 국가의 법률 공포에 대한 열정적·사회적 논쟁 속에 구현되어 있다.

---

133 Ibid., p. 220.

종교에 대한 보편적 정의가 가진 문제는 하나의 본질적 유일성(essential singularity)을 주장함으로써, 그 정의가 무엇을 포함하고 배제하는지, 어떻게, 누구에 의해, 무슨 목적으로, 어떤 역사적 맥락에서 특정한 종교 정의가 의미를 가지게 되는지 등의 질문을 하지 않게 되는 것이다.[134]

결론적으로 아사드는 '근대적 의미의 종교 개념'이 결국 기독교적 전망과 정치적 기획의 합작품이라고 판단한다. 캔트웰 스미스의 종교 정의 자체도 근대 개신교의 세계관을 표준으로 삼아 작성된 것으로 본다. 즉 종교를 사적 영역으로 축소한 근대 서구의 정치적 이해관계가 반영되어 있으며, 사회적·정치적·역사적 맥락을 떠난 보편적 종교 혹은 자율적 종교라는 허상이 실제 있는 것처럼 보이게 한다는 것이다. 그리고 육체의 실천과 훈육이라는 중세 가톨릭의 성격으로부터도 벗어나, '동기', '믿음', '신앙' 등 개인의 사사로운 '내면의 상태'로 종교의 특징을 파악하는 것이 그 구체적인 예라는 것이다.

하지만 아사드에게 종교와 권력은 따로 떼어 놓을 수 없는 문제이다. 종교 개념의 형성 뒤에 작용한 어떤 은밀한 권력의 작동을 모른다면 연구자들은 알게 모르게 그것에 기여할 소지가 있다고 지적한다. 아사드는 종교에 대한 정의를 내리는 행위 자체가 하나의 '담론적 과정(discursive process)'으로서, 그 담론 형성 작업을 주도하는 '권력'이 개입될 수밖에 없다고 단언한다. 한마디로 모든 지역과 시대에 통용되는 종교 정의란 이상에 불과하다는 것이다. 이러한 아사드의 사상 배후에는 미셸 푸코의 영향

---

134 Ibid.

이 내재되어 있다.[135]

나아가 캔트웰 스미스에 대한 아사드의 비판은 '세속주의'로 모아진다. 아사드는 왜 종교 연구가 '세속주의'의 문제를 다루지 않는지 의문을 제기한다. 일찍이 캔트웰 스미스는 종교 개념이 종교적 실재를 물상화했다고 비판했다. 하지만 아사드는 '종교'가 물상화된 것이 아니라, '종교'의 샴쌍둥이(Siamese twin)인 '세속주의'로 인해 초래된 결과일 뿐이라고 주장한다. 즉 '종교'는 근대에 시행된 시간과 공간의 재구조화 프로젝트의 일부이며, 세속주의는 근대의 재구조화를 이끌고 가면서 복수 형태로서의 '종교들'을 비이성적인 믿음의 한 종(species)으로 정의하고자 한 역사적·사회문화적 기획이라는 것이다. 그것은 종교를 정치적 영역에서 제도적으로 분리하여 어떤 특정 영역 내에 머무르도록 강요함으로써, 세속국가의 초월적 권력이 믿음과 표현의 자유를 안전하게 보장할 수 있도록 하는 체제이다.[136]

따라서 아사드는 세속주의의 핵심이 다름 아닌 '세속(정치)과 종교(내면)의 이분법'이라고 본다. 이 같은 이분법은 서구 유럽의 근대성 형성과 발걸음을 함께 해 왔으며, 근대적 민족국가의 성립과 더불어 구축되어 왔다. 아사드는 '인식론적 범주(epistemic category)로서의 세속'과 '정치적 교리(political doctrine)로서의 세속주의'를 구별하면서 세속과 종교의 구분이 근대성의 핵심을 이루고 있다고 본다. 따라서 근대의 종교 문화를 이해하는 데 '세속 - 종교' 이분법은 결정적으로 중요하다고 주장한다. 아사드에 의하면 정치적 교리로서의 세속주의는 단순히 "정부에서 종교기관을 세속

---

135 Talal Asad, "Autobiographical Reflections on Anthropology and Religion", p. 5. 이 글에서 아사드 자신이 미셸 푸코에게 영향을 받았음을 술회하고 있다.

136 Talal Asad, "Reading a Modern Classic", p. 221.

기관으로부터 분리해야 한다는 단순한 요구"가 아니다. 이러한 분리는 중세 기독교사회나 이슬람 제국, 그리고 다른 곳에서도 얼마든지 발견할 수 있기 때문이다. 그는 근대에 비로소 등장한 '세속주의'의 특징은 '종교', '윤리', '정치'에 대한 새로운 개념과 이와 관련된 새로운 명령(imperatives)을 전제로 한다는 점에 있다고 강조한다.[137]

근대화 이후 유럽에서 등장한 세속주의는 정치·경제·사회적 권력을 세속의 영역에 부여하는 대신, 종교의 영역에 신앙의 내면적 '자유'를 귀속시켰다. 다시 말해 현실 권력은 세속에 넘겨주는 반면, 내면에서는 무한한 종교의 자유를 보장해준 것이다. 아사드의 인식에 따르면, 이 같은 이분법은 우리로 하여금 정치적으로 평등한 사회, 그리고 내면의 삶에 있어서도 종교적 자유와 관용이 보장되는 민주적 사회에 살고 있다는 착각을 갖게 한다. 그리고 드디어 현실은 정치가, 내면은 종교가 분할 통치하는 단계에 이른다.[138]

문제는 이 같은 이분법이 비유럽 사회에 그대로 적용될 때이다. 이 같은 세속주의가 비유럽 사회에 그대로 적용된다면, 한 사회 공동체의 본래의 문화적·종교적 인식구조를 변형·왜곡할 수 밖에 없기 때문이다. 따라서 아사드는 한 지역에서 세속주의 논의가 생산되는 구조와 논리를 검토하는 것이 중요하다고 제안한다. 즉 교리로서의 세속주의가 사적 이성(private reason)과 공적 원리(public principle)의 구분을 요구함으로써, '종교

---

137 Talal Asad, *Formations of the Secular: Christianity, Islam, Modernity*, Stanford: Stanford University Press, 2003, p. 1-2.
138 장석만, 「세속-종교의 이분법 형성과 근대적 분류 체계의 문제」, 김상환·박영선 엮음, 『분류와 합류: 새로운 지식과 방법의 모색』, 이학사, 2014, 251쪽, 266-269쪽 참조.

적'인 것을 '세속적'인 것과의 구별을 통해 사적 이성에 위치시킬 것을 요구"한다면, 도대체 "어떤 한 담론과 행동을 '종교적' 또는 '세속적'으로 만드는 것은 무엇인가?"라는 문제를 제기해야 한다는 것이다.[139]

이 문제가 중요한 것은 이러한 '종교'와 '세속'이라는 범주의 생산을 통해 근대적 삶이 조형되었고, 근대의 "특별한 감수성, 미학, 도덕성"이 만들어졌기 때문이다. 아사드는 다음과 같이 말하고 있다.

> 특히 나의 관심을 끄는 것은 세속(the secular)과 종교(the religious)라는 범주를 만들어내고자 하는 시도이다. 그 범주를 통해 근대적 삶의 출현이 요청되며, 그 범주의 적절성을 판단하라고 비(非) 근대적 사람들에게 초대장을 보내는 것이다. 근대국가 및 근대화 도상의 국가에서 '세속적인 것'과 '종교적인 것'의 표상은 사람들의 아이덴티티를 매개하고, 그들의 감수성을 만들며, 그들의 경험을 보장해주기 때문이다.[140]

아사드의 세속주의에 대한 관점, 다시 말해 근대에 '종교'와 '세속'의 동시적 탄생이라는 인식은 앞으로 우리가 근대불교 형성을 논의할 때에도 중요한 전제가 될 것이다. 근대성의 내러티브에서 정치와 종교의 분리 즉 세속화 논의가 핵심적 위치를 차지하고 있기 때문에, 한국에서 '세속-종교'의 이분법적 형성을 검토하는 것은 한국 근대적 지식의 새편 과정을 이해하는 데 하나의 중요하고도 효과적인 수단이 될 것이다.[141]

---

139 Talal Asad, *Formations of the Secular*, p. 8.
140 Talal Asad, *Formations of the Secular*, p. 14; 장석만, 앞의 글, 253-254쪽.
141 장석만, 위의 글, 251, 254쪽. 아사드의 문제의식을 동아시아, 특히 한국의 상황에 적

(5) 피터 바이어: '글로벌 사회체계'와 '글로벌 종교체계'

캐나다 오타와 대학 교수 피터 바이어(Peter Beyer)는 「종교의 현대적 출현과 종교를 위한 글로벌 사회체계」(1998)[142]라는 논문에서 현대의 '종교'와 '종교들'이라는 개념의 등장은 근대 이후 분화된 '글로벌 사회체계(global social system)'의 점진적 발전과 연계되어 있다고 설명했다. 바이어에 의하면 국민국가들은 하나의 글로벌 정치체계의 하위체계들이고, 이러한 글로벌 정치체계의 형성이라는 거대한 과정에서 '종교'라는 관념과 더불어 다양한 '종교들'이라는 복수성의 관념이 나타나게 되었다. 그리고 서구의 근대성과 서구 기독교는 '글로벌 종교체계(global religious system)'의 발전 가능성을 위한 하나의 전제조건이었다.[143] 한마디로 요약하면, '글로벌 사회체계'의 발전과 종교 개념의 발전은 서로 밀접하게 관련되어 있다는 것이다.

유럽에서는 교회를 중심으로 안정된 체제를 유지해오던 중세 사회가 붕괴하면서 국가 체계의 발전, 법률 체계의 정교화, 그리고 자본주의 경제 및 과학체계의 발전이 이뤄진다. 이어서 경제, 정치, 법률, 과학 등 사회체계의 기능과 종교체계의 상호 분화가 발생한다. 이들이 이후 근대적인 글로벌 사회의 지배적 체계로 자리잡게 된다.

용하여 살펴보는 것이 중요하다는 점은 일찍이 장석만에 의해 강조되어 왔다. 그는 아사드가 "세속화의 과정을 직선적 전개과정으로 보거나 목적론적으로 근대를 보는 관점에 반발하면서, 사회적 삶의 형태와 개념적 범주의 포괄적인 변화에 주목하는 새로운 시각을 대표하고 있다."고 소개하였다.

142 Peter Beyer, "The Modern Emergence of Religions and a Global Social System for Religion", *International Sociology*, vol. 13(2), 1998, pp. 151-172.

143 Ibid., p. 152.

물론 그것은 종교개혁과 세속화에서 비롯된 것이었다. 바이어에 따르면 종교개혁 이후 종교와 국가의 분리, 그리고 국가들 사이의 구분이 이뤄지면서 17세기에 종교가 처음으로 복수성을 내포한 하나의 유(類) 개념으로 나타나게 되었고, 18-19세기에는 유럽 권력이 세계로 확장해 나감에 따라 '세계종교들'이 구체적으로 등장하게 되었다. 이와 함께 '종교'와 '종교들'은 점점 더 객관화된 사물처럼 관찰가능한 것으로 자리잡게 되었다.

따라서 바이어는 '종교' 및 '종교들'이라는 관념의 등장이 종교의 내적 역동성의 결과나 어떤 독립적 사상들의 영향 때문이 아니었다고 설명한다. 이런 점에서 바이어의 입장은 캔트웰 스미스와 달랐다. 스미스가 '종교의 물상화'라고 비판해 마지않던 현상들은, 오로지 서구에서 국가와 정부·경제·과학 등의 체계들이 분화·발전함으로써 종교 제도로부터 독립되어 간 결과일 뿐이라는 것이다. 19-20세기가 되면서 서구에서 종교는 하나의 특별하고 전문화된 기능적 제도로 명확히 분화하게 된다. 종교와 정치(법률), 교회와 국가의 점진적 분리와 더불어 종교적 믿음과 실천은 자발적인 것으로 분류·정의된다. 그리고 이러한 체제가 더욱 확대·강화되면서 종교는 교파(denomination)의 형태를 띠고 더욱 조직적 형태로 나타나게 되었다.[144]

한편, 19-20세기 유럽의 제국주의는 자신의 지배적인 제도 및 체계들을 나머지 세계에 확장시키는 것으로 생존할 수 있었다. 19세기 후반부에 비서구인들은 이 체계들을 자신들의 상황에 맞게 공유하려 했고, 그러한 노력은 또한 서구의 지배에 대항하기 위한 저항의 일부이기도 했다. 그 결

---

144 Ibid., p. 155.

과로 세계는 하나의 글로벌 체계로 형성되었고, 종교 영역도 예외가 아니었다. 비서구인들은 근대 서구의 '종교'와 '종교들'이라는 개념에 응답해야 했다. 각 지역의 종교들은 기독교가 제공하는 강력한 문화적·체계적 모델에 따라 그들 자신의 정체성을 확인하고 재구축하라는 압력에서 자유로울 수 없었다. 이 과정에서 불가피하게 비서구인들은 자신들의 종교문화의 일부 요소들을 추출해 다시 재결합하는 방법을 사용해야 했다. 바이어는 이 상황을 다음과 같이 표현한다. "비(非)기독교적 종교들의 발명은 오래된 포도주를 새 부대에 담는 것이었다."[145]

따라서 바이어는 종교 연구가 캔트웰 스미스의 '신학적(theological)' 차원의 연구, 맥커천과 같은 학자들의 '과학적(scientific)' 차원의 연구에서 더 나아가, 정치 및 법률체계, 대중매체, 교육체계 등 사회의 '공식적(official)' 차원에서의 연구도 진행할 것을 촉구하였다.[146] 이러한 바이어의 관점은 한국 근대에 형성된 종교 개념을 이해하는 데에도 매우 중요한 시사점을 제공한다. '종교'를 개인의 사적인 차원의 문제만이 아닌 세계사적 관점에서 접근해야 하는 것은 물론, 각 국가의 정치 및 법률 등의 제도적 차원과 관련시켜 살펴 볼 필요가 있음을 제기하기 때문이다.

(6) 브렌트 농브리 & 윌리엄 카바노프: 국민국가 형성과 정교분리

근대 종교 개념의 형성 과정을 국민국가의 성립과 관련시켜 설명한 학자들 가운데 특별히 두 명의 학자에 주목할 필요가 있다. 이들은 '종교와

---
145 Ibid., p. 164
146 Peter Beyer, "Conceptions of Religion", pp. 141-160.

세속의 이분법'을 통해 정교분리가 서구 근대사회의 기본 규범으로 자리 잡게 되는 단계들을 이해하는 데 도움이 되기 때문이다. 그 두 명의 학자는 노르웨이 신학대학 교수 브렌트 농브리(Brent Nongbri)와 미국의 가톨릭 신학자 윌리엄 카바노프(William Cavanaugh)이다. 두 사람 모두 종교 개념의 역사성을 강조하면서 근대적 의미의 '종교' 개념을 인류역사에 보편적으로 적용할 수 없다고 보는 점에서 캔트웰 스미스의 계보에 속한다고 할 수 있다. 실제로 농브리는 자신과 카바노프가 "캔트웰 스미스의 연구에서 출발한다는 공통점"이 있다고 인정한다. 그러나 또한 캔트웰 스미스를 넘어서고자 하는 점에서 "두 사람의 연구가 '유사한 결론'에 도달했다."고 술회한다.[147] 이들 모두는 캔트웰 스미스가 '개인의 내적 신앙'을 강조하고, '모든 인간은 종교적이다'라고 주장하며 사실상 개신교적·본질주의적 측면을 은폐하고 있다고 비판하는 점에서 다르지 않았기 때문이다. 따라서 이들은 오히려, 근대 종교 개념의 특징이 '종교와 세속의 동시적 탄생'에 있다고 보는 탈랄 아사드와 동일한 입장에 서 있다고 볼 수 있다.

농브리는 『종교 이전: 근대 개념의 역사(Before Religion: A History of a Modern Concept)』(2013)에서 '종교' 개념이 등장하기 전까지의 인류 역사는 '종교 이전(before religion)'의 시대라고 보는 것이 정확하다고 주장한다. 그의 연구 목표의 하나는 "'고대 종교(ancient religion)' 같은 것이 있다는 통념을 없애는 것"이다. 나아가 인류는 어떻게 '종교'를 정치, 경제, 과학과 이상적으로 분리시켜 봄으로써 '세속적(secular)'인 것과 '종교적(religious)'

---

147 Nongbri, op. cit., p, 4, p. 163의 각주 14번 참조. 농브리와 카바노프는 둘 다 캔트웰 스미스의 한계를 지적하고, 탈랄 아사드의 관점에 공감을 표하고 있다.

인 것을 구분하여 생각하게 되었는지, 그리고 오늘날 '종교' 개념이 어떻게 '개인의 구원에 이르는 여러 비정치적 길들(apolitical paths)', 즉 '일종의 내적 감정(inner sentiment)으로 세속적 관심에서 멀리 떨어진 개인적 신앙(personal faith)'으로 국한하게 되었는지, 그 현상들의 인식 배경을 문제 삼는다.[148]

농브리는 '종교적인 것'과 '세속적인 것'을 구별하는 행위는 근대적 현상이라고 보며, 고대인이 세계를 생각하는 방식과 매우 달라진 것이라 설명한다. '종교들'과 '종교적'이라는 관념이 새로운 것은 어떤 것을 고립시켜 '종교적(religious)'이라고 부르고, 그것과 다른 것은 '비종교적(not religious)'이라고 부르는 방식이다. 그러나 고대인들에게 '종교'와 '종교가 아닌 것'의 구별은 없었다. 고대 세계에서 신들은 모든 삶의 방면에 관여되어 있었기 때문이다.[149] 여기서 농브리는 '종교'와 '세속'의 구분법은 '성(聖, sacred)'과 '속(俗, profane)'의 구분법이나 '순수(pure)'와 '오염(impure)'의 구분법과 다르다고 소개한다.

    고대 로마의 사원들은 성스러운(sacred) 장소였다. 그러나 그곳은 오늘날 많은 근대인들이 '종교적'이라고 묘사하지 않을 많은 다양한 행위들을 수행했다. 신이나 신들에게 봉헌된 희생제물과 축제를 위한 공간의 역할에 더하여, 정부 인사들을 위한 만남의 장소, 법률 기록의 저장소, 은행, 시

---

148 Ibid., pp. 7-8. 농브리는 책의 5-6장에서 근대 종교 개념과 세속의 형성 문제를 주로 다룬다.
149 Ibid., pp. 2-4.

장, 도서관, 박물관 등의 기능까지 수행했다.[150]

농브리에 의하면 이처럼 종교가 '정치, 경제, 과학과 분리된 하나의 영역'이라는 생각은 유럽 역사에서 최근에야 형성된 결과물이다. 그리고 그러한 관념이 공간적으로는 외부로 투사되고, 시간적으로는 옛날로 투사되어 오늘날 '종교'가 마치 세계를 구성하는 자연적·필수적 부분인 것처럼로 인식된 것이다. 그리고 그 종교 영역은 다시 서로 구별되는 여러 종교들, 즉 세계종교(World Religions)로 이루어져 있다고 생각하게 된 것이다. 여기서 중요한 것은 이러한 '종교' 개념의 형성이 근대의 '세속적 국민국가(secular nation-state)'라는 관념이 형상을 갖추기 시작한 서구의 한 특정한 시기와 역사적 맥락 속에서 함께 이루어졌다는 점이다.[151]

이 특정 시기란 바로 유럽의 '근대'가 시작된 때로, 대략 15세기 중반 혹은 16세기 중반 이후였다. 그 시기에 종교개혁, 인쇄술의 발명과 전파, 신세계의 발견과 식민화 등 중요 사건들이 있었으며, 그것은 물질적·지적 차원에서 전 인류 삶의 재조직화라는 방대한 결과를 가져왔다.[152] 또한 초기 근대 유럽에서 기독교 세계의 분열과, '신세계'의 발견, 그리고 성서(Bible)의 틀에 의문을 제기하는 '고대의 재발견(rediscovery of antiquity)' 등은 종교가 '개인이 구원을 추구하는 다양한 사적인 믿음 체계들'이라는 오

---

150 Ibid., p. 5. 농브리가 언급한 이 내용의 출처는 John E. Stambaugh, "The Functions of Roman Temples", *Aufstiegund Niedergang der römischen Welt* 2.16.1, 1978, pp. 554-608.
151 Nongbri, op. cit., pp. 5-7.
152 Ibid., p. 12.

늘날 통용되는 종교 개념의 의미를 형성하는 데 커다란 배경이 되었다.[153]

이런 상황에서 오늘날 국민국가의 규범으로 통하는 '정교분리' 체계도 형성되었다. 마틴 루터(Martin Luther, 1483-1546) 이후 기독교 세계의 분열은 어떤 기독교가 '참된(true)' 것인가에 대한 논쟁을 가열시켰다. 16-17세기에는 개신교 그룹들이 교황의 권위에 도전할 만큼 정치적 지지층을 형성하게 되면서 소위 '종교전쟁'이 발발하게 된다. 기독교도들 사이의 점증하는 폭력은 의견의 불일치와 참된 종교의 문제에 대해 다르게 접근해야 할 필요성을 제기했다. 종교들 사이의 적대성은 단지 유혈사태만 초래한 것이 아니라 대외 무역과 상업활동까지 붕괴시켰다.

농브리는 바로 이 지점에서 쟝 보댕(Jean Bodin, 1530-1596)과 존 로크(John Locke, 1632-1704) 같은 정치사상가들이 등장한다고 설명한다. 이들은 종교를 '하나의 구별되고 사사화된 행위의 영역(a distinct, privatized sphere of activity)'으로 상상하고, 이 사사화된 특정 영역이 새로 출현하는 국민국가의 일을 방해해선 안된다고 생각했다.[154] 존 로크와 같은 당대의 유명 인사들은 국가의 안정이 어떤 종류의 기독교가 '참된 것인지'에 대한 논쟁을 해결하는 것에 의해서가 아니라, 신에 대한 믿음을 사적 공간으로 고립시키고, '국가 발전을 위한 법률에 대한 충성심이 신에 대한 충성심보다 높아지게 함'으로써 달성될 수 있다고 주장했다.[155]

농브리에 의하면, 근대 국민-국가(the modern nation-state)의 탄생을 둘러싼 쟝 보댕과 존 로크의 저술은 종교의 개념화에서 발생했던 하나의 결

---

153 Ibid., pp. 85-86.
154 Ibid, pp. 9-10.
155 Ibid., p. 6.

정적 변화를 대표한다.[156] 근대 종교 개념의 초점이 '한 개인 영혼의 구원'에 맞춰지게 되면서 종교는 사적인 문제로 국한하게 되었고, 국가는 시민들을 통제하기 위한 하나의 수단으로 '종교다원주의'를 허용하게 되었다. 장 보댕은 '종교의 통일성이 이뤄지기 불가능할 때, 안정된 국가를 유지하는 가장 좋은 수단은 각각 다른 집단들에게 그들의 자신의 믿음에 따라 살도록 허락하는 것'이라고 제안했다.[157] 그리고 보댕에 이어 약 1세기 후, 존 로크의 저술은 '개인화된 종교적 자아(individualized religious self)의 완전한 출현을 보여준다. 로크는 단일한 국가에서 다양한 예배 관행을 허용하라는 주장이 담긴 『관용에 관한 서한』을 지었다. 여기서 그는 정치와 종교, 그리고 육체와 마음의 영역 사이에 중요한 구별을 제시했다.

> "나는 무엇보다 정부의 사업(Business of Civil Government)과 종교의 사업(that of Religion)을 정확하게 구별하고, 둘 사이의 정당한 경계를 정하는 것이 필요하다고 생각한다. … 영혼에 대한 보살핌은 치안판사에게 속할 수 없다. 그의 권력은 외적인 힘(outward force)에만 있기 때문이다. 그러나 진실한 구원의 종교는 마음의 내적 설득(inward persuasion)에 있다."[158]

이와 같은 로크의 도식에서 종교는 정치 세계의 일부로 허용할 수 없었다. 종교는 순전히 개인의 구원 문제여야 했다. 로크는 '교회(church)'의 의

---

156 Ibid., p. 86.
157 Ibid., p. 97, 100.
158 John Locke, *A Letter Concerning Toleration*, trans. by William Popple, London: Printed for Awnsham Churchill, 1689, pp. 6-7. Nongbri, op. cit., p. 101에서 재인용.

미도 급진적으로 재정의했다. 중세에 교회는 신성한 권위를 지닌, 반박할 수 없는 신성한 단체로 여겨졌다. "중세교회는 복종적이고 수용적인 평신도들, 즉 왕과 귀족, 농민의 사상과 활동을 지휘하는 규율 있고 조직적인 성직자들의 사회였다."[159] 하지만 이제 교회는 개인들이 구원이라는 유일한 목표를 위해 모인 자발적 모임일 뿐이다. 로크에 의하면 만일 모임의 참가자들이 국가의 기능을 방해하지만 않는다면 그들은 언제나 시민 당국에 의해 관용되어야 한다. 따라서 종교의 영역은 다음과 같이 제한된다.

> (모든) 교회법은 영생(Eternal Life)의 획득과 관련된 문제에 국한되어야 한다 … [종교 사회는] 시민적·세속적 재화의 소유와 관련된 어떤 것도 다루어서는 안 된다. 또 어떤 경우에도 물리력(Force)을 사용해서는 안 된다. 물리력은 전적으로 치안판사의 소유이며, 모든 외적인 재화의 소유는 그의 관할권에 속하기 때문이다.[160]

농브리는 이러한 로크의 종교 정의가 근대의 종교 개념과 매우 유사하며, 종교 개념사에서 중요한 하나의 전환점을 이룬다고 평가한다. 17세기 후반부터 '종교'는 이상적으로 인간의 삶의 여러 다른 영역과 분리된 독특한 하나의 영역으로 구분되면서, 유럽과 세계의 정신적 지도가 새롭게 그려지기 시작했다는 것이다.[161]

---

159 R. W. Southern, *Western Society and the Church in the Middle Ages*, New York: Penguin, 1978, p. 38. Nongbri, op. cit., pp. 205-206에서 재인용.
160 Nongbri, op. cit., p. 102.
161 Ibid., pp. 103-104.

윌리엄 카바노프의 종교 개념 이해도 전체적으로 농브리와 유사하다. 다만 고대부터 근대에 이르는 종교 개념의 전개 과정을 '종교와 세속의 이원성 발명(the invention of the religious-secular duality)'이라는 측면과 종교 개념 형성에 개입하는 권력의 문제에 더 초점을 두고 살펴보고 있다.(〈표 3〉 참조)

〈표 3〉 윌리엄 카바노프(William Cavanaugh),
『종교적 폭력의 신화(The Myth of Religious Violence)』(2009)

시기		윌리엄 카바노프의 도식	종교 개념의 특징
로마		• 황제에 대한 의무와 신들에 대한 의무의 미분화	• religio: 사회적 의무를 둘러싼 용어의 집합체 • re-ligare : '다시 묶다' • 시민적 맹세, 가족의례를 포함한 관습과 전통
초기 기독교		• 어거스틴: 신에 대한 예배, 찬양 행위와 정치, 문화, 가족에 대한 의무는 복합적 관계	• religio는 세속 영역에서 분리된 특정 영역이 아님
중세		• 중세는 신정정치적 총체성의 사회 - 릴리기오와 정치의 목적은 불가분 - 종교는 인간세계와 분리된 초자연적 영역이 아님	• religio 용어가 가장 적게 발견되는 시기 • religio 주제의 책이 거의 없음
		1200년경 옥스퍼드 영어사전의 religio : 수도원 서약에 묶인 삶의 상태 1400년경 religions(복수) = 수도회들	religions: 베네딕트회, 도미니크회 등
		• 아퀴나스, 『신학대전』(1485): religio는 75개 질문 중 하나, 비중이 적음	• religio는 경외 또는예배 • 신체적 훈육과 덕성의 개발
근대	15C	• 쿠자의 니콜라스: religio는 다양한 의례들 배후의 인간의 보편적·내면적 충동 • 마르실로 피치노, 『그리스도적 종교에 대하여』(De Christiana Religione)(1474)	• 종교는 하나의 속(genus), 기독교, 이슬람 등은 종(species)이 된다는 관념의 선구자 • religio는 경건함(piety), 내면화, 보편화 • 종교의 본질은 시공 초월 불변의 지속성
	16C	• 기욤 포스텔 - 모든 종교들에 공통인 67개 명제 • 외면적 교회(practice) vs. 내면적 교회(belief)	• 종교들(복수) 아래 존재하는 일치 → 종교(단수) • '속'으로서의 종교와 '종'으로서의 종교들이라는 사유에 근접

	• 『공동기도서』(Book of Common Prayer) (1549): 성찬과 의례들은 상징(symbols), 단지 외면적 형태들 • 칼빈: 종교는 구원의 지식 → 객관적 지식 → 신앙의 명료함 강조 • 1555 아우구스부르그 화의, • 1600년경: "영주의 종교는 영민의 종교" • 1590년 후커 & 파슨스: 객관적이고 반대되는 교리로서의 종교들(religions)	• 새로운 공간(자연)과 신체 이해 : 신앙의 눈을 통해서만 신의 현존을 감지 • 신앙은 해석되어야 할 교리적 원리들의 모음 • 종교=믿음 혹은 마음의 상태 • 신앙=고백되어야 할 믿음(beliefs)의 모음집 • 복수로서의 종교들(religions in the plural) • 근대적 의미의 최초의 다원화(pluralization) 형태 • 일반 명사로서의 종교(religion in general)
17C	• 토마스 브라운: "토지로서의 종교들의 지리" • 체버리의 허버트 경: 종교의 5개 본질적 믿음 → 모든 종교들의 일치 • 모든 종교 공통의 보편적 명제들, 공통 관념 • 존 로크: 종교는 마음의 상태(=허버트) • 종교와 비종교 사이의 경계 설정 - 근대국가의 새로운 권력 배치 - 인간 영혼의 문제와 정부의 복지 문제는 별개 - 국가는 폭력, 법률, 공공의 충성을 독점, 교회권력 흡수	• 기독교는 종교라는 '속'의 한 '종' • 기독교는 사람들의 모임이 아닌 신념체계의 모임 • 모든 다양한 종교들은 하나의 보편적 속의 종들 • "어느 시기 어느 국가도 종교가 없는 곳은 없다." • 인간의 자연적 본능: 신성에 대한 직접적 파악 능력 • 외부적 힘과 종교의 내적 설득의 구분 • 참된 종교가 머무는 곳은 개인의 양심 • "외적인 힘으로 무엇을 믿도록 강요할 수 없다." • 교회의 사업은 종교, 종교는 사적(私的) 영역
근대의 결론	• 근대: 종교-세속 이원성의 발명 • 종교-세속의 이분법 • 종교는 근대 국가 형성에 따른 창조물	• 종교= 보편적 속(屬, genus) 종교들= 종(種, species) • 종교는 명제의 체계 • 종교는 내면적・사적 충동

카바노프는 '종교' 개념에 대한 자신의 결론을 다음과 같이 말하고 있다.

첫 번째 결론은 종교에 대한 하나의 초역사적・초문화적 개념이란 없다는 것이다. '종교'는 하나의 역사를 갖고 있고, 종교로 간주되거나 간주되지 않는 것은 권력과 권위 등 여러 다른 구성물들에 의존한다.

두 번째 결론은 세속적 현상과 분리 가능한 하나의 초역사적·초문화적 종교 개념이 '있다'고 말하려는 시도 자체가 서구에서 발전한 현대 자유주의 국민국가의 특정한 권력구성의 일부라는 것이다. 바로 이러한 맥락 위에서 종교는 역사를 초월하고 문화도 초월하며, 본질적으로 내면적이고, 공적·세속적 이성과는 본질적으로 구별되는 것으로 구축된다는 것이다.[162]

카바노프에 의하면, 중세 기독교 사회에서 종교와 세속은 명확히 분리되지 않았다. 중세시대에 '릴리지오(religio)'는 세계의 모든 제도와 행위들 속에 스며들어 있었다. 아퀴나스(1224?-1274)는 "그것이 신의 명예를 위해 행해진 것인 한, 모든 행동은 종교에 속한다. 종교는 인도하는 것이 아니라 명령하는 것이다."라고 말했다. 아퀴나스에게 릴리지오는 '초자연적(supernatural)' 영역에 속하는 것이 아니었다. 17세기 이전까지 릴리지오는 초자연적인 것과 동일시되지 않았으며, 기독교 세계의 정치적 행위로부터 분리될 수 없었다.

중세 기독교 세계는 하나의 신권정치적 총체(theopolitical whole)였다. 그렇다고 왕과 사제 사이의 분업이 없었다는 것이 아니라 릴리지오의 목적이 정치의 목적과 불가분의 상태에 있었음을 의미하는 것이다. 인간이 만든 정부 역시 릴리지오와 마찬가지로 고결한 삶(virtuous living)의 목적을 향해 나아가는 것이었다. 이 궁극적 목적은 사제의 지도 아래 성취되는 것이었으므로 왕들도 사제에게 복종해야 했다. 이처럼 근대에 세속의 영역

---

162 Cavanaugh, op. cit., p. 59.

이 발명될 때까지는 이 세계와 분리되어 따로 존재하는 '세속'이란 상상할 수 없었다. 그리스도의 유기체적 이미지가 영토의 위계질서와 함께 혼합되어 있었다. 그 전체론적이고 성화(聖化)된 질서 밖에 있는 기독교 세계란 가능하지 않았다.[163]

그러나 근대에 이르러 '종교와 세속의 이원성'이 발명되었다. 카바노프에 의하면 '종교'와 '세속'이라는 쌍둥이 범주(twin categories)의 발명에는 중세사회와 매우 다른 권력관계가 관여되어 있다. 앞에서 살펴본 바와 같이, 근대에 '종교'란 다양한 종교들을 종(種, species)으로 포괄하는 하나의 총칭으로서 속(屬, genus) 혹은 유(類)개념으로 자리잡게 된다. 각 종교는 교리적 명제들의 체계로 서로의 차이와 경계를 확정한다. 종교는 본질적으로 내면적이고 사적인 충동으로, 그리고 정치나 경제 등과 같은 세속적 활동과 구별되는 것으로 인식된다. 이러한 근대 종교 개념의 발명은, 기독교가 위치해야 할 정당한 영역을 정치와 직접 관련이 없는 '내면의 삶'으로 한정한다. 이러한 종교의 등장은 그것의 샴쌍둥이인 세속 영역의 발생을 수반하며, 서구사회의 질서에서 중심부를 차지하던 기독교적 릴리지오의 실천을 점차 주변으로 제거해 나갔다. 이는 결국 미덕을 실천하는 것을 공적이며 집단적 행위로 인식했던 중세 릴리지오적 교회의 쇠퇴를 의미하는 것이었다.[164]

카바노프도 캔트웰 스미스와 마찬가지로 종교의 근대적 범주가 창조되는 데 기여한 인물들을 소개하는데, 일부 중복되기도 하지만 짧게 간추

---

163 Ibid., pp. 68-69.
164 Ibid., pp. 69-70.

리면 다음과 같다. 먼저 르네상스시기 두 명의 기독교적 플라톤 사상가, 즉 쿠자의 니콜라스(Nicholas of Cusa, 1401-1464)와 마르실리오 피치노(1433-1499)가 중요하다. 쿠자는 종교에 의례가 본질적이지 않으며, 의례의 다양성 뒤에 존재하는 보편적·내면적 충동이 종교의 핵심이라고 정의했다. 또한 그는 지금까지 알려지지 않았던 사상, 즉 '종교'라고 부르는 하나의 속(屬, genus))에 기독교, 이슬람, 불교, 시크교 등이 종(種, species)으로 포함된다는 관념을 만든 선구자이다.[165] 또 한명의 플라톤주의자 피치노는 경건함의 의미로 '릴리지오'를 사용하였고, 그 의미를 더욱 내면화시키고 보편화시켰다. 그 외에도, 프랑스 인문주의자 기욤 포스텔(Guillaume Postel, 1510-1581)은 본질적 명제들이 세계의 모든 종교에 핵심적이라는 사상을 발표했다. 그는 단수형태의 '종교'와 복수형태의 '종교들'이라는 표현을 사용했으며, '외면적 교회'와 '내면적·신비적 교회'라는 구분을 도입했다. 이 '외면적-내면적' 이항대립쌍은 16세기에 종교-세속의 이항대립쌍의 형성에 중요한 단초를 제공한다.[166]

한편, 종교를 '마음의 상태(a state of mind)'로 이해하는 관점은 칼빈파에게서도 분명하게 나타나기 시작했다. 칼빈(John Calvin, 1509-1564)에게 릴리지오는 예배의 성향이라는 중세적 의미를 여전히 지니기도 했지만, '구원의 지식(knowledge of salvation)'이라는 관점으로 종교를 강조하기 시작했다.[167] 또한 종교를 믿음이나 마음의 상태에 위치시키려는 시도는 종교적 관용을 주장하는 사람들의 작품이기도 했다. '영국 이신론의 아버지'로 불

---

165 Ibid., pp. 70-71.
166 Ibid., pp. 71-72.
167 Ibid., p. 73.

리는 허버트 경(Lord Herbert of Cherbury, 1583-1648)은 종교가 가진 5개의 본질적 믿음을 통해 모든 종교들을 일치시키려 노력했다. 그는 그 보편적 명제들을 '공통관념(common notions)'이라고 불렀다. 그는 다양한 종교들은 하나의 보편적 '속'의 '종'들이며, "어느 시기, 어느 국가도 종교가 없는 곳은 없다"고 설명하였다. 허버트는 인간의 마음속에서 "자연적 본능(natural instinct)"이라는 기능(faculty)을 발견하였고, 그 기능은 우리에게 신성에 대한 직접적 파악 능력을 제공한다고 설명했다. 5개의 공통관념은 바로 이 자연적 본능으로부터 직접 나오는 것으로, 이들 모두 선천적인 것이다. 이처럼 종교가 초역사적이고 초문화적이라는 생각은 허버트에게 필수적인 것이었다. 허버트는 자연적 본능에 따라 '정상적 인간(normal men)'은 누구나 공통관념에 도달할 수 있다고 반복적으로 강조했다.[168]

카바노프는 허버트가 내면적·보편적·비물질적이면서 또한 정치적인 것으로부터 구별되는 하나의 '무시간적 종교(timeless religion)'를 규정함으로써 새로운 실재(new reality), 즉 새로운 정상상태(new normality)를 창조했다고 평가한다. 그런데 이처럼 근대 초기에 종교를 보편적이고 무시간적이며 내면적이고 무정치적인 인간의 충동으로 구축하려는 기획들은 모두 새로운 권력구조의 창출, 특히 교회 권력을 이제 막 떠오르는 국가권력에 종속시키는 새로운 권력구조 형성을 위한 노력의 일환이었다고 설명한다. 종교를 내면화·보편화시키고자 시도했던 허버트 자신도 교회에 대한 국가의 지배를 지지한 사람이었다. 따라서 카바노프는 종교적 관용을 위한 허버트의 도식은 15세기와 17세기 사이에 국가에 의한 교회 권력의

---

168 Ibid., pp. 75-77.

흡수를 위한 더 큰 기획의 일부였다고 평가한다.[169]

카바노프는 농브리와 마찬가지로 존 로크에 주목한다. 허버트와 마찬가지로 존 로크에게도 종교는 무엇보다 '마음의 상태'에 관한 것이었다. 그는 "진정한 종교의 모든 생명과 힘은 마음의 내면적이고 완전한 확신에 있다."라고 말했다.[170] 그러므로 로크는 치안판사에 의해 사용되는 '외적 강제력(outward force)'과 종교의 '내적 설득(inward persuasion)'을 구분하였다. 그리고 "외적인 힘으로 무엇을 믿도록 강요할 수 없다는 것이 바로 이해의 본질(the nature of the understanding)이다."라고 강조했다.[171] 그런데 이와같은 인간의 '내면(inward)'과 '외면(outward)'의 날카로운 구분은 중세 기독교 사회에서는 인식될 수 없는 것이었다. 중세 사회에서 내면의 영혼 상태는 신체의 규율과 의례로부터 분리될 수 없었고, 신체의 규율과 의례는 영혼을 형성함과 동시에 영혼의 상태를 표현하는 것이었다.[172]

그렇다면 로크가 종교를 본질적으로 내면적인 것이라 정의했던 궁극적 의도는 무엇이었을까? 카바노프에 따르면, 로크는 지금까지 함께 뒤섞여 온 인간에게 본질적인 '두 개의 행위 유형'을 명확히 구별함으로써, '그 사업이 종교일 뿐인 교회'가 감히 자신의 경계를 넘어서지 못하게 하려 한 것이다. 그는 다음과 같이 말한다.

---

169 Ibid., pp. 77-78.
170 John Locke, *A Letter Concerning Toleration*, Indianapolis, IN:Bobbs-Merrill, 1955, p. 18. Cavanaugh, op. cit., p. 78에서 재인용.
171 Ibid.
172 Cavanaugh, op. cit., pp. 78-79.

교회는 국가와 절대적으로 분리되어 있고 구별되는 것이다. 양측의 경계는 고정되어 있고 움직일 수 없다. 원래의 목적과 사업, 그리고 모든 면에서 서로 완벽하게 구별되고 무한히 다른 두 사회(two societies)를 혼합하는 자는 하늘과 땅, 가장 멀고 정반대인 것을 함께 낮추는 자이다.[173]

이렇게 함으로써 로크는 허버트와 마찬가지로 자신이 종교의 무시간적 본질을 밝혀냈다고 생각했을지 모른다. 하지만 카바노프에 따르면, 허버트와 로크는 사실상 17세기에 그때까지 알려지지 않았던 새로운 권력 구조의 발생을 목격하고 그것의 창출에 공헌하고자 했던 것일 뿐이다. 로크 등이 이런 종교 개념을 발명하기 전까지는 종교와 공권력의 관심(interests) 사이의 명확한 대조는 없었다. 그러나 이제 이러한 종교 개념이 형성됨에 따라 종교와 비종교 사이의 경계가 자연적으로 설정되었으며, 둘 사이의 경계는 영원히 고정되어 있고 변동 불가능하다는 주장이 힘을 얻게 되었다. 카바노프는 이러한 관념의 발생 자체가 근대국가의 형성과 함께 나타난 새로운 권력 배치의 일부라고 설명한다. 새로운 국가가 폭력, 법률 제정, 대중의 충성을 독점할 수 있다는 주장은, 교회가 국가에 흡수되거나 아니면 교회를 사적 영역으로 좌천시킬 때만 가능한 것이었다. 이 기획에 결정적 열쇠가 된 것이 바로 "교회의 사업은 종교(the Church's business is religion)"라는 로크의 주장이었다.[174]

결론적으로 카바노프는 '종교와 세속의 이분법(the religious-secular

---

173 Locke, *A Letter Concerning Toleration*(1955 published), p. 28. Cavanaugh, op. cit., p. 83에서 재인용.
174 Cavanaugh, op. cit., p. 83.

binary)'이 근대 국민국가의 형성에 수반된 새로운 창조물이라고 강조한다.[175] 이 견해에 따르면, 종교에 대한 초역사적·내면적 이해는 15세기에서 17세기에 걸쳐 일어난 기독교 사회의 새로운 재편 과정의 일부로 발생한 것이었다. 그리고 그 과정에서 수많은 입법권이나 사법권, 권력의 행사, 국민의 헌신과 충성에 대한 요구는 교회에서 새로운 주권 국가로 이동하게 되었다. 이 새로운 종교 개념은 교회의 '본래 기능이 아니었던' 권력과 업무들을 '정화(purify)'하는데 도움을 주게 된 것이다. 카바노프에 따르면 이 세속화(secularization)와 정교분리(the separation of church and state)라는 역사적 과정은 당시나 그 이후의 여러 세기에 걸쳐 결코 논란의 여지가 없었던 것은 아니다. 그럼에도 근대의 새로운 종교 개념은 '내적 종교'와 '국가의 신체적 규율'을 구분함으로써, 한 사회가 '교회에 대한 국가의 지배체제'로 전환되는 흐름을 재촉했다. 그리고 새로운 신민(臣民)은 갈등 없이 둘 모두에게 마땅히 봉사할 수 있게 된 것이었다.[176]

5. 종교 개념 연구사의 결론과 의의

많은 연구자들을 통해 종교 개념의 역사와 성격을 살펴본 것은 그 자체를 이해하기 위해서가 아니다. 이 개념이 아시아 및 한국으로 수입될 때 그 구체적인 양상을 이해하기 위해서는 무엇보다 그것에 대한 선이해가 필요하기 때문이다. 여러 연구자의 다양한 주장 중에 우리 논의에 필요한

---

175 Ibid., p. 80.
176 Ibid., pp. 83-84.

부분만을 정리한다면, 크게 다음과 같은 두 가지로 요약할 수 있다.

첫째, 근대의 종교 개념은 서구의 특정한 맥락과 역사 속에서 구성된 범주(constructed category)이다. 서구 근대에 '종교'란 종(種)으로서의 여러 '종교들'을 포괄하는 하나의 유(類)개념으로, 정치·경제·과학 등과 분명하게 구분되는 사회의 한 특정 영역을 의미하게 되었다. 또한 '종교' 개념이 서구에서 형성되는 과정에는 특히 두 가지 계기가 중요한 역할을 하게 된다. 하나는 '종교'와 '비(非)종교'를 구별하는 유대-기독교적 전통이며, 또 다른 하나는 '종교'에 일반적 성격을 부여하고 보편화시켜 추상적 특성, 즉 종교성(religiosity)이라는 것을 만들어낸 계몽주의이다. 다시 말하면, 유대-기독교의 유일신론적 전통과 계몽주의적 보편원리가 결합하여 오늘날 '종교'의 범주가 형성된 것으로 볼 수 있다. 따라서 오늘날 '종교' 개념은 서구의 특정한 시대, 특정한 사회구조적, 문화적 분위기 속에서 만들어진 역사적 산물인 것이다.[177]

그러므로 동서양과 인류의 전 역사에 적용될 수 있는 하나의 본질주의적이고 초월적인 '종교' 개념 혹은 '종교' 정의란 있을 수 없다는 점에 유의하고자 한다. 종교에 대한 본질주의적 독해가 지닌 가장 심각한 문제는, 그것이 세계가 구조적으로 재배치되는 과정에서 초래된 변화를 무시하거나 왜곡할 수 있다는 점이다. 왜냐하면 종교에 대한 본질주의적 이해는, 종교와 같은 개념의 역사성이 내포하고 있는 권력의 작동 방식을 은폐할

---

[177] 장석만, 『한국 근대종교란 무엇인가?』, 29-34쪽 참조.

수 있기 때문이다.[178]

따라서 근대의 언어인 '종교' 개념으로 전(前)근대나 비(非)서구지역을 설명할 때 세심한 주의가 요구된다. 그것은 근대의 언어인 'H_2O'가 전근대 언어인 '물[水]'에 해당한다고 이해할 수 있지만,[179] 그렇다고 양자가 반드시 동의어라고 볼 수는 없는 것과 같다. '물'이라는 개념을 통해 형성된 일상적 의미론과 'H_2O'를 중심으로 형성된 과학적 메타포의 맥락 사이에는 큰 차이가 있을 수밖에 없기 때문이다. 마찬가지로 '종교' 개념을 사용할 때도 그 개념이 사용되고 있는 담론의 특수한 역사적·사회적 맥락을 고려해야 하는 것은 당연하다. 캔트웰 스미스를 비롯한 많은 비판적 종교학자들이 바로 이런 점을 지적하고 있는 것이다.

둘째, 현대에 통용되는 종교 범주는 서구 근대성의 역사와 연결되어 있으며, 탈랄 아사드가 지적하듯이 근대성은 세속주의와 불가분의 관계에 있다. 따라서 이때 '근대성'은 '종교와 세속', '사적 영역과 공적 영역', '종교와 정치', '교회와 국가' 등의 이분법을 포괄한다. 그리고 종교는 '초역사적이고 내면적이며, 본질적으로 공공성이나 세속적 합리성(secular rationality)과 구분되는 하나의 고유한 영역'으로 설정된다. 그런데 이렇게 종교가 초역사적이고 초자연적인 영역 등으로 이해되면서 세속과 날카롭게 구분되는 것 자체가 이미 특정 권력의 구성물이란 점에 주목할 필요가

---

178 Ibid., p. 82.
179 Craig Martin, "On the origin of the 'private sphere': A discourse analysis of Relgion and Politics from Luther to Locke", *Temenos*, vol. 45(2), 2009, p. 152. 크레이그 마틴은 이 글에서 고대 그리스인들이 H_2O의 개념을 가지고 있지 않았다고 해서 그들이 물을 마시지 않았다고 할 수는 없다고 주장한다.

있다. 말하자면 '종교와 세속'의 이분법으로 세계를 구조화하는 것은 서구의 근대 자유주의 국민국가의 구성을 위한 권력의 재배치 행위의 일환이었다고 볼 수 있다. 이런 점에서 세속과 구분되는 영역으로 종교가 설정된 것은 서구사회의 지배 권력의 의도가 일정하게 반영된 결과임을 인식할 필요가 있다.

요약하면, '종교'는 하나의 특별한 '정치적 범주(political category)'라는 것이다.[180] 윌리엄 아널(William Arnal)의 설명에 따르면 "근대 민주주의국가의 정의 자체가 사실상 종교를 자신의 또 다른-자아(alter-ego)로 창조한다."[181] 그 결과 종교 개념은 자유주의 국가의 자체 표상(self-presentation)을 정당화하는 기능을 수행한다. 그것은 국가가 설정한 경계를 깨뜨리려는 어떤 집단적 시도도 국가의 안위를 위협하는 위험하고 잠재적인 폭력으로 간주하고, 그것을 응징하고 길들이려고 한다. 더욱 중요한 점은 종교 개념이 단지 새로운 사회적 실재의 등장을 묘사하는 것에 그치는 것이 아니라, 그것을 존재하게 하거나 또 강화하는 역할을 한다는 것이다. 다시 말해서 '종교'는 하나의 규범적 개념(normative concept)이다. 서구 근대성을 정의하는 규범적 이상은, 로크에 의하면 "공적인 정부의 사업을 종교의 사업으로부터 정확히 구별하는 것"이었다. 그리고 그 이상은 결국 교회와

---

180 William Arnal, "The segregation of Social Desire: 'Religion' and Disney World", *Journal of the American Academy of Religion*, vol. 69(1), 2001, p. 5, 125. Cavanaugh, op. cit., p. 84에서 재인용.
181 William Arnal, "Definition", in *Guide to the Study of Religion*, ed. Willi Braun and Russell T. McCutcheon, London: Cassell, 2000, p. 32.

국가의 분리 정책으로 나타나게 된다. 종교의 초역사적·초문화적 정의는 바로 이 '정교분리'라는 새로운 사회규범을 강화해 주는 역할을 수행했던 것이다.[182]

이러한 종교와 세속의 구분은 식민주의적 팽창 과정에서 비(非)서구지역에 그대로 적용된다. 식민제국은 국가적·물리적 폭력과 함께 내면적 폭력을 통해 식민지배를 강화해 나간다. 비서구사회의 맥락에서 '종교의 발명(the invention of religion)'은 권력과 권위의 변화가 없다면 일어날 수 없는 일이었다. 종교 개념은 서구 밖에서는 유럽의 식민주의 정책의 맥락에서 도입되었으며, 결국 식민주의자들의 이익을 위해 봉사하게 된다. 비서구지역의 식민지 토착민들은 그들 문화 속에서 종교를 '발견'하거나 또는 '발명'하고, 그것들을 '종교의 유(類)개념과 종(種)개념의 분류체계(genus- and species taxonomies of religion)' 속에 배치한다. 이 '유'개념으로서의 '종교'는 시간과 공간의 영역을 넘어 확장하게 되면서, 종교는 이제 단지 서구에만 국한된 것이 아니라 전세계적으로 발견되는 현상이 된 것이다.[183]

우리가 탐구하고자 하는 불교도 19세기에 서구 학자들의 '하나의 상상적 창조물'로 발견(discovery)되었다고 필립 알몬드(Philip Almond)는 강조했다. 이때 불교는 개신교 모델을 따라 문헌학적 종교(textual religion)로 발명(invention)되었다. 또한 리차드 코헨(Richard Cohen)에 따르면 근대 불교는 서구 종교 개념의 영향으로 개인주의적·이성주의적·내면적·무역사적·무사회적인 것으로 정형화되었다. 코헨은 "그렇게 정형화된 불교

---

182 Cavanaugh, op. cit., pp. 84-85.
183 Ibid., pp. 85-86.

는 칸트조차 사랑할 만한 종교"라고 표현하였다.[184]

 이제 이런 문제의식에 기반하여 서구의 '종교' 개념을 번역·수용한 근대 동아시아 국가, 특히 한국에서 빚어진 역사적·사회적 문화현상에 주목하고자 한다. 이 개념이 두 문화 간 맥락의 차이를 넘어 어떻게 적용될 수 있었는지, 나아가 그에 대응하기 위해 동아시아는 어떤 주체적 노력을 경주해왔는지, 앞으로 이에 대해 살펴보고자 한다.

---

184 Philip Almond, *The British Discovery of Buddhism*, Cambridge: Cambridge University Press, 1988, p. 13; Richard Cohen, "Why Study Indian Buddhism?", In Derek R. Peterson and Darren R. Walhof, eds, *The Invention of Religion: Rethinking Belief in Politics and History*, New Brunswick, NJ: Rutgers University Press, 2002, p. 24; Cavanaugh, op. cit., pp. 92-95.

III

서구 근대불교학의 출현과 '부디즘(Buddhism)'의 창안

1. 근대불교학과 오리엔탈리즘 산물로서의 '부디즘'
2. 동아시아의 불교: '불법(佛法)'에서 '불교(佛敎, Buddhism)'로

이 장에서는 종교 지형이 급격하게 변화하는 과도기였던 근대불교 시기(개항~일제강점기)에 한국불교가 근대적 재구성을 통해 종교로 정착할 수 있었던 여러 요인 중의 하나를 살펴보고자 한다. 그것은 다름아닌 근대 서구유럽을 중심으로 형성된 새로운 불교연구의 경향과 그 결과물로서의 '불교(Buddhism)의 발견과 창안'이다.

불교는 제국주의시대 유럽에서 '세계종교(world religion)'의 개념을 형성할 때 핵심적 요소를 제공했다. 근대 유럽에서 불교는 크게 긍정과 부정 두 가지 이미지로 인식되고 있었다. 한편에서는 불교는 세계종교 가운데서도 매우 특별한 '근대적 종교(modern religion)'로 인식되었다. 당시 불교는 미신과 의례적 행위로부터 자유로우며, 고대의 문헌에 바탕을 둔 교리와 철저한 윤리를 지닌 '이상적 종교'로 간주되었다.[1] 그러나 다른 한편, 허무적이고 염세적인 내세관을 지닌 '적멸의 종교'로 인식되어 공포의 대상이 되기도 했다.[2]

---

1 Alicia Turner, "Religion-Making and Its Failures: Turning Monasteries into Schools and Buddhism into a Religion in colonial Burma", Markus Dressler and Arvind-Pal S. Mandair ed., *Secularism and Religion-making*, Oxford University Press, 2011, p. 226.
2 Philip C. Almond, *The British discovery of Buddhism*, Cambridge; New York: Cambridge University Press, 1988, pp. 80-110.

한국에서 불교가 근대적 종교의 범주로 형성, 혹은 재편되는 과정을 살펴보기 위해서는 이와 같이 서구유럽에서 형성된 불교의 근대적 인식 내용을 먼저 이해할 필요가 있다. 식민지 시대에 한국불교는 일본을 통해 전해진 서구유럽의 종교 개념과 불교 개념의 영향을 당연히 받았을 것으로 추정되기 때문이다. 그러나 그렇다고 해서 그 영향이 단선적이고 일방통행적인 것만은 아닐 것이다. 이런 이유로 최근 식민지시기 조선과 일본에서 통용된 개념사의 연구 영역에서는 식민제국과 피식민지 간의 관계가 일방적 이식의 관계가 아니라 쌍방향, 더 나아가 그 반대 방향의 경우도 있다는 '트랜스내셔널'적 시각의 연구들이 등장하고 있다.[3]

이 연구는 근대 한국불교가 자신의 정체성 수립과 발전을 위해 시도했던 여러 개념적 도구의 활용과 개혁의 실천이 비단 한국이라는 지역 내의 작업이 아니라 일본, 더 나아가 세계 종교 및 불교의 동향과 함께 전개된 것이라는 시각에서 보고자 한다. 한국 근대불교의 성립은 단지 한국적 상황만이 아니라, 세계사적 흐름 속에서 일정 부분 그 영향을 반영하며 진행됐다고 볼 수 있기 때문이다. 한국의 불교사는 한국의 불교사만은 아니며, 세계불교사의 일환이기도 하다.[4] 이를 위해 여기서 구체적으로 살펴보고

---

3 통치국가와 피식민국가 간에는 학술적, 세계관적 개념의 상호영향이 존재했다고 봐야 하며, 그 과정 속에 새로운 패러다임이 구성될 수 있다는 것이다. 이와 같은 인식은 앞으로의 연구에 상당히 큰 의미를 주는 통찰이라 할 수 있다. 金泰勳, 「1910年前後における〈宗敎〉の行方 -〈宗敎〉, 帝國史の觀點から」, 『'식민지 조선과 종교' 심포지엄 발표원고』(자료집), 2012, 9-22쪽.

4 조성택, 「근대불교학과 한국 근대불교」, 『민족문화연구』45, 고려대 민족문화연구원, 2006, 79-80쪽. 이 글은 19세기 말 한국의 근대불교가 유럽을 포함하는 범불교권의 불교사적 사건이라는 역사인식이 필요하다고 제안한다.

자 하는 것은 근대 유럽에서 구축된 하나의 고정된 실체로서의 '불교'의 발견과 창안의 과정이다. 그것에 대한 이해가 선행되어야만 오늘날 우리가 당연하게 여기는 근대적 종교로서의 불교의 이미지와 특징들, 그리고 그것이 한국불교의 근대적 형성에 미친 영향관계를 살펴볼 수 있을 것이다. 이러한 영향관계가 중요한 것은, 오늘날 한국의 불교는 이런 과정을 거쳐 조선시대와는 다른 새로운 형식과 성격을 지닌 '근대적 종교로서의 불교'로 재탄생했다고 볼 수 있기 때문이다.

1. 근대불교학과 오리엔탈리즘 산물로서의 '부디즘'

1) 불교와 서양의 만남

19세기 전까지 불교와 서양의 만남은 단편적이고 우발적인 것이었으며,[5] 그나마 그 만남들을 통해 얻은 된 정보들도 서로 유통되지 못했다.[6]

---

5 인도와 서양세계의 최초의 접촉은 알렉산더 대왕의 정복전쟁 기간(326-323 B.C.)으로 추정된다. 문헌상 최초의 기록은 기원전 300년경 그리스의 메가스테네스(Megasthenes)가 인도 방문 후 브라만과 사문(sramanas)을 언급한 것인데, 이 사문이 불교의 승려인지 불명확하다. 그리스의 자료에서 처음으로 불교가 거론된 것은 기원후 200년경 클레멘트(Clement)가 '붓타(Boutta)의 계명을 따르며 그를 신으로 숭배하는 인도인들'을 언급한 것이다. J. W. de Jong, *A Brief History of Buddhist Studies in Europe and America*, Delhi, India: Sri Satguru Publications, 1987, pp. 5-6.(이 책의 1997년 개정판의 번역본은 J. W. 드용, 『현대불교학 연구사; 문헌학을 중심으로』, 강종원 편역, 동국대학교출판부, 2004.)
6 이렇게 보는 이유는 여러 세기 동안 단편적으로 있어 온 불교의 개별적인 발견 사이에 아무런 연속성이 없었기 때문이다. 중세의 모험가들은 고대 시대에 있었던 서양과 불교의 접촉에 대해서는 알지 못했으며, 문예부흥시대의 선교사들은 앞선 중세 시대

그 결과 불교는 아직 서양에서 하나의 단일한 실체로 파악되지 못한 미지의 객체로 남아 있었다. 앙리 드 뤼박(Henri de Lubac)은 13-14세기경 서구 세계가 불교에 대해서 얻은 지식을 요약하면서 다음과 같이 말하고 있다.

> (13-14세기까지는) 승려와 라마들에 대한 몇 개의 기이한 이야기들, 몇 개의 표면적 세부묘사들, 몇 개의 서술들, 그것들이 거의 전부였다. 동양의 한 위대한 종교는 한 개체로서 등장하지 않았고, 심지어 아직 이름조차 명명되지 않았다. 그것의 교리에 대해서는 알려진 것이라곤 아무것도 없었다.[7]

이 언급에 비추어볼 때 13-14세기까지 불교는 서구사회에서 거의 알려진 내용이 없었으며, 심지어 하나의 고정된 이름을 가지고 있지도 않았다. 15-18세기에 이르러서도 사정은 마찬가지였다. 지리상의 발견과 항해술의 발달로 유럽은 새로운 대륙들을 발견하게 되었고, 그것은 제국주의적 역사와 맞물려 전세계적으로 확장되어 갔다. 그리고 16세기에는 기독교 선교사들이 중국, 일본, 실론(스리랑카), 시암(태국), 인도차이나에 도착하게 된다. 그러나 18세기까지 이들 선교사들에 의해 전해진 것은 불교에 대한 약간의 정보들 뿐이었으며, 불교 학자들에 의해 상세한 연구가 진행될

의 교류에 대한 어떤 정보도 없었다. 프레데릭 르누아르, 『불교와 서양의 만남: 서양문화사에 얽힌 만화경 같은 불교 이야기』, 양영란 역, 서울: 세종서적, 2002, 15쪽.(이 책의 일본어 번역은 フレデリケ・ルノワール, 『佛教と西洋の出會い』, 今枝由郞;, 富樫瓔子 譯, 東京: トランスビュー, 2010)

7   Henri de Lubac, *La Rencontre du Bouddhisme et de L'occident,* Paris: Aubier, c1952, p. 47; J. W. de Jong, op.cit., p. 10.

만큼 충분한 정보가 주어지지는 않았다.[8] 18세기까지 불교가 서양에서 주요 학문적 연구의 대상이 될 수 없었던 이유에 대해 드 용(J. W. de Jong)은 다음과 같이 설명한다.

> 15-18세기 유럽에 도달한 불교의 지식의 정확성과 그 범위에 대한 분명한 견해를 형성하기는 매우 어렵다. 선교사들은 실론, 미얀마, 시암, 인도차이나에서 테라바다 불교와 조우했고, 또 중국과 일본에서 다른 형태의 마하야나 불교를 만났다. 그들의 지식은 그들이 관찰한 것, 그리고 불교 승려와의 대화에 근거했고, 불교의 경전 그 자체의 연구에 의지한 것은 거의 없었다. 바로 이런 이유에서 불교의 중심 사상에 대한 명확한 개념을 얻기는 매우 어려웠음에 틀림없다. 기독교의 중심 원리와 매우 다른 원리에 기초한 불교와 같은 종교는 그 경전에 대한 철저한 연구 없이는 이해할 수 없다.[9]

드 용은 불교학자로서, 불교의 이해는 불교경전에 대한 심층적 연구를 통해서만 도달할 수 있는 매우 어려운 분야임을 역설하고 있다. 그것은 무엇보다 그 경전의 언어에 대한 해독의 어려움과 결부되어 있었다. 선교사와 무역상, 관료들이 만났던 불교경전은 모두 산스크리트, 팔리어, 티베트어 등으로 이루어져 있었던 것이다.

19세기가 되어서야 비로소 팔리어와 산스크리트로 쓰여진 인도불교 자료가 연구되기 시작한다. 유럽에서 팔리어의 문법책이 처음 발간된 것

---

8   J. W. de Jong, op.cit., p. 10.
9   Ibid., p. 11.

은 1826년 외젠느 뷔르누프(Eugène Burnouf, 1801-1852)와 크리스티앙 라센(Christian Lassen, 1800-1876)에 의해서였다.[10] 이것을 필두로 유럽에서의 불교연구는 속도가 붙기 시작했으며, 이 결과 서구에 의한 '불교의 발견(discovery)과 창안(creation)'이라는 '위업(?)'을 달성하게 된다.

2) 단일한 종교전통으로서의 불교

불교의 영어표현으로서의 '부디즘(Buddhism)'은 '부처라는 인물의 가르침을 중심으로 형성된 방대한 사회적, 문화적 현상'를 가리키는 지시어이다. 그러나 그것은 동아시아 역사 속에서 형성된 것이 아니라 서구에 의해 만들어진 비교적 최근의 발명품으로, 18세기 유럽의 계몽주의 시대의 사상가들과 종교를 세속적 학문의 영역 속에 포괄하고자 했던 사람들의 희망에서 나온 합작품이라 할 수 있다.[11]

중국불교, 일본불교, 티베트 불교, 실론 불교, 미얀마 불교 등 무수히 많은 불교 종파 간에 하나의 연관성이 있다고 보는 견해가 대두되기 시작한 것은 겨우 17세기 중엽부터였다.[12] 그 후 18세기 말인 1799년, 프란시스 부캐넌(Francis Buchanan, 1762-1829)은 『아시아연구(Asiatic Researches)』에 「버

10　Ibid., p. 13, 17. 드용에 의하면 이보다 앞선 1824년, 스리랑카의 콜롬보에서 웨슬리언 선교사였던 Benjamin Clough에 의해 팔리 문법책이 발간되었다. 다만 뷔르누프는 그 사실을 몰랐다.

11　Richard H. Robinson, Willard L.Johnson & Thanissaro Bhikkhu, *Buddhist Religions: A Historical Introduction*, 5th edition, Belmont, IL: Thomson Wadsworth, 2005, p. xix.

12　프레데릭 르누아르, 앞의 책, 14-15쪽.

마의 종교와 문학에 관하여(On the Religion and Literature of the Burmas)」라는 논문을 통해 이런 관점을 처음 공식적으로 언급하게 된다.[13] 19세기 초가 되면 비로소 "미얀마, 시암, 실론, 타르타리(몽고), 일본, 케세이(북중국)에서 관찰된 종교들이 결국 같은 것이며, 실론에 대한 마르코 폴로(Marco Polo, 1254-1323)의 서술 속에 나타나는 '사가모니 보르칸(Sagamoni Borcan)'과 랭군(양곤)에 파견되었던 로마 가톨릭 신부인 상제르마노(Sangermano, 1758-1819)가 말한 '고다마(Godama)', 그리고 중국의 '포(Fo, 佛)', 발리의 '코돔(khodom)', 인도의 '부두(Booddhu)'가 결국 같은 한 사람이라는 결론"이 대두하기 시작한다.[14] 그리고 이런 사실을 학문적 저작을 통해 명료하게 구체화하여 보여준 사람은 다름 아닌 외젠느 뷔르누프이다. 그를 통해 비로소 서구세계에서 불교의 일관된 모습이 그려지게 되었으며 유럽의 불교연구의 기초가 놓이게 되었다.[15] 외젠느 뷔루누프가 불교학의 창시자인지에 대해 약간의 논란도 있었지만, 이제는 대체로 그것을 인정하는 분위기이다.

그렇다면 불교를 서구에서 오늘날 우리에게 알려진 바의 '부디즘'으로 통

---

13 도날드 로페즈, 「서구불교학 연구의 과거와 미래」, 조은수 번역, 『불교평론』 25, 2005, 347쪽.
14 Donald S. Lopez Jr., "The Ambivalent exegete: Hodgson's contributions to the study of Buddhism", David M. Waterhouse, edt., *The origins of Himalayan studies: Brian Houghton Hodgson in Nepal and Darjeeling 1820-1858*, London; New York: Routledge Curzon, 2005, p. 53
15 Robert S. Ellwood, "Buddhism in the West", Mircea Eliade edt. in chief., *The Encyclopedia of Religion.*, vol. 2, New York; Macmillan Publishing Company, 1987, p. 436. "불교에 대한 하나의 일관된 그림(a coherent picture of Buddhism)이 마침내 서구 세계에 출현하기 시작한 것은 위대한 프랑스 학자인 외젠느 뷔르누프에 의해 이들 문헌들이 연구되고 나서부터다."

칭하게 되는 것은 언제부터일까. 이 용어가 널리 사용되기 시작한 것은 19세기 초반, 구체적으로 말하면 1810-20년대에 이르러서이다. 하지만 불교를 '부디즘'으로 표현하기 시작한 정확한 시점이 언제부터인지에 대해서는 조금씩 의견이 다르다. 캔트웰 스미스는 세계의 종교들이 오늘날 사용되는 고유명사로 나타난 시점을 부디즘(Boudhism, 1801), 힌두이즘(Hindooism, 1829), 타오이즘(Taouism, 1839), 조로아스트리아니즘(Zoroasterianism, 1854), 컨퓨셔니즘(Confucianism, 1862)의 순서로 소개하였다.[16]

프레드릭 르누아르(Frédéric Lenoir)는 유럽에서 출판된 붓다에 관한 최초의 저술로 프랑스 출신 미셸 장 프랑수아 오즈레이(Michel Jean François Ozeray, 1764-1859)의 『부두(Buddou) 또는 부-두(Bouddou), 동아시아의 종교 교사에 대한 연구(Recherches sur Buddou ou Bouddou, instituteur religieux de l'Asie orientale)』(1817)와 독일의 클라프로트(Julius Klaproth, 1783-1835)의 『붓다의 생애(Leben des Buddha)』(1823)를 꼽는다. 그는 이들의 글에서 비로소 '불교'라는 용어가 처음으로 등장했으며, 그것은 이 종교가 유럽에서 정확한 연구를 요하는 탐구의 대상이 되었음을 의미한다고 설명한다.[17]

스위스 출신 불교학자 우어스 앱(Urs App)도 앞에서 말한 오즈레이의 저서가 '서양에서 출판된 불교와 붓다에 관한 첫 번째 책'이라고 소개한다. 그

---

16 윌프레드 캔트웰 스미스, 『종교의 의미와 목적』(1962 초판 ; 1978본), 길희성 역, 분도출판사, 1991, 94-95쪽; 그런데 조나단 스미스는 학명(學名)으로서 '부디즘'의 발명이 1821년에 이뤄졌다고 기술하는 점에서 캔트웰 스미스와 의견에 차이가 있다. Jonathan Z. Smith, "Religion, Religions, Religious," Mark C. Taylor ed., *Critical Terms for Religious Studies*, Chicago: The University of Chicago Press, 1998, p. 276.
17 프레데릭 르누아르, 앞의 책, 102쪽.

리고 이 책에서 오즈레이가 붓다를 "저명한 철학자이자 동료 피조물의 행복과 인류의 선을 위해 태어난 현자"라고 높이 평가했다는 점에 주목하고, 그것은 서구의 붓다관(觀)이 긍정적으로 변화하기 시작했음을 보여주는 것이라고 강조한다. 하지만 오즈레이도 불교의 가르침이 높은 철학적 차원을 가지고 있지만 결국 기독교의 가르침에 미치지 못하고 미신에 머물고 말았다고 평가했다는 점에서 그 역시 한계가 있다고 지적하기도 한다.[18]

필립 알몬드(Philip Almond)는 영국에서 책 제목에 '부디즘'이란 용어가 등장한 첫 번째 경우로 1829년 출간된 에드워드 업햄(Edward Upham) 의 『불교의 역사와 교리(The History and Doctrine of Budhism)』를 든다. 이 책 역시 붓다와 브라마를 혼동하고 있는 등 오늘날 시각에서 보면 오류가 많지만, 그 제목에 'Buddhism'이라는 말이 표기된 첫 번째 책이라는 점에서 그 의미가 있다고 평가한다.[19]

도날드 로페즈는 『옥스포드영어사전(Oxford English Dictionary)』의 'Buddhism' 항목에 근거하여, 1801년을 '부디즘' 사용의 원년으로 삼는다.[20] 이 사전에 따르면 1801년 불교는 'Buddhism'이 아니라 'Boudhism'으로 표기되었으며, 1816에는 오늘날과 같은 'Buddhism'이라는 명확한 형태로 사용되기 시작했다. 이 사전의 'Buddhism' 항목의 해당 원문은 다음과 같다.

1801년, 조인빌(Joinville), 『아시아연구』 7호, 400(쪽). 만일 불교(Boudhism)

---

18 Urs App, *The First Western Book on Buddhism and Buddha: Ozeray's Recherches sur Buddou of 1817*, Wil/Paris: University Media, 2017, pp. 60-63.
19 Philip C. Almond, op.cit., p. 14. 업햄의 책에서 불교의 철자는 'Budhism'이었다.
20 Donald S. Lopez Jr., op. cit., p. 53; 도날드 로페즈, 앞의 글, 347쪽.

가 브라만들 사이에서 자신을 정립할 수 없었다면 등등. 1816년 『아시아 저널』 1호, 19(쪽). 불교(Buddhism)라는 이름과 독특성이 나의 관심을 무척 끌어당겼다.[21]

'부디즘' 개념의 시작에 대한 지금까지 논의를 정리하면 다음과 같이 요약할 수 있다. 1801년에 부디즘의 고형(古形)으로서 'Boudhism'이 사용되었고, 1816년에는 우리가 오늘날 쓰고 있는 'Buddhism'이 문헌 속에 처음 등장했으며, 이후 1820년대가 되면 널리 통용되기 시작했다고 할 수 있다. 이 용어가 보편화되기 시작한 19세기 초 서구유럽에서는, 인도 붓다에 의해 발행한 이후 아시아 전역으로 전파된 단일 전통으로서의 불교에 대한 연구가 본격적으로 시작되었다. 19세기에 들어서 이런 연구가 시작된 것에는 여러 가지 배경이 작용했다.

먼저, 이성주의적 계몽주의의 등장과 종교적 권위의 쇠퇴를 들 수 있

---

21 *Oxford English Dictionary*, London: Oxford University Press, 1989, p. 619. 'Buddhism' 항목. 1801 JOINVILLE in *Asiat. Res.* VII. 400. "If Boudhism could not have established itself among the Brahmins, etc."; 1816 Asiatic Jrnl. I. 19 "The name and peculiarities of Buddhism have a good deal fixed my attention." 원문에서 'Asiat, Res,'는 "Asiatic Researches", 'Asiatic Jrnl,'은 "Asiatic Journal"의 약자. 1801년 첫 번째 인용구가 실린 원래의 논문은 Joinville, "On the Religion and Manners of the People of Ceylon", *The Monthly Review, Or, Literary Journal*, vol. 46, pp. 268-270. 특히 p. 269에서 해당 인용구를 확인할 수 있다; 한편, 로페즈는 다음의 책에서 조인빌의 1801년 논문의 일부를 직접 실어놓고 있다. Donald S. Lopez Jr. edt., *Strange Tales of an Oriental Idol: An Anthology of Early European Portrayals of the Buddha*, Chicago and London: The University of Chicago Press, 2016, pp. 175-178.

다.²² 19세기 유럽의 계몽주의와 합리주의는 유럽의 불교학 형성에 지적 배경을 제공했다. 기독교의 권위가 과학과 합리주의의 영향 아래 위축되면서 학문의 다원화가 가능해졌고, 기독교 이외의 다른 종교처럼 전통적으로는 금기시되었던 학문분야도 이성적 탐구의 대상으로서 허락되었다. 이성주의(합리주의)는 기독교 이외의 다른 종교도 학문적 연구의 분야로 인정받기 위한 전제조건이었다.²³

또 다른 하나의 배경으로 문헌학의 등장과 아시아의 언어에 대한 연구, 그리고 유럽의 아시아 식민지 경영 등을 들 수 있다.²⁴ 불교를 과학적 지식의 대상일 수 있게 만든 요인 중의 하나는 불교의 언어인 산스크리트가 유럽의 언어와 동일한 군에 속한다는 윌리엄 존스(William Jones, 1746-1794)의 발견이었다. 산스크리트와 유럽 언어가 같은 조상을 가졌다는 존스의 주장에 영향을 받아 비교문헌학이 유럽에서 하나의 독립된 학문으로 자리매김하기 시작한다. 그 영향 아래 시작된 유럽의 불교학은 철저한 문헌학적 연구 중심으로 진행되었다. 유럽의 불교학은 당시 유럽 지성이 구축해온 과학적이고 합리적이라고 여겨졌던 학문의 방법론들을 최대한 활용하였다.²⁵

그리고 19세기 서구의 식민지 경영의 확장과 더불어, 역사적 근원을 추구하는 낭만주의적 분위기도 한 요인이 되었다. 빅토리아 시대 전반까지 풍미했던 이집트학(Egyptology)이 쇠퇴하고 인도학(Indology)의 열풍이 불

---

22 Stephen Batchelor, *The Awakening of the West*, Berkeley: Parallax Press, 1994, p. 231; 박진영, 「형이상학과 반형이상학의 만남 - 근대 유럽정신과 불교」, 『불교평론』 20, 2004. 10월, 110쪽 참조.
23 박진영, 위의 글, 110-111쪽.
24 도날드 로페즈, 앞의 글, 347쪽.
25 박진영, 앞의 글, 111-112쪽.

기 시작했으며, 이런 관심을 바탕으로 불교학이 출현하게 되었다. 당시 유럽의 언어학, 문헌학적 연구는 역사 발전의 근원을 탐색하고 규명하는 고전주의, 혹은 낭만주의 흐름 속에 있었고, 이런 흐름이 불교연구에도 영향을 미쳤다. 19세기 당시 유럽 인문학이 고전 문헌학을 통해 새로운 인문학적 상상력을 발견하려 했던 것처럼, 불교학자들은 산스크리트 불교원전을 통해서 불교를 본질적이고도 근원적으로 이해할 수 있다고 생각했다. 현대 불교학의 창립자였던 뷔르누프가 불교의 근본 뿌리를 알고자 하는 모든 사람들에게 팔리어와 산스크리트어 문헌들을 주의 깊게 공부하는 것이 매우 중요하다는 점을 강조했던 것도 같은 맥락에서였다.[26]

이와 같은 시대적 배경 속에서 불교연구에 중요한 계기를 마련해 준 것은 영국의 외교관 브라이언 하우튼 호지슨(Brian Houghton Hodgson, 1800-1894)의 업적이다. 1837년 그가 파리아시아학회에 네팔에서 발견된 산스크리트어 불교경전 88권 한 질을 보낸 것은 서구 불교연구의 막을 여는 중요한 사건 중의 하나였다. 이로써 비로소 유럽은 산스크리트로 쓰인 불교경전을 입수하게 되었고, 이 자료는 입수 즉시 프랑스 학자 뷔르뉘프에 의해 연구되기 시작했다. 이런 이유로 호지슨은 막스 뮐러(Max Müller, 1823-1900)에 의해 '불교문헌학의 개창자'라는 지위를 부여받게 된다.[27]

뷔르누프는 불교의 기원이 인도에 있음을 증명하는 일에 전념하였다. 1844년 출판된 그의 『인도불교사입문』[28]은 학계, 문학계, 종교계를 총망라

---

26 카린 프라이젠단쯔, 「독일과 오스트리아의 불교학과 인도학: 배경, 역사, 맥락들과 방법론」, 『불교학보』 43, 2005, 261쪽.
27 Donald S. Lopez Jr., op. cit., p. 49, 53.
28 Eugène Burnouf, *Introduction à l'histoire du Buddhisme Indien*, Paris: Imprimerie

하는 유럽 전체 지식인 사회에서 경이로운 사건으로 받아들여졌다.[29] 막스 뮐러는 이 뷔르뉘프의 책에 대해 "불교의 체계적인 연구가 가능하도록 토대를 만들어준 역작"이라고 극찬했다. 쥘 바르텔레미 생틸레르(Jules Barthelemy Saint-Hilaire)도 다음과 같이 평했다.

> 『인도불교사 입문』은 진정한 의미에서 불교연구의 토대를 마련했다. 이제부터는 외젠 뷔르뉘프의 궤적을 따라 산스크리트어 원본에 입각해서 불교 연구를 지속해 나갈 수 있다. 뷔르누프 덕분에 우리는 강력하게 흡인력 있으면서 동시에 부조리로 가득 찬 이 종교가 언제 발생했으며, 브라만교를 개혁하려는 과정을 통해 어떻게 발전해 왔는지, 이 종교의 근간을 이루는 교리와 생성 초기 이후 변모해 온 주요 단계를 알게 되었다. 뷔르누프 자신도 말했듯이, 그는 인도불교의 근원부터 그것이 역사로 편입되기까지의 과정을 우리에게 알려주었다.[30]

뷔르누프의 또 다른 중요 업적의 하나는 『법화경역주』(1852)의 출간이었다.[31] 이것은 원본의 번역에 역자 해설을 곁들인다는 의도에서 출발했으

Royale, 1844. 이 책은 2010년에 영어로 번역되었다. Eugène Burnouf, *Introduction to the History of Indian Buddhism*, trans., by Katia Bffetrille and Donald S. Lopez Jr., Chicago & London: The University of Chicago Press, 2010.

29 이 책은 '유럽 언어로 된 최초의 불교 학술서'이며, 분석의 시도와 폭, 그 속의 불교문헌 번역의 정확도 등에서 유럽의 불교연구의 기초를 놓은 저작으로 평가된다. 도날드 로페즈, 앞의 글, 349쪽.
30 프레데릭 르누아르, 앞의 책, 106-107쪽.
31 Eugène Burnouf, *Le Lotus de la bonne loi, traduit du Sanscrit accompagné d'un commentaire et de vingt et un mémoires relatifs au buddhisme*, Paris: Imprimerie

나, 번역에 앞서 그가 집필한 역자 서문만도 천 쪽이 넘어 두 권의 책으로 편집될 만큼 방대한 분량이었다.[32]

이처럼 서구에서 불교를 체계적으로 연구하여 일정한 성과를 내게 될 수 있었던 것은 1844년 뷔르누프가 불교가 사실상 '하나의 단일한 전통(a single tradition)'이라는 사실을 발견하고 주장한 데서 출발한다. 그는 동아시아, 티벳, 인도, 스리랑카와 동남아시아에서 유럽의 탐험가와 무역상들이 만났던 어떤 종교들이 사실은 그 뿌리가 인도에 있는 하나의 단일한 전통에서 뻗어나간 여러 가지들이라는 결론에 이르렀다. 이들 전통들을 '하나의 공통된 핵심(a common core)'을 중심으로 연결 고리 속에 묶은 뷔르누프의 이 발견은 매우 놀라운 지적인 위업이라 할 수 있다.[33] 이 발견을 통해 서구는 불교를 기독교나 이슬람과 같은 하나의 단일하고 독특한 종교로 인식하게 되었다. 그것은 마치 기독교가 개신교, 가톨릭, 동방정교회 등으로 퍼져나간 것과 유사하다고 생각한 것이다. 뷔르누프의 발견 이후 한 세기가 지나는 동안 불교전통을 연구하는 학자들은 그 공통분모적 핵심의 본질적 특징을 묘사하려 노력했다. 그러나 그것은 마치 "살아 있는 크랩을 뚜껑이 열린 통 속에 집어넣으려 하는 것"과 같이 어려운 일이었다.[34]

뷔르누프는 불교사를 이해하기 위해서는 원전연구가 근본적으로 중요하다는 사실을 잘 알고 있었다. 그것은 산스크리트어 문헌들과 팔리어 문

Nationale, 1952.
32 프레데릭 르누아르, 앞의 책, 106쪽.
33 Richard H. Robinson, Willard L. Johnson & Thanissaro Bhikkhu, op.cit., p.xx.
34 Ibid. 소승불교와 대승불교의 차이점 외에도 라마교와 일본불교 등을 같은 불교의 범주에 넣을 수 있는가 하는 것이 대표적 논란거리였다고 한다. 이에 대해서는 시모다 마사히로, 「탈현대 불교학의 새 방향」, 『불교평론』 22, 2005, 259쪽 참조.

헌들 사이의 공통분모를 찾아낸 후, 불교의 근본적 · 고대적 요소들을 발견할 수 있을 것이라 생각했기 때문이었다. 그는 붓다시대의 인도사회와 붓다의 가르침, 후대 불교의 전개 양상, 그리고 불교와 카스트 제도 사이의 관계 등 이 모든 문제들에 대한 자신의 생각을 『인도불교사입문』에서 개진했는데, 그것들은 모두 원전에 대한 주의 깊은 연구에 바탕을 두고 전개된 것이었다.[35]

뷔르누프의 주장을 간추리면 불교의 문헌학적 · 언어학적 연구가 중요하다는 것, 그리고 그를 통해 불교의 뿌리와 역사적 근원을 찾아야 하며, 그것은 결국 인도의 초기불교에 닿아 있다는 확신이었다. 중요한 것은 뷔르누프가 그 이후 불교연구의 전범으로 자리매김 되었다는 것이다. 그는 '근대불교학의 알파요 오메가'였다. 그가 세웠던 학문적 방법론은 후대에까지 아무도 그 틀을 넘어서지 못했다.[36] 뷔르누프 이후 서구의 불교연구는 산스크리트 · 팔리어 · 티베트어의 해독과 더불어 불교 원전에 대한 문헌학적 연구의 전통을 중심으로 성과를 축적해 나갔다. 이러한 성과는 영국 · 프랑스 · 독일 · 러시아 등을 망라한 다국적 협력의 결과라고 할 수 있을 만큼, 여러 국가의 학자들이 '근대불교학'을 중심으로 새로운 학문분과의 업적을 구축해나갔다.[37]

---

35 J. W. de Jong, op.cit., p. 20.
36 이민용, 「서구 불교학의 창안과 오리엔탈리즘」, 『종교문화비평』 8, 2005, 16-17쪽.
37 서구 근대불교학의 전개에 대해서는 J. W. de Jong, op.cit.; 카린 프라이젠단쯔, 앞의 글; 이민용, 「불교학 연구의 문화배경에 대한 성찰」, 『종교연구』 19, 2000; 황순일, 「리즈 데이비스와 빨리경전협회의 성과」, 『불교평론』 26, 2006; 허버트 더트(Hubert Durt), 「Etienne Lamotte, 그 생애와 저작들」, 조성택 역, 『불교연구』 3, 1987. 일본의 근대불교학 성립에 대해서는 한국유학생 인도학 불교학 연구회 편, 『일본의 인도철

3) '부디즘'은 오리엔탈리즘의 산물인가?

그런데 이와 같은 연구에는 근본적 문제가 있었다. 연구 당시였던 19세기 인도에는 바로 그 연구 대상인 불교가 이미 사라지고 없었기 때문이다.[38] 따라서 이들 불교학을 통해 연구되고 묘사된 인도불교란 결국 남겨진 고대의 문헌들과 학자들의 상상력을 통해 재구성되는 것으로, 이는 '책상 위의 불교', '책상 위의 상상력'이라는 평가를 받게 된다. 이른바 서구 근대 불교학의 오리엔탈리즘적 성격에 대한 비판이 제기되는 것도 이런 맥락에서다. 이 입장의 대표적 연구자의 한 사람인 로페즈는 다음과 같이 말한다.

> 여기서 주목할 점은 이러한 중요한 학적 성과들 어느 것도 붓다의 출생지인 인도와 직접적으로 연관되지 않았다는 것이다. 불교는 14세기 이후 인도 땅에서 실질적으로 사라졌다. 영국의 동인도 회사의 관리들이 인도에서 여러 연구 작업을 시작했을 때 그들이 불교 것으로 발견한 것은 여러 비석들과 폐허가 된 유적지, 그리고 비슈누 신의 아홉 번째 화신으로 힌두 사원 내에 서있는 불상들뿐이었다. 불교 교단이나 불교도들, 무엇도 찾아볼 수 없었다. 유럽의 인도 식민지 경영 기간 중에 불교가 없었다는 것, 그리

학·불교학 연구- 그 역사와 현황』, 아세아문화사, 1996; 조승미, 「메이지 시대 서구 불교문헌학의 수용과 난죠 분유(南條文雄)-영국 유학시절 활동을 중심으로」, 『불교연구』 29, 2008 참조.
38 그러나 18세기 인도에 불교가 완전히 사라지지 않고 구전과 민속에서 잔존하고 있었다는 주장도 있다. 김진영, 「근대 인도불교학 형성과 문화제국주의 비판」, 동국대학교 불교문화연구원 엮음, 『아시아 불교, 서구의 수용과 대응』, 동국대학교 출판부, 2011, 299쪽.

고 불교는 고고학적인 그리고 문헌학적 유산의 형태로만 남아 있었다는 점은 유럽에서 불교가 형성되는 데 중요한 이유가 된다.[39]

사이드(E. W. Said)에 의해 오리엔탈리즘[40]의 문제가 본격적으로 제기된 이후, 유럽의 전통적 불교연구도 식민지주의(colonialism)와 오리엔탈리즘의 사상적 지배하에 있었다는 비판을 받게 되었다. 필립 알몬드(Philip Almond)의 『영국의 불교의 발견(British discovery of Buddhism)』(1988)은 이런 맥락에서 쓰인 최초의 반성적 불교학 연구사라 할 수 있다. 그는 불교가 영국 빅토리아 왕조의 분위기에서 하나의 이국적 취향에 대한 호기심의 대상으로 인식되었고, 불교국가 혹은 불교인 자신들의 역사적 현실과는 상관없는 또 다른 하나의 실체로 존재하게 되었다고 지적한다.[41] 그에 의하면 19세기 서구에서 묘사한 불교란 유럽인들에 의해 창안된 상상적 결과물일 뿐이다. 이와 같은 견해에 동조하는 많은 불교연구자들에 의해 기존의 불교연구를 비판적으로 재평가하는 움직임이 나타나기 시작했으며, 그 성과는 도날드 로페즈(Donald Lopez)가 편집한 『붓다의 박물관(Curators of the Buddha)』에 집대성되었다.[42]

---

39 도날드 로페즈, 앞의 글, 348-349쪽.
40 사이드의 『오리엔탈리즘(Orientalism)』(1978) 출간 이래, 오리엔탈리즘이란 '동양에 대한 서양의 사고방식 또는 지배방식'을 일컫는다. 이것은 동양과 서양이라는 인식론적 구별에 근거하고, 서구 중심적·이분법적 편견에 근거하고 있기 때문에 문제이다. 서양의 문화적, 인종적 우월성을 함축하고 동양을 타자화하는 위험성이 있다. 에드워드 사이드, 『오리엔탈리즘』, 박홍규 역, 교보문고, 2007 참조.
41 Philip C. Almond, op. cit., pp. 12-13.
42 Donald Lopez, Curators of the Buddha, University of Chicago Press, 1995; 카츠라 쇼류(桂紹隆), 「인도불교연구의 회고와 전망」, 김수아 역, 『불교학보』 43, 2005, 294쪽.

국내 연구자들 가운데서도 기존의 유럽의 불교연구가 제국주의의 영향 아래 이루어졌다는 점에서 불교학의 성격과 그 한계를 명백하게 드러낸다는 반성이 등장한다.[43] 이들도 언어학, 문헌학을 통해 서구에서 발견된 불교는 '실제 불교'와 다른 '불교의 창안'에 불과하다는 비판적 의견을 개진하고 있다.

> 서구와 지리적인 거리와 문화적 차이를 갖는 오리엔트라는 '그곳 out there'에서 '타자 other'로 표명되고 예증된 대상(object)이 서구에서의 불교의 출현이었고, 그래서 그것은 서구적 취향을 따라 창안되었다.… 불교의 현주소가 오리엔트이기 때문에 동양에서는 현행(現行)의 종교이지만 서구에서는 그들의 수집, 번역, 출판이라는 문헌적 과거(textual past)로부터 출현하였고, 서양의 오리엔트 도서관과 연구소와 그 문헌 속에만 존재한다. 그리고 이 자료들을 해석하는 학자들의 책상 위에 존재하는 대상물이 된다. … 불교는 다루어질 수 있으며(manageable), 일정한 틀을 따라 분류할 수 있는(taxonomical) 대상인 것이다.[44]

그렇다면 이 오리엔탈리즘에 의해서 만들어진 불교의 내용은 구체적으로 무엇인가. 서구 불교학에 의해 탄생한 불교는 '힌두교와 구별되며, 고

---

43 이민용, 「서구 불교학의 창안과 오리엔탈리즘」; 김진영, 앞의 글; 심재관, 『탈식민시대 우리의 불교학』, 책세상, 2001; 김용태, 「동아시아 근대 불교연구에 투영된 오리엔탈리즘」, 동국대학교 불교문화연구원 엮음, 『아시아 불교, 서구의 수용과 대응』, 동국대학교 출판부, 2011; 황순일, 「근대 돈황학의 성립과 오리엔탈리즘」, 동국대학교 불교문화연구원 엮음, 위의 책; 황순일, 「불교학과 오리엔탈리즘」, 『석림』 41, 2007 참조.
44 이민용, 「불교학 연구의 문화배경에 대한 성찰」, 73쪽.

타마 붓다로부터 시작되었고, 인도에 기원을 가진 것', 그리고 '경전과 그 경전의 창시자인 붓다를 중심으로 한 매우 지적이고, 도덕적이며, 내면의 정신을 강조하는 성격'을 띠고 있었다.[45] 그것은 "의식이나 미신, 주술, 또는 브라흐만들의 카스트제도에 반대하고, 이성과 절제에 기반을 두는 철학적으로 그리고 심리학적으로 완벽한 사상 체계"였다.[46]

이러한 불교의 모습은 신비적이고 감각주의적인 성격을 보였던 인도의 경우와 극단적으로 대조되는 것이었다. 유럽 각지의 도서관에서 학자들이 문헌학적인 연구에 근거하여 이해한 불교의 모습은 위대한 세계적 종교에 가장 부합하는 모습으로서 간주되었다. 불교란 문헌 속에서 가장 순수한 형태로서 남아 있는 전통이며, 유럽의 도서관에서 가장 효과적으로 연구될 수 있다고 이해되었다.

학자들의 관심은 불교의 창시자인 붓다의 생애와 인도에서 불교가 사라지기 이전의 불교사에 집중되었다. 붓다에 대해서도 기독교의 '역사적 예수(historical Jesus)'에 대한 탐색 작업과 유사한 방식으로 역사적 실존인물로서의 모습이 강조되었다. 동양의 오랜 역사 속에서 전개되어 왔던 신격화의 전개과정을 거슬러, 붓다는 최초의 순수한 구도자의 모습을 되찾아가는 것으로 보였다.[47] 마침내 붓다는 신화적이고 신비화된 종교적 숭배 대상이 아니라 철학자이자 윤리적인 종교 실천가로서 '이상적인 빅토리안 신사(an ideal Victorian gentleman)'의 이미지를 갖게 되었다.[48]

---

45 Philip C. Almond, op.cit., p. 24.
46 도날드 로페즈, 앞의 글, 350쪽.
47 이런 맥락에서 나온 것이 헤르만 헷세의 소설 『싯다르타』이다.
48 이에 대해서는 에밀 세나르(Emile Senart)와 헤르만 올덴베르그(Hermann

또한 붓다 자신의 가르침은 그의 사후에 전개된 여러 불교경전과 논사(論師)들의 가르침과는 비교할 수 없는 가치와 의미를 지닌 것으로 구별되어 저 높은 곳으로 추앙되었다. 이런 과정을 통해 아시아의 전통적 불교에서는 존재하지 않았던 새로운 불교의 분류체계와 명칭이 등장하게 된다. 그것은 바로 '근본불교(original Buddhism)', '원시불교(primitive Buddhism)', 또는 '순수불교(pure Buddhism)'라는 것으로, 붓다 자신의 가르침을 중심으로 형성된 불교를 가리키는 것이었다.[49] 그런데 바로 이 명칭들에서 알 수 있듯이 이 '근본', '원시', '순수'라는 개념은 그것이 표현되는 즉시 그 반대 개념들을 암시하는 언어들이다. 이들은 모두 '최초의', '때 묻지 않은', '순수한' 과거의 원형을 지향하는 개념들로서, 동시에 그렇지 못한 '현실의 불교'와 바로 대비될 수밖에 없는 구조를 지니고 있었다.

이 '근본' 또는 '순수' 불교라는 관념은 유럽에서의 '동양의 부활(Oriental Renaissance)'의 산물이며, 동양에 대한 서양적 시각의 투사라고 할 수 있다. 그것은 '서양의 잃어버린 지혜에 대한 환상, 에덴동산의 언어에 대한 추구, 과거 고전적 시대의 구축, 현대의 동양에 대한 폄하'와 짝을 이루며 진행되었다. 유럽의 낭만주의자들은 유럽문명에서 잃어버린 요소, 즉 그들의 결핍을 동양에서 찾고자 했던 것이다. 그들은 인도의 특별한 이성과

Oldenberg)로 대표되는 붓다에 대한 관점의 차이가 유명하다. '신사(gentleman)로서의 붓다' 이미지는 영국 빅토리아 시대의 이상적 인간형의 투사라 할 수 있다. Philip C. Almond, op.cit., p. 79.

49 '원시불교', '초기불교', '근본불교' 등의 용어는 그 정의와 범위를 둘러싸고 이후 일본 불교학계에서 중요한 연구 테마가 된다. 팔리성전협회를 설립한 리스 데이비스(T. W. Rhys Davids)가 제시한 'Early Buddhism'의 용어도 이에 추가해야 할 목록이다.

자제의 철학, 즉 '고전적(classical)' 불교에 매료되었다.⁵⁰

이처럼 서구 불교학에 의해 창안된 불교는 몇 가지 부정적 특징으로 요약될 수 있다.

첫째, 그것은 오직 문헌들(texts)로부터 창안된 개념이었다. 유럽인들은 필사본들을 찾아 모았고, 그들은 그것들이 '고전적' 불교문헌에 내장된 잃어버린 지혜를 가져다 줄 것을 기대했다. 그런데 그들은 문헌의 언어가 현지인(native) 불교도의 도움으로 해독되기 시작하자, 이후 이 현지인 불교도들을 불필요하게 여겼다.⁵¹ '근본' 불교를 위해서 아시아의 현실 불교도들은 제한적, 도구적 중요성만을 지닐 뿐이었다. 고전적 문헌자료들이 세속의 언어들과 정보원들을 대체했다.⁵²

둘째, '고전적' 불교는 주로 승원의 엘리트 승려들로 이루어진 작은 그룹 사이에 유통되고 생산된 철학으로 구축되었다. 이것이야말로 오리엔탈리즘적 내용이라 할 수 있는 것이다. 다음 지적은 이런 상황을 잘 설명하고 있다.

> 동양에서 '붓다'라고 부르는 역사적 인물을 따르고 그의 가르침을 따르는 사람들이 '불법(佛法, buddhadharma)'이라 부르던 것이 이러한 환경 속에서 안전하게 '불교(Buddhism)'로 안착되었다. 그러나 유럽의 학자들에게

---

50 Donald Lopez, *Curators of the Buddha*, p. 6; Richard A. Horsley, "Religion and other products of empire", *Journal of the American Academy of Religion*, vol. 71(1), 2003, p. 15.
51 Philip C. Almond, op.cit., p. 37; Donald Lopez, *Curators of the Buddha*, pp. 3-5.
52 Donald Lopez, *Curators of the Buddha*, p. 1.

광범위하게 관계되었던 불교는 오직 배타적으로 주로 "철학"에 관계된 텍스트들, 사본, 목판본으로부터 파생된 하나의 역사적 투사물(the historical projection)이었다. 그것들은 수도원의 작은 엘리트 공동체들 사이에서 생산되고 유통된 것들에 지나지 않았다.[53]

불교연구가들은 많은 서구의 지식인들이 원하던 종교의 이상을 투영하여 불교의 내용을 구성했다. 철학적 반성에 기초한 영지주의적, 이성주의적, 윤리적 개인주의가 바로 그것이다. 그런데 아시아의 구체적 불교 현실에서 이런 특별한 지식은 소수의 승려들에게나 중요한 것이었다. 아시아 불교도들에게는 관심의 대상이 아니거나 커다란 문제가 되지 않음에도 불구하고, '상주하는 자아란 없다'라는 무아(無我, no abiding self)의 교리가 서구 지식인들에게 가장 매력적이었다[54]는 사실은 그 하나의 예에 불과하다.

셋째, '근본' 불교는 의례(ritual)의 실천을 고려하지 않은 불교였다. 그러나 사실상 아시아의 불교도들에게 불교란 많은 의례의 실천으로 구성되어 있었다. 따라서 서구에서 발견된 불교란 고전적 문헌으로 환원하고 있을 뿐, 승려들의 실천과 풍부한 의례의 의미를 회피했다는 혐의를 벗어나지 못한다. 서구불교의 이러한 성격은 기독교의 프로테스탄트적 이해에 영향을 받은 것이거나, 종교를 '개인의 믿음'으로 치환한 유럽 계몽주의의 영

---

53 Ibid., p. 7. 이 내용은 로페즈가 그레고리 쇼펜의 논문(Gregory Schopen, "Archeology and Protestant Presupposition in the Study of Indian Buddhism," *History of Religions*, vol. 31, 1991, pp.1-23)의 논지를 요약, 소개한 것이다.
54 Richard A., Horsley, op.cit., p. 16.

향으로 해석될 수 있다.[55]

이처럼 서구에서 창안된 불교는 동양에서 오래 지탱되어 온 수많은 의례적 요소와 재가신도들의 역할을 축소시킨 불교 개념이었다. 아시아의 불교도들에게 유럽 학자들이 다루었던 문헌들은 접근 가능한 것들이 아니었으며, 의례 행위에서 그다지 필요한 것도 아니었다. 따라서 유럽이 주도한 불교 개념은 사이드가 지칭한 "패러다임적 화석화(paradigmatic fossilisation)"[56] 혹은 "불교라는 상상적 단일체 지식(the knowledge of a putatively unitary object)"으로 표상될 수 있는 근대 불교연구의 산물이었다.[57] 이처럼 '부디즘'으로 부르게 된 불교는 점차 어엿한 하나의 종교로 분류되었고, 1920~1930년대가 되면 '세계종교'의 일원으로 정착하게 된다.[58]

이와 같은 사실들은 곧 서구불교학이 '발견'한 불교가 오리엔탈리즘적 한계 속에 갇혀 있다는 비판의 이유가 된다. 서구의 불교학이 애초에 의도하지 않았겠지만, 결과적으로 그 학문이 만든 불교의 이미지는 서양의 동양에 대한 오리엔탈리즘적 투사의 대표적 사례로 여겨지게 되었다. 그것

---

55 Ibid.
56 E. Said, "Orientalism Reconsidered", *Race and Class*, vol. 27(2), 1985, p. 5.
57 Donald Lopez, Curators of the Buddha, p. 7.
58 Tomoko Masuzawa, *The invention of world religions, or, how European universalism was preserved in the language of pluralism*, Chicago: University of Chicago Press, 2005, pp. 121-146. 마스자와에 의하면 '세계종교'란 '원시종교', '부족종교' 등과 구별되는 '위대한 종교들(great religions)'을 일컫는 범주이다. 그런데 불교가 19세기 말부터 '세계종교'의 일원이 될 수 있었던 것은 실제 아시아에서 실천되던 불교 때문이 아니라 서구 불교학이 발견한 '순수불교'와 '근본불교'의 영향력 때문이었다. 같은 책, p. 131.

은 '책상 위의 불교'였고, '도서관 안의 불교'였으며, 고전적인 '문헌 속의 불교'였다. 그런데 서양에서 '발견'한 불교가 문헌 속의 지나치게 '이상화된 불교'라는 것은, 근대 동양에 있던 여러 형태의 불교가 그것에 대비되어 뭔가 결여되고 변형된 형태로 여겨지는 결과를 낳았다. 근대불교학의 성립이 다름 아닌 '두 개의 불교의 창안'이라는 지적도 바로 이런 맥락에서 등장한다.

4) 두 개의 불교: '이상적 불교'와 '현실의 불교'

19세기 중반부터 유럽에서 불교에 대한 학문적 연구가 본격화함에 따라, 유럽 사회는 '현실불교'와는 다른 '이상적 불교'라는 새로운 불교를 창안하게 되었고, 그것은 지식사회를 통해 동아시아의 불교인식에 직·간접적 영향을 미치는 기제로 작동했다.

19세기 중반부터 서구사회는 점증하는 불교문헌들을 수집, 분류하면서 불교에 대한 일정한 이미지와 관념을 생산하기 시작했다. 필립 알몬드에 의하면 빅토리아 시대의 불교 이해는 '동화(assimilation)'와 '거부(rejection)'라는 양극성(polarity)의 필터에 의해서 형성되었다. 그것은 빅토리아 시대의 맥락에서 받아들일 수 있는 것은 동화하고, 반대로 동화할 수 없는 것은 거부했음을 의미한다. 그리고 이 양극성은 의식적이든 무의식적이든 '동양적 심성(Oriental mind)'[59]이라는 이미지를 통해 표현되었고, 이것은 빅토

---

59 '동양적 심성'이란 서구인이 보기에 동양인은 지성은 결핍되고 상상력은 과잉이며, 유아적이며 나태하고 무기력하다는 정적 이미지를 말한다. 빅토리안들은 불교와 동양에 대한 판단의 기준을 그들이 소유한 듯 우월한 태도를 지녔다. 그들은 서양과 동양

리아 시대의 불교 이해의 밑바탕에 깔려 있었다. 빅토리아 시대의 불교 이해는 그 시대의 제약이 반영된 매우 특별한 관념의 산물이라 할 수 있다.

이렇게 함으로써 빅토리아 시대 불교는 두 개의 이미지로 고착되었다. 19세기 중반의 빅토리아 불교 창시자들이 '이상적 불교(the ideal Buddhism)'를 형상화한 후 그것은 점진적으로 증가하는 문헌들을 통해 서구 사회에 더욱 일반화되어 갔고, 그 결과 불교에 대한 독창적인 빅토리아식 이해가 출현하게 되었다. 결론적으로, 19세기 중반 불교는 유럽에서 새로 '발견'[60] 되었으며 심지어 창조(creation)되었다고도 할 수 있다. 로페즈는 다음과 같이 말한다.

> 불교, 그것의 텍스트들은 유럽의 도서관에 축적되었고, 불교는 점차 하나의 대상(an object)으로 구성될 수 있었다. … 이러한 관점은 불교의 문헌이 하나의 초월적 진리(transcendent truth)로서 다르마를 재현한다는 생각에 의해 지지되었다. 그 초월적 진리는 붓다가 가장 최근에 발견한 것이다. 불교는 초역사적(transhistorical), 자기-동일적(self-identical) 본질을 가진 것으로 이해되었다. 그 초역사적 본질은 자애롭게도 역사의 과정 속의 다양한 문화 속으로 내려왔으나, 그것의 예증들(instantiations)은 항상 불완전한 것이었다. 이러한 유럽에서의 본래불교(authentic Buddhism)의 발명은 "고전적(classical)"이라는 지시어에 의해 역사적 전개과정의 일시적 요소 안으로 유

을 나누고, 동양은 본질적으로 타자이며, 열등하다고 인식했다. 이처럼 동양을 조직하는 근본적 방법의 하나인 개념적 거름장치(conceptual filter)를 통해 불교는 수용되거나 거부되었다. Philip C. Almond, op.cit., pp. 33-53.
60 Ibid., p. 32.

입되었다. 이 "불교"라고 불리며 실체화된 대상(hypostatized object)은 유럽에서 창조되었기 때문에 유럽에 의해 통제될 수 있었고, 모든 근대 동양의 불교들은 그것에 의거해 판단되고, 또 그것에 의해 부족함이 발견되었다.[61]

이와 같이 문헌에 대한 편집, 번역, 연구는 이상적 불교의 창안과 더불어 동양의 현실 불교의 낙후함을 비교할 수 있는 근거가 되었다. 문헌상의 불교는 긍정적으로 그려낸 반면, 동양 현지의 불교는 대부분 퇴락한 상태인 것으로 여겨지는 등 부정적 평가를 받았다.

쇠락한 불교 현실에 대한 묘사는 다양했다. '붓다의 실천적 가르침은 범신론과 신비적 환상으로 중국에서 소멸하였다.' '불교사는 쇠퇴의 역사이며, 본래의 원칙이 사라졌다.' '불교의 쇠퇴는 우상숭배의 탓이다.' '불교의 영광은 사라졌다. 그것의 절반은 우상숭배이며 어리석은 미신이다.' '붓다의 간결한 가르침은 가장 미신적 성격을 지닌 사제들의 의례들로 바뀌었다.' 이렇게 문헌상에 비쳐진 붓다의 종교는 거의 모두에게 호감을 주는 반면, 현실의 불교는 그것과 너무 대조되었다.[62]

이것은 19세기 전반에는 볼 수 없었던 현상이었다. 그 당시에는 불교에 대한 서구의 담론이 막 시작될 무렵이어서 그들은 미처 불교를 쇠퇴하고 타락한 종교로 볼 수 있는 여지가 없었다. '이상적인 문헌적 불교(ideal textual Buddhism)'가 아직 부재한 상대였던 만큼, 그들은 동양의 현실적 불교를 그 어떤 것과 비교할 수 있는 기회를 가질 수 없었다. 그러나 19세기

---

61 Donald Lopez, *Curators of the Buddha*, p. 7.
62 Philip C. Almond, op. cit., pp. 38-39.

후반부에 이르면 동양에서 현실 불교를 직접 목격한 사람들은 그것을 이상적 문헌과 비교·평가하기 시작했으며, 이런 과정에서 그들이 발견한 것은 오직 현실 불교의 결핍·쇠퇴·후퇴·타락뿐이었다. 서구에서의 '이상적인 문헌적 불교'와 동양의 구체적 '예증들(instances)'을 이와 같이 대조하는 것은 명백하게 현실의 불교를 폄하하는 결과를 산출했다.[63]

이처럼, 영국 빅토리아 시대인 19세기 중반 이후 불교에 대한 상반된 두 개의 이미지가 탄생했다. 현존하는 동양불교의 타락·쇠퇴·후퇴의 이미지는 과거의 이상적·텍스트적 불교와 대조한 결과로 출현한 것이다. 이것은 기독교 선교사들에게 지금 쇠락해 있는 불교에 대하여 진보적 기독교를 전파해야 할 임무를 정당화해 주는 이데올로기가 되었다. 빅토리아 시대의 이 '이상적인 문헌적 불교'의 창안은 동양의 현실 불교를 거부할 수 있는 핵심 근거가 되었다. 그런데 동시에 이 새로운 불교의 창안은 빅토리아인들이 불교를 수용하고 그것에 동화할 수 있는 계기를 제공하기도 했다. 바로 어떤 원형적 형태를 통해 이상적으로 개념화한 불교, 그리고 문헌을 통해 창안된 불교는 그들에게 쉽게 받아들여질 수 있었다.[64]

이처럼 두 개의 불교가 구축될 수 있었던 것에 대해서는 다양한 해석이 가능하다. 먼저, 이 두 개의 불교의 생성을 제국주의와 오리엔탈리즘의 산물로서 보는 견해가 있다. 이 견해에 따르면, 서구의 불교학은 문헌학적 원전 연구를 바탕으로 당시 인도에는 사라져 존재하지 않았던 불교를 상상 속에서 재구성하고, 연구자들의 지적 취향과 이상에 맞춰 그 내용을 창

---

63 Ibid., p. 37.
64 Ibid., p. 40.

안하였다. 이 같은 연구 결과는 오리엔탈리즘과 제국주의적 성격이 내재된 것으로, 그것을 통해 아시아의 전통적 불교와 불교도를 판단하고 통제하는 준거가 되었다. 그 대표적인 것이 유럽에 의한 '두 개의 불교의 창안'이다.

그리고 이처럼 유럽이 구성한 불교는 다시 아시아의 근대불교에 영향을 주게 되었다. 스리랑카의 테라바다 불교도들이 영국의 지배와 기독교 선교사들의 압력에 대한 저항으로 불교를 개혁한 것이 이른바 '개신불교(Protestant Buddhism)'이다.[65] 그런데 서구에 대한 저항을 위해 만든 이 '개신불교'마저 "서구의 관심·흥미·어젠다를 반영하는 방식으로 서구의 상상력에 의해 재현된" 것이다.[66] 서구에서 창안한 불교가 아시아의 근대불교의 형성에 중요한 영향을 미치고 있었던 것이다.[67]

그러나 이러한 불교를 단지 제국주의적, 오리엔탈리즘의 산물로만 볼 수 없다는 지적도 있다. 필립 알몬드는 유럽의 불교에 대한 관심이 당시 영국의 세속화와 다원주의의 풍조를 반영하고 있다는 점에 주목한다. 빅

---

65 '개신불교(프로테스탄트 불교)'의 개념과 근대 스리랑카의 불교운동에 대해서는 김진영, 「서구사상의 유입과 스리랑카 불교신앙체계의 변용」, 동국대학교 불교문화연구원 엮음, 『아시아불교, 전통의 계승과 전환』, 동국대학교출판부, 2011 참조.
66 Richard A , Horsley, op. cit. , p. 16.
67 이와 관련하여 下田正弘, 「近代佛敎學の展開とアッア認識-他者としての佛敎」, 岸本美緒 [等]編, 『〈帝國〉日本の學知: 第3卷: 東洋學の磁場』, 東京: 岩波書店, 2006 참조. 시모다 마사히로는 불교가 근대불교학에 의해서 비로소 유럽에 이해될 수 있었고, 이 근대불교학의 성과는 근대 아시아인의 세계인식의 형성에 영향을 주었다고 본다. 이 글은 서구의 불교의 발견에 대한 아시아의 반응으로서 인도의 암베드카(Ambedkar)의 신불교운동, 스리랑카의 담마팔라(Dharmapala)에 의한 '프로테스탄트 불교'의 내용에 대해 살펴보고 있다.

토리아 시대 영국에서 불교가 많은 관심의 대상이 된 이유 중의 하나는 당시의 이데올로기적 다원주의(ideological pluralism)에 의해서 불교가 지지되었기 때문이라고 본다. 말하자면 이 시기는 '의심의 시대(age of doubt)'였고, 불교는 많은 '이즘들(isms)' 중의 하나였다. 종교문학을 구매하고자 하는 사람들에게 불교는 인기가 많았다. 불교는 기독교와 다르면서도 또한 매우 유사한 종교였고, 따라서 두려움과 즐거움을 동시에 줄 수 있었다. 종교가 필요하지만 기독교에서 멀어진 사람들을 위해 불교가 필요했다.[68]

그것은 곧 당대 유럽의 세속화 분위기를 반영하는 것이기도 했다. 그것은 19세기의 종교이해, 즉 기독교가 다른 많은 종교전통들 중의 하나일 뿐이라는 유럽인들의 종교이해를 보여준다. 빅토리안 시기에는 인간의 본성이 본질적으로 세속적인 것이며, 기독교·불교·이슬람·힌두교와 같은 종교들은 본질적으로 다르거나 상반되는 측면을 가지고 있다는 것, 그들 각각의 가치와 진리는 분석과 논쟁의 대상이 될 수 있다는 인식이 팽배해 있었다.[69]

따라서 알몬드는 불교가 단지 '동양의 심성'이라는 서구의 이미지를 통해 수동적으로 구축되거나 해석되었다고만 볼 수 없다고 강조했다. 오히려 불교는 19세기 빅토리아 시대 유럽의 이상을 형성하는 데 중요한 역할을 하기도 했다고 본다. 불교에 대한 담론은 빅토리아 시대 사람들의 창조론과 우주론, 성서와 생물학, 유신론과 무신론, 허무주의와 불멸성, 그리고 인간 본성이나 본질과 같은 주제에 대한 논란을 반영하기도 하고 또 그

---

68 Philip C. Almond, op.cit, p. 35.
69 Ibid., p. 139.

에 영향을 미치기도 했다는 것이다.[70] 다시 말해 19세기 유럽에서 불교의 발견과 창안이 가진 의미를 이해하기 위해서는 다양한 차원과 맥락에서의 접근이 요구된다는 것이다.

2. 동아시아의 불교: '불법(佛法)'에서 '불교(佛敎, Buddhism)'로

그렇다면 서구에서의 불교의 발견 혹은 창안이 동양의 전통적 불교인들에게 가져다 준 변화와 의미는 무엇일까. 무엇보다 '불교'라고 하는 전통적 용어에 미친 의미의 변화를 들 수 있다. 한·중·일 삼국에서 '불교(佛敎)'라는 말은 과거에도 사용되고 있었다. 하지만 오늘날과 같이 '붓다의 가르침을 중심으로 형성된 방대한 사회적·문화적 전통'을 가리키는 유일한 대표적 용어가 아니었으며, 그 내포하는 의미도 지금과는 약간 달랐다. 과거에는 '불교'를 가리키는 말로서 불법(佛法), 불도(佛道), 불문(佛門), 불가(佛家) 등의 말이 동시에 혼용되고 있었다. '불교'라는 말은 오늘날처럼 이들을 포괄하는 획일적이고 유일한 지시어로서 대표성을 지니고 있지 않았다.

본래 아시아의 불교도들이 그들의 종교를 가리키기 위해서 사용했던 용어들은 매우 다양했으며 그 의미도 제한적이었다. 그들은 자신의 믿음을 '불법(佛法, Dharma)', '불설(佛說, Buddha's message)', '불도(佛道, Buddha's way)' 등으로 표현했으며, 그것은 단순히 부처의 가르침이나 그를 따르는 일군의 무리들, 또는 조직 정도로 이해했다. 최초의 불교자료들은 그것을 '불법과 계율(Dharma-Vinaya)', 즉 교리와 실천(Doctrine and Discipline)으로

---

70 Ibid., p. 140-141.

부르고 있다. 그런데 불법과 계율은 삶과 실천의 길을 장려한다는 의미에서 규범적인(prescriptive) 반면, '부디즘'은 객관적이고 서술적(descriptive)인 개념이다.[71] 즉 '불교'는 과거에 하나의 규범적 용어로서 불교도들이 따라야 할 바른 삶의 준칙, 종교적·윤리적 실천 덕목과 그것을 따르는 집단을 가리키는 개념이었다. 그런데 이제 '불교'는 하나의 기술적 개념으로서 세계의 광범위한 영역에 걸쳐 존재하는 사회적, 문화적 실체를 일컫는 서술적 통칭으로 존재하게 되었다.

중국의 경우, 과거에 '불교'는 불법, 불설, 불도와 동의어로 사용되고 있었다. 물론 그들 사이에는 약간의 의미 차이는 있었다. 그런데 근대 이후 '불교'는 '붓다와 관계된 종교'를 지시하는 용어로서 그 이전 존재했던 많은 유사어들을 대신해 대표성을 지니게 된다. 중국에서 발간된 불교사전의 '불교' 항목의 기술을 보기로 하자.

〈불교(佛敎)〉: 범명(梵名) Buddha-śāsana 또는 Buddhānuśāsana, 팔리어로는 Buddha-sāsana... 근세 이후, 교의(敎義), 교단(敎團), 실천(實踐) 방면을 모두 통틀어 불교로 통칭한다. 이 말은 한역불전(漢譯佛典)과 중국, 일본의 전적(典籍)에서 여기 저기 보인다. 옛날에는 교법(敎法)이 중심이 된 것을 자칭 불법(佛法), 대법(大法), 성교(聖敎), 석교(釋敎), 대교(大敎), 불도(佛道)라고 불렀다. 교단이 중심이 된 것은 자칭 혹은 타칭으로 석씨(釋氏)라 불렀고, 타칭으로는 석가(釋家), 부도씨(浮屠氏)라 불렀다. 그 후 교법이 중심이 된 것은 또한 불도(佛道, 범어 Buddha-Mārga), 불법(佛法, 범어 Buddha-

---

71 Richard H. Robinson, Willard L. Johnson & Thanissaro Bhikkhu, op. cit., p. xix.

dharma), 정법(正法, 범어 Sad-dharma), 또는 여래의 교설(如來之敎說, 범어 Tathāgata-śāsana), 세존의 교설(世尊之敎說, 범어, Bhagavatas-śāsana), 승자의 교설(勝者之敎說, 범어 Jinasya-śāsana) 등으로 칭했다. 경전 가운데 항상 불타가 갖추는 〈십력(十力)〉으로 인하여 불교를 '십력교(十力敎)'라 칭하기도 한다. 이 밖에 교단을 중심으로 하여 불교도(佛敎徒, 범어 Bauddha)란 말이 출현하였다.[72]

이 글에서 불교는 강조점에 따라 불도·불법·석씨(釋氏)·석가(釋家) 등 여러 용어로 불렀다는 것, 그리고 불교의 어원적 의미를 '붓다의 교설(śāsana)'로 파악하고 있다는 것을 알려준다. 여기서 불교의 '교'는 말씀, 또는 가르침이라는 의미로 이해되고 있다. 그런데 근세 이후 '불교'라는 말이 교의·교단·실천을 모두 아우르는 광의의 통칭이 되었고, 다른 용어들을 대표하는 유일한 용어가 되었다는 것이다.

일본의 경우도 이와 유사하다. 과거에 '불교'라는 말은 거의 쓰이지 않았고, 그보다는 '불도·불법·불설·불도란 말이 더 많이 더 광범위하게 쓰이고 있었다. 그런데 메이지 유신 이후 '불교'가 다른 많은 경쟁적 용어들을 물리치고 독점적으로 쓰이게 된다. 거기에는 영어 Buddhism의 역어로서 불교가 정착해 가는 과정이 있었기 때문으로 추정된다. 기무라 기요타키(木村淸孝)는 다음과 같이 말하고 있다.

〈불교〉라는 말은 한자문화권으로서의 동아시아의 오랜 역사 가운데 근대

---

[72] 『佛光大辭典』 3, 書目文獻出版社, 1989, 2658쪽 중-하, '불교' 항목.

이전의 문헌에서는, 필자가 아는 한, 극히 드물게 밖에 나타나지 않는 언어이다. 그것이 의미하는 것은 대부분〈佛法〉혹은〈佛說〉이라는 말로 표현되었다. 중국에 불교가 전해진 초기에는〈道敎〉(도를 설하는 가르침)라고 표현되고 있기도 했다. 일반적으로 말해서〈불교〉는 명치 이후 영어의 Buddhism, 또는 그것에 대응하는 서구 여러 언어의 역어로서 사용되면서 널리 유포된 언어이다.[73]

현재 동경대 명예교수인 시마조노 스스무(島薗 進)도 '불교', '불법', '불도'를 이와 유사하게 설명했다.

중세에〈불교〉라고 하는 말이 이미 사용되고 있었지만 한정된 용법이었다. 그 대신 일반적으로 사용된 것은〈불법〉이나〈불도〉라는 말이었다. 〈불법〉은 불, 보살, 교의, 수행, 기도, 의례, 승려, 사원 등, 불교에 관한 모두를 포괄하는 경우로서, 널리 쓰이고 있었다. 또 불법은 첫째, 불법 전래 시기의 서술에서 보이는 것처럼, 불상, 경권, 불사리라고 하는 구체적인 것, 둘째, 다양한 불교의 의례와 그것을 집행하는 승려, 교단, 사원, 셋째, 가지기도(加持祈禱) 등이 표현하는 힘을 가리키는 것으로 해석 가능하다. … 불법이 주로 구체적인 것을 가리키는 경우라고 한다면, 그에 대해 종교

---

73 木村淸孝,「日本にらおける佛敎硏究の百年」,『宗敎硏究』78(3)(342號), 일본종교학회, 2004, 947쪽. 이에 덧붙여 기무라 기요타카는 Buddhism이 불교의 본질이나 그 전체를 적절히 표현하는 언어가 아니라고 비판한다. '특정한 주의, 주장에 집착하는 것을 떠나라'고 설하는 것이 붓다의 입장이라면, 그 종교를 가리켜 ~ism이라는 접미사를 붙이는 것은 적절하지 않다고 주장한다. 대신 Buddhist cultures, 또는 Buddhist thoughts의 사용을 제안한다. 위의 책, 949쪽.

적 실천과 결합한 경우가 〈불도〉였다. 〈불법 가운데 깊은 의미를 지닌 대사(大事)를 깨달아서(悟), 보리심을 내어(起) 불도에 들어오다(入)…〉라고 말하는 것처럼, 불도란 불법의 오의(奧義)를 깨달아, 발심하여 들어와 행하는 것으로, 개인이 선택하는 것이었다.[74]

이와 같이 근대 이전 일본에서 '불교'는 불법·불설·불도와 함께 통용되었으며, 사용 빈도에서는 오히려 가장 덜 사용된 말이었다. 대신 '불법'이라는 말이 오늘날 '불교'와 마찬가지로 교리, 교단, 의례를 포괄하는 매우 광의의 의미를 지니고 있었다. 그리고 '불도'는 좀 더 실천적 의미로 사용되었다. '불교'가 이들 경쟁적 언어들을 물리치고 대표성을 띠게 된 것은 메이지 유신 이후 '부디즘(Buddhism)'의 번역어로 정착되면서 야기된 일이다. 여기에는 전통적으로 '불법'이나 '불도'로 이해되었던 것이 이제 '불교'로 이해하게 되는 변화가 있었음을 의미한다.

〈불도〉나 〈불법〉은 실천에 중요성을 둔 언어이지만, 〈불교〉는 경전에 씌어 있는 문자화된 진리명제에 역점이 있다. 그것을 몸에 익히는 것에는 지성(知性)이 도움이 된다. 메이지 유신 이후 주로 〈불교〉라는 말이 사용되게 되었다고 말하는 것은, 중세부터 근대에 이르는 사이에 〈불〉의 〈법〉이나 〈도〉의 말로서 이해되던 것이, 〈불〉의 〈교〉로서 존재하는 것으로 이해되

74　島薗 進,,「近代日本における〈宗教〉概念の受容」, 島薗進, 鶴岡賀雄 編,,『〈宗教〉再考』, 東京: 株式會社 ぺりかん社, 2004, 192-193쪽. 시마조노는 오오스미 카즈오(大隅和雄)의 설을 인용, 소개하고 있다.

게 변화했다는 것을 의미한다.[75]

그렇다면 '불교'가 어떻게 부디즘의 유일한 번역어로 자리잡게 되었는가. 시마조노는 '불교'가 대표성을 띠게 되는 과정에 대해 종교의 중심이 '도'로부터 '교'로 바뀌게 되는 시대적 배경이 그 요인일 수 있다고 강조한다. 다시말해 그는 '도(道)'가 '종교'로 그 표현이 변화한 것처럼, 불교에서도 '불'의 '도'로부터 '불'의 '교'로 변화한 과정에 대해 살펴볼 필요가 있다고 주장한다.

그렇다면 이 변화는 언제, 어떻게 일어난 것일까? 〈불법〉〈불도〉로부터 〈불교〉로의 변화의 경과를 더듬어볼 필요가 있다. 〈불교〉가 〈religion〉의 하나인 〈Buddhism〉의 역어로서 널리 사용되게 되었다면, 〈종교〉에 상응하는 말의 선행 형태도 고려해야 할 것이다. 그 하나로 〈도〉가 있었다는 것은 이론이 없을 것이다. 〈불〉의 〈도〉로부터 〈교〉로의 어법의 변화를 이해하기 위해서는, 일반적으로 〈도〉로부터 〈교〉에로의 변화가 어떻게 진행했는지에 대해서도 고찰해보지 않으면 안 된다.[76]

이제 문제는 단지 부디즘의 번역만이 아니라 '불교'라는 말의 의미 변화도 중요한 관심사이다. 전통적으로 '불법'과 '불도'에 의해서 표현되어 오던 것이 이제 '불교'로 표현되었다. 그것은 전통적 어법의 변화에 국한된

---

75 위의 글, 193쪽.
76 위의 글.

것이 아니라, 불교의 내용에도 중요한 변화가 수반되는 본질적 문제이다.

시마조노는 '교'라는 말의 몇 가지 속성을 중심으로 이 문제를 논하고 있다. 그는 다음과 같이 말한다.

〈불교〉라는 말도 새로운 용어는 아니었지만, 중세에는 〈불법〉이나 〈불도〉라는 표현이 더욱 잘 사용되고 있는 말이었다(후술). 〈교〉라고 말하면 언어화(言語化)되고 대상화(對象化)된 것, 또, 복수(複數)인 것이라는 뉘앙스가 수반되었다. 하지만 〈불법〉은 진리와 실천의 총체를 표현하는 것이었고, 〈불도〉는 신앙자가 주체적으로 실천하여 걸어가야 하는 것이다. 그리고 〈도〉와 〈법〉은 궁극적으로 유일한 것이라는 게 당연하게 여겨졌다. 메이지 유신 이후에도 교파신도(敎派神道) 교단은 자신을 객관적으로 〈○○교〉라고 하지 않고, 주체적으로 〈도(お道)〉라고 부르는 말의 방식이 유력했다.[77]

위 인용문에 의하면 '불법'과 '불교'는 본래 그 내포하는 의미가 다른 것이었다. 불법과 불도는 신앙자의 '주체적 실천', '진리의 유일성'이라는 의미를 지닌다. 반면에 불교는 '언어화, 대상화된 것', 그리고 '진리의 복수성(plurality)'이라는 의미를 내포한다. 그리고 전근대일본에서 '종(宗)'과 '교(敎)'의 차이에 대해서도 주목할 필요가 있다. 이에 대해서는 는 오초 에니치(橫超慧日)의 의견을 참고할만 하다. 그는 다음과 같이 간단히 말한다.

오늘날, 불교, 기독교라고는 하지만, 불종(佛宗), 기독종(基督宗)이라고는 말

---

77 위의 글, 190쪽.

하지 않는다.

선종, 일련종이라고 하지만, 선교(禪敎), 일련교(日蓮敎)라고는 하지 않는다. 왜 그럴까?

교와 종이라는 말이 지닌 개념이 다르기 때문이다.

개괄해서 말하면, 교는 넓고 종은 좁다.

교 가운데 종이 있고, 종 가운데 교는 없다.[78]

이 설명은 불교 용어였던 '종교'가 religion의 번역어로 선택되어 정착하는 과정에 대해서도 시사하는 바가 적지 않다. 즉 불교 전통에서 종교의 '종'은 '진리의 유일성', '말로 표현할 수 없는 것'의 의미를 가진 반면, 종교의 '교'는 '말로 표현된 것'을 의미했다. 다음과 같은 사전적 설명도 도움이 된다.

〈종교(宗敎)〉: 종과 교를 가리킨다. 『화엄오교장』 권1에 〈分敎開宗(분교개종)〉의 설이 있다. … 불타는 대상에 적응하여 교화하기 위해 敎法(교법)을 설하였는데, 그것을 칭하여 敎(교)라 하며, 교 가운데서도 근본취지를 가리켜 宗(종)이라 한다. 일반적으로 宗(종)은 주관적, 개인적 주의신념을, 敎(교)는 객관적인 敎說(교설)의 뜻이다. 또 한 宗(종)의 敎旨(교지)를 칭하여 종교라 한다. 이 밖에 종은 無言之敎(무언지교), 敎(교)는 有言之宗(유언지종), 혹은 종은 宗門(종문)이라 하고, 교는 敎門(교문)이라 하기도 한다.[79]

---

78 橫超慧日,「敎と宗について」,『印度學佛敎學硏究』9(2), 1961, 193-196쪽.
79 『佛光大辭典』4, 書目文獻出版社, 1989, 3159쪽 중-하, '종교' 항목 참조.

시마조노는 주체적인 종교의 실천자의 입장을 표현하는 '도'와 '법'이라는 용어 대신 '종교'라는 용어가 religion의 번역어로서 정착하게 된 것은, 바로 그것이 진리에 대한 객관적 표현과 복수의 진리를 허용하기 때문이라고 설명한다. 따라서 불교가 '부디즘(Buddhism)'의 유일한 번역어로서 정착하게 된 과정에도 '종교' 개념의 정착과 유사한 과정, 즉 '불'의 '도'로부터 '불'의 '교'로의 변화가 있었다고 강조한다.[80]

한국의 경우에도 '불교'는 '불도', '불법' 등과 함께 쓰이고 있었다. 기화(己和, 1376-1433)는 『현정론(顯正論)』에서 '불교', '도', '법'을 함께 쓰고 있다.

> 구름이 일어나면 해와 달이 빛을 거두어들여 세상이 어두워지며, 구름이 개이면 빛이 세계를 덮어 우주가 분명하다. 불교(佛敎)를 이에 비해 보자면 맑은 바람이 뜬 구름을 걷어내는 것과 같다. … 자타가 모두 청태하기를 바라면서 우리 도(吾道)를 싫어한다면 잘못된 것이다.[81]

> 부처가 입적하려고 하면서 그 법(法)으로써 임금에게 맡기고 신하에게 맡긴 것은 모두 그 도(道)로써 천하를 이끌어 세상을 다스리는 데 큰 도움이 되고자 하였기 때문이며, 모두 함께 진리를 닦는 길을 밟도록 하기 위함이었다.[82]

80　島薗 進, 앞의 글, 190-191쪽.
81　기화(己和), 『현정론』, 동국대학교 한국불교전서편찬위원회 편, 『한국불교전서』 7, 1994, 217쪽; 박해당, 「기화의 불교사상 연구」, 서울대학교 철학과 동양철학전공 박사학위논문, 1996, 111쪽 참조. "雲起也 日月收照而天下暗然也 雲開也 光被大千而宇宙廓如也 佛教比之 則若淸風之掃浮雲也… 欲自他之淸泰而厭吾道者失矣."
82　기화(己和), 앞의 글, 218쪽; 박해당, 앞의 글, 111-112쪽 참조. "佛之將化也 以其法 付之君 付之臣 皆欲以其道 導天下而爲治世之大助 而令共蹈 乎修身之路也."

한용운도 『조선불교유신론』(1913)에서 '불교', '불도', '불법', '불문(佛門)' 등을 함께 사용하고 있다. 「불교의 성질을 논함(論佛敎之性質)」, 「불교의 주의를 논함(論佛敎之主義)」 등에서는 '불교'라는 용어를 사용하지만, 전체적으로는 불도·불법·불문(佛門) 등의 용어를 함께 사용하고 있다.

경에 〈몸과 마음이 필경 평등하여 여러 중생과 같고 다름이 없음을 알라〉고 하셨고, 〈유성·무성(有性·無性)이 한 가지로 불도(佛道)를 이룬다〉고 하셨다.[83]

범인과 성자가 뒤섞이고 용과 뱀이 섞여 있는 것이 세상이나, 불문(佛門)이 광대하여서 이것들을 물론 포용할 수 있는 것이다. 그러나 방편으로 적중치 못하면 도(道)라고 하지 못하고, 가설로도 시기에 적당치 않으면 교(敎)라 하지는 못할 것이다.[84]

신중(神衆)은 부처님께서 영산(靈山)에 계실 때에 호위하는 임무를 띠고 항상 따르던 신의 무리니, 불법(佛法)을 보호함이 실로 그들의 책임이다.[85]

심지어 1915년 일제의 〈포교규칙〉에도 불교는 '불도(佛道)'로 표시되고 있다. 즉 이 시기까지 '불교'는 불교를 대표하는 유일한 개념이 아니었음을 알 수 있다.

---

83 한용운, 「조선불교유신론」, 이원섭 역주, 『한용운전집 2』, 불교문화연구원, 2006, 44쪽. '불교의 주의'
84 위의 책, 59쪽. '염불당의 폐지'
85 위의 책, 73쪽. '불가에서 숭배하는 소회'

한편 동아시아 전통사회에서 유교·불교·도교는 함께 묶어 '삼교(三教)',[86] '이가(二家)',[87] '삼도(三道)'[88] 등으로 표현되었다. 이와 같이 동양에서는 '삼교'와 '삼가', '삼도'는 유사한 용어로 함께 통용되었다. '교(教)' '도(道)' '가(家)' 사이에는 상호 소통성이 있었으며, 오직 '교'로 통일되어 있지는 않았다.[89] 이들이 이렇게 서로 호환될 수 있었던 것은 과거에는 이런 전통적 개념들(教, 道, 法, 學)이 '인간의 전체 활동 영역을 아우를 수 있는 포괄성'을 가졌기 때문이다. 그리고 이 개념들의 포괄성과 복수성의 관념은 전근대의 동양에서도 실제 생활에 그대로 구현되고 있었다. 반면에 '종교'라는 근대적 틀에는 전통적인 '교', '도'가 지니고 있던 광범위한 포괄성이 존재하지 않게 된다.[90] 이런 변화는 근대에 들어 종교의 의미에 커다란 전환이 이뤄졌음을 의미한다.

이처럼 근대 동양에서 '불교'는 전통적 의미에서의 '불교'개념과 비교해 볼 때 그 지시하는 내용과 범위가 달라졌음을 알 수 있다. 무엇보다 근대

---

86 서산, 『선가귀감』, 법정 역, 홍법원, 1962/1989, 23쪽. "삼교의 성인들 모두 이 말에서 나왔네. 뉘라서 말할 터인가, 눈썹이 빠질라!"(三教聖人 從此句出 誰是擧者 惜取眉毛).
87 함허, 『유석질의론』, 송재운 역, 동국대학교 역경원, 1984, 11쪽. "二家의 性을 말함이 이름은 같지만 알맹이는 다른데, 그대는 오히려 구별하지 못하므로 다시 그대를 위해 분석하겠다." 그런데 오늘날 학계에서는 『유석질의론』을 함허 기화의 저서로 보지 않는다는 점에 유의해야 한다.
88 木村清孝, 앞의 글, 37쪽. 소화10년(1935)에 발행된 『명치불교전집 호법론(明治佛教全集·護法論)』의 「삼도병행론(三道竝行論) 9부」에서 '삼도'란 유불도 삼교(儒佛道 三教)를 의미한다. 그러나 한국의 주요 역사서에서는 '삼교'를 의미하는 '삼도'의 용례를 찾기 힘들다는 점에 주의를 요한다.(이 책의 5장 참조)
89 '삼교'의 범주에 대한 고찰은 심형준, 「종교 개념의 적용과 해석에 대한 연구: '삼교', 유교, 무속을 중심으로」, 서울대학교 문학석사 학위논문, 2008 참조.
90 장석만,, 「부디즘, 불교, 불연의 엘리아데」, 『불교연구』 36, 2012, 202-212쪽.

이후 '불교'는 '부디즘(Buddhism)'의 번역어로 선택되어 사용되기 시작하면서 전통적으로 동양에서 사용해 오던 불도, 불법, 불설 간의 상호 소통성에 변화가 초래되었다. '부디즘'이라는 용어의 수입에 따라 다양한 번역어들 가운데 '불교'가 선택되었고, 대신 다른 용어들은 배제되었다. 이에 대해서는 시마조노의 견해, 즉 '교'의 '언어표현성, 객관성, 복수성'이 중요한 요소로 작용했다는 설명은 매우 설득력을 가진 것으로 보인다. 이 같은 관점은 한국에서 '불교'라는 용어가 정착되는 과정에서도 그대로 적용될 수 있는지 구체적으로 확인, 검토해볼 필요가 있다.

다시 정리하면, '부디즘'의 번역어로서 '불교'는 근대의 조어(造語)인 '부디즘'이 내포하는 서구적 맥락을 포함하지 않을 수 없게 되었다. 이 새로운 부디즘은 아시아의 전통적 불교인들에게 '신앙 대상으로서의 불교'와 구별되는 '탐구 대상으로서의 불교', '타자의 시선에 의해 분석되는 불교'를 경험하게 해주었다. 이 객관적 학문으로서의 불교는 개인의 종교적, 주체적 실천을 의미하던 아시아의 전통적 '불교' 개념과 모호한 공존을 하게 되었다. 또 그 내용상에서도 매우 이질적 요소가 '불교'와 함께 들어왔다. 서구 근대불교학이 제시한 불교는 '문헌과 경전 중심의 불교', '초기불교(혹은 원시불교)가 중심이 된 불교', '도덕적 철학자로서의 역사적 인간 붓다'를 강조한 낯선 불교였다. 그것이 동아시아 사회에 가져다준 파장은 적지 않았다. 한·중·일 삼국이 전통적으로 지지해 온 대승불교 중심의 불교관에 균열이 오게 된 것이다. 서구불교학에 의해 '붓다의 말씀을 중심으로 하는 원시불교'가 동아시아 불교도들에게 가장 순수한 '이상적 불교'이자 불교의 새로운 정통적 모습으로 부각되었다. 그 결과 기존의 동아시아 대승불교의 권위는 위협받게 되었다. '대승불교 경전이 과연 붓다의 말씀

이 맞는 것인가?'라는 논쟁이 비상한 관심을 끌게 된 것도 이러한 상황과 관련이 있다.[91] 근대에 불교가 하나의 '세계종교'의 지위에 올랐다고 할 때, 이 때의 불교도 바로 이런 서구불교학의 관점이 반영된 불교였다.[92]

이제 동아시아 한·중·일 삼국의 불교인들은 더 이상 남방불교를 '소승불교(小乘佛敎, 작은 수레)'라고 폄하하는 것은 가능하지 않게 되었다. 1950년 5월 25일, 스리랑카 캔디에서 '세계불교도회의(World Fellowship of Buddhist)' 창립대회가 공식적으로 개최되었다. 이 대회에서는 불교를 개념화하기 위한 새로운 분류 체계를 승인하는 결의안이 채택되었다. 회의의 마지막 두 번째 날인 6월 6일 아침 콜롬보에서 열린 총회에서 남아시아와 동남아시아의 불교도들은 앞으로 '히나야나(Hīnayāna, 小乘)'라는 용어를 사용하는 것을 금지할 것, 그리고 그 대신 '테라바다(Theravāda)'라는 용어를 사용할 것을 만장일치로 결의했다.

이 회의에 참가했던 실론의 학자 승려인 월폴라 라훌라(Walpola Rahula, 1907-1997)는 "우리는 '히나야나'와 '테라바다'를 혼동해서는 안 됩니다. 이 두 용어는 동의어가 아니기 때문입니다 … 모든 맥락에서 '히나야나'라는 용어는 '테라바다'라는 용어로 대체되어야 합니다."라고 주장했다. 이 회의에서 소승이라는 용어를 버리고 '테라바다'라는 용어를 사용하기로 결정한 것은, 불교 세계를 조직·통합·단순화하는 개념적 도구를 확보하고, 나아가 불교 세계의 토대를 인도에서 랑카(스리랑카)로 옮겨 재중심화하려

---

91 이것이 바로 일본의 근대불교학사에서 중요한 논제로 등장한 '대승비불설' 논쟁이다. 이에 대해서는 조승미, 「일본의 근대불교학 형성과 대승 비불설(非佛說) 문제- 아네자키 마사하루(姉崎正治)와 무라카미 센쇼(村上專精)의 비교」, 『불교연구』30, 2009 참조.
92 Tomoko Masuzawa, op.cit., p. 131.

는 이론적 시도로서 매우 효과적이었다고 평가된다. 이 회의의 참가자들은 테라바다 불교가 단지 스리랑카의 불교를 지칭할 뿐만 아니라, 가장 순수하고(pristine) 보수적이며(conservative) 정통적인(orthodox) 불교의 역사적 형태를 구체적으로 나타낸 것이라는 의견을 반복적으로 강조했다.[93]

'테라바다 불교'라는 용어는 1940년대 이전에는 불교의 종합적 분류 범주로서 사용하지 않았던 용어이다. 그 전에는 불교계에서 단지 '히나야나(小乘)'와 '마하야나(大乘)', '남방불교'와 '북방불교'라는 말을 사용했을 뿐이었다. '히나야나'라는 용어는 1934년까지 사용되었다고 한다. 그런데 이제 1950년 공식적으로 '히나야나'를 버리고 '테라바다 불교'라는 용어로 대체한 것이다. 이 같은 불교사에 있어서 커다란 사건에 대해 노르웨이 과학과 기술대학의 교수 스벤 브렛펠트(Sven Bretfeld)는 다음과 같이 표현했다.

"고대의 단어 '테라바다'는 세계화와 과학적 비교의 배경 위에서 전통적 수사학과 근대의 역사적 재구성의 응결체로서 동원되었다. '테라바다 불교'는 겸손하게 '그 불교는 마하야나가 아니다'라는 단지 하나의 관습적 수사가 아니다. 그 대신 그것은 하나의 역사적 승리자의 관점을 영속화하는 것이며, 본질적이고 정통적인 존재로서의 우월한 특질을 표현하는 용어임을 환기시키는 것이다."[94]

---

93 Peter Skilling, Jason A. Carbine, Claudio Cicuzza, Santi Pakdeekham edt., *How Theravāda is Theravāda?: Exploring Buddhist Identities*, Thailand: Silkworm Books, 2012, pp. 443-451.

94 Sven Bretfeld, "Resonant paradigms in the study of religions and the emergence of Theravāda Buddhism", *Religion*, vol.42(2), p. 294.

IV

근대불교(Modern Buddhism)의 다양성

1. 근대불교란 무엇인가?
2. 도날드 로페즈의 근대불교론
3. 서구 근대불교의 형성과 특징
4. 아시아 근대불교의 전개 양상

지금까지 종교 개념에 이어 불교 개념이 등장, 정착하는 과정을 추적해왔다. 나아가 세계종교로 정착한 근대불교가 전통적인 아시아인들이 믿어왔던 불교와 비교되면서 어떻게 대표성을 갖게 되는지에 대해서도 살펴보았다. 그리고 이를 통해 서구에서 근대불교가 등장하면서 불교의 외연과 내포가 어떻게 변화하게 되었는지 설명하고자 했다. 이와 더불어 동서양이 불교에 대해 가진 인식의 차이는 물론, 그것으로 야기된 아시아 지역의 불교 내부의 변화에 대해서도 소개하고자 했다.

우리의 연구목표는 결국 한국불교이다. 다시 말해 한국불교가 근대불교로 다시 태어나는 과정을 설명, 추적하기 위한 것이 이 연구의 최종 목표이다. 여기에 이르기 위해 지금까지 종교 개념과 불교 개념이 등장함으로써 야기된 다양한 종교적, 문화적 변화양상을 추적해왔다. 하지만 그것만으로 한국 근대불교를 설명하는데 충분하지 않다. 무엇보다 '근대불교'의 내포와 외연이 모두 동일하지 않기 때문이다. 각 나라마다 그것이 처한 정치·사회적 조건이 달라 그 표출형태는 매우 다양한 양상으로 나타날 수밖에 없다. 따라서 이제 근대불교가 지역과 이론에 따라 어떻게 이해되었으며, 이들 사이에는 어떤 차이가 있는지 살펴봐야 할 것이다. 특히 근대불교는 단지 한국만의 현상이 아니며, 다른 나라들의 상황과 비교함으로써 한국불교의 특징이 더 잘 파악될 수 있다. 또 그러한 비교를 통해 근대

불교 일반의 특성도 좀 더 선명하게 인식할 수 있게 될 것이다.

1. 근대불교란 무엇인가?

근대불교를 말하기 위해서는 그에 앞서 '근대성(modernity)이란 무엇인가?'라는 문제에 먼저 직면하게 된다. 근대성(modernity), 근대화(modernization), 근대주의(modernism)라는 용어가 근대불교와 관련하여 자주 사용되고 있지만 이들에 대한 일치된 정의를 찾기는 매우 어렵다. 이른바 '근대성'이라는 말을 사회과학의 영역에서 유의미한 용어로 명확하게 정의하고 사용하기 시작한 것은 막스 베버(Max Weber, 1864-1920)이다.[1] 막스 베버는 근대성 개념을 종교와 관련하여 연구하였으며,『프로테스탄트 윤리와 자본주의 정신(Protestant Ethic and the Spirit of capitalism)』(1904-1905)을 발표하였다. 베버는 이 저서에서 종교문화와 사회구성 토대의 상호관련성을 주목함으로써 사회학에서 종교의 중요성을 상기시켰다. 그리고 "세계는 후퇴할 수 없는 진보의 방향, 합리화의 방향으로 발전한다."고 강조하면서 근대적 정신의 에토스(ethos)는 다름 아닌 '합리성(rationality)'이라는 점을 명확히 하고 있다.[2]

이런 관점에서 보면 근대불교란 '근대성'을 가진 불교를 말하며, 그 근대성의 핵심은 '합리성'이라고 정의할 수 있다. 하지만 이런 설명은 너무 추

---

1 앨런 스윈지우드,『문화사회학 이론을 향하여: 문화이론과 근대성의 문제』, 박형신 · 김민규 옮김, 파주: 한울, 2004, p. 227.
2 여기서 베버의 '탈주술화(dis-enchantment)' 개념이 관련된다. 세계가 점차 합리화되어 주술적 세계로부터 벗어나게 되는 것이 근대성이라고 한다.

상적이고 단순한 규정이어서 우리는 수많은 또 다른 질문에 다시 직면해야 할 것이다. 가장 먼저 등장할 수 있는 난제는 다름아닌 '근대성'에 대한 정의이다.

데이비드 맥마한(David L. McMahan)은 '근대성'이 매우 다의적인 용어로서 아직 어떤 하나의 정의로 정립되지 않았다고 말한다. 다만 일반적으로 근대성을 '프로테스탄트 종교개혁, 과학혁명, 유럽의 계몽주의, 낭만주의, 그리고 현대까지 계속되는 그들의 계승자들에 의해 점진적으로 나타나는 사회적·지적(知的) 세계'를 일컫는 것으로 보는 것이 안전하다고 말한다.[3]

'근대성'이란 무엇인가라는 추상적 논의를 제외하고 '근대불교'에 대한 정의를 살펴보더라도 연구자마다 그 내용이 일치하지는 않는다. 이스라엘의 종교학자 버블로스키(R. J. Zwi Werblowsky, 1924-2015)에 따르면 '불교 근대주의(Buddhist modernism)'란 말을 처음 사용한 사람은 알렉산드라 데이비드 니일(Alexandra David-Neel, 1868-1969)이다.[4] 데이비드 니일은 1909년 『근대불교주의와 붓다의 불교(Le Modernisme Bouddhiste et le Bouddhisme du Bouddha)』라는 그녀의 첫 번째 책을 출판했다. 여기서 그녀가 '근대 불교주의'라고 부른 것은 그녀가 실론에서 만났던 아나가리카 다르마팔라(Anagarika Dharmapala, 1864-1933)가 가르친 이성주의적 테라바다 불교(rationalist form of Theravada)를 의미했다.[5]

---

3   David L. McMahan, *The Making of Buddhist Modernism*, Oxford University Press, 2008, p. 9.
4   R. J. Zwi Werblowsky, "Modernism and Modernisation in Buddhism", *The Search for Absolute Values*, vol. 2, I.C.F., ed., New York: I.C.F. Press, 1998, p. 124. 버블로스키는 예루살렘의 히브루 대학 교수였다.
5   알렉산드라 데이비드 니일은 프랑스 출신 여류 탐험가이자 불교도이다. 1924년 외국

로페즈는 근대불교의 특징을 "그 이전의 불교 형태에서 통용되어 온 많은 의례와 주술적인 것들을 거부하고, 위계질서(hierarchy)보다 평등성(equality), 지역적인(local) 것보다 보편성(universal)을 강조하며, 공동체(community)보다 개인(individual)을 종종 찬양"하는 것이라고 설명한다. 또 "근대불교는 그 자신을 오랜 진화의 정점이라고 보지 않고, 오히려 그 기원으로, 즉 붓다 자신의 불교로 돌아가는 것으로 생각한다."고 강조한다.[6] 그런데 로페즈는 근대불교라는 현상이 근대의 산물로서, 그 자체가 하나의 새로운 종파(sect)라는 독특한 시각을 드러내 보여주고 있다. 그의 주장은 다음과 같이 정리할 수 있다.

근대불교는 그 뿌리를 식민지 아시아에 두며, 붓다의 가르침의 본질(essence)로 돌아가고자 한다. 그것은 새로운 하나의 종파(new sect)이다. 다른 불교종파들처럼 근대불교도 그들 자신의 계보(lineage), 교리(doctrines), 실천(practices)을 가지고 있다. 이들의 특징은 고통을 사회적인 것으로 본다는 것이며, 붓다의 평등사상을 강조한다는 것이다. 오늘날 우

인에게 금지되었던 티베트의 수도 라사를 방문함으로써 유명해졌는데, 아마도 그 곳에 들어간 최초의 유럽 여성으로 추정된다. 실론과 인도 등 여행을 다니며 동양의 종교와 철학에 대한 30여 권의 책을 남겼다. 비트(beat) 세대의 작가들에게 많은 영향을 주었다. Donald S. Lopez, Jr. ed., *A Modern Buddhist Bible: Essential Readings from East and West*, Boston: Beacon Press, 2002, pp. 59-60; http://en.wikipedia.org/wiki/Alexandra David-Néel.

6 Donald S. Lopez, Jr., "Introduction to *Modern Buddhism: Reading for the Unenlightened*", Donald S. Lopez, Jr., *Modern Buddhism: Reading for the Unenlightened*, London: Penguin Books, 2002, p. xi.

리가 보고 있는 불교는 근대의 창조물(modern creation)이다.[7]

데이비드 맥마한 역시 근대불교가 세계 역사상 그 이전 불교와는 매우 다른 성격을 가진 것으로 탄생되었다고 본다. 그는 "종교사에서 가장 중요한 사실은 하나의 새롭고 역사적으로 독특한 불교가 지난 150년 사이에 출현한 것"이라고 말하면서[8] 근대불교의 특징을 다음 세 가지로 설명한다. 첫째, '서구의 일신교적 성격(western monotheism)'의 영향을 받아 형성된 점, 둘째, '이성주의와 과학적 자연주의(rationalism and scientific naturalism)'의 성향을 가지고 있는 점, 셋째, 낭만적 표현주의(romantic expressivism)의 성격을 가지고 있는 점이다. 특히 이 세 번째의 요소는 이성주의와 과학적 자연주의에 대한 반동적 성격으로 나타난 것으로, 미국의 초월주의자들(Transcendentalists)과 신지학자들(Theosophists) 등이 여기에 해당된다. 이들은 막스 베버의 논제인 '세계의 탈주술화(dis-enchantment)'에 대한 반대 논제인 근대의 '재주술화(re-enchantment)' 현상을 대변하는 것으로, 근대불교의 형성에 일정한 역할을 했다고 강조했다. 그런데 바로 이 부분에 근대 종교의 핵심을 이루는 요소 중 하나인 슐라이어마허의 사상이 관련되어 있다는 사실이 중요하다. 슐라이어마허가 종교의 '본질'을 의례나 미신, 위계질서나 독단적 신념과 같은 종교의 '외적 형태들'과 분리하고자 했듯이, 불교 근대주의자들도 명상을 통해 살아있는 우주와의 합일, 상호관련성

---

7   Donald S. Lopez, Jr., "Modern Buddhism: So new, So familiar", *Tricycle: The Buddhist Review*, vol.12(1), 2002, pp. 47-50, 109-114 참조. 위 인용문은 이 논문에 실린 로페즈의 주장을 필자가 한 문단으로 정리한 것이다.

8   David L. McMahan, op. cit., p. 21.

등을 체험하는 경험을 강조했다고 한다.⁹

맥마한이 논한 근대불교의 성격 분석과 일견 부응하는 관점으로서, 일본의 오오타니 에이이치(大谷榮一)도 근대불교가 기독교의 영향을 받아 새로운 성격을 띠게 되었으며, 그 이전의 불교 - 즉 의례 중심의 불교 - 보다 교리적 신조에 대한 믿음을 강조하는 이른바 '빌리프(belief) 중심의 불교관'을 발전시켰다고 본다. 즉 근대불교는 '불교 교리의 합리화'와 '주술적 측면의 제거'라는 성격을 보여주며, 따라서 '프로테스탄트 불교'라고 부를 수 있다고 설명한다.¹⁰

그런데 이러한 기독교 영향의 강조와, 이성주의적 접근, 그리고 붓다 본연의 가르침의 강조 등을 중심으로 근대불교를 정의내리는 흐름에 대해 일본의 불교학자인 스에키 후미히코(末木文美士)는 조금 다른 비판적 견해를 표명하였다.

> 근대불교가 붓다의 가르침으로 돌아간다는 것은 일부 서구학자의 눈에 비친 것으로서, 모든 근대불교가 붓다 본래의 가르침으로 돌아갈 것을 강조하는 것은 아니다. 일본의 근대불교의 경우는 오히려 자기 종파의 조사로 돌아가고 그 종파의 근본 가르침을 강조하는 경향이 더 컸다. 그리고 동양은 근대성(modernity)을 수용하기도 했지만 그에 대한 반발로서 저항도 컸다. 그리고 그에 덧붙여 제국주의와 식민주의 상황에 따라 민족주의라는 것이 커다란 흐름을 형성했다. 즉 서구의 근대불교와 동양의 근대불교는

---

9 Ibid., pp. 10-12, 78.
10 大谷榮一,「近代佛敎の形成と展開」, 末木文美士 編,『近代國家と佛敎』, 東京: 佼成出版社, 2011, p. 67.

다르다. 이 지역적 특성, 사회구조, 민족성의 차이 등을 고려하지 않은 근대불교 담론은 빈약하다.[11]

즉 스에키 후미히코는 서구학자의 근대불교관과 동아시아—여기서는 일본—학자의 근대불교관에 확연한 차이가 있음을 지적하고 있는 것이다. 동양과 서양의 연구자는 이처럼 자신의 위치에서 파악된 근대불교의 면모를 중심으로 그 특성을 서술하고 있으며, 그것은 또한 그럴 수밖에 없는 것이 당연하다 할 수 있다.

물론 로페즈와 맥마한도 이러한 근대불교의 지역적 특수성을 인식하고 있다.[12] 하지만 로페즈는 근대불교를 하나의 '초국가적 불교종파(transnational Buddhist sect)'로 바라보면서, 근대불교를 서구적 시각에서 종합·단일화하여 설명하려는 경향이 있는 것도 사실이다. 결국 한 지역의 특수성을 무시하고 근대불교라는 막연하고 커다란 범주를 상정하는 것은 매우 위험한 발상임을 다시 상기시켜 준다.

따라서 한국의 근대불교의 특성을 말하려면 우선 구체적인 한국의 현실을 기초로 할 필요가 있다. 그러나 동시에 한국의 근대불교를 말하려면 그것을 다른 문화권과 비교하는 시각에서 바라볼 필요도 있다. 근대불교라는 하나의 개념이 이렇게 다양하게 사용될 수 있다는 것 자체가 한국불교

---

11 Sueki Fumihiko, "Introduction th the symposium on Modernity and Buddhism", *The Eastern Buddhist*, vol.43(1&2), 2012, p. 20.
12 맥마한은 로페즈의 그런 입장에 좀 더 신중을 기할 것을 요구하며, 아시아 여러 나라별 근대성의 다양성을 고려해야 한다는 것을 강조하는 점에 차이가 있다. David L. McMahan, op. cit., p. 8, 14.

의 특성을 좀 더 큰 시각에서 비교, 규명할 필요가 있음을 역설적으로 말해준다.

2. 도날드 로페즈의 근대불교론

도날드 로페즈는 2002년 흥미로운 저서를 출간했는데, 그 책은 『근대불교성전: 동양과 서양의 필독서(A Modern Buddhist Bible: Essential Readings from East and West)』이다.[13] 그는 이 책에서 자신의 근대불교론을 피력하고 있는데, 그 내용에서 근대불교에 대한 몇 가지 중요한 시사점을 제공하고 있다. 그 주요 내용들을 정리하면 다음과 같다.

〈근대불교의 시작은 1873년이다〉

로페즈는 1873년 8월 26일, 실론의 콜롬보 파아나두라(Pāanadurā) 도시에서 열린 기독교와 불교의 공개토론이 근대불교가 시작된 기점이라고 설명한다. 그 공개토론에서 승려 구나난다(Gunananda, 1823-1890)와 기독교 대표인 감리교 목사 데이비드 드 실바(David de Silva)가 두 종교의 교리를 둘러싼 쟁점을 놓고 서로 서로 논쟁을 펼쳤다. 이 공개토론은 구나난다의 승리로 끝났고, 그 내용은 몇 해 후 신문에 대서특필되었다. 이 사건은 1881년 『불교교리문답(The Buddhist Catechism)』을 출간한 헨리 스틸 올코트(Henry Steel Olcott, 1832-1907)가 불교에 관심을 가지게 되는 계기가 된다.

---

13 이 책은 블라밧스키, 에드윈 아놀드, 올코트, 카루스, 스즈키, 암베드카르, 틱나한, 달라이라마 등 총 31명의 저서를 편집한 모음집이다.

로페즈는 이 공개토론의 사건이 근대불교의 역사에서 매우 중요한 것으로서, '근대불교의 시작'이라고 규정한다.[14]

로페즈는 앞의 파아나두라 공개토론에서 드러난 몇 가지 특징이 근대불교의 윤곽을 잘 보여주고 있다고 강조한다. 첫째, 구나난다는 교육받은 승려였다. 그는 불교경전을 알고 있었을 뿐만 아니라 성경도 연구하였다. 이처럼 아시아의 근대불교 지도자들은 대부분 교육받은 승려였지만 비주류 그룹에 속해 있었다. 둘째, 이 토론에서 묘사된 불교, 즉 근대불교에서 추구하는 불교는 일상의 실천신앙보다 철학적 불교인 경향이 있다. 불교는 고대의 심오한 철학적 체계로 표상되고, 서구의 기독교 사상과 완전히 동등한 존재로 그려진다.

〈근대에 불교는 '세계종교'로 인식된다〉

이는 매우 중요한 인식이 아닐 수 없다. 로페즈는 불교가 실론, 중국 또는 일본 등 어느 지역의 불교이거나 간에 늘 하나의 '세계종교'로 표출된다고 설명한다. 불교가 세계종교의 반열에 오르게 된 것은 단지 고대에 만들어졌다는 의미에서, 그리고 지역적으로 넓게 확장되었기 때문만이 아니라는 것이다. 불교는 여기에 더하여 철학적 풍부성, 고유한 창시자, 성스러운 경전들, 정확히 규정된 교리 등을 갖춤으로써 기독교와 완전히 동등한

---

14 Ibid., pp. vii-ix; '파나두르' 논쟁에 관해서는 석오진 편역, 『파아나두라 대논쟁』, 도서출판 운주사, 2001 참조. 이 책은 F. Katukolihe, *The Panadura Controversy*, colombo: Panadura Vidya, 1948의 완역이다; 석오진, 「불교와 기독교의 역사적 대논쟁: 19세기 스리랑카 '파아나두라' 논쟁의 시말」, 『불교평론』 제38호, 2009 참조.

세계종교로서 인식되고 있었기 때문이다.[15]

〈근대불교는 전근대불교를 불완전하다고 본다〉

로페즈에 의하면 전근대불교와 근대불교의 구별은 단순히 시간적 순서의 문제가 아니다. 그는 근대불교가 현재를 하나의 기준으로 삼아 그 전 시대의 불교를 무언가 부족하다고 보는 인식을 전제하고 있다고 설명한다. 따라서 근대 이전 불교가 의례와 주술적 요소들을 가지고 있던 것과 달리, 근대불교의 일반적 특징은 이제 그런 요소들을 거부한다. 또한 개개의 인간을 상하관계로 보기보다는 평등성을 강조하고, 지역성보다는 보편성을 주장하고, 집단보다는 개인을 찬양한다고 설명한다.

그리고 근대불교는 그 기원, 즉 부처 자신의 불교로 돌아가고자 하는 특징을 지닌다. 근대불교는 과거에 대해 비판하지만, 그 비판은 아주 먼 과거가 아닌 바로 가까운 과거에 대한 비판이다. 근대불교는 자기와 바로 가까웠던 불교, 또는 바로 자기와 동시대의 불교 형태와는 거리를 두고자 한다. 반면 근대불교에게 있어서 가장 '근대적'이라고 여겨지는 것은 고대의 불교, 그것도 2500여 년 전 붓다의 깨달음이다. 그리고 그 붓다의 깨달음은 그것보다 수 세기 이후 일어난 유럽의 계몽주의의 이상과 양립 가능하다고 생각한다.[16]

---

15 Donald S. Lopez, Jr. ed., *A Modern Buddhist Bible: Essential Readings from East and West*, op. cit., p. xi.
16 Ibid., p. ix.

〈오늘날 '불교'는 근대의 창조물이다〉

근대불교인들은 이성, 경험주의, 과학, 보편주의(universalism), 개인주의(individualism), 관용, 자유, 종교적 권위의 거부 등과 같은 근대적 가치가 근대불교와 서로 공유하고 있다고 생각한다. 그들이 볼 때에는 붓다가 유럽이 오랫동안 찾고 있던 이 같은 가치들을 이미 그 옛날에 깨닫고 있었던 사람이다.[17] 로페즈는 오늘날 우리가 이와 같이 알고 있는 것, 특히 '붓다의 불교(the Buddhism of the Buddha)'라고 상식적으로 알고 있는 것들은 모두 근대불교의 창조물일 뿐이라고 주장한다.[18]

〈근대불교는 불교의 본질, 불교의 원형을 추구한다〉

로페즈에 따르면, 지난 150년에 걸쳐서 아시아 대륙에서 멀리 떨어진 지역에서 다양한 흐름이 시작되었고, 이런 흐름들이 유럽과 미국으로 건너가 그곳에서 하나의 불교로 결합하게 되었다. 그런데 그것들은 '미얀마불교'나 '한국불교' 등과 같은 하나의 개별로서의 불교, 혹은 그 특수한 불교들의 다양성으로 규정되지 않고, 단순히 '불교(Buddhism)'를 대변하는 통칭으로 간주되었다.[19] 이렇게 성립된 근대불교는 붓다의 본래의 가르침으로, 더 자세히는 5월의 보름달 밤 보리수 아래에서 얻게 된 부처의 깨달음으로 돌아가고자 한다. 물론 이 주장에 전제되어 있는 것은 다름 아닌 전통적 불교에 대한 비판이다. 많은 근대불교의 지도자들도 불교가 그 창시자가 열반에 들어간 후 불가피하게 쇠퇴를 겪을 수 밖에 없었음을 인정한

---

17 Ibid., p. x.
18 Ibid., p. x.
19 Ibid., p. xxxi.

다. 하지만 근대불교는 이제 과거의 수세기에 걸친 미신과 부패의 퇴적물들을 제거하고 불교의 본질로 돌아갈 것을 강조한다.[20]

〈근대불교는 이성적, 과학적 종교이다〉

근대불교는 무엇보다 이성의 종교(religion of reason)이다. 근대불교도들이 가장 지속적으로 그들의 종교가 기독교보다 우월하다고 주장하는 영역은 과학이다. 붓다는 창조주 신의 존재를 부인했으며, 우주가 인과율의 기제에 의해 운영된다는 이성적 인식을 처음 내놓았다고 주장한다.[21]

〈근대불교는 '세계불교(a World Buddhism)'이다〉

마하야나불교와 테라바다불교가 정통성과 시간적 우선성을 확보하기 위해 서로 경쟁하는 가운데 근대불교는 그 이전에는 존재하지 않았던 어떤 새로운 것을 찾아내려 노력하였다. 즉 종파적 관심과 역사적 전개과정으로부터 자유로운 '하나의 불교(a Buddhism)'라는 것을 찾아낸 것이다. 근대불교는 아시아 불교의 다양한 형태는 오랜 문화적 영향의 관습으로 오염되어 온 것이며, 붓다의 본래 가르침과 멀어지게 되었다고 본다. 따라서 문화적, 성직자 중심의 경직된 형태를 벗겨낸다면 테라바다도 아니고 마하야나도 아니고, 사원 중심적이지도 않고 재가적이지도 않고, 실론·일본·중국·태국적이지도 않은 순수한 '하나의 불교'를 드러낼 수 있다는 확신이 있었다.[22]

---

20 Ibid., pp. xxi-xxxii.
21 Ibid., pp. xxxii-xxxiv.
22 Ibid., pp. xxxv-xxxvi.

그리고 그 가르침은 순수하고 본질적이어서 한 권의 책 안에 망라될 수 있다고 생각했다. 따라서 불교사에서 처음으로 불교를 한 권의 책 속에 요약하는 경향이 나타나기 시작한다. 그것을 최초로 시도한 사람은 아시아의 불교승려가 아니라 1881년 올코트라는 미국인이었다. 그가 출간한 것이 바로 『불교교리문답(The Buddhist Catechism)』이다. 1894년에는 폴 카루스(Paul Carus, 1852-1919)라는 독일계 미국인이 『붓다의 복음(The Gospel of Buddha)』를 출판했다.[23]

크리스마스 험프리(Christmas Humphreys)는 『불교(Buddhism)』(1962, 3판)를 출판했는데, 그는 그 책에서 자신의 관심이 '세계불교'에 있다고 명시한다. '세계불교'란 불교의 다양한 학파들의 조합에 의해 이루어진 불교이며, 이렇게 될 때에만 불교사상의 완전한 위대성이 발견될 수 있다고 강조했다. 이와 같은 하나의 '세계불교', 즉 모든 지역적 특징과 종파적 차이를 초월하여 존재하는 '세계불교'는 근대 이전에는 존재하지 않았던 현상이다. 19세기 동안 아시아의 여러 다양한 불교 형태들과 접촉하면서 여러 문화적 부산물로부터 분리되어 본질적인 것을 추출하고자 하는 요청이 나타나게 되었고, 그 결과 그냥 단지 '불교(Buddhism)'라고 불리는 그 어떤 것을 창조해내기에 이른 것이다.[24]

〈근대불교는 '보편적 종교(universal religion)'이다〉
바로 그런 의미에서 불교는 하나의 보편적 종교로 간주될 수 있다. 그럼

---

23 Ibid., p. xxxvi.
24 Ibid., pp. xxxvi-xxxvii.

으로써 불교 내부의 위계질서와 신분상의 차이는 소멸되었다. 전통적으로 불교는 성직자들 없이는 존재할 수 없다고 생각해 왔다. 그러나 근대불교의 주요한 지도자들은 재가신도들인 반면, 승려들이 언제나 사원의 제도 속에서 존경이나 인정을 받고 있었던 것도 아니다. 근대불교는 누구에게나 가능한 '보편적 종교'로서 승려와 재가신도 사이의 구분이나 경계를 모호하게 만들었다. 심지어 재가자들이 직접 경전의 연구와 해석, 그리고 명상수행을 하는 등 엘리트 승려의 전통적 소명이었던 부분까지 대신하도록 했다.[25]

〈근대불교는 명상(meditation)의 실천을 중시한다〉

근대불교의 본질적 실천은 명상이다. 근대불교는 자신의 핵심적 이미지, 즉 보리수 나무 아래서 우주의 궁극적 본성을 응시하며 고요히 명상하고 있는 부처를 되돌아보게 했다. 이 고요한 수행은 근대불교로 하여금 희생, 정화, 악령퇴치, 주술 등의 의례들을 추방하도록 했다. 고요한 명상은 다시 한번 근대불교로 하여금 형상과 언어를 요구하는 현실적 표현 형태들을 초월하도록 했다. 그 고요함은 불교를 무엇보다도 통합된 '하나의 경험'으로 만듦으로써, 제도적이며 교리적 형식으로 야기된 종파적 관심(sectarian concerns)을 뛰어넘는 매개가 되었다. 대부분의 근대불교에서 발견되긴 하지만, 특히 선(禪, Zen)의 경우가 가장 강력한 경험을 제공한다. 선은 불교는 물론, 심지어 종교라는 카테고리를 넘어서 세속 속으로 그 성

---

25 Ibid., p. xxxvii.

스러움이라는 보편적 감각을 밀고 나아간다.[26]

명상을 불교의 가장 중요한 실천으로 강조하는 것은 근대불교가 그 이전의 형태와 가장 극단적으로 구별되는 하나의 징표이다. 명상은 전통적으로 승려의 영역이었고, 또 명상은 사원 내부의 여러 직업적 소명 중 하나였다. 중국과 일본의 승려들은 명상 이외에도 장례의식, 기념의례 등에 종사해 왔다. 스리랑카의 승려들은 전통적으로 명상수행자들보다 학승들을 더 높게 대우해 왔다. 그러나 근대불교에서 명상은 모든 사람들 누구에게나 권장되는 실천 수행이 되었고, 그 깨달음의 목표는 먼 미래가 아니라 바로 지금여기로 바뀌게 되었다.[27]

〈'불교'란 '근대불교'이며, 하나의 종파(sect)이다〉

오늘날 우리가 '불교'라고 부르는 것은 사실 모두 근대불교이다. 근대불교는 근대성의 위협에 대한 대응에서 시작되었고, 특히 식민주의에 직면한 아시아 불교도들이 느낀 위협에 의해 만들어진 것이다. 그렇지만 이들 근대불교도들 역시 모더니티의 산물 자체였다. 중산층의 성장과 인쇄물의 힘, 국제적 이동의 편리성과 더불어 이 모든 것들이 가능해진 것이다. 또한 근대불교의 많은 지도자들은 독립운동에 깊게 연루되어 있었고, 불교를 자신이 속한 국가의 관심과 동일한 수준에서 인식했다. 실론의 다르마팔라(Dharmapala), 중국의 타이쉬(太虛), 일본의 샤쿠소엔(釋宗演), 티베트의 달라이라마(Dalai Lama) 등이 모두 여기에 해당한다. 그들은 모두 함

---

26 Ibid., pp. xxxvii-xxxviii.
27 Ibid., p. xxxviii.

께 문화적·국가적 경계를 초월하는 하나의 국제적 불교를 주조했다. 그리고 그들을 이은 다음 세대의 불교도들은 주로 영어로 글을 쓰는 지식인들이었고, 그들이 코스모폴리탄적 네트워크를 창조했다.[28]

따라서 로페즈는 다음과 같이 결론짓는다. "근대불교는 종파적 경계를 뛰어넘는 하나의 보편적 종교라고 보기보다는 그것 자체가 하나의 불교종파(a Buddhist sect)라고 보는 것이 최선일 것이다. 태국 불교, 티벳 불교, 한국 불교가 있듯이, 근대불교가 따로 있는 것이다. 다른 불교 종파들처럼 이 근대불교 또한 그 자신의 성스러운 '경전'과 '계보'를 가지고 있다."[29]

3. 서구 근대불교의 형성과 특징

이 장에서는 로페즈가 근대불교의 형성에 기여한 서구의 지식인으로 지목한 사람들 가운데 두 사람의 예를 살펴보기로 한다. 이들을 특별히 살펴보는 이유는 이들이 초기의 근대불교 형성에서 중요한 역할을 한 것은 물론, 근대불교의 어떤 전형성을 보여주고 있기 때문이다. 그 전형성은 첫째, 이들 저작에서 근대불교 초기의 형성기에 합리적 불교 이해를 위해 펼쳐진 해석학적 노력을 살펴볼 수 있다. 맥마한에 의하면, 올코트와 카루스는 불교를 근대 과학 및 합리성과 결합하여 이해하려던 서양의 선구적 인물들이다. 둘째, 이들은 불교 교리를 기독교 성경과 같이 한 권의 성전으로 만들어 출간하려 했던 대표적 인물들이다. 로페즈는 이전의 전통불교

---

28 Ibid., p. xxxiv, p. xxxviii.
29 Ibid., p. xxxiv.

와 근대불교가 가진 차이 중의 하나가 '불교를 하나의 책 속에 요약해 넣으려는 경향성'이라고 설명한 바 있다. 이와 같이 불교를 한 권의 책으로 나타내려한 시도는 1881년 미국인 헨리 스틸 올코트(Henry Steel Olcott, 1832-1907)와, 1894년 독일계 미국인 폴 카루스(Paul Carus, 1852-1919)에서 시작되었다. 그리고 이런 흐름은 일본의 난조분유(南條文雄)와 마에다 에운(前田慧雲)의 『불교성전(佛敎聖典)』(1905), 그리고 한용운의 『불교대전(佛敎大典)』(1914)에 그대로 이어진다. 따라서 여기서는 올코트와 카루스가 저술한 두 권의 근대 불교성전을 살펴봄으로써, 서구 근대불교가 형성되던 초기의 상황과 성격을 이해해보고자 한다.

1) 헨리 스틸 올코트와 『불교교리문답(Buddhist Catechism)』

헨리 스틸 올코트는 뉴저지의 장로교 집안에서 태어났다. 그는 20대 때부터 강신설(降神說, spiritualism)에 관심을 갖기 시작했고, 미국 남북전쟁 때는 연합군에 복무했다. 이후 뉴욕에서 기자로 일하던 중 1874년 한 농가에서 일어난 이상현상을 조사하러 갔다가 헬레나 블라밧스키(Helena P. Blavatsky, 1831-1891)라는 러시아 이민자이자 심령주의자(spiritualist)인 여성을 만났다. 올코트는 그녀와 함께 1875년 뉴욕에 신지학회(Theosophical Society)를 창설했다.[30]

---

30 올코트에 대해서는 Stephen Richard Prothero, "Henry Steel Olcott(1832-1907) and the Construction of "Protestant Buddhism"", Ph.D. Thesis, Harvard University, 1990; Stephen Richard Prothero, *The White Buddhist: The Asian Odyssey of Henry Steel Olcott*, Indiana: Indiana University Press, 1996 참조. 이 신지학회의 목

신지학회는 19세기 후반 다윈의 진화론에 대응하기 위해 발생한 여러 사상운동 중의 하나였다. 블라밧스키와 올코트는 기존의 종교에 안주하지 않고 스스로 하나의 과학적 종교(scientific religion)를 창시하고자 하였다. 그들은 다윈에 의해 묘사된 물질적 진화가 아니라, 그보다 더욱 정교한 고대의 밀교적인 영적 진화의 체계로서 하나의 과학적 종교를 만들고자 하였다.[31]

이들의 신지학회는 초자연적 현상을 탐구하려는 영적 운동으로서, 영영매를 통해 죽은 자들과 접촉하거나, 인간과 영적 세계 사이에 다리를 놓으려는 시도에서부터 시작했다. 그들은 그들의 가설을 입증하기 위해 경험적 연구 방법과 더불어 이성적 논리를 사용하였다. 이런 태도는 주술과 신비에 대한 독일 낭만주의, 특히 슐레겔(Schlegel) 등의 낭만주의자들에게서 발견되는 모든 영적인 것들의 인도 기원설 등에 영향을 받았다. 블라밧스키는 고대의 지혜전통을 소유하고 있는 '큰 영혼(mahaatmas)'이라는 티베트의 영적 스승들과 텔레파시를 통해 교감하고 있다고 주장했다. 이들은 영적 진화라는 사상을 위해 다윈의 이론을 자의적으로 사용했으며, 아시아 전통이 이 영적 진화를 위한 내면적인 경험적 과학을 발전시켜 왔다고 주장한 최초의 인물들로 추정된다.[32]

1878년부터 올코트와 블라밧스키는 정신 현상의 연구로부터 좀 더 광범

표는 '인류에게 우주에 내재한 법칙의 지식을 전파하고, 모든 존재의 본질적 통일성의 지식을 선포하며, 인류의 형제애를 형성하며, 인간에게 있는 선천적 능력(powers)을 탐구하는 것'이었다.

31 Donald S. Lopez, Jr. ed., *A Modern Buddhist Bible*, p. xii.
32 David L. McMahan, "Modernity and the Early Discourse of Scientific Buddhism", *Journal of the American Academy of Religion*, 72(4), 2004, p. 908.

위한 인류의 보편적 형제애를 증진하는 것으로 목표로 바꾸고, 신지학회와 동방의 지혜, 특히 힌두교나 불교와의 친화성을 주장하기 시작했다. 올코트와 블라밧스키는 아마도 유럽인과 미국인으로서는 공식적으로 불교의 재가신도의 계를 받은 최초의 인물들일 것으로 추정된다.[33]

올코트는 실론의 불교도들이 자신들의 종교에 무지하다는 것을 깨닫고 큰 충격을 받았다. 그는 '불교는 최고의 명인(the Master)인 고타마 붓다의 불교이다. 그것은 아리안 족 우파니샤드의 지혜의 종교와 동일하며, 고대세계의 신앙의 영혼과 같다.'고 생각했다.[34] 그는 자신의 임무가 실론에 '참된 불교(true Buddhism)'를 복원하는 것이라고 믿었고, 기독교 선교사들의 선교 방법을 적용하여 불교적 지식을 전파하고자 노력했다. '불교신지학회(the Buddhist Theosophical Society)'를 세우고, 1881년 『불교교리문답서(The Buddhist Catechism)』를 출간하게 되는 것은 바로 이런 노력의 산물이었다.[35]

올코트는 빅토리아 시대의 유럽과 아메리카에 있었던 불교에 대한 열광주의자들의 견해를 공유하고 있었다. 그 견해에 따르면 붓다는 인도아리안 족의 위대한 철학자이며, 붓다의 가르침은 하나의 완전한 철학적·심리학적 체계이고, 과학과 조화를 이룬다. 또 카르마는 우주적 정의(cosmic

---

33 Donald S. Lopez, Jr. ed., *A Modern Buddhist Bible*, pp.xiii, 15; David L. McMahan, "Modernity and the Early Discourse of Scientific Buddhism", p. 908. 올코트와 블라밧스키는 1879년 인도의 봄베이에 도착하여 자신들이 한두교도라고 선언하고, 1880년 실론에서는 불교 재가 신도의 서원을 한다. 올코트의 불교에 대한 열정과 달리 블라밧스키의 불교에 대한 관심은 신지학회의 주변적인 것으로 남았다.
34 Donald S. Lopez, Jr. ed., *A Modern Buddhist Bible*, p. xiii.
35 Ibid., p. xiii. *Buddhist Catechism*은 앞으로 『교리문답』으로 표기.

justice)를 나타내는 체계이며, 이성과 절제에 근거하고 있어 의례나 미신, 우상숭배, 성직 특권주의에 반대한다. 나아가 개인이 제도종교에 구속되지 않으면서도 도덕적 삶을 살 수 있는 방법을 제시하고 있다는 것이다. 그런데 올코트의 견해에 의하면 이런 불교는 불교 문헌 속에서 발견되고 있을 뿐, 실론의 불교도들은 그 본래의 참된 가르침으로부터 길을 잃고 멀어져 있다는 것이다.[36]

『교리문답』을 통해 불교의 본질을 포착하려는 올코트의 시도는 큰 성공을 거뒀다. 이 책은 곧 20여 개의 언어로 번역되어 40여 차례 이상 개정판을 발행했으며, 오늘날까지도 스리랑카의 학교에서 불교교재로 사용되고 있다. 『교리문답』은 기독교에서 사용하는 '교리문답서'의 형식을 따온 것으로 총 383개항의 불교에 대한 질문과 답변으로 구성되어 있다. 그 내용은 서론과 다섯 부분으로 구성되어 있다. 즉 1) 붓다의 삶, 2) 붓다의 교리, 3) 승가, 4) 불교의 발생과 전파, 5) 불교와 과학이다. 그리고 나중에는 '14개의 믿음의 조항(fourteen items of belief)'을 부록으로 덧붙여 실었다.[37] 이 '믿음의 조항'은 북방불교와 남방불교를 나름의 방식으로 결합하여 '통일된 불교세계'를 창조하고자 하는 강령이었다.

『교리문답』의 공헌은 이후의 많은 근대불교도들이 수용하게 되는 관념, 즉 불교는 무엇보다도 하나의 '철학적 체계'라는 관념을 수립하는 데 성공

---

36 Ibid., pp. xiii, xiv, p. 16.
37 문답 항목 수 383개는 44번째 판본에 의한 것이다. 14개 조항은 1885년 이후 올코트의 세계불교의 통일운동의 일환으로 제정한 것으로 1891년 대표적 승려들의 합의를 거쳐 1892년 미얀마와 실론, 일본어로 번역되어 출간되었다. Ibid., p. 34.

했다는 것이다.[38] 그 목차의 구성을 살펴보면, 올코트의 관심의 대부분은 역사적 붓다(historical Buddha)라는 인격적 인물의 도덕적 삶과 가르침, 그리고 철학적 교설에 맞추어져 있다. 그리고 마지막 5장이 '불교와 과학'이라는 제목으로 구성되어 있어, 특별히 과학을 강조하면서 과학과 불교를 연결하려는 의도를 드러내고 있다.

『교리문답』의 내용을 살펴보면 업설(業說)을 불교의 핵심으로 생각하며, '기적'이란 없다고 강조하고 있다.(아래 인용문의 숫자는 『교리문답』 항목의 번호이다.)

170. 불교의 전체 사상을 한 단어로 표현한다면 무엇입니까? 정의(Justice)입니다. 171. 왜입니까? 왜냐하면 불교는 모든 사람이 한 치 오차도 없는 카르마(KARMA)의 작동에 의해 정확히 그가 한 것에 대한 상벌을 받기 때문입니다. … 172. Karma란 무엇입니까? 물질과 다른 영역에서와 마찬가지로 도덕적 차원에서 작동하는 인과율입니다. 불교도는 인간사에 기적(miracle)이란 없다고 봅니다. 인간은 자기가 뿌린 대로 거둡니다. 173. 불교의 본질(essence)을 표현할 다른 좋은 말들은 무엇입니까? 자기-수양(Self-culture)과 보편적 사랑(universal love)입니다.[39]

187. 불교와 다른 종교들의 가장 큰 차이는 무엇입니까? 창조자 신이 없이도 최고선을 행하도록 하는 것, 몸을 떠나 있는 영원하고 형이상학적 영혼

---

38 Ibid, p.16.
39 Henry S. Olcott, *The Buddhist Catechism*, 44th edt., Adyar, madras: Theosophical Publishing House, 1881/1915, pp. 19-20.

이라는 미신적이고 이기적인 교리에 집착하지 않으면서도 생명이 지속된 다는 것, 객관적 하늘의 존재 없이도 행복하다는 것, 중재자로서의 구세주가 필요 없는 구원의 방법… 열반이 비이기적인 지혜의 삶과 만물에 대한 자비를 통해 이 삶과 이 세상에서 가능하다는 것을 가르치는 것입니다.[40]

올코트는 대중의 불교 신앙은 진리와 비진리가 섞여 있으므로 그 안의 미신을 제거하면 도덕적이고 숭고한 교리와 원리가 드러나게 될 뿐 아니라, 심지어 과학과 양립 가능하게 된다고 설명했다.[41] 그리고 서구의 정신에 가장 영향을 미친 두 가지 사상이 '카르마'와 '윤회(Re-incarnation)'라고 강조한다. 그 이유는 이 두 이론이 우리의 "정의에 대한 자연적 본능에 적합하고 분명한 합리성을 갖고 있기 때문"이라고 설명한다.[42]

올코트가 '불교와 과학'이라는 한 장을 따로 마련한 것에서 알 수 있듯이 그는 불교를 과학적인 것으로 생각했다. 그는 업설과 근대과학을 대표하는 다윈의 진화론이 상통하는 것으로 이해하고 있다.

361. 근대과학자들은 모든 인간 세대는 이전 세대로부터의 덕과 악덕의 결과를 계승하며, 집단(mass)적 차원에서가 아니라 각 개인의 경우(individual case)에 의해 계승한다고 가르친다. 불교에 의하면 우리 모두는 그의 이전의 탄생에서 상속된 원인을 나타내는 한 삶을 살게 된다. 이것이 바로 업

---

40 Ibid., pp. 20-21.
41 Ibid., p. 21. 190번 문답.
42 Ibid., p. 35. 323번, 324번 문답.

사상이다.[43]

여기서 올코트는 카르마를 윤회의 핵심 원인으로 보고 있음을 알 수 있다. 그리고 열반은 "진리에 대해 자기의 자아를 완전히 바친 것으로서, 아무런 이기심이 없는 것과 동의어"이며, "지금 이 지상에서 살면서 성취 가능한 것"이라고 말한다. 그리고 모든 붓다의 가르침이 기초한 기본 원리는 연기설(paticca Samuppada)이라고 규정한다.[44]

이와 같이 올코트의 『교리문답』은 불교에 대한 철학적, 과학적, 도덕적 해설서라고 할 수 있다. 다만 문제는 올코트가 말하는 '과학'이라는 것이 우리가 오늘날 알고 있는 실증적 과학이 아니라 그의 특유의 '오컬트 과학(occult science)'이라는 것이다. 예를 들어 올코트는 불교가 기적을 인정하지 않는다고 하면서도 다른 한편 붓다와 깨달은 자들에게서 나오는 신기한 빛(human aura)과 능력을 인정한다. 그러면서 그것들은 초자연적인 현상이 아니라 자연적 현상일 뿐이라고 말함으로써 '이중적 레토릭'을 구사하고 있다.[45]

2) 폴 카루스의 『붓다의 복음(The Gospel of Buddha)』

폴 카루스는 독일 출신으로 1884년 미국의 일리노이주 라살(La Salle)에

---

43 Ibid., p. 38.
44 Ibid., pp. 24-25.
45 Ibid., pp. 36-39; David L. McMahan, "Modernity and the Early Discourse of Scientific Buddhism", pp. 908-912, 특히 p. 910.

정착했다. 그는 오픈 코트(Open Court) 출판사의 편집장으로서 『오픈 코트』와 『일원론자(The Monist)』 등의 잡지를 발간하였다. 그가 불교에 관심을 갖게 된 계기는 1893년 시카고의 세계종교회의(The World's Parliament of Religions)에 참석하여 듣게 된 실론의 다르마팔라(Dharmapala)와 일본의 샤쿠 소엔(釋宗演, 1859~1919) 등의 강연이었다. 그는 이후 이들과 오랫동안 친분을 쌓으면서 근대불교의 역사 전개 과정에 중요한 기여를 하게 된다.[46] 카루스도 올코트와 마찬가지로 그의 시대의 전통적인 종교적 신앙의 붕괴 위기를 경험하고, 그에 대한 대안으로서 그 자신이 하나의 종교를 창안하고자 노력하였다. 카루스와 올코트는 모두 과학과 종교를 결합하여 과학과 조화를 이루는 종교를 추구하려 했다는 점이 공통적이다.[47]

카루스는 그 스스로 소위 '과학적 종교(the Religion of Science)'의 주창자였다. 그 종교는 "모든 미신과 비합리성을 정화한 신앙이며, 과학과 조화를 이루며 세계의 모든 문제를 해결할 수 있는 그런 신앙"이었다. 그는 '과학적 종교'가 불교에 가장 완벽하게 구현되어 있다고 보았고, 붓다를 급진

---

46 카루스와 샤쿠 소엔, 스즈키 다이세츠(鈴木大拙), 그리고 일본불교와의 밀접한 관계에 대해서는 잘 알려져 있다. 이에 대해서는 Martin J. Verhoeven, "Americanising the Buddha: The World's Parliament of Religions, Paul Carus, and the making of modern Buddhism, ph. D. Dissertation, University of Wisconsin, Madison, 1997; Nagao Kayoko, "Paul Carus' Involvement in the Modernization of Japanese Education and Buddhism", *Japanese Religions* 34(2), 2009; Judith Snodgrass, "Budha no Fukuin: The Deployment of Paul Caurs's Gospel of Buddha in Meii Japan", *Japanese Journal of Religious Studies* 25(3-4), 1998 참조.
47 David L. McMahan, "Modernity and the Early Discourse of Scientific Buddhism" 참조.

적 자유사상가이자 "과학적 종교의 최초의 예언자"로 간주했다.[48]

1894년 카루스는 『붓다의 복음: 오래된 기록들로부터(The Gospel of Buddha According to Old Records)』를 출판했다.[49] 그것은 불교경전의 영어, 불어, 독일어 번역본들에서 중요하다고 판단되는 불교 교리의 구절들을 뽑아 편집한 하나의 선집(選集, anthology)이었다. 그는 특히 붓다의 생애에 대해 주로 리스 데이비스(T. W. Rhys Davids, 1843-1922)의 팔리어 번역을 사용했고, 중국과 티베트어로 된 붓다의 생애에 대한 번역서도 참고했다. '복음'이라는 제목이 암시하듯이 기독교의 성경의 체제와 성격을 모방하였다. 이 책은 전체 서론을 포함하여 총 8장으로 구성되어 있다. 그는 장(章)과 문장들에 일일이 번호를 매겨서 성서처럼 정돈하였고, 끝에는 신약성서와 유사한 구절들의 목록을 작성해 놓았다.[50]

이것은 『복음』이 단지 불교 교리의 선양에 목적이 있는 것이 아니라 불교와 기독교 사이의 많은 일치점을 보여주는 것은 물론, 그 둘을 종합하여 '보편적 진리의 우주적 종교(cosmic religion of universal truth)'를 지향하고 있다는 점을 드러내 보여준다.[51] 그래서 이 책은 물론 하나의 통일된 불교로서 모든 불교인들이 의거할 이상적 기준을 세우려는 시도이기도 하지만, 동시에 하나의 통합된 진리의 종교로 나아가려는 시도로 해석되기도

---

48 Donald S. Lopez, Jr. ed., *A Modern Buddhist Bible*, pp. xxvi, 24.
49 Paul Carus, *The Gospel of Buddha According to Old Records*, printing, Chicago, London: The Open Court Publishing Co., 1894/1915. 이 책은 1915년까지 13판을 찍고, 각국어로 번역되었다. Donald S. Lopez, Jr. ed., *A Modern Buddhist Bible*, p.25. 앞으로 『복음』으로 표기.
50 Paul Carus, op. cit., p. v. 불교와 기독교 복음과의 유사성을 도표를 통해 보여준다.
51 Donald S. Lopez, Jr. ed., *A Modern Buddhist Bible*, p. 24.

한다.[52]

카루스는 불교에서 종파와 역사의 흔적을 벗겨내어 이상적 형태를 만듦으로써 궁극적으로 '과학적 종교'에 도달할 수 있으며, 그 '과학적 종교'의 관점에서 불교와 기독교를 바라볼 때에만 두 종교를 제대로 이해할 수 있다고 주장한다. 따라서 그는 불교의 특정 종파적 교리를 따르는 것이 아니라, 나자렛 예수의 삶을 설명하기 위해 신약성서의 4복음서의 저자들이 사용했던 방식과 동일한 방법으로 불교의 자료들을 독창적으로 정리했다고 강조한다.[53] 그에 따르면 붓다의 삶을 바라보는 자신의 기본 관점은 "종교적-철학적 중요성의 빛"을 통해서이며, 이를 통해 그는 북방불교의 전통에서 발달한 풍부한 대중적 신앙의 요소들을 배제하고 철학적이고 이상적 형태의 불교를 드러내고자 했다.[54]

그는 서문에서 특히 불교의 '자아(self, ātman)'와 '무아(無我, anatman)'의 개념을 오해하지 않아야 하며, 불교의 무아설이 인간의 영혼이나 인격의 부정이 아님을 강조하였다.

> 붓다의 교리의 근본적 사상이 오해되지 않도록, 독자는 "self"라는 용어를 붓다가 사용한 그 의미에서 이해하도록 주의해야 한다. 인간의 "self"는 붓다가 어떤 반대도 하지 않았다. 붓다는… 인간의 정신(man's mentality)이나

---

52 Paul Carus, op. cit., p. vi; James Edward Ketelaar, *Of Heretics And Martyrs in Meiji Japan: Buddhism and Its Persecution*, Princeton University Press, 1990, p. 187. p. 187.
53 Paul Carus, op. cit. p. vi.
54 Ibid., p. vi.

영적 구성(spiritual constitution), 인격(personality)의 중요성, 즉 인간의 영혼(soul)을 부정하지 않았다. 그러나 그는 신비스러운 자아라는 실체(ego-entity), 즉 아트만은 부정한다. 어떤 학파가 상정하듯이 인간의 몸이나 심리적 행위의 뒤 혹은 안에 거주하는 하나의 별개의 존재, 일종의 물자체(thing-in-itself)면서, 영혼이라고 간주되는 형이상학적 행위자인 영혼의 단자(soul-monad)인 아트만은 부정한다.[55]

카루스는 인간의 생각이 바로 그의 영혼이자 자아이며, 그 자아를 떠난 별개의 아트만은 없다고 말한다. 따라서 아트만을 '영혼(soul)'이라고 번역하고 붓다가 이 영혼의 존재를 부정했다고 하는 것, 그리고 붓다의 교리를 부정론(negativism)으로 이해하는 것은 잘못이라고 말한다. 인간에게는 아트만이나 자아의 실체라고 할 수 있는 것은 없지만, 인간은 업(karma)으로 구성되어 있으며 죽어도 이 카르마는 계속 유지되기 때문이다. 여기에서 카루스 특유의 생각이 나타나는데, 그것은 불교가 일종의 불멸론으로 인류에게 커다란 종교적 위안을 가져다 주려 한다는 것이다.

우리가 우리의 영혼으로 보이는 존재를 부정하고, 죽음을 직면하여 그것의 파괴에 두려움에 떨 때, 붓다는 사실상 인류에게 불멸의 문(the door of immortality)을 열어준다. 여기에 그의 윤리의 시금석이 있고, 또한 그의 종교가 나눠주는 위안과 열광이 있다. 이 불교의 긍정적 측면(positive aspect)을 보지 못하는 사람은 수많은 사람들에게 그것이 행사한 강력한 영향력

---

55 Ibid., p. vi-vii.

을 이해할 수 없을 것이다.[56]

　카루스는 자신이 『복음』을 쓰게 된 것은 역사적 문제에 대한 해결에 공헌하기 위함이라고 한다. 그는 불교만을 위해 이 책을 쓴 것이 아니라 불교에 대한 바른 이해를 통해 당시의 종교적 문제 해결을 모색하기 위해서라고 한다.[57] 그는 기독교의 도덕적 진리는 본래 사물의 본성에 깊이 뿌리를 두고 있으며, 우주적 질서에 상반되는 것이 아니라고 본다. 단지 그 기독교의 진리가 교회에 의해 상징화 되고 형식화 되어 온 것이 문제라고 본다. 그리고 이들 기독교의 상징들이 과학과 충돌하거나 모순을 일으킴으로써 지식인 계층이 종교로부터 멀어지게 되었다고 본다. 그는 바로 그러한 기독교의 위기와 모순을 불교를 통해 교정할 수 있기를 기대했다. 즉 그는 '붓다가 종교를 오직 사물들의 본성에 대한 인간의 지식, 그리고 증명 가능한 진리 위에만 세우고 있음을 배울 수 있다면, 기독교는 진리를 그것의 상징적 표현 및 알레고리(allegory)로부터 구별해내는 데 도움을 받을 수 있다.'고 믿었다.[58] 따라서 이 책이 불교에게 뿐만 아니라 기독교에게도 '우주적 진리의 종교'를 발전시키는 데 도움을 줄 수 있다고 본 것이다.

　카루스는 기독교가 도그마와 신화적 요소들을 가지고 있음에도 불구하고 인류의 진화에 커다란 역할을 했다고 평가한다. 기독교가 이 세계의 힘센 국가들에게 '자선과 자비의 종교'를 고취해 왔으며, 서구의 강한 이기적 심성에도 우주의 선의지(善意志, good-will)의 축복을 선사해 왔다는 것이

56　Ibid., p. viii.
57　Ibid., p. viii.
58　Ibid., p. ix.

다.⁵⁹ 문제는 기독교가 자선을 가르치지만, 자아의 환상(ego-illusion)을 몰아내지 않고 가르치고 있다는 점에 있다고 한다. 카루스는 기독교를 '마하세투(Mahâsêtu)', 즉 하나의 '커다란 다리'에 비유한다. 아직 자아의 본성조차 이해하지 못하는 한 아이가 '자아정체성(self-hood)'과 '헛된 세상'의 강물을 건너야 하는 그런 다리이다.⁶⁰

결국 카루스는 세계의 가장 위대한 두 종교인 기독교와 불교가 그들의 철학적 기초와 신앙의 윤리적 측면에서 놀라울 정도로 일치하고 있으며, 두 종교가 서로를 비교함으로써 참된 의미에 대한 통찰을 얻을 수 있을 것으로 기대했다.⁶¹ 올코트와 마찬가지로 카루스도 '히나야나(小乘佛敎)'와 '마하야나(大乘佛敎)'를 종합하면서, 그 둘 모두에 공통적이면서도 그것을 넘어서는 더 본질적인 불교를 모색하고자 한 것이라고 볼 수 있다. 하지만 올코트가 계속 불교인으로 남아 있었던 것에 비해 카루스는 끝내 불교도가 되지는 않았다. 그리고 카루스가 추구한 것이 '히나야나'와 '마하야나'의 통일뿐만 아니라 '마하세투'라는 기독교까지도 종합하면서 그것을 뛰어넘는 더 이상적인 종교였다는 점에서 둘 사이에는 큰 차이가 있었다.

카루스는 『복음』이 불교도와 기독교인 모두에게 신앙의 완전한 넓이와 깊이를 볼 수 있는데 도움이 되기를' 희망했다. 그리고 '히나야나', '마하야나', 그리고 '마하세투'를 넘어서 '진리의 종교'가 있다고 믿었다.⁶² 결국 카루스에게 근대불교는 기독교의 비합리적 부분을 보완해주는 철학적 · 도

---

59 Ibid., pp. x-xi.
60 Ibid., p. xi. 이 '마하세투'는 기독교를 가리키기 위해 카루스가 고안해 낸 신조어이다.
61 Ibid., pp. viii-ix. p. xi.
62 Ibid., p. xi.

덕적 가르침이었다. 그에게 불교가 매력적이었던 것은 서구의 불교학이 발견한 '이상적 붓다', 그리고 '도덕적이고 철학적이며 이성적인 불교'였기 때문이다. 그리고 그것이 기독교의 진리와 그 근본에서는 서로 통한다고 믿어 지대한 관심을 가졌던 것이다. 하지만 그것은 아시아에 존재하고 있던 대다수 불교도들의 실제 삶 속에서 만나는 불교와는 거리가 먼 것이었다.

4. 아시아 근대불교의 전개 양상

1) 근대 스리랑카의 '프로테스탄트 불교'

스리랑카 근대불교의 특징을 가리켜 흔히 '프로테스탄트 불교(Protestant Buddhism)'라고 부른다. 이 용어는 스리랑카 출신의 인류학자 가나나트 오베예세케레(Gananath Obeyesekere, 1930-)가 19세기 후반 개신교 선교사들의 종교가 스리랑카 불교에 영향을 미친 방식을 설명하기 위해 처음 만들어 사용했다. 그는 이 용어를 스리랑카의 도시 중산층 사이에 부상한 현대 불교 형태의 본질과 정신을 밝히기 위한 해석적 장치로 사용했다. 다시 말해 근대 스리랑카 불교 전체에 대한 묘사라기보다 스리랑카의 여러 도시의 중산층 엘리트 불교도들에게서 나타난 "문화적·정치적 변화"를 설명하고 해석하기 위한 용어로 고안된 것이다.[63] 그 후 스리랑카의 전통불교

---

63 John C. Holt, "Protestant Buddhism?", *Religious Studies Review*, vol. 17(4), 1991, p. 307.

와 새롭게 나타난 불교의 차이를 지시할 때 유용한 개념으로 학계에서 널리 유행하게 되었다.

식민지 기독교 패권이 도래하기 전, 과거 실론(Ceylon)이라 불렸던 스리랑카(1972년부터 국가 명칭)에는 싱할라족의 불교, 타밀족의 힌두교, 그리고 무슬림 공동체가 서로 마주치고 적응하고 거부하면서 공존해 왔다. 이러한 분위기가 크게 바뀐 것은 16세기와 17세기에 포르투갈과 로마 가톨릭교가, 17세기와 18세기에 네덜란드와 개신교가, 마지막으로 19세기와 20세기에 영국과 성공회가 들어오면서부터다.[64] 스리랑카는 서구열강인 포르투갈(1505-1658), 네덜란드(1658-1796), 영국(1796-1948)의 식민지를 차례로 경험했다.[65] 이처럼 1505년부터 1948년에 걸쳐 440년이 넘는 오랜 세월 동안 불교가 억압받는 시간을 겪어야 했다.

과거 스리랑카에서 불교는 왕실의 보호하에 국교(國敎)의 지위가 있었다. 그러나 포르투갈은 싱할라인들을 가톨릭으로 강제 개종시키고, 모든 신생아들의 호적을 가톨릭 교회에 등재하도록 강요했으며, 모두 기독교 학교 교육을 받도록 유도했다. 포르투갈의 정권을 이어받은 네덜란드는 개신교 국가로서 명목상 종교의 자유를 허락했지만, 기독교 학교나 교회에 호적을 등재하게 하는 규정은 존속시켰다. 나아가 개신교의 공격적 선교활동은 스리랑카의 전통문화와 불교 신앙에 더욱 위협적이었다. 1796

---

64 Ibid; 2000년도 자료에 따르면 스리랑카의 인종별 구성은 싱할라족 74%, 타밀족 18%, 무어족이 7%이다. 종교로는 인구의 69%가 불교, 15%가 힌두, 8%가 무슬림, 8%가 기독교이다. 홍순택, 「아나가리카 다르마팔라의 불교 이해」 전통신앙의 근대화」, 서강대학교 종교학과 석사학위논문, 2003, 16쪽.
65 김진영, 「서구사상의 유입과 스리랑카 불교신앙체계의 변용」, 동국대학교 불교문화연구원 엮음, 『아시아 불교, 전통의 계승과 전환』, 동국대학교출판부, 2011, 13쪽.

년 네덜란드를 축출한 영국은 1815년 스리랑카의 캔디 왕조(Kandy, 1505-1815)를 무너뜨림으로써 스리랑카 전역을 지배하게 되었다. 캔디 왕조는 전통적인 싱할라 불교 문화를 지속하게 하던 최후의 보루였다. 이 왕조가 몰락함으로써 승단에 대한 정치적·경제적 후원자는 사라졌다. 영국 정부는 불교 승단에 아무런 통제도 후원도 하지 않고 방임함으로써 스리랑카 불교 승단 쇠퇴의 주요 요인이 되었다.[66]

이제 기독교와 영어는 권력과 경제적 번영의 상징이 되었다. 그들은 근대성이 삶의 개선을 위해 유용하다는 것을 인식한 도시인들에게 문화적·상징적 자본의 통로로 여겨졌다. 다른 많은 식민지에서와 마찬가지로 기독교는 근대성, 문명, 서구, 과학, 번영, 기술 등의 담론과 섞여 진행되었다.[67]

이 기회를 틈타 기독교 선교사들은 공격적 선교를 펼쳤다. 이들은 개종자의 수적인 증대를 최우선의 목표로 삼아, 교육, 설교, 팸플릿의 발간과 유포 등을 대중적 선교의 주요 방법으로 사용했다. 다량으로 유통된 기독교 문헌들은 기독교를 변증하면서 스리랑카 전통의 신앙과 문화를 적대시하고, 기독교의 선악의 이분법에 근거한 전투적 수사(修辭)를 즐겨 사용했다. 처음에는 기독교 성서번역에도 참여하고 선교사들에게 사원에서 설교할 기회를 주던 일부 승려들은 선교사들의 적대적 선교에 점차 반발하게 되었다. 식민지배와 기독교 선교, 그리고 기독교 학교에서의 근대 교육은 불교도들에게 다른 종교·문화와 경쟁해야 한다는 절박한 현실인식을

---

66 홍순택, 앞의 글, 25-27쪽.
67 Esben Petersen, "Varieties of 'Protestant Buddhism'", *Japan Mission Journal*, vol. 74(1), 2020(Spring), pp. 28.

가져다 주었다.[68]

19세기 후반에는 스리랑카에 새로운 사회계급이 형성되었다. 식민지 통치자들이 인도(타밀) 노동력을 수입하고, 실력주의와 복종에 기반한 기관을 설립한 것이 새로운 권력 구조로 작용했다. 식민지 지배자들은 이전의 민족적·카스트적 위계를 무너뜨리고, 새로운 개인주의적 도시 중산층을 형성했다.[69] 그들은 주로 영어교육을 받고 도시화·서구화된 엘리트들로 부상했다. 그들은 새로운 형태의 불교를 발전시켜 농촌의 시골불교(village Buddhism)와 분명히 구별되었지만, 정작 스리랑카인들 자신은 이에 대해 특별한 명칭을 부여하지 않았다.[70] 결국 이 새로운 현상에 주목한 서구학자들이 스리랑카의 전례없던 불교의 특징을 설명하기 위해 새로운 개념을 고안해내었다. 그 대표적 용어는 크게 두 가지이다.

그 하나는 독일의 인도학자 하인츠 베케르트(Heinz Bechert, 1932-2005)가 말한 '불교 모더니즘(Buddhist modernism)'이다. 베케르트는 1966-1973년에 걸쳐 총 세 권의 책을 통해 스리랑카 불교에 나타난 새로운 현상이 가진 이데올로기, 그리고 그것의 정치와의 관련성에 대해 설명했다.[71] 베케르트는 '불교 근대주의'를 불교를 '합리적 사유체계'로 재해석하며 일어난 부흥운동으로 서술했다. 이 운동의 특징은 이성과 명상을 강조하고 경전의 중

---

68 홍순택, 앞의 글, 27-29쪽; 김진영, 앞의 글, 15-20쪽.
69 Petersen, op. cit., p. 28.
70 Richard Gombrich & Gananath Obeyesekere, *Buddhism Transformed: Religious Change in Sri Lanka*, Princeton: Princeton University Press, 1988, p. 6.
71 Heinz Bechert, *Buddhismus, Staat und Gesellschaft in den Ländern des Theravada Buddhismus*, vol. 1, Berlin: Alfred Metzner, 1966; vol. 2, Wiesbaden: O. Harrassowitz, 1967; vol. 3, Wiesbaden: O. Harrassowitz, 1973.

요성을 재발견했을 뿐만 아니라, 의례와 이미지 숭배, '민속적' 믿음과 실천들의 중요성은 낮게 평가하고, 버마와 실론의 경우처럼 사회개혁이나 민족주의운동과 깊이 관련되어 있다고 묘사했다.[72]

다른 하나는 오베예세케레가 만들고 초기불교 연구자인 곰브리치 등이 사용하는 '프로테스탄트 불교'이다. 오베예세케레는 1970년 발표한 논문 「실론의 종교적 상징주의와 정치적 변화」[73]에서 19세기 초반부터 시작된 영국의 전격적 지배를 겪으면서 스리랑카에 나타난 정치적, 문화적 변화를 설명했다. 그 중에서도 실론의 문화적 변화는 기독교 미션 스쿨들이 교육을 장악함으로써 시작되었다고 기술했다. 가톨릭과 개신교계 학교들은 모두 영국 공립학교를 모델로 교과과정과 커리큘럼을 운영하여 영국의 문화 규범을 자연스럽게 전달했다. 1880년 이후 올코트가 세운 불교신지학회(佛敎神智學會, Buddhist Theosophical Society)와 다르마팔라가 세운 마하보디협회(Mahabodhi Society)가 많은 불교학교들을 세우게 된다. 이 불교학교들 역시 기독교 선교사들이 운영한 공립학교 모델을 채택했으며, 그들이 채용한 교사들도 대부분 기독교 학교에서 교육받은 사람들이었다.

이와 같은 경로로 인해 불교 조직 속에 기독교 문화가 중첩되고 기능하는 역학이 발생하게 되었다. 오베예세케레는 이 같은 현상을 목도하고, 실론의 엘리트 불교도들의 문화 속에 영국 빅토리아시대의 개신교적 윤리가

72　David L. McMahan, *The Making of Buddhist Modernism*, pp. 6-7.
73　Gananath Obeyesekere, "Religious Symbolism and Political Change in Ceylon", *Modern Ceylon Studies*, vol. 1(1), 1970, pp. 43-63. 이 논문은 Bardwell Smith, ed. *Two Wheels of Dhamma, AAR Monograph*, vol. 3, Chambersburg: American Academy Of Religion, 1972, pp. 58-78에 다시 수록되었다. 이 재수록 논문은 앞으로 Obeyesekere(1972)로 표기함.

전파되었다고 주장한다. 이 당시 정치적·경제적 지배가 기독교적 성격을 띠고 있었던 만큼, 불교인들에게도 이러한 규범의 핵심에 애착을 갖는 심적 동기가 작동하게 되었다는 것이다. 예컨대 이 당시 중산층 불교도들이 가진 성적 윤리, 일부일처제의 이상(ideal), 이혼의 규칙 등은 개신교로부터 유래하여 매우 정서적으로 주입된(cathected) 파생어들로, 20세기 이전 남아시아의 어떤 테라바다불교 사회에서도 이런 이상들이 이처럼 지배적이었던 적은 없었다고 설명한다.[74]

따라서 오베예세케레는 '프로테스탄트 불교'를 다음과 같이 정의한다.

이러한 규범(norms)의 카텍시스(cathexis)[75]와 함께 기독교로부터 조직적 '형태(forms)'를 채택하였다. 청년(여성)불교협회, 불교 군목(軍牧), 불교 신도를 위한 일요학교(1965년까지), 선교 조직 및 다양한 유형의 불교협회 등이 그것이다. 전통불교에는 공식적인 현대적 조직 장치가 없었기 때문에 기존의 개신교 모델이 불교도에 의해 채택된 것이다. 따라서 현대의 불교는 편의상 **프로테스탄트** 불교라고 부를 수 있다.

내가 사용하는 용어인 '프로테스탄트 불교'는 두 가지 의미를 갖는다. (a) 앞에서 지적했듯이, 그 규범과 조직 형태의 대부분이 개신교로부터의 역

---

74 Obeyesekere(1972), op. cit., p. 61.
75 '카텍시스'는 오베예세케레가 선택한 정신분석 용어이다. Holt, op. cit., p. 308; 정신분석에서 감정적 투자(emotional investment)라고 번역되며, 사람, 사물 또는 아이디어에 정신적·감정적 에너지를 할당하는 과정으로 정의된다. https://en.wikipedia.org/wiki/Cathexis#Origin_of_term; 유품, 가보 또는 사진에 대한 감상적 애착, 애국심과 집단 및 신념 체계에 대한 열정적 동일시 등이 카텍시스의 형태라 볼 수 있다. https://markcarrigan.net/2023/01/20/the-concept-of-cathexis/ 참조.

사적 파생물이라는 것이다. (b) 더 중요한 것으로, 현대의 관점에서 볼 때 그것은 독립 이전의 기독교, 그리고 기독교와 관련된 서구의 정치적 지배에 대한 항의(protest *against*)라는 것이다.[76]

이처럼 1970년 오베예세케레에 의해 등장한 '프로테스탄트 불교'라는 용어는 1988년 곰브리치와 오베예세케레의 공저 『불교의 변형(Buddhism Transformed)』의 한 장(章)인 〈프로테스탄트 불교〉(pp. 202-240)에서 더 구체적으로 설명된다. 이 책에서는 이 명칭이 학계에 유용하게 널리 사용될 수 있었던 것은 그 이중적 의미 때문이라고 분석한다. 첫째, '일반적으로는 영국에 대한 저항, 특정하게는 개신교 선교사들에 대한 저항'을 의미하고, 둘째, 그러나 '그 불교가 개신교의 특징을 현저하게 가지고 있다'는 의미이다.[77] 이렇게 볼 때, 베케르트의 '불교근대주의'가 더 넓은 맥락의 근대주의(modernism), 혹은 근대성(modernity)의 영향을 언급한 것이라면, '프로테스탄트 불교'는 식민지배 특히 기독교와의 관계성에 중점을 두고 설명한다는 차이가 있다.[78]

그렇다면 구체적으로 '프로테스탄트 불교(개신불교)'의 내용은 무엇인가? 보스턴대학교 종교학 교수인 스티븐 프로테로(Stephen Prothero)는 19세기

---

76 Obeyesekere(1972), op. cit., pp. 61-62. (강조는 원문) 이 저항이 1988년의 책에서는 '전통불교에 대한 급진적 저항'으로 의미가 바뀐다. Gombrich & Obeyesekere, op. cit., p. 215.
77 Gombrich & Obeyesekere, op. cit., 7.
78 홍순택, 앞의 글, 12쪽. 홍순택에 의하면 베케르트는 근대성 자체에 대해 긍정적 시각을 갖고 있다. 즉 근대성을 필연적 변화로 보며, 불교라는 전통과 근대성이라는 현대가 성공적으로 매개되는 것을 바람직한 것으로 이해하는 것이 특징이다.

실론에서 '프로테스탄트 불교'의 부흥을 주도한 세 명의 인물을 이렇게 평가했다. "올코트는 그 전통의 창시자(즉 승려이자 연설가인 모호티왓테 구나난다)나 그 정점에 도달한 사람(즉 다르마팔라)이라기 보다 대변인, 모범적 인물, 조직자로 기여했다."[79] 프로테로가 말한 바와 같이 스리랑카의 '프로테스탄트 불교'는 크게 세 인물을 중심으로 그 전개 양상과 특징을 설명할 수 있다.

(1) 스리랑카 승단과 구나난다의 프로테스탄트 불교

1815년 캔디 왕조가 영국에게 왕권을 넘길 때 맺은 캔디조약 제5조는 '불교 불가침과 보호' 규정이었다. 하지만 영국 기독교 교단의 반대로 이 조약은 점차 지켜지지 않았고, 스리랑카 불교도들이 신성시하는 불치사(佛齒寺) 옆에 대형 성공회 성당을 짓기까지 했다. 더욱이 영국의 선교단은 19세기 중반부터 적대적으로 돌변하여 전단지와 책자를 통해 불교를 비난하고 기독교의 우월성을 주장했다. 감리교 선교사 다니엘 고걸리(D. Gogerly, 1792-1862)와 로버트 스펜스 하디(R. S. Hardy, 1803-1868) 등 몇몇 선교사들이 그 예이다.[80]

이에 스리랑카 상좌부(上座部, Theravāda) 불교 승단이 대응하기 시작했다. 1855년 승단이 인쇄기를 사서 불교 출판사를 세우기 시작했다. 그리고 기독교의 '인쇄 문헌'을 통한 선교방식을 채택하여 기독교 선교 문헌의 내용을 반박하는 글을 발간했다. 힉카두웨 수망갈라(Hikkaḍuve Sumangala,

---

79 Stephen Prothero, "Henry Steel Olcott and 'Protestant Buddhism'", *Journal of the American Academy of Religion*, vol. 63(2), 1995(Summer), pp. 281-302.
80 석오진 편역, 앞의 책, 25-26쪽; 홍순택, 앞의 글, 26-28쪽; 김진영, 앞의 글, 18-20쪽.

1826-1911)와 모호티왓테 구나난다(Mohoṭṭivatte Guṇānanda, 1823-1890)가 이 흐름을 이끄는 대표적 승려들이었다. 이들의 불교 수호운동을 '프로테스탄트 불교'라고 부를 수 있는 이유는 "그들이 조직적 차원에서 기독교 선교사들로부터 영감을 얻었기" 때문이다.[81] 그들은 토론에 참여하고, 불교도를 위한 그들만의 불교전파협회를 조직하고, 전국을 돌며 투어 강연을 했으며, 불교잡지를 발행했다. 영향력 있는 재가 불교도들과 함께 불교학교를 설립하고, 전통적 종교 수업 외에도 당시의 세속적 직업도 포함시켜 가르쳤다.[82]

특히 1873년 콜롬보 남부 해안마을 파아나두라(Pāanadurā)에서 열린 대토론회는 스리랑카 근대불교사에 기록될 역사적 사건이었다. 문헌을 통해 오고 가던 불교와 기독교측의 논쟁이 공공장소에서의 토론으로 전개되었던 것이다. 이 파아나두라 논쟁은 스리랑카 불교 부흥 운동의 전환점으로 평가된다. 불교도들은 이 논쟁에서 자신들이 승리했고 기독교에 대한 불교의 우월성이 확증되었다고 믿었다.[83]

곰브리치는 이 토론회가 기독교의 공격에 대응하는 불교의 거울 이미지(mirror-image)가 명확하게 나타난 사례라고 설명한다. 그에 의하면, 과거 전통적 승려들은 설법을 앉아서 하였고, 설법을 가능한 비인격적(impersonal)으로 전달하기 위해 얼굴 앞에 부채를 들고 있기도 했다. 그런데 구나닌다는 기독교 설교 스타일을 채택하여 서서 몸짓을 취하며 연설가처럼 행동했다. 또 그가 다룬 내용 역시 기독교를 모방한 것이라고 평가

---

81 Petersen, op. cit., p. 29.
82 Ibid., pp. 28-29; 홍순택, 앞의 글, 29-30쪽; 김진영, 앞의 글, 31-32쪽.
83 이 논쟁의 자세한 내용은 석오진 편역, 앞의 책; 홍순택, 앞의 글, 30-32쪽.

했다. 상대방이 불교 경전의 역사성을 질문하면 그도 역시 그들의 경전의 역사성을 비난하는 식이었기 때문이다.[84]

파아나두라 논쟁은 구나난다와 친밀한 관계를 유지하고 있었던 어린 다르마팔라(1873년 당시 당시 9세)에게 영향을 미쳤을 뿐만 아니라, 미국의 올코트에게도 전해져 그가 스리랑카를 방문하고 불교로 개종하게 되는 계기가 되었다는 점에서 큰 의미가 있다.[85] 그런데 일본의 불교학자 나카무라 하지메(中村元, 1912-1999)는 한발 더 나아가 이 사건은 '세계 사상사적 의의'를 가지고 있다고 평가했다. 파아나두라 대토론회로 인해 불교에 입문한 올코트가 일본의 조동종 승려 하라 탄잔(原坦山, 1819~1892)이 일본불교를 부흥시키고 인도철학 분과학문을 수립하는데 큰 영향을 주었기 때문이라고 한다.[86]

(2) 헨리 스틸 올코트의 프로테스탄트 불교

스리랑카의 '프로테스탄트 불교'를 발전시킨 또 다른 주요 인물은 바로 미국 신지학회의 공동 창립자인 헨리 스틸 올코트이다. 올코트에 대해서는 앞에서도 살펴본 바 있지만, 1880년 스리랑카에 도착한 후 그가 불교 쇄신에 미친 영향은 현대 불교사의 일부가 되었다. 그는 1880년 불교신지학회(The Buddhist Theosophical Society)를 창설하고 불교재단의 학교

---

84 Richard F. Gombrich, *Theravāda Buddhism: A Social history from ancient Benares to modern Colombo*, New York: Routledge & Kegan Paul Ltd, 1988/2006(Second edition), pp. 180-181.
85 Gombrich, op. cit., 180.
86 석오진 편역, 앞의 책, 17-20쪽.

를 설립했다. 올코트의 조직적 지도 아래 불교신지학회는 섬 전체에 걸쳐 수많은 불교학교를 만들었는데, 그 중에는 콜롬보의 유명한 아난다 대학(Ananda College), 날란다 대학(Nalanda College)도 포함된다. 불교학교들은 미션스쿨을 모델로 삼아 운영되었고, 교리시간에 기독교를 불교로 대체하여 가르쳤다. 협회 창립 10년 후에는 협회가 후원하거나 지도하는 학교가 63개나 되었다. 1880년에는 팔리어 신문을 발간하고 1888년에는 영어신문도 발행했다. 1898년 기독교의 YMCA(Young Men's Christian Association)를 모방한 YMBA(Young Men's Buddhist Association)를 설립했고, 기독교의 주일학교와 유사한 불교일요학교(Buddhist Sunday School)도 개설했으며, 일요일에 공양을 올리거나 불교도의 결혼을 주재하는 등 불교의례를 활성화시켰다. 불교의 상징을 위해 불교기(佛敎旗, a Buddhist flag, 이것은 후에 국제 불교도 깃발이 된다)를 제작하였고, 부처의 열반일 축제인 베삭제(Vesak)를 국경일로 만들고, 크리스마스 캐롤과 성탄절 카드에 대응하는 불교음악과 베삭카드를 제작하였다.[87]

이처럼 올코트의 불교신지학회는 불교를 선전할 때 기독교 용어(Christian idioms)를 참조하고 사용했다. 그러나 언제나 불교를 기독교의 독단적 '신화'와 반대되는 '합리적' 철학으로 소개하기도 했다.[88] 이러한 활동을 펼친 올코트는 "스리랑카 불교의 혁신가이자 구출자"라고 평가되는

---

87 Gombrich & Obeysekere, op. cit., pp. 204-205; 김진영, 앞의 글, 26-27쪽; 홍순택, 앞의 글, 33-36쪽.
88 Irving C. Johnson, "The Buddha and The Puritan: Weberian Reflections on 'Protestant Buddhism'", *Sri Lanka Journal of Social Sciences*, vol. 27(1&2), 2004, p. 68.

한편,[89] 전통적인 스리랑카 불교도가 되려 했으나 실제로는 불교를 가장 많이 서구화시켜 놓은 인물, 혹은 그가 만든 불교가 가장 프로테스탄트적 이었다는 평가를 받는다.[90]

그런데 올코트에 대한 전문 연구자인 프로테로는 스리랑카의 프로테스탄트 불교가 오베예세케레가 말하듯 테라바다불교와 개신교만의 혼합이 아니라고 지적한다. 그는 적어도 올코트의 경우는 다른 요소들이 혼재한다고 파악한다. 올코트의 불교는 '개신교적 근대주의(Protestant modernism)', '대도시의 품위(metropolitan gentility)', '학문적 오리엔탈리즘(academic Orientalism)'이라는 세 요소의 혼종이라는 것이다.[91] 이 요소 들 중 '학문적 오리엔탈리즘'이란 곧 올코트가 막스 뮐러나 리스 데이비즈와 같은 동양학자들과 공유하는 사상적 특징이 있다는 뜻이며, 그들처럼 올코트도 '동양'을 학문의 한 분야로 변형했다고 강조한다.[92]

(3) 다르마팔라의 프로테스탄트 불교

아나가리카 다르마팔라(1864-1933)는 테라바다불교의 근대사에서 가장 중요한 인물이라 평가받는다.[93] 그는 "세계일주를 한 첫 번째 스리랑카인이었고, 더욱 중요한 것은 부처님의 메시지를 가지고 세계를 일주한

---

89 Petersen, op. cit., p. 29.
90 김진영, 앞의 글, 27-28쪽. 이러한 올코트의 불교는 혼종적 불교(Hybrid Buddhism)라고도 불린다.
91 Prothero, op. cit., p. 283.
92 Ibid., pp. 293-294.
93 Gombrich, op. cit., p. 188; 홍순택, 앞의 글, 1쪽.

최초의 불교 포교사"였다.[94] 다르마팔라의 본래 이름은 포르투갈 식민지배의 관습에 따라 가톨릭 성당에 등재된 헤와위타라날라헤 돈 데이비드(Hevāvitāranalāge Don David)였다. 그의 집안은 수망갈라와 구나난다 승려를 후원하는 독실한 불교 가문이었다. 돈 데이비드는 어린 시절 이 학식있는 승려들에게 팔리어와 불교 교리를 배우고 자랐다. 그는 가톨릭 계열 학교와 개신교(감리교) 계열 기숙학교를 다녔고, 그 과정에서 기독교에 대한 강한 정서적 반감을 형성하게 된다. 그는 성경 읽기와 기도를 강요하는 선생님이 총으로 사냥하는 것을 보면서 "이것은 결코 내 종교가 아니다"라고 결심했다고 한다. 1881년 17세의 나이에 영국식 이름을 버리고 아나가리카 다르마팔라라고 개명했다. 그 이름의 뜻은 "집을 떠나 진리와 법을 수호하며 사는 사람"이라는 뜻이다.[95]

곰브리치에 따르면 팔리어와 산스크리트어로 'Anagārika'는 '집이 없는(homeless)'이란 뜻으로, 이런 이름을 갖게 된 것 자체가 하나의 혁신이라고 평가한다. 이 단어는 그때까지 승려의 속성을 표시하는 형용사로만 사용되었을 뿐, 구체적 인물의 이름으로 사용된 적은 없었기 때문이다.[96] 다르마팔라는 이 이름을 통해 새로운 신앙인 상을 보여주게 된다. "재가자로서 세속에서 활동하면서도 출가자의 계율을 지키는 새로운 신앙인", 승려와 재가자 사이의 중간자적인 새로운 역할 모델이다. 그는 승려들이 입는 노란 승복 내신 하얀 옷을 입고, 머리를 밀지 않았다. 그러니 순결과 금욕

---

94 상가라크쉬따, 『다르마빨라-불교 중흥의 기수』, 류시화·이경숙 편역, 고요한 소리, 1989/2024, 78쪽.
95 홍순택, 앞의 글, 48-51쪽.
96 Gombrich, op. cit., p. 186.

적 절제를 실천하였고, 불교 재가자들이 한 달에 한 번만 지키는 여덟가지 계율을 평생 지키려 하였다. 이렇게 하여 그는 이 세상적·정치적 활동을 포기하지 않으면서도 불교에 그의 삶을 헌신하는 공적 활동을 연출한 것이다.[97]

이 밖에도 다르마팔라의 생애에 중요한 계기는 1884년 20세의 나이로 올코트가 운영하는 신지학회에 가입한 것이다. 그는 올코트와 블라밧스키의 국제적 형제애와 인류애 사상에 감명받았다. 그는 1891년 '마하보디협회(大覺會)'를 세우고, 1892년 영어잡지 《마하보디저널(Mahā Bodhi Journal)》을 창간한다. 1893년 29세의 나이로 시카고에서 열린 세계종교의회(The World Parliament of Religions)에 불교 대표로 참가했던 것도 빼놓을 수 없는 사건이었다. 그러나 1898년 신지학회와 노선을 놓고 갈등하고, 결국 사상적 차이로 인해 올코트와 결별하게 된다.[98]

곰브리치가 다르마팔라를 프로테스탄트 불교의 '에토스(ethos)'를 가장 잘 표현한 사람이라고 평가하는 이유는 바로 그의 출가자와 재가자 사이의 중간적 위치 때문이다. '아나가리카(집이 없는)'이면서도 세상의 일에 완전히 초연하지 않는 것, 그것이 바로 막스 베버가 개신교 칼빈주의(Calvinism)의 핵심으로 표현한 '이 세상적 금욕주의(this-worldly asceticism)'의 가치와 상통한다는 것이다.[99] 오베예세케르도 다르마팔라의 '아나가리카 상징'이 "이 세상적 금욕주의를 증가시킴으로써, 초기 칼빈주의 개혁주의 유형의 현대 싱할라 불교 유사체(the modern Sinhalese Buddhist

---

97 Ibid., pp. 189-191.
98 자세한 내용은 홍순택, 앞의 글, 52-55쪽 참고.
99 Gombrich, op. cit., pp. 189-191.

analogue)"라고 설명했다.¹⁰⁰ 이처럼 곰브리치와 오베예세케레가 다르마팔라의 불교를 '프로테스탄트 불교'라고 부르는 이유는 그것이 칼빈주의의 '이 세상적 금욕주의'에 근접한다고 보기 때문이다.

다르마팔라는 스리랑카와 국제 무대에서 불교개혁에 노력했다. 그는 일련의 편지와 강연을 통해 불교 사원제도는 너무 전통적이고 계층적이며, 평신도 불교도들은 너무 수동적이고 미신적이며, 기독교 선교사들은 너무 억압적이고 제국주의적이라고 비판했다. 기독교 스타일의 설교를 채택하였고, 종교에 대한 비교 저술을 활용하였으며, 신앙을 통한 구원에 초점을 맞추고, 종교제도 밖에서 종교를 실천할 것을 강조했다. 이러한 불교개혁 프로젝트는 특히 현대적 개인 기반의 종교를 이상으로 삼고 있던 도시의 교육받은 평신도 불교도들 사이에서 지지를 얻었다. 그뿐만 아니라 그의 불교개혁 사상은 다른 아시아 국가로도 확산되어 넓은 네트워크를 구축하며 강화되었다. 다르마팔라의 현대적 불교는 일본에까지 영향을 주어, D. T. 스즈키와 그의 '프로테스탄트 선(Protestant Zen, 禪)'에 영감을 주었다.¹⁰¹

다르마팔라의 개혁 프로그램은 크게 세 가지 주제를 중심으로 요약할 수 있다.

첫째, 승려뿐만 아니라 모든 불교도가 불교 경전을 연구하기를 원했다.
둘째, 이선에 승려에게만 허용되있던 명싱 수행을 모든 사람이 할 수 있도록 장려했다.

---

100 Obeyesekere(1972), op. cit., p. 70.
101 Petersen, op. cit., pp. 29-30. '프로테스탄트 선'은 로버트 샤프(Robert Sharf)와 오타니 에이이치(Ōtani Eiichi)의 견해이다.

셋째, 불교가 국가적 민족적 정체성을 확립하기 위한 교육 도구가 될 수 있도록 정치적 활동주의를 지지했다. 또한 서구의 금욕적 프로테스탄트의 직업윤리와 유사하게 평신도의 세속 내의 금욕주의를 권장했다.[102]

곰브리치와 오베예세케레는 이 같은 다르마팔라의 불교가 프로테스탄트의 본질을 가진 것으로 설명한다.

프로테스탄티즘의 본질은 각자 신이나 초월적 대상의 중개자 없이 자신의 종교적 목표를 추구할 수 있다는 점에 있다. 기독교에서 이것은 인간과 신 사이의 본질적 연결고리로서 사제나 신부를 거부한다는 것을 의미한다. 프로테스탄트 불교에서도 마찬가지로 인간의 구원, 혹은 니르바나의 달성이 오직 승가를 통해서만 가능하다는 전통적 사고를 거절한다는 것을 의미했다. … 다르마팔라에 의해 주창되고 오늘날도 지속되고 있는 프로테스탄트 불교의 이와 같은 태도는 모든 사람들의 영적 평등주의(spiritual egalitarianism)로 귀결된다. 그리고 그것은 반드시 자기-성찰의 삶을 살아야 한다는 개인의 책임에 대한 강조도 포함된다. 이런 과정을 통해 결국 종교는 사사화(私事化, privatized)되고 내면화(internalized)된다.[103]

---

102 Ibid., pp. 29-30; 김진영, 앞의 글, 34-36쪽 참조. 이 세 번째의 주제와 관련하여 다르마팔라는 1898년 기독교 선교사들의 예절지침서를 모방한 『재가자일상작법(在家者日常作法, Gihi Vinaya)』을 출간하여 재가신도의 금욕주의적 계율을 상세하게 제시했다. 식탁예절, 빈랑나무 열매 씹는 법, 청결한 의복 착용법, 세탁법, 도로 걷는 법, 공적 집회법, 버스와 기차를 타는 법, 문병 갈 때의 법도 등 총 200개의 계율이 정해져 있다.
103 Gombrich & Obeyesekere, op. cit., pp. 215-216.

하지만 이와 같이 다르마팔라가 추구한 불교의 개신교적 성격을 강조하고 있는 곰브리치와 오베예세케레와 달리, '프로테스탄트 불교'의 개념의 적합성에 대한 비판도 만만치 않게 제기되었다.(각주 63의 Holt 참조) 그동안 많은 공감을 받아 널리 쓰였던 이 개념이 역사적·구체적 연구를 통해 검증받고 있는 상황에도 주목할 필요가 있다.

2) 중국: 양원후이와 어우양징우의 거사불교(居士佛敎) 운동

근대에 중국은 이른바 '삼천년 이래 없었던 변국(變局)'을 맞이한다. 아편전쟁(1840-1842) 이후 민족적 각성을 통해 다양한 '자강운동(自强運動)'을 벌였지만, 청일전쟁(1894-1895) 패배 이후 지식인들은 심각한 반성과 성찰에 내몰리게 되었다. 그들은 서학(西學)에 대항할 민족 고유의 사상을 모색하게 되었는데, 그 일환으로 불교를 재조명하게 되었다. 그러나 명대 말기부터 청대까지 불교는 점차 쇠퇴해 왔고, 겨우 명맥만 유지되고 있던 상황이었다. 더욱이 태평천국의 난(1851-1864)으로 중국불교는 치명적 타격을 입고 있었다. 태평천국교도들이 '군현을 지나치면서 묘우(廟宇)를 불사른 것은 물론, 불교의 사찰, 도교의 도관, 성황당, 사단(社壇) 등의 묘사(廟舍)가 불타지 않은 것이 없었다'고 할 정도였다.[104]

이러한 불교의 쇠퇴를 깊이 절감하고, 불교 부흥에 평생 힘쓴 사람이 양원후이(楊文會, 仁山, 1837-1911)이다.[105] 중국불교 부흥의 아버지라 불리는

---

104 김진무, 「중국 근대 거사불교의 성격과 사회적 역할」, 동국대학교 불교문화연구원 엮음, 『동아시아 불교의 근대적 변용』, 동국대학교 출판부, 2010. 223쪽.
105 김진무, 「양문회의 불학사상과 금릉각경처」, 동국대학교 불교문화연구원 엮음, 『근대

양문회는 어우양징우(歐陽竟無, 1871-1943)와 타이쉬(太虛, 1889-1947) 등의 걸출한 제자들을 모아 불교연구에 합류시켰다. 이러한 활동은 캉유웨이(康有爲, 1858-1927), 장타이옌(章太炎, 1868-1936), 뤼청(呂澂, 1896-1989), 탄스퉁(譚嗣同, 1866-1898), 양계초(梁啓超), 량수밍(梁漱溟, 1893-1988), 슝스리(熊十力, 1885-1968) 등 당시 학자들에게 큰 영향을 주었고, 그들 모두가 불교에 관심을 기울이도록 만들었다. 이들은 승려와 재가 불교인이 함께 섞여 이른바 근대 중국의 신불교운동의 주역들이 된다.[106]

중국 근대 시기에 불교가 떠맡은 역할은 독특하였다. 아편전쟁(1840)과 청일전쟁(1894)으로 대변되는 서양 제국주의 침략과 민족주의의 위기를 본질로 하는 중국 근대에서, 전통 사상인 불교는 동·서 문화 교류의 접합점이자 서양철학에 대항하는 사상적 무기로서 역할을 수행하였다.[107] 량치차오가 말하기를 "청말 신학가들 가운데 불교와 관련 없는 사람은 한 사람도 없다."고 단언하였을 정도로 불교가 사회변혁에 미친 영향은 컸다. 또 "진심으로 불교를 믿은 사람은 모두 양원후이에게 귀의하였다."고 할 정도로 양문회의 영향력도 컸다.[108]

량치차오에 의하면 양원후이는 젊은 나이에 중국변의 막료가 되어 영국

동아시아의 불교학』, 동국대학교 출판부, 2008, 111쪽.
106 중국 근대 신불교운동이란 광의로는 근대에 이루어진 불교혁신운동 전체를 가리키나, 협의로는 타이쉬(太虛)의 인간불교 및 불교개혁운동을 가리킨다. 김제란, 「중국 근대 불교 신불교운동과 대승기신론 논쟁」, 동국대학교 불교문화연구원 엮음, 『근대 동아시아의 불교학』, 동국대학교 출판부, 2008, 83-84쪽.
107 위의 글, 84쪽.
108 김제란, 「중국 근대 혁명사상에 미친 불교의 영향 - '평등' 개념을 중심으로」, 동국대학교 불교문화연구원 엮음, 『동아시아 불교, 근대와의 만남』, 동국대학교 출판부, 2008, 185-186쪽.

에 파견되었다. 그는 일찍이 불경에 마음을 기울여 학문이 넓었고, '법상'과 '화엄'의 양종에 정통하였으며, '정토' 신앙을 가르쳐 학자들은 그를 존경하였다고 한다.[109]

양원후이의 주요 업적은 첫째, 불교교육을 혁신하였고, 둘째, 불교경전과 논서를 유통시켰으며, 불교인재를 배양하고 불교연구의 기풍을 조성한 것이다.[110] 그 업적은 구체적으로 설명하면 불교전적의 각인과 보급을 담당하는 '금릉각경처(金陵刻經處)'의 설립, 금릉각경처 내부에서 불교 교의에 대한 강론하는 '기원정사(祇洹精舍)'의 창설, 그의 사후에 제자인 어우양 징우가 설립한 '지나내학원(支那內學院)'과 '불학연구회', 다양한 국제교류의 실행 등이다.[111] 이러한 양원후이의 활동은 근대 중국불교 부흥의 계기가 되었으며, 이런 이유로 그는 '근대 중국불교의 부흥의 아버지'라고 불린다.

양원후이는 1897년 남경에 금릉각경처를 설립하고, 1908년 기원정사를 세워 수십 명의 청년을 교육하였다. 그가 세운 기원정사는 '중국 근대불교 최초의 교육기관'이라고 평가받는다.[112] 그는 기원정사를 세우고자 했던 뜻을 밝혔는데, "나이가 많으면 언어를 배우기 어렵고, 나이가 적으면 경문의 의미를 모르니 무익할 뿐이다. 기원정사를 세워 인재를 기르는 바탕을 삼으려 한다. 세 가지 부문의 교수를 써서 가르치니 첫째, 불교학, 둘째, 한문, 셋째 영어를 가르친다. 영어가 익숙해지면 인도학, 범어로 나아가게

---

109 김제란, 「중국 근대불교 신불교운동과 대승기신론 논쟁」, 86쪽.
110 위의 글, 87쪽.
111 김진무, 「양문회의 불학사상과 금릉각경처」, 112쪽.
112 김제란, 「중국 근대불교 신불교운동과 대승기신론 논쟁」, 93쪽.

하고, 다시 불교를 이 땅에 전하게 한다"고 하였다.[113]

양원후이가 불교의 학문연구에 뜻을 둔 동기는 당시 불교도들의 무지와 부패 때문이었다. 그는 당시 승가의 전통이 땅에 떨어져 제대로 교육 받은 자가 없다고 생각했다. 그는 승려교육을 내반(內班)과 외반(外班) 둘로 나누되, 불교와 세간학문을 겸하여 가르쳐서 사회 변화의 필요에 부응토록 하였다. 그는 승려 양성과 주지의 선발을 위해서 체계적 교육과 임무를 맡겨야 한다고 보았다.[114]

이 과정에서 거사불교(居士佛敎) 흐름이 출현하였는데, '거사불교'는 중국의 근대불교에서 가장 두드러진 특색으로 일컬어진다.[115] 양원후이의 기원정사와 불학연구회의 교육은 근대불교를 이끄는 중요한 인물들을 배양하였고, 그들은 본격적 근대불교 교육을 추진하는 동력이 되었으며, 근대에 중국의 거사불교를 새롭게 전개시키는 매개가 되었다. 이것은 중국 근대사 및 근대불교사에서 실로 커다란 의미를 지닌다. 중국 거사불교의 운동은 모두 양원후이가 이끈 모임의 거사들이 주축이 되었고, 따라서 실제적 근대 거사불교의 기치는 사실상 양원후이로부터 발현된 것이다.[116]

양원후이의 노력은 쇠퇴한 중국불교를 다시 부흥시키고, 위기에 처한 중국 상황을 불교사상과 원력으로 해결하고자 하는 새로운 사조를 탄생시켰다. 그것이 바로 이 불교운동이 '민족불교'의 성격을 띠게 되는 이유이

---

113 위의 글, 94쪽.
114 위의 글, 94-95쪽.
115 김진무, 「중국 근대 거사불교의 성격과 사회적 역할」, 215쪽.
116 위의 글, 225쪽.

며,[117] 그에게 '근대불교의 아버지'라는 칭호가 부여되는 이유이다.[118] 그는 살아생전에 백여 만 권의 경전을 유통시켰고, 십여 만 장의 불상을 인쇄하였다. 그는 생을 마칠 때까지 지속적으로 불교전적을 출간하였고, 금릉각경처 내 기원정사에서 강의도 하였다. 이 때 배출된 승려와 재가신도들은 타이쉬와 어우양징우 외에도 수많은 사람들이 있으며, 이들이 후에 중국 근대불교의 주역이 되었다.[119]

그런데 이 거사불교에서 하나 흥미로운 사실이 발견된다. 양원후이는 거사의 신분으로서 불교 부흥을 위해 노력하면서 승속의 구분을 하지 않았다. 하지만 양원후이 사후 그의 계승자인 어우양징우가 금릉각경처와 기원정사를 주관하였는데, 그는 양원후이와 생각이 좀 달랐다. 그는 중국 최초의 정규불교교육기관인 지나내학원(支那內學院)을 창립하였으며, 이 창립 과정에서 '거사불교'의 기치를 공공연하게 드러내 보였다. 가령 지나내학원 내규의 총강 제 1조에는 "출가하여 자리(自利)를 추구하는 사람을 양성하지 않음을 종지로 한다."는 문구가 삽입되어 있었다.[120] 이 문구는 승려였던 타이쉬의 반발을 사게 되었고, 나중에는 결국 삭제하게 되었다. 또 지나내학원의 원훈은 '사(師), 비(悲), 교(敎), 계(戒)'인데, 1927년 발간한

---

117 양원후이의 '민족불교'와의 관련성은 그가 중국 찬술 위경으로 추정되는 『대승기신론』에 대한 각별한 애정을 가진 것과도 연결된다. 그는 처음에 이 경전이 인도의 산스크리트본이 없다는 사실에 크게 실망했으나, 나중에 오히려 그러한 사실로 인해 이 경전이 중국의 고유한 불교사상을 대변해주는 것으로 여기고 더욱 자랑스럽게 생각했다고 한다.
118 김진무, 「양문회의 불학사상과 금릉각경처」, 135쪽.
119 김진무, 「중국 근대 거사불교의 성격과 사회적 역할」, 226쪽.
120 위의 글, 227쪽.

『내학(內學)』제3집에 『석사훈(釋師訓)』과 『석비훈(釋悲訓)』에 그 구체적인 내용을 게재하였다. 그런데 이 『석사훈』 6장 가운데 그릇된 관념들을 제거한다는 〈벽류(辟謬)〉에에 10가지 항목의 오류를 선정하여 논술하고 있는데, 그 내용이 승단을 겨냥한 느낌을 준다.

1. 오직 성문(聲聞)만을 승(僧)으로 한다는 것은 잘못이다.
2. 거사(居士)는 승류(僧類)가 아니라고 하는 것은 잘못이다.
3. 거사는 온전히 속(俗)에 속한다는 것은 잘못이다.
4. 거사는 복전(福田)이 아니라고 하는 것은 잘못이다.
5. 재가에는 스승이 될 자질이 없다는 것은 잘못이다.
6. 일반인은 설법을 맡을 수 없다는 것은 잘못이다.
7. 재가는 계율을 볼 수 없다는 것은 잘못이다.
8. 비구는 거사학(居士學)을 배워서는 안 된다는 것은 잘못이다.
9. 비구는 절대로 예배할 수 없다는 것은 잘못이다.
10. 비구는 거사의 다음 차례가 될 수 없다는 것은 잘못이다.[121]

어우양징우는 여러 경론을 근거로 들어 성문승과 보살승 사이에 어떠한 구별도 없다고 주장하였다. 반면 이에 대해 타이쉬법사는 또 다른 글을 지어, '불법(佛法)을 주재하는 것은 분명히 출가자의 책임'임을 강조하였다.[122]

---
121 위의 글, 230쪽.
122 위의 글, 231쪽.

지나내학원은 당시 중국의 대표적 거사불교단체였으며, 지나내학원 출범 당시 이사회 구성원들은 북경 정계에서 유명한 예공춰(葉恭綽, 1881-1968) · 슝시링(熊希齡, 1870-1937)(중화민국 국무총리 역임), 그리고 학계의 저명한 량치차오 · 차이위안페이(蔡元培, 1868~1940) · 장타이엔 등이었고, 교수진은 어우양징우 · 뤼청 · 탕융퉁(湯用彤, 1893-1964) 등 쟁쟁한 인물들이었다. 이들 모두 근대 중국불교를 대표하는 인물들로서, 중국 근대 시기 본격적 거사불교를 형성한 것으로 평가된다.[123]

과거 전근대 사회에서 거사는 단지 승단의 보조적 역할에 불과했다면, 근대 중국의 거사불교는 승단의 보조 역할이 아니라 주체적 역할을 수행했다는 면에서 그 의의를 찾을 수 있다. 그들은 불교의 근대적 연구를 활성화시켜 상당한 성과를 축적하였고, 탕융퉁 · 슝스리 · 량수밍 등 저명한 인물들을 배출하였다. 그리고 청대에 들어서 극도로 쇠퇴한 불교학을 다시 부흥시키고 대중적인 확산에 노력하여, 1930년 통계자료에 의하면 중국 전역 171개 불교단체의 대부분이 순수한 거사단체였다고 할 정도로 거사불교의 붐을 이루었다.[124]

---

123 위의 글.
124 위의 글, 234쪽.

V

조선시대 불교는 억압되었나?
- '교'와 '삼교'로서의 불교

1. '정교분리' 개념 적용과 두 가지 문제의식
2. '숭유억불'의 오해와 진실
3. '교(敎)'와 '삼교(三敎)', '이단(異端)'과 '사교(邪敎)'로서의 불교
4. 국가와 불교의 관계 - 전근대 시기 종교와 세속은 분리되었는가
5. 조선시대 불교 인식의 계승과 단절

지금까지 이 책은 종교 및 불교 개념의 탄생과 그것의 전개 과정에 대해 살펴보았다. 이와 더불어 근대불교가 이론적, 지역적으로 어떻게 전개되었는지 그 다양한 양상에 대해서도 살펴보았다. 물론 이 같은 과정은 결국 한국 근대불교 정체성 형성을 탐색하기 위한 준비 과정이라 할 수 있다. 그 개념의 전개 과정과 다양성을 이해할 때에만 한국 근대불교의 특성을 잘 이해할 수 있기 때문이다. 하지만 그렇다고 그것만으로 한국 근대불교의 특성들이 바로 설명될 수 있는 것은 아니다. 한국이 근대로 전환되는 과정과 그 이후 역사에서 불교의 양상을 파악하기 위해서는 우리 근대불교의 모태인 전근대 한국불교에 대한 이해가 무엇보다 필요하다. 근대불교의 특징은 전근대 불교와의 비교를 통해서 비로소 잘 드러날 수밖에 없다. 따라서 불교 전래 이후 한국불교의 전개 양상을 살펴보기 위해서는 조선시대 불교에 대한 실체적 해명을 요청한다. 근대 한국불교 형성에 내재적 기반을 제공한 것은 조선시대 불교이기 때문이다. 그러나 그 방대한 내용을 이 장에서 모두 다루기는 어려우므로 특히 중요한 두 가지 문제에 집중하기로 한다.

1. '정교분리' 개념 적용과 두 가지 문제의식

1) 두 가지 문제의식

〈조선시대에 '종교'의 대응범주는 있었는가〉

하나는, 오늘날 우리가 알고 있는 여러 종교들은 조선시대에 어떻게 통칭되었는지 살펴보고자 한다. 다시 말해 오늘날 '종교'라고 불려질 만한 다른 대응 범주가 조선시대에도 과연 있었는지 탐색하는 것이다. 그래야만 근대에 불교를 '종교'로 부르게 된 상황과 그 이전의 상황을 비교할 수 있기 때문에 이 작업은 꼭 필요하다. 무엇보다 먼저 떠오르는 것은 아마도 '교(敎)', '도(道)' '법(法)' 등의 용어가 '종교' 개념을 대신했을 것이라는 추정이다. 그렇다면 다음 단계는 '교(敎)', '도(道)' '법(法)'의 개념들과 근대 이후의 '종교' 개념의 차이를 살펴보는 것이 필요할 것이다. 한자 문화권인 동아시아에서는 '삼교(三敎)'라는 특별한 범주도 존재해 왔다. 불교는 대부분이 '삼교(三敎)' 범주 속에 유교, 도교와 함께 포함되어 있었다. 그렇다면 여러 질문들이 등장할 수밖에 없다. 어떤 의미에서 불교는 '삼교'의 하나가 되었는가? 또 '교'이기도 하고 '삼교'의 하나이기도 한 조선시대의 불교는 근대 '종교'로서의 불교와 어떻게 다른가?

이런 문제를 살펴보기에 앞서, '교(敎)', '도(道)' '법(法)'으로서의 불교를 이해하려고 할 때 근대의 '종교' 개념이 장애가 될 수 있다는 점을 먼저 인식할 필요가 있다. 현대의 우리는 이미 '종교' 개념에 익숙하여 전근대의 '교(敎)', '도(道)' '법(法)'을 바로 '종교'와 동일시 하는 경향이 있다. 따라서 '삼교(三敎)'라고 할 때도, 그것을 바로 '세 개의 종교(three religions)'로 이해하기 쉽다. 그러나 캔트웰 스미스가 앞에서 말했듯이, 전근대의 '삼교' 체계를 근대의 '세 개의 종교' 체계로 바로 등치시키는 관행은 커다란 문제를 지니고 있다. 근대 '종교' 개념은 종교들 사이를 분명하게 나누어 경계 짓는 언어이다. 그것은 서로 간에 삼투(滲透)의 가능성이 없는 닫힌 체계이며, 각자 스스로 완결된 체계들을 의미한다. 말하자면 근대의 '종교-종교들'의 체계에서 종교들은 모두 '종교'로서의 최소한의 공통 '본질'을 공유하지만, 결국 그 본질의 서로 다른 현현(manifestations)들로서 그 각각의 개체성과 구별은 뚜렷한 것으로 인식된다.

그러나 한국(또는 중국)에서 유·불·도 삼교는 오랜 역사 속에서 서로 모방하고 베끼며 함께 성장·공존해온 관계이다.[1] 그들은 대립·경쟁하는 가운데서도 상호 배울 것이 있다는 점을 인정함으로써 서로 스며들었고, 따라서 그 근본에서 따로 떼어놓을 수 없는 공통점과 상보성(相補性)이 있다는 인식을 공유해왔다. 물론 시대에 따라 정(正)/사(邪), 정통(正統)/이단(異端)의 극단적 구별의식이 지배하는 경우도 있었다. 하지만 거시적 안목에서 볼 때, 유·불·도의 조화로운 공존으로서의 '삼교' 체계가 한국과 중국의 중요한 정신적 전통을 이루어 왔음은 부인할 수 없다. 그렇다면 이러한 '삼교' 체계는 어떻게 가능했던 것일까? 그것이 근대 서구에서 발전해 온 '종교-종교들'의 체계와 다른 점은 무엇일까? 바로 이 점에 이 글이 다루고자 하는 문제의식의 핵심이 있다.

---

1 구보타 료온(久保田量遠), 『중국유불도 삼교의 만남』, 최준식 옮김, 민족사, 1990 참조.

〈국가와 불교의 관계는 어떠했는가〉

다른 하나는, 국가와 불교의 관계이다. 앞 장(2장)에서 서구 근대에 탄생된 '종교' 개념은 '정교분리'와 '종교 자유'의 의미를 내포한 개념임을 살펴보았다. 그것은 '종교'와 '세속'의 분리, 그리고 '종교'라는 새로운 영역의 설정이 한국불교에 어떤 영향을 미쳤는지 살펴볼 것을 요구한다. 따라서 근대 '종교' 개념 전래 이전에 한국불교가 국가의 정치구조 안에서 어떤 위치를 차지했는지 살펴보는 것이 필요하게 된다. 다시 말하면 그것은 국가의 정치 행위로부터 분리된 불교만의 고유한 영역이 있었는가의 문제이다. 여기서 고유영역 혹은 분리된 영역이라고 할 때의 의미는 크게 두 가지 측면으로 나누어진다. 첫째는 국가 정책상 정치의 불교에 대한 간섭 및 통제 정도가 어떠했는지의 문제이고, 둘째는 정신적 가치 면에서 국가(왕)와 불교(계)가 서로 독립적 존재로 인식했는지, 아니면 서로 불가분 혹은 종속적 관계로 인식했는지의 문제이다. 후자는 전통적으로 '사문불경왕자론(沙門不敬王者論)' 등의 문제로 표출되었고, 전자는 현실 속에서 구체적인 국가의 불교 정책의 문제로 나타났다.

2) '정교 분리' 개념 적용의 어려움

그런데 이 두 가지 문제를 해명하는 것은 결코 쉬운 일이 아니다. 일단 '정교분리' 개념 자체가 서구의 역사적 배경을 가진 것으로, 전근대 한국사에 적용시키는 것에는 무리가 따를 수 밖에 없기 때문이다. 우선 '정교분리'라는 용어는 '종교'와 '정치'라는 개념을 기본 요소로 삼고 있는데, 바로 여기에 '종교'에 대한 정의가 선제적으로 해명해야 할 문제로 잠복되어 있다. 앞으로 본문에서 후술하겠지만 우리나라의 대표적인 역사서, 즉 『삼국사기』, 『삼국유사』, 『고려사』, 『조선왕조실록』에서는 '정교일치(政教一致)' 혹은 '정교분리(政教分離)'라는 단어를 찾을 수 없다.[2] 이 두 개의 용어야말로 과거에는 없었던 근대적 용어이다. 그런데 기존의 한국사 관련 연구들을 살펴보면, 유교를 '정치'로 볼 것인가 '종교'로 볼 것인가에 따라 '정교분리'라는 용어의 사용과 그 서술 내용에 혼선이 있음을 종종 발견하게 된다.

예를 들면 통일신라 무렵부터 정치제도가 유교를 기반으로 정비되는 것을 '정교분리'로 표현하는 경우들이 있다. 한국사 속의 유·불관계를 이해하는 데 많은 도움을 주는 선구적 연구서들 가운데, "삼국통일 전후 정교분리"가 되어 유학(儒學)의 길이 성립되었고, 불교는 중앙 정치의 무대에서 퇴장하여 '정교분리'가 성립하게 되었다는 서술을 발견할 수 있다. 이 경우, "정교분리가 가시적으로 나타나는 계기"가 자장(慈藏)이 실각하고 오대산으로 들어간 때부터라고 설명하기도 한다.[3] 이러한 설명은 신라에 당제(唐制)가 유입되면서, 불교를 전면에 내세운 정치체제 대신 유교에 기반한 체제가 부상한다는 것을 선명하게 보여주는 장점이 분명히 있다. 그런데 이 부분에서 '정교분리' 개념을 전근대 신라사회에 그대로 적용하는 것이 과연 적절한 것인지 의문이 제기될 수 있다. 물론 이 문맥에서 '정교분리'

---

2   이것은 〈한국사데이터베이스 https://db.history.go.kr/search/searchTotalResult.do〉에 이 개념들을 넣고 조회한 결과이다. 물론 '정교(政教)'라는 용어는 나온다. 하지만 이때 '정교'의 의미는 대부분 '정치와 종교'가 아니라 '정치와 교화', 혹은 '정치와 교육'의 의미이다. 고요한, 「선초(鮮初 정치변혁과 정교(政教) 이데올로기에 대한 연구: 정도전과 권근을 중심으로」, 『교육철학』 46, 2009 참조.

3   김호동, 『한국 고·중세 불교와 유교의 역할』, 경인문화사, 2007, 78-81쪽.

의 의미는 불교계가 적극적 정치관여로부터 소극적 관여로 변화하고 있음을 설명한 것으로 이해할 수 있다. 그럼에도 오늘날 '정교분리'의 원칙을 그대로 적용할 경우 당시의 실제 상황을 이해하는데 오히려 개념적 어려움이 따를 수 밖에 없는 것은 일정 부분 불가피한 일이다.

다른 연구에서도 이와 유사한 내용이 발견된다. "성골왕(聖骨王)이란 정교일치시대와 일치"하며, "중국식 묘호(廟號)를 가진 왕의 등장은 정교분리시대의 출현"이라고 설명하는 경우이다.[4] 물론 이 말 역시 당시 불교계의 적극적인 정치적 역할이 점점 소극적으로 축소된 것을 설명한 것이라 할 수도 있지만, 그것은 오직 '불교계'의 시점에 맞추어 서술한 것일 뿐, '정교분리' 개념을 그대로 적용하기에는 어려움이 따를 것으로 보인다. 요컨대 신라 전체의 시각에서 본다면, 과연 그것을 근거로 그 사회를 '정교분리'의 시대라고 볼 수 있을지 의문을 제기해 볼 수 있다. 왜냐하면 신라 사회에서는 그 이후에도 국가 주도의 수많은 종교적 의례가 시행되고 있었기 때문이다.[5]

한편, 흔히 고려시대는 유불양립(儒佛兩立)의 시대로 평가된다. 예를 들어 송석구는 다음과 같이 고려시대의 종교문화를 잘 설명하고 있다.

"특히 고려조는 신앙은 불교, 통치체제는 유교적 제도에 의한 이중의식이 지배하는 시기였다. 유교는 주자학 전래 이전에 '이국지원(理國之源)'으로 국가 치국의 원리로서 고려에서 받아들여졌고, 또한 불교와 마찰없이 공

---

4 허흥식, 「불교와 융합된 사회구조」, 『고려불교사연구』, 일조각, 1986/1996, 5쪽.
5 채미하, 『신라 국가제사와 왕권』, 혜안, 2008 참조.

존하였다."⁶

이와 같은 고려시대의 유교와 불교의 역할분담에 대해, 고려에서는 "불교는 정치와 분리되어야 한다고 생각했다"⁷라고 표현하면 큰 혼선이 없다. 그런데 유교(정치)와 불교(종교)가 역할 분담을 하는 '정교분리'의 시대였다고 설명하게 되면 많은 개념의 혼란을 초래하게 된다. 예를 들어, 최승로가 〈시무28조〉에서 "불교를 수신(修身)의 근본으로 여기고 유교를 이국(理國)의 근본으로 생각하여 정교의 분리를 주장했다"고 하는 설명이 있다.⁸ 이것은 아마도 정치는 유교에 맡기고 불교는 정치로부터 거리를 두어야 한다는 최승로의 주장을 설명하기 위한 수사였을 것으로 보인다. 그러나 여기서 '정교분리'라는 근대어가 들어갈 경우, 오늘날 일반적 의미의 '정교분리'와는 차이가 있어 그 사회에 대한 이해에서 다소 오해를 불러오기 쉽다. 여기서 다음과 같은 고려불교에 대한 설명을 잠깐 살펴보는 것도 도움이 될 것 같다.

고려에서는 유교에 입각하여 정치를 한다는 원칙이 수립되어 있었기 때문에 불교는 정치와 분리되어야 한다고 생각했다. 하지만 왕권을 높이고 국민을 통합하는 데 있어 불교의 정치적 기능은 간과할 수 없는 것이었다. 특

---

6   송석구, 『한국의 유불사상』, 사사연, 1985/1988, 354쪽.
7   강호선, 「불교사상과 교단: 고려 불교의 성립과 변화」, 이종서 · 박진훈 외, 『고려시대사 2: 사회경제와 문화』, 푸른역사, 2017/2020, 134쪽.
8   한정수, 「중세 통치규범으로서의 유교정치사상」, 이종서 · 박진훈 외, 『고려시대사 2』, 푸른역사, 2017/2020, 218쪽.

히 집단적으로 설행(設行)되는 의례는 대민 동원력을 가지고 있었고 이 과정을 통해 민심을 규합하고 사회 통합을 이룰 뿐만 아니라 국가와 왕실의 권위를 백성에게 과시할 수 있는 기회가 되었기 때문에 여러 가지 불교의례가 국가 주도로 설행되었고 국가적으로 중시되었다. 그 중에서도 불교에서 기원한 상원연등회(上元燃燈會)와 중동팔관회(仲冬八關會)는 고려에서 가장 중시하던 국가적인 의례였다.[9]

이처럼 국가와 왕실 주도로 성대한 국가적 불교행사가 개최된다면 그것이 설령 종교적 행사라 하더라도 정교분리라고 할 수 없을 것이다.

이 모든 상황은 오늘날 우리가 사용하는 현대적 의미의 '정교분리'가 전근대 사회에 적용하기 어려운 것에서 발생하는 문제라 생각할 수 있다. 물론 문맥을 살펴보면 모두 그 나름대로 이해가 되지 않는 것은 아니지만, 이처럼 통일신라와 고려를 '정교분리'의 시대라고 표현하는 것에는 많은 어려움이 따를 수밖에 없다. 이것은 무엇보다 유교를 '정치'로, 불교를 '종교'로 분리, 이해하는 전제에서 비롯된 것으로 보인다. 그러나 설령 고려시대에 유교와 불교가 역할 분담을 했다고 해서 그것이 바로 '정교분리'가 되는지는 다시 검토할 필요가 있다. 그 이유는 무엇보다 고려는 불교가 국교였거나, 혹은 국교적 위치에 있었다고 이해될 정도로 '불교국가'의 속성을 가지고 있었기 때문이다.[10] 고려시대에 왕들은 '보살계'를 받는 의례를

---

9 강호선, 앞의 글, 134쪽.
10 허흥식, 「승과제도와 그 기능」, 『고려불교사연구』, 일조각, 1986/1996, 356, 389-390쪽; 허흥식, 「불교와 융합된 왕실의 조상숭배」, 『고려불교사연구』, 99-100쪽 참조.

거행했으며, 왕사와 국사에게 아홉 번 절하는 구배(九拜)의 예도 드렸다.[11] 이는 비록 상징적 행위이기는 하지만 불교가 왕의 권위를 넘어선다는 기호였음을 의미한다. 심지어 고려시대에는 불교를 관제에 포함시킨 승정(僧政)이 줄곧 운영되기도 했다. 이러한 사실은 불교와 정치가 매우 끈끈하게 연결되어 있음을 의미한다.

물론 오늘날 학계에서는 고려시대는 '불교국가'라고 볼 수 없으며, 불교는 고려의 국교가 아니라 다만 주류종교였다는 주장들도 등장했다. 이 견해에 따르면 고려에서는 국교가 존재하지 않았으며, 불교는 다만 고려시대의 "주도종교(主導宗敎)"로서 고려인들의 삶에 큰 영향을 미친 종교전통이었을 뿐이라고 설명한다. 대표적으로, 윤이흠은 불교가 고려의 국교(state religion)라고 볼 수 없다고 주장한다. 그 이유로 "유교가 과거제도를 통하여 국가공무원을 선발하고, 그런 선발을 위하여 전국적으로 교육을 전담하고 있는 상황에서, 불교가 국교라고 말하는 것은 서양사의 국교개념과 내용을 같이 할 수 없다."고 분명히 밝혔다.[12] 사실 고려는 태조 왕건의 유시에도 나타나듯이 많은 종교를 포용하는 다종교국가였다.[13] 고려는 불교를 국교로 선포하지도 않았고, 무엇보다 정치는 유교 이념을 통해 운영되었다. 고려는 불교뿐 아니라 무속의 영험도 믿었고, 풍수지리와 도교

---

11 허흥식, 「국사・왕사제도와 그 기능」, 『고려불교사연구』, 일조각, 1986/1996, 403-404쪽.
12 윤이흠・김일권・최종성, 『고려시대의 종교문화: 그 역사적 상황과 복합성』, 서울대학교출판부, 2002, 24, 50쪽; 김종명, 『국왕의 불교관과 치국책』, 한국학술정보, 2013, 77쪽 참조.
13 한정수, 앞의 글, 204쪽; 한국종교연구회, 『한국종교문화사강의』, 청년사, 1998, 104-113쪽.

도 널리 퍼져 있던 사회였다.[14]

또 그 외에도 조선시대에 유교(성리학)가 '종교화'되었다고 서술하는 경우도 발견된다.[15] 이 말의 의미는 고려시기까지는 유학이 관료의 교양과 관리 선발과정의 학습에 그치고 있었을 뿐 실생활에서의 예제(禮制)에까지 미치는 사상적 영향력은 적었으나, 조선시대에 이르러서는 일반인들의 생활을 규율하는 일원적 사상으로 격상되어 거의 종교나 마찬가지가 되었다고 설명하는 것으로 이해가 된다. 하지만 여기서도 또다시 '종교'의 정의가 핵심적 문제로 등장하게 된다. 요컨대 성리학 이전의 유교는 종교가 아니었는가 하는 문제도 제기된다. 그러나 한대(漢代) 이후의 유교가 종교인지 아닌지의 논의는 단순하지 않다.[16] 이와 관련한 동양 자체 내의 논쟁뿐만 아니라 오늘날 유교는 세계종교사에서 당연히 종교로 분류되고 있는 만큼, 그 개념의 사용이 결코 간단하지 않음을 알 수 있다.

그런데 이와 같은 개념적 문제는 이 책을 쓰는 필자라고 해서 예외일 수 없다. 왜냐하면 전근대에는 존재하지 않았던 '종교' 개념을 통해 전근대현상을 설명해야 하기 때문이다. 어쨌든 이와 같은 '개념' 상의 복잡함과 어려움을 전제하면서 전근대 한국에서 '교'와 '삼교' 체계 속에 존재했던 불교의 양상, 그리고 특히 국가와 불교의 관계에 대해 살펴보고자 한다. 그러나 그 두 가지 문제를 직접 다루기 이전에 조선시대 불교의 양상을 간단히

---

14 김용태, 『토픽 한국 불교사』, 여문책, 2021, 110쪽.
15 최종고, 「한국에서의 유교와 법」, 『법제연구』 12, 1997, 131-134, 149-152쪽 참조.
16 와타나베 요시히로(渡邊義浩), 『후한 유교국가의 성립』, 김용천 옮김, 동과서, 2011, 14-37쪽. 유교의 종교성, 그리고 '유교국가'의 정의에 대한 일본과 중국 학자들의 논쟁사를 잘 정리하고 있다. 이에 따르면 유교는 한대(漢代)에 이미 높은 종교성을 가진 하나의 종교로 성립되었다.

개관하기로 한다.

2. '숭유억불'의 오해와 진실

일반적으로 조선시대 불교라고 하면 이른바 '숭유억불(崇儒抑佛)'이란 단어를 먼저 떠올리게 된다. 그만큼 '숭유억불'의 프레임이 조선시대 불교 전체를 아우르는 이미지를 장악하고 있다. 이 프레임에 의하면 조선시대 불교는 국가로부터 억압되었고, 따라서 공식적 차원에서 그 존재 가치는 매우 미약했던 것으로 평가된다. 그만큼 조선시대 불교교단은 침체되어 그 사회적 영향력을 완전히 상실하고 있었던 반면, 여성 중심의 민간 신앙적 기복신앙 또는 주술적 불교로 간신히 그 명맥을 유지하고 있었다는 인식이 널리 퍼져 있다. 이처럼 조선시대 불교는 신라와 고려시대의 영광에 비해 초라하다는 선입견에 따라 불교는 연구자들로부터도 많은 주목을 받지 못했다.[17] 그렇다면 이러한 인식이 무엇을 근거로 어떻게 만들어진 것일까?

이와 관련, 학계에서는 무엇보다 조선시대 불교에 대한 몇 가지 통설에 대한 재고를 요청하고 있다. 그중에서도 '숭유억불'이라는 개념에 대한 반성적 비판이 제기되었다. 한 연구에 따르면 이 개념은 "유교와 불교를 극명히 대비시킨 정치·이념적 선전문구"로 당대가 아닌 후대의 인식이 반영되어 탄생한 일종의 조어(造語)이다. 그에 의하면 '숭유억불'이나 '배불숭

---

17 이봉춘, 『조선시대 불교사 연구』, 민족사, 2015, 4쪽; 이명호, 「조선후기불교에 대한 부정적 시각의 극복과 비판적 고찰」, 『불교학보』 58, 2011, 157-165쪽.

유' 등의 용어는 『조선왕조실록』을 비롯한 조선시대 문헌 어디에도 찾아볼 수 없다. 조선시대 사료에는 다만 유학을 높이고 도를 중시한다는 '숭유중도(崇儒重道)'만이 자주 등장하고 있을 뿐, '숭유억불' 용어가 최초로 등장한 것은 1906년 10월 16일자 『대한매일신보』 논설에서였다. 이 글에서 "한국은 조선 500년에 숭유억불하여 불교가 크게 쇠퇴하였고, 일본은 불교를 숭배하여 집집마다 불상을 두고 사람마다 불음(佛音)을 암송하여 그 나라의 종교가 되었다."라는 내용이 등장하고 있다.[18]

이후 1911년 일본인 학자 후루타니 기요시(古谷淸)의 「이조불교사경개(李朝佛敎史梗槪)」 서언에서 '배불숭유'라는 표현이 등장한다. 이 글에서 후루타니는 조선시대 불교는 왕실 여성을 포함한 부녀자와 산촌벽읍 서민들의 신앙으로 명맥을 이어갔으며, "적극적인 배불숭유 정책으로 인해 조선시대는 한 편의 '불교 쇠망사'라 할 수 있다"고 단언하였다.[19] 이후 다카하시 도루(高橋亨, 1878~1967)가 『이조불교(李朝佛敎)』(1929)에서 후루타니의 평가를 이어받아 조선시대 불교의 쇠퇴와 정체(停滯)의 이미지를 그 위에 덧씌웠다. 다카하시는 '조선시대 불교는 억압과 쇠퇴로 인해 발전이 정체되었고, 여성과 서민의 신앙을 제외하면 독자적 특성이 전혀 없으며, 교리면에서는 중국불교의 이식일 뿐'이라고 주장하였다. 다카하시는 이처럼 타율성과 정체성으로 대표되는 식민사관을 통해 조선시대 불교를 낙인찍어 버린 것이다. 이후 조선시대 불교에 대한 부정적 인식은 낙후와 쇠퇴의 이미지를 재생산하였고, 그 영향은 해방 후 한국의 연구자들에게도 답습

---

18 김용태, 「조선불교, 고려불교의 단절인가 연속인가?」, 『역사비평』 123, 2018(여름), 236쪽.
19 위의 글; 후루타니의 글의 출처는 古谷淸, 「李朝佛敎史梗槪」, 『佛敎史學』 1-3, 1911.

되었다.[20]

마찬가지로 조선시대에 승려가 천인(賤人) 신분이었다는 통설도 허구적이라는 것이 밝혀졌다. 조선시대 승려가 팔천(八賤)의 하나라고 알려진 계기는 다카하시 도루의 『이조불교』를 통해서였다. 다카하시는 이렇게 말하고 있다.

> 불교는 이조 국초부터 배척 방침에 의해 점차 쇠퇴하여, 특히 연산군의 폭정 때문에, 신라와 고려 2대에 걸쳐 쌓아놓은 세력의 바탕이 전복되어, 마침내 조선 중엽 이후에 이르러는 노비(奴婢), 영인(伶人), 기(妓), 상련군(喪輦軍), 화장(靴匠), 백정(白丁), 무격(巫覡)과 함께 팔천(八賤)이라 부르며 서울 안에 통행을 금하였다. 불교의 가르침도 궁녀 및 교육받지 않은 여자 외에는 믿는 자는 없어서, 불교는 완전히 종교의 사회성을 상실하였다.[21]

그런데 여러 연구에 따르면 조선시대 승려는 복합적인 신분과 지위로 구성된 조직이었다. 매우 높은 지위의 상류층 승려들도 존재하고 있었던 만큼, 일괄적으로 천인 신분이었다고 할 수 없다는 것이다. 더 중요한 것

20　위의 글, 237-239쪽; 이명호, 앞의 글, 170-172쪽 참조. 이들 연구에 따르면, 누카리야 카이텐(忽滑谷快天)의 『조선선교사(朝鮮禪敎史)』(1930)도 조선시대 불교를 중국불교의 연장에 불과하며, 기복신앙에 치우친 선교(禪敎)의 침체기로 규정하고 있다. 김영수의 『조선불교사고』(1939), 권상로의 『조선불교사개설』(1939), 우정상·김영태의 공저 『한국불교사』(1969) 역시 조선시대 불교를 억압과 수난의 어두운 이미지로 그리고 있다.
21　다카하시 도루, 『조선시대 불교통사(李朝佛敎)』, 이윤석·다지마 데쓰오 옮김, 민속원, 2020, 31쪽.

은 '승(僧)'이란 존재는 자손의 생산을 하지 않기 때문에 신분으로 분류될 범주가 아니었으며, '팔천'이라는 개념 자체가 조선시대의 사료 속에 전혀 존재하지 않는다는 사실이다. 다카하시는 뚜렷한 객관적 사료 증거도 없이 다만 당시 교류하던 일부 승려 및 지인들의 전언이나 문집을 근거로 이와 같은 낭설을 유포했던 것이다.[22]

이처럼, 좀 더 구체적이고 세밀하게 살펴보면 조선시대 불교의 실체는 통설과는 조금 다르다는 것을 알 수 있다. 예컨대 캐나다의 한국학 연구자인 돈 베이커(Don Baker)는 조선왕조에서 불교는 탄압(persecution)받은 것이 아니라 단지 통제(regulation)된 것이고, 금지(prohibition)된 것이 아니라 사사화(privatization) 되었을 뿐, 유교와 더불어 나름대로 굳건하게 공존하고 있었다고 주장한다.[23]

김용태 역시 조선 후기 불교의 전개를 긍정적으로 평가한다. 그는 조선시대 불교를 4기로 나누어 설명한다. 조선 개국 후 성종대인 15세기 말까지가 억불기, 16세기 전반의 연산군과 중종대가 폐불기, 16세기 후반 임진왜란을 겪으면서 일시적으로 양종이 복원되는 존립모색기, 17세기 이후가 존립기이다. 이 설명에 따른다면, 17세기 이후 조선불교는 자활을 모색

---

22 손성필, 「조선시대 승려 천인신분설의 재검토: 고교형(高橋亨)의 주장에 대한 비판을 중심으로」, 『보조사상』 40, 2013; 정광호, 「조선후기 사원잡역고」, 『사학논지』 2집, 1974, 34-35쪽; 조선 초 승려 신분이 상·중·하의 3계급으로 구성되어 있다는 사실은 한우근, 『유교정치와 불교 - 여말선초 대불교시책』, 일조각, 1993/1997, 35-47쪽 참조.

23 Don Baker, "Privatization of Buddhism in the Chosŏn Dynasty", Sungkyun Journal of East Asian Studies, vol. 14(2), 2014, pp. 153-169. 국내 학계에서는 억불(抑佛), 척불(斥佛), 배불(排佛) 등의 개념이 연구자의 판단에 따라 각각 사용되는데, 이 책은 가장 일반적 용어인 '억불'을 사용한다.

함으로써 존립을 유지했던 시대로서 전기에 비해 훨씬 활성화된 모습을 보인다. 현존하는 사찰의 대부분이 조선 후기에 중창·중수되었고, 불서의 간행이 빈번히 이루어졌으며, 오늘날까지 이어지는 수행체계와 법통의 정립, 강학의 성행과 교학의 전수, 사원 경제의 기반 확대와 상속, 염불 정토신앙의 성행 등 쇠퇴나 멸절로 볼 수 없는 활발한 양상이 드러나고 있기 때문이다. 따라서 김용태는 '조선불교 쇠퇴론' 대신 불교의 '시대성의 추구'라는 관점에서 조선후기 불교사를 재검토할 것을 주장한다.[24]

결론적으로 조선시대 불교는 정치적, 경제적 측면에서는 기존의 영향력을 상실한 것으로 보이지만 종교로서의 기능은 잃지 않았던 것으로 보인다. 오히려 고난 속에서도 자생력을 길러 고려시대와는 다른 면모를 갖추면서 조선사회의 한 구성원으로서 여전히 존재감을 지니고 있었다고 볼 수 있다. 조선시대 왕실을 통해 시행된 다양한 불교 의례들과 조선시대에 간행된 수많은 불교의례집, 조선 후기에도 계속된 사찰의 중창과 중수, 왕후와 후궁들에 의해 지속된 불교의 주요 후원 활동 등이 그 증거가 될 수 있다.[25] 조선시대 성리학 중심의 배타적인 유학적 세계관에서 주변화되었던 불교는 역설적이게도 왕실의 안녕과 내세 및 천재지변 문제를 담당하는 기능을 수행하면서 오히려 그 존재감을 부각시켰고, 서민들 특히 여성들의 삶 속에 뿌리내림으로써 대중성과 자생성도 갖추게 되었던 것이다.[26]

---

24 김용태, 『조선후기 불교사 연구: 임제법통과 교학전통』, 신구문화사, 2010, 29쪽.
25 박병선, 「조선후기 원당의 정치적 기반 - 관인 및 왕실의 불교인식을 중심으로」, 『민족문화논총』 25, 2002; 남희숙, 「16-18세기 불교의식집의 간행과 불교대중화」, 『한국문화』 34, 2004; 탁효정, 「조선시대 왕실원당 연구」, 한국학중앙연구원 한국학대학원 박사학위논문, 2011 참조.
26 이순구, 「조선초기 여성의 신앙생활」, 『역사학보』 150, 1996 참조.

이처럼 조선시대 불교는 안으로는 왕실과 밀접한 관계를 유지하는 한편, 밖으로는 서민들의 삶 속에 스며들어 민간불교화되기도 했다. 이능화는 『조선무속고(朝鮮巫俗考)』(1927)에서 '당시 신사(神事) 풍속에서 어느 것이 도가(道家)의 설이며 어느 것이 불가(佛家)의 설이며 어느 것이 무가(巫家)의 설인지 구별하기 어렵게 되어 있다.'고 소개하였다.[27] 그만큼 불교가 무속을 포함한 민간신앙과 혼합되어 불교의 정체성이 모호해진 상태였음을 알려준다. 구한말 불교가 이른바 '무당적(巫堂的) 불교'라는 말로 통용되기도 했다는 사실[28]로 보면, 불교와 민간신앙 사이에 상호 교류가 활발했음을 추정할 수 있다.

그러나 한편, 조선시대 불교신앙을 여성과 일반 서민을 대상으로 한 기복신앙으로만 이해할 수 없다는 의견도 있다. 조선시대의 왕실불교는 국왕의 묵인하에 전통을 이어갈 수 있었고, 사대부나 유생 가운데도 불교에 관심을 갖거나 신앙하는 이들이 없지 않았기 때문이다.[29] 또한 불교 교단 자체의 자생을 위한 각고의 노력이 조선후기에도 지속되고 있었음을 간과해선 안 된다는 것이다.[30]

---

27 서영대, 「이능화의 『조선무속고』에 대하여」, 이종은 외, 『이능화 연구-한국종교사학을 중심으로』, 집문당, 1994, 33쪽.
28 유병덕, 『일제시대의 불교』, 불교사학회 편, 『근대한국불교사론』, 민족사, 1988, 142쪽.
29 김용태, 『조선후기 불교사 연구』, 앞의 책, 91쪽.
30 김순석, 「조선후기 불교계의 동향」, 『국사관논총』 99, 2002; 오경후, 「조선후기 불교계의 변화상」, 『경주사학』 22, 2003; 한상길, 『조선후기 불교와 사찰계』, 경인문화사, 2006 참조. 조선후기 불교계는 임진왜란과 병자호란을 거치면서 조정의 호의적 태도와 불교의 자구(自求)적 노력이 기초가 되어 변화와 발전을 모색한다. 의승군(義僧軍)의 활약, 승역(僧役)과 승계(僧契)와 같은 사원경제, 법통설, 선(禪) 논쟁 등이 조선후기 불교를 구성한다.

참고로 조선후기 사찰의 전체 수와 지역별 분포를 보면 조선전기에 비해 급격한 증감이 없다. 조선시대에 사찰을 새로 창건하는 것은 법으로 금지되었지만, 중창·중수의 사례는 많으며 또 암자와 같은 소규모 사우(寺宇)의 건립은 계속되었다. 정조대에 만들어진 『범우고(梵宇攷)』에는 모두 1,760여 개의 사찰 명칭이 확인되는데, 그것은 1531년의 『신증동국여지승람(新增東國輿地勝覽)』에 기록된 1,658개의 사찰 수와 큰 차이를 보이지 않는다.[31] 이러한 사실은 조선의 '숭유억불'정책의 실상에 대한 보다 면밀한 검토를 요청하게 된다.

물론, 조선시대 불교는 신라와 고려시대 만큼의 높은 지위와 역할을 담당할 수 없었기 때문에 조선후기로 갈수록 불교의 물적·인적 자원이 상당히 열악해진 것은 사실이다. 그리고 정신적 가치의 차원에서도 조선의 유교화에 따라 불교의 입지가 줄어든 것도 분명하다.[32] 하지만 승도와 사찰은 물론 대중 속에서의 영향력은 끝내 사라지지 않았고, 바로 이러한 조건 속에서 불교는 근대라는 새로운 시대를 맞게 된 것이다. 조선시대 불교가 단지 쇠락했다고 볼 수만은 없는 또 하나의 이유는 조선 후기 불교가 사실상 근·현대불교를 있게 한 실질적 토대이자 한국 불교가 근대 불교로 거듭날 수 있게 한 동인(動因)을 제공했기 때문이다.[33] 조선 후기의 불교 교단이 질서있는 규범 집단으로서 청정 수행의 전통을 지켜오고 있었다는

---

31 김용태, 『조선후기 불교사 연구』, 86쪽.
32 최병헌, 〈머리말〉, 최병헌 외, 『한국불교사연구입문(상)』, 지식산업사, 2013, 6쪽; 최병헌, 「근대 한국불교사학의 전통과 불교사 인식」, 최병헌 외, 『한국불교사연구입문(상)』, 지식산업사, 2013, 20쪽.
33 한상길, 「개화사상의 형성과 근대불교」, 동국대학교 불교문화연구원 엮음, 『동아시아 불교, 근대와의 만남』, 동국대출판부, 2008, 13-14쪽 참조.

사실은 다카하시의 다음과 같은 회고에서 확인된다.

> 다이쇼 1년(1912) 여름에 명을 받아 강원도 강릉 오대산 사고(史庫)를 조사하였다. … 사고는 오대산 월정사 감수(監守)의 소속이고 본당에서 약 20리 떨어진 산속인 영감암(靈鑑庵) 경내에 있었다. … 월정사에 와서 그들의 성실한 생활에 접하기에 이르러 비로소 그들 사이에 일정한 행(行)이 있고 계(戒)가 있고 또한 해(解)가 있음을 알 수 있었다. 월정사는 조선불교 30본산 중 하나이며 상주하는 승려는 60 내지 80명, 사무승(事務僧)이 있고 학승(學僧)이 있으며, 선승(禪僧)이 있고 염불승(念佛僧)이 있다. 학승은 새벽에 강당에 나가 강사에게 선교(禪敎)의 경론을 배우고 자신의 방에 돌아가 또다시 복습하고 오후에 다시 강당에 나가서 업(業)을 받고 또 더 배우기를 청한다. 선승은 오대산 속으로 30리쯤 들어간 상원사에서 선을 배우는데, 이곳은 여러 봉우리에 둘러싸여 속세의 기운이 완전히 끊어진 곳이다. 아침 3시부터 밤 9시까지 식사 시의 휴게 시간 외에는 승당의 방석을 떠나지 않는다. 염불승은 본사 경내에 있는 만일회 도량에서 단좌하여 징을 두드리며 고성으로 염불을 한다. 적어도 하루에 1만 번을 불러야 한다. 이처럼 그들 사이에 명승(名僧)이나 지식은 없어도 일종의 탈속한 분위기가 역내에 충만하여, 사람으로 하여금 스스로 정경(靜境)에 있는 느낌을 일으켜 결코 경성 부근의 사찰과 같이 논힐 수 없었다.[34]

다카하시는 월정사의 진면목을 보면서 "여러 가지 의식작법(儀式作法)이

---

34 다카하시 도루, 앞의 책, 26-27쪽.

정돈되어서 실제 종교 신앙을 가지고 있는 사람의 집단화된 사찰이라는 기분"을 느낄 수 있었다.[35] 그래서 조선불교에 대한 기존 관념에 일대 변화를 일으키게 되면서 조선불교의 부흥에 대해 기대감을 갖게 되었다. 그는 "조선불교는 이조의 척불(斥佛) 방침으로 사회적으로 종교로서 기능을 박탈당하고 산속에 유폐되어 형기(形氣)는 완전히 죽은 것 같지만, 이러한 심산의 거찰(巨刹)에 오면 아직 얼마간 그 정신을 간직한다. 만약 재건의 시기가 도래하여 그 형기를 잘 길러낼 수 있게 되면, 다시 되살아나 활동하지 않는다고 말할 수 없다. 조선불교 또한 단순히 과거의 종교로 간주할 수 없다"고 토로하기도 했다.[36]

3. '교(敎)'와 '삼교(三敎)', '이단(異端)'과 '사교(邪敎)'로서의 불교

이제 이 책의 주제인 '종교' 개념과 불교의 관련성이라는 문제를 직접 살펴보고자 한다. 이는 궁극적으로 전근대 불교가 근대에 '종교'가 되었다는 것이 무엇을 의미하는지 이해하기 위해서이다. 그러기 위해 여기에서는 한국에 전래된 이후 불교가 어떤 용어로 표현되었는지, 그리고 특히 조선시대에 불교는 어떤 개념으로 인식되고 범주화되었는지 살펴보고자 한다. 자료로는 국사편찬위원회의 〈한국사데이터베이스〉[37]를 이용하였고,

---

35 고교형, 「승병과 이조불교의 성쇠」, 『불교』 4, 불교사, 1924, 9쪽.
36 다카하시 도루, 앞의 책, 28-29쪽.
37 〈한국사데이터베이스〉에는 모두 117종, 1,100만 여건, 16억 5천만 여자의 자료(2024년 1월 기준, 『조선왕조실록』·승정원일기 포함)가 구축되어 있다. 사이트 주소는 https://db.history.go.kr/

주로 4가지 역사서 즉 『삼국사기』, 『삼국유사』, 『고려사』, 『조선왕조실록』을 중심으로 살펴보았다.[38]

1) '교(敎)'로서의 불교

'교(敎)'는 일반적 용어로 다른 단어와 결합하면 무수한 조합이 가능하므로 모든 경우를 다 찾아본다는 것은 의미가 없다. 따라서 '불교'를 '교'로만 기재한 경우를 살펴본 결과, 『삼국유사』에서 1건의 기사가 발견되었다.

> 순도 다음에 또 법심(法深), 의연(義淵), 담엄(曇嚴) 무리가 서로 계속 '교(敎)'를 일으켰다. 그러나 고전(古傳)에는 기록이 없으므로 지금 여기서는 함부로 순서에 넣어 편찬하지 않는다.[39]

그런데 이 기사가 속한 항목은 『삼국유사』의 〈제3 흥법(興法)〉 편이다. 따라서 불교를 '교(敎)'와 '법(法)'으로 혼용하고 있음을 알 수 있다.

한편, 불교를 '대교(大敎)'로 표현한 경우가 『삼국유사』의 3건의 기사에서 총 4회 발견된다.

---

38 자료의 범위를 그 이상 넓히기에는 너무 방대하기에 이번 연구는 주로 이 4종을 중심으로 살펴보았고, 더 폭넓은 연구는 훗날을 기약하기로 한다. 그러나 이 4종의 자료가 한국사연구에 가장 기본이라는 사실에는 모두 동의할 것이다.
39 『삼국유사』, 흥법(興法) 제3, 〈순도조려〉. 順道肇麗道公之次亦有法深・義淵・曇嚴之流相繼而興敎. 然古傳無文, 今亦不敢編次. (밑줄은 필자. 이하 동일함)

아도는 고구려 사람이다. … 열아홉 살 때 돌아와 어머니를 뵈오니 어머니는 다음과 같이 일러주었다. "이 나라는 아직까지 불법(佛法)을 모르지만, 이후 3천여 월이 지나면 계림(鷄林)에 성왕(聖王)이 출현하여 불교(佛教)를 크게 일으킬 것이다. 그 서울에는 일곱 곳의 절터가 있다. … 네가 그곳으로 가서 대교(大教)를 전파·선양하면 석존의 제사가 동방으로 향해올 것이다.⁴⁰

위 기사에서 '대교' 뿐만 아니라 '불법', '불교'가 함께 사용되고 있음이 주목된다. 그 밖에도 〈원종흥법 염촉멸신(原宗興法 厭髑滅身)〉 조(條)에서 '대교'가 2회 언급된다.

"법흥대왕(法興大王) 즉위 14년에 소신(小臣) 이차돈(異次頓)이 불법을 위하여 제 몸을 없앴다"고 하였으니, … 대교(大教)의 흥하고 쇠하는 것은 반드시 원근(遠近)이 동시에 서로 감응한다는 것을 여기서 믿을 수 있다.⁴¹

사인이 말하기를 … 소신이 저녁에 죽어 아침에 대교(大教)가 행해진다면, 불일(佛日)이 다시 중천에 오르고 성주(聖主)께서는 길이 편안하실 것입니다"고 하였다.⁴²

---

40 『삼국유사』, 권제3 홍법 제3, 〈아도기라〉. 我道髙麗人也. … 年十九又歸寧於母, 母謂曰. "此國于今不知佛法爾後三千餘月雞林有聖王出大興佛教. 其京都內有七處伽藍之墟. … 爾歸彼而播揚大教, 當東饗於釋祀矣."
41 『삼국유사』, 권제3 홍법 제3, 〈원종흥법 염촉멸신〉. "法興大王即位十四年, 小臣異次頓爲法滅身." … 則大教興衰必遠近相感一時於此可信.
42 위의 글. 舍人曰 … "一切難捨不過身命. 然小臣夕死大教朝行, 佛日再中聖主長安."

그다음, 대각국사 의천(義天)이 천태종의 교관을 가져왔다는 기사에서 또한 불교를 '대교'로 언급한다.

> 우세승통(祐世僧統) 의천(義天)이 송나라에 들어가서 천태종(天台)의 교관(敎觀)을 많이 가지고 왔으며 … 대교(大敎)의 동방전래는 (그 전도가) 양양했으니 경사로운 일이다.[43]

일연은 이처럼 불교를 '대교'로 표현했다. 『삼국사기』에서는 '대교'라는 표현이 아예 등장하지 않는 것과 대조된다.

2) '불교(佛敎)', '불법(佛法)', '불도(佛道)'

'불교'는 『삼국사기』의 1건의 기사에서 2회, 『삼국유사』에서 7건, 『고려사』에서 9건의 기사에서 용례가 발견된다. 대표적 예로서 『삼국사기』의 '법흥왕'조 이차돈에 관한 기사를 살펴보면 다음과 같다.

> 15년(528)에 불법(佛法)이 비로소 유행하였다. … 이때에 이르러 왕[법흥왕] 역시 불교(佛敎)를 일으키고자 하였으나, … 왕이 말하기를, "본래 도(道)를 일으키고자 하는 것인데, 죄 없는 사람을 죽이는 것은 옳지 않다."라고 하였다. (이차돈이) 대답하여 말하기를, "만약 도(道)가 행해질 수 있다면, 신은

---

43 『삼국유사』 권제3 탑상 제4〈전후소장사리〉. 大安二年本朝宣宗代, 祐世僧統義天入宋多將天台敎觀而来, 此外方冊所不載高僧信士往来所賫, 不可詳記. 大敎東漸洋洋乎慶矣哉.

비록 죽어도 여한이 없습니다."라고 하였다. … 이차돈이 죽음에 임하여 말하기를, "나는 법(法)을 위하여 형장(刑場)에 나아가니, 부처님[佛]께서 만약 신통력이 있으시다면 내가 죽은 뒤에 반드시 이상한 일이 일어날 것이다."라고 하였다.[44]

위의 기사에는 주목할 부분이 많다. 불교를 가리키는 용어로 '불교', '불법', '도', '법'이 다 사용되고 있다. 그 안에 어떤 뉘앙스의 차이가 있을 수는 있으나 크게 보면 이들 모두 오늘날 '불교'로 번역할 수 있는 용어들이다. 이러한 용례는 『삼국유사』나 그 외 『고려사』, 『조선왕조실록』에 이르기까지 거의 유사하게 나타난다고 할 수 있다.

그밖에 불교를 가리키는 용어로서 이상의 4종 역사서에 등장하는 용례를 찾아보면 다음과 같다. '불도(佛道)', '불가(佛家)', '공문(空門)', '세외교(世外敎)', '종문(宗門)', 그밖에 '부도지교(浮屠之敎)', '석씨지교(釋氏之敎)', '석교(釋敎)', '석도(釋道)', '종문(宗門)' 등 다양하다. 아주 드문 경우지만 불교가 '서교(西敎)'로 표기되는 경우(『중종실록』 9권, 1509년 기사)[45]도 있다. 이 가운데 '세외교'의 경우는 7세기(무열왕~신문왕) 통일신라에서 활동한 신라의 유학자이자 문장가인 강수(强首, 634?-692?)에 관한 기사에 나타난다. 그 내용은 다음과 같다.

---

44 『삼국사기』 권제4 신라본기 제4 법흥왕 15년(음력 528년). 十五年, 肇行佛法 … 至是, 王亦欲興佛敎, … 王曰, "本欲興道而殺不古辜非也." 答曰, "若道之得行, 臣雖死無憾." … 異次頓臨死日, "我爲法就刑, 佛若有神, 吾死必有異事."
45 『중종실록』 9권, 중종 4년 8월 23일 5번째 기사(1509년). 世祖惠莊大王, 始崇西敎, 中外承風.

아버지가 그의 의지를 살펴보고자 묻기를, "너는 불도[佛]를 배우겠느냐? 유도[儒]를 배우겠느냐? (爾學佛乎, 學儒乎)"라고 하였다. (그가) 대답하길, "제가 듣기로 불교[佛]는 세상 밖의 가르침(世外敎)이라고 합니다. 저는 세간의 사람인데 불도[佛]를 배워서 무엇을 하겠습니까? 저는 유자의 도(儒者之道)를 배우고자 합니다."라고 하였다. 아버지가 말하길, "너 좋을 대로 하라"라고 하였다.[46]

이 글에서 강수는 불교와 유교 가운데 유교를 선택하여 관료의 길로 들어서려 하고 있음을 알 수 있다. 그리고 이 당시 불교와 유교의 길이 다르며, 불교는 '세외교'로서 출세간의 영역을 담당한다는 인식이 널리 유통되고 있었음을 발견할 수 있다.

이와 같이 4종의 역사서에서 불교를 나타내는 다양한 용례의 건수를 도표로 표시하면 대략 다음과 같다. (《표 1》 참조. 용례 횟수는 정확한 단어가 원문에서 검색되는 기사 건수를 기준으로 삼았고, 부정확한 수치는 ±를 달아 표시하였다.)

---

46 『삼국사기』 열전 제6 강수(强首), 〈강수가 유학을 선택하다〉. 父欲觀其志問曰, "爾學佛乎, 學儒乎." 對曰, "愚聞之, 佛世外教也, 愚人間人, 安用學佛爲. 願學儒者之道." 父曰, "從爾所好."

〈표 1〉 '불교' 개념의 용례 (※〈한국사데이터베이스〉 참조)

개념	삼국사기	삼국유사	고려사	조선왕조실록	참고
불교(佛敎)	1	7	9	149±	
불법(佛法)	5	16	20±	127±	
불도(佛道)	0	0	1	96±	
불가(佛家)	0	0	2	52±	
불문(佛門)	0	0	0	0	
불술(佛術)	0	0	0	0	
공문(空門)	0	0	1	12±	
浮屠之敎	0	0	1	2	
浮屠之法	1	1	1	6	
浮屠之說	1	0	1	4	
浮屠之術	0	0	0	0	[기타]『東史約(上)』에 1건.
釋氏之敎	0	0	0	17	
釋氏之道	0	0	2	7	
佛氏之敎	0	0	3	39	
佛氏之道	0	0	1	33	
석교(釋敎)	0	1	9	83±	
석도(釋道)	0	0	0	11	[기타] 유석도(儒釋道) 용례 1회, 불교와 도교 합성어인 '석도' 1회.
석문(釋門)	0	0	0	0	[기타] 고려시대 금석문 자료 등에는 다수 있음.
종문(宗門)	0	0	2	27	[기타]『조선왕조실록』에 '야소종문(耶蘇宗門)' 5회, '종문=야소종문' 1회.
세외교(世外敎)	1	0	0	0	※ 강수(强首)의 기사 1건.

이상의 내용을 통해 확인할 수 있는 것들을 정리하면 다음과 같다.

첫째, 『삼국사기』와 『삼국유사』의 경우, 불교는 '불(佛)' 만으로 표기되거나 '불교'와 '불법'으로 표현되고 있다. 그러나 '불도'와 '불가', 그리고 '불문'과 같은 용어는 『삼국사기』와 『삼국유사』에 등장하고 있지 않다. 그대신 '교'와 '법', '도'가 혼용되고 있음을 알 수 있다. 그리고 『삼국사기』와 『삼국유사』의 경우, '불교'보다 '불법'이라는 표현이 더 많이 나타나고 있다. '불도'와 '불가'라는 표현은 『고려사』부터 등장하지만, '불문(佛門)'은 4종의 역사서에 전혀 나타나지 않는다.

둘째, 불교를 지칭하는 용어가 역사적으로 하나로 통일되어 정리되지 않고 혼재해 왔으며, 그 현상은 조선시대까지도 이어졌다. 『고려사』를 거쳐 『조선왕조실록』에 와서도 불교를 표현하는 다양한 용어들이 공존하고 있다. 특히 조선시대에는 '석교(釋敎)'라는 말이 많이 사용되고 있으며, '석도(釋道)'도 역시 드물지 않게 사용되고 있다.

셋째, '종문(宗門)'이 『고려사』에서부터 불교의 종파나 조직과 관련하여 사용되고 있는데, 이 용어는 유교나 도교 등 다른 종교들에는 적용되지 않는다. 다만 인조(1646년)·현종(1667년) 사이에 유일하게 기독교에 대해 '야소종문(耶蘇宗門)'이라는 용어가 출현한다. 이처럼 '종문'이 불교와 기독교에만 적용되는 것은 일본의 경우에도 마찬가지여서, 이에 대해 추후 비교

검토를 요한다.⁴⁷

넷째, 불교를 '종교'로 표시하거나 '종교'라는 개념과 관련시키는 경우가 한 번도 없다. 그리고 여러 종교들의 총칭으로서 '종교'라는 표현이 한 번도 등장하지 않는다. 이는 당연히 아직 근대적 의미의 '종교' 개념이 전래되기 이전이기 때문이다. 여러 종교들의 총칭으로서 '종교'가 등장하는 것은 조선시대 말 『고종실록』에서부터이다.⁴⁸ 그전까지는 '교'와 '법', '도' 등이 불교 및 여러 종교들을 가리키기 위해 번갈아 사용되고 있었음을 알 수 있다.

다섯째, 앞의 4종의 역사서에서 '무(巫)'와 '무격(巫覡)'은 많이 등장하지만, '무속(巫俗)'과 '무교(巫敎)', '무도(巫道)', '무법(巫法)'이란 말은 한번도 나오고 있지 않다. 오늘날 '무속' 또는 '무교'라고 부르는 종교 현상에 전근대 사회는 왜 '교'나 '도', 그리고 '법'이라는 접미사를 붙여주지 않았던 것일까? 불교에 '교', '도', '법'이 자유롭게 사용된 것과 비교하면 그 차이가 매우 크다는 것을 알 수 있다. 따라서 불교는 정책에 의해 억압받았다고 여겨지는 조선시대에도 '교'와 '도', 그리고 '법'의 지위를 인정받고 있었음을 간접적으로 추정해볼 수 있다. 따라서 앞으로 '교'와 '도', '법' 등의 의미에 대해 좀 더 깊이있게 탐구해볼 필요가 있다.

---

47 林淳,「宗門から宗敎へ-'宗敎と倫理'の前史」,『宗敎とあなにか』, 東京: 岩波書店, 2003, 169-174쪽 . 하야시 마코토에 따르면 일본의 중세불교에서는 몇 개의 종파가 병립한 상황을 전제로 '종(宗)'이라는 언어를 사용하였다. '종'이나 '종문(宗門)'은 불교 특유의 어휘였고, 신도(神道)에는 적용되지 않았다. 다만 가톨릭의 전래 후 기독교에 적용되어, '종문'은 한 때 불교와 기독교에 한정되어 사용되는 행정용어가 되었다.
48 1895-1912년 사이의 『고종실록』과 『순종실록』에서 '종교'라는 용어가 처음 등장한다.

3) 동아시아 전통에서 '교(敎)'와 '도(道)', 그리고 '삼교'

인도 기원의 불교는 서기 1세기경 중국에 전래되어 중국 토착 전통인 유교·도교와 밀접한 교섭을 시작하게 된다. 이들은 그 후에 '삼교(三敎)'로 불리어지면서 상호간의 관계를 확대해 나갔다. 그들은 형이하학적으로나 형이상학적으로나 종횡무진 서로 영향을 미치고 교류하면서 오늘날의 모습을 형성해왔다.[49] 한국불교사에서 삼교의 관계에 대한 '진지한 논의'는 여말선초에 활동하였던 기화(己和, 1376-1433)의 『현정론(顯正論)』과 저자 미상의 『유석질의론(儒釋質疑論)』에서 처음 찾아볼 수 있다. 이러한 저술이 등장하게 된 것은 여말선초 성리학의 도입과 배불론의 격화라는 시대적 상황과 맞물려 있었다.[50]

말하자면 조선시대 불교는 성리학의 '벽이단(闢異端)'의 공세 속에서 '이단(異端)'과 '사교(邪敎)'의 지위로 떨어질 위험 속에 놓이게 되자 '삼교일치'의 프레임으로 방어해야 했던 것이다. 조선시대에 등장한 대표적 호불론(護佛論)으로는 기화의 『현정론』, 휴정(休靜)의 『삼가귀감(三家龜鑑)』, 백곡 처능의 『간폐석교소(諫廢釋敎疏)』를 들 수 있는데, 이들은 모두 삼교조화론 또는 삼교일치론의 논지를 펼치고 있다.

여기서 주목하고자 하는 것은 불교가 삼국시대부터 '삼교'의 하나로 존재해왔다는 사실이다. 다시 말해, 앞에서도 언급했듯이 '무(巫)'니 '음사(淫祀)'와는 격이 다른 것으로 간주되어 왔다는 것이다. '교(敎)'는 아무 전통에

---

49 구보타 료온(久保田量遠), 앞의 책, 3쪽.
50 박해당, 「『현정론』과 『유석질의론』의 삼교론」, 『불교학연구』 10, 2005, 171-172쪽.

게나 허용될 수 있는 용어가 아니었다. 불교는 한국에 전래 후 '교(敎)' 즉 '높은 가르침'으로 인식되었을 뿐만 아니라 '삼교'의 하나로 다루어졌다. 이 '삼교' 체계는 이미 중국에서부터 형성되어 온 동아시아의 독특한 문화 현상이다. 따라서 '삼교'를 이해하기 위해서는 먼저 '교(敎)'라는 독특한 개념부터 이해해야 한다.

와타나베 히로시(渡辺浩)는 전통적인 동아시아의 지식 체계에서 '교'란 무엇인가를 설명하면서, 아마도 유교적 교양을 갖춘 사람이라면 누구나 다음과 같은 『중용(中庸)』의 첫 구절을 떠올리게 될 것이라고 강조한다.

> 천명을 성(性)이라 부르고, 성을 따르는 것을 도(道)라고 말하며, 도를 닦는 것을 교(敎)라고 말한다. (天命之謂性, 率性之謂道, 修道之謂敎)

송나라 주희(朱熹, 1130-1200)의 주석서 『중용장구(中庸章句)』에 의하면 위의 글은 다음과 같은 의미를 지닌다.

> 모든 것을 만들어 내는 '천(天, 대자연)'이 사람에게도 사람다운 본성을 부여한다. … '천'이 명한 사람다움에 충실하게 따라서 살아가는 것이 사람의 '도'이다. … 고대의 성인인 천자는 항상 이 '도'에 따라서 행동할 수 있도록 각자의 입장과 경우에 적합한 구체적인 행위의 형식('예')을 정하고 지도하고 통치했다. 사람을 만인 공통의 '도'에 따르게 하기 위해서 그것을 구체화해 이끄는 일과 그 구조가 '교'이다.[51]

---

51 와타나베 히로시, 『동아시아의 왕권과 사상』, 이새봄 옮김, 고려대학교 출판문화원,

와타나베에 따르면 이 '교'는 단순히 '교의(敎義, 즉 교리)'를 의미하는 것이 아니다. '교'는 '교육', '교훈', '대교(大敎)', '교화'의 '교'이며, 여기에 의식(儀式)도 포함된다. 이것을 실행하는 일은 본래 통치자의 의무였고, 이것이 유학적 교양에서 말하는 '교'에 대한 이해이다. 여기에는 서양의 '종교'에서와 같이 '속(俗)'에 대한 '성(聖)'스러움이라는 함의는 없다. '교'란 '천리인도(天理人道)'에 대한 다양한 유도(수단)이자, 지도(방법)이다. 사람들의 행동을 '선(善)'으로 이끄는 것이 '교'라는 것이다.[52]

한편, 일찍이 '교'의 문제에 대해 연구한 조성환은 "철학이 유럽문화의 소산으로 서양 특유의 '지(知)의 양식'이라면 중국 고유의 '지(知)의 양식'은 교(敎)"라고 말한다. 그리고 중국사상의 중심이 '유불도 삼교'라고 한다면, '교'라는 관념이 중국사상의 특징을 해명해 주는 열쇠라고 평가한다. 그에 따르면 중국에서 '교'란 처음부터 쉽게 얻어지는 지위가 아니었다. 그 기원은 6세기경 도교와 불교 사이에 벌어진 논쟁으로 거슬러 올라간다. 이때 불교측은 도교에 대해 "교주와 경전이 없기 때문에 교가 아니"라고 비판했다. 이와 관련하여 고바야시 마사요시(小林正美)는 중국에서는 '교주'와 '경전'의 유무가 그 사상이 '교'인지 아닌지를 판명하는 기준이었다고 설명했다. 그리고 중국에서 '불교(佛敎)'라는 말이 본격적으로 보이기 시작한 것은 350년경 동진(東晉) 중엽부터였으며, 그것은 바로 이 무렵부터 중국인이 불교를 '교'로 인식했다는 것을 의미한다고 해석했다.[53]

그런데 조성환에 따르면 중국 사상사에서 '교'의 사상 형태의 골격을 만

2023, 288-289쪽.
52 위의 책, 289쪽.
53 조성환, 「중국적 사상형태로서의 교(敎)」, 『철학사상』 11·12집, 2007, 72-73쪽.

든 사람은 순자(荀子, 기원전 298?-238?)이다. 순자는 '교'와 짝이 되는 개념을 '학(學)'으로 설정하고, '학'을 중시하는 태도를 더욱 강조해 나갔다. 순자에게 있어서 '학'의 궁극적 내용은 '예(禮)'이고, 최종적 목표는 '성인(聖人)'이었다. 이때 '교'는 '정교(政敎)', '법교(法敎, 즉 유교)' 등의 용례에 나타나듯이 주로 정치적이고 도덕적인 의미를 가진 것이었다. '교'는 '교화'의 의미를 강하게 지닌 것으로, 교화의 주체는 성인이고 교의 목적은 백성의 '화(化, 변화)'이다. 여기서 '예(禮)'와 '학(學)'이 군자가 백성을 교화하기 위한 가장 근본적 수단으로 간주된다. 정리하면, '교'란 "성인의 가르침에 의한 백성들의 도덕적 교화"이고, 그것은 '예학(禮學)', 또는 '예교(禮敎)'라고도 할 수 있다.[54]

조성환은 『순자』에 보이는 이와 같은 '교학(敎學)' 사상이 한대(漢代)에 '유교 국교화'로 이어지게 되었고, 중국 사상사는 바로 이와 같은 '교의 사상형태'를 축으로 전개되었다고 설명한다. 유교 국교화의 특징은 『시경(詩經)』과 『서경(書經)』 중심의 유가의 사상서가 백성을 교화하는 공식적 '경전'으로 자리 잡게 되었다는 것이며, 이 때 비로소 유가(家)'의 사상이 유교(敎)'의 지위를 얻게 되었다고 한다.[55]

그런데 이것이 끝이 아니었다. 중국에 '불교의 수용'이라는 커다란 사건이 발생한 것이다. 중국인들은 처음에 인도불교를 중국의 '교'로 인식하지

---

54 위의 글, 77-78쪽; 쑨장, 「'종교'(religion)의 재구성: 1893년 시카고 세계종교회의에서의 '중국 종교'」, 이경구·박노자 외, 『개념의 번역과 창조』, 돌베개, 2012, 284쪽 참조. 1893년 시카고 세계종교회의에서 팽광예(彭光譽)는 중국어의 '교(敎)'는 동사로 '가르치다'를, 명사로는 '가르침'을 뜻하므로 유럽의 religion의 의미와 다르다고 주장했다. 순자의 '교'의 관점과 일맥상통한다고 볼 수 있다.
55 조성환, 앞의 글, 79쪽.

않았다. 불교가 처음 들어왔을 때 그들은 붓다를 전설적인 황제(黃帝)나 노자와 같은 신선으로 인식하였다. 그런 의미에서 이 시기의 불교는 '불교'라기 보다는 '불도(佛道)'라고 할 수 있는 상태였다. 그런데 위진(魏晉) 남북조 시대 동진(東晉)의 승려 지도림(支道林, 314-366)이 불교를 '성교(聖敎, 성인의 가르침)'라 평가하고, 붓다를 중국적 성인으로, 그리고 붓다의 사상을 중국적인 '교'로 서술하였다. 이와 더불어 이 시기에 '불교'라는 개념이 본격적으로 사용되기 시작하였고, 또 혜원(慧遠, 334-416)을 중심으로 한 '사문불경왕자논쟁(沙門不敬王者論爭)'도 일어나게 된다. 이 논쟁은 불교가 유교라는 예교의 이념에 배치되는지 여부를 검증하기 위한 것으로, 유교 이외의 새로운 '교'를 인정하기 위해 치러야 할 통과의례였다. 이 때 불교측은 '내교(內敎)'와 '외교(外敎)'의 논리를 개발하여, 유교는 '제도권 내의 가르침(내교)'이고 불교는 '제도권 밖의 가르침(외교)'이므로 승려는 군주에게 예를 표하지 않아도 된다고 주장했다. 결과는 대만족이었고, 불도(佛道)는 마침내 유교에 버금가는 '교'로 인정받게 되었다. 이로써 중국사상사는 마침내 일교(一敎) 체제에서 양교(兩敎) 체제로 진입하게 된다. 이후 도교도 이에 자극받아 불교에 맞먹는 도교 경전을 만들고 의례도 정비하여 이윽고 '교'로서의 '도교'가 성립하게 된다. 조성환은 이렇게 한대(기원전 202-기원후 220)에 유교, 동진시기(317-420)에 불교, 그리고 유송시기(劉宋, 420-479)에 도교가 성립되어 수·당 시기에는 삼교합일 논의가 대두하게 되었다고 마무리한다.[56]

이상의 내용에서 주목해야 할 것은 중국에서의 '교'와 서양의 '종교'는 다

---

56 위의 글, 85-87쪽.

르다는 것이다. '교'는 중국만의 독특한 사상형태이고, 서양의 '종교'와는 다른 체계를 가진 범주이다. 조성환은 그것을 다음 몇 가지로 설명한다.

무엇보다도 서양철학의 중심주제가 '변신론(辯神論)'이었다면, 중국의 '교'의 중심주제는 '변성론(變聖論)'이다. 즉 교는 '사람들을 성인으로 교화시키기 위한 모든 철학적, 종교적, 제도적 시스템'을 말한다. 철학사상뿐만 아니라 정치술, 성인론, 수양론, 의례 등을 포괄하는 것이며, 나아가 과거(科擧)나 학교와 같은 제도와도 관련이 있다. 따라서 서양의 '종교'나 '철학' 개념보다 훨씬 포괄적 개념이다.

그다음으로, '교'의 역동성은 중국의 다교(多敎) 전통에서 비롯되었다. 동진시기에 불교를 '교'의 하나로 포용한 결과 '교'의 명칭의 세분화가 이루어졌고, 한대까지 일교(一敎) 전통에 있던 중국인들 사이에서 '교'가 비로소 자각되기 시작했다. 그리고 중국의 '교'는 역사적으로 '유불도'라는 세 가지 사상에만 한정해서 쓰였다. 삼교는 "국가에서 채택한 체제 내의 사상"이기 때문에 결코 '이단'이나 '사교(邪敎)', 또는 비주류나 반체제사상으로 치부할 수 없었다.[57]

4) 한국에서 '삼교(三敎)'로서의 불교

그렇다면 한국의 주요 역사서에서 불교는 '삼교'와 관련하여 어떤 모습으로 나타났는지 살펴보자. 4종의 역사서에 '삼교'의 용어를 통해 검색된 기사 건수를 도표로 나타내면 다음과 같다. (《표 2》 참조)

---

57   위의 글, 69-70, 85-94쪽.

〈표 2〉 '삼교'의 용례 기사 건수

개념	삼국사기	삼국유사	고려사	조선왕조실록	참고
삼교(三敎)	3	2	1	6	기사 원문 기준

먼저, 『삼국사기』와 『삼국유사』에서 삼교는 부정적이지 않고 긍정적 이미지로 그려지는 측면이 있다. 예를 들어 삼교 모두를 학습하고 연마하는 것이 엘리트의 미덕으로 그려진다. 김춘추(金春秋)의 둘째 아들 김인문((金仁問, 629-694)에 대한 기사는 다음과 같다.

> 어려서 학문에 나아가 유가(儒家)의 책을 많이 읽었고, 겸하여 장자(莊子)·노자(老子)·불교의 설(說)도 널리 읽었다[兼涉莊·老·浮屠之說]. 또한 예서(隸書)와 활쏘기·말타기·향악(鄕樂)을 잘 하였는데, 행실과 기예가 원숙하고 식견과 도량이 넓어 당시 사람들이 추앙하였다.[58]

이처럼 김인문이 삼교를 다 갖춘 훌륭한 인재라고 높이 평가하고 있다. 마찬가지로 고구려의 보장왕과 연개소문 관련 기사에서도 삼교를 3개의 '솥발'에 비유하면서, '삼교'가 국정에 도움이 된다는 인식을 보여준다.

> 연개소문이 왕에게 다음과 같이 아뢰었다. "삼교(三敎)는 비유하면 솥의 발과 같아서 하나라도 없어서는 안 됩니다. 지금 유교[儒]와 불교[釋]는 모두

---

58 『三國史記』 권제44 열전 제4, 〈김인문(金仁問)〉. 幼而就學, 多讀儒家之書, 兼涉莊·老·浮屠之說. 又善隸書·射·御·鄕樂, 行藝純熟, 識量宏弘, 時人推許.

홍성한데 도교(道敎)는 아직 흥성하지 않으니 이른바 천하의 도술[道術者]을 갖추었다고 할 수 없습니다. 삼가 청컨대 당에 사신을 보내 도교를 요청하여 국인을 가르치도록 하소서." 대왕이 대단히 옳다고 여기고 (당에) 표를 올려서 사정을 전하며 (도교를) 요청하였다. (당) 태종이 도사(道士) 숙달(叔達) 등 여덟 명을 보내고, 아울러 『노자도덕경』을 하사하였다. 왕이 기뻐하며 불교사원을 가져다 그들을 머물게 하였다.[59]

위의 글은 삼교를 '세 개의 솥 발'로 묘사하는 것이 특징이다. 유불도 세 개를 모두 갖춰야 국가운영에 도움이 되며, 삼교가 역할 분담을 하여 서로 공존하는 것이 이상적이라는 인식을 보여준다.

그러나 문제가 발견되는 것은 이 글의 끝부분이다. 즉 당 태종이 보내온 도사(道師)들을 불교사원에 머물게 했다는 사실이다. 위의 기사와 거의 유사한 내용을 실은 열전(列傳)의 다른 기사를 보면, "당이 도사(道士) 숙달 등 8명을 보내고 겸하여 『도덕경』을 선사하므로, 이에 부도사(浮屠寺)를 빼앗아 도관(館)을 두었다."라는 표현이 나온다.[60] 당나라에서 온 도사들을 위해 승려들이 머물던 사찰을 빼앗아 그들에게 주었다는 것이다. 추정컨대 여기서 불교측과 도교측의 갈등이 시작되고 있음을 알 수 있다.

이와 관련하여 『삼국유사』에는 고구려 승려 '보덕(普德)'이 도교의 전래

---

59 『삼국사기』 권제21 고구려본기 제9 보장왕 2년(643). 蘇文告王曰, "三教譬如鼎足, 闕一不可. 今儒·釋並興, 而道教未盛, 非所謂備天下之道術者也. 伏請, 遣使於唐, 求道教以訓國人." 大王深然之, 奉表陳請. 太宗遣道士叔達等八人, 兼賜老子道德經. 王喜, 取僧寺館之.
60 『삼국사기』 권제49 열전 제9,〈개소문(蓋蘇文)〉.

로 인해 불교가 쇠퇴함을 개탄하고 백제로 떠났는데, 그 후 고구려가 망하게 되었다는 내용이 다음과 같이 실려있다. "고구려의 보장왕이 도교에 혹하여 불법을 믿지 않으므로 스님은 방을 날려 남쪽으로 이 산에까지 왔다. 후에 신인(神人)이 고구려 마령(馬嶺)에 나타나서 사람들에게 '너희 나라가 망할 날이 며칠 남지 않았다'고 고(告)하였다."[61] 이 내용을 기록한 일연은 다음과 같이 시를 지어 논평하였다.

> 찬하여 말한다. 불교는 넓고 넓어 끝없는 바다
> 백 갈래 하천 같은 유교와 도교는 이를 조종(朝宗) 삼는다
> 가소롭다. 고구려왕은 웅덩이(沮洳)만을 봉하고
> 와룡(臥龍)이 바다로 옮길 줄을 몰랐구나[62]

일연은 불교를 넓은 바다에, 그리고 유교와 도교를 가느다란 하천에 비교하고 있다. 삼교 가운데 불교의 우월성을 은연중에 표현하고 있는 것이다. 이것은 '삼교 관계에 대한 이중적 인식'을 드러낸 것이라 할 수 있다. 즉 한편에는 삼교가 인간사회에 모두 필요하다는 인식이 있는가 하면, 다른 한편에는 서로 간의 갈등이나 경쟁이 잠복되어 있음을 발견할 수 있다.

통일신라의 최치원(崔致遠, 857-?)에게서도 신라의 현묘한 도인 '풍류(風流)'와 삼교의 역할 분담 및 공존의 가치를 발견할 수 있다. 최치원은 유학자로 알려져 있지만 삼교를 긍정적으로 평가했던 것은 물론, 승려였던 그

---

61 『삼국유사』 권제3 제3 홍법,〈보장봉로 보덕이암〉. 高麗藏王感於道教不信佛法, 師乃飛房南至此山. 後有神人現於高麗馬嶺告人云, "汝國敗亡無日矣."
62 위의 글. 讚曰. 釋氏汪洋海不窮, 百川儒老盡朝宗. 麗王可笑封沮洳, 不省滄溟徒臥龍.

의 두 형을 따라 만년에 절에서 지내다 사망했다. 『삼국사기』에서 '풍류'에 대한 설명은 다음과 같다.

> 최치원의 「난랑비(鸞郎碑)」 서문(序文)에 "나라에 현묘한 도[玄妙之道]가 있는데, 풍류(風流)라고 이른다. 교화를 행하는 근원[設敎之源]에 대해서는 선사(仙史)에 자세하게 갖추어 있는데, 실로 삼교(三敎)를 포함하여 중생(衆生)들을 접하여 교화하는 것이다. 들어와서는 집안에서 효도하고, 나가면 나라에 충성하라고 하는 것은 노(魯)나라 사구(司寇)의 가르침[旨]이다. 무위(無爲)의 일에 처하고 불언(不言)의 가르침을 행하는 것은 주(周)나라 주사(柱史)의 본뜻[宗]이다. 갖가지 악(惡)을 행하지 말고 갖가지 선(善)을 받들어 행하라고 하는 것은 축건태자(竺乾太子)의 교화[化]이다."라고 하였다.[63]

위의 글에서 '삼교'의 특징에 대한 서술은 매우 긍정적이며, 삼교가 상호 대립적인 것으로 표현되어 있지 않다. 삼교는 조화하고 다투지 않으며 각각의 고유한 장점이 있어서 대등하고, 서로 기능적으로 보완한다는 관점이다. 이는 앞의 연개소문이 언급한 삼교정립론(三敎鼎立論)에 가깝다고 할 수 있다.[64]

---

[63] 『삼국사기』 권제4 신라본기 제4, 진흥왕 37년(576), 〈화랑을 받들다〉. 崔致遠 鸞郎碑 序曰, "國有玄妙之道, 曰風流. 設敎之源, 備詳仙史, 實乃包含三敎, 接化羣生. 且如入則孝於家, 出則忠於國, 魯司寇之旨也. 處無爲之事, 行不言之敎, 周柱史之宗也. 諸惡莫作, 諸善奉行, 竺乾大子之化也."

[64] 구보타 료온은 '삼교정분설(三敎鼎分說)'이라는 표현을 사용하고 있다. 앞의 책, 207, 257쪽; 한편, 심형준은 삼교론을 '일치론', '정립론', '회통론', '배척론'의 4가지로 유형화하고 있다. 심형준, 「종교 개념의 적용과 해석에 대한 연구 - '삼교', 유교, 무속을 중

『고려사』에는 '삼교'가 총 3개 검색되지만[65] 구체적으로 그 내용을 알 수 있는 것은 성종대(981-997) 최승로(崔承老, 927-989)의 〈시무(時務) 28조〉뿐이다. 이 문건은 고려에서 유학자에 의하여 불교가 본격적으로 비판받기 시작하면서 불교의 폐해가 공개적으로 거론된 최초의 기록으로서[66] 역사적 가치가 높다. 이 글은 과다한 불사(佛事)의 비용 등 불교의 폐해를 지적하고 유교적 세계관의 합리성을 그 대안으로 강조하는 것이 특징이다. 그중에서도 핵심은 불교를 수신(修身)과 내세(來世)의 영역으로, 그리고 유교를 이국(理國)과 현세(現世)의 영역으로 나누어 그 역할을 분담시키는 것에 있다. 물론 결론은 불교가 정치에 개입하지 말라는 것이다.

> 불교(佛敎)를 믿는 것은 단지 내세의 인과(因果)만 심을 뿐이고, (현세에서) 보답을 받는 유익은 적으므로, 나라를 다스리는 요체(理國之要)는 여기에 있는 것 같지 않습니다. 또한 삼교(三敎)는 각각 업(業)으로 삼는 것이 있으니, 행하는 자가 그것을 섞어 하나로 묶을 수 없습니다. 불교[釋敎]를 믿는 것은 수신(修身)의 근본이고, 유교(儒敎)를 행하는 것은 나라를 다스리는 근원[理國之源]입니다. 수신은 실로 내세를 위한 바탕[來生之資]이며, 나라를 다스리는 일은 오늘의 급선무[今日之務]입니다. 오늘은 지극히 가깝고 내세는 지극히 먼데, 가까운 것을 버리고 먼 것을 구하는 일은 또한 잘못이 아니겠

심으로」, 서울대학교 대학원 석사학위논문, 2009, 11-12쪽.
65 3개 중 두 개의 기사는 『고려사』 세가 권 제10, 1091년 06월 18일(음) 〈송 황제가 우리가 소장한 서적의 부본을 보내주길 청하다〉; 『고려사』 세가 권 제33, 1298년 03월 26일(음) 〈왕이 최충소 등과 삼교업에 대해 토론하다〉.
66 변동명, 『고려 불교사의 탐색』, 전남대학교출판문화원, 2019, 263쪽; 이봉춘, 앞의 책, 24쪽.

습니까?[67]

여기서 최승로가 '교'로써 불교와 유교를 표기한 것에 주목할 필요가 있다. '불교'는 '석교(釋敎)'로도 표현되고, '삼교', '유교'라는 단어도 분명히 나타나고 있다. 그런데 최승로는 아직 불교의 존재의의 그 자체를 부정하지는 않았던 것으로 보인다. 삼교는 제각기 일삼는 바가 달리 있다(三敎各有所業)고 설명하기 때문이다. 그는 유교와 불교의 고유한 기능을 인정하는 병존적(竝存的) 유불관(儒佛觀)의 소유자라 할 수 있으며, 이러한 최승로의 유교적 합리주의는 불교를 그 근본까지 철저하게 배격하지 못한 한계가 있다고 평가되기도 한다.[68] 이후 최승로보다 철저하게 이론적으로 불교를 공격하는 것은 정도전의『불씨잡변(佛氏雜辨)』이라고 할 수 있다.

이 밖에『조선왕조실록』에는 '삼교' 개념이 나타난 6건의 기사가 있다. 그런데 이들의 특징은 지금까지 앞에서 살펴보았던 '삼교'에 대한 긍정적 또는 유불병존적 인식과는 달리, 대부분 불교에 대한 부정적 인식을 담고 있는 것이다. 그 출처와 내용을 간단하게 요약하면 다음과 같다.

① 연산군일기 51권, 연산 9년(1503) 11월 1일 1번째 기사 : 도교(道敎)는 불교와 다를 것이 없어 군신과 부자의 도가 없으므로 소격서(昭格署)를 폐지하자는 상소문.

---

67 『고려사』열전 권제6 제신,〈최승로〉. 況崇佛敎者, 只種來生因果, 鮮有益於見報, 理國之要, 恐不在此. 且三敎各有所業, 而行之者, 不可混而一之也. 行釋敎者, 修身之本, 行儒敎者, 理國之源. 修身是來生之資, 理國乃今日之務. 今日至近, 來生至遠, 舍近求遠, 不亦謬乎?
68 변동명, 앞의 책, 264쪽.

② 중종실록 27권, 중종 11년(1516) 12월 10일 4번째 기사: 불교와 도교는 무익하니 소격서를 없애자는 상소문.

③ 명종실록 28권, 명종 17년(1562) 9월 9일 1번째 기사: 윤원형이란 사람이 권세를 잃자 좌절에 빠져서, 삼교(三敎)가 일치한다고 주장하는 등 허망한 말을 한다는 기록.

④ 정조실록 47권, 정조 21년(1797) 11월 12일 2번째 기사: 강이천, 김이백, 등이 삼교(三敎)를 품평(品評)하고 양학(洋學)을 언급했다는 기록.

⑤ 정조실록 1권, 정조 대왕 행장(行狀): 폐하(왕)는 지혜와 총명을 타고나셨기에 우주의 광활함, 천년의 광활함, 삼교의 유사점과 차이점[三敎之同異]까지 모든 것을 아신다는 칭송.

⑥ 고종실록 31권, 고종 31년(1894) 2월 15일 4번째 기사: 고부(古阜) 백성들의 소란은 동학당란의 시초이며, '천도교'의 교의(敎義)는 유불도 삼교의 내용을 취하여 꾸민 것이라는 기사.

이상 『조선왕조실록』에 나타난 이 6건의 기사 가운데 유일하게 ⑤번만 '삼교'를 긍정적으로 묘사한다. 나머지는 모두 '삼교'와 그 구성성분인 '불교', '도교'를 부정적으로 평가하고 있다. 그래서 마치 유교를 불교나 도교와 다른 차원의 '교'로 분리시키려는 의도가 숨어있는 것으로 보인다. 이처럼 '삼교'라는 범주는 그 배후 세력의 유무에 따라 그 내용의 함축성은 변화할 수 밖에 없는 가변적인 것임을 알 수 있다. 세력을 가진 측에서는 같은 '삼교'의 구성원이라 할지라도 타교(他敎)를 분리시키려 하며, 힘이 없는 측에서는 '삼교조화'와 '삼교일치'를 주장하면서 타협하려는 움직임을 보이는 것이라 생각할 수 있다.

4) '이단(異端)', '이교(異敎)', '사교(邪敎)', '음사(淫祀)'로서의 불교

고려말에서 조선시대로 오면서 불교는 '이단'이 되었다. 4종의 역사서를 살펴보면, '이단(異端)'이란 용어는 『삼국사기』와 『삼국유사』에는 나오지 않다가 『고려사』에서부터 비로소 등장한다. 그리고 특히 주로 14세기 후반에 불교에 대한 공격적 범주로서 집중적으로 사용되기 시작한다. 그리고 『조선왕조실록』에 오면 불교는 '이단'뿐만 아니라 '이교(異敎)', '음사(淫祀)' 심지어 '사교(邪敎)'로까지 분류된다. (《표3 참조》)

〈표 3〉 '이단'과 '이교' 등 부정적 범주의 용례들과 기사 건수

개념	삼국사기	삼국유사	고려사	조선왕조실록	참고
이단(異端)	0	0	14±	701±	
이교(異敎)	0	0	0	144±	
사교(邪敎)	0	0	0	53±	
음사(淫祀)	0	1[69]	16±	146±	
음사(淫祠)	2[70]	0	0	37±	
미신(迷信)	0	0	0	0[71]	※『사료고종시대사』에 3건(1903-1906)

---

69 『삼국유사』 권제2 제2 기이 가락국기, 〈제사와 관련한 기이한 사건들〉. 음사(淫祀)는 복(福)이 없고 도리어 재앙을 받는다는 말을 전하고 있다.

70 『삼국사기』 권제32 잡지 제1 제사(祭祀), 〈『북사』에 전하는 고구려의 제사 의례〉. 고구려의 하백녀(河伯女)와 주몽에 대한 제사 및 고구려의 제사를 음사라 표현한다.

71 『조선왕조실록』에서 '미신(迷信)' 개념이 포함된 원문 자료는 0건이다. '미신'이 근대에 와서야 사용되기 시작한 어휘임이 증명된다. 반면에 〈동아일보〉의 기사 제목과 표제어에 '미신'이 포함된 건수는 1920~1940년간 (대략) 500여건인 것을 비교하면 큰 변화를 알 수 있다.

〈이단(異端)〉

오늘날 우리에게 익숙한 '이단'이란 용어가 4종의 역사서 가운데 처음 등장한 것은 『고려사』이며, 필자가 조사한 바에 따르면 『고려사』에서 '이단'이란 용어가 등장하는 기사는 총 14건이다. 『고려사』에서 '이단'은 처음에는 주로 보통명사로 사용되었지만, 점차 불교를 지칭하는 것으로 옮겨가게 된다. 『고려사』 세가 권제3(1003년 1월)의 〈교육을 권장하고 유학을 보급하는 교서를 내리다〉에서 처음 '이단'이 등장하지만, 그것이 불교를 지칭한 것은 아니었다. 이것 외에도 '이단'을 이처럼 일반명사로 사용된 경우는 3건 정도 발견된다.

불교와 관련해 '이단'이 처음 언급된 것은 『고려사』 열전 권제21의 〈제신(諸臣) 민종유, 민제〉 기사였다. 여기서 음사를 함께 묶어 '이단'으로 취급하면서, 그 안에 승려와 무당 등을 함께 다루고 있다. 불교에 대해 '이단'이란 표현을 본격적으로 사용한 것은 『고려사』 열전 권제24의 〈제신 김속명〉 기사였다. 불교를 이처럼 '이단'이라 몰아세운 것은 고려말로 갈수록 그 정도가 심해지게 된다. 이런 흐름은 이색, 남은, 정몽주, 정도전, 김자수, 신필원 등 주로 유학자들에 의해 주도되었다. 『고려사』 권119 열전 권제32의 〈정도전이 불교를 비판하다〉라는 기사에서는 정도전에 대해 "그는 늘 후학(後學)들을 가르치고 이단(異端)을 물리치는 것을 자신의 임무로 삼았다."라고 쓰고 있다.

『조선왕조실록』에서 '이단'이라는 용어는 매우 많이 사용되었다. 아주 정확하지는 않지만 4종의 사료에 대한 원문 검색 결과, '이단'은 701건 내외, '이교'는 144건 내외, '사교'는 53건 내외, '음사'는 146건 내외이다. 이를 통해 볼 때 '이단'이라는 단어 사용이 압도적으로 많음을 알 수 있다. 물론 이 가운데 조선전기의 경우는 불교를 '이단'이라고 공격하는 경우가 매우 많다. 그러나 '이단'이라는 단어는 단지 불교에만 적용되는 것은 아니었다. 그리고 불교를 이단이라고 공격하는 것도 특정 시기에 집중되는 경향을 보인다.

『조선왕조실록』에서 '이단'이라는 용어는 태조 2년(1393년)의 〈병조 전서 윤소종(尹紹宗)의 졸기(卒記)〉에서 윤소종이 "이단을 배척하는데 힘을 기울였다."고 묘사하면서 처음 등장한다. 물론 이때 그 '이단'이 불교라는 것을 명시하지는 않았지만 문맥상 불교임을 짐작케 한다. 마찬가지로 태조 7년(1398년)의 〈정도전 등의 졸기〉에서도 정도전이 "이단을 배척하는 일로써 자기의 임무로 삼았다."고 기록하였는데, 이 때 그 '이단'이 사실상 불교임을 알 수 있다. 불교가 '이단'이라고 확연히 명시된 것은 정종 2년(1400년)의 〈경연에서 부처를 좋아함이 그르다는 것에 관해 신하들과 논하다〉라는 기사에서이다. 이 때 공자가 '이단(異端)'을 연구하면 해가 될 뿐이라고 한 이유와 관련하여, 한 신하가 "석씨(釋氏)에게는 아비도 없고 임금도 없는 것으로 종지를 삼기 때문"이라는 답변을 제출한다. 이런 식으로 불교를 '이단'으로 지목하는 기사는 『태종실록』, 『세종실록』, 『세조실록』, 『성종실록』, 『중종실록』등 조선전기의 실록에 헤아릴 수 없이 많이 등장한다. 또 때로는 불교가 직접 '이단'으로 지칭되지는 않지만 노자(老子)와 더불어 같은 범주에 속하는 것으로 언급되기도 한다.[72]

불교를 가리켜 '이단'이라고 또 다시 집중적으로 비판하기 시작한 것은

---

72 『태종실록』 18권, 태종 9년 8월 9일 1번째 기사, 〈노자와 부처를 배척하고 유학에 힘쓸 것을 강조하는 우사간 대부 권우 등의 상소문〉.

명종 대로 보인다. 이 시기에 선교양종 복립(禪教兩宗復立)을 둘러싸고 유생들의 비판이 부상하면서 불교를 '이단'으로 지칭하는 언급이 증가하게 된다. 또한 명종 시기에는 정국불안이나 자연재해에 대한 불안 때문인지 유독 '이단'에 대한 언급량이 늘어나는데, 자연재해를 이단의 결과로 분석하고 정치를 바르게 해야 할 필요성을 강조하는 경우도 많다.

그리고 선조, 광해군 시기에 이르면 이단이 중요한 정치투쟁의 수단으로 자리잡는 것으로 보인다. 가령 허균이나 이황이 '이단'이라 비판을 받았는데, 그것은 주로 불교 서적을 읽는다든지 노자·장자를 좋아한다는 것이 그 주요한 이유였다. 특히 이황과 정인홍의 정치투쟁에서도 '이단'은 불교나 노자와 상관없이 상대를 비판하기 위한 중요한 정치적 수단으로 사용되고 있다. 심지어 광해군 마저 '이단'으로 지목되기도 한다.[73] '이단'이 정치적으로 가장 치열하게 사용된 것은 송시열과 송시열 제자들이 윤휴를 공격할 때에이다. 그리고 박세당도 이런 비판의 대상이 되기도 한다.

이어 정조에 들어서면 천주교가 본격 '이단'이라는 공격 대상으로 자리잡기 시작한다. 이후 고종에 이르기 까지 천주교, 서양 문물, 서학, 정약용, 위정척사, 동학 등을 비판하기 위한 개념으로 '이단'이 집중적으로 많이 사용되었다.

〈이교(異敎)〉

'이교'는 다른 용어에 비해 비교적 늦은 시기에 등장한다. 1489년 성종

---

73 『인조실록』 1권, 인조 1년 4월 3일 2번째 기사, 〈석강에 『대학연의』를 강하면서 인재를 분변하는 일 등에 관해 논하다〉.

시기에 원각사 수리와 관련해 '이교'가 등장하는데, 이 용어는 주로 불교 배척을 주장하는 것으로 매우 부정적 의미로 사용되었다.

> 오도(吾道)와 이단(異端)의 성하고 쇠하는 이유와 치란(治亂)과 안위(安危)의 의복(倚伏, 서로 인연되어 일어남)의 기틀이 틀림없이 여기에서 나누어지는 것이 아니라고 할 수 없으니, … 엎드려 원하건대, 전하께서는 뜻을 어기지 않는다는 것으로 효도를 삼지 마시고 이교(異敎)를 물리쳐서 끝까지 삼가기를 처음과 같이 하소서.[74]

『조선왕조실록』에서 유교는 종종 '오도(吾道)'라는 표현으로 등장한다. 위의 글에서도 유교가 '우리의 도[吾道]'로 표현되고, 그와 대조적으로 불교가 '이단', '이교(異敎)'로 표현되는 것을 알 수 있다. 그런데 '이교'가 4종의 역사서 가운데 『삼국사기』, 『삼국유사』, 『고려사』에 나오지 않는다는 사실은 유념할 필요가 있을 듯 싶다.

중종 시대에 와서 '이교'는 불교를 지칭하거나, 기신재·내수사·도승법·소격서 등의 문제로 불교와 도교를 비판할 때 사용되었으며, 심지어 불교와 노자에 대한 임금의 유화적인 태도를 지적하면서 이 용어를 사용하기도 한다.[75] 명종 시기의 경우 '이교'가 유난이 많이 사용되었는데, 선교 양종 등 주로 불교를 비판하기 위한 것이었다. 그리고 정조 이후에는 주로

---

74 『성종실록』 229권, 성종 20년 6월 23일 5번째 기사, 〈원각사 수리 일로 불교 배척에 대해 논한 대사헌 박건 등의 상소문〉.
75 『중종실록』 68권, 중종 25년 5월 16일 3번째 기사, 〈홍문관이 이단의 억제, 바른 인사 행정 등을 청하는 내용을 상차하다〉.

천주교나 서학 등을 가리키는 용어로 사용되었다. 물론 정조 시대에도 '이교'가 불교나 도교를 지칭하는 용어로 사용되기도 했지만, 이후 순조부터는 대부분 서학이나 천주교를 지칭하는 것으로 언급되었다.

⟨음사(淫祀)⟩

이 용어가 불교와 관련하여 처음 등장한 것은 『태조실록』 2권(1392년)의 기사이다.[76] 여기에서는 불교를 포함한 다양한 부정적 풍속을 지칭하는 용어로 사용되었다. 마찬가지로 『태종실록』에서도 등장하는데, 꼭 불교만을 지칭한 것은 아니지만 여러 부정적 풍속을 정리해야 할 필요성을 강조하고 있다.[77] 그 이후 주로 불교라기보다 무속이나 민간신앙을 비판하는 기사들에서 주로 '음사'가 등장한다. 가령, '사복시(司僕寺)에서 무당과 박수가 마신(馬神)에게 제사'를 지내는 것을 비판하는 경우[78]가 대표적이다.

이런 흐름은 세종에게도 그대로 이어져 집중적으로 거론되기 시작한다. 세종 시기의 기사를 살펴보면, 불교에 대한 청산은 어느 정도 이뤄졌으나 '불교를 이용한 음사'가 있다는 점을 강조하고 있다. 다시 말해 '불교'와 '음사'를 분리하여, 불교를 '음사'라고 지적하기보다는 불교가 '음사'에 이용되는 것을 주로 비판하는 기사들이 이어지고 있다.

하지만 불교를 가리켜 분명히 '음사'라고 표현한 기록도 있다. 예를 들어

---

76 『태조실록』 2권, 태조 1년 9월 21일 3번째 기사, ⟨환관의 제어, 불교의 배척, 여자의 외출제한 등 12개 조목을 건의한 대사헌 남재의 상서문⟩.
77 『태종실록』 24권, 태종 12년 10월 8일 4번째 기사, ⟨사간원에서 불교의 배척과 원단제사를 없앨 것을 주장한 사간원의 상소⟩.
78 『태종실록』 26권, 태종 13년 11월 4일 5번째 기사 ⟨예조에서 사전(祀典)에 대해 건의한 내용을 승인하다⟩.

"승도(僧徒)와 거사(居士)들이 음사(淫祀)를 베풀어 대중을 미혹시키는 폐단이 근래 더욱 극심"[79]하다는 선조대의 기사가 있으므로, 반드시 불교가 이 용어의 적용 대상에서 제외되었다고 보기는 어렵다.

그럼에도 '음사'는 대체로 불교 보다는 무속이나 민간신앙을 가리키는 것으로 사용되고 있다. 이런 기조는 중종 시기에도 그대로 이어졌다. 더욱 주목되는 것은 이 시기에 '음사'에 대한 언급이 압도적으로 증가했다는 점이다. 그것은 주로 소격서 폐지가 본격적으로 논의하기 시작한 결과라 할 수 있다. 소격서 폐지에 대한 논의가 명종 시기로 이어지면서 여전히 '음사'에 대한 언급량이 계속 이어진다. 이런 과정에 도참설(圖讖說)이 '음사'로 비판받기도 한다.[80] 명종 이후에도 '음사'가 언급되기도 하나 그것은 주로 무속, 민간신앙, 무당 등을 일컫는 것으로, 불교는 이와 병렬적으로 다루어지고 있기는 하지만 불교만을 지칭하여 사용되고 있지는 않았다.

〈사교(邪敎)〉

4종의 역사서에서 이 용어가 처음 등장하는 것은 조선시대 들어와서이다. 세종 6년(1424년)의 한 기사에서 "노자(老子)와 부처의 요사(妖邪)스러움[老佛之邪]"을 언급하면서 불교가 '삿된 가르침[邪]'이라는 의미를 가지게 된다. 하지만 '사(邪)'가 '교'와 합성되어 '사교(邪敎)'라는 단어로 명확하게 나타나기 시작한 것은 연산 1년(1495년)의 기사에서였다. 그 기사는 "우리 성

---

79 『선조실록』 200권, 선조 39년 6월 2일 2번째기사(1606년), 〈창의문 밖 수륙대회로 물의가 일어나자 집의 김대래가 인혐하다〉.
80 『명종실록』 5권, 명종 2년 5월 26일 3번째 기사, 〈석강에 나가자 특진관 최연이 도참설을 신봉하지 말라고 하다〉.

종께서는 고명 정대하신 성왕(聖王)으로 사교(邪教)에 현혹되지 않고 그것을 깊이 미워하셨으니"라고 기술하고 있다.[81] 이 용어는 주로 불사를 반대하는 논변으로 사용되었는데, 이런 흐름은 중종 시대로 이어져 주로 불교, 도교, 소격서 등을 다루면서 '사교'라는 용어가 집중적으로 언급되고 있다. 정조 후반기부터는 이 용어가 주로 천주교를 비판하기 위한 용어로 사용된다.[82] 이런 흐름은 정조 시대 이후에도 순조, 헌종, 철종, 고종 등 조선 말기에도 그대로 이어지면서 언급량이 비약적으로 증가한다. 이런 가운데 주목되는 것은, '사학' 뒤에 '죄인'이 병기되는 경우도 점차 늘어난다는 점이다.[83] 천주교를 탄압하는 과정에서 '사학'을 바로 '죄인'과 등치화시킬 필요가 있었기 때문으로 보인다.

지금까지 살펴본 바에 따르면 조선시대에 불교는 '삼교'의 하나로 지목되었지만, 그 내포된 의미는 매우 부정적인 것이었다. 『조선왕조실록』이 관찬(官撰)자료였기 때문에 특히 그런 성격이 부각되었으리라 생각된다. 하지만 삼국시대와 고려시대의 '삼교 담론'에 비교해 볼 때 그 시각의 차이가 현저하다고 할 수 있다. 또한 생각보다 '삼교'라는 단어 자체가 『조선왕조실록』에 많이 등장하지 않는 것이(총 6회) 눈에 띈다. 그리고 불교에 적용된 부정적 의미의 종교 범주 가운데에는 '이단(異端)'이 대단히 많이 사

---

81 『연산군일기』 11권, 연산 1년 12월 7일 1번째 기사, 〈박처륜이 견성사를 헐도록 상차하다〉.
82 『정조실록』 33권, 정조 15년 11월 8일 6번째 기사, 〈이승훈을 삭직하고 권일신을 위리안치시키도록 하다〉.
83 『순조실록』 3권, 순조 1년 7월 13일 5번째 기사, 〈형조에서 사학 죄인 김종교 등에 관해 아뢰다〉.

용되었으며, 그밖에 '이교(異敎)', 그리고 많지는 않지만 '음사(淫祀)'와 '사교(邪敎)' 등도 동원되었다. 주목할 것은 삼국시대와 고려시대의 사료에는 보이지 않던 '이교(異敎)'와 '사교(邪敎)'가 조선시대에 새롭게 등장했다는 사실이다. 이에 대해서는 앞으로 검토가 필요하다고 생각된다.

4. 국가와 불교의 관계
   - 전근대 시기 종교와 세속은 분리되었는가

1) 중국에서 불교와 국가 관계

고대 아시아에 성립하였던 두 개의 커다란 문화권은 인도와 중국이다. 이 두 개의 지역은 전혀 이질적 문화권을 형성하였다. 기후나 풍토 등의 자연적 조건은 물론 인종, 언어, 풍속, 관습, 사회 구조 등에서도 차이가 뚜렷하다. 이 두 개의 단절된 문화의 교류가 시작된 것은 기원전 2세기 말 중앙아시아횡단 동서 교통로가 열린 무렵부터였다.[84] 이 때 중국은 처음으로 외래 문화를 수입하게 되는데, 그것이 곧 고대 인도 불교의 전래이다. 중국인민대학의 팡리톈(方立天)은 불교의 전래를 한대(漢代)에서부터 당대(唐代)에 이르기까지 대략 8세기에 거쳐 진행된 사건으로 설명한다. 그는 이 길고 긴 과정에서 중국 전통문화와 불교의 충돌과 융합이 지속적으로 이루어졌다고 본다. 불교는 중국의 전통문화에 대하여 종속·대항·융합의 세 단계를 거쳤으며, 중국의 전통문화는 외래 불교에 대하여 영향·배

---

84 겸전무웅(鎌田茂雄), 『중국불교사』, 정순일 역, 경서원, 1996. 21쪽.

척·흡수의 세 단계를 거쳤다고 설명한다.[85]

인도문화와 중국문화가 만나 충돌한 문제는 여러 가지가 있지만, 그중 하나가 군권(君權, 군주의 권력)과 신권(神權, 종교적 권력)의 우선순위 문제였다. 인도에서 불교교단은 출가자의 모임으로 시작되었기 때문에 원칙적으로 국가의 통제 밖에 있었으나, 중국과 한국에서는 승려가 되려면 정부의 인가 아래 등록해야 했기 때문에 불교 교단 자체가 국가의 통제 아래 놓여 있을 수밖에 없었다.[86] 중국에서는 도첩제(度牒制)의 시행 이전에 일찍이 승려와 국왕과의 관계가 논란으로 등장했다. 그것이 이른바 '사문불경왕자논쟁(沙門不敬王者論爭)'으로, 승려가 왕을 마땅히 공경해야 하는가의 문제였다. 그것은 하나의 예제(禮制)의 문제로서 한편으로는 군권과 신권, 혹은 불교와 유가(儒家)의 관계에 관한 문제이기도 했다.

불교계는 출가자들이 본래 임금도 아비(父)도 없고 왕자를 공경하지 않으며, 집안의 어떤 사람을 보아도 무릎 꿇어 절하지 않는 등 세속의 어떠한 예법이나 도덕의 속박도 받지 않는다고 주장했다. 그런데 중국 전제주의 정치 사상에 따르면 황제는 천자(天子)이며 하늘[天]을 받들어 교령(敎令)을 내리는 존재로서, 이 교령은 그 누구도 위배할 수 없는 것이다. 따라서 이 문제는 불교와 중국 전통 정치 관념 사이의 가장 큰 충돌을 일으키게 되었다.[87]

사문불경왕자론은 동진(東晉) 시기에 유교를 표방하던 위정자기 불교의

---

85 방립천, 「중국 전통문화와 불교의 충돌과 융합 - 중국 유불도 삼교간의 교섭」, 『한국종교』 19, 1994, 191-192쪽.
86 강돈구, 『한국 근대종교와 민족주의』, 집문당, 1992, 93쪽.
87 방립천, 앞의 글, 199쪽.

승려들로 하여금 왕에게 경례를 요구하자 사문들이 이에 반발해 크게 논란이 되었던 것을 말한다. 왕에게 경례하느냐 안 하느냐 하는 문제는 중국인과 인도인이 갖고 있던 풍속이 다른 데에서 기인하는 것으로, 이것을 크게 말하면 '중국사상과 인도사상의 대립'이라고 말할 수 있다. 중국에서는 왕주교종(王主敎從, 왕이 주가 되고 종교는 따라야 함) 사상을 표방하고, 인도에서는 그 반대인 교주왕종(敎主王從)사상을 주장하기 때문에 사상적 대립이 생기는 것은 어쩔 수 없는 일이었다. 특히 불교『범망경(梵網經)』에서는 출가자의 법은 국왕이나 부모, 육친(六親, 부·모·형·제·처·자)을 예배하지 않는다고 말한다. 『열반경』과 『사분율』에서도 출가자는 재가자에게 경례하지 않는다고 설하고 있다. 오히려 『불본행경(佛本行經)』, 『살차니건경(薩遮尼揵經)』, 『순정리론(順正理論)』 등에서는 국왕이 붓다를 비롯한 출가자에게 경례해야 한다고 말하고 있다.[88]

그렇다면 중국에서 이런 논쟁은 어떻게 귀결되었는가? 결론적으로 말하면, 340년 동진의 유빙(分氷)이 처음 제기했던 왕에 대한 승려의 예경문제는 혜원(慧遠, 334-416)과 환현(桓玄, 369-404)의 논쟁을 거쳐, 당(唐)에 와서는 승려가 왕권의 지배를 받는 것으로 일단락되었다. 이 때 불교는 왕법(王法) 밑에 종속해야 한다는 원칙이 정해졌고, 승단의 통제를 담당하는 관직도 일반관리로 하여금 담당하게 하였다. 이는 당대 불교가 국가권력 하에 종속되었던 사실을 입증하는 하나의 증거이다. 당나라 초기에 한 차례 다시 '사문불경왕자론'이 제기된 적 있었으나 이후 영구히 그 자취를 감춰버렸다. 여기서도 주요 쟁점은 임금과 부모에게 승려가 절하지 않는 것의

---

88 구보타 료온, 앞의 책, 73-74쪽.

잘잘못이 문제였다. 이와 관련한 승려들의 반발이 있었지만 권력에 의해 무산되었다. 제왕에 대한 사문의 칭호도 당 초기에는 '빈도 모(貧道 某)', '사문 모(沙門 某)'라고 하였으나, 760년 육조혜능의 제자 영도(令韜)가 처음으로 '신(臣)'이라고 표(表)하면서 이후 관례가 되어 송대(宋代)에는 사문의 상표문(上表文, 군주에게 올린 문서)에는 '신(臣)'이란 호칭을 쓰게 되었다.[89] 이것은 사문의 예경문제가 중국적 결론에 도달한 것으로, 불교의 세계주의적인 정신과 유교의 민족주의적인 예배정신 사이의 대립에서, 전자가 후자에 포섭된 것으로 해석된다.[90]

중국 사회과학원 교수 황심천은 중국에서 국가와 종교의 관계는 황권(皇權)과 신권(神權)의 관계로서 서구 기독교세계와는 완전히 다르다고 설명한다. 그에 따르면 서구의 긴 봉건제도 통치시기(5~17세기)에 기독교는 절대적 신권(神權)을 가지고 있었다. 교회가 지녔던 교권(敎權)은 군권(君權)과 주권(主權, 국가권력)을 초월하여, 국왕을 책봉하고 파면할 수도 있었다. 이처럼 서구 중세시대에는 몇 차례 교권과 황권이 투쟁하는 사건이 있었는데, 이런 것들은 중국에서 보기 힘든 일이라고 설명한다.[91] 소위 "온 세상에 왕의 영토가 아닌 곳이 없고, 온 나라 영토 안의 사람은 모두 왕의 신하가 아닌 사람이 없다"는 표현 아래, 중국 고대의 사회와 정치구조는 혈연관계의 기초 위에 건립되었다. 그것은 군권의 지상(至上)을 핵심으로 하고 종족(宗族)적인 종교윤리를 본위로 하는 종법제도(宗法制度)에 기인한

---

89 겸전무웅, 앞의 책, 81, 110, 180-181쪽.
90 강돈구, 앞의 책, 93쪽.
91 이와 관련하여 다음의 연구가 도움이 된다. 이삼성, 「동서양의 정치전통에서 성속(聖俗)의 연속과 불연속에 관한 일고」, 『현대정치연구』 4(1), 2011, 73-126쪽.

다. 따라서 중국은 "정치와 윤리, 그리고 종교가 서로 밀접하여 분리할 수가 없으며, 이 세 가지가 일체화된 국가체제"라고 설명한다.[92]

따라서 중국의 긴 역사를 돌아보면, 남북조 시대 중국의 통치자들은 한편으로는 대대적으로 불교를 지지하고, 다른 한편으로는 불교에 대해 엄밀한 방비와 통제를 가했다. 남북조로부터 시작하여 정부는 전문적 기구와 관직을 설치하여 불교 사무에 대해 감독과 관리를 진행했다. 불교가 조정의 이익과 일치하지 않거나 정권에 대해 위협이 된다면 가차 없이 단속하고 폭력적 진압도 불사했다. 수·당 시기에 불교는 흥성하였지만, 불교 교권과 황권 사이의 관계에는 큰 변화가 없었다. 교권은 언제나 황권 아래에 있었다. 당·송시기 불교 정책은 황권에 도움이 되면 지지·이용하였고, 불리하면 조금도 주저하지 않고 간섭·타격하거나 심지어 소멸시켰다. 중국 역사상 '삼무일종(三武一宗)'의 '법난(法難)'은 모두 통치 계급이 불교의 지나친 발전에 대해 가했던 공격이었다.[93]

2) 전근대 한국에서 불교와 국가의 관계 - 정책적 측면

한국에 들어온 불교의 영향은 단지 개인의 내세와 영혼의 문제에만 국한된 것이 아니었다. 중국뿐 아니라 한국의 역사에서 불교는 그보다 훨씬

---

92 황심천, 「중국 역사상 종교와 국가의 관계」, 『불교연구』 14, 1997, 131쪽; 쉬샤오웨, 『중국 전통문화와 유불도』, 탕쿤·심규호 옮김, 민속원, 2020, 42-58쪽 참조. '종법'은 중국 주나라 때부터 시작된 제도로, 유교문화권에서 가계 계승의 원칙으로 확립되었다. 고려 말기에 주자학의 수용과 함께 우리나라에도 도입되었다.
93 위의 글, 134-139쪽.

큰 정치적 의미를 지니고 있었다. 역사적 기록에 따르면 한국의 불교 수용은 왕실에 의해 적극적으로 추진되었다. 따라서 김영태는 "불타의 가르침은 개인의 신앙이나 인격의 완성에만 관련된 것이 아니라, 국가의 치정(治政)과 경세제민(經世濟民)에도 깊은 영향을 미친다."고 설명한다. 그리고 이러한 불교의 치국관(治國觀)을 '정법치국(正法治國)'의 사상으로 규정하고, 정법치국의 이념에 의하여 국가를 다스리는 것을 '불교적 치국(治國)'이라고 정의하였다.[94]

특히 우리나라의 경우 불교는 그 발전 과정에서 국가와 밀접한 관계를 형성했는데, 이는 적어도 고려시기까지 불교가 지녔던 분명한 특성의 하나였다.[95] 예를 들어 신라는 법흥왕과 진흥왕 시대를 중심으로 이른바 "불교왕명시대(佛教王名時代)"라는 독특한 시기를 연출하기도 했다.[96] 그것은 불교의 전륜성왕(轉輪聖王) 신화를 신라 현지에서 구현하려고 했던 노력으로 볼 수 있으며, 그만큼 불교가 고대 한국사회의 국가운영에 커다란 영향을 미치고 있었음을 보여주는 하나의 사례라고 할 수 있다. 다만 성리학의 기치를 내세운 조선시대에 불교는 국가와 거리가 멀어졌다고 할 수 있지만, 그럼에도 불구하고 왕이 다스리는 영토를 완전히 벗어날 수는 없었다.

고려에서는 중국으로부터 과거제도를 받아들이면서 승과(僧科)도 함께 시행했다. 또한 왕사(王師)와 국사(國師) 제도를 운영하여, 국왕은 왕사 ·

---

94 김영태, 「불교적 치국의 사적(史的) 실제」, 『불교학보』 10, 1973, 135쪽.
95 신동하, 「고대의 불교와 국가」, 최병헌 외, 『한국불교사연구입문(상)』, 지식산업사, 2013, 205쪽.
96 김철준, 「신라상대사회의 Dual Organization(하)」, 『역사학보』 2, 1952, 91-95쪽.

국사에게 직접 제자의 예를 표하고 보살계를 받기도 했다.[97] 고려의 왕사와 국사 제도는 불교의 가르침이 세속의 권력보다 우위에 있다는 것을 상징적으로 표현하는 것이었지만, 사실 왕사와 국사의 임면권은 국왕에게 있었으므로 불교의 권력은 국왕권에 종속되어 있었다. 고려시대에는 불교 사무를 담당하는 관청인 승록사(僧錄司)를 두어 국가가 불교 교단을 장악했으므로, 사실상 불교 교단이 공식적인 국가 운영체제 속에 포섭되어 있었음을 의미한다.[98]

조선시대의 승직(僧職)은 국가 정책 속에서 많은 변화를 겪어 왔다. 조선 초에는 국사·왕사 및 승록사 등 고려의 승직제도가 그대로 유지되었다. 그러나 태종·세종대에 대폭적인 종파폐합에 따라 선교양종판사제도(禪敎兩宗判事制度)로 축소된다. 이 제도 또한 연산군대의 파불로 중단되고 명종대의 짧은 흥불시기에 복구되었다가 다시 영구히 폐지되었다. 이로써 공식적으로는 승직제도가 완전히 사라지게 된 것으로 보인다. 하지만 임진왜란의 발발을 계기로 새롭게 도총섭(都摠攝) 제도가 시행된다. 그리고 이 제도는 전쟁 후 더욱 다양한 형태로 확대 운영되면서 조선말기까지 교단 내에서 실질적으로 준승직제도로 기능하게 된다.[99]

조선시대의 도총섭제도가 시작하게 된 계기는, 임진왜란으로 피난중이던 선조가 묘향산의 휴정(休靜)을 불러 국난 타개를 부탁하면서 팔도십육종도총섭(八道十六宗都摠攝)의 직함을 내리면서부터였다. 이를 통해 의승군(義僧軍)이 전국적 규모로 조직되었는데, 그것은 중앙에 도총섭을 두고

---

97 허흥식, 「국사·왕사제도와 그 기능」, 앞의 글, 403-405쪽.
98 강호선, 앞의 글, 143-148쪽.
99 이봉춘, 앞의 책, 592쪽.

전국 8도에 각각 선교양종 1명씩 16명의 총섭을 두는 조직체계이다. 이 같은 조직을 갖춘 도총섭제도가 전국에 걸쳐 시행된 것은 선조 26년(1593) 8월부터였다. 이 도총섭제도는 준국가제도이지만 이를 계기로 국가가 불교의 존재를 다시 공적으로 인정하는 결과를 가져왔다는 측면에서 그 의미가 매우 크다.[100]

임진왜란 7년간뿐만 아니라 임진왜란 이후에도 도총섭-총섭 지휘체계는 그대로 유지되었다. 18세기에 이르기까지 전국 주요 산성의 축성과 보수에 여전히 승군을 동원하였고, 그것을 수비하기 위해 각 사찰에 총섭과 승장을 임명하였다. 산성 수비 외에도 4대 사고(史庫)의 수호를 위한 총섭의 임명도 시행되었다. 인조대를 전후하여 봉화(태백산)·무주(적상산)·강화(정족산)·강릉(오대산)에 사고를 짓고 역대의 실록을 보관해 왔는데, 이곳에 각각 사고 수호사찰(각황사, 무주 적상산성, 전등사, 월정사)을 두고 총섭을 임명하였다. 또한 왕실의 원당 및 기타 조정에서 중시한 사찰의 주지에게도 총섭의 직책이 부여되었다. 정조대에는 임진란 의승장들에게 상을 내려 일종의 사액사당이라 할 삼사(三祠)를 세우고 총섭도 임명했다. 정조대에는 용주사의 사격을 높여 주지에게 도총섭의 직책을 내려주었다.[101]

---

100 위의 글, 579-581쪽. 총섭을 중심으로 하는 승직제도는 1299년 중국 원나라에서 시작된 것으로, 여말선초의 고승들(나옹, 찬영, 신미)에게도 사용된 사례들이 있다. 고려 말의 선교도총섭은 왕사 또는 왕사로 책봉되기 전의 고승에게 내린 존호였고, 태조 2년에 보이는 도총섭은 최고위 승직자에게 주어진 경우이다.
101 위의 글, 582-587쪽. 영조 33년(1757)에 편찬한 『여지도서(輿地圖書)』에는 승영 사찰, 총섭, 승장의 관계가 확실하게 나타나는 산성, 읍성, 관액(關阨)이 37개 지역 97사로 나타난다. 그리고 '삼사'란 밀양과 해남의 표충사(表忠祠, 表忠寺), 평안도 안변의 수

조선 후기에는 5개사의 도총섭과 주지 5명이 임원이 되어 불교교단에 관한 업무 일체를 관장하는 5규정소(糾正所)가 5개 사찰에 설치되어 전국의 사찰을 관할하였다.[102] 이같은 사실들을 통해 18세기 후반부터 도총섭이 제한적이나마 승직으로서의 기능을 점차 회복해 나간 것을 알 수 있다.[103] 이봉춘은 이같은 조선시대 후기의 도총섭제도에 대해 다음과 같이 의미를 부여한다.

첫째, 불교와 국가 사이의 공적 매개체로서 역할을 했다. 배불정책으로 인해 산중에서 임의 집단으로 존속하던 불교가 승직제에 준하는 국가제도를 통해 다시 국가와 공적 관계를 유지할 수 있었다.

둘째, 국가에의 예속성과 비교단성(非敎團性)이다. 조선 전기의 승직제도 운영이 교단 내적 필요에 상응하는 것이었다면, 도총섭 제도는 오직 국가의 이익과 목적을 위해 타율적으로 운영되고 있다. 철저하게 국가에 예속된 제도라고 할 수 있다.

셋째, 교단의 유지에 미친 외피적(外皮的) 역할이 인정된다. 승직제도로서는 변형·왜곡된 측면이 있지만 도총섭제도로 인하여 불교는 끝까지 교단을 유지해 갈 수 있었다.

넷째, 승직의 범람과 그 의미의 쇠퇴이다. 정조대 이후 총섭제도가 확대 운영되면서 총섭은 매우 흔한 호칭이 되었고, 도총섭, 총섭, 원장, 종정, 도승통 또는 관례적인 선교종판사에 이르기까지 수많은 직명들이 혼재하게

▮ 충사(酬忠祠)를 말한다.
102 5개사는 남한산성의 개원사, 북한산성의 중흥사, 수원 용주사, 봉은사, 봉선사이다.
103 이봉춘, 앞의 글, 590-591쪽.

된다. 승직의 범람은 제도의 권위와 그 의미의 쇠퇴를 의미하는 것이기도 했다. 다른 한편 이는 조선말기에 불교교단이 국가제도로부터 탈피하고 있음을 반증하는 현상으로도 해석 가능하다.[104]

이상은 조선시대 불교와 국가의 관계를 살펴본 것이다. 그 결과 조선 정부는 불교를 위한 적극적인 흥불정책을 시행했다고 할 수는 없지만, 그렇다고 완전히 방치한 것도 아닌 모호한 관계를 형성하고 있었음을 알 수 있다.[105] 이런 맥락에서, 안계현이 다음과 같이 조선시대 억불 정책의 정치적 의미를 설명한 것에 공감할 수 있다.

> 조선왕조는 여말에 전래된 주자학을 그 정치이념으로 삼았다. 따라서 건국 초창기부터 주자학을 관학(官學)으로 신봉하던 유교주의자들에 의해서 불교계에 대한 계획적인 억압정책이 시행되어 갔다. 그러나 여기서 간과해서는 안될 것은 조선시대를 통해 그들이 끝내 불교를 근절하려고는 아니했을 뿐만 아니라 왕실을 중심한 불교는 좀처럼 청산되지를 않았고 도리어 불교와 타협하려는 면마저 보였다는 점이다. 이는 고려나 조선왕조가 다같이 본질적으로는 봉건적(封建的) 수취체제(收取體制)를 지향했던 봉건국가였으며, 또 유교나 불교가 지닌 사상이 함께 나란히 이 봉건체제를 합리

---

104 위의 글, 592쪽.
105 이런 면에서 손성필이 17세기 후반-18세기를 '불교정책 안정기', 19세기를 '불교정책 비논의기'로 명명한 것이 주목된다. 손성필, 「조선시대 불교사 시기구분 시론」, 『불교학연구』 45, 2015, 270-279쪽 참조.

화시킬 수 있는 역할을 담당할 수 있었다는데 기인된 것이라 하겠다.[106]

한편, 이러한 조선 정부의 불교정책은 앞에서 살펴본 중국의 불교정책과 유사하다. 즉 국가의 존속에 대한 유·불리에 따라 불교 통제의 완급을 조절했던 것이다. 결론적으로 조선시대 불교는 국가와의 관계에서 다양한 형식을 취하기는 했지만, 그렇다고 완전히 분리되어 독립된 지위를 가지고 있었다고 볼 수 없을 것이다.

3) 전근대 한국에서 불교와 국가(王)의 상호 인식

그렇다면, 국가 정책과는 별개로 불교와 국가는 서로를 어떻게 인식하고 있었는가를 살펴볼 필요가 있다. 이것은 특히 종교에서 중요한 정신적 가치관의 문제와 관련되어 있기 때문이다. 앞에서 중국에서는 '사문불경왕자론'과 같이 국가와 불교교단이 크게 충돌한 사건이 있었음을 살펴보았다. 그것은 크게는 출가자를 존중하는 인도문화와 현세의 삶에 가치를 부여하는 중화문화의 충돌이라고도 볼 수 있다. 그리고 다른 말로 표현하면 출세(出世)와 입세(入世)의 가치관의 충돌이라고도 할 수 있다. 여러 중국학자들에 따르면, 중국에서 불교는 중국의 충효(忠孝) 관념과 유가의 현세적 가르침에 어느 정도 부응하는 방향으로 발전했다. 예를 들어 팡리텐에 의하면 불교는 "정치윤리상에 있어서 유가의 윤리도덕관념과 전적으로 영합"하였다. 중국불교는 유가의 인애(仁愛) 사상과 치세안민(治世安民)

---

106 안계현, 「조선전기(朝鮮前期)의 승군(僧軍)」, 『동방학지』 13, 1972, 27쪽.

정신, 노인을 존중하고 부모에 효도하며 학살과 빈천(貧賤)에 반대하는 정치·윤리 관념을 수용하여 다양한 이론과 경전을 제작하였다. 이렇게 하여 불교와 유가 모두 민심교화와 사회통치의 양방면에 있어서 서로 잘 부응하게 되었다.[107]

〈불교는 국가를 어떻게 인식했는가〉

그렇다면 한국불교의 경우는 어떤 상황이었는가? 우선 원광(圓光, 542-640)의 경우를 살펴볼 수 있다. 원광은 608년에 진평왕이 고구려를 치기 위해 수나라에 보내는 걸사표(乞師表)를 지어달라고 부탁하자 다음과 같이 말했다.

> 원광이 아뢰기를, "자기가 살고자 남을 죽이는 것은 승려가 할 행동이 아닙니다만, 제[貧道]는 대왕의 영토에서 살며 대왕의 물과 풀을 먹고 있으므로 감히 명을 따르지 않을 수 없습니다."라고 하고, 곧 〈걸사표〉 지어 올렸다.[108]

원광의 이 말은 "승려의 예경문제에 대한 한국적 경우"로 평가된다.[109] 즉 이 당시 원광의 사고에서는 자신의 '불교적 가치'의 영역과 '국가'의 영역이 분명히 분리되지 않았음을 보여준다. 또한 원광은 자신을 찾아온 귀산(貴山)과 추항(箒項)에게 '세속오계(世俗五戒)'를 지어주어 세속의 교훈으

---

107 팡리톈, 앞의 글, 194-195, 200쪽; 모종감, 「중국 종교문화의 유형」, 『종교와문화』 13, 2007, 61-62쪽.
108 『삼국사기』 신라본기 제4 진평왕(608년), 〈원광이 걸사표를 짓다〉.
109 강돈구, 앞의 책, 93쪽.

로 삼도록 했다. 이것은 유가의 덕목과 불교의 덕목을 변형·결합한 것으로, 대체로 훗날 신라의 삼국통일에 기여했다는 평가를 받는다. 이런 측면에서도 원광에게 세속과 종교는 엄격히 분리된 영역이 아니었던 것으로 판단된다.[110]

1592년(선조 25) 4월 임진왜란이 발발한 뒤 7월 선조는 묘향산에 있던 청허 휴정(休靜, 1520-1604)을 불러 승군 조직을 부탁했다. 서산대사 휴정은 당시 73세의 고령임에도 다음과 같이 말하며 선조의 청을 흔쾌히 수락했다.

> 상(上)이 이르기를, "국난이 이러하니 네가 구제할 수 없겠는가?" 하니, 대사가 눈물을 흘리고 절하면서, "나라 안 승도 가운데 늙고 병들어 소임을 맡을 수 없는 자는 신(臣)이 이미 그 있는 곳에서 분향수도(焚香修道)를 해서 신(神)의 도움을 기도하도록 하였습니다. 그 나머지는 신(臣)이 모두 모집해 와서 전장에 나가고자 합니다. 신(臣) 등이 비록 속세를 떠났지만 나라 안에서 태어나 성상(聖上)의 은혜를 입었사오니, 어찌 한 번 죽음을 아끼겠습니까. 바라건대 충성을 바치고자 합니다[願效忠赤]." 하였다.[111]

이와 같은 휴정의 태도는 불교의 영역과 국가의 영역이 완전히 별개가 아닐 뿐만 아니라 불교의 영역이 국가의 영역에 종속되어 있음을 보여준다. 살생(殺生)이라는 불교의 최우선 윤리가 국가의 위기 앞에서 지켜질 수

---

110 이기백은 원광의 이러한 태도가 불교 진리에 대한 불철저성을 보여준다고 비판했다. 이기백, 『신라시대의 국가불교와 유교』, 한국연구원, 1978, 115-116쪽.
111 『대동야승』 권37, 「재조번방지(再造藩邦志)」 2, 국사편찬위원회, 〈사료로 본 한국사〉 사이트 참조.

없었던 것이다. 특히 자신을 신하(臣)로 자칭하며[稱臣], 충성을 보이겠다고 다짐하는 것이 눈에 띈다.

백곡처능(白谷處能, 1617~1680)의 『간폐석교소(諫廢釋敎疏)』(1661)는 현종 즉위 후의 일련의 배불정책에 항의하기 위해 쓴 상소문이다. 현종은 양민의 출가를 금지하고 승려를 환속시켰으며, 1661년 정월에는 성안의 비구니 사찰인 자수원(慈壽院)과 인수원(仁壽院)을 없애버렸다. 40세 이하의 여승은 모두 환속시켜 결혼하게 하였으며, 나머지는 모두 성 밖으로 내쫓았다. 그리고 봉은사(奉恩寺)와 자수원에 봉안했던 열성위패(列聖位牌)를 땅에 묻고, 봉은사 및 봉선사(奉先寺)까지도 철폐하려 하였다. 백곡은 이에 대해 항변하며, 현실적인 면에서 불교가 국가에 유익하다고 강조한다. 주목할 부분은 다음과 같다.

우선 임금과 백성으로 말하면 임금이 있으면 반드시 백성이 있는 것이니, 『시전(詩傳)』에는 '나 홀로 백성이 아니랴' 하였고, 『서전(書傳)』에는 '사랑하지 않는 임금이 있는가?' 하였는데, 저 여승들이 어찌 전하의 백성이 아니며, 전하께서 어찌 저 여승들의 임금이 아니겠습니까? 백성은 임금을 받들고 임금은 백성을 부리는 것입니다.[112]

여기서 백곡은 자수원과 인수원의 혁파 및 비구니 승의 사대에 대해 『시경』, 『서경』 등의 유교 경전을 인용하면서 폐불의 부당성을 호소하고 있다. 다시 말해 출가한 승려라도 왕의 백성이라는 것을 강조하고 있다. 또

---

112 김기영 역주, 『현정론・간폐석교소: 조선시대의 호불론』, 한국불교연구원, 2003, 237쪽.

한 이어서 다음과 같이 말한다.

> 지금의 사원을 본래는 불우(佛宇)라 했습니다. 그러므로 비록 그 자리가 아니라 하나 이미 성위(聖位)를 모셨으면 그것은 실로 종묘(宗廟)와 같습니다. … 지금 성위(聖位)는 곧 나무토막이니 구덩이를 파서 이를 묻는 것은 말할 나위 없이 어긋나는 것이 아니겠습니까? … 후손은 조상에서 이어졌고 조상은 후손으로 길어집니다. 그러므로 후손의 효도로는 멀리 조상을 사모해야 하고 조상의 신령으로는 은밀히 후손을 도와야 하는 것이니 … .[113]

백곡은 역대 왕과 왕비의 신주인 성위(聖位)를 사찰에 모시고 있으니 사찰은 이미 종묘와 같으므로 일종의 국가기관으로 볼 수 있다고 논변하고 있다. 또한 효의 윤리를 통해 사찰에 모셔두었던 왕실 조상의 위판(位版)을 땅에 묻어서는 안된다고 강조한다. 이와 같은 사실은 백곡에게서 불교와 국가가 분리되어 있지 않으며, 효와 같은 유교적 윤리를 매우 높은 가치로 수용하고 있음을 알 수 있다. 이는 백곡의 상소문이 "신(臣)'은 들었습니다"와 같이 '신칭(臣稱)'하고 있으며, 불교가 국가의 '치도(治道)'에 유익하다고 강조하는 면에서도 유추할 수 있다.[114]

〈전근대 국가(王)는 불교를 어떻게 인식했는가〉

그렇다면 조선의 왕은 불교를 어떻게 생각하고 있었을까? 이것은 매우

---

113 위의 책, 243쪽.
114 위의 책, 133, 223-231쪽 참조.

궁금한 문제이다. 왜냐하면 성리학을 표방하고 '숭유억불'의 정책을 추진했음에도 조선시대에 중국에서 있었던 '삼무일종'의 법난에 비교할만한 폭력적인 폐불사태는 없었기 때문이다. 우선 조선시대의 많은 왕들에게서 다음과 같은 언급이 나오는 것을 발견할 수 있다.

"승려도 나의 백성이다(僧亦吾民也)", "이단도 나의 백성이다(異端亦吾民也)"

위의 구절은 『태종실록』에서부터 『세종실록』, 『세조실록』, 『성종실록』, 『연산군일기』, 『중종실록』, 『숙종실록』, 『영조실록』, 『정조실록』, 『순조실록』으로 이어지면서 계속 발견되고 있다. 이들 가운데에서도 조선시대 왕들의 불교에 대한 태도의 한 측면을 잘 보여주는 자료로 다음과 같은 성종의 어록이 있다.

임금이 말하기를, "이단은 치지도외(置之度外, 내버려두고 문제 삼지 않음)하고 숭신(崇信)하지 않으면 될 것인데, 하필 위(魏)나라 대무(大武)가 사문을 다 벤 것처럼 해야겠는가?" 하므로, 시강관(侍講官) 이우보(李祐甫)가 말하기를, "사문을 다 벤다면 사필(史筆)이 아름다워질 것입니다." 하니, 임금이 말하기를, "승(僧)도 역시 백성(民)이다. 어찌 다 벤단 말인가?" 하므로, 이우보가 말하기를, "어버이도 없고 임금도 없으니[無父無君], 죄기 막대합니다." 하였다. 채수(蔡壽)가 말하기를, "복세암은 궁궐을 누르고 있으니 철거하는 것이 좋겠습니다." 하니, 임금이 말하기를, "선왕(先王)께서 창건하신 것이니 갑자기 철거할 수 없다." 하였다.… 임금이 말하기를, "그대들의 말한 바가 진실로 옳다. 그러나 뿌리[根株]를 끊어 없애고자 하면 반드시 중의 무리를 다 벤 뒤에야 가(可)할 것이다. 이제 도첩(度牒)이 없는 승인(僧人)은 모조리 환속시키고 있으니, 이렇게 하기를 계속하면 근절할 수 있을 것이다." 하였다.[115]

여기서 주목되는 점은 왕이 신하들의 간언을 중재하여 과격한 불교 탄압을 막고 있다는 사실이다. 물론 성향과 시기에 따라 약간의 차이가 있지만, 대체로 조선의 국왕들은 불교 문제에 관해 왕실과 유학자 신료 사이에서 중재와 조절의 역할을 맡았다고 볼 수 있다.[116] 그리고 왕은 "승려도 백성이다"라는 말을 통해 불교도를 국가 구성의 일원으로 포함시키고 있다. 이단(異端)에 대한 대응 태도도 신하들에 비해 비교적 너그러웠다고 할 수 있다. 이것은 이단을 일시에 극적으로 박멸하기보다는 스스로 나아지기를 기다리는 '성리학적 교화론'의 관용적 태도로 해석된다.[117] 또한 '선왕(先王)들이 행했던 전통은 훼손하지 않는다'는 조종(祖宗) 유교(遺敎) 존중의 사상도 발견된다. 위의 글에서 '위나라 대무(大武)'는 중국 삼무일종의 법난을 일으켰던 4명의 황제 중 한 사람인 위나라 태무제(太武帝)를 가리킨다. 태무제의 폐불은 잔인하고 폭력적이며 처참했던 것으로 유명하다.[118] 성종은 중국에

---

115 『성종실록』 권114, 성종 11년 2월 11일(신유).
116 김용태, 『조선후기 불교사 연구』, 93쪽.
117 성리학적 교화론이란 국왕의 교화가 백성과 이단에게 미치기를 바라는 정책으로, 불교계를 직접 규제하지 않고 사실상 방치 또는 방임하여 저절로 없어지게 하는 것이다. 이에 대해서는 손성필, 「조선 중종대 불교정책의 전개와 성격」, 『한국사상사학』 44, 2013, 58쪽; 이석규, 「조선초기 교화의 성격」, 『한국사상사학』 11, 1998; 도현철, 「이색의 유교교화론과 일본 인식」, 『한국문화』 49, 2010; 도현철, 「훈민정음의 창제와 유교 교화의 확대」, 『동방학지』 194, 2020 참조.
118 겸전무웅, 앞의 책, 104-105쪽; 박서연, 「동아시아 불교의 승역(僧役) 양상 고찰 - 중국

서 벌어진 과거의 불교 대학살 사건을 알고 있었으며, 그것을 결코 좋은 선례로 생각하지 않고 있음을 알 수 있다. 그러므로 조선왕들의 불교에 대한 태도는 중국의 폐불사건과 비교할 때 상대적으로 온건하고 유화적이었다고 할 수 있다. 정조는 다음과 같이 말한 것으로 알려져 있다.

"군왕의 학문은 일반 사대부와 다르기에 유학의 도를 우선시하기는 하지만 불교나 도교 또한 필요하다." "불교는 비록 이단이지만 혹 나라에 보탬이 되는 것이 있다. 심산유곡에 만일 사찰과 승려가 없다면 누가 도적을 방어하겠는가."[119]

이와 같은 태도를 통해 조선시대의 왕들은 불교나 유교 어느 한쪽에 편들기보다는 그 둘 모두를 포섭하여 아우르는 위치에 있었다고 볼 수 있다. 이는 승려를 신민으로 보고 불교를 위정(爲政)의 한 도구로 인식했음을 의미한다. 불교가 비록 이단이었지만 국가에 미치는 해악이 그리 심하지 않다고 판단하고, 충·효와 치세(治世)에 모두 보탬이 되는 것이었기에 관용으로 포섭하고자 했던 것이다.[120] 결론적으로 조선시대 국왕은 성리학적 지배이념을 공식화하여 왕권강화를 모색했으나, 왕실의 사적 신앙과 일반 백성들과의 교감 차원에서 불교의 매력을 도외시할 수 없는 이중적 자세를 견지하였다.[121] 바로 왕들의 이런 불교인식이 있었기에 불교가 조선 후기까

북조(北朝) 시대와 조선 성종대(成宗代)를 중심으로」, 『한국불교학』 77, 2016 참조.
119 김용태, 『조선후기 불교사 연구』, 61쪽.
120 위의 글, 61.
121 최병헌, 「『월인석보』 편찬의 불교사적 의의」, 『진단학보』 75, 1993, 223-224쪽.

지 어느 정도 규모와 수준을 유지하면서 존속할 수 있었던 것으로 보인다.

5. 조선시대 불교 인식의 계승과 단절

긴 우회로를 거쳐 이제 마무리해야 할 지점에 이르렀다. 처음 제기했던 문제의식을 살펴보기 위해 많은 자료들을 검토했다. 하지만 많은 자료를 살펴보는 것으로 이 글 처음에 제기했던 문제들이 모두 해명되었다고 할 수는 없다. 사실 우리가 사용하는 문제의식, 혹은 언어들은 유럽의 종교사적 경험에서 유래한 것인 만큼, 그것을 우리 전근대 역사에 적용하는 것 자체가 불가능한 일이었는지도 모른다. 어떻게 보면 처음부터 불가능한 작업을 많은 자료로 대신하려 했다는 비판을 받을 수도 있다. 그럼에도 이 글을 시작하면서 제시했던 문제의식에 대해 자료를 통해 확인할 수 있는 최소한의 것들을 정리하면 다음과 같다.

첫째, 오늘날 우리가 알고 있는 여러 종교는 조선시대에 어떻게 통칭되었으며, 그 속에서 '불교'는 어떤 개념과 범주로 설명되고 규정되었는가 하는 문제이다. 문헌들을 살펴본 결과 불교는 '교(敎)', '도(道)' '법(法)' 등의 개념과 조합되어 다양하게 서술되고 있음을 살펴볼 수 있었다. 이들 중에서도 특히 주목되는 것은 '교'이다. 전통적으로 중국과 한국에서는 유·불·도에 대해서만 삼교(三敎)로서 '교'의 지위를 부여하였다. 물론, 당시 여러 종교들을 통칭하여 부르는 단 하나의 개념이 존재하지는 않았다. 그렇지만 여러 가지 개념 사용 중에서도 '교'가 가장 빈번하게 사용되고 있으며,

근대의 '종교' 개념과 가장 근접한 것이라고 할 수 있다.[122] 왜냐하면 불교가 '이교(異敎)', 또는 '사교(邪敎)'로 불리는 경우도 있었을 뿐만 아니라, 한국에서 삼교(三敎)라는 용어는 널리 사용되었지만 삼도(三道), 삼법(三法), 삼학(三學)이란 용어는 그만큼 많이 사용되지 않았기 때문이다. 또한 1890년대가 되면 '도'와 '법'을 제치고 '교'가 모든 종교들을 통칭하는 개념의 수준으로 등장하고 있는 것도 간과할 수 없는 이유이다.[123]

요컨대 조선시대에 불교는 '이단' 논쟁에 휘말려 정당한 가치를 인정받지 못하면서도 '교(敎)'로서의 지위는 계속 이어갈 수 있었다. 거칠게 정리한다면 조선시기 불교는 '삼교'의 맥락 속에서 '교'로서의 지위를 유지하고 있었고, 그 '교'가 오늘날 종교 범주에 해당하는 것이었다고 설명할 수 있다. 하지만 그 '교'는 늘 '이단'의 혐의를 벗어버릴 수 없는 불안한 지위였기 때문에 근대의 '종교' 범주와는 분명히 다른 것이었다. 오늘날 '종교'는 각각의 개별성과 독립성을 인정받고 있기 때문에, 원칙적으로는 교리적 차이나 실천의 독특성을 이유로 타종교로부터 비난받을 필요가 없다. 나아가 '교'는 '삼교'를 구성할 수 있지만 '종교'는 그럴 가능성도 없고 필요성도 없다. 그것은 근대 '종교'가 열린 체계가 아니라 닫힌 체계이기 때문이다.

---

122 이와 관련하여 전근대 한국의 '교'와 근대 '종교' 개념의 관계에 대한 논의는 장석만, 『한국 근대종교란 무엇인가』, 모시는사람들, 2017, 73-84쪽; 조현범, 「근대 이행기 한국종교사 연구 시론: 19세기 한국 천주교사를 중심으로」, 『종교문화비평』 34, 2018, 74-82쪽; 한승훈, 「전근대 동북아 종교 범주로서의 교(敎)」, 『한국종교』 54, 2023 참조.
123 『고종실록』 31권, 고종 31년 2월 15일 4번째 기사(1894년). "동학당란(東學黨亂)"을 설명하는 가운데 나의 교(我敎), 유교(儒敎), 도교(道敎), 유불도삼교(儒佛道三敎), 천도교(天道敎), 천주교(天主敎), 서교(西敎) 등 대부분 '교'를 사용하고 있다. 물론 아직 '동학(東學)'이나 '서학(西學)'의 개념도 보인다.

이와 달리 조선시대 불교와 유교의 관계는 흔히 '외유내불(外儒內佛)', 또는 '공유사불(公儒私佛)'로 묘사된다. 이들은 겉으로는 유교를 표방하지만 안으로는 불교에 대한 우호적 태도를 지닌 이중적 신앙구조, 혹은 그러한 태도를 지닌 인물들을 일컫는다.[124] 고려시대 유불병존의 상황에서는 '불교적 유자(佛之儒)' 혹은 '유교적 불자(儒之佛)'라는 별칭도 등장하였다.[125] 조선시대 묵암 최눌(最訥, 1717-1790)은 "유학과 불교는 하늘에 떠 있는 태양과 달, 혹은 주역에서 말하는 음・양(陰・陽)과 같이 서로 도와주고 보완해주는 것"이라고 표현하였다.[126] 이처럼 조선에서 '성리학 지상주의(至上主義)'가 등장하기 전까지는 전통적 '교'의 체계에서 불교와 유교는 서로 보완하고 조화를 이루면서 병존하는 것이 가능하였다. 바로 이러한 상태를 캔트웰 스미스는 종교 공존의 이상적 모델이라고 높이 평가했던 것이다.[127] 그러나 근대 '종교' 개념의 수입과 그에 따른 서구 종교문화의 전래, 그리고 근대성을 동반한 국민국가의 형성은 이런 전통적 '교'의 체계가 지속될 수 있는 문화적 토대를 약화 혹은 변형시키게 되었다.

---

124 이봉춘, 앞의 책, 380쪽; 한상길, 「개화사상의 형성과 근대불교」, 19쪽. 승려이면서 높은 유학적 소양을 지닌 인사는 '심유적불(心儒跡佛)', '흑명유행(黑名儒行)'이라 부르기도 했다.
125 변동명, 앞의 책, 258-259쪽.
126 존 요르겐센, 「조선왕조에서의 불교와 유학간의 대립」, 『불교연구』 15, 1998, 146-147쪽.
127 오지섭, 「한국 유・불 공존 의식의 배경에 관한 연구 - 윌프레드 캔트웰 스미스의 종교이해에 근거하여」, 서강대학교 대학원 박사학위논문, 2001 참조. 이 논문은 동아시아의 '삼교' 개념이 캔트웰 스미스가 말하는 '종교' 개념의 물상화 이전 단계를 보여준다고 설명한다.

둘째, 서양의 '정교분리'가 근대 이전 사회, 그중에서도 특히 불교에도 적용될 수 있는지 여부의 문제이다. 서양의 '정교분리'는 종교 우위의 중세 시대가 무너지면서 정치와 종교의 분리 요구를 규범화한 것이다. 나아가 종교를 마음의 영역으로 국한해 무한한 자유를 부여해주는 대신, 종교가 현실 정치에는 일체 영향을 미쳐서는 안 된다고 요구했다. 이는 세속의 정치와 마음의 종교를 나누어 각자의 독자적 영역을 인정하면서 분할통치하겠다는 서구인들의 근대적 기획이었다.

하지만 근대 이전 한국에서 '교', 구체적으로 불교는 서구의 상황과 달랐다. 불교는 '교'의 지위를 부여받기는 했지만, 기본적으로 '삼교'의 체계 속에서 '정치 교화'의 역할을 자임함으로써 세속 정치의 통제로부터 자유로울 수 없었다. 따라서 서구에서 '정교분리'는 종교 우위의 사회에서 현실정치 우위로 전환하기 위한 전략이었다면, 한국 전근대의 경우 이미 현실 정치 우위의 상황에서 종교의 자율성을 어떻게 확보할 것이냐의 문제였다. 서양과 한국이 종교의 자율성을 확보한다는 현상적 목표는 유사하지만, 처해있던 상황과 추구했던 목표는 달랐던 것이다. 서구는 세속 정치 우위를 확보하기 위한 근대적 기획이었던 반면, 근대 이전 한국은 오히려 정치 우위의 상황에서 최소한의 종교적 자유를 보장받기 위한 것이었던 만큼, 그들이 추구하는 방향은 오히려 서로 정반대였다.

정리하면 이렇다. 한국에서 불교는 고대에서 조선시대까지 늘 국가와의 관계에서 분리되지 않았다고 할 수 있다. 국가 정책에 따라 지속적으로 관리되고 있었으며, 불교 교단 상층부의 승려들의 의식 속에서도 국가와 왕에 대한 신민(臣民) 의식이 매우 높았다. 그들은 불교 교리와 철학에 대해서도 높은 안목과 자긍심을 가지고 있었지만, 충효와 같은 유교적·현세적 윤리도 내면화되어 있었다. 그러므로 인도의 초기불교 형태와 비교하면 매우 세속에 밀착되어 있었으며, 세상과 아주 절연한 불교만의 독자적 영역을 형상화하고 있지는 않은 듯하다. 따라서 "한국에 불교가 전래된 이래 승단은 국가의 통제 아래 있었으며, 그 반대의 경우는 없었다"라고 단정할 수 있게 된 것이다.[128]

한마디로 전근대 한국에서는 오늘날 우리가 생각하는 근대적 의미의 '정교분리'가 실현된 적이 없었다고 볼 수 있다. 물론 그 이유는 정교분리라는 관념 자체가 불가능했기 때문이라고 생각할 수 있다. 고대 중국에서는 한대(漢代) 이후 황제는 천자(天子)를 겸하였다. 그것은 정치적·행정적 통치자인 군주가 종교적 사제를 겸하는 체제였다.[129] 황심천에 따르면 중국 역대 통치자들은 모두, "정권은 신으로부터 받은 것이며, 하늘의 명을 받들어 스스로 천자(天子)의 지위에 있고, 왕권(王權)은 신권(神權)보다 위에 있다"고 자임했다. 그들은 종교를 백성의 교화에 이용하기도 하고, 또한 종교와 일정한 거리를 두면서 각종 종교를 다 받아들이는 정책을 취하기도 했다.[130] 그리고 소위 "온 세상에 왕의 영토가 아닌 곳이 없고, 온 나라 영토 안의 사람 가운데 왕의 신하가 아닌 사람이 없다"는 표현 아래 중국 고대의 사회와 정치구조가 건립되었다. 이것은 곧 중국 종교에서 정치와 국가의 관계를 상징적으로 보여주는 것이기도 하다.

우리나라의 경우도 중국문화의 영향을 지속적으로 받으면서 중국과 유사한 체계를 갖추어 갔을 것으로 추정된다. 조선도 기본적으로 중국 고대

---

128 김종명, 앞의 책, 8, 63, 119, 400-401쪽 참조.
129 와타나베 요시히로, 앞의 책, 91-96쪽 참조.
130 황심천, 앞의 글, 129-130쪽.

의 예제를 참고한 오례(五禮)를 운영하였고,[131] 궁궐의 체제도 역시 그에 맞춰 구성하였다. 또 '이단도 곧 나의 백성이다'라는 조선 왕들의 심정이나, '비구니도 왕의 백성입니다'라고 호소하는 백곡의 마음은 중국의 상황과 일맥상통한 것으로 보인다.

그렇다면 한국에서 정교분리의 관념이 시작되는 시점은 언제부터일까? 한국의 역사에서 정교관계에 변화가 일어나게 된 계기는 1784년 가톨릭의 전래와 관련되어 있다는 연구가 설득력을 지닌다. 이 연구에 따르면 기독교는 본래 "지상적·국가적 권위 위에 천상적·영적 권위를 인정하고 국가-종교관계를 설정함으로써[132] 불교나 유교와는 달리 제도적 수준에서 정교분리를 추구"해 왔다. 이와는 달리 한국의 전통종교에서는 정교관계에 관한 이념적·법률적 설명이 별로 찾아볼 수 없었다. 한국에서는 조선조 말 개화기에 접어들면서 비로소 종교관계에 관한 의식이 새롭게 싹트기 시작했으며, 그것은 유길준의 『서유견문』에서 '종교 자유'의 문제와 함께 등장했다. 한국에서 공식적으로 정교분리가 표방된 것은 1905년 을사보호조약 체결 이후였는데, 그것은 일본의 식민지 문화정책의 일환에 따른 것이었다.[133]

이러한 결론은 조선에 가톨릭의 전래와 더불어 비로소 한국에서 서구적 의미의 '종교' 개념이 출현하게 되었다고 주장하는 돈 베이커의 주장과 일맥상통한다.[134] 조선의 공식기록인 『조선왕조실록』에서 근대적 의미의

---

131 『세종실록』 128권, 〈오례(五禮) 서문(序文)〉. 태종이 오례의 정비를 명하여 당(唐)·송(宋)의 옛날 제도와 명나라(中朝)의 제도를 취하였다는 기록이다.
132 이삼성, 앞의 글 참조.
133 박종주, 「한국에서의 국가-종교관계 변화분석: 제1-6공화국의 종교정책을 중심으로」, 『한국사회와 행정연구』 5(1), 1994, 199쪽.
134 부남철, 「조선조 유교 정치와 종교의 관계에 대한 서구적 연구관점」, 『21세기정치학

'종교' 개념이 등장하는 최초의 사례는 『고종실록』 33권 1895년 6월 10일자 기사이다.[135]

'종교'와 '정교분리'는 서구의 근대적 산물이다. 따라서 한국의 전근대 사회에서 이와 유사한 현상을 찾을 수 있을지는 모르지만, 그 개념을 그대로 전근대 한국사회에 적용하는 데에는 어려움이 따를 수밖에 없다. 그나마 확인할 수 있는 것은, '교'가 서양의 '종교' 개념에 근접하며, 불교도 '삼교'의 맥락 속에서 '교'의 지위를 부여받고 있었다는 것이다. 그리고 이런 '삼교'의 체계 속에서 불교는 언제나 유교적 가치에 복무하고자 했다. 다시 말해 서양과 우리는 '정교분리'가 주장되는 상황과 맥락이 달랐던 것이다. 이런 정황은 불교가 다시 '종교'로 태어나는 과정에서 중요한 전제가 될 것이다. 근대 시기에 불교가 서구의 '종교', 그리고 '정교분리' 개념에 맞춰 스스로 구조 조정하는 과정을 거치면서 이러한 불교의 자기 인식은 계승되기도 하고 단절되기도 한다. 이 논의는 이 책 끝부분에서 다시 다뤄지게 될 것이다.

━━━━

회보』 15(1), 2005, 15-17쪽. 돈 베이커는 일련의 연구들을 통해 이 같은 의견을 계속 피력하고 있다. 이 책의 후반부에서 그의 주장을 다시 살펴볼 것이다.
135 『고종실록』 33권, 고종 32년 6월 10일(기묘) 1번째 기사(1895년), 〈이재곤이 성균관 개혁에 대하여 상소를 올리다〉. "이 세상의 여러 나라에는 모두 이른바 종교라는 것이 있는데, 신(臣)은 어떤 종교인지는 모르지만 각기 그 교를 가르치면서 서로 침해하거나 금지하지 않아도 자주자강(自主自强)하는 일에 해롭지 않습니다. 그런데 어찌 유독 우리나라만이 유교(儒敎)가 기본이라는 것을 아랑곳하지 않고 일체 무용지물로 여긴 후에야 부강해지는 방도를 배울 수 있겠습니까? (皆有所謂宗敎者, 臣所不知何敎, 而各敎其敎, 不相侵禁, 亦不害乎自主自强之業 奚獨我邦, 不顧斯文關鍵, 一切弁髦而後, 始可學富强乎?)"

VI

근대불교는 어떻게 유교의 대안이 되었나?

1. 근대 한국의 종교적 상황
2. 근대 한국불교계의 유교 인식: '철학'과 '윤리'로서의 유교
3. 동아시아 근대 사상가들의 불교에 대한 긍정적 인식

근대불교가 한국의 대표적인 전통종교로 다시 부상하게 된 것은 매우 중대한 종교적 사건이다. 조선왕조의 억불정책 아래서 겨우 그 명맥을 유지해왔던 불교가 우리의 종교 전통을 대표하는 근대종교로 정착하는 과정은 매우 역동적이다. 반면 조선 시대에 정치, 경제, 사회, 문화 등 우리의 모든 삶의 양식을 규정해왔던 유교가 근대종교로 정착하지 못하고 주변화된 것 또한 역사적 아이러니가 아닐 수 없다. 지금까지 앞에서 종교 및 불교의 개념 형성과정에 대한 설명에 이어 조선시대 불교에 대한 다양한 인식을 소개했다. 이제 불교가 어떻게 유교를 대신해 우리 민족의 전통종교로 자리잡게 되었는지 그 과정을 살펴보게 될 것이다.

물론 이것으로 한국 근대불교의 정체성이 모두 설명되는 것은 아니다. 그것은 개항이후 우리 사회의 변화와 다양한 종교적 도전을 거치면서 형성된 것인 만큼 좀 더 많은 설명들이 추가되어야 가능하다. 다만 여기에서는 불교와 유교가 그 역할이 역전되는 당시 지식인들의 인식 변화에 주목하여 그것을 소개하고자 한다. 이와 더불어 왜 한국 근대 지식인들은 유교가 아니라 불교에서 우리 민족의 정통성과 더불어 근대성의 가능성을 찾고자 했는지를 살펴보게 될 것이다. 하지만 이것은 단지 그 시작일 뿐이다. 이 장(章) 다음부터 한국 근대불교가 내외부의 도전으로부터 정체성을 형성해가는 과정을 좀 더 자세히 설명하게 될 것이다.

본격적인 논의에 앞서 먼저 유교가 종교적 대안이 될 수 없었던 이유를 유교를 중심으로 간단히 정리하고자 한다. 불교와 유교의 이 같은 역전, 특히 유교의 종교적 기능상실을 설명하기 위해 무엇보다 주목해야 할 것은 제도적 원인이다. 1915년 일제 총독부는 〈포교규칙〉을 발표함으로써 유교를 공식적인 종교의 범위에서 제외시켰다. 그것은 종교의 범위에 신도, 불교, 기독교만을 지정함으로써 그 이외의 종교는 종교가 아닌 것, 혹은 '유사종교'로 범주화하였다. 따라서 유교는 공식적 차원에서 종교로 거론되지 않게 되었으며, 점차 종교의 경쟁체제 내에서 그 입지가 좁아지게 되었다.

이와 더불어 조선의 '망국 책임론'과 함께 유교를 무능한 종교로 평가하는 시각도 크게 작용했다. 한마디로 유교는 근대의 신문명을 책임지기에 부적합한 세력이라는 인식은 유교의 존재이유에 대한 회의로 이어졌다. 특히 유교는 종교라기보다는 하나의 정치철학, 도덕과 윤리, 학문에 불과하다는 인식이 등장하기 시작한 것이다. 특히 제국주의와 함께 시작된 다양한 종교의 확산을 막아내고 우리 전통의 세계관을 지켜내는데 유교가 매우 취약하다는 인식이 일반화되었다. 대신 근대 한국사회의 지식인들이 이전에 유교에 기대했던 한국의 대표적 종교사상으로서의 역할을 불교에 요구하는 경향도 생겨났다.

또한 당시 지식들에겐 새로이 유입되는 신규 종교인 기독교에 선뜻 조선사회를 맡기기엔 기독교가 전통성이 부족했다고 보았다. 전통 한국사회의 여러 관습과 사유방식, 제도 등 여러 분야에서 기독교는 기존 체제를 전복시킬 만큼의 파괴력과 위험성을 가진 종교로 인식되었다. 조상에 대한 제사를 우상숭배라고 비판하는 등 이방인의 관습과 종교를 모두 배척,

타도하고자 하는 공격적인 기독교의 기본 방향은 조선인들로 하여금 기독교에 대해 방어적 태도를 취하게 하였다.

그리고 이는 유교의 종교적 기능의 한계에 대한 논란과도 밀접하게 연결되어 있으며, 유교의 종교성 유무의 논쟁도 바로 그것에서 비롯된 것이다. 유교는 세속과 초월, 차안과 피안의 스펙트럼이 상대적으로 넓지 않은 단선적 세계관을 지녔다고 할 수 있다. 유교는 이 현세 안에서 진리와 가치를 실현하고자 하며 인간의 도덕성과 합리성에 대한 한없는 신뢰를 보낸다. 대신 삶과 죽음을 넘나드는 초월성과 피안(彼岸)에 대한 어떤 논의도 허용하지 않는다. 하지만 이것으로는 당시 분출하고 있었던 종교적 요구를 수용할 수 없었다.

유교의 대안으로 불교가 부상한 것은 조선왕조 몰락의 책임을 유교가 떠안으면서 일정 부분 예견된 것이었다. 조선시대 억불정책으로 이단(異端)이라 비판받아왔던 불교에게 오히려 외래 종교의 확산을 막는 민족의 전통적 세계관의 역할을 부여한 것이다. 유교가 '아비도 임금도 안중에 없는 무부무군(無父無君)의 도요 불효불충의 세계관'이자, 불교가 창궐하면 이 세상을 지탱할 도덕도, 생활을 책임질 실무자도 없는 무정부 상태가 될 것이라고 비판했던 불교가 이제 우리의 종교 전통을 대변하게 된 것이다.

1. 근대 한국의 종교적 상황

근대 불교가 유교의 대안이 될 수 있었던 환경을 이해하기 위해서는 우선 당시 한국의 종교적 상황을 이해할 필요가 있다. 근대불교란 보통 넓은 의미에서 개항(1876) 이후부터 일제에서 해방된 시점(1945)까지를 의미한다.[1] 개항 이후 한국에는 서양문물이 들어오면서 전통적 종교지형이 해체되고 새로운 종교지형이 형성되었다. 이 과정에 영향을 미친 사건과 계기는 '정교분리'와 '종교자유'의 원칙 확립, 일제의 종교 공인 정책, 유교 권위의 추락과 불교의 복권, 기독교의 폭발적 성장과 배타적 선교활동, 신종교 운동의 발발 등이다.

'종교의 자유'와 '정교분리'의 원칙은 개항 이후 한국사회에 널리 유포된 담론으로서 한국사회에 이전과는 다른 종교적 상황을 가져다주었다. 1886년 프랑스와 체결한 〈한불수호통상조약(韓佛修好通商條約)〉은 '종교의 자유'를 법적으로 보장해주는 계기가 되었으며, 이후 기독교의 전교와 신교를 용이하게 해주었다.[2] 특히 '종교자유'의 개념은 서구에서 들어온 낯선 종교인 천주교와 개신교의 선교 활동을 사실상 '공인'해 주었으며, 그 결과 기독교의 급격한 성장을 가져왔다. 이와 함께 1899년 〈교민조약(教民條約)〉의 체결로 '정교분리'의 원칙이 처음으로 문헌에 '정치적 사항과 종교

---

1 김경집, 『한국근대불교사』, 경서원, 1998, 13-31쪽 참조. 김경집은 근대불교의 시작점을 폭넓게 1876년에 두고 살펴보고 있다. 이 책에서도 이 넓은 의미에서 근대불교의 의미를 사용하고자 한다. 근대불교의 기점에 대해서는 학자에 따라서 1877년 일본불교의 침투, 또는 1895년의 승려 도성출입금지 해제, 또는 1897년 대한제국으로 국호(國號)를 고친 시점, 1899년의 원흥사(元興寺) 설립에서 찾고 있다. 이에 대해서는 허흥식, 「한국불교사 시대구분론」, 불교신문사 편, 『한국불교사의 재조명』, 불교시대사, 1994; 불교사학회 편, 『근대한국불교사론』, 민족사, 1988; 김광식, 『한국근대불교사연구』, 민족사, 1996; 정광호, 『근대한일불교관계사연구』, 인하대출판부, 1994; 김영태, 『한국불교사개설』, 경서원, 1993 참조.
2 이원순, 「한불조약과 종교자유의 문제」, 『교회사연구』 5, 한국교회사연구소, 1987; 최종고, 「한국에 있어서 종교자유의 법적 보장과정」, 『교회사연구』 3, 한국교회사연구소, 1981 참조.

적 사항의 분리'라는 명시적 규정으로 나타나게 된다.[3] 이제 종교의 영역은 정치의 영역과 별개의 고유한 영역으로 인식되어 정치로부터 개인의 자유로운 선택 대상이 되었다. 이러한 종교를 바라보는 시각의 변화는 개항기 이전과 구별되는 근대 한국사회의 중요한 특징이라 할 수 있다.

이러한 종교적 상황의 변화는 유교 중심의 전통적 종교지형의 급격한 몰락을 가져왔다. 이러한 변화는 그 이전까지 '이단' 혹은 '사학(邪學)'으로 분류되던 집단, 즉 기독교가 '공인'되는 것을 넘어, 이제 유교가 국가에서 분리되는 등 '국가유교'가 해체되고 있음을 의미한다. 종교 영역에서의 국가권력의 상대화, 정치와 종교의 분리는 기독교의 유입과 더불어 시작되었고, 그 귀결로 국교로서의 지위를 지녔던 유교의 절대적 권위는 해체되었다.

한편, 이와 반대로 불교는 개항 이후 조선시대와는 비교할 수 없는 비약적 발전의 기회를 갖게 되었다. 조선시대의 불교 침체기로부터 벗어나 일약 사회의 한 공적 구성원으로서의 지위를 획득하고, 주변부로부터 중심부로 진입할 수 있게 된 것이다.

숭유억불정책으로부터의 탈피 조짐은 조선시대 말 순조, 헌종, 철종, 고종 4대에 걸친 불교에 대한 조정의 정책 변화에서도 서서히 나타났다. 그동안 사찰에 과중한 부담이 되어 온 각종 잡역의 면제(순조, 헌종, 철종), 사

---

3 〈교민조약〉은 한국에서 국가와 종교가 대등한 관계로 합의의 방향을 찾은 사건으로 중요한 의의를 갖는다. 그러나 '종교자유'와 '정교분리' 원칙이 헌법에 명문 규정화하게 된 것은 해방 후 미국의 영향에 의해서였다. 이에 대해서는 최종고, 위의 글, 94-96, 110쪽 참조. 또 정교분리담론에 관한 연구로 장석만, 「19세기 말 20세기 초 한중일 삼국의 정교분리담론」, 『역사와 현실』 4, 1990를 참고할 수 있다.

찰의 보수 및 중건의 경비조달을 위한 공명첩(空名帖) 발행(철종, 고종, 대원군), 대장경의 간행(고종) 시책 등이 내려졌다. 그중에서도 가장 중요한 사건은 '승려 입성 해금'이었다.[4]

1895년(고종 32년) 일본 승려 사노(佐野)의 도움으로 조선시대에 금지되었던 승려의 도성출입이 허용되었다. 이것은 비록 일본 승려의 건의에 의한 조치였지만, 조정의 대불교 정책의 전환을 분명하게 보여주는 사건이었다. 이를 계기로 승려의 사회적 지위가 회복되었고 포교활동이 활성화되면서 불교는 공적 영역으로 진출할 수 있게 되었다.[5] 이러한 불교의 복권은 일제의 종교공인 정책에 의해 불교가 종교로서의 지위를 공식적으로 승인받게 되면서 완성된다. 일제는 〈포교규칙(布教規則)〉(1915) 전 15조를 선포하고 그 1조에서 "종교라 부르는 것은 신도(神道), 불도(佛道) 및 기독교"라고 명시하고, 이 세 종교 이외의 종교들은 '종교유사단체'로 분류함으로써[6] 기독교와 함께 불교가 공인 종교로서의 지위를 갖게 하는 결정적인 계기를 맞게 된다.

이처럼 개항 이후 한국 근대 종교지형 변화를 특징짓는 것은 천주교와 개신교 신앙의 공인, 유교 권위의 몰락, 불교의 복권과 부상이다. 여기에 서양종교 출현에 대항하여 발생한 동학 등의 자생적인 종교운동의 등장이 더해지면서 이 시기의 종교지형은 매우 복잡한 양상을 띠고 있었다.[7] 이렇

---

4   이봉춘, 「근대 한국불교의 역사와 정체성」, 『회당학보』 6, 2001, 461-462쪽.
5   김경집, 앞의 책, 20-22쪽 참조.
6   〈포교규칙〉(조선총독부령 제83호), 『조선총독부관보』 제911호, 大正 4년(1915) 8월 16日, 154-155쪽.
7   개항기~일제하의 종교지형과 관련한 자세한 논의는 이진구, 「근대 한국 개신교와 불교의 상호인식 - 개신교 오리엔탈리즘과 불교 옥시덴탈리즘」, 『종교문화연구』 2,

게 개항 이후 한국사회에서는 '종교자유'와 '정교분리' 정책으로 자유로운 다종교 상황에서 경쟁체제가 공고해져 갔다.

이 과정에서 한국불교는 몇 가지 시대적 과제를 안게 되었다. 가장 중요한 근대 불교의 당면 과제는 통일교단의 건설과 교단의 근대적 개혁이었다. 일제 통치라는 민족적 상황과 새로운 서구사상 유입에 대처하기 위해 불교의 위상과 의미를 재규정하는 일이 시급한 과제였다.[8] 다종교 상황에서 불교의 위치와 고유한 의미를 발견하고 불교의 종교적 정체성을 확립하는 일은 피할 수 없는 요청이었다.

이러한 시대적 요청에 불교계는 여러 방면으로 대처했다. 권상로(1879-1965)의「조선불교개혁론」(1912), 한용운(1879-1944)의「조선불교유신론」(1913)은 불교개혁의 필요성과 실천이념을 역설했으며,『원종(圓宗)』(1910)을 필두로『조선불교월보』(1912),『해동불보』(1913),『금강저』(1914),『불교진흥회월보』(1915),『조선불교계』(916),『유심』(1918) 등의 불교잡지는 대중교화의 장으로 기능했다. 이들 잡지의 편집, 발행인은 한용운, 권상로, 이능화(1869-1943), 박한영(1870-1948) 등으로 당시 불교계의 대표적 지성들이었다. 또한 이능화의『백교회통(百敎會通)』(1912), 백용성(1864-1940)의『귀원정종(歸源正宗)』(1913) 등 비교종교서적들이 출현하여 여러 종교에 대한 불교의 종합적 이해를 시도했다. 이 같은 시도들은 당시 시대상황에서 불교에

2000, 147-50쪽 참조.
8 유병덕,「일제시대의 불교」, 불교사학회 편,『근대한국불교사론』, 민족사, 1988, 164쪽. 유병덕은 한일합방 후 조선불교의 당면 과제는 크게 두 가지였다고 본다. 그것은 첫째, 한일합방이라는 일제 침략 속에서 일본 정부의 정치적 간섭과 일본불교의 영향에 대해 조선불교의 주체성을 어떻게 확립해 나가느냐, 둘째, 급변하는 사회정세 및 세계조류에 어떠한 태도를 취할 것인가 하는 문제였다.

게 타종교에 대한 이해가 긴급히 요청되었음을 반영한 것이라 할 수 있다.

이처럼 근대 불교의 시기는 한국의 종교지형에 급격한 변화가 초래된 기간이었으며, 서구의 낯선 세계관과 동양의 세계관의 만남 혹은 충돌의 기간이었다. 이 때 그 이전에는 경험하지 못했던 자유로운 다종교 경쟁체제 상황이 전개되었으며, 한국불교의 당면 과제의 하나는 이 새롭게 형성된 다종교 상황 속에서 불교의 고유한 자기 정체성을 찾는 것이었다. 오늘날 불교가 타종교에 대해 가지고 있는 인식도 이러한 시대적, 사회문화적 맥락 속에서 형성되어 온 것이라 할 수 있다. 이 때 형성된 타종교에 대한 불교의 이해는 당시 불교인들의 일반적 사고의 반영이라 할 수 있으며, 이후 불교의 타종교에 대한 인식의 논리로 지속적인 영향을 미쳐 왔다.

2. 근대 한국불교계의 유교 인식: '철학'과 '윤리'로서의 유교

1915년(大正 4년) 8월 16일 반포되어 동년 10월 1일부터 시행된 총독부령 〈포교규칙〉은 유교를 종교의 범위에서 제외시켰다. 〈포교규칙〉은 종교의 범위에 '신도, 불도, 기독교'만을 지정함으로써 그 이외의 종교들은 '종교'의 범주에서 아예 배제시켜 버린 것이다. 그럼으로써 다른 종교들은 '유사종교(類似宗敎)' 혹은 '비종교(非宗敎)'의 영역에 속하는 결과를 낳았다.[9] 그렇지만 그것은 공식적 차원의 일이었고, 일반적 인식 속에서 유교는 여전히 불교, 기독교와 함께 한국의 3대 종교로 인정되고 있었다.[10]

---

9 윤선자,『한국근대사와 종교』, 국학자료원, 2002, 52쪽.
10 이능화,「종교와 시세」,『유심』 1, 1918, 35쪽. 이능화는 이 글에서 "현금세계에 유야불(儒耶佛) 삼교(三敎)가 정족(鼎足)의 형(形)을 성하였으니"라고 하여 유교, 불교, 기독

근대에 이르러서도 유교에 대한 불교의 시각은 일차적으로는 동양 전래의 전통적 종교라는 점에서 우호적이었다. 유교가 조선에 전래하여 충효와 예의를 숭상하는 미덕을 갖게 한 점을 높이 평가하였으며, 그런 측면에서 유교를 다른 종교와 비교할 때 가장 '선량한 종교'로 판단했다. 아래의 글은 당시 유교에 대한 긍정적 평가의 일면을 보여준다.

> 我朝鮮(아조선)은 여말에 鄭圃隱(정포은) 金惕若齋(김척약재) 李牧隱(이목은) 諸先生(제선생)이 斯道(사도)를 천명ᄒ고... 이조 오백년에 群賢(군현)이 배출ᄒ야 儒風(유풍)이 大振(대진)ᄒ야 충효를 장려ᄒ고 례의를 숭상하는 고로 조선은 禮義之邦(예의지방)이라는 好評(호평)이 천하에 자자ᄒ지라 余(여)의 愚見(우견)으로는 유교가 各敎(각교)에 비교적 最善良(최선량)ᄒ 쥴로 知(지)ᄒ노라.[11]

또한 유교와 불교의 관계에 대한 이해에서도 전통적인 삼교회통적 시각이 작용하고 있다. 즉 유교와 불교의 근원은 하나로 통한다는 입장이다.

> 儒佛(유불)이 그 敎(교)를 세워 서로 다르므로 수양 방법 역시 달라졌으나, 理(리)에는 두 가지 이치가 없고 오직 '하나의 도[一道]'일 뿐이므로 마땅히 서로 배척하지 않고 도와야 한다.[12]

━━━━━

교를 당시의 3대 종교로 보고 있다.
11 여시관인, 「시야비야(是耶非耶)」, 『조선불교계』 2, 1916, 58쪽.
12 숭양산인, 「유불일체변」, 『불교진흥회월보』 3, 1915, 27쪽.

그리고 유교의 심성론(心性論)도 불교와 다르지 않다고 생각되었다.

> 性(성)이라는 것은 불경에도 있음이 분명하니, 소위 여래장이라고 하는 것은 곧 命(명)을 이르는 것이요, 圓成之自性(원성지자성)이라는 것은 곧 本然之性(본연지성)이오, 緣起之自性(연기지자성)은 氣質之性(기질지성)이오, 妄想之自性(망상지자성)은 곧 人慾之私(인욕지사)라. 오직 그 이름이 다른 까닭에 儒釋(유석)이 이를 깨닫지 못하고 있다.[13]

이와 같이 유교와 불교가 근원에서 서로 통한다는 의식은 여러 글 속에서 종종 발견할 수 있다.[14] 그러나 주목할 점은, 이런 유불일체(儒佛一體)의 시각과 달리 조선의 '망국책임론(亡國責任論)'과 함께 유교를 무능한 종교로 평가하는 시각도 이 시기에 나란히 등장하고 있다는 사실이다.

1910년에서 1944년에 이르는 식민지 시대에는 유학사상에 대한 극단적인 부정적 인식이 지배하고 있었다. 유교국가인 조선이 멸망하고 일제 식민지로 전락함에 따라 국망(國亡)의 원인이 유교와 유학자에게 돌려졌다. 이와 관련하여 유학은 일제 식민사학자들에게는 식민사관을 확인하는 소재로, 민족주의 역사학자들에게는 학문적 연구 대상이라기 보다 타파되어야 할 낡은 사상으로 인식되었다. 예컨대 대표적 식민사학자인 다카하시 도루(高橋亨, 1878~1967)는 한국 유학의 성격을 고착성과 종속성이라 파악하고 한국 유학의 독자성을 부정했다. 식민사학에서 유학은 타율성론,

---

13 위의 글, 25-26쪽.
14 예를 들어 이교영, 「유석당상자불당상척(儒釋當相資不當相斥)」, 『불교진흥회월보』 4, 1915, 50쪽; 김응종, 「논유불의 사업」, 『불교진흥회월보』 7, 1915, 18-20쪽.

사대성론, 당파성론 등의 식민사관을 합리화시켜 주는 재료에 불과했다. 민족주의 역사학자들도 유학사상을 부정적으로 보는 점에서는 동일했다. 예를 들어 신채호((申采浩, 1880-1936)는 전통유학의 폐단으로 모화사상, 모방과 의타성, 망국의 폐해 등을 들어 유학이 민족사에 나쁜 영향을 끼쳤다고 비판하며, 유학이 들어오기 이전 상고시대의 낭가사상(郎家思想)에서 민족 고유의 정신적 원류를 찾으려 하였다.[15]

유교에 대한 비판적 인식은 일찍이 한말 민족주의자들에게서도 나타난다. 1909년 〈대한매일신보〉(11월 28일 자)의 한 사설에서는 한국의 기존 종교 가운데 특별히 유교에 대해 더 날카로운 비판을 하고 있다. 한국 유교는 열심히 유교의 교리를 공부해왔지만 "이것을 강론하여 나라를 부강하게 하고 지경을 넓히고자 함이 아니라… 정자, 주자에게 제자되기나 즐겨할 뿐이니" 한국의 발전을 위해서는 아무런 공헌을 하지 못하고 오히려 사대주의에 빠져 나라의 발전에 장애가 되었다는 것이다.[16]

근대 한국의 불교인들에게도 유교는 '조선 500년간 동인, 서인, 소론, 노론 등의 당쟁으로 정치를 망치고 제 소임을 다하지 못하였다'고 비판받았다.[17] 그리고 유교사상과 체제는 경직되어 그 폐해가 심각하며, 따라서 그 사상은 당시 급변하는 세상에 부적합한 체계라고 지적받았다.

---

15 김항수, 「조선후기 유학사상 연구현황」, 근대사연구회편, 『한국중세사회 해체기의 제문제(상)』, 도서출판 한울, 1987, 181-182쪽.
16 박명수, 「한말 민족주의자들의 종교이해-〈대한매일신보〉(1904-1910)의 논설을 중심으로」, 『한국기독교와 역사』 5, 1996, 13쪽.
17 만향당, 「선민정상(鮮民頂上)에 일침(一針)(속)」, 『조선불교총보』 11, 1918, 4-5쪽.

유교는 구속이 매우 심하여 요순 이래로 정주(程朱)에 이르기까지 오로지 한 길[一轍]만을 고수하여 일언일구(一言一句)라도 아직 앞 사람이 발설하지 않은 것을 발설하면 그 시비곡직(是非曲直)을 불허(不許)하고 반드시 사문난적(斯門亂賊)이라 깊은 구덩이와 연못 속으로 몰아넣으니 옛 현인이 이후의 군자를 기다린다는 의사와는 전연 같지 않다.[18]

인류의 상상은 시대의 변천에 따라야 지식의 발달이 진보하는 것인데, 금일에 이르러 사천여 년 전 요순(堯舜)의 행사와 동일하게 하라고 훈도하니 이는 사실상 불가능한 일(이다).[19]

이렇게 유교는 신문명을 책임지기에 부적합한 사상으로 평가받고 있었다. 그리고 그것은 유교의 존재이유에 대한 회의로 이어진 데 이어 유교가 단지 하나의 윤리나 철학, 또는 교육사상으로 축소 해석되는 경향으로 나타났다.

먼저 유교는 하나의 '윤리'로서 일종의 도덕규범과 같은 것으로 이해되었다. 하지만 이 견해에 따라 설령 유교가 충효의 예의를 가르치는 미덕이 있다 하더라도 그것이 바로 유교의 존재이유가 될 수는 없다고 비판받았다. 왜냐하면 '유교는 윤리 상에 필요한 점이 많으나, 이제 세계를 돌아볼 때 어느 사회이든지 도덕과 질서를 유지하는 법률이 있어' 유교의 역할을 대신하고 있기 때문이다.[20] 즉 진보한 사회에서는 어느 곳이나 법률이 도

---

18 여시관인, 앞의 글, 59쪽.
19 위의 글.
20 위의 글, 58-9쪽; 이능화 역시 유교의 장점이 오직 '윤리'에 있다고 평가했다. 이능화,

덕과 윤리의 기강을 바로 세우는 나름의 역할을 하고 있기 때문에 윤리를 목적으로 하는 유교가 따로 존재해야 할 이유가 없다는 것이다.

또한 유교는 일종의 '교육사상'으로 이해하고자 하는 경우도 있었다. 이것은 유교의 종교적 측면을 부정하고 그것을 일종의 교육체계로만 한정하고자 하는 것이다. 한 불교인은 유교가 종교가 아니라 교육사상인 이유는 '실행(實行)에 힘쓰고 신앙(信仰)을 주로 하지는 않기 때문'이라고 설명한다.

> 내가 공자의 교라고 하는 것은 교육의 교요 종교의 교는 아니다. 그 교는 실행이 중심이지 신앙이 주가 아니다.(吾以爲孔敎者는 敎育之敎也-오 非宗敎之敎也라 其敎는 主於實行ᄒ고 不主於信仰이라).[21]

여기서 '실행'과 '신앙'의 내용이 구체적으로 언급되지는 않지만, 유교를 수기치인(修己治人) 등과 같은 정치적 덕목(德目)을 담은 현세주의(現世主義)로 파악했던 당대인들의 일반적 인식[22]을 공유한 것으로 보인다.

한편, 유교를 정치철학이라고 평가하는 경우도 있었다. 하지만 이것 역시 유교가 '비종교적'이라는 함축을 전제하고 있는 것이었다. 이능화가 유교가 종교적 성질은 적고 정치적 성질이 많은 것이라고 평가한 것도 같은 맥락이다.

앞의 글, 35쪽. "유교의 호처(好處)는 륜리에 재(在)ᄒ나…."
21 만향당, 앞의 글, 3쪽.
22 유석규, 「수마심경(須磨心經)」, 『룸비니』 3, 1939, 8쪽 참조.

유지위교(儒之爲敎)는 정치성질(政治性質)은 다(多)ᄒᆞ고 종교부분(宗敎部分)
은 소(少)ᄒᆞ니….[23]

유교는 비종교(非宗敎)요 일개 정치학이라고 주창하는 자 많다.[24]

그리고 그는 구체적으로 유교를 '무종교사상(無宗敎思想)'이라고 규정함으로써[25] 유교의 종교성에 대한 강한 회의를 표명했다. 이능화가 유교를 이제 더 이상 종교로서 볼 수 없다고 생각한 이유는 정치와 종교의 관계에 대한 당시의 변화에 기인한 것이었다. 그에 의하면 유교는 정치와 종교를 하나로 삼는 '정교위일(政敎爲一)'의 상황을 이상으로 삼고 있다. 그러나 이제 정교분리의 시대를 맞아 유교의 기능은 실현 불가능한 것이 되었다. 따라서 이제 유교는 "종교라고 인정할 수 없으며, 오히려 일개 '철학'으로 어길 수 있을 따름"이라고 단정하였다.[26]

이와 같이 유교에 대한 당시 불교의 인식은 삼교회통적 시각으로부터 유교에 대한 폄하의 입장까지 다양하게 분포되어 있다. 그러나 큰 흐름에서는 유교를 종교의 범주에서 분리하여 그것을 일개 '교육'이나 '윤리', '철학'으로 인식하는 방향으로 전개되고 있었다. 이것은 비단 불교만의 인식이 아니었다. 이러한 인식은 기독교가 유교를 '종교'의 영역에서 배제시키

---

23 이능화, 「불교와 타교의 경쟁」, 『조선불교계』 3, 1916, 7쪽.
24 이능화, 「종교와 시세」, 33쪽.
25 위의 글, 35쪽.
26 이능화, 「불교와 타교의 경쟁」, 7쪽. "소위 유교는 단순ᄒᆞ 종교로 인정을 불위(不爲)ᄒᆞ고 오히려[寧] 일개철학[一科哲學]이라 말[謂]ᄒᆞ는도다."

거나 주변화 시켰던 것에서도 잘 드러난다.[27]

이 같은 상황은 당시 불교계에서 유교에 대한 인식의 전환이 있었음을 의미한다. 이제 유교는 불교와 동등한 종교라기보다는 일종의 윤리 또는 철학, 교육사상 정도로 축소, 이해되기 시작한 것이다. 그것은 유교를 종교적 영역에서 배제한 것이며, 유교가 국교로서 지녔던 전통적 의미와 지위를 축소시킨 것이다.

이런 태도는 삼교회통론을 통해 유불관계의 조화와 공존을 모색했던 조선시대의 불교의 입장과는 현격한 차이가 있다. 조선시대의 삼교회통론은 다양한 이질적 종교들, 구체적으로는 유교와 불교의 근원적 일치성을 기본전제로 서로 인정하는 포용정신에 바탕을 두고 있었다.[28] 그러나 이제 불교는 유교의 '기능'을 비판하고 유교를 '종교'의 범주에서 제외시키는 방법으로 유교와 구별되는 불교만의 고유한 독자성을 모색하는 방향으로 나아가고 있었다.

3. 동아시아 근대 사상가들의 불교에 대한 긍정적 인식

근대 동아시아 지역에서는 불교가 새로운 시대의 사상적 대안으로서 주목받게 된다. 한·중·일 삼국의 주요 지식인들이 서구의 위협과 기독교

---

27 이진구, 「근대 한국 개신교의 타종교 이해 - 비판의 논리를 중심으로」, 『한국기독교와 역사』 4, 1995, 139-143쪽 참조. 하지만 유교에 대한 불교의 입장과 기독교의 입장에는 차이가 있음도 분명하다.
28 금장태, 「조선초기의 유불조화론」, 『종교연구』 18, 1999, 118쪽; 이종익, 「조선의 배불정책과 불교회통사상」, 조명기 외, 『한국사상의 심층연구』, 도서출판 우석, 1986 참조.

로부터 민족을 지켜줄 전통 신앙으로서, 그리고 새로운 근대의 시대정신에도 부합하는 사상으로서 불교를 재평가하게 된 것이다. 이에 따라 불교 교리에서 근대적 의미를 찾아내고자 하는 작업과 더불어, 불교의 민족주의적 가능성을 탐색하는 일들이 다양한 방식으로 시도되기 시작했다.

(1) 중국 근대가 발견한 '민족불교'

중국에서 '근대'는 일반적으로 아편전쟁(1840)으로부터 중국인민공화국의 성립(1949) 전까지의 기간을 지칭하는 것으로 이해한다. 당시 중국의 많은 지식인들은 불교를 중심으로 난국을 타개하고자 모색했으며, 불교에서 서학에 대항하고 새로운 사회를 건설하기 위한 사상적 대안을 찾고자 했다.[29] 그만큼 중국 근대 불교는 '민족불교'라고 규정지을 수 있을 정도로 중국의 근대화 과정과 맞물려 하나의 시대정신으로 부상하고 있었다. 물론 이때 '민족불교'란 불교 자체에 대한 관심에서라기보다, 불교 교리를 근거로 중국 민족의 현실적 문제에 대한 대안이나 단서를 찾고자 한 것이었다.[30]

이런 흐름은 량치차오(梁啓超, 1873-1929)의 『청대학술개론(淸代學術槪論)』(1921)에서도 뚜렷하게 드러난다. 여기서 그는 "청말 사상계의 근저에는 불교학이 있었다"며, "불교를 배우는 것이 한 시대의 유행"이 되었다고 기

---

29 김진무, 「중국 근대 동서문화의 충돌과 민족주의 불교의 발현」, 『한국선학』 24, 2009, 493-494쪽.
30 김연재, 「중국 근대불교의 성격과 그 특징 - 대승불교, 민족불교 및 근대의식」, 『선문화연구』 2, 2007, 114쪽; 한편 김영진은 중국 근대불교의 성격을 4가지로 설명한다. 그것은 구세불교, 계몽불교, 출세불교, 학술불교이다. 김영진, 『불교와 무의 근대: 장타이옌의 불교와 중국근대혁명』, 그린비, 2012, 16-30쪽.

술하고 있다. 청대 이전에는 불교학이 쇠퇴하여 고승이 거의 존재하지 않았고 설령 존재한다 해도 사상계와는 관계가 없었던 경우가 대부분이었다. 그러나 청말에 이르러 상황이 바뀌었다. "청말의 신학가(新學家)들은 대부분 불교와 관계를 맺었고, 참된 신앙을 가진 자는 대체로 양원후이(楊文會, 1837-1911)[31]에게 귀의했다"고 말할 정도가 되었다. 예컨대 탄스퉁(譚嗣同, 1865- 1898)은 양원후이에게 1년 동안 수학하고, 그에게 배운 학문을 바탕으로 『인학(仁學)』을 저술했다. 캉유웨이(康有爲, 1858-1927)도 종교에 대해 말하기를 즐겨했으며, 자신의 의견을 바탕으로 불설(佛說)을 논평했다고 한다.[32] 그렇다면 근대의 중국 지식인들에게 불교를 높게 평가한 이유는 무엇이었을까?

우선 불교는 유교를 대신하여 기독교로부터 중국 전통을 보호, 방어해 줄 수 있는 가장 적합한 '종교'로 이해되었다. 당시 많은 중국 사상가들은, 인도로부터 전래된 후 2천여 년 역사 속에서 유교·도교와 함께 중국의 민족종교로 자리 잡고 있는 불교에 대해 민족주의적 각성과 함께 전통불교에 대한 반성을 요구했다. 그리고 그 연장선에서 불교를 통해 국가적 위기를 타개하자 하는 '불교호국론(佛敎護國論)'을 주장하기도 했으며, 유교와의 새로운 융합을 모색하기도 했다.[33]

량치차오는 "중국이 꼭 신앙이 필요하다면 어떤 종교를 신앙해야 하는

---

31 양원후이는 '중국 근대불교의 아버지'라고 칭송되는 인물로, 이 책의 4장에서 이미 다룬 바 있으니 참조 바람.
32 양계초, 『중국 근대의 지식인: 양계초의《청대학술개론》』, 전인영 옮김, 혜안, 2005, 219-221쪽.
33 김진무, 앞의 글, 494쪽.

가?'라는 화두를 던졌다. 그리고 그가 찾은 결론은 '유교는 종교가 아니라 교육의 일종이며, 기독교는 경계해야 할 서구의 종교'라는 것이다. 그는 "서구 열강은 기독교를 이용해서 미끼로 삼을 뿐"이므로 조심하지 않으면 장래 큰 화를 당할 수도 있다고 경고했다. 반면에 불교는 그 자체가 종교적으로 뛰어난 점이 있으며, '서구 제국주의에 대항하는 종교'로서도 가치가 있다고 평가했다.[34] 이런 과정을 통해 불교는 근대 중국에서 '민족불교'로 다시 태어나게(발견 혹은 발명)된 것이다. 기독교에 대해 량치차오는 다음과 같이 말했다.

> 기독교는 본래 중국의 국민성과는 거리가 있어, 그 영향이 매우 미약하였다. 최초의 선교사는 가톨릭의 '예수회' 일파다. 명나라 사대부 서광계(徐光啓) 등이 한때 신봉한 적이 있었지만, 청초에 들어온 후 쇠퇴하였다. 게다가 교안(敎案: 소송 및 외교적 사건)이 거듭 일어나 더욱 사람들에게 미움받았다. 막 들어온 개신교도 역시 그 영향을 받았다. 사람들은 점차 이에 친숙해졌지만, 유럽에서의 기독교 세력은 이미 나날이 쇠퇴하고 있었다. 각 종파의 교회가 국내에서 행한 사업은 대단히 많았는데, 특히 교육 방면에 관심을 기울였다. 그러나 모두 구태의연하고 기백도 부족했다. … 청대에 있어서 기독교는 허물도 없고 칭찬할 것도 없다고 할 수 있다. 앞으로도 이런 태도를 고치지 않는다면 결국은 도태될 수밖에 없을 것이다.[35]

---

34 김영진, 「근대 중국불교와 민족주의」, 『불교평론』 28, 2006, 34-35쪽.
35 양계초, 앞의 책, 223쪽.

량치차오의 이러한 언급에서는, 같은 시기 한국에서 나타난 개신교의 놀라운 성장세와는 많은 차이를 발견할 수 있다. 또한 그가 이미 서구에서 기독교가 아니라 과학과 이성이 문명의 기호라는 것을 간파하고 있었음을 알 수 있다. 반면에 그는 불교에 대해서는 상당히 긍정적 시각을 보여준다. 중국 사회과학원 세계종교학부 교수 황시안녠(黃夏年, 1954-)이 요약한 량치차오의 불교관에서 이를 확인할 수 있다.

량치차오의 불학연구는 광범위하여 그 중에는 배울 점이 많다. 후세 사람들은 그의 불학 사상을 '계발성(啓發性), 고무성(鼓舞性), 창조성, 역사성, 정감성'의 5가지 특징으로 개괄하고 높이 평가했다. 그러나 량치차오는 한 명의 학자이긴 하지만 동시에 정치인으로서 자신의 책임을 잊지 않았다. 그의 불학사상은 모두 그의 정치적 이상을 중심으로 전개된 '경세치용(經世致用)'적 학설이다. 그의 모든 행위는 중국이 서구와 경쟁할 수 있는 힘이 있다는 것을 애써 천명하려는 것이었다. 따라서 그는 중국불교의 정통적 입장에서 불교를 설명하고 불교를 높게 평가했다. 그는 불교를 '철학적 종교'이자 중국에서 기독교의 확산을 저항할 수 있는 가장 강력한 사상 체계 중 하나로 인식했다.[36]

량치차오가 불교에 대해 보여준 신뢰처럼, 중국의 많은 근대사상가들도 불교를 통해 국난을 타개하자 하는 '불교호국론'적 인식을 널리 공유하고

36　黃夏年, 「梁启超先生与佛学」, 『近现代著名学者佛教文集・梁启超集』, 中国社会科学出版社, 1995, 3쪽.

있었다. 중국 근대 혁명가이자 교육가였던 차이위안페이(蔡元培, 1868-1940)도 『불교호국론』(1900)에서 "학자이면서 호국할 의지가 있는 사람이 불교를 버리고 무엇에 의지할 것인가?"라고 되묻고 있다. 그는 "국가에 가르침이 없으면 사람들은 금수(禽獸)에 가까워지니 국가는 망한다. 그러므로 가르침에 있어서 호국을 종지로 삼지 않으면 안된다."라고 호국을 극도로 강조했다. 그리고 국가와 개인, 민권 등을 대승불교의 교의와 연결시켜 불교가 호국에 있어서 가장 적합한 사상임을 천명했다.[37] 혁명가이자 학자였던 장타이엔(章太炎, 1868-1936)도 전통을 계승하고 발전시켜야 하는 국가 전체의 전략적 차원에서 불교가 꼭 필요하다고 강조했다. 중국의 불교는 민족불교의 성격을 가지고 있을 뿐만 아니라, 구국(救國)의 입장에서 역사적 책임감과 사회적 의무감을 더욱 증가시켜야 한다는 것이다.[38]

불교에 대한 이러한 시각은 유불융합(儒佛融合)의 흐름으로 이어졌다. 물론 중국 사상사에서 '유불융합'은 불교 전래 이후 항상 있어 왔던 시도였다고 볼 수 있다. 그러나 근대의 유불융합은 전근대의 유불융합과 근본적 차이가 있다. 근대 이전의 유불융합은 유가의 우월한 지위가 전제되어 있었고, 유가의 통치이론을 위해 불교이론이 보조적으로 동원되었을 뿐이었다. 그러나 근대에는 보다 순수한 사상적 융합의 성격을 지닌 것으로서, 불교와 유교의 융합을 통해 서학(西學)에 대응하려는 민족적 각성이 기본 동기로 작용하고 있었다.[39] 이러한 근대의 유불융합을 주도한 사람들을

---

37 김진무, 앞의 글, 506-507쪽.
38 김연재, 앞의 글, 131쪽.
39 김진무, 「중국 근대 유불융합과 인간불교」, 『불교학보』 49, 2008, 405, 414-416쪽.

'신유가(新儒家)'라고 부르기도 하는데,[40] 캉유웨이, 탄스통, 량치차오, 장타이엔, 량수밍(梁漱溟, 1893-1988), 슝스리(熊十力, 1885-1968) 등이 여기에 포함된다. 이들 신유가들이 지닌 유불융합의 특징은 다음과 같다.[41]

먼저, 불교를 통해 유가사상에 대한 반성의 계기로 삼았다. 그들은 대승불교의 '평등', '구세(救世)', '무외(無畏)'의 정신이 전통 유학을 비판하는 이론이 될 수 있다고 보았다. 당시 서양으로부터 전래된 '과학'과 '민주주의' 이론 등을 접한 이후, 그들은 불교의 논리로 유가의 봉건·전제 등의 폐단을 공격하고 유학을 개조하고자 하였다. 특히 량치차오, 장타이엔 등은 불교를 서양의 것도 아니고 중국의 것도 아닌 '비중비서(非中非西)', 그리고 근대 과학과 민주주의와 부합하면서도 중국의 전통성을 담보한다는 '즉중즉서(卽中卽西)'의 문화로 파악하고, 불교를 바탕으로 전통을 지키면서 중국을 현대화할 수 있다고 보았다. 둘째, 신유가들은 유교에 부족한 종교성을 불교적 교의를 수용하여 유가에 종교적 성격을 부여하고자 노력하였다. 셋째, 불교 유식학(唯識學)을 연구하면서 유학에 부족한 철학적 측면을 강화하려 노력하였다.

대표적인 경우가 캉유웨이이다. 그는 『대동서(大同書)』(1935)에서 불교의 이론으로 유학을 개조하고자 하였다. 불교의 '고제(苦諦)'를 통해 중국의 재난을 설명하는 것은 물론, 불교의 '평등'사상으로 불평등을 타파하고자 하였으며, "고계(苦界)를 제거하여 극락에 이르는" 대동세계를 이루고자 하

---

40 여기서 '신유가'란 캉유웨이가 토대를 마련하고 량수밍(梁漱溟, 1893-1988), 슝스리(熊十力, 1885-1968)가 창립한 학파를 말한다. 위의 글, 415쪽.
41 위의 글, 415-416쪽; 김진무, 「중국 근대 동서문화의 충돌과 민족주의 불교의 발현」, 501-506쪽.

였다.[42] 유가의 인본주의와 대동적 이상을 자신의 이론적 바탕으로 삼으면서도, 자비가 중생을 구제한다는 불교관의 입장에서 정치적·사회적 개혁의 필요성과 합리성을 역설했다.[43]

탄스통의 『인학(仁學)』(1896~1897) 또한 불교를 혁명의 무기로 삼았다. 그는 "인(仁)으로서 통(通)함을 제일의(第一義)로 삼음"을 주장하며, '통'을 불교의 '평등'으로 보았다. 그리하여 반복적으로 불교의 '무인상(無人相)', '무아상(無我相)'을 인용하며 유가의 병폐를 공격하였다.[44] 이러한 탄스통의 논리에 대해 량치차오는, "진실로 불교를 배우고 적극적인 정신으로 나아간 사람은 탄스통 이외에는 거의 찾기 어렵다"고 말할 정도로 높이 평가하기도 했다.[45]

쑨원(孫文, 1866-1925)이나 황싱(黃興, 1874-1916)과 더불어 중화민국 건국의 3걸(傑)로 알려져 있는 장타이엔 역시 유교를 보완하고자 하는 방향에서 불교사상에 주목했다. 신해혁명 이후 건국된 '중화민국'이라는 국호도 직접 지었던 그는 반청운동 과정에서 3년간 옥고를 치르면서 불교에 귀의했다. 장타이엔이 불교에서 가장 중요하게 생각한 것은 일체중생을 모두 평등하다고 보는 평등사상이었다. 장타이엔과 량치차오에게 불교는 오직 민족주의를 펼치기 위한 조력자였다.[46] 그의 다음과 같은 말은 유명하다.

---

42 김진무, 「중국 근대 동서문화의 충돌과 민족주의 불교의 발현」, 504쪽.
43 김연재, 앞의 글, 119-125쪽.
44 김진무, 「중국 근대 동서문화의 충돌과 민족주의 불교의 발현」, 504쪽; 탄스통에 대해서는 김영진, 「담사동의 인학과 불학」, 『한국불교학』 42, 2005 참조.
45 양계초, 앞의 책, 221쪽.
46 김영진, 「근대 중국불교와 민족주의」, 39쪽. 김영진에 의하면 중국 근대사상가 중에 불교의 비판성을 가장 끈질기게 구현한 사람이 장타이엔이다. 그래서 그는 부정(否

불학을 제창하는 이유에는 자체적으로 교설이 있기 때문이다. 국민의 덕이 쇠락한 것이 지금에 이르러 심해지고, 주공(周公)과 공자의 유언이 다시 만회할 힘이 없으며, 이학(理學) 또한 세상을 유지할 수 없다. … 폐단을 바로 잡으려는 자는 종교가 없어질 수 없다는 것을 깨닫는다. 그러나 천신을 숭배하고 부도덕함을 가까이하는 것은 그 자체가 법상(法相)의 리(理)와 화엄(華嚴)의 행(行)이 아니며, 악견(惡見)을 제거하고 오탁(汚濁)을 청정케 할 수 없는 것이다.[47]

장타이엔은 기존의 유학만으로는 중국 근대사회의 문제를 해결하기에는 역부족인 만큼, 불교 중에서도 법상학과 화엄학과 같은 대승불교의 정수를 통해 근대적 의미의 국가를 수립해야 한다고 주장한 것이다. 이들 신유학자들이 제창한 불교호국론은 서구 근대적 민주주의와 입헌공화국, 그리고 시민혁명의 논리를 불교의 계급철폐 논리와 연결시킴으로써 실제로 신해혁명(辛亥革命, 1911-1916)에 결정적인 영향을 미치게 된다.[48]

이와 같이 중국 근대화의 과정에서 드러난 '민족불교'의 특징은 민권의식과 평등주의로 압축될 수 있으며, 그 내용은 크게 세 가지로 요약될 수 있다. 첫째, 대승적 불교관을 사회정치적 각성의 중요한 이론들 중의 하나가 파악했다. 둘째, 모든 중생이 똑같이 불성을 지니고 있다는 불법을 민

定)의 철학자, 또는 무(無)의 철학자로 불린다. 김영진, 『불교와 무의 근대: 장타이엔의 불교와 중국근대혁명』, 12쪽.
47 장태염, 「인무아론(人無我論)」, 『장태염전집(章太炎全集)』 제4권, 상해인민출판사, 1985. 김진무, 「중국 근대 동서문화의 충돌과 민족주의 불교의 발현」, 507쪽에서 재인용.
48 김진무, 위의 글, 507-508쪽. 신해혁명은 1911년 청나라를 넘어뜨리고 중화민국을 성립시킨 중국의 민주주의 혁명을 말한다.

권의식으로 해석했다. 셋째, 단순히 중생을 구제한다는 의미의 구국적 차원에 머무른 것이 아니라 당시 열강들과 어깨를 나란히 하려는 일종의 세계화 전략으로 이해했다.[49]

결론적으로, 청대말의 내우외환 시련속에서 중국 지식인들은 경세주의(經世主義)적 세계관을 구축하게 되었고, 현실 문제에 대한 대안을 마련할 토대로 대승불교의 구세주의(救世主義)에 주목했던 것이다. 그들은 특히 중생구제를 핵심으로 하는 '무아(無我)' 개념, 중생평등관, 만법유심관(萬法唯心觀) 등의 불법의 원리에 착안하여 부국강병, 민족생존, 민권의 평등적 요구 등을 해결하고자 했다.[50]

일본 역시 마찬가지이다. 일본에서도 유교는 근대 시기에 적합한 종교가 아니며 불교에서 그 가능성을 찾고자 했던 흔적을 발견할 수 있다.

거기서 부상했던 것이 불교였다. 신도는 논리가 너무나 취약하며, 또한 정치적인 천황숭배를 넘어서지 못한다. 유교는 전근대의 봉건적 위계질서의 연속성이 너무나 강하다. 그 가운데 전통적인 전근대의 사상이며, 게다가 근대적 비판을 견딜 수 있는 사상으로 변형 가능하며, 해석 가능한 유일한 사상이 불교였다. 근대의 불교는 실로 일본의 근대 사상에 부과되었던 세 개의 과제 즉, 전근대적·전통적임과 함께 근대적이며 동시에 포스트 근대적이라는 삼중성을 담당할 수 있는 사상으로서 등장한 것이다.[51]

---

49 김연재, 앞의 글, 112쪽.
50 위의 글, 111쪽.
51 스에키 후미히코, 『근대일본과 불교』, 이태승·권서용 옮김, 그린비, 2009, 19쪽.

이처럼 근대적 국가가 형성되어 가는 시점에, 유교보다 불교가 더 적합한 새로운 대안적 사상이자 종교라고 하는 인식이 중국과 일본의 지식인들에게 공통으로 나타나고 있었다.[52]

(2) 조선의 개화사상가들에게 발견된 불교

조선의 개화사상가들에게서도 근대 중국과 유사하게 유교를 대신할 근대 사상으로 '불교에 대한 재평가'가 진행되었다. 성리학의 통치 질서가 위기에 도달한 조선 말기의 개화사상가(開化思想家)들 가운데에는 유교보다 불교에서 문명개화와 구국의 가능성을 발견하고자 한 사람들도 있었다. 19세기 중엽부터 중세 말기 양반사회와 유학적 지배이념의 한계를 극복하려는 새로운 움직임으로 개화사상이 등장했으며, 그 뿌리는 조선후기 실학의 개혁사상으로 거슬로 올라갈 수 있다. 그런데 이 개화사상의 전개과정에서 나타나는 한 가지 공통적인 요소가 바로 불교였다.[53]

1880년 전후로 한국 사회에는 많은 개화사상가들이 등장한다. 그들은 한국이 외세의 도전에 대응하고 국제사회의 일원이 되기 위해서는 개화가 필요하다고 생각했다. 그들은 개화의 방법을 둘러싸고 온건 개화파와 급진 개화파로 나뉘게 되는데, 후자는 주로 적극적·과격한 정책을 주장하는 20대 청년들로 구성되었다. 이들은 스스로 개화당(開化黨) 혹은 독립당(獨立黨)이라 칭한 반면, 전자를 수구당(守舊黨,) 혹은 사대당(事大黨)이라 부

---

52 근대 일본에서의 불교 문제는 이 책의 다른 부분에서도 적지 않게 다루고 있으므로 긴 내용은 생략하기로 한다.
53 한상길, 「개화사상의 형성과 근대불교」, 동국대학교 불교문화연구원 엮음, 『동아시아 불교, 근대와의 만남』, 동국대학교출판부, 2008, 20-21, 38쪽.

르며 그들과 엄격히 구별하고자 했다. 따라서 '개화파'란 이 두 집단을 통틀어 부르는 명칭이며, '개화당'은 그 개화파 일부에 한정하는 의미로 사용했다.[54]

개화사상가들 가운데서도 특히 불교사상을 기반으로 급진 개혁노선을 주장하고 실천하고자 한 사람들이 '개화당'이었다. 한 마디로 개화당이란 김옥균(金玉均, 1851~1894)이 주도한 정치집단을 말하는데, 이들의 모임은 오늘날 정당(政黨)과는 그 의미가 달랐다. 1880년 전후 한국에서는 정치적 견해를 공공연하게 표현하는 단체를 조직할 자유가 허락되지 않았다. 만약 의견이 있으면 왕에게 상소 혹은 진언(進言)하는 것이 도리였으며, 자기들의 주장을 내세우고 정권을 획득하기 위해 당을 만든다면 역적분자들로 간주될 일이었다. 따라서 개화당은 처음부터 비밀단체의 성격을 띠었고, 소속된 인원의 숫자도 제한적일 수밖에 없었다. 그러나 그들의 존재는 뚜렷하게 드러날 수밖에 없었던 만큼, 성급하게 '갑신정변(甲申政變, 1884)'을 일으켜 결국 모임이 결성된 지 몇 년 만에 무너지게 되고 말았다.[55]

그런데 이들의 정치적 성격 배경에는 그들의 이데올로기를 제공해 준 불교사상이 있었다. 즉 "19세기 말 개화기에 불교가 개화파(오경석, 유대치, 김옥균, 이동인)를 비롯한 개혁지향의 국가 엘리트 집단의 공식종교로 표방"된 것이다.[56] 그렇다면 왜 급진개화파인 '개화당'의 사상 배후에 불교가

---

54 이광린, 「개화당의 형성」, 『개화당연구』, 일조각, 1973/1985, 1쪽. 이 책에서도 그 둘을 반드시 구별해야 할 경우는 '개화당'이라 표현하고, 좀 더 폭넓은 의미에서는 '개화파'라고 서술하고자 한다.
55 위의 글, 2-3쪽. 이광린은 개화당 조직이 결성된 시점을 1879년으로 추정한다. 같은 글, 13-16쪽.
56 노권용, 「근세개화기 불교의 개혁이념 - 개화파의 불교사상 형성과정과 그 계보를 중

있었던 것일까? 그리고 그 중에서도 김옥균은 불교사상을 도대체 어떻게 이해하고 있었던 것일까? 이 부분은 한국 종교사·사회사·불교사에서 매우 흥미로운 주제가 아닐 수 없다.

한국 개화사상의 선구자로는 박규수(朴珪壽, 1807-1876), 오경석(吳慶錫, 1831-1879), 유대치(劉大致, 1831~1890?)[57] 등을 들 수 있다.[58] 그 가운데 오경석은 개화당 형성에 중요한 인물로, 실질적인 한국 근대 개화파의 진원지였다. 그는 독실한 불교신자로 추사 김정희의 학맥을 이어받은 중인(中人) 출신 역관(譯官)이었으며, 유대치에게 개화의 필요성을 인식시켜 유대치로 하여금 서울의 북촌 양반자제들을 포섭하여 개화파를 형성하도록 하였다. 한의사라는 중인 신분의 유대치도 불교사상에 깊이 심취해 개화파의 대부 역할을 하였다. 이처럼 중인 신분, 불교, 사회개혁이라는 3가지 요소가 조선후기 개화파의 공통점을 구성하고 있었다.[59]

그러나 안동 김씨 가문의 김옥균을 중심으로 볼 때, 개화당 형성의 첫 계기는 박규수를 비롯한 양반 출신 엘리트 자제들의 만남에서부터 시작된다. 김옥균은 박규수의 영향으로 개화사상을 갖기 시작했다. 박규수의 조부(祖父)는 연암 박지원(朴趾源, 1737~1805)으로 사회모순에 대해 날카롭게 비판했던 실학파, 그중에서도 상공업의 유통과 기술의 발전을 지향했던 이용후생학파의 중심인물이었다. 박규수도 조부의 학풍을 계승하는 것은

심으로」, 『한국종교사연구』 5, 한국종교사학회, 1996, 164쪽.
57 본명은 유홍기(劉鴻基), 호는 '대치', 혹은 '대치(大痴)'이다. 유대치의 최후에 관한 여러 설에 대해서는 한상길, 앞의 글, 36-37쪽; 노권용, 앞의 글, 182쪽 참조.
58 이광린, 「숨은 개화사상가 유대치」, 『개화당연구』, 일조각, 1973/1985, 67쪽.
59 노권용, 앞의 글, 171, 177쪽.

물론, 다양한 신지식을 흡수한 인물이었다. 직접 사신으로 중국에 두 차례 다녀와 서양의 위협에 놓여 있는 중국 실정을 경험했다. 더욱이 다양한 서적들을 접하게 되어 서양 사정에도 밝았다. 그를 따르던 많은 젊은이들이 그의 집에 모여들었고, 그 안에는 김옥균도 있었다. 그러나 1877년 박규수가 사망한 후, 김옥균 등은 오경석, 유대치와 가깝게 지내게 되었으며, 유대치로부터 불교를 전해 듣고 불교에 신앙심을 갖게 된다.[60]

유대치의 저서가 남아있지 않아 그의 불교신앙이 어떤 것이었는지 정확하게 알려진 바는 없다. 그러나 분명한 것은 대치의 문하에 모인 젊은 개화파 인사들 사이에서 유교보다 불교사상이 새로운 시대적 방향을 제시하는 사상으로 강력한 설득력을 지니고 있었다는 것이다.[61] 불교사상에 접하게 된 김옥균 등 양반 젊은이들은 실천적인 종교로서 불교의 장점을 알게 되었고, 형식화된 유교의 윤리에서 해방되고자 하였다. 나아가 '유교지상주의(儒教至上主義)인 이조정치체제(李朝政治體制)'에 등을 돌리고 정치개혁을 심각하게 고민하게 되었다.[62] 그들은 국가의 근본적 개혁을 요구하는 급진개화사상가가 되었고, "불교의 부(否)의 논리에서 조선의 유교지상주의국가를 부정"하려 했던 것으로 보인다.[63]

---

60 이광린, 「개화당의 형성」, 4-10쪽. 김옥균이 박규수의 집을 출입하기 시작한 것은 1874년 이후로 추정된다.
61 서경수, 「개화사상가와 불교 - 승(僧) 이동인을 중심으로」, 불교사학회 편, 『근대한국불교사론』, 민족사, 1988, 304쪽.
62 이광린, 「숨은 개화사상가 유대치」, 74쪽.
63 이광린, 「개화당의 형성」, 12쪽. 김옥균은 유교가 지나치게 전통을 묵수하고, 예(禮)와 같은 형식주의를 강요하는 '교(教)'라고 생각했다. 반면, 자신이 만나는 사람들에게 종종 선(禪)을 권했다고 한다.

이능화는 『조선불교통사』에서 개화당이 주도한 갑신정변의 발발에 불교의 영향이 지대하였음을 다음과 같이 기술하고 있다.

> 유대치(劉大痴) 거사는 경성 사람이고, 이름은 홍기다. 호는 방박재(磅礴齋) 또는 여여(如如)라고 하였는데, 선에 관해 담론하기를 좋아하였다. 김고우(金古愚, 옥균), 서위산(徐葦山, 광범), 박춘고(朴春皐, 영효), … 오역매(吳亦梅, 경석) … 등 많은 거사들이 그를 좇아서 도를 물었다. 한때 경성에 선풍(禪風)이 성행한 적이 있었는데, 고우·위산 등은 높은 신분에 본래 좋은 가문의 자제로서 육식(肉食)을 하였으나, 선도(禪道)를 듣고서 지혜와 사려심을 일으켰다. 동쪽 일본으로 건너가서 당시의 세태를 잘 판단하여 나라를 혁신하기로 결의하였는데, 그 결과 갑신정변이 일어났다. 그들은 자신들이 배웠던 불교의 이치를 현실 세계에 직접 응용해 보고자 했던 것 같다. 처음 그런 생각을 했던 사람을 따져 보면 사실상 유거사(유대치)가 길을 놓은 것이다.[64]

이 설명에 따르면 '유대치의 영향을 받은 개화사상가들이 선도(禪道)를 들음으로써 지혜와 사려깊음을 얻게 되었고, 불교의 이치[佛理]를 직접 국가에 응용하여 혁신하고자 갑신정변을 일으켰다'는 것이다. 그렇다면 이들 개화사상가들(특히 개화당)이 불교를 주목하고 재발견하게 된 계기는 무엇일까? 그것은 무엇보다 개화사상이 지향한 가치와 불교 사상이 서로 공

---

64 이능화, 『조선불교통사』 하편, 신문관, 1918, 898-899쪽; 이능화, 『역주 조선불교통사 6: 하편 이백품제』, 조선불교통사역주편찬위원회 역편, 동국대학교출판부, 2010, 221쪽 참조.

명할 수 있었기 때문일 것이다.

한마디로 요약하면 개화사상은 정치적으로 평등론·민권론이었고, 경제적으로는 자본주의, 그리고 사회적으로는 자유주의를 추구했다.[65] 19세기 중엽 조선에는 거사불교라는 새로운 조류가 등장하였다. 그 대표적 인물인 추사 김정희(金正喜, 1786-1856)는 양반계층이었지만 불교에 심취하여 여러 고승과 교유하면서 불교 교학에 대한 상당한 경지를 이룬 것으로 알려졌다. 그런데 추사를 따르던 많은 제자들과 거사불교의 핵심계층은 역관을 비롯한 중인들이었다. 이들은 전문적 지식과 개방적 사고를 바탕으로 개화사상을 형성하는 것과 동시에 근대불교의 한 축을 담당하기도 했다.[66] 조선후기 불교사를 평가할 때 중인계층의 거사불교운동에 주목해야 하는 이유도 여기에 있다. 사회개혁적 의미가 내포되어 있는 거사불교운동은 조선후기 불교사의 중요한 특징이기도 하다.[67] 이들이 유교적 질서 아래서 강고하게 운영되고 있던 신분제 조선사회의 폐단을 시정하려는 움직임을 모색한 것은 당연한 일이었다.

추사의 제자이며 실학자로서, 선불교에 심취했던 초기 개화사상가인 강위(姜瑋, 1820-1884)는 무반(武班) 출신이었다. 또한 개화사상의 선구자로 일컬어지는 오경석과 유대치는 모두 중인 출신이었다. 오경석이 남긴 6편의 저작 가운데 하나가 『초조보리달마대사설』은 달마대사의 가르침이라는 「혈맥론(血脈論)」과 「관심론(觀心論)」 중에서 좋아하는 내용을 필사한 발췌본이다. 그 「혈맥론」에는 "불성은 마음 밖에 따로 존재하지 않고, 도(道)란

---

65   한상길, 앞의 글, 38쪽. 박영효는 갑신정변의 이념을 평등론, 민권론이라 규정하였다.
66   위의 글, 17-20쪽.
67   노권용, 앞의 글, 209쪽.

승속을 가리지 않으며 백정도 또한 도를 이룰 수 있다"는 내용이 들어있다. 이런 구절은 개화사상의 궁극적 목적인 '평등론'과도 잘 부합하는 것이었다. 양반신분제 사회에서 개화사상의 핵심적 개혁 목표는 신분제 타파에 있었다고 할 수 있기 때문이었다.[68]

그렇다면 무반이나 중인도 아니었고 명문 세도가의 양반 신분이었던 김옥균, 박영효 등의 개화사상과 불교의 관계는 무엇일까? 지금까지 연구들에 의하면 개화사상에 내포된 불교사상은 '사해평등사상', '불성사상', 혹은 '선(禪)사상' 등으로 해석되고 있다.

예를 들어 김옥균 등이 양반이면서 양반의 존재를 부정하는 데 서슴지 않았던 것은 대단한 '용기'이자 '혁명적인 생각'이었고, 그 정신은 불교의 '사해평등(四海平等)' 사상에 근거한 것으로 추정된다.[69] 김옥균 등이 소위 이단으로 치부되던 불교를 받아들인 것은 중인들의 현실적 이유(신분제도의 탈피)와는 달리 불교사상 자체에 대한 호감과 신앙 때문인 것으로 해석해야 한다는 것이다.[70] 이 시각에 의하면, 김옥균의 개화사상의 골자는 자주국가건설과 양반제도의 폐지이다. 그는 늘 "일본이 동방의 영국 노릇을 하려고 하니 우리는 우리나라를 아시아의 불란서로 만들어야 한다"고 제자들을 가르쳤다고 한다.[71] 그는 진정한 독립국가를 이루기 위해서는 중화적 세계관인 유교를 벗어나야 비로소 청나라로부터 벗어날 수 있으며, 거꾸로 서구 열강에 종속되지 않기 위해서는 서구의 종교인 기독교도 선택

---

68 한상길, 앞의 글, 39-43쪽.
69 이광린,「개화당의 형성」, 11쪽.
70 노권용, 앞의 글, 180쪽.
71 서재필,『회고갑신정변』, 1947, 84-85쪽, 노권용, 앞의 글, 194쪽에서 재인용.

해선 안 된다고 생각하였다. 또 양반제도에 대해서도 '삼강오륜'과 같은 차별적 질서를 강조하면서 사회적 비능률을 낳게 된, 조선을 망하게 만든 제일원인이라 비판하였다. 따라서 유교적 패러다임을 대신할 수 있는 하나의 대안으로 떠오른 것이 바로 불교였고, 그 핵심은 다름 아닌 불성사상이었다고 본다.[72] 그리고 이러한 '사해평등사상'과 '불성사상'은 모두 불교의 선 사상으로 포괄, 수렴될 수 있었다.[73]

이처럼 개화사상의 체계화와 개혁적 실천 과정에서 불교는 큰 역할을 하였다. 그런데 불교는 단지 개화사상의 이론적 근거를 제공하는 것에 그치지 않고 실제로 개화운동에 투신하는 승려들의 출현으로 나타나기도 했다. 이들 승려로는 이동인, 탁정식, 이윤고, 차홍식 등이 대표적 인물이다.[74] 특히 이동인은 범어사 출신으로 유대치, 김옥균 등과 밀접한 관계를 가지고 일본을 오가며 활동하였다. 조선의 개화파와 일본 정토진종과의 연결고리 역할을 하였으며, 조선 정부에 일본의 사정과 문물을 알리는 가교역할도 하였다. 그는 유대치에게 불경을 가르쳐준 것을 계기로 개화파와의 인연을 맺기 시작했으며, 1879년 김옥균을 만나면서부터 본격적으로 개화사상가들의 운동에 참여하게 된다.[75]

특히 그의 행적에서 눈에 띄는 것은 일본불교와의 관계이다. 1878년 당

---

72 노권용, 앞의 글, 194-201쪽.
73 한상길, 앞의 글, 50-51쪽.
74 위의 글, 46쪽.
75 이동인을 김옥균에게 소개한 사람은 유대치일 것으로 추정된다. 이동인에 대해서는 여러 연구가 있다. 서경수, 앞의 글, 293-309쪽; 이광린, 「개화승 이동인」, 『개화당연구』, 일조각, 1973/1985, 93-110쪽; 한석희, 「개화파와 이동인과 동본원사」, 한석희 지음, 김승태 옮김, 『일제의 종교침략사』, 기독교문사, 1990, 15-55쪽.

시 30세 무렵의 이동인은 일본의 신문물과 사상을 접하기 위해 일본 정토진종의 동본원사 부산별원[76]을 찾아갔다. 부산별원에서 이동인은 근대사회로 발전해가는 일본의 모습을 발견하고 개화사상에 대한 확신을 갖게 된 것으로 보인다. 1879년(고종 16) 6월 김옥균의 지원으로 일본에 밀항하여, 발전하는 일본의 모습을 관찰하고 김옥균 등에게 신서적과 근대문물의 실상을 전했다. 1880년에는 수신사로 동경에 와있던 김홍집과 만나 외교활동에 참여하였고, 그와 함께 귀국하여 국왕을 알현하게 된다. 1881년 2월 신사유람단의 일원으로 일본에 다녀왔으며, 3월 총포와 군함 구입의 임무를 받고 일본에 파견될 예정이었으나, 어떤 이유에서인지 갑자기 역사 속에서 영영 사라져버렸다. 비록 3년이라는 짧은 기간이었지만 그는 개화기 정치와 외교의 중앙무대에서 당시 개화의 모델이었던 일본전문가로 크게 활약하였다.[77]

이러한 사정은 한편으로는 비(非)기독교적 근대를 탐구해야 했던 개화기 조선불교계의 필요에 의해서였고, 또 다른 한편으로는 메이지 시대의 일본불교가 하나의 롤 모델로서 충분해 보였기 때문일 것이다.[78] 일본이 불교를 통해 동양에서 누구보다 빨리 발전한 것으로 보였고, 그것을 기독교가 아니라 불교를 통해서도 근대화와 문명의 성취가 가능하다는 신호로 받아들였을 것이다. 이동인은 비록 그가 희구했던 개화사상의 결실을 보

---

76 일본 정토진종은 1877년 부산에 도착하여 포교를 개시하였고, 1878년 12월 본원사 부산별원이라는 명칭을 내걸었다. 한석희, 앞의 글, 28쪽.
77 한상길, 앞의 글, 47-49쪽. 이동인은 수구파의 견제를 받아 살해되었을 것으로 추정된다.
78 박노자, 「한국 근대 민족주의와 불교」, 『불교평론』 28호, 2006, 23쪽 참조.

지는 못했지만, 조선시대 한양도성 출입금지 족쇄에 묶여 있었던 승려의 신분으로서는 상상도 할 수 없었던 활약을 했던 것으로 볼 수 있다. 이는 1876년 개항 이후 급변하는 세계정세와 일본불교의 상륙 속에서 조선불교의 위상이 점차 변화하고 있었음을 보여주는 하나의 징후라고 볼 수 있다.

물론, 개화파가 시도했던 사회개혁은 실패했다. 하지만 그 개혁적 성향은 불교교단 내부로 방향을 바꿔 진행되었다고 볼 수 있다. 만해 한용운의 개혁운동과 이능화의 거사불교운동이 바로 그 예이다. 근대 한국불교 개혁운동의 뿌리는 궁극적으로 개화파의 불교사상에 닿아있었다고 할 수 있다.[79]

마지막으로 빼놓을 수 없는 부분은, 대부분의 개화사상가들에게 정치와 종교(불교)가 분리되지 않았다는 사실이다. 조선의 개화당에게 불교는 내면의 사적(私的)인 문제에 그치지 않았다. 그것은 마음 밖에서 실제 '물질적으로' 실현되어야 할 사회적 가치였다. 이들은 불교를 위해서 라기보다 그 시대와 국가를 위해 정변을 시도했던 것이며, 불교는 여기에 논리적 근거를 제공했던 것으로 추정할 수 있다. 그러나 중국의 변법자강운동(變法自强運動, 1898)도, 조선의 갑신정변도 결국 실패로 돌아갔으며, 그에 가담했던 인물들은 혹독한 대가를 치러야 했다.[80] 이러한 위험에도 불구하고

---

79 노권용, 위의 글, 210쪽. 노권용은 이능화가 부친 이원긍(李源兢, 1849-1919)으로부터 개화파의 개혁적 노선과 불교신봉의 유산을 물려받아 불교개혁의 이론적·학문적 기초를 마련했다고 설명한다.
80 변법자강운동은 캉유웨이, 량치차오, 탄스퉁 등이 중심이 되어 추진한 정치개혁 운동이다. 무술정변(戊戌政變) 혹은 '100일 유신'이라고도 한다. 정변의 실패 후 캉유웨이와 량치차오는 일본으로 망명하였고, 망명을 거부한 탄스퉁은 참수되었다. 갑신정변 후 이동인과 유대치는 피살설과 함께 행방이 묘연하며, 김옥균은 망명 후 암살되었다.

이들은 불교를 통해 근대의 새로운 '사회'와 이에 걸맞는 인간의 '자아'를 발견하고자 했던 것은 아닐까? 어쨌든 확실한 것은 이 시기에 그 전의 구질서를 담당하고 있던 유교적 체제와는 다른 대안으로 불교가 부상했다는 것이다.

이와 같이 근대 한국에서 불교는 그 가치가 새롭게 평가되기 시작했다. 특히 불교의 평등사상은 근대 개인주의적 시민들의 정신적 원리가 될 수 있는 것으로 해석되었다. 이에 비해 유교는 '조선망국'의 책임이라는 부담과 더불어, 새 시대에 걸맞은 종교로서는 부적합하다는 부정적 평가에 직면해야 했다. 기독교가 종교의 모델로 자리 잡은 종교지형에서 유교를 종교로 간주하기에는 그 조건이 미흡하다는 비판과 함께, 유교는 단지 학문이나 도덕·윤리에 불과하다는 평가를 받게 되었다. 유교의 장점이자 특징이라고 할 수 있는 현세성과 합리성이 초월성과 내세를 강조하는 서구적 종교의 시각에서 볼 때 종교의 충분조건을 갖추지 못한 것으로 보였기 때문이다. 그에 비해 불교는 유교를 넘어 기독교에 대항할 민족의 정통성을 지닌 역사적 종교로 인식되면서 새로운 부흥의 기회를 맞게 되었다.

이러한 불교에 대한 재평가는 여러 요인이 결합된 것으로 볼 수 있다. 우선, 서구에서 시작된 불교에 대한 이상주의적 발견과 그에 대한 기대가 불교에 대한 긍정적 시선을 유도했다고 볼 수 있다. 물론 그것은 조선시대 억불정책 아래서도 불교가 교단 자체의 자구적 노력으로 자신의 물적, 사상적 존립 기반을 어느 정도 유지해 왔기 때문에 가능한 일이었다. 여기에 서구문명에 대항할 수 있는 민족 전통의 종교, 그리고 우리 사회를 개혁하고자 하는 사상에 대한 필요가 결합하여 불교가 새롭게 재평가되는 계기가 주어진 것이라 할 수 있다.

VII

일본불교, 동지인가 적인가?

1. 일본 근대불교의 동향
2. 이노우에 엔료와 일본불교의 '근대종교' 만들기
3. 근대 한국불교에 미친 일본불교의 영향

한국불교의 근대적 형성에 영향을 미친 중요한 두 종교는 다름 아닌 일본불교와 기독교라고 할 수 있다. 그 중에서도 이 장에서는 일본불교가 근대 한국불교에 대한 미친 영향을 살펴보고자 한다. 이를 위해 먼저 일본불교가 메이지 유신 이후 스스로 어떤 변모의 과정을 거쳐 새로운 불교로 탄생하게 되었는지 살펴보는 것이 필요하다. 일본불교는 '근대'라는 새로운 시대에 맞아 어떻게 전통을 계승하면서도 새롭게 변신을 시도했는가? 이것이 첫 번째 질문이다.

지금까지 근대 한국불교의 연구는 일본불교와 관련해 주로 일본불교교단의 한국 전래부터 연구를 시작하는 경향이 있었다. 이는 주로 교단사적 접근으로서, 일본의 어떤 불교종파가 한국의 어떤 사찰을 중심으로 어떻게 세력을 넓혀 왔는지에 주목한 것이다. 그런데 그에 앞서서 근대 일본불교의 특징과 변모 과정에 대한 상세한 고찰이 선행되어야 할 필요가 있다. 근대 일본불교가 어떻게 근대의 불교로 재편되었고, 또 그것이 어떻게 한국불교에 직·간접적으로 영향을 미쳤는지를 살펴보는 것이 중요하기 때문이다.

따라서 이 장에서는 근대시기 일본불교의 일반적 성격과 상황을 개관하고, 대표적 학자를 중심으로 일본 근대불교의 특징과 시대적 쟁점을 살펴보고자 한다. 여기에서 살펴볼 인물은 바로 이노우에 엔료(井上円了, 1858-

1919)이다. 그는 메이지시대에 전통적 불교의 위기상황에서 불교의 대응, 즉 근대화와 변신을 위해 나름대로 노력했던 불교인이다. 그를 중심으로 근대 일본불교의 문제의식과 새로운 불교적 정체성을 형성하기 위한 과정의 일면을 살펴볼 수 있을 것이다. 특히 그가 중요한 이유는 그의 불교관이 근대 한국불교의 형성 과정에 적지 않은 영향을 주었기 때문이다. 그 대표적 예가 한용운의 불교사상 형성에 미친 그의 영향이다.[1]

1. 일본 근대불교의 동향

1) 메이지 유신과 폐불훼석(廢佛毀釋)

개항 이후 일제가 한국을 식민지화 하는 과정에서 그 전략의 하나로 일본불교는 중요한 역할을 하게 된다. 이런 사정을 이해하기 위해 먼저 메이지 유신(明治維新, 1868~)과 그에 따른 근대 일본불교의 형성에 대해 살펴볼 필요가 있다. 일본에서 에도(江戶) 막부 시대가 막을 내리게 된 것에는 일본의 대·내외적인 사회·경제적 조건 변화의 영향이 컸다. 국내적으로는 봉건사회 내부에서 도시를 중심으로 상업자본주의 발전이 진행되었다. 이는 무사계급의 경제 기반을 압박하는 결과를 가져왔으며, 특히 하급 무사층의 경제적 곤란이 심각해졌다. 대외 관계에서도 그동안 쇄국정책을 펴 오던 일본은 서구 세력에 문호를 개방하지 않을 수 없게 되었다.

---

[1] 물론 무라카미 센쇼(村上專精), 기요자와 만시(淸澤滿之) 등 근대 일본불교에는 중요한 인물들이 많다. 다만 여기서는 이노우에 엔료를 중심으로 다루고자 한다.

막부는 1853년 미국 페리 제독의 개국 요구에 굴복하였다. 이에 대해 오랫동안 서양을 오랑캐 정도로 인식하였던 일본인들, 특히 무사들은 개국 화친 요구를 굴욕적 상황으로 인식하였다. 개국 후 서양 국가들과의 교역 증대로 물가가 급격히 상승하자 하급 무사층은 생활이 더욱 궁핍해졌으며, 이에 따라 불만이 더욱 고조되었다. 이들 무사들을 중심으로 이른바 존왕양이(尊王攘夷)운동이 전개된다. 그런데 이 존왕양이운동으로 교토 조정의 세력이 커지고, 봉건사회의 경제적 기반이 흔들림에 따라 막부 통치체제는 어려움에 빠지게 되었다. 그리하여 마침내 1867년을 시작으로 막부가 정치권력을 조정에 봉환하기 시작하면서, 거의 300년 가까이 지속되었던 막부시대는 막을 내린다.[2] 이른바 메이지 유신의 시대가 도래한 것이다.

1867년 12월 메이지정부(明治政府)는 왕정복고와 제정일치를 지향하며 수립되었고, 메이지 1년(1868) 3월부터 신불분리(神佛分離)정책을 시행하였다.[3] 막부 타도에 성공한 메이지 정부는 이데올로기의 재편을 위해 신도(神道)를 부활하고 불교에 대한 폐불훼석을 단행하였다. 신정부는 근대화라는 방향과는 어울리지 않는 천황제를 지향하였다. 일본의 민족적 독립을 위해서는 정치·경제·군사적 조치도 필요하지만, 이와 더불어 국민에게 강렬한 민족의식을 고취하기 위한 구심점으로서 이른바 '국체(國體)'를 선명히 할 필요가 있다고 생각하였다. 그에 대한 대안이 바로 왕정복고(王政復古)형식으로 천황제를 부활시킨 것이다. 그리고 이러한 조치의 사상적 기반을 마련하기 위해 막부시대의 불교국교주의(佛敎國敎主義)를 청산하

---

2 채상식, 「일본 명치년간 정토진종의 추이와 그 특성 - 한말 불교침탈 배경과 관련하여」, 『한국민족문화』 16, 2000, 122쪽.
3 윤기엽, 「폐불훼석과 메이지정부(明治政府)」, 『불교학보』 45, 2006, 133쪽.

고, 제정일치의 원리에 입각한 신도국교주의(神道國教主義) 운동을 추진한 것이다.[4]

본래 메이지 유신 이전의 일본불교는 '신불습합(神佛習合)'이 그 특징이었다. 신불습합이란 일본 고유의 신도사상과 불교가 결합 또는 절충되어 있음을 의미한다. 일본에 불교가 수용된 초기에는 일본 고유의 신앙이었던 신도와 불교가 충돌하기도 하였지만, 이 둘은 점차 조화를 이루면서 신불동체(神佛同體)·본지수적(本地垂迹)[5] 사상으로 나타나기도 하였다. 그런데 메이지 정부는 1868년 3월 28일(양 4.20) '신불판연령(神佛判然令)'을 포고한다. 이 포고는 불교를 포함한 신도 이외의 다른 외래종교의 영향을 배제하고 신도 중심의 국학 사상체계를 근거로 삼아 일본과 천황제를 규정하고, 이를 바탕으로 독자적인 근대화를 이뤄보려는 메이지 정부의 의도가 반영된 것이다. 이 정책으로 말미암아 발생한 것이 소위 '폐불훼석'이다.[6]

메이지 정부의 입장에서는 신도를 중심으로 순수한 민족 신앙을 있는 그대로 재현하고자 했던 것이다. 그 관점에서 볼 때 불교는 나라 밖에서 유입되어 신국을 오염시킨 사교(邪教)에 불과했다.[7] '신불판연령'은 먼저 신사 내에서 신불습합의 주체이자 중심적 역할을 하던 승려들을 환속시키

---

4 채상식, 앞의 글, 123쪽.
5 본지수적사상이란 헤이안(平安) 중기에 발생한 종교적 견해로서, 불보살이 중생 구제를 위해 일본 신들의 모습을 빌려 나타난 것이란 사상이다. 예를 들어 이세대신(伊勢大神)은 대일여래(大日如來)가, 일길산왕(日吉山王)은 석가불이 화현하여 나타난 것으로 보는 것이다. 부처가 신의 근원[본지]이며, 신은 부처의 화현[수적]이 되는 것이다. 채상식, 위의 글, 125쪽; 윤기엽, 앞의 글, 135쪽.
6 오노다 슌조(小野田俊藏), 「메이지의 폐불훼석이 낳은 불교승려의 아카데미즘과 탐험정신」, 최경진 옮김, 『일본불교사공부방』 5, 2008, 102쪽.
7 채상식, 앞의 글, 125쪽.

고 그들의 기존의 신분과 지위까지도 박탈하였다. 그것은 신직자(神職者)만으로 신사를 구성하고, 이어 신사에서 섬기고 있는 신앙의 대상물에서 그 불교적 요소를 제거하려는 의도를 드러낸 것이었다. 즉 불교용어를 빌려 쓴 신호(神號) 사용을 금지하고, 불상을 신체로 삼은 신사에서는 그 불상을 제거하고, 또 범종이나 불구(佛具) 등을 철거하여 신사에서 불교적 색채를 없애는 것이었다.[8]

메이지 유신 초기인 1868년 3월과 4월에 걸쳐 정부가 포고한 몇 차례의 신불분리령은 곧 폐불훼석이라는 일본불교 초유의 사태를 초래했다. 물론 에도 시대에도 다수의 불상이 파괴되고 사원이 통폐합되거나 승려가 환속되는 등의 조치가 내려지기도 했다. 그러나 이처럼 광범위하고도 심각한 폐불의 사태는 메이지 유신기에 처음 등장한 것이다. 메이지 시대 폐불훼석에 의한 사찰의 통폐합도 광범위하게 이뤄졌다. 일부 사례만 살펴보더라도 사도(佐渡) 지역에서 539개의 사찰이 80개로 통폐합되었고(메이지 1년 11월), 도야마번(富山藩)에서는 1600여 개의 사찰이 6개사로 통폐합되었다(메이지 3년).[9]

이 폐불훼석은 1868년 3월 17일 신기사무국(神祇事務局)의 포고로 공식적으로 시작되어, 1877년 1월 11일 교부성이 폐지되어 그 사무가 내무성에 이관될 때에 이르러 거의 종결되었다. 폐불훼석이 가장 극심했던 시기는 메이지 1년 3월 신불분리령이 포고된 직후부터 메이지 4년(1871) 무렵까지이다.[10] 폐사와 합사의 대상이 되었던 것은 모든 불교 종파였다. 폐사

---

8 윤기엽, 앞의 글, 138-139쪽.
9 위의 글, 148쪽.
10 위의 글, 147쪽.

와 합사는 메이지 원년부터 시작되어, 2-3년만에 전국적으로 번져나갔다. 가장 심했던 지역인 살마번(薩摩藩)의 경우는 명치 2년 11월, 번 내의 모든 사원을 폐지시켰다. 이 때 없어진 사찰은 1,066개, 강제 환속된 승려는 2,964인이었다.[11]

그러나 폐불훼석의 결과는 다양했다. 경우에 따라 성공한 경우도 있지만 실패로 귀결되기도 했다. 그것이 성공하지 못한 중요한 이유는, 메이지 신정부라는 새로운 권력의 권위와 위력을 내세워 실행한 것이어서 일정한 한계를 가질 수밖에 없었기 때문이다. 그리고 민중의 종교생활을 장례와 조상숭배로 일원화하여 총괄하고자 했던 정부의 신도정책이 대중의 다른 종교적 행위를 억압했기 때문이다. 폐불훼석이 실패했던 곳은 주로 불교 교단의 저항이 강한 곳이었는데, 특히 정토진종(淨土眞宗)의 역할이 컸다고 한다.[12]

즉 메이지 정부가 추진한 신도 국교화 정책은 근대국가 체제와 상반되는 비현실성, 그리고 오랫동안 민중의 종교로 자리 잡아 온 불교의 저항으로 소기의 목적을 달성할 수 없었다. 물론 메이지 정부의 신도 국교화 정책은 실패로 끝나고 말았지만 이후에도 정부에 의한 신도주의의 전개는 지속되었다. 메이지 정부는 이전의 신도 일변도의 종교정책을 계속 밀어붙여, 교부성이 폐지된 메이지 10년(1877) 이후로는 비종교화한 국가신도[13]

---

11 채상식, 앞의 글, 129쪽.
12 위의 글, 131쪽.
13 비종교화된 신도로 국가의 제사에만 관여한다. 1889년 제국헌법에서 명문화되었고, 1890년 교육칙어를 통해 교육의 기본원리로 정착되었다. 박규태, 「국가신도란 무엇인가: 근대일본 국민국가와 종교」, 『종교연구』 29, 2002, 231-239쪽; 윤기엽, 앞의 글, 153쪽. 국가신도에 대해서는 10장에서 다시 자세히 다룬다.

를 전면에 부각시켜 그것을 신봉할 것을 전 국민에게 강제적으로 의무화하였다. 이렇게 신불분리령으로부터 시작한 메이지 정부의 신도 국교화 작업은 결국 군국주의시대 국민 총동원에 핵심적인 역할을 한 국가신도 구축에 이르게 되었다.[14]

2) 불교의 국수주의적 성격 형성

메이지 정부의 폐불훼석에 대한 일본불교의 대응은 각 종파별로 조금씩 차이가 있다. 그 대응은 크게 두 가지였다. 하나는 적극적 저항의 길이다. 그러나 이 저항이 광범위하였던 것은 아니며, 특정 지방에서만 나타났던 경우였다. 다른 하나는 정권과의 새로운 밀월관계를 모색하는 것이다.[15] 정토진종이나 조동종과 같은 대표적 일본의 불교종단들은 대체로 불교의 생존전략으로서 친정부적 노선을 채택했다. 구체적으로 살펴보면, 불교의 대응 중 가장 초기의 것은 정토진종의 동본원사(東本願寺)와 서본원사(西本願寺)의 대책이다. 그들은 재정적으로 궁핍했음에도 메이지정부에 자금 대부를 제안함으로써 영향력을 유지하려고 하였다. 두 본원사는 정부가 전쟁을 위해 채권을 발행하는 대신, 정부에 3만 냥 이상을 제공했다. 메이지 정부 역시 반(反)불교적인 정책에 대한 농민들의 항의운동으로 곤란을 겪고 있었던 만큼, 이를 해결하기 위한 나름의 타협방안을 모색해야 했다.[16]

---

14 윤기엽, 앞의 글, 153쪽.
15 채상식, 앞의 글, 132쪽.
16 오노다 슌조, 앞의 글, 103쪽.

이와 같은 정토진종의 정부에 대한 밀착관계는 단지 이 종단만에 한정된 것이 아니었다. 정토진종을 포함하여 일본불교는 국가권력에 정면으로 대립하기보다 오히려 메이지 정부와 타협하는 방향으로 나아갔다. 그러기 위해 그들은 국가권력과의 유대를 강화하고자 했다. 이를 위해 불교의 사회적 기능, 특히 호국론적 기능을 막부시대 이상으로 강조함으로써 그들의 비중을 강화시키려 했다. 그것은 당시 일본의 국학자나 사회 일각에서 쏟아지던 불교에 대한 비판, 즉 배불론(排佛論)에 대한 대응이기도 했다.

메이지 시기 이전 막부시대에 이미 일본에서 불교에 대한 비판이 등장하고 있었다. 나라시대 이래 거의 국교적 지위를 부여받았던 불교는 에도 막부시대에 이르러 그 지위가 급격히 하락한다. 막부는 그들 권력 이외의 다른 초월적 권력의 존재를 인정하려 하지 않았던 것이다. 막부는 모든 사람을 그들이 거주하는 지역의 사찰에 신도로 등록하는 제도를 시행함으로써, 불교는 종교적 절대성을 상실하여 막부의 하위기관으로 종속되어 있었다. 불교에 대한 비판적 담론도 막부시대에 출현하게 되는데, 후지와라 세이카(藤原惺窩, 1561-1619), 하야시 라잔(林羅山, 1583-1657) 등의 주자학자들이 이를 주도했다. 이들의 배불론은 주로 불교가 지닌 은둔성과 내세성에 초점을 둔 것으로서, 불교의 가르침이 인도(人道)와 봉건적 신분질서에 맞지 않는다고 비판하였다. 또한 신도가 불교에 습합된 것을 탄식하면서, 신도를 숭상하고 불교를 배척해야 한다고 주장하였다.[17]

또한 막부시대 중기 이후에는, 일체의 생산도 하지 않으면서 신도의 보

---

17 무라오카 츠네츠구(村岡典嗣), 『일본 신도사』, 박규태 옮김, 예문서원, 1998, 117-119쪽; 채상식, 앞의 글, 124쪽.

시나 받고 있는 불교 승려는 세상의 떠도는 백성과 다를 바 없으며, 따라서 승려와 사원을 정리하는 것이 봉건체제를 바로 세우는 방책이라는 주장도 나왔다. 이러한 비판과 더불어 불교가 설하는 내세관과 세계관에는 과학적이거나 합리적인 요소가 없다는 방향에서 배불론을 전개한 사람들도 있었다. 그 중의 한 사람이 『출정후어(出定後語)』를 지어 대승불교비불설(大乘佛敎非佛說)을 주장한 도미나가 나카모토(富永仲基, 1715-1746)이다.[18] 따라서 불교는 스스로 국가와 사회에 유용할 뿐 아니라 합리적 종교임을 설파할 필요가 있었는데, 그 하나가 국수주의의 길을 걷는 것이었고, 다른 하나는 불교에 대한 객관적 연구의 길을 추구하는 것이었다.

정토진종은 본래 아미타불에 귀의하는 절대 타력적 신앙을 표방하면서, 신도의 신들을 숭배하지 않는 것(神祇不拜)을 교리로 제시하였다. 따라서 다른 종파와 비교하면 신도와의 관계가 희박하여 오히려 신불분리에 의해서 피해를 적게 보았다. 하지만 불보살 보다 신도의 신의 지위를 더 우월하게 보려는 신도정책에서 보면 역시 공격의 대상이 될 수 밖에 없었다.[19] 또한 정토진종은 정치적 입장에서도 매우 불리한 상황에 처해 있었다. 막부시대에 정토진종의 동본원사는 막부의 후원자였던 만큼, 새로운 메이지 정부에 대해서는 다소 소원한 존재였다. 그러나 메이지 초기 전세의 상황을 불리하게 판단하고 곧 신정부에 가담할 것을 결단한다. 수많은 헌금과 쌀 등을 헌납하며 메이지 정부에 충성을 약속한다. 그리고 그들은 불교가 결코 국익과 상반되는 집단이 아니며 당대의 국난을 막을 수 있는 종교라

---

18 채상식, 위의 글, 124-125쪽.
19 위의 글, 132-133쪽.

는 논리를 강조했다. 정토진종을 중심으로 근대 일본불교가 국수주의적 길을 가게 된 논리와 배경을 좀 더 구체적으로 살펴보면 다음과 같다.[20]

첫째, 본지수적설에 의거하여 일본이 국태민안할 수 있는 근거는 오직 신불일체에서 찾을 수밖에 없다는 논리이다. 이러한 논리는 신도와 불교가 상호보완적임을 다시 강조하는 것이다. 정토진종의 동본원사는 신불일체사상을 천명하여 제신(諸神)과 제불(諸佛)을 함께 소중히 받들 것을 명시하였다.

둘째, 기독교에 대한 방어논리를 제시하는 것이다. 개항과 서구화를 지향하는 명치정부는 기독교에 대해 이전과 같이 극단적 금지정책을 취하기 어려웠다. 또 아무리 억압을 해도 기독교의 신앙이 쉽게 파기될 수 없었다. 따라서 교화적 개종을 유도할 필요가 있었고, 이를 위해 불교를 이용하는 게 더 편리하다고 생각하였다.

셋째, 정토진종에서는 왕법위본(王法爲本), 진호국가(鎭護國家)라는 불교호국론의 논리를 제기하였다. 즉 불교의 진리를 널리 펴는 것은 왕법의 위덕에 의한 것이라는 논리이다. 당시 일본의 불교계에서는 이와 같이 부처도 본래 황국 신민이며 '부처'만을 모시는 것은 국은을 망각하는 것이라는 주장, 그리고 왕법과 불법은 별개의 것이 아니라는 논리, 즉 '국가가 있어 불법이 있고 불법이 있어야 국가도 융성할 수 있다'고 하는 호국사상이 등장하였다.

---

20 정광호, 『근대한일불교관계사연구』, 인하대출판부, 1994, 37-49쪽; 채상식, 앞의 글, 137-140쪽.

이와 같이 일본불교계는 폐불훼석과 신불분리에 대응하는 과정에서 적극적으로 저항하는 길을 택하기보다 정권과 새로운 타협적 관계를 모색함으로써 정치권력에 훨씬 더 예속되어 갔다. 일본불교가 국가권력과의 유대를 강화한 것은 정토진종의 경우가 두드러진다. 특히 그들은 불교의 사회적 기능이 여전히 유용하다는 점을 역설하기 위해 불교의 호국론적 사상을 막부시대 이상으로 강조하였다. 이러한 불교 호국론의 강조는 결국 종교가 제국주의와 결합하는 논리로 나아갔으며, 그 결과 정토진종은 근대일본의 군국주의적 대외 침략 과정에서 적극적으로 협력하게 된다.[21]

　본래 메이지 정부가 의도했던 것은 천황을 중심으로 하는 새로운 민족국가에 대한 국민적 충성심을 이끌어 내는 것이었다. 그들이 내세웠던 국학과 신도의 제정일치사상이나 복고신도적 교설은 그것을 위한 이데올로기적 수단에 불과했다. 따라서 국민적 충성심을 유력하게 확보해 갈 수 있는 어떠한 이데올로기도 신정부와 결합할 가능성이 있었다. 이런 배경 하에서, 일본의 역사에서 오랫동안 민중의 종교로서 기능하였던 불교가 스스로 국민적 충성심의 확보라는 국가적 과제에 대해 그 유효성을 입증할 수 있는 다양한 방안을 제시하고자 했다. 메이지 정부도 불교와 타협하는 길을 모색하면서 폐불훼석이라는 극단적인 행태를 서서히 축소시켜 나갔다.[22]

21　조승미,「근대 일본불교의 전쟁지원 - 정토진종의 역할을 중심으로」,『불교학보』46, 2007 참조.
22　채상식, 앞의 글, 131-132쪽.

3) 일본 근대불교학의 발전

앞에서 언급했듯이, 메이지 정부의 폐불훼석에 대한 일본불교계의 대응 중의 다른 하나는 불교의 부흥을 위해 선진국인 서구유럽의 종교적 상황을 연구하는 것이었다. 그를 통해 불교를 하나의 '근대적 종교'로 확립시켜 궁극적으로는 불교를 구원하고자 한 것이다. 일본불교는 메이지 정부의 정책에 의해 고립감을 느끼며 더욱 국수주의적 색채를 강화하였으나, 다른 한편에서는 '서구'의 수용을 통해 문명개화의 시대적 흐름을 받아들이려 했다. 불교를 연구하는 '불교학'은 바로 이러한 시대적 변화가 낳은 또 하나의 '근대'의 산물이었다. 이런 배경 아래서 메이지 시대에 불교학이 눈부신 발전을 이룰 수 있었다.[23]

일본의 종파들은 서구로 유학생과 사절단을 보내기 시작했다. 정토진종 서본원사파의 대표로 시마지 모쿠라이(島地黙雷, 1838-1911)가 1872년 유럽의 서부로 파견되었다. 비슷한 시기에 동본원사파의 이시카와 슌타이(石川舜台, 1842-1931)도 유럽과 미국으로 시찰을 떠났다. 이시카와는 그 경험을 기반으로 인도의 범어, 즉 산스크리트의 연구를 통해 일본의 불교를 근대 불교학으로 살려낼 수 있으리라 생각하게 되었다. 그래서 그는 1876년 훗날 저명한 불교학자로 성장하게 될 난조분유(南條文雄, 1849-1945)를 영국으로 유학 보내게 된다. 난조분유는 가사하라 겐쥬(笠原研壽, 1852-1883)와 함께 옥스퍼드 대학의 막스 뮐러(Max Muller) 아래에서 공부했다. 가사하

---

23 조승미, 「메이지 시대 서구 불교문헌학의 수용과 난죠 분유(南條文雄) - 영국 유학시절 활동을 중심으로」, 『불교연구』 29, 2008, 248쪽.

라는 일찍 사망하여 그 뜻을 이루지 못했으나 난조분유는 막스 뮐러의 지도 아래 학문적으로 대성을 이루게 되었다. 난조분유는 1884년 일본에 귀국하여 1897년부터 동경제국대학의 강사로서 일하게 되었다. 또 난조분유와 함께 막스 뮐러 문하에서 공부했던 또 한 사람의 일본인이 바로 다카쿠스 준지로(高楠順次郎, 1866-1945)이다.[24] 이 두 사람은 이후 일본의 근대불교학 발전의 역사에 혁혁한 공로를 세우게 된다.

난조분유는 일본불교학계에서 최초의 구미유학생이며, 그는 본격적인 서구 불교문헌학의 성과를 수용하고 돌아왔다. 난조의 구미유학은 일본에서 한문번역 중심의 불교연구가 산스크리트 문헌으로 확대되는 계기가 되었으며, 이를 기초로 불교 '원전'이라는 인식이 나타나게 된 것은 물론, 불교의 '기원' 해명에 관한 근대불교학의 논의에 참여할 수 있게 되었다. 그는 막스 뮐러에게서 산스크리트를 배웠는데, 뮐러는 난조에게 일본의 한역 범어경전 사본을 수집해 오도록 주문했다. 그것은 뮐러의 업적이 되기도 했지만 난조도 영국 유학을 통해 중요한 성과를 얻게 된다. 난조와 그의 동료 카사하라를 정토진종 동본원사가 유학생으로 파견한 목적은 산스크리트 학습 외에 범어 필사본을 일본으로 가지고 오라는 것이었다. 범어 필사본을 획득한다는 것은, 근대불교학이 요구하는 새로운 물적 기반을 확보한다는 것을 의미했다. 반대로 구미학계에서도『황벽대장경(黃檗大藏經)』이라는 한역불전의 목록을 출판하게 된 것을 난조의 대표적 업적으로 손꼽는다. 그것은 서양학자들이 접근하기 어려운 한역문헌을 확보할 수 있게 해줌으로써 그들이 비로소 한역불경에 대해서도 경쟁력을 갖

---

24 오노다 슌조, 앞의 글, 104-105쪽.

게 되는 효시가 되었다. 난조는 서구불교학을 일본에 수용한 것과 동시에 서구에 일본불교의 존재를 부각시키는 데도 성과를 남긴 선구자적 인물이었다.[25]

난조분유에서 시작하여 다카쿠스 준지로, 아네자키 마사하루(姉崎正治, 1873-1949), 무라카미 센쇼(村上專精, 1851-1929)[26] 등으로 이어지는 일본의 '불교학'은 근대불교의 한 부분 혹은 그 산물에만 머물지 않는다. 오히려 그것보다 불교에 대한 인식 전환과 더불어 불교를 재구성하는 것은 물론, 나아가 '불교'를 통해 '근대'가 전개될 수 있는 인식론적 기반을 제공했다고 할 수 있다.[27] 결과적으로 메이지 유신이 당시 일본의 불교계가 소멸할 수 있을 정도로 중대한 타격을 주었으나, 오히려 그들이 가진 위기의식과 진지한 반성은 강한 개혁의지로 전환되어 일본불교계를 되살렸다고 할 수 있다.[28]

2. 이노우에 엔료와 일본불교의 '근대종교' 만들기

1) 왜 이노우에 엔료인가?

여기서는 이제 많은 근대 일본불교사상가들 가운데 특히 이노우에 엔료

---

25 조승미, 「메이지 시대 서구 불교문헌학의 수용과 난죠 분유(南條文雄)-영국 유학시절 활동을 중심으로」 참조.
26 조승미, 「일본의 근대불교학 형성과 대승비불설 문제 - 아네자키 마사하루와 무라카미 센쇼의 비교」, 『불교연구』 30, 2009 참조.
27 조승미(2008), 앞의 글, 248쪽.
28 오노다 슌조, 앞의 글, 121쪽.

(井上円了, 1858~1919)를 자세히 살펴보고자 한다. 그 이유는 '철학'과 '종교' 등 서구적 개념을 바탕으로 시도한 그의 이론적 작업은 근대일본의 불교사상을 구축하는 과정에서 독특한 위상과 업적을 갖고 있기 때문이다. '종교' 개념이 막 형성되기 시작한 메이지시기에 엔료는 일본불교를 재정의(re-definition)함으로써 '불교의 근대화'라는 과제를 수행하고자 했다. 당시 신불분리(神佛分離)와 폐불훼석(廢佛毀釋)으로 침체된 일본불교는 자신을 근대적이며 국가에 유익한 종교로 규정할 필요가 있었다. 더욱이 서구문명과 함께 유입된 '철학', '과학' 등의 신조어와 기독교를 모델로 하는 '종교' 개념의 유입으로 불교의 정체성이 모호해진 상황에서 불교를 '종교'로 분명하게 자리 잡게 할 필요가 있었다. 이런 과제를 직면한 일본불교사상가들 가운데 근대 서양사상, 특히 철학과 종교 개념을 통해 일본불교를 근대적으로 재구성하고자 시도한 사람이 이노우에 엔료이다.

엔료는 불교를 당시 보편적 진리의 표준인 철학·과학에 부합하는 종교임을 설명함으로써, 불교를 하나의 '근대적 종교'로 만들기 위한 개념적 해석에 노력을 경주하였다. 이런 가운데 그의 주요 업적이라 할 수 있는 것은 '불교는 철학적 종교'라는 명제를 제시하고 그것을 뒷받침하는 논리와 담론을 체계화한 것이다. 이를 위해 그는 크게 두 가지 방향의 전략을 구사했다. 하나는 불교의 '철학적 성질'을 밝히는 데 주력하는 것이고, 다른 하나는 기독교 중심의 '종교' 개념의 외연을 넓히려고 시도한 것이다. 그의 이런 작업은 자칭 '신판석(新判釋)'과 '종교신론(宗教新論)'의 형태로 나타났다.

엔료를 살펴보고자 하는 또 다른 이유는 그의 사상이 한국과 중국을 포함한 동아시아 전반에 미친 영향이 결코 작지 않기 때문이다. 예컨대 그는 중국의 량치차오(梁啓超, 1873-1929), 그리고 조선의 한용운의 사상과 깊은 연관성을 보여주고 있다. 한국의 많은 연구자들이 엔료에게 주목하는 이유 중의 하나도 그가 량치차오의 『음빙실문집(飲氷室文集)』(1903)과 한용운의 『조선불교유신론(朝鮮佛敎維新論)』(1913)에 미친 영향 때문이다.[29] 또한 엔료의 저술인 『철학요령(哲學要領)』(1886)은 우리나라에서 한국인에 의해 쓰어진 최초의 서양철학사인 『철학고변(哲學攷辨)』(1912)의 주요 참고자료였다.[30] 이것은 엔료가 19세기 말과 20세기 초반의 한국 사상계에 적지 않은 영향력을 가지고 있었음을 보여준다.

엔료는 1880년대부터 활동하기 시작하였는데, 그 시대의 다른 학자들과 구별되는 특별한 점이 있었다. 엔료는 1858년 정토진종(淨土眞宗) 오타니파(大谷派) 동본원사(東本願寺) 승려의 맏아들로 태어났다. 하지만 그는 1881년 동경제국대학에 입학하여 미국인 철학교수 어니스트 페놀로사(Ernest Fenollosa, 1853-1908)[31]에게 서양철학을 배움으로써, 이 대학에서 철

---

29 엔료와 량치차오, 한용운의 영향 관계에 대한 선행연구로 김춘남, 「양계초를 통한 만해의 서구사상수용 - 조선불교유신론을 중심으로」, 동국대 사학과 석사논문 1984; 김영진, 「근대 한국불교의 형이상학 수용과 진여연기론의 역할」, 『불교학연구』 21, 2008; 김제란, 「한·중·일 근대불교의 사회진화론에 대한 대응양식 비교」, 동국대학교 불교문화연구원 엮음, 『아시아불교, 서구의 수용과 대응』, 동국대학교출판부, 2011; 조명제, 「한용운의 『조선불교유신론』과 일본의 근대지(近代知)」, 『한국사상사학』 46, 2014 등이 있다.

30 백종현, 「서양 철학 수용과 한국의 철학」, 『철학사상』 5, 서울대 철학사상연구소, 1995, 1쪽. 이인재(李寅梓, 1870-1929)는 이노우에 엔료 저, 뤄바이야(羅伯雅)의 한역본인 『철학요령』(1902)과 프랑스인 리치뤼(李奇若, 원명 미상)저, 천펑(陳鵬)의 한역본인 『철학논강(哲學論綱)』 및 량치차오의 『음빙실문집』(1903)에 수록된 학설 등을 참고하여 1912년 『철학고변(哲學攷辨)』이라는 서양고대철학사에 관한 저술을 출간했다. 이 책을 펴낸 이래 한국사회에 '철학'이라는 말이 정착되었다.

31 Judith Snodgrass, "The Deployment of Western Philosophy in Meiji Buddhist Revival", *Eastern Buddhist*, vol. 30(2), 1997, p. 139. 페놀로사는 동경제국대학의 철

학을 전공한 첫 번째 졸업생이 되었다. 그런데 그는 자신의 사상이 불교의 한 종파에 국한되기를 거부하였고, 그렇다고 관료가 되어 정부에 복무하는 삶를 선택하지도 않았다. 1885년 대학을 졸업한 그는 정부와 동본원사로부터 일자리를 제안 받았으나 둘 다 거절하였으며, 이후에도 공적인 지위는 일체 가지려 하지 않았다. 정토진종이 그의 연구를 지원했지만, 그는 불교 근대화론자로 활동하면서 이 불교 종파와의 친밀한 관계는 회피하려 했다. 엔료의 관심은 한 종파에 국한되는 것이 아니라 통종파적 활동에 있었기 때문이다.[32]

또한 그는 대학의 인도철학과에 남아 문헌학적 연구에 종사하는 길을 선택하지도 않았다. 난조분유(南條文雄)와 같이 산스크리트 문헌에 대한 근대적 연구를 하지도 않았고, 키요자와 만시(清澤滿之)처럼 정토진종의 근대화에 전념하지도 않았다. 그 대신 불교사상 전체를 자신의 체계에 따라 해석하여 근대사상으로 재구축하는 일에 전념했다. 그는 불교를 불교 내부의 시각에 국한하지 않고 근대 유럽의 사상이나 기독교, 그리고 유교 등과의 관계를 통해 폭넓게 바라보기를 원했다. 따라서 그의 저작의 대부분은 역사적·문헌학적 연구라기보다 자신의 패러다임에 의해 불교사상을 재인식, 재구성하고자 한 것들이다.[33] 이것이 그가 메이지 시기 한 종파

학 및 정치경제학 교수였고, 일본 미술 연구자였다. 그는 헤겔과 허버트 스펜서의 사회진화론을 주로 가르쳤다.

32 Gerard Clinton Godart, "Tracing the Circle of Truth: Inoue Enryō on the History of Philosophy and Buddhism", *The Eastern Buddhist,* vol. 36(1-2), 2004, p. 107.

33 立川武藏, 「井上圓了の佛教思想」, 『印度學佛教學研究』 49(1), 2000, 12쪽; 이런 의미에서 엔료는 메이지 시대 '신세대(new generation)' 학자로 분류되기도 한다. '신세대'란 "근대에 불교가 마주친 곤경을 충분히 이해하고, 서양철학이나 과학을 연구하여 기

에 국한된 인물이 아니라 범불교적 인물로 기억되는, 또 그의 이론이 통일 불교적 성격을 띠게 된 이유이다.

당시 엔료가 직면했던 불교에 대한 비판들을 요약하면 다음과 같다.[34] 무엇보다 불교의 외래 기원이 문제가 되었다. 토착적 신화에 의해 정당화되는 황제 중심의 국가 이데올로기를 창출하려는 시점에서 불교는 외래종교로 간주되고 배척되는 상황에 처하게 되었다. 둘째, 불교는 사회적으로 무익하다고 비판되었다. 서로 경쟁·대립하는 불교 승려들과 부패하고 방탕한 불교 교단은 국가에 도움이 되지 않는다고 공격받았다. 특히 불교는 과거의 도쿠가와 체제에 봉사하면서 특권을 누려왔기 때문에 '과거의 악(惡)'이자 근대화의 장애로 비쳐졌다. 셋째, 18세기에 서구의 과학과 철학이 수입됨에 따라 일본의 지적(知的) 기상도가 변화했다. 이제 서구의 학문과 기술이 중국의 지식이 차지했던 우월적 지위를 대체했다. 이 과정에서 불교의 지적 체계, 그 중에서도 종교적 우주론은 그 진리성을 의심받게 되었다. 게다가 유럽의 불교학과 토미나가 나카모토(富永仲基, 1715-1746)[35] 등의 일본학자들에 의해 대승불교는 '근본불교', 즉 붓다의 직접 가르침이 아니라고 비판받게 되었다. 이 '대승비불설(大乘非佛說)'은 불교도들에게

독교를 배척하고, 당시 사조인 '국가주의'적 성격을 띤 사람들"을 말한다. Kathleen M. Staggs, "In Defence of Japanese Buddhism: Essays from the Meiji Period by Inoue Enryō and Murakami Senshō," Ph.D. diss., Princeton University, 1979, pp. 5-6 참조; 한편, 호시노 세이지는 엔료를 불교변증론에 큰 영향을 미친 인물로 소개한다. 星野靖二, 『近代日本の宗教概念―宗教者の言葉と近代』, 有志舍, 2012, 112쪽.

34 Godart, op. cit., pp. 109-110.
35 토미나가는 유교, 불교, 신도를 실증적으로 연구하고 '가상설(加上説)'을 제시하였다. 『출정후어(出定後語)』(1745)에서 불교 경전에 대한 문헌비평을 시도하고 '대승비불설'(이부가상, 異部加上)을 제시하여 후대의 일본불교학계에 큰 영향을 주었다.

중요한 도전이 되었다. 넷째, 17세기 이래 일본에서 금지되고 박해받아 왔던 기독교가 서양 국가와의 조약을 통해 강력한 세력으로 대두하게 되었다. 기독교는 이제 불교도들에게 최악의 적으로 인식하게 되었다.

이런 상황 속에서 엔료는 동시대 일본불교인들이 직면했던 '전통불교의 근대화'라는 과제에 대응하면서 그 해답을 모색하려 했다. 그는 일본불교의 근대화를 통해 자신의 좌우명인 '호국애리(護國愛理)'의 신념을 실천하고자 하였다. 그에게 불교의 '재흥(再興)'은 애국의 실천과 불가분리의 관계에 있었다. 엔료의 초기의 저서 『불교활론서론(佛敎活論序論)』(1887)[36]의 첫 문장은 다음과 같은 비장한 어조로 시작하고 있다.

> 사람으로 태어나 국가를 생각하지 않는 자 있는가? 학문을 하면서 진리를 사랑하지 않는 자 있는가? 나는 낮은 신분으로 태어나 가난하게 살아온 사람으로 비재천학(非才淺學)하여도 감히 호국애리(護國愛理)라는 하나의 이상[一端]을 가지고 있다. … 진리를 사랑하는 것은 학자의 의무이며, 국가를 보호하는 것은 국민의 임무이다. 국민으로서 국가를 지키지 않는 자는 국가의 죄인이며, 학자로서 진리를 사랑하지 않는 자는 진리의 죄인이다.[37]

---

36 엔료의 『불교활론』은 여러 권으로 출판되었다. 『불교활론서론』은 1887년 2월 출판되어 국가적인 베스트셀러가 되었다. 『불교활론본론(佛敎活論本論)』은 총 세 편이다. 제1편은 『파사활론(破邪活論)』(1887)으로 기독교 비판의 내용을, 제2편은 『현정활론(顯正活論)』(1890)으로 불교에 대한 새로운 철학적 해석을 담고 있다. 제3편으로 예정되었던 『호법활론(護法活論)』은 1920년 『활불교(活佛敎)』라는 이름으로 별개의 책으로 출판되었다. 三輪政一 編,「井上円了先生」, 大空社, 1993, 31쪽; 常盤大定,「佛敎活論序論解題」, 明治文化硏究會 編,『明治文化全集: 第19券 宗敎篇』, 日本評論社, 1967, 35-36쪽; 增谷文雄,『近代佛敎思想史』, 東京: 三省堂, 1941, 155쪽 참조.

37 井上圓了,『佛敎活論序論』, 哲學書院, 1887, 1쪽.

『불교활론서론』이 당시 일본불교계에 미쳤던 영향은 매우 컸다. 이에 대해 마스타니 후미오(增谷文雄, 1902-1987)는 다음과 같이 말했다.

> 이노우에 엔료가 『불교활론서론』 1권에 의해 메이지 불교계에 공헌했던 것은 참으로 헤아릴 수 없다. 쇠락해가던 불교는 그것에 의해 깨어났다. 의기소침하고 있던 불교도들은 그것에 의해 떨쳐 일어났다.[38]

도키와 다이조(常盤大定, 1870-1945)도 메이지 불교계에서 한 시대의 획을 그은 명저로서 『불교활론서론』을 들고 있다. 이 책은 『진리금침(眞理金針)』[39]과 더불어 엔료의 초기 베스트셀러 저작이었으며, 그 영향력에 대해 그는 다음과 같이 기술하고 있다.

> 『진리금침』 초편에 이어 나온 『불교활론서론』은 『진리금침』에 이미 감동받은 식자들을 더욱 감동시켰다. 이 『서론』은 특히 불교계에 중요한 지위와 가치를 가진다. 불교개혁에 대한 엔료의 결의(決意)와 호법애국의 순정(純情)은 엔료의 뛰어난 건필(健筆)로 인하여 그 어떤 사람도 비장(悲壯)한 느낌을 가지지 않을 수 없었다. 『진리금침』에 심취된 후 이 논문에 접한 까닭에 세간의 열렬한 환영이 있었다. 당시 누구나 최고의 저작으로서 이 책

---

38 增谷文雄, 위의 책, 152쪽.
39 『진리금침』(1886-1887)은 초편, 속편, 속속편의 3편으로 구성되어 있다. 주 내용은 기독교를 배척하는 한편, 불교는 지력(智力)과 감정의 양면을 모두 갖춘 종교임을 주장한다. 增谷文雄, 위의 책, 154-155쪽; 常盤大定, 「眞理金針(初篇)解題」, 明治文化研究會 編, 『明治文化全集: 第19券 宗敎篇』, 日本評論社, 1967, 29-33쪽.

을 추천하였고, 사실 이 무렵 이 책만큼 세간 및 불교계를 감동시킨 것은 없었다.[40]

『불교활론서론』에 의해 불교계에서 엔료의 명성은 정점에 이르게 된다. 그리고 그가 철학을 가르치기 위해 세운 철학관(哲學館)[41]은 무라카미 센쇼(村上專精) 등 이후 근대 일본불교계에서 활약한 다수의 인물들을 배출했다.[42] 엔료의 중요성은 여기에 그치지 않는다. 그의 저작인 『철학일석화(哲學一夕話)』(1886)는 니시다 기타로(西田幾多郎, 1870-1945)의 『선의 연구(善の研究)』(1911)에 필적한다거나,[43] 심지어 엔료가 니시다 기타로의 사상형성에 영향을 준 선구자라고 평가되기도 한다.[44]

2) '철학', '과학', '종교' 개념의 유입과 일본불교의 사상적 과제

그런데 엔료가 해결하고자 노력한 과제의 핵심은 '종교'와 '철학'이라는 두 개념과 깊이 관련되어 있었다. '종교'와 '철학' 모두 메이지 불교인들에게 실제적인 해석의 문제를 야기한 새로운 범주였다. 'religion',

---

40　常盤大定,「佛教活論序論解題」, 35쪽.
41　1887년 엔료가 동서양의 철학을 가르치기 위해 세운 사립학교로 현재의 동양대학(東洋大學)의 전신.
42　增谷文雄, 앞의 책, 158쪽.
43　田村晃祐,「井上円了の生涯と思想をめぐって」, 東洋大学井上円了記念学術センター 編,『井上円了センター年報』12, 2003, 95쪽.
44　Robert J. J. Wargo, "Inoue Enryo: An Important Predecessor of Nishida Kitaro", *Studies on Japanese Culture*(『日本文化研究論集』), vol. 2, 1973 참조.

'philosophy'라는 개념이 일본에 번역되어 수입된 것은 1860년 전후이고, 이것은 메이지 시기 일본의 불교도들에게 매우 중요한 문제로 등장한다.

당시 일본에서 '철학'은 서구로부터 들어온 수많은 신조어(neologisms, 新語) 중의 하나이자 새로운 학문분과였다. 일본에 본격적으로 서양철학이 소개되기 시작한 것은 19세기 중반이며,[45] 'philosophy'라는 말이 오늘날의 용어로 번역된 것은 일본 철학자 니시 아마네(西周, 1829-1897)에 의해서였다. 1862년 니시는 philosophy를 '희철학(希哲學, kitetsugaku)'이라고 번역했고, 1874년 출판한『백일신론(百一新論)』에서는 오늘날 우리가 알고 있는 '철학(tetsugaku)'으로 번역했다.[46] '철학'이라는 용어가 philosophy의 역어로 널리 사용되기 시작한 것은 메이지 10년(1877) 동경대학 문학부의 학과 분류에서 그 명칭이 사용되면서부터였다.[47] 1884년에는 학술단체 '철학회'가 결성되었는데, 그 주요 멤버 중의 하나가 엔료였고 그 모임의 조언자 중에는 니시 아마네도 있었다.[48] 'science'의 역어인 '과학(科學)'도 여러 번

---

45 물론 16-17세기에 가톨릭 선교사들에 의해 아리스토텔레스, 어거스틴, 토마스 아퀴나스 등이 일본에 소개되었을 가능성이 있다.
46 '희철학'이란 말은 본래 니시의 동료 쯔다 마미치(津田眞道, 1829-1902)가 그 전해에 지은 말이라거나 혹은 공동 조어라는 견해가 있다. Gino K. Piovesana, "The Beginnings of Western Philosophy in Japan: Nishi Amane, 1829-1897", International Philosophy Quarterly, vol.2(2), 1962, p. 295; 김성근,「메이지 일본에서 '철학'이라는 용어의 탄생과 정착 - 니시 아마네(西周)의 '유학'과 'philosophy'를 중심으로」,『동서철학연구』59, 2011, 371쪽.
47 당시 문학부의 제 1과는 사학, 철학, 정치학과였다. 김성근,「일본의 메이지 사상계와 '科學'이라는 용어의 성립과정」,『한국과학사학회지』25(2), 2003, 143쪽.
48 허지향,「메이지 일본에 있어서 '철학' 개념의 역사적 위치 - 니시 아마네의 텍스트 재고,『철학회잡지』고찰」,『인문학지』44, 2012, 19쪽. 당시 철학회 멤버로는 이노우에 데츠지로, 아리 나가오 등이 있었고, 가토 히로유키, 니시 아마네 등이 조언을 해주었다고 한다.

역어와의 경쟁을 거쳐 이노우에 데츠지로(井上哲次郎) 등이 편찬한 『철학자휘(哲學字彙)』(1881)에 그 모습을 드러내고 있다.[49]

일본에서 '종교'가 'religion'의 번역어로서 최초로 등장한 예는 1860년대 후반 구미각국과 교환한 외교문서에서였다. 하지만 당시엔 종문(宗門)이나 종지(宗旨) 등 여러 다른 단어들도 'religion'의 번역어로서 사용되고 있었다. 당시 일본에서는 오늘날의 'religion'과 같이 폭넓은 의미를 지닌 언어는 없었다. 즉 그 안에 여러 '종교들(religions)'을 담을 수 있는 통칭도 없었고, 또 그에 속하는 구성원들인 개별 '종교들'을 구별하는 체계적 방법도 없었다. 대신 종(宗)・교(敎)・파(派)・종문(宗門) 등과 같은 단어들이 기독교, 불교 내 종파, 도교와 유교의 구별, 또는 여러 지적 사조들(회화나 수학 등의 학파들)을 지시하는 것으로서 서로 바꿔가며 사용되고 있을 뿐이었다.[50]

일본에서 'religion'의 번역어가 '종교'로 완전히 굳어지게 된 직접적 계기는 1873년의 기독교금지령의 철회로 볼 수 있다. 국가 간 외교적 문제로서 '종교의 자유' 문제를 더 이상 외면하기 어려운 상황에서 국내의 종교정책과 외국과의 교섭에서 'religion'의 일정한 번역어가 필수적으로 요청되

---

49 김성근, 「일본의 메이지 사상계와 '과학'이라는 용어의 성립과정」, 140쪽; 'science'의 번역어로서의 '과학(科學)'은 정확히 누가 처음 사용했는지 불분명한데, 이토 히로부미(伊藤博文)가 만든 용어라고도 한다. 미야카와 토루・아라카와 이쿠오 엮음, 『일본근대철학사』, 생각의 나무, 2001, 11쪽.

50 Jason Ānanda Josephson, "When Buddhism Became a 'Religion': Religion and Superstition in the Writings of Inoue Enryō", *Japanese Journal of Religious Studies*, vol. 33(1), 2006, p. 144.

었기 때문이다.[51] 이후 모리 아리노리(森有礼)가 『메이로쿠잡지(明六雜誌)』에 「종교」(1874)라는 제목으로 논문을 발표하고 후쿠자와 유키치(福澤諭吉)도 『문명론의 개략』(1875)에서 '종교'라는 말을 쓰기 시작하면서, 'religion'의 번역어로서 '종교'라는 용어가 정착되는 데 큰 영향을 미쳤다. '종교'가 학문 및 정치적 용어로서 독점적으로 'religion'의 번역어가 된 것은 1880년대로, 『철학자휘』(1881)에 '종교'라는 말이 실릴 무렵에는 이 용어가 꽤 일반화되어 있었다.[52] 이후 공적이고 비종교적인 영역을 의미하는 '도덕'과 쌍을 이루는 술어로서 명확히 의식되기 시작한 것은 일본 제국헌법이 공포된 1889년이었다.[53]

그런데 이처럼 일본에서 '종교' 개념이 확립되는 과정은 기독교 수용사와 깊은 관계가 있었다. 특히 일본에 전도된 개신교 주류가 의례적 요소를 배제하는 엄격한 '신념중심주의' 성향을 지니고 있었고, 일본에서도 이런 성격을 종교의 핵심으로 인식하게 됨에 따라 종교는 '개인의 내면의 신념체계'라고 보는 경향을 낳게 되었다. 이와 더불어 일신교적 인격신과 신념 체계를 갖춘 '교리', '의례 체계', 그리고 교회와 같은 '조직체'를 갖춘 기독교가 종교의 모델이 되었다.[54] 나아가 이러한 'religion'의 번역어로서의

---

51 이소마에 준이치, 『근대 일본의 종교 담론과 계보: 종교·국가·신도』, 제점숙 역, 논형, 2016, 89-90쪽. 이 책은 磯前順一, 『近代日本 宗教言說とその系譜·宗教, 國家, 神道』(東京: 岩波書店, 2003)의 번역서이다.
52 比較思想史硏究會 編, 『明治思想家の宗教觀』, 東京: 大藏出版株式會社, 1975, 17-27쪽; 이소마에 준이치, 앞의 책, 89-90쪽.
53 이소마에 준이치, 앞의 책, 17쪽, 99-100쪽.
54 위의 책, 90-92쪽; Jason Ānanda Josephson, "Taming demons: The anti-superstition campaign and the invention of religion in Japan (1853-1920)", Stanford University. Ph.D. diss., 2006, p. 197; Shimazono Susumu, "Contemporary Religion and

'종교' 개념의 확립은 일본뿐만 아니라 동아시아 믿음체계에도 중대한 변화를 가져왔다. 이제 불교는 기독교와 유대교는 포함되지만, 그러나 유교는 포함하지 않는 '종교'라는 범주에 합류하게 되었고, 이러한 변화는 불교를 현대적으로 재구성하고 불교의 근본 교리도 재개념화하도록 유도했다. 즉 전근대적 상태의 '불법(佛法)'에서 현대적 범주인 '불교(佛敎)'로 변환될 수 있도록 자극한 것이다.[55] 이러한 과정을 거쳐 '신불분리령'에 의해 그 무렵까지는 단일한 의식이 없었던 불교와 신도의 각 종파들도 각각 '불교'와 '신도'라는 통일된 단위로써 자신들의 정체성을 분명히 자각하게 된다. 이처럼 일본에서 '불교'라는 말은 근세 이래 불교가 종파별로 분리된 상태를 극복하고 통합적 정체성을 형성하기 위한 개념적 노력이 반영된 결과물이라 할 수 있다.[56]

이처럼 '종교'와 '철학' 모두 메이지 불교인들에게 자기 정체성을 새롭게 해석하기를 요구하는 문제와 관련된 범주였다. 비록 불교가 지금은 일반적으로 하나의 종교로 인식되고 있지만, 메이지 시기 불교도와 철학자들에게는 이것이 결코 자명한 것이 아니었다. 이 당시에는 'religion'이란 단어가 기독교와 밀접하게 연결되어 있었기 때문이며, 또한 '철학', '과학', '종교', 심지어 '불교'라는 용어도 메이지 시대에 새로 만들어진 번역어이거나 새롭게 의미를 부여받은 용어들이기 때문이었다. 하지만 이제 더 이상 '철학', '종교', '과학' 등과 같은 서구의 새로운 범주들에 의존하지 않고

Religious Studies: The Concept of 'Religion' in Post Axial Civilization", *Tenri Journal of Religion*, vol. 32, 2004, p. 90.
55 Josephson, "When Buddhism Became a 'Religion'", p. 144.
56 이소마에 준이치, 앞의 책, 93쪽.

서는 자신을 묘사하기란 불가능해졌다. 아울러 불교사상가들은 불교와 이들 서구의 사상들 사이에서 등장하는 다양한 모순들도 해결해야 했던만큼 이들 용어의 사용은 불가피했다.[57]

이와 같은 상황 속에서 그 문제에 본격적으로 대응한 불교사상가의 한 사람이 바로 엔료였다. 그가 일본불교를 하나의 근대적 종교로 만들기 위해 취했던 노력도 바로 이 두 개의 개념, 즉 '철학' 및 '종교' 개념과 깊은 관련이 있다. 메이지 시대 종교관의 흐름을 연구한 논저 『메이지 사상가의 종교관(明治思想家の宗敎觀)』(1975)에서 이 책의 공동 저자들은 이노우에 엔료의 사상적 작업의 특징을 다음과 같이 설명한다.

"메이지 20년대를 거치면, 유럽사상으로서의 과학, 윤리, 철학을 사용하여 불교의 재조직화를 기도하는 것이 나타나기 시작한다. 그 대표적 인물은 바로 여기서 취급하는 이노우에 엔료이다. 그는 불교가 유럽의 과학, 윤리, 철학에 통하는 종교라는 것을 이론적으로 나타내고 싶어 했다. 그는 불교의 내부에 있으면서, 의식적으로 '외부[外]'와 연결하여 그것을 포섭하고 결국에 그것을 무기로 삼아 종교로서의 불교를 고양시켰다고 할 수 있다."[58]

엔료는 근대적 세계관을 통한 불교의 자기 이해라는 시대적 과제를 '불교는 철학적 종교(Buddhism as a philosophical religion)'라는 명제로 압축했

---

57 Godart, op. cit., pp. 107-108. 이러한 지적 갈등은 중세 기독교 철학자들이 그들의 기독교 도그마와 새로 번역된 아리스토텔레스의 저작을 화해시켜야 할 때 느꼈을 스트레스와 유사하다고 비교한다.
58 比較思想史硏究會 編, 앞의 책, 34쪽.

다. 그리고 불교를 '철학'과 '과학'에 부합하는 '합리적 종교'임을 설명함으로써 그것을 해결하고자 노력했다. 바로 이 과정에서 그는 '불교'와 '철학' 모두를 재정의해야 했고, 그럼으로써 불교와 종교의 관계에 대한 새로운 이론을 창안하게 되었다.[59]

엔료가 불교를 근대화하고 부흥시키기 위해 시도한 노력은 크게 두 가지 차원으로 나누어 볼 수 있다. 하나는 근대적 사상의 주요한 범주인 '철학', '과학', '종교'라는 개념을 통해 전통 불교를 재해석함으로써 불교를 전근대적 사상구조에서 탈피해 새롭게 재구성하는 것이다. 이런 시도를 압축적으로 표현한 것이 '불교는 철학적 종교'라는 명제이다. 이것은 '일본불교의 근대 종교 만들기'를 위한 일종의 해석학적 작업이라고 할 수 있다. 이러한 작업은 주로 『불교활론』(1887-1890), 『철학요령(哲學要領)』(1886), 『진리금침』(1886-18877) 등 그의 초기 저작들을 중심으로 전개되어 있다.

다른 하나는 보다 구체적이며 실천적 성격을 띤 것이다. 그것은 불교를 근대적 이성의 기준에 맞게 합리화하는 것으로, 불교 안의 미신적(迷信的) 요소를 제거하고자 한 것이다. 엔료의 철학적 불교학과 요괴(妖怪) 퇴치운동은 각각 분리하여 설명되는 것이 일반적이지만, 둘 다 일본불교의 근대화와 합리화를 추구한다는 측면에서 공통적인 성격을 지닌다.[60] 이 부분은 엔료의 요괴학 관련 저서, 그 중에서도 『미신과 종교(迷信と宗敎)』(1916) 등의 저서 속에 잘 나타나 있다.

---

59 Godart, op. cit., p. 108. 고다르는 이런 점에서 엔료를 불교 호교론자가 아니라 서양철학의 실천자로 평가해야 하며, 지금까지 엔료의 사상에서 서양철학의 역할이 잘 평가되지 않았다고 지적한다.
60 Josephson, "When Buddhism Became a 'Religion'" 참조.

3) '불교는 철학적 종교'

(1) '근대종교 만들기'의 개념적 전략

엔료는 불교인이면서도 동시에 철학자로서의 정체성을 갖고 있었다. 그는 1887년에 현재 일본의 동양대학의 전신인 '철학관(哲學館)'을 창설하여 동서양의 철학을 강의하였고, 만년인 1904년에는 네 사람의 성인[四聖, 사성] 즉 석가, 공자, 소크라테스, 칸트를 '봉숭(奉崇)'하는 '철학당(哲學堂)'을 세워 사성에 대한 철학제(哲學祭)를 지내기도 했다. 엔료는 철학을 동양철학과 서양철학으로 나누어, 전자를 지나(支那, 중국)철학과 인도철학으로, 그리고 후자는 고대철학과 근세철학으로 분류했다. 이 4종류의 철학을 대표하는 것이 '사성'이었다.[61] 여기서 엔료가 이들 네 명의 '성현' 가운데 유독 예수는 포함시키지 않았다는 사실을 발견할 수 있다. 그는 예수에 대해서는 적대적 태도를 계속 지녔으며, 그리스도교 비판은 그의 사상의 중요한 기둥을 이루고 있었다.[62]

엔료에게 근대 일본불교의 개량과 근대화의 궁극적 목표는 곧 당시 새로운 범주로 떠오른 '종교가 되는 것'이었다. 즉 엔료의 '근대 일본불교 만

61　立川武藏, 앞의 글, 12쪽.
62　위의 글, 13쪽. 그러나 엔료가 기본적으로 타종교에 대한 관용성을 지니고 있다는 해석도 있다. 예를 들어 엔료는 불교와 기독교 모두 종교적 이상주의에 뿌리내리고 있는 점에서 동일한 사상적 기반에 서있는 종교라고 보았다. 실제로 엔료는 『불교활론서론』에서 기독교가 같은 종교로서 '동포형제'라고 표현하고 있다. 다만 기독교의 교리적 내용이 비합리적임을 문제삼고 있다. 井上圓了, 앞의 책, 22쪽; 池田英俊, 「井上圓了の近代佛敎論と慈善」, 『印度學佛敎學硏究』 vol.49(2), 2001, 521-522쪽.; Monika Schrimpf, "Buddhism Meets Christianity: Inoue Enryō's View of Christianity in Shinri Kinshin", *Japanese Religions*, vol. 24(1), 1999, p. 69 참조.

들기(making modern Japanese Buddhism)'는 일본불교가 하나의 '근대적 종교가 되기(becoming a modern religion)' 위한 노력의 일환이었으며, 서양철학은 그 과정에서 그가 사용한 개념적 전략이자 하나의 방법론이었다. 그 이전에 불교인들은 자신의 가르침과 실천을 여러 불교종파들의 용어나 '유교'와의 관계 등을 통해 설명했다. 그러나 메이지 시기 불교의 많은 '자기 인식'과 '자기 표현'은 이제 서구의 분류법과 서구적 범주에 의해 이뤄지게 되었다. 이처럼 서구의 '철학'과 '종교' 범주를 통한 '불교의 자기-정의(self-definition)'를 시도했다는 측면에서, 이노우에 엔료는 당대의 사상가 중 가장 활동적이고 선명한 업적을 쌓은 인물 중 하나였다고 볼 수 있다.[63]

그러나 서양철학에 의지한 엔료의 불교해석학은 당시 불교인들에게 잘 이해되지 않았을 뿐만 아니라, 엔료 스스로도 자신의 작업이 매우 낯설고 모험적이라고 생각했다. 그는 자신의 작업이 "인적이 없는 심산유곡을 밟아가는 것과 같다"고 토로하기도 했다.[64] 그럼에도 그러한 작업만이 당시 위기에 처한 일본의 불교를 개량, 재생시킬 수 있다고 생각했다. 엔료는 자신의 삶의 목적이 일본의 불교를 개량하고 부흥시키는 데 있다고 밝히고 있다.

나는 단연 불교를 개량하여 개명한 종교(開明の宗敎)로 만들 것을 기대한

---

63 Godart, op. cit., p. 111. 그리고 엔료와 서양사상의 관계에 대해서는 원영상, 「근대 일본불교의 서양사상의 수용과 전개 - 정상엔료(井上円了)를 중심으로」, 『동양철학연구』 제 67집, 2011 참조.
64 井上圓了, 『佛敎活論本論 2: 顯正活論』, 東京: 哲學書院, 1890, 54쪽. (이하 『顯正活論』으로 축약함)

다. 이것은 학자가 진리를 추구[愛究]하는 목적에 부합하며, 또한 사회의 일 개인으로서 국가에 대한 의무를 다한다는 믿음에 유래하는 것이다.[65]

이러한 그의 목적은 『불교활론』의 연작을 통해 불교가 '충분히' 종교의 자격을 가질 수 있음을 증명하는 작업으로 이어진다. 그런데 엔료는 『불교활론서론』과 『불교활론본론』 속에서 단순히 불교를 개량하자고 주장하거나, 또는 더 좋은 불교는 이러해야 한다는 구체적 내용을 제시하지는 않았다. 오히려 종교를 새롭게 유형화하여 그 안에 불교의 위치를 공고히 할 수 있는 하나의 종교론, 즉 자칭 '종교신론(宗敎新論)'을 만들고자 노력했다. 그렇게 함으로써 불교를 '철학적 종교'로 볼 수 있는 가능성을 확보하고자 한 것이다.

그는 먼저 종교를 이성적 요소를 지닌 '지력(智力)의 종교'와 감성적 요소를 지닌 '정감(情感)의 종교'로 나눈다. 그리고 철학 속에도 종교적 요소가 있다고 함으로써, 이성과 철학을 종교의 영역 안에 개입시킨다. 이처럼 감성적 요소뿐만 아니라 지성과 이성도 종교의 한 요소임을 주장하면서, 철학을 내포한 불교가 하나의 종교로서 결코 부족함이 없음을 강조하였다. 엔료는 다음과 같이 말한다.

> 나는 이제 지(智)와 정(情)의 일체(一體)임과 표리양면의 관계를 보이며, 정감 안에 존재하는 종교의 원소는 마찬가지로 지력 안에도 존재한다는 이유를 서술하고자 한다. 그것을 서술할 필요는 세간 일반에서 종교의 원소

---

65 井上圓了, 『佛敎活論序論』, 29쪽.

는 정감에만 있고 지력에는 없다고 믿고 있기 때문이다 … 지금 내가 종교신론(宗敎新論) 가운데 논명하는 것처럼 지력상(智力上)에 종교의 원소가 있다고 말하는 것은 철학 안에 종교가 있다고 말하는 것과 같다. 따라서 이제 종교신론 가운데 종교와 철학과의 관계를 보이고자 한다.…[66]

그런데 그의 저서의 많은 부분은 '불교'가 아닌 '종교'와 '철학'에 관한 담론으로 구성되어 있다. 어떻게 보면 불교 자체의 내용은 오히려 적다고 볼 수 있으며, 더욱이 불교에 대한 구체적 개량의 방법들은 거의 보이지 않는다. 이것은 근대 한국의 많은 불교개혁론들이 포교, 승려 교육, 의례 개편 등의 실제적 문제들을 중심 논제로 삼는 것과는 판이하다.

즉 엔료의 주요 관심은 다른 곳에 있었다. 그는 당시 서구로부터 유입된 많은 학문분과들, 그 중에서도 '철학'과 '과학', 그리고 당시 매우 중요한 범주로 등장한 '종교' 등과 불교의 관계를 해명하고, 그 안에서 불교의 정당한 위치와 의미를 확보하는 것을 핵심 목표로 삼고 있었다. 이를 위해 그는 『불교활론본론』에서 자신이 일종의 교상판석, 즉 '신판석(新判釋)'을 수행하고 있다고 말하고 있다.

> 내가 다음과 같이 철학의 조직을 논하고 그 가운데 종교의 지위(地位)를 정하고자 하니…불교에는 교상판석(敎相判釋)이라고 하는 것이 있어서 각 종의 조사(祖師)가 한 종을 세우고자 할 때는 반드시 부처의 일대(一代) 가르침을 판석하는 것이 필요하다… 나는 일체의 종교에 통하고, 제과(諸科)의

---

66 井上圓了,『顯正活論』, 63-65쪽.

철학을 관통하는 일종의 신판석(新判釋)을 시도하고자 한다. 먼저 종교를 지력적(智力的), 정감적(情感的)이라는 두 종류로 나누고, 철학을 유상(有象), 무상(無象)의 두 종류로 나누고, 유상철학에 이론, 응용의 양학(兩學)을 나누고, 무상철학에도 이론, 응용의 양학을 나누어, 지력적 종교학은 무상철학 가운데 응용학으로 삼는다.[67]

이와 같이 엔료가 행한 종교와 철학에 대한 새로운 교상판석은 과거 그 어디에도 없던 그 만의 창작이었다. 그런데 그의 '신판석'에서 핵심적 초점은 '불교'와 '종교'와의 관계에 있다고 할 수 있다. 물론 그의 '신판석'의 체계에서 '철학'이 매우 중요한 부분이긴 하지만, 『불교활론』에 관통하는 엔료의 관심은 '전통불교를 새로운 근대종교로 만드는 것'에 있기 때문이다. 따라서 그는 철학을 높이 평가했지만, 불교가 '철학' 보다 '종교'라는 범주 안에 안착되기를 바랬다. 다시 말해 그의 일본불교의 근대 종교만들기 개념 프로젝트의 목표는 '종교'였으며, '철학'은 그것을 위해 동원되는 그 하위의 개념적 수단인 셈이다.[68] 그래서 그는 『불교활론』 연작 등 초기의 저서에서 '불교는 철학적 종교'라고 줄곧 표현했던 것이다.

또한 이러한 엔료의 개념적 전략의 밑바탕에는 기독교에 대한 경계심이 깔려있었다. 불교사상가로서 엔료에게 부여된 중요한 과제는 불교를 기독교와 비교하여 조금도 열등하지 않는, 혹은 오히려 더 우월한 종교임을

---

67 위의 책, 53-54쪽. 밑줄은 필자. 다음 인용문들에서도 동일함.
68 물론 그렇다고 엔료에게 '철학'이 단순히 종교를 위한 수단과 방법에 불과했다는 것은 아니다. 엔료에게 철학은 기독교를 대체하여 서구의 문명의 우수성을 보여주는 상징이었고, 그 자신의 신념체계의 일부를 이룰 정도로 중요한 것이었다.

논증하는 것이었다. 그런데 그것을 위해서는 먼저 불교가 기독교와 대등한 '종교' 구성원임을 증명할 필요가 있었다. 그 이유는 당시 기독교를 모델로 하는 종교개념에서 불교는 끊임없이 종교가 아닌 다른 범주로 분류될 가능성이 있기 때문이었다. 이미 근대 일본에서 '유교'는 거의 종교가 아닌 것으로 간주되었다.[69] 또 불교는 종교가 아닌 '철학'으로 보는 시각이 많았고 기독교만이 순수한 종교로 인식되는 경향이 있었다. 그래서 엔료는 기독교가 표준이 되는 종교론을 거부하며, 기독교를 모델로 하지 않는 새로운 종교론, 즉 '신판석'과 '종교신론'을 구성하고자 했다. 그는 다음과 같이 말한다.

> 세간 보통의 견해에 따르면 종교를 나누어 자연교와 현시교(혹은 天啓教)라는 2종으로 삼는다... 내가 이것을 보통의 분류에 따라 하지 않는 것은 첫째, 이 분류법은 서양의 학자가 동양의 종교를 알지 못하여 야소교를 종교 표준으로 설하는 것이므로 오직 야소교의 특색을 나타내는 것은 적절치 않기 때문이며, 둘째, 이 분류법에 따를 때는 불교가 보통의 종교가 되어 세계만방[世界萬世]에 다시 볼 수 없는 철학적 종교(哲學上の宗敎)임을 보여주지 못하기 때문이다. 따라서 나는 지력적, 정감적이라는 분류법을 사용하여...[70]

---

69 엔료는 자신의 글 속에서 "유교를 종교로 볼 수 있다면"이라는 표현을 통해 당시 유교가 종교인가 아닌가의 문제가 논란거리였음을 보여주고 있다. 井上圓了, 『顯正活論』, 55쪽.
70 위의 책.

이와 같이 엔료가 종교를 굳이 '지력'과 '정감'의 범주를 중심으로 분류한 것은, 바로 이 '지력'의 부분이 불교에는 있고 기독교에는 없음을 보여주기 위한 의도적 설계였다. 이처럼 그 당시 모호했던 '종교' 범주의 의미, 그리고 그 구성원의 '자격과 종류'의 문제에 대해 나름대로 대처하고자 했던 것이 바로 엔료의 '종교신론'이었다. 그리고 그것을 불교의 전통적 용어를 빌려 '신판석'이라고 불렀던 것이다.

이처럼 일본불교를 근대적 종교로 '만들기' 위한 엔료의 노력에서 특징적인 것은 그가 당시 지배적이었던 서구 기독교 중심의 종교관을 정면으로 거부하고 그 대안을 제시함으로써, 궁극적으로는 '종교' 개념 자체의 변형을 시도했다는 점이다.[71] 중국과 한국의 공자교(孔子敎) 운동의 예에서 볼 수 있듯이 비서구지역의 많은 종교는 서구의 종교모델에 맞추어 자신의 종교를 개량하려는 경향이 있었다. 그러나 엔료는 반대로 서구의 종교모델 자체의 결함을 비판하면서 오히려 그것을 교정하려 했던 것이다.

이러한 이론의 구축 과정에서 불교가 근대세계에 적합한 하나의 '종교' 임을 주장하고자 착안해 낸 것이 바로 '불교는 철학적 종교'라는 명제였다. 엔료는 결코 불교를 '종교적 철학'으로 만들고자 하지 않았으며, 오직 '철학적 종교'로 만들고자 노력했다.[72] 그것은 불교가 서양의 철학과 과학에

---

71 바로 이 점에서 엔료는 단순히 호교론적 불교인이 아니라 철학자이자 종교학자이기도 했다. 엔료에게는 『실제적 종교학』, 『종교신(新)론』, 『이론적 종교학』, 『종교철학』, 『종교제도급(及) 비교종교학』 등 종교학이라는 용어가 들어간 저서들이 다수 있다. 물론 그의 종교학의 성격에 대해서는 좀 더 살펴볼 필요가 있을 것이다.
72 Godart, op. cit. 참조. 고다르는 주로 『불교활론본론』의 제2편 『현정활론』을 주로 살펴보고 있으나, "불교는 철학적 종교"라는 엔료의 명제는 『불교활론서론』과 『불교활론본론』에 공통된 것으로 볼 수 있다. '신판석'이나 '종교신론' 등의 용어와 체계가 도표

부합하는 것이며, 따라서 이성적이고 근대적인 것임을 보장해주는 담론전략이었다. 그리고 동시에 기독교는 '철학을 결여한 오직 감정(情感)에 근거한 종교'로 인식되는 효과를 가져오기 위한 슬로건이기도 했다. 즉 기독교가 불교에 비해 상대적으로 반(反)이성적이며, 전(前)근대적인 종교로 해석되어야 한다는 비판적 구호였다고 볼 수 있다.

(2) 개념적 전략의 3단계

이제 엔료가 표방한 '불교는 철학적 종교' 명제를 보다 구체적으로 살펴보면, 다음과 같이 세 단계로 재구성해 볼 수 있다. 첫째, 불교의 진리가 철학·과학의 진리와 부합함을 설명한다. 그것은 기독교가 철학·과학의 진리와 부합하지 못하는 것과 대조된다. 둘째, 불교가 왜 '철학적 종교'인지를 구체적 근거를 들어 설명한다. 이를 위해 두 가지 논리가 동원된다. 하나는 불교사와 (서양)철학사의 내용과 전개과정이 본질적 부분에서 일치한다는 것이며, 다른 하나는 불교의 구성성분의 절반이 철학으로 이루어져 있다는 것이다. 셋째, 불교가 서양철학사 자체도 뛰어넘는 고유의 성분을 가지고 있음을 주장한다. 그것이 곧 철학에는 없으나 불교만 가지고 있는 '종교적' 성분이다. 따라서 불교는 철학과 종교가 성공적으로 결합한 유일한 경우이다. 이것이 바로 불교가 지적이고도 정서적인 욕망을 둘 다 모두를 만족시켜 주는 이유이며, '종교는 철학의 응용'임을 뒷받침하는 까닭이다.[73] 이 세 단계를 차례로 살펴보면 다음과 같다.

　등으로 정교하게 다듬어진 것은 『불교활론본론』이지만, 『불교활론서론』에서도 이미 불교가 철학적 종교이며, 지력, 정감을 모두 갖춘 종교임을 말하고 있다.
73　Ibid., pp. 112-113.

〈불교는 철학과 과학에 부합하는 합리적 종교〉

엔료는 모든 종교 가운데 국가에 가장 필요한 종교는 불교라고 주장했다. 왜냐하면 불교가 문명사회인 근대사회에 필요한 '이성[理]'의 기준에 가장 부합하는 종교이기 때문이다. 그는 불교의 합리성과 근대성, 그리고 국가에 가져다주는 이익을 다음과 같이 옹호한다.

> 불교는 진리에 부합할 뿐만 아니라 세상의 개명을 나아가게 하고 국가의 독립을 돕는 실익이 있다. 불교는 논리상 야소교를 넘어설 뿐만 아니라 실제상으로도 유익함이 있다.[74]

> 현금 개명사회(開明社會)의 종교에 적당하고 장래 도리세계(道理世界)의 종교가 되어야 하는 것은 불교를 떠나서 다른 곳에서 구할 수 없다. 우리 나라의 장래의 종교로서 불교를 사용하는 것은 계산할 수 없는 이익을 줄 것이다. 이것이 내가 평소 호국애리의 뜨거운 마음[赤心]을 가지고 불교를 개량하여 국가의 은혜의 만분의 일이라도 보답하고자 기대한 이유이다.[75]

또한 엔료는 『불교활론서론』을 통해 불교가 근대의 과학 및 철학과 조화를 이루는 진리임을 일관되게 주장하였다. 그에 따르면 불교는 그 본질에서 철학적 이성 및 과학적 진리에 부합한다. 엔료는 자신이 오랜 시간

---

74 井上圓了, 『佛敎活論序論』, 21-22쪽.
75 위의 책, 35쪽. 이 인용문에서 '도리(道理)'는 곧 영어의 '이성(reason)'을 의미하는 것으로서 엔료가 즐겨 쓰는 용어이다. 여기서의 '리(理)'는 철리(哲理), 학리(學理) 등으로도 연계하여 쓰이고 있다.

동안 진리를 찾아 방황한 끝에 서양철학에서 진리를 발견했으며, 이후 다시 불교에 돌아와 보니 불교가 서양철학 및 과학의 진리와 본질적으로 일치함을 깨달았다고 주장한다.

> 나는 오래 동안 불교가 세상에서 진취성[振]이 없음을 개탄해왔다. 스스로 그것의 재흥(再興)에 임무가 있다고 생각하고 독력실구(獨力實究)하는데 10수년이 걸렸다. 최근에야 그 교(敎)가 서양[泰西]이 말하는 바의 과학과 철학[理哲諸學]의 원리(原理)에 부합함을 발견했다. 그것을 세상에 펼쳐보이고자 마음먹고 일대론(一大論)을 기초하기에 이르렀다. 이름하여 불교활론(佛敎活論)이라 칭한다.[76]

엔료에 의하면 불교와 과학의 진리가 일치하는 대표적인 예가 불교의 인과(因果) 법칙과 과학의 인과율(因果律)이 서로 부합한다는 것이다. 불교의 "인과의 규칙은 과학[理學]의 원리로서 오늘날 말하는 물질불멸 세력보존의 이법(理法)에 부합하는 것"이며, "이 인과의 이법은 진여(眞如) 자체의 규칙"[77]으로서 불교와 과학은 서로 진리로서 통한다고 주장했다.

---

76 위의 책, 1쪽(서언). 『불교활론서론』은 Staggs의 박사학위논문의 일부분인 영어번역본이 있다. (Inoue Enryo, *Bukkyo katsuron joron[The Revitalization of Buddhism: Introduction]*), trans. by K. M. Staggs) 위 인용문에 대해 Staggs는 理哲諸學을 science and philosophy, 原理를 fundamental truth로 번역하고 있다. 理學은 일본의 서양어 번역사 초기에 철학을 의미하기도 했으나 여기서는 과학을 말한다. 그리고 '제학'은 과학이나 철학의 여러 학문분과로 번역할 수도 있다. 엔료의 저술 속에는 諸學諸術, 諸學術 등의 용어가 종종 나오는데 경우에 따라 좀 더 포괄적인 여러 학문분과로 해석되는 경우도 있다. Staggs, op. cit., pp. 350-60 참조.

77 井上圓了,『佛敎活論序論』, 54쪽.

반면 기독교는 철학적·과학적 사실과 부합하지 않는다고 비판하였다. 그는 『불교활론본론』의 제1편 「파사활론(破邪活論)」(1887)을 오로지 기독교에 대한 비판으로 채우고 있다. 또한 『진리금침(眞理金針)』(1886-1887)[78]도 역시 기독교에 대한 체계적 비판서이다. 엔료는 기독교가 일본에 널리 퍼져 "청년(靑年)의 재능 있는 자(才子)들이 장래의 희망을 품고 일찍이 야소교에 들어가 그 교를 위해 일신을 희생하는 자 있다고 하니 나는 그것을 듣고 탄식 또 탄식"했다고 하며 안타까워했다.[79]

엔료는 기독교의 창조론과 신론, 즉 유일신이 물질세계의 외부에 존재하고 자연의 법칙을 뛰어넘는 속성이 있다는 교리를 반박했다. 엔료의 기독교 비판 논리의 특징은 과학과 철학에 비추어 기독교의 비합리적 부분을 집중 공격하는 것이었다.[80] 그는 불교가 진리인 반면 기독교는 '비진리(非眞理)'[81]로 분류하면서, 기독교의 창조교리가 과학의 에너지 보존, 즉 질량 불변의 법칙과 인과율이라는 근대의 과학적 원리와 양립불가능하다는 사실을 강조했다. 그는 기독교에는 과학과 양립할 수 없는 사실이 가득하다며 다음과 같이 비판했다.

> 야소교는 진정한 진리라고 인정할 수 없다. 특히 … 야소(耶蘇)가 천신(天

---

78 『진리금침』은 1886년부터 1887년까지 초, 중, 종편의 세 편으로 출판되었다.
79 井上圓了, 『佛敎活論序論』, 28쪽.
80 엔료의 기독교비판의 상세한 내용은 Monika Schrimpf, op. cit., pp. 51-72; Kiri Paramore, "Anti-Christian Ideas and National Ideology: Inoue Enryō and Inoue Tetsujiro's Mobilization of Sectarian History in Meiji Japan", *Sungkyun Journal of East Asian Studies*, vol. 19(1), 2009, pp. 107-144.
81 井上圓了, 『佛敎活論序論』, 25쪽.

神)의 아들이고, 야소는 신이라고 단정하며, 야소교를 세계 그 어디에도 없는 만세불변의 종교로 그 이외에 진리가 없다고 공언하는 것에 이르면 내가 백방 믿으려 해도 믿을 수 없다. 또 기타 창세(創世), 홍수(洪水), 승천(昇天) 등의 설에 이르면 망설(妄說) 중의 망설로서 그것을 듣는 두 귀가 부끄러운 바이다.[82]

반면에 그는 자신이 이성적이며 합리적 기준에 입각하여 불교를 변증하고 있다고 끊임없이 강조하였다. 그는 자신이 불교인이어서 불교를 변호하는 것이 아니라 불교가 '진리'이기 때문이며, 불교가 진리라는 것은 당대의 이성과 합리성의 표준인 철학과 과학에 부합하기 때문이라고 주장한다.[83] 기독교와 달리 불교를 진리라고 말하는 것은 석가나 예수와 같은 성스러운 인물들의 권위에 의한 것이 아니라, 진리에 대한 순수한 사랑이라 할 수 있는 철학의 공평무사함에 기초한 중립적 판단임을 역설한다.

내가 불교를 논하는 것은 철학(哲學)에 의거한 공평무사(公平無私)한 판단에 의한 것으로, 세간보통(世間普通)의 승려들[僧侶輩]이 설명하는 바와 본질적으로 다르다. 또 야소교자(耶穌敎者)가 보는 바와도 크게 다르다. 내가 불교를 도와 야소교를 배척하는 것은 석가 그 사람을 사랑[愛]해서가 아니며, 야소 그 사람을 미워[惡]해서도 아니다. 오직 내가 사랑하는 것은 진리(眞理)

---

82 위의 책, 24쪽.
83 Judith Snodgrass, *Presenting Japanese Buddhism to the West: Orientalism, Occidentalism, and the Columbian Exposition*, The University of North Carolina Press, 2003, p. 138.

이며, 내가 미워하는 것은 비진리(非眞理)이다. 야소교는 진리로서 받아들일 수 없는 성분(成分)이 있으며, 불교는 비진리로서 버리고자 해도 버릴 수 없는 원소(元素)가 있다. 이것이 바로 내가 그 하나를 배척하고 다른 하나를 도와야 하는 이유이다.[84]

또한 '대승비불설'로 야기된 일본불교의 진리성에 대한 의문도 공평무사한 진리관에 의해 반박한다. 자신은 종교의 창시자나 어떤 사람의 권위에 의해 진리를 판단하지 않고, 오직 '철리', 즉 당대의 '이성'의 기준에 부합하는지 여부에 의해서만 판단해야 한다고 주장한다.

내가 말하는 불교는 오늘날 우리 나라[今日 今時 我邦]에 전해진 것을 말한다. 그 교의 초조(初祖)를 석가라고 부른다. 따라서 야소교인들이 인도에 불교의 원서(原書)가 없다, 대승은 불교가 아니다,[85] 석가는 진짜 존재하지 않았다 등으로 말해도 나는 전혀 개의치 않는다. 그 사람(人: 석가)의 전기가 상세하지 않고, 그 교의 유래가 명확하지 않아도 나는 결코 전기의 유래를 가지고 그 교를 믿을 만큼 무견무식(無見無識)한 사람이 아니다. 오직 내가 믿는 것은 그것이 금일에 존재하는 철학(哲學)의 도리(道理)에 부합하는 것이며, 배척하는 것은 철리(哲理)에 부합하지 않는 것일 뿐이다.[86]

이처럼 엔료는 전통적 종교의 권위보다 철학이나 과학적 진리의 권위

---

84 井上圓了, 『佛教活論序論』, 1-2쪽(서언).
85 위의 책, 10쪽에서 이 문장을 직접 '대승비불설(大乘非佛說)'이라고 표현하고 있다.
86 위의 책, 2-3쪽(서언). 밑줄은 필자.

를 강조함으로써, 합리성과 이성을 중심으로 전개된 그 시대의 근대성(modernity)을 확보하고자 하였다. 그럴 때에만 그는 불교가 내부의 독자뿐만 아니라 불교 외부의 일반 독자들에 대해서도 설득력과 정당성을 지닐 수 있다고 생각했던 것으로 추정된다.

〈서양철학사에 비견되는 불교사〉

또 불교가 '철학적 종교'라는 것을 뒷받침하기 위해 엔료는 서양철학사와 관련하여 두 가지의 구체적 근거와 논리를 제시했다.

첫째, 불교사가 서양철학사의 내용과 목적, 그리고 그 전개의 법칙과 일치한다고 주장했다. 이런 의견은 그의 철학사상의 핵심을 담고 있는 두 권의 책, 『철학요령』(1886-1888)과 『불교활론』에서 제시되어 있는 관점이다. 거의 동시에 쓰여진 이 두 책에서 엔료는 서양철학의 역사와 전개과정에 대해 당시 유행한 허버트 스펜서의 유기체적 사회진화론을 적용하여 설명하고자 했다. 그는 철학도 하나의 유기체와 같이 살아있는 실체로 보았으며, 이 유기체적 발전의 관념(진화론)을 철학의 논리적 발전(헤겔의 변증법)에도 적용시켰다. 엔료는 정·반·합의 법칙에 맞추어 동양과 서양의 철학사를 해석했다.[87] 자신의 책 이름을 『불교활론』이라고 지은 것도 '불교를 살아있는 물체로 봄[活物視]으로써 불교의 몸[佛敎體] 안에 있는 유기조직을 열어 보이기 위해서'라고 설명했다.[88]

또한 『철학요령』에서 '순정철학(純正哲學)'[89]을 기술했는데, 이것은 "철학

---

87 Godart, op. cit., pp. 115-117.
88 井上圓了, 『顯正活論』, 31쪽.
89 엔료는 1888년 『순정철학』(哲學館)을 발간했다. 이 '순정철학'은 엔료에게서

의 내적 논리적 발전"에 대한 그의 해석을 의미한다. 엔료에게 '순정철학'이란 철학의 가장 근본적 문제인 '마음(心)과 물질(物)'의 문제에 대한 연구를 지칭한다. 그는 칸트에 따라 기본적으로 주관과 객관의 세계를 구별하고,[90] 그것을 바탕으로 '순정철학'의 내적 발전은 7단계를 거치게 된다고 설명한다. 요컨대 유물론(唯物論)에서 시작하여 유심론(唯心論)으로 나아가는 변증법적 전개과정을 거쳐 마침내 유리론(唯理論)에서 둘은 다시 종합되기에 이른다는 것이었다. 이 마지막 단계는 물질과 마음이 하나의 같은 실체를 공유하는 것으로서, 엔료는 이 단계가 가장 완전한 철학이 실현된 상태라고 보았다.[91]

그런데 엔료는 불교도 하나의 철학으로서 그가 서양철학에 적용한 동일한 발전법칙에 따른다고 주장했다. 그의 이러한 주장은 "불교의 진리가 서양철학의 원리(西洋哲學の原理)와 부합[相合]하는 이유"가 되기도 한다.[92] 따라서 엔료는 서양철학사와 마찬가지로 불교사에 대한 재해석을 시도했다. 그에 따르면, 붓다는 처음 그의 전체 가르침을 『화엄경』에서 설명하고,

---

Metaphysics의 번역어로 사용되기도 한다. 三輪政一 編, 앞의 책, 31쪽; 허지향, 앞의 글, 42쪽 참조.
90 Godart, op. cit, pp. 115-117. 칸트로부터 시작한 독일 관념론은 엔료에게 큰 영향을 주었다. 칸트의 사상을 반영하여 엔료는 알 수 있는 것과 알 수 없는 것이 구별을 토론한다.
91 이러한 엔료의 사상을 '현상즉실재론(現象卽實在論)'이라고 부른다. 船山信一, 『船山信一著作集 第6券: 明治哲學史硏究』, 東京: こぶし書房, 1999, 108-130쪽; 峰島旭雄, 「佛教者の宗敎觀」, 比較思想史硏究會 編, 『明治思想家の宗敎觀』, 東京: 大藏出版株式會社, 1975, 150-178쪽 참조. 물론 이 용어는 엔료에게만 해당되는 것이 아니라 근대일본의 여러 불교사상가들에게 나타나는 특징으로도 사용되고 있다.
92 井上圓了, 『佛教活論序論』, 37쪽.

그다음에 변증법적 패턴에 따라 다른 경전들을 가르쳤다. 이 불교의 전개 과정도 역시 서양철학사의 발전 논리에 따라 '유물론'으로부터 '유심론'으로 전개되었고, 마지막으로 '유리론'에서 둘은 다시 종합에 이르게 되었다. 이를 불교 용어로 표현하면 각각 '유(有)'와 '공(空)', 그리고 유와 공의 종합인 '중(中)'에 해당한다. 그것을 다시 불교종파에 적용하면 구사, 성실, 법상, 삼론, 화엄, 천태 등으로 전개되는 흐름과 비교된다.[93] 그리고 이들 불교 개념들은 서양의 순정철학의 변증법적 발전에 완벽하게 부합하며, 이런 점에서 헤겔의 철학과도 일치한다고 주장한다.

> 헤겔[歇傑爾氏]은 상대와 절대의 양대(兩對)가 서로 떨어질 수 없는 이유를 증명하였다. 불교도 양대불리설(兩對不離說)로서 헤겔이 세운 바와 조금도 다르지 않으니, 불교는 상대의 만물 그 체(體)가 진여의 일리(一理)와 다르지 않으므로 만법이 곧 진여(萬法卽眞如)라고 말한다.[94]

이와 같이 엔료는 불교사와 서양철학사가 기본적으로 그 전개과정이 유사하다는 점을 논증하는데 심혈을 기울였다. 이런 노력의 결과 그는 물질과 마음이 하나의 같은 실체를 공유한다는 완전한 철학의 단계는 천태사상의 기본 틀이며, 그것은 또한 헤겔 철학에서도 발견되는 것이라고 주장한다. 이렇게 엔료의 철학사에 대한 인식에는 진화론, 헤겔의 변증법, 마음과 물질에 대한 철학적 논의 등이 결합되어 있다.[95]

---

93 위의 책, 39쪽.
94 위의 책, 48쪽.
95 Godart, op. cit., pp. 119-122.

둘째, 불교가 철학적 성격을 가지고 있다고 해서 불교를 철학과 동일시하지는 않는다. 오히려 엔료는 불교의 반(半)이 철학이며 나머지 반은 종교라고 주장한다. 엔료는 『불교활론본론』 제2편인 「현정활론」의 서술 의도를 밝히는 부분에서 다음과 같이 말한다.

> 불교 안에 존재하는 철학적 부분(哲學の部分)과 종교적 부분(宗教の部分)을 분리[分界]하여, 그 두 원소(元素)가 제경(諸經) 제론(諸論) 중에 널리 섞여 발견되는[散見混同] 것을 각각의 종류에 따라 모아 개괄하여 일관된 이성의 맥락[一貫 理脈]을 추출하고 각 부분의 관계를 판명하여 불교의 몸(佛敎體) 가운데 일종의 유기조직을 구성하는 것이니 불교를 가지고 일종의 계통을 갖는 학(學)으로 조직하는 것을 말한다.[96]

여기서 중요한 것은 그 이전에는 둘로 나누어지지 않았던 불교가 '종교'와 '철학'이라는 새로운 범주로 나뉘어졌다가 이제 다시 재결합하게 되었다는 것이다.[97] 엔료는 이와 같이 불교를 철학적 부분과 종교적 부분으로 나누고 그들을 다시 재결합하는 방법을 사용하면서, 그것이 자신의 새로운 연구 방법임을 강조했다. 그가 "나의 연구법[講究法]은 종래의 주석적 학풍(註釋의 學風)과 크게 다르다"고 말한 것에서 알 수 있듯이,[98] 근대 일본불교에 대한 그의 연구에 '종교'와 '철학'이라는 새로운 근대어가 깊숙이 자리잡고 있음을 알 수 있다.

---

96 井上圓了,『顯正活論』, 49쪽.
97 Godart, op. cit., pp. 111-112.
98 井上圓了,『顯正活論』, 49쪽.

이러한 연구방법에 따라 불교를 철학적 부분과 종교적 부분으로 나누어
본 결과, 엔료는 불교의 내용의 태반이 철학적 부분으로 이루어져 있다고
강조한다. 그리고 바로 이런 이유로 그는 불교가 '철학적 종교'라고 할 수
있다고 주장한다.

> 불교인은 그 교가 보통의 종교와 다른 것을 기억해야 한다… 나는 불교를
> 지력적(智力的) 종교 즉 철학적 종교(哲學上の宗教)라고 부른다. 철학적 종교
> 인 까닭은 그 교 중의 태반[大半]이 철리(哲理)의 연구에 속하기 때문이다…
> 불교와 철학은 친밀한 관계를 가진다.[99]

그렇다면 철학이 아닌 불교의 나머지 부분은 무엇인가? 엔료는 불교를
크게 성도문(聖道門)과 정토문(淨土門)으로 나누어 본다. 그에 의하면 성도
문은 '자력난행(自力難行)의 교(敎)'이고, 정토문은 '타력이행(他力易行)의 교'
이다. 그리고 "종지에 따라 배열하면 화엄, 천태, 구사, 유식 등의 제종은
성도문이고, 정토종 및 진종은 정토문이 된다"[100]고 설명한다. 그가 불교를
'지력의 종교'라고 하는 것은 바로 이 성도문을 두고 하는 말이다. 그 이유
는 성도문이 "철리(哲理)로써 조성된 종교"이기 때문이다.[101] 바로 이 지점
에서 엔료는 세간에서 불교를 '일종의 철학'이라고 말하는 세태에 대해서
도 경계한다. 불교에는 성도문 외에 정토문도 있으며, 따라서 지력의 종교

---

99 위의 책, 23-24쪽.
100 井上圓了, 『佛敎活論序論』, 33쪽.
101 위의 책, 34쪽.

외에도 '정감(情感)[102]의 종교'가 있다는 것이다. 따라서 "사람은 정감과 지력의 양종(兩種)의 심성작용을 가지고 있으므로 종교 역시 이 2종이 없으면 안 된다"고 강조하면서, 결론적으로 불교는 '지력과 정감을 모두 갖춘 양전의 종교(智力情感兩全の宗敎)'라고 규정한다.[103]

이런 이유로 엔료는 불교야말로 종교로서 우수성과 유일무이한 가치를 지녔다고 주장했다. 그에 따르면 기독교와 회교(이슬람)는 '정감의 종교'일 뿐이며 '지력의 종교'를 갖추지 못했다. 그는 기독교에 대해 다음과 같이 비판한다.

> 종교는 지력(智力), 감정(感情)의 일대상호(一代相互)의 양면을 병유병존(竝有竝存)하는 것이 되지 않으면 안된다. 그런데 불교는 양면병유병존이며, 야소교는 일면편유(一面偏有)의 종교이다.[104]

따라서 다양한 능력을 가진 사람들을 교화해야 할 이 세상에서 필요한 종교는 바로 '지력'과 '정감' 양면을 모두 갖춘 불교일 수밖에 없다. 반면에 기독교는 '정감의 한 편에 치우친 종교(情感一偏の宗敎)'로서 불교의 유익에 비교할 수 없다고 평가했다.[105]

---

102 엔료는 주로 '정감'이란 용어를 사용하지만, 그것을 '감정'으로 바꿔 써도 무방한 것으로 표현하기도 한다. 그것을 명확하게 표현한 부분은 井上圓了, 『顯正活論』, 54쪽.
103 井上圓了, 『佛敎活論序論』, 34쪽.
104 田村晃祐, 「井上円了と村上專精 - 統一的仏敎理解への努力-」, 『印度學佛敎學硏究』 49(2), 2001, 515쪽.
105 井上圓了, 『佛敎活論序論』, 34-36쪽.

〈불교는 철학의 응용(應用)이자 철학을 능가하는 종교〉

'불교는 철학적 종교'라는 명제를 정당화하기 위한 마지막 논증은 종교가 '철학의 응용'이라는 점에 모아진다. 그것은 종교를 철학적 이론의 실천, 또는 구현이라고 보는 관점을 달리 표현한 것이다. 엔료는 종교의 이러한 실천적 차원을 '체달(體達)'이라는 말로 표현하기도 했다. 그에 따르면, "불교는 철학과 종교가 성공적으로 결합한 유일한 경우"이다. 하나의 '철학'으로서 불교는 보편적 진리에 근거해 있다. 그러나 동시에 불교는 하나의 '종교'로서 인간 개개인이 깨달음을 통해 그 진리에 도달할 수 있는 길을 보여준다. 즉, 불교는 '철학의 응용(application)'이라는 것이다. 그리고 바로 이런 이유에서 엔료는 불교가 서구철학이나 과학과 부합하면서도 오히려 그들을 능가하는 가치가 있다고 주장한다.

> 불교는 진여(眞如)의 실재를 명시하는 것일 뿐만 아니라 그것에 체달(體達)하는 것을 목적으로 한다. 이것이 이론과 응용으로 나누어 보는 이유이며, 한 불교[一佛敎] 가운데 철학과 종교를 겸비(兼備)하는 이유이다.[106]

> 불교는 진여의 이체(理體)를 도의 근본(道本)으로 삼아 인과의 이법을 규칙으로 삼고 그것을 종교적으로 응용(宗敎の上に應用)하여 안심입명(安心立命)의 도를 가르치는 것이다. 그것이 내가 불교는 철학의 논리에 기초하며 과학[理學]의 실험에 부합한다고 말하는 이유이다.[107]

---

106 井上圓了, 『顯正活論』, 140쪽.
107 井上圓了, 『佛敎活論序論』, 58쪽.

나아가 엔료는 이것을 서양철학 및 기독교와 대조시킨다. 그의 주장은 이렇게 요약할 수 있다. '기독교의 철학적 가치를 증명하려한 시도들이 있어 왔다. 그러나 그들은 믿을 수 없다. 왜냐하면 기독교의 기원은 철학이 아니라 계시에 근거해 있기 때문이다. 한편, 서구의 철학은 언제나 지적인 통찰에 그쳤을 뿐 결코 하나의 종교가 되는 데 성공하지는 못했다.' 결국 엔료는 기독교의 철학적 가치를 부정함으로써 불교의 우월성을 주장하고, 서구철학의 종교적 가치를 부정함으로써 불교의 우월성을 주장한 것이다.[108] 엔료는 다음과 같이 말한다.

> (순정)철학의 원리를 간접적으로 응용하는 것이 유형, 무형의 제학(諸學)이라면, 직접적으로 응용하는 것은 종교학이다… 불교의 학은 이 순정철학과 종교학을 겸유하는 것이다. 예를 들어 불교학 즉 불교철학은 이체(理體)를 증명하는 것을 목적으로 하며… 그에 따라서 유종(有宗), 공종(空宗), 중종(中宗)의 3부가 된다. 이것이 바로 순정철학의 직접적 응용이다. 그런데 이 응용은 오늘날 서양의 학자가 조직하고자 하였으나 아직 하지 못한 것으로서, 동양에 있어서는 3000년 전 일찍부터 이미 그 응용이 있었음을 볼 수 있다.[109]

이상의 내용을 종합한 결론에서, 엔료는 불교가 철학적 종교임을 다시 한번 강조한다.

---

108 Godart, op. cit., p. 113.
109 井上圓了, 『顯正活論』, 101-102쪽.

이상 논한 바 요점을 말하면, 불교는 유물에서 시작하여 중리(中理) 즉 중도의 리에서 끝난다. 그것이 불교 안에 있는 철학적 조직(組織)이며, 그 철리(哲理)를 응용하여 안심입명의 도를 세우는 것이다. 그것을 일러 불교는 철학적 종교(哲學上の宗敎)라고 하는 것이며, 지력적 종교(智力的の 宗敎)라고 하는 것이다.[110]

이와 같이 엔료는 『불교활론』과 『철학요령』을 통하여 '불교는 철학적 종교'이며 지력의 종교이자, 지력과 정감의 종교를 겸비한 세계 유일의 종교임을 주장했다. 이에 반해 기독교는 '감정'에 치우치고 '상상'에 치우친 종교로서 학문으로 따지면 차라리 '심리학'에 더 가까운 종교라고 비판했다.[111]

4) '종교'와 '미신'의 분리 운동

미국 윌리엄스 칼리지의 종교학과 교수인 제이슨 아난다 조셉슨(Jason Ānanda Josephson)은 『일본에서 종교의 발명』(2012)[112]이라는 저서와 일련

---

110 井上圓了, 『佛敎活論序論』, 60-61쪽. 이 부분에 대한 Staggs의 영어 번역을 소개하면 다음과 같다. "佛敎は哲學上の宗敎"는 "a religion based on philosophy", "智力的の宗敎"는 "a philosophical religion", 또는 "intellectual religion". 이에 대해서는 Staggs, op. cit., p. 426, 441.
111 井上圓了, ,『顯正活論』, 102-103쪽. 기독교는 정감적 종교로서 오직 정감적 성질만 있으므로, 종교학이 된다 해도 심리학의 응용학이 될 뿐, 순정철학의 응용학은 될 수 없다고 한다.
112 Jason Ānanda Josephson, *The Invention of Religion in Japan*, Chicago and London: The University of Chicago Press, 2012.

의 논문들을 통해, 일본에서 불교가 '종교'가 되는 과정에 엔료의 역할이 지대하였음을 밝히고 있다. 조셉슨은 메이지 시기 중요했던 것은 바로 '종교'와 '미신(迷信)'의 구별이었고,[113] 이 미신 개념의 정립과 확산에 엔료가 큰 역할을 했다고 소개했다. 조셉슨에 의하면 엔료는 종교 범주를 구성하는 과정에서, 과거에 그것과 인접해 있던 현상들을 '미신'이라 정의함으로써 '종교'로부터 그들을 제거하고자 노력했다. 물론 이 때 엔료의 역할은 앞에서 살펴본 '불교는 철학적 종교'라는 주장과 연관된 것으로, 불교를 근대화하고 합리화하려는 시도의 연장선상에 있었다.[114]

메이지 시기 일본 정부, 외국인, 그리고 언론은 점차 불교가 근대화에 동떨어져 있으며 미신적이고 낙후한 것이라고 바라보게 되었다. 이에 대응하기 위해 불교 지도자들은 불교 자신의 내부로 눈을 돌려, 자신 안에 있는 미신적 요소들을 박멸하고자 기획하였다. 불교는 '종교'가 되기 위해 그 당시 새로 등장한 '미신'과 '종교' 범주를 통해 전통적 불교 우주론과 실천을 불교에서 분리하기 시작한 것이다. 하지만 그때 그들이 발견한 불교 내부의 미신이라는 것은 대부분 그 이전에는 자연스럽게 불교의 중심을 차지했던 수많은 의례와 믿음들이었다. 그렇게 불교의 일부분은 미신 즉 '진정한 불교'가 아닌 것으로 청산하고, 미신을 덜어낸 나머지의 불교는 서구적인 '종교' 개념과 조화를 이루게 하려고 노력하였다.

조셉슨에 의하면 불교철학자 엔료는 바로 이 과정에 핵심적 역할을 하였다. 엔료는 일찍이 '불사의연구회(不思議研究會)'를 세우고 그것을 다시

---

[113] Ibid., pp. 164-191. 이 책의 6장 〈데몬 길들이기(Taming Demons)〉에서 메이지 정부의 다양한 미신퇴치 운동을 개관하고 있다.
[114] Josephson, "When Buddhism Became a 'Religion'", pp. 148-153 참조.

'요괴연구회(妖怪硏究會)'로 그 이름을 바꾸면서 '미신'과 '종교'를 구별하는 연구를 주도했다. 『요괴학강의(妖怪学講義)』, 『미신해(迷信解)』(1904) 등 수많은 요괴관련 논문을 저술했으며, 죽기 3년 전에는 『미신과 종교(迷信と宗教)』(1916)를 출판했다. 이런 노력 탓으로 그는 "요괴박사(妖怪博士, Doctor Monster)"라는 특이한 별명으로 널리 알려져 있었다.[115] 그는 그동안 불교 안에서 중요한 일부로 존재해왔던 아귀(餓鬼)와 오니[鬼], 마(魔) 등의 초자연적 존재들을 요괴(妖怪)라고 부르며 미신으로 분류했다. 엔료의 불교 근대화 아젠다는 바로 "요괴는 미신에 불과하며, 미신은 요괴에 불과하다."였다. 그의 주장은 이들 초자연적 존재들과 관련된 불교의례들을 제거하자는 것이었고, 이런 종류의 믿음은 단지 미신일 뿐이며, '순수한 종교'인 불교에 부착되어온 퇴적물에 불과하다고 본 것이다.[116]

미신 박멸 운동을 통해 불교를 재건하려는 데 있어서 엔료가 의지했던 논리는, 물질세계에 대한 지식은 오직 '과학'에 기초한다는 확신이었다. 따라서 물질세계에 관한 과학적 주장과 충돌하는 것은 모두 미신이라고 간주하였다. 즉 질병과 지진 등의 기원은 저주나 악마에 의한 것이 아니라, 인간의 건강과 관련된 원리나 판구조론(板構造論, plate tectonics) 등과 같은 지질학적 법칙에 있다는 것이다. 점복(占卜)도 이 세상의 보편적 물리 법칙이 아닌 것에 근거하기 때문에 미신으로 간주했다. 이처럼 엔료는 "학리(學理, 과학적 원리)와 모순적인 것들은 미신이다."[117]라고 단정했다.

---

115 Ibid. pp. 143-144.
116 Ibid. pp. 151-153.
117 井上円了, 『迷信と宗教』, 『妖怪學全集』 第 5卷, 東京: 柏書房, 2000, 259쪽; Josephson, "When Buddhism Became a 'Religion'", p. 157.

엔료는 1880년대 중반에 미신을 제거함으로써 불교를 부흥시키자고 처음 주장하기 시작했다. 그런데 이러한 엔료의 개인적 차원에서의 반(反)-미신운동이 약 10년간 어떤 영향력을 가지고 있었는지는 불명확하다. 그러나 1890년대 중반부터 많은 불교언론들이 광범위하게 미신 박멸 운동을 시작했으며, 1895년부터 1910년까지 많은 불교지성인들이 이 운동에 동참했다. 그 중에는 기요자와 만시(淸澤滿之, 1863~1903), 이노우에 데쓰지로(井上哲次郎, 1856~1944) 등 쟁쟁한 인사들도 많았다. 조셉슨은 그 선후(先後) 관계가 정확히 추적되진 않지만, 그 참여자 중 많은 사람들이 이노우에와 관련이 있는 인물이었고, 엔료가 이들 중 누구보다 먼저 앞장서서 미신 박멸을 주장했던 것은 사실이라고 지적한다. 이러한 미신제거 열풍은 메이지 불교의 형성과정에 불교 내부 자체의 개혁이 얼마나 중요한 것이었는지 보여준다.[118]

엔료가 미신과 불교를 이처럼 구분하는 전제 중의 하나는 종교의 핵심이 의례나 실천이 아니라 믿음(belief)에 있다는 관점이다. 엔료는 염불을 일시에 없애자고 하지는 않았지만, 그것의 중요성을 감소시켰다. 불교의 핵심은 의례보다 교리에 있으며, 의례만의 독자적 가치는 없을 뿐만 아니라 의례는 '종교'보다 '미신' 쪽에 더 가깝다는 견해를 드러냈다. 그는 불교의 실천적 차이들은 부차적이고 우연적인 것에 지나지 않으며, 대신 교리적 구별이 중요하다고 주장하였다. 예를 들어 『법화경』의 제목을 암송하는 행위나 가톨릭 미사를 수행하는 것 사이에는 별다른 차이가 없다는 것이다. 이러한 인식은 메이지 시기 이전까지 불교는 믿는 것이 아니라 행하

---

118 Josephson, "When Buddhism Became a 'Religion'", pp. 162-163.

는 것이라고 이해했던 일반적 관행과 매우 달라진 것이다. 일본의 종교개념 연구자들은 대부분 이러한 변화가 서구 종교개념의 영향 때문인 것으로 해석하고 있다.[119]

따라서 조셉슨은 근대 '종교' 개념의 형성을 이해하기 위해서는 '종교'와 '세속'의 이항대립이라는 이분법만으로는 부족하고, '종교'와 '세속', '미신'의 삼중구조(trinary formation)로 바라보는 시각이 필요하다고 주장한다. 즉 근대에 '미신'은 종종 종교의 잘못된 쌍둥이(false double)이기도 하고, 과학적 진리와 세속국가의 핵심적인 적(enemy)이기도 했다. 이처럼 근대 일본에서 '미신' 개념은 종교, 과학, 국가라는 세 개의 범주들이 어떻게 상호 관계를 맺고 있는지 그 방법에 대한 통찰을 제공할 뿐만 아니라, '세속주의'의 이데올로기적 특징을 파악하는 데에도 도움을 준다고 주장한다.[120]

사실 동아시아에서 '미신(迷信)'이라는 한자어는 전근대에서는 찾아볼 수 없었던 개념으로, 근대에 이르러 비로소 '발명'된 것이다.[121] '미신'은 일

---

119 Ibid., pp. 160-161. 예를 들어 시마조노 스스무와 이소마에 준이치 등의 견해도 이와 같다.
120 Josephson, *The Invention of Religion in Japan*, p. 5, 251-252; Jason Ānanda Josephson-Storm, "The Superstition, Secularism, and Religion Trinary: Or Re-Theorizing Secularism", *Method and Theory in the Study of Religion*, vol. 30, 2018, pp. 1-20.
121 한국의 경우, 조선시기 문헌에서 '미신'이라는 단어가 거의 사용되지 않았으며, 이에 가장 가까운 뜻을 가진 단어는 혹신(惑信)이었다. 즉 현대어의 미신과 같이 '음사', '좌도(左道)', '사술(邪術)' 등을 통칭하는 개념어가 있었던 것으로는 보이지 않는다. 안승택·이시준, 「한말·일제초기 미신론 연구-'미혹(迷惑)된 믿음'이라는 문화적 낙인의 정치학」, 『한국민족문화』 51, 2014, 300쪽; 근대 중국에서 '미신'이라는 단어가 처음 사용된 것은 1888년이고, 일본에서도 1880년대라는 연구도 있다. 강중기, 「근대 중국의 미신 비판과 옹호: 량치차오와 루쉰을 중심으로」, 『두 시점의 개념사: 현지성과 동시성으로 보는 동아시아 근대』, 푸른역사, 2013, 259쪽. 그러나 후술하듯이, 일본의 경우

본에서 'superstition'의 번역어로 등장했는데, 이 영어단어는 처음에는 '사교(邪敎)'로 번역되었고, 이때 '사교'에는 기독교도 포함되었다. 그러나 '종교' 범주가 일본에서 자주 사용되기 시작하면서, '사교'라는 번역이 맞지 않다는 분위기가 형성되었다. 점차 번역자들은 'superstition'의 번역어로 '미신'을 사용하기 시작했고, 그 말은 과거의 '음사(淫祀, 淫祠)'와 '사교'를 포괄하는 용어가 되었다. 그런데 이때부터 '미신'에는 기독교가 포함되지 않았다.[122]

1877년 《유빈호치 신문(郵便報知新聞)》에 〈여우에 홀린 것을 박멸하려는 미신〉이라는 기사가 실렸다. 몸이 아픈 한 여자를 이웃들이 여우에 홀렸다고 생각하여, 여우의 혼을 퇴치하기 위해 그녀를 때리고 마침내 들판에 내다 버렸다는 내용이다. 이 기사는 일본에서 근대어인 '미신'이라는 용어를 사용한 최초의 용례들 중 하나이다.[123] 이후 '미신'은 주로 악마나 요괴, 불길한 숫자들, 야만적 믿음 등을 논의하는 과정에 등장했다. 그것이 지시하는 것은 일반적으로 비정상적인 것들, 감각으로 알 수 없는 것들, 그리고 믿어서는 안되는 것들로서 정확한 정의가 없는 매우 자의적인 범주였다. 그러나 분명한 것은 '미신'은 과학이나 정치적 현실과 반대되는 것이었다. 달리 말하면, 미신은 "공인된 진리들(즉, 과학적, 정치적, 종교적 진리들)의 뒤집은 안쪽"이었다.[124]

1877년에 이미 '미신'이라는 개념의 사용이 보인다는 조셉슨의 연구가 있다.
122 Josephson, *The Invention of Religion in Japan*, p. 177.
123 Ibid., pp. 184-185.
124 Ibid., pp. 252-254. 조셉슨은 '종교의 발명'을 위해 선행하는 과정으로 '미신의 발명 (The invention of Superstition)', '세속의 발명(The invention of the Secular)'을 들고 있다. Ibid., pp. 251-262.

이처럼 19세기 근대 일본불교에서 전통적 교리, 제도, 그리고 의례적 차원에 근본적 변화가 발생하였고, 이 변화는 '종교' 개념과 밀접하게 연결되어 있었다. 불교경전은 새로운 해석학에 의해 다시 읽혀지게 되었고, 불교 종파들은 기독교적 구조를 모방한 '종교적' 제도가 되고자 새롭게 정비하게 되었다. '불교'는 이제 기독교가 포함되지만 유교는 배제된 '종교'의 한 구성원이 되었고, '불교'는 의례적 실천보다는 개인적 신념 체계(belief-system)를 강조하는 것에 더 가까워지게 되었다. 나아가 이들 '개인적 신념 체계'는 보다 큰 국가의 명령이나 정책과 강고하게 결합하게 된다.[125] 엔료는 이러한 진행 과정을 이끌어 간 대표적 인물이었다.

5) 평가와 영향

〈근대 일본불교를 재구성한 대표적 지식인〉

지금까지 『불교활론』과 『철학요령』을 통해 엔료의 '불교는 철학적 종교'라는 명제의 내용과 구조를 살펴보았다. 엔료는 '철학'과 '종교'라는 범주를 도구로 삼아 근대 일본불교를 재구성하기 위해 두 가지 이론적 작업을 시도했다. 그 하나는 불교를 당대의 가장 보편적 합리성을 담고 있는 것으로 보이는 서구의 철학이나 과학을 통해 설명한 것이며,[126] 다른 또 하나는

---

125 Josephson, "When Buddhism Became a 'Religion'", p. 163.
126 카시와하라 유센(栢原祐泉), 『일본불교사 근대』, 원영상·윤기엽·조승미 옮김, 동국대학교출판부, 2008, 114-115쪽; Godart, op. cit.; Snodgrass, *Presenting Japanese Buddhism to the West*, p. 138; Snodgrass, "The Deployment of Western Philosophy in Meiji Buddhist Revival" 참조.

불교를 그 당시 새로운 개념이었던 '종교'의 범주 안에 자리 잡을 수 있도록 새로운 종교론을 구성한 것이다. 물론 그러한 작업의 최종적 목표는 불교를 근대세계에 적합하며 기독교보다 우월한 종교로 인식될 수 있게 하기 위한 것이었다. 따라서 그의 작업은 '근대 철학으로서의 불교 만들기'와 '근대 종교로서의 불교 만들기'라는 이중적 차원으로 이루어졌다고 할 수 있다. 그것은 일련의 이론적, 개념적 수단을 통해 불교를 재정의하는 일종의 해석학적 작업이라 부를 수도 있다. 그것은 또한 메이지 시기 출현한 일본불교의 근대적 자기-이해(self-understanding) 또는 자기-표현(self-representation)을 구성하기 위한 지적 노력의 대표적 사례이기도 했다.[127]

중요한 것은 그가 이런 작업을 통해 전통불교를 근대적으로 새롭게 재구성하는 데 일정 부분 성공했다는 것이다. 따라서 '엔료의 가장 큰 업적은 불교를 부흥시킬만한 충분한 가치가 있는 존재임을 설득시킨 데 있다'[128], '폐불훼석 이후 침체되어 있던 불교계는 그의 호국애리의 종교론에 의거해 소생의 기회를 가지게 되었다', '메이지 초기에 융성한 서구화의 조류 앞에서 잃어가고 있던 전통사상과 문화에 대한 관심을 환기시켰다', '일본의 근대불교사상의 전개는 엔료의 『불교활론서론』에서 단서를 시작하고 있다고 해도 과언이 아니다' 등과 같은 긍정적 평가를 받는다.[129] 도쿄대 명예교수인 스에키 후미히코(末木文美士)도 엔료에 대해 "불교철학에 헤겔변증법의 도입이나 동서철학을 비교, 통합하고자 하는 방향 등은 일본의 철학사상이 시작되는 시기에 선구를 이루었고", "결코 사상적으로

---

127 Godart, op. cit., p. 111.
128 Staggs, op. cit., p. 260.
129 池田英俊, 앞의 글, 518-521쪽; 增谷文雄, 앞의 책, 156-158쪽.

깊은 것은 아니지만, 계몽가로서의 스케일이 컸다"며 높이 평가했다.[130]

그러나 엔료에 대해 우호적 평가만 있는 것은 아니다. 정토진종의 불교사학자 카시와하라 유센(栢原祐泉, 1916-2002)은 '엔료의 사상이 불교 전체를 과학적이고 철학적인 새로운 관점에서 보고자 하는 점에서 참신하고 계몽적이었지만, 객관적이고 논리적 사고 위에 세워진 서양철학과 주체적 신앙의 확립을 지향하는 불교가 근본적으로 서로 다르다는 점을 혼동했고, 따라서 불교의 새로운 전개라고 평가하기 어렵다'고 비판했다. 또 '호국애리를 설하여 호국성을 강조한 것은 1890년대의 국수주의적 동향에 대응한 것으로서, 본질적으로 과거의 왕법과 불법 일치론의 재론(再論)에 불과하며, 따라서 계몽적이고 개명(開明)한 자세에도 불구하고 구습의 체질을 벗어버리지 못했다'고 혹평하기도 했다.[131] 불교학자이자 철학자였던 미네시다 히데오(峰島旭雄, 1927-2013)도 엔료의 종교관과 불교관은 "절충주의적이고, 지나치게 열정적이며, 너무 단순하게 애국과 결부시켜서 종교관으로서 주체적인 자각의 측면이 희박하다"고 비판했다. 오히려 그러한 엔료의 단점을 보강하여, 단순히 불교철학에 근거한 종교관이 아니라 참된 의미의 근대적 종교관을 세운 사람은 키요자와 만시(清澤滿之)라고 평가한다.[132] 서양철학 전공자들도 엔료의 서양철학에 대한 이해는 지나치게 단순하며 자의적 성격을 갖고 있다고 그 한계를 지적한다.[133]

---

130 末木文美士, 『明治思想家論: 近代日本の思想・再考 I』, 東京: トランスビュ, 2004, 60-61쪽.
131 카시와하라 유센, 앞의 책, 116-117쪽.
132 峰島旭雄, 앞의 글, 177쪽.
133 田村晃祐, 「井上円了の生涯と思想をめぐって」, 94쪽; Godart, op. cit., p. 130 참조.
고다르는 엔료가 인식론과 존재론의 구별을 하지 못했지만, 이제 막 서양철학이 유입

엔료에 대한 이러한 평가들을 종합해 보면, 엔료의 사상적 시도는 선구적이고 참신하여 당시 일본사회에서 커다란 영향력을 지녔다는 것은 사실이지만, 오늘날의 시각에서 볼 때 이론적 완성도는 그다지 높지 않았다고 정리할 수 있다. 더욱이 서양철학과 불교가 같은 논리적 발전을 공유한다는 그의 주장도 오늘날 학문공동체에서는 더 이상 통용될 수 없을 것이다. 물론 그것은 일본의 근대 철학사 초기에 활동했던 엔료가 지닌 시대적 한계때문이라고 볼 수도 있다. 엔료를 평가하기 위해서는 무엇보다 그가 처했던 시대 상황과 그의 학문의 목적을 이해할 필요가 있다. 엔료는 그의 시대가 가진 개념적, 담론적 수단을 도구로 삼아 작업해야 했던 만큼 그 작업 또한 당시의 시대적 한계 내에서 이뤄질 수 밖에 없었다. 따라서 엔료의 한계에 대해서는 그가 활동할 당시 서양철학이 이제 막 일본에 소개되기 시작했고, 학문분과로서의 불교학(Buddhology)도 역시 발전의 초기 단계에 속해 있었던 점을 감안할 필요가 있다.

엔료의 국수주의적 성격에 대해서도 그가 메이지 20년대 일본사회의 격변기에 속했던 인물임을 고려할 필요가 있다는 지적도 있다. 그 당시 일본은 서구화를 지향하는 가운데 일본 전통문화를 중시하는 쪽으로 방향을 틀고 있었으며, 그 결과 불교계에서도 국수주의의 형태가 하나의 시대적 특징으로서 나타나고 있었다.[134] 이런 가운데 그는 엄밀한 의미에서 철학자나 역사학자가 아니었으며, 불교의 새로운 호교론자(선전가)였을 뿐이라는 것이다. 종교학자이자 불교학자인 이케다 에이슌(池田英俊, 1929-2004)은

되기 시작했던 시대적 한계도 이해해야 한다고 말한다.
134 池田英俊, 「近代佛敎における哲學・宗敎の問題」, 『印度哲學佛敎學』 16, 2001, 229쪽.

다음과 같이 엔료와 그가 속했던 시대의 상황을 말한다.

전후의 연구에서 이노우에 엔료의 호국애리 주장이 불법의 부흥을 국가라는 외면적 권위에서 구했다는 이유에서 사상의 한계를 지적하는 움직임도 있다. 이에 반해 키요자와 만시의 정신주의는 내면적 심화에 의한 구극의 신앙체현자로 높이 평가되고 있다. 이러한 방법은 종래의 근대불교사 파악의 구조 안에서는 유효하였다. 다만 '호국'이라는 한 가지 사실 만을 가지고, 그의 사유의 모든 것을 수렴하려는 이해 방법은 문제이다. … 근대불교의 규명에는 국가의 문제, 즉 민족주의(Nationalism)와 불교의 관계를 피해서 갈 수 없는 중요한 사상사적 과제가 산적해 있다.[135]

이런 논란에도 불구하고 당시 일본사상계의 문제적 범주였던 '철학', '종교', '불교'의 개념 등을 통해 근대 일본불교의 본질을 재구성한 그의 사상적 업적은 일본에서 선구적이었던 것은 틀림없다. 그는 일본의 불교를 근대화하기 위해서는 '불교를 종교로 만들기' 작업을 해야 하고, '철학'이나 '과학'을 그 하위의 개념적 수단으로 삼아 이론을 구축해야 함을 간파했다. 바로 그 이론의 결과물이 '불교는 철학적 종교'라는 명제였으며, 그것은 동아시아의 근대 종교연구사에 커다란 흔적을 남긴 중요한 업적이 되었다.

〈합리성과 이성에 기댄 호교론〉

엔료가 일본불교의 '근대불교 만들기'에 굳이 '철학'을 불교의 성격을 규

---

135 위의 글, 518-519쪽.

정하기 위한 개념적 수단으로 삼았던 이유는 무엇일까? 그 이유는 분명하다. '철학'은 그 당시 일본에 새로운 개념이었으며, '진화', '과학' 등과 함께 서구의 근대성(modernity)을 상징하는 용어였기 때문이다. 엔료가 참된 종교를 평가하는 기준으로 삼은 것도 합리적 이성(rationality)이었다.[136] 당시 일본불교는 기독교에 대항해야 하는 역사적 조건 속에서 '종교' 개념에 자신을 맞추려 노력해야 했다. 그러나 이런 시도는 아이러니하게도 필연적으로 기독교적 의미를 내포한 '종교'개념에 포획되는 결과를 가져왔다. 그리고 그 '종교' 범주와 오랫동안 서로 착종되어왔던 '철학'을 주요한 개념적 수단으로 삼게 되었다.

이 같은 역설에도 불구하고 엔료가 '근대불교 만들기'를 시도하면서 이러한 개념들을 동원한 것은 근대성과 이성을 거부할 수 없다고 판단했기 때문이다. 당시 일본의 지성적, 사상적 분위기는 과학적 합리성을 새로운 시대적 흐름으로 받아들이고 있었다. 1877년 도쿄제국대학에서 강의가 개설되면서 진화론이 본격적으로 소개되었으며, 이를 계기로 일본 사회에서 과학과 종교의 대립이 분명하게 드러나기 시작했다. 그 결과 점차 과학적 합리성이 문명의 증거가 되었으며, 기독교는 그 반대편에 선 비합리적인 것으로 여겨지게 되었다. 일본의 지식인들도 기독교가 서구에서 그 지위가 하락하고 있음을 알게 되었고, 이제 더 이상 기독교를 서양문명의 체현으로 간주하지 않게 되었다. 그들은 오히려 서양문명의 본질을 종교와

---

136 岡田正彦, 「哲學堂散步: 近代日本の科學・哲學・宗教」, 『佛教史學研究』 48(2), 2006, 76쪽; Godart, op. cit., p. 110; Schrimpf, op. cit., p. 68; Snodgrass, *Presenting Japanese Buddhism to the West*, p. 138. 엔료의 요괴연구와 미신박멸운동은 바로 이 입장의 연장선상에 있다고 볼 수 있다.

분리된 자연과학의 합리성에서 찾게 되었다. 이와 같은 지적 흐름에 맞춰 종교를 합리적으로 파악하려는 움직임, 나아가 종교의 본질을 윤리나 철학적 교리에 있는 것으로 보려는 경향이 두드러지게 되었다. 엔료는 바로 이러한 시기의 지식인으로서, 합리성의 기준을 통해 불교가 기독교보다 더 서양철학에 합치한다고 주장한 것이다.[137]

같은 맥락에서, 일본 토호쿠 대학(東北大學) 국제문화연구과 교수인 제라드 클린턴 고다르(G. C. Godart)는 엔료의 위치가 전통적 불교학과 근대불교학 사이에 놓여 있으며, 엔료의 불교학이 근대불교학과 다른 점은 불교를 하나의 근대철학(modern philosophy)으로 해석했다는 점이라고 설명했다. 즉 엔료가 구축한 불교사는 모든 불교와 철학을 '탈역사화'하고, 과거 중국의 '교상판석(敎相判釋)'을 근대철학의 개념을 통해 새롭게 설명한 것으로서, "고전적 불교학의 교상판석과 헤겔의 변증법, 그리고 진화론의 잡종"이라고 평가했다. 그리고 언제 누가 대승불교를 처음 가르쳤는지에 대해서는 관심이 없으며, 불교의 믿음이 가능한 것은 그 철학적 가치 때문일 뿐 그것을 처음 말한 사람의 권위에 의한 것이 아니라고 주장했다는 점이 중요한 특징이라 설명했다.[138]

이처럼 합리성과 이성에 근거해 일본불교를 새롭게 구축하려는 엔료의 시도에 대해 전통적 종교문화를 외면했다는 비판은 어쩌면 당연하게 등장할 수 있는 귀결이다. 독일 튀빙겐 대학교 일본학과 교수인 모니카 슈림프(Monika Schrimpf)는 요괴타파로 대변되는 엔료의 미신반대 운동은 계몽주

---

137 이소마에 준이치, 앞의 책, 102-106쪽 참조.
138 Godart, op. cit., p. 129-130.

의적 경향성과 근대 종교의 합리화 모델을 따름으로써, 종교의 초합리성과 민중들의 종교적 지향성을 간과했다고 지적했다.[139] 조셉슨 역시 엔료의 미신타파 운동의 결과로 불교는 법률적·지적 신뢰를 얻는 데는 성공했지만, 승려와 신자 등 실제 불교인들의 시행과는 오히려 멀어지게 되었다고 설명했다. 왜냐하면 메이지 시기의 줄기찬 미신반대운동에도 불구하고 오늘날 일본의 많은 사람들은 여전히 요괴에 대한 믿음과 불교의 주술적 의례를 필요로 한다는 것이다. 따라서 엔료의 사상은 '철학적 종교로서의 불교'와 '살아있는 실천으로서의 불교' 사이에 증가하는 불협화음을 보여준다고 평가했다.[140]

⟨동아시아에 미친 엔료의 영향⟩

엔료의 영향은 일본에 국한되지 않았다. 『철학요령』을 시작으로 그의 저작 10여 편이 중국어로 번역되어 서양철학을 공부하기 위한 계몽적인 서적으로 널리 보급되었다. "불교는 철학이기도 하고, 종교이기도 하다"는 그의 주장은 근대 중국에 영향을 미쳐 어우양징우(歐陽竟無, 1871-1943)나 타이쉬(太虛, 1889-1947)의 "불법은 철학도 아니고 종교도 아니다"와 같은 역설적 주장을 낳기도 했다. 그것은 엔료의 "불교는 철학이기도 하고 종교이기도 하다"는 주장과 반대되는 말인 것 같지만, 불교가 기독교와 서양철학을 초월하는 도(道)라고 주장한다는 점에서 엔료의 문제의식과 일치한다.[141] 여기서 전통적 불교를 최신의 서양철학적 용어로 표현하

---

139 Monika Schrimpf, op. cit., p. 68.
140 Josephson, "When Buddhism Became a 'Religion'", p. 164.
141 末木文美士, 앞의 책, 61쪽.

고 또 재구성해야 했던 동아시아 근대 불교인들의 동일한 고충을 엿볼 수 있다. 그들은 불교가 과학이나 철학과 같은 학문과는 조화를 이루면서도, 기독교와는 다를 뿐만 아니라 그보다 더 우위에 서 있어야 한다고 생각했던 것이다.

이러한 엔료의 영향은 한국에도 미치게 되어, 만해 한용운의『조선불교유신론』의 '철학, 종교, 과학, 진여' 등을 중심으로 전개되는 불교개혁 담론에서도 그의 문제의식이 그대로 나타난다. 엔료와 량치차오, 그리고 한용운 사이의 사상적 친화성은 이미 널리 알려져 있다. 즉 만해는 량치차오의『음빙실문집』에서 영향을 받았으며,[142] 량치차오는 엔료에게서 많은 영감을 얻었던 것이다.[143]

한용운 최초의 저서인『조선불교유신론』[144]은 당시 한국불교의 낙후성과 은둔주의를 대담하고도 통렬하게 분석, 비판한 일대 논설이다. 이 글에서 한용운은 세계의 진보와 문명의 이상에 적합한 종교가 바로 불교라고 강조하면서, '불교는 종교요 철학'이며 '미래의 도덕과 문명의 원료'라고 역설한다.

---

142 김춘남, 앞의 글.
143 森紀子,「梁啓超の佛學と日本」, 狹間直樹 編『(共同研究) 梁啓超: 西洋近代思想受容と明治日本』, 東京: みすず書房, 1999, 194-228쪽. 청일전쟁(1894-1895)의 패전 후 량치차오는 1898년부터 1911년까지 도쿄에서 망명생활을 하였다. 이 때 엔료의 철학당을 방문하고 '사성'을 모시는 철학제를 목격했으며, 일본불교의 발전된 모습과 엔료의 '철학적 불교'의 사상을 접했다고 한다.
144 한용운은 1908년 5월부터 약 반년 동안 일본으로 건너가 도쿄와 교토 등 각지의 사찰과 새로운 문물들을 구경하고, 동경 조동종 대학에서 불교와 서양철학을 청강했다. 이 일본에서의 체류기간 동안 일본불교의 사조와 엔료의 영향을 접했을 가능성이 있다.『조선불교유신론』은 1910년 백담사에서 탈고하여 1913년 불교서관에서 간행하였다.

대저 중생계가 다함이 없기에 종교계가 다함이 없고, 철학계가 또한 다함이 없는 것이니, 다만 문명의 정도가 날로 향상되면 종교와 철학이 점차 높은 차원으로 발전하게 될 것이며, 그 때에야 그릇된 철학적 견해나 그릇된 신앙 같은 것이야 어찌 다시 눈에 띌 줄이 있겠는가. 종교요 철학인 불교는 미래의 도덕·문명의 원료품 구실을 착실히 하게 될 것이다.[145]

만해도 불교의 성질을 크게 '종교적 성질'과 '철학적 성질' 두 가지로 이루어져 있다고 설명한다. 하지만 불교를 제외한 다른 모든 종교들은 단지 종교적 성질만을 가지고 있으며, 그 종교적 성질이라는 것도 허황된 미신에 불과하다고 비판한다. 그러나 불교는 진정한 '참된 종교'로서 '미신'이 아니며, 동서양의 철학과 견주어도 오히려 탁월한 철학적 성질을 가지고 있다고 주장한다.

나는 이에 불교의 성질을 두 가지 면에서 말해보고자 한다. 첫째로 들 것은 종교적인 성질이다.... 불교는 지혜로 믿는 종교요, 미신의 종교가 아님을 알아야 한다. 둘째는 불교의 철학적 성질이다....중국인 량치차오가 말했다.... 기독교는 오직 미신을 주로 하여 그 철리(哲理)가 천박해서 중국 지식층의 욕구를 만족시키지 못한 데 대해 불교의 교리는 본래 종교 면에서 철학인 양면을 갖추고 있었으니 그 증도(證道)의 이상을 깨닫는 데 있고, 도(道)에 들어가는 법문은 지혜에 있고, 수도하여 힘을 얻음은 자력(自力)에

---

145 한용운,「조선불교유신론」, 이원섭 역주,『한용운전집 2』, 불교문화연구원, 2006, 43쪽.

있으니, 불교를 예사 종교와 동일시 해서는 안 된다.[146]

나아가 한용운은 불교를 근대 서양철학자들의 철학적 개념과 비교하면서 불교의 철학적 우수성을 논증하려 했다. 그에 의하면 '석가는 철학의 대가'이며, 불교는 동서양철학과 합치되는 측면이 많다. 따라서 "철학이 동서고금에 있어서 금과옥조로 삼아온 내용이 기실 불경의 주석구실을 하고 있는데 불과"하다고 평가하였다.[147]

이와 같이 불교를 철학적이며 동시에 종교적 성질을 가진 '철학적 종교'로 규정하고, '미신'이라는 범주를 통해 다른 종교들을 비판하는 것에서 만해와 엔료사상의 유사성, 그리고 그 영향관계를 추론할 수 있다. 엔료의 근대 한국불교계에 미친 영향은 여기에 그치지 않고 이혼성, 이종천, 김철우 등 일본에서 유학한 불교 지식인들에게서도 발견된다.[148] 이런 점에서 앞으로도 일본, 중국, 한국 사이의 근대불교를 둘러싼 엔료 사상의 영향관계를 비롯한 더 풍부한 비교사상적 연구가 필요할 것으로 보인다.

---

146 위의 글, 36-38쪽.
147 위의 글, 38쪽, 42쪽.
148 김영진, 앞의 글, 347쪽. 이혼성, 이종천, 김철우 등의 일본 유학생들과 그들이 '종교' 개념과 관련해 생산한 종교담론들에 대해서는 이 책의 10장에서 다시 살펴볼 것이다.

3. 근대 한국불교에 미친 일본불교의 영향

1) 일본불교의 한국 진출과 포교

근대불교의 여명기는 개항 이후 새로 조성된 여러 상황 속에 종교적, 사회적으로 불안한 시대였다. 이 중에서도 특히 주목할 만한 사건이 일본불교의 상륙이다. 1905년의 을사보호조약을 거쳐 마침내 1910년 한일합병에 이르는 기간 동안 한국불교계는 일본불교계의 움직임에 커다란 영향을 받는다. 일본불교는 종파불교(宗派佛敎)의 성격 그대로 한국에 이식되어 다양한 종파들이 포교 활동을 전개하였다. 최초로 한국에 상륙한 일본불교는 1877년 부산에 진출한 진종대곡파(眞宗大谷派)였다. 정토진종의 부산 상륙 이래 1910년대까지 한국에 상륙한 일본불교는 진종대곡파·일련종·정토종·진언종(眞言宗)·조동종(曹洞宗) 등이었으며, 이들은 사찰 및 출장소를 설치하면서 전국적으로 침투해 들어갔다.[149] 이러한 일본불교 세력은 다양한 각도에서 한국불교를 흡수하려고 하였으며, 마침내 1910년 한국불교 대표종단인 원종(圓宗)과 일본불교인 조동종이 서로 맹약을 체결하는 것까지 시도하게 된다.[150]

일본불교계는 메이지 유신 이후 폐불훼석과 신불분리라는 법난을 겪으면서 국가권력과의 타협으로 타개책을 모색하였다. 불교는 메이지정부와

---

149 유병덕, 「일제시대의 불교」, 불교사학회 편, 『근대한국불교사론』, 민족사, 1988, 154-155쪽.
150 원종과 조동종의 맹약체결 움직임에 대해서는 위의 글, 146-149쪽; 박경훈, 「근세불교의 연구」, 불교사학회 편, 『근대한국불교사론』, 민족사, 1988, 31-39쪽 참조.

국익에 도움을 준다는 논리를 표방하면서, 그것을 가시적으로 보이기 위해 대외적으로 제국주의로 나아가고 있던 일본의 국가적 방향에 동참하는 길을 선택하였다. 이를 위해 일본불교계는 중국, 한국 등으로 눈을 돌려 종교적 침투를 시도하였다.[151] 일본불교는 메이지 유신 전후에 이미 한국에 포교사를 파견하여 한국의 정치, 경제를 염탐하였다. 일본은 종교를 통한 정신적, 문화적 침탈을 계획하여 조직적으로 한국에 승려를 파견하기 시작한 것이다.

1877년 일본내무부 관리는 진종대곡파 동본원사 관장인 엄여상인(嚴如上人은 존칭, 본명은 大谷光勝, 1817-1894)에게 한국에 개교할 것을 종용한다. 진종대곡파를 선택한 것은 메이지 정부에 대한 그들의 일편단심 충성과 호국호법론에 의한 국가주의와 그 실천을 신임했기 때문이다. 이처럼 일본 정토진종의 조선 포교는 일본정부의 적극적인 종용과 의뢰로 추진되었다. 1877년 대곡파 동본원사는 오쿠무라 엔신(奧村圓心, 1843-1913)을 파견하여, 진종대곡파 본원사 부산별원을 건립하게 한다.[152] 오쿠무라는 조선인들로부터 일본에 대한 호감을 얻기 위해 조선어에 능숙한 승려를 육성하기 위한 학사를 1878년 부산에 창설한다. 한편 이 별원 및 포교소에서는 포교사업 이외에도 한국인을 대상으로 하는 교육사업, 감옥의 죄수를 교화하는 수인교회사업(囚人敎誨事業), 행로병자를 구제하는 구휼사업을 벌이기도 하였다. 또 조선어로 법회를 열고,『진종교지』를 번역하여 조선의 승려와 신도들에게 나누어주는 등 다양한 사업도 벌였다. 그는 효과적 포

---

151 채상식, 앞의 글, 141쪽; 이와 관련하여 윤기엽,「근대 일본불교의 해외포교 전개양상 - 아시아 지역의 포교에 한정하여」,『한국선학』 20, 2008 참조.
152 채상식, 위의 글, 143-145쪽.

교사업으로 '첫째, 식산흥업을 장려하여 가능한 물질적 개발에 힘쓸 것, 둘째, 저명한 인물을 권장하여 일본을 관광시킴으로써 일반 개발을 도모할 일, 셋째, 학교를 설립해서 청년 계발에 힘쓸 일'을 본산에 건의하기도 했다. 오쿠무라는 그 후 20년 동안 조선에 머물면서 한국의 황실과 접촉하여 신임을 받기도 하고, 승려 이동인과 조선의 개화파 등과 교유하면서 밀접한 관계를 맺는 등 활발한 활동을 한 것으로 알려져 있다.[153] 이와 같은 사례는 초기 일본불교의 승려들의 내한에 대해 조선에서는 그다지 커다란 경계심을 가지고 있지 않았고, 대체로 그들에 대해 우호적 시각을 가지고 있었음을 보여준다.

진종대곡파를 필두로, 일본불교의 각 종단들은 한국 불교인들에게 포교하기 위하여 각종 좌담회 개최, 물질 공여, 교류, 양잠과 제면·제지 등의 기술 전파, 일본 시찰 알선 등 호감을 갖게 하는 다양한 방법을 모색하였다. 이러한 포교 방략 외에도 한국 승려들의 사회적 지위를 향상시켜 환심을 사려고 '승려의 도성출입 금제 해제' 문제를 제기하기도 하였다.[154] 곧 일본불교는 포교승들로 하여금 한국의 언어와 풍속을 습득·이해하고 교육·후생·산업 장려 등 다양한 근대적 문물을 시혜하는 방식으로 일본 제국주의 침략 과정에서 발생하는 한국인의 반일감정을 희석시키고자 하였다. 이러한 방향은 청일, 러일전쟁을 거치면서 더욱 강화되었다.[155]

일본불교 종파들은 앞을 다투어 조선에 포교사를 파견하였다. 정토진종

---

153 위의 글, 146-147쪽.
154 일련종 승려 사노(佐野)가 당시 총리대신이었던 김홍집에게 건의한 것으로, 1895년 승려들의 도성출입이 허가되었다
155 채상식, 앞의 글, 148-149쪽.

대곡파 동본운사파는 1877년에 부산에 별원을 설립하고 원산, 광주, 인천 등 개항장을 중심으로 활동하였다. 또 1895년 일련종 관장 대리의 자격으로 사노 젠레이(佐野前勵, 1859-1912)가 조선에 들어왔다. 그가 바로 '승려의 도성출입 금지 해제'의 건의를 하여 허락을 받게 했다는 인물이다. 청일전쟁 이후 일본의 대곡파 동본원사파와 일련종, 정토종, 대곡파서본원사파 등은 전쟁터에 종군승을 파견하였다. 러일전쟁이 발발하자 그들은 세력 확장에 고심하였고, 조동종·임제종·진언종 등이 별원 또는 포교소를 개설하여 1911년이 되면 진종·정토종·일련종·조동종·진언종·임제종 등 6개 종파가 전국에 설립한 별원 및 포교소는 167개나 되었다.[156] 일본불교 포교사들은 점차 내륙 깊숙한 곳까지 침투하여 빈민구제 사업을 하는 것은 물론, 본국으로부터 오는 지원을 통해 유치원과 각종 실업학교를 세워 위생적인 생활을 가르치고 청소년들에게 직업교육도 실시하였다.[157]

2) 일본불교, 한국불교의 '딜레마'

이와 같이 일본불교는 개항 이후 조선에 들어와 활발한 포교활동을 하며 조선불교에 자극을 주었다. 그런데 근대 한국불교에 미친 일본불교의 영향 가운데 특히 중요한 것은 승려의 도성출입 제한이 해제되는 데 일본의 한 승려가 중요한 기여를 했다는 사실이다.[158] 1895년(고종 32년) 일본 승

---

156 김순석,「개항기 일본 불교종파들의 한국침투」,『한국독립운동사연구』8, 1990, 146쪽.
157 위의 글, 147-149쪽.
158 이봉춘,「근대 한국불교의 역사와 정체성」,『회당학보』6, 2001, 461-462쪽.

려 사노(佐野)의 도움으로 조선시대에 금지되었던 승려의 도성출입이 허용된 것이다. 물론 오늘날 연구자들은 이런 설명은 잘못된 이해라고 비판하기도 한다.[159] 사노가 아니었어도 이미 갑오경장 이후 조선정부는 승려들의 도성출입 금지를 해제하려 했다는 것이다.

어쨌든 그 해금 조치는 일본 승려의 건의에 의해 성사되었기 때문에 이후 한국 불교계가 일본불교에 대해 갖게 되는 감정은 복합적일 수 밖에 없었다. 승려 도성출입금지의 해제는 한국 불교사에서 '근대의 시작'이라는 평가를 내릴 수 있을 만큼 중요한 사건이었기 때문이다.[160] 이러한 과정을 거쳐 일본의 정치적 지배를 받게 된 한국불교는, 일본과 일본불교에 대해 양가적 감정을 갖게 되는 것은 불가피한 일이었다.

따라서 일부에서는 근대 한국불교를 친일과 항일의 도식에 따라 연구하는 것을 경계하는 시각도 있다. 그러한 이분법적 도식이 근대불교의 다면적 성격을 이해하는 데 방해가 되기 때문이다.[161] 일본과 일본불교의 도움을 받아 그 세력을 부흥시킬 수 있었다는 측면에서 한국의 불교인들은 일본불교에 감사해하면서도, 동시에 마냥 흔쾌할 수만은 없었을 것이다. 여기에는 일본의 조선에 대한 지배, 그리고 한국과 다른 풍토에서 형성되어 온 일본불교와의 위화감 등이 다양한 갈등을 가져오게 되었을 것이다. 그래서 근대 한국불교는 '딜레마에 빠진 불교'라고 묘사되기도 한다.

---

159 김순석, 「근대일본 불교 세력의 침투와 불교계의 동향」, 『한국학연구』 18, 2008, 70-71쪽.
160 김경집, 『한국근대불교사』, 경서원, 1998, 22쪽
161 조성택, 「근대불교학과 한국 근대불교」, 『민족문화연구』 45, 2006; 조성택, 「근대한국불교사 기술의 문제: 민족주의적 역사 기술에 관한 비판」, 『민족문화연구』 제53호, 2010; 김환수, 「불교적 식민지화? - 1910년대 한국 원종과 일본 조동종 연합에 대한 새로운 해석의 가능성」, 『불교연구』 36, 2012 참조.

근대한국불교는 한마디로 '딜레마에 빠진 불교'였으며 그 딜레마적 상황 속에서 이루어졌다. … 20세기 초 이래 그리고 식민지 시기 동안 한국불교가 겪어야 했던 딜레마의 원천은 다음과 같은 사실에서 비롯된다. 일본의 종교가 불교라는 사실, 그리고 그 일본의 불교가 오래 동안의 침체로 쇠약할 대로 쇠약해진 한국불교에 비해 대단히 '선진된' 불교였다는 사실이다. 따라서 일본에 대한 한국불교의 관계가 항일 혹은 친일로 분명하게 구분되는 것이 아니라 늘 그 양자 사이에서 고민하고 모색해야 했다는 것이 더 역사적 사실에 가까울 것이다. 식민자의 종교가 불교라는 사실, 그리고 당시 일본불교의 선진성 때문에 한국불교가 근대기에 겪었던 딜레마적 경험 … 일본불교와의 관계 설정의 곤란함에서 비롯하는 정체성의 문제(였다.)[162]

위 인용문이 잘 표현하고 있듯이, 일본불교는 분명히 그 당시 조선의 불교인들에게는 선진적 종교였음이 틀림없다. 개항기에 이미 조선에서는 일본에 대해 '문명', '제국'이라는 인식이 조금씩 확산되기 시작하는 등 우호적 분위기가 형성되고 있었다.[163] 따라서 일본불교가 조선에 포교하기 시작한 초기에는 한국불교는 그들의 교육체제와 포교 방법을 모방하여 자신의 면모를 일신하고자 하였다. 그 예가 원흥사의 창건과 불교연구회, 명진학교의 설립 등이다.

그러나 조선이 일본의 식민지가 됨으로써 일본불교에 대한 조선인들의

---

162 조성택, 「근대한국불교사 기술의 문제」, 591-592쪽.
163 제점숙, 「일본불교의 근대인식과 개항기 조선 - 정토종의 교육사업을 중심으로」, 『일본 근대학연구』 32, 2011 참조.

인식은 복합적 양상을 띠게 된다. 이러한 복합적 인식을 보여주는 예가 바로 '임제종운동'이다. 한국불교 최초의 근대적 종단인 원종(圓宗)의 종정인 이회광(李晦光, 1862-1933)이 일본의 조동종과 연합맹약을 체결함으로써, 민족진영의 승려들은 이회광을 매종행위자로 규탄하고 별도의 임제종을 설립하여 조선불교의 정통성을 천명하려 한 사건이다.[164] 이것은 한국불교가 처음으로 원종이라는 근대적 종단을 세워 정치로부터 자립하고자 했다는 긍정적 의미도 있을 수 있지만, 친일불교로서의 성격이 부각되면서 부정적으로 인식되는 출발점이 되었다.[165]

또한 일본불교의 문화적 관습과 특징이 조선불교의 전통과 맞지 않아 벌어진 분쟁도 있다. 일제 강점기 한국불교가 일제의 불교정책의 영향으로 기존의 전통으로부터 심각하게 변질되었는데, 그 사례는 대표적으로 두 가지를 들 수 있다.

먼저, 일제의 〈사찰령(寺刹令)〉의 영향이다. 일제는 1911년 사찰령과 그 시행규칙(施行規則)을 반포함으로써 한국 승가를 정치에 직접적으로 종속시켰다. 사찰령은 한국사찰의 주요 행정과 재산관리에 대한 법적 권리를 조선총독에게 부여함으로써 한국 승가의 자율권을 상실하게 되었다. 일본의 본말사제도(本末寺制度)를 모방하여 한국불교를 30본산(本山)의 독립

---

164 김순석, 「근대 일본 불교 세력의 침투와 불교계의 동향」; 김광식, 「1910년대 불교계의 조동종 맹약과 임제종 운동」, 『한국근대불교사연구』, 민족사, 1996, 53-94쪽.
165 원종과 조동종의 맹약을 친일과 항일의 이분법으로 볼 수 없다는 새로운 관점도 있다. 김환수, 앞의 글 참조.

된 행정구역으로 분산시킴으로써[166] 승가 전체를 통괄할 수 있는 한국불교의 중앙기구는 존재하지 않게 되었고, 대신 일제가 한국승가를 주지(住持)들을 통해 직접 통제하게 되었다. 이로 말미암아 사찰 주지의 지위는 전례 없이 막강해졌지만, 그 결과 그들은 자발적 친일의 길로 유인되었다. 그 여파로 한국승가의 민주적인 의결 전통인 산중공의(山中公議)는 사라지고 주지의 독재를 낳게 된다.[167]

　사찰령은 여기에 그치지 않았다. 불교의 종지(宗旨)와 의식(儀式)도 일본의 황도(皇道)사상과 신도(神道)적 요소를 도입하여 일본적 불교로 변질시켰다. 점차 한국불교는 일본의 한국 지배에 순응, 협조하는 어용적이며, 친일적인 성격의 식민지 불교로 변화되어 갔다.[168] 한국불교의 주류는 이들 본사의 주지를 중심으로 하는 친일적 인물들에 의해서 장악되었고, 그들 친일적 승려들이 일제의 강점 기간 내내 불교계를 주도하며 식민지 불교를 체질화하였다.[169] 그것은 급기야 1941년 태평양전쟁 때 일제의 대동아공영권(大東亞共榮圈)의 논리에 동조하여 승려의 징병제를 권고하는 친

---

166 30본산제는 1924년 화엄사가 본산으로 승격하면서 31본산체제가 된다.
167 김순석, 「조선총독부의 〈사찰령〉 공포와 30본사 체제의 성립」, 『한국사상사학』 18, 2002, 519쪽; 일제 이전에 사찰에는 주지가 없었고 단지 그 역할을 담당했던 승통(僧統)이 있었다. 승통은 주지처럼 인사권이나 재정집행권을 가진 권력자가 아니라 대중의 심부름꾼에 해당하여 서로 하려고 하지 않았다고 한다. 〈주제로 만나는 큰스님-도원 스님〉, 《법보신문》 (2004.08.10.) https://www.beopbo.com/news/articleView.html?idxno=20789 참조.
168 서경수, 「일제의 불교정책 - 사찰령을 중심으로」, 불교사학회 편, 『근대한국불교사론』, 민족사, 1988, 118-133쪽; 정광호, 「일제의 종교정책과 식민지불교」, 불교사학회 편, 『근대한국불교사론』, 민족사, 1988, 83-95쪽.
169 김광식, 「1910년대 불교계의 진화론 수용과 사찰령」, 『한국근대불교사연구』, 민족사, 1996, 38-49쪽.

일 불교지도자들의 양산(量産)으로 나타났다.[170]

두 번째는 일본불교의 대처육식문화의 유입이다. 일본불교는 1872년(明治5년) 4월 25일 이른바 '태정관(太正官) 훈령 33호'로서 "승려의 육식대처(肉食帶妻)는 각자 임의에 맡긴다."는 조칙을 내림에 따라 승려들의 '대처육식'이 일상화되었다. 일제는 한국 병탄(倂呑) 과정에서 친일불교인들을 전국의 사찰 곳곳에 배치했으며, 불교의 근대화를 배우기 위한 일본 유학을 장려했다. 그런데 교육을 마치고 돌아온 유학승들은 일본불교계의 습속을 그대로 답습하여 대부분 결혼도 하고 육식을 하였다.[171] 그들은 일본 승려의 양복 착용, 대처육식을 불교 근대화의 한 부분으로 이해하고 이를 받아들였던 것이다.

당연히 한국의 불교계에서는 이에 대해 찬·반논쟁이 일어났다. 한쪽에서는 조선불교의 친일화와 파계를 염려해 대처육식을 비판한 데 반해, 그것은 승려 개인의 문제이며 조선불교의 쇠퇴 원인이 될 수 없다며 맞섰다. 총독부는 이에 대처육식을 방관하고 오히려 이를 비호했다. 이를 지켜보던 백용성(白龍城)이 1926년 조선총독부와 내무성에 대처육식을 금지해 달라는 건백서(建白書)를 제출했으나, 1926년 승려의 대처는 총독부에 의해 공인되면서 이제 대처승도 사찰의 주지에 임명될 수 있게 되었다.[172] 그것은 이 당시 이미 승려의 취처(娶妻)가 보편화되었음을 보여주는 것으로, 한

---

170 김순석, 『일제시대 조선총독부의 불교정책과 불교계의 대응』, 경인문화사, 2003/2004, 204-218쪽.
171 김순석, 「일제의 불교정책과 본사 주지의 권한 연구」, 『일본학』 31, 2010, 56쪽.
172 김용태, 「한국 근대불교의 대중화 모색과 정치적 세속화 - 대처식육 문제를 중심으로」, 『불교연구』 35, 2011, 128-129쪽.

통계에 따르면 해방 무렵에는 대처승이 7,000여 명이며 오직 700여 승려만이 독신이었다고 한다.[173]

이와 같이 매우 민감한 문제가 일본불교와 한국불교의 만남으로부터 빚어졌다. 승려의 대처육식 문제는 지금도 여전히 논란이 되고 있는 만큼, 아직 일본불교의 영향이 모두 청산된 것이 아님을 보여준다.[174] 종교는 흔히 제국주의가 해당 식민 지역을 문화적으로 지배하기 위한 첨병의 도구로 사용된다. 일제는 불교가 한·일 양국의 종교문화적 공통기반이라는 사실을 이용하여 조선불교를 일본불교로 동화 및 융합하는 공작을 벌였다. 그 결과 종교정책상으로는 〈사찰령〉을 통해 한국 사찰을 감독·규제했고, 승려들의 삶 속에는 일본 승려의 대처육식(帶妻肉食) 문화를 장려하여 한국불교의 청정비구(淸淨比丘) 전통의 근간을 흔들어놓았다.

일본의 식민통치가 장기화됨에 따라 대다수의 한국 승려는 조선이라는 독립 국가 또는 민족의 관념을 폐기하고 일본의 대동아주의(大東亞主義)라는 기획된 세계관에 매몰되었다. 이것은 일제 말, 1930년대 후반부터 1945년 일본의 패전 시기까지 한국불교 교단 지도자들이 보여준 친일 행적에서 잘 증명되고 있다.

---

173 한국불교총람 편찬위원회, 『한국불교총람』, 대한불교진흥원, 1993, 105쪽.
174 김용태, 앞의 글, 132-133쪽 참조.

VIII

기독교, 불교의 경쟁자이자 조력자

1. 한국불교와 기독교의 만남
2. 불교의 기독교 인식
3. 종교 개념의 등장과 불교의 '종교 정체성' 인식
4. 불교개혁운동의 전개와 기독교

근대 한국불교에 끼친 기독교의 영향에 대해서는 관련 논의와 연구가 적지 않다. 하지만 기존의 연구들은 기독교로부터 불교가 자극을 받아 개혁을 하게 되었다는 소박한 진술에 그친 감이 있고, 그 분석의 초점도 주로 불교개혁론의 내용 소개에 모아져 있다. 본 연구는 불교개혁론의 내용에 국한하지 않고, 불교가 기독교를 바라본 관점, 그리고 기독교와 부딪혀 가장 문제가 되었던 교리적·사상적 논쟁점을 폭넓게 다루어 보고자 한다. 이를 통해 우리는 근대 한국불교가 기독교에 대해 가졌던 양가적 인식, 즉 기독교에 대한 선망과 폄하의 공존, 그리고 기독교를 모방과 동시에 경쟁의 대상으로 삼았던 이중적 태도를 쉽게 이해하게 될 것이다.

또한 이 부분에서 빠뜨려서는 안 될 매우 중요한 부분은 기독교와 함께 전래한 서구적 관점의 '종교' 개념이다.(II장 참조) 이 '종교' 개념이 들어옴으로써 근대 한국불교는 그 종교의 범주 속으로 진입하고자 노력했다. 따라서 근대 한국불교가 어떻게 '종교'로서의 정체성을 스스로에게 부여하게 되었는지 그 전개 과정과 특징을 파악하는 것은 매우 중요하다. 이러한 개념 전래의 역사에 대한 이해가 선행되어야 한국불교가 서구종교인 기독교와 만나 자신의 정체성을 새롭게 인식하고, 근대라는 시대에 맞게 자신의 변화를 모색하게 된 그 맥락과 의미를 확인할 수 있을 것이다.

1. 한국불교와 기독교의 만남

1) 기독교의 전래와 새로운 종교성의 유입

개항 이후 펼쳐진 근대 한국의 종교적 상황은 이미 앞에서 자세히 살펴보았다.(6장 1절 참조) 따라서 이 장에서는 근대 한국에서 형성된 불교와 기독교의 만남에 특별히 주목하고자 한다. '근대'라는 시기는, 이 시기에 한국불교가 이른바 근대적 의미에서 최초로 기독교를 전면적으로 만났다는 의미가 있다. 또한 이 첫 만남의 시기에 조형된 상호인식의 틀과 내용이 이후 현재까지 한국불교의 기독교에 대한 주요 인식 틀로 작용하며 재생산되고 있을 가능성이 크다. 따라서 근대 한국불교 내에서 유통되던 기독교 관계 담론을 분석함으로써 그 속에 담긴 한국불교의 기독교에 대한 이해와 태도의 패러다임을 찾아보는 것은 특별한 중요성을 가진다.

여기서 간략하게 다시 한번 불교가 처한 시대적 상황을 살펴보면 다음과 같다. 개항 이후 일본불교의 전파로 달라진 사회 정세 속에서 불교는 조선시대와는 비교할 수 없는 새로운 발전의 기회를 갖게 되었다. 이 때 한국불교는 조선시대의 침체기로부터 벗어나 일약 공적 지위를 가진 종교가 될 수 있고, 또 사회의 주변부로부터 중심부로 진입할 수도 있는 매우 긍정적 시기를 경험하고 있었다. 이 시기를 거쳐 숭유억불정책에서 탈피하는 조짐이 서서히 나타나기 시작했고, 이런 흐름은 결국 공식적으로 불교의 종교로서의 지위를 승인하는 '종교 공인' 정책으로 이어졌다. 일제는 〈포교규칙(布敎規則)〉(1915) 제 1조에서 "종교라 부르는 것은 신도(神道), 불도(佛道) 및 기독교"라고 명시하고, 이 세 종교 이외에 다른 종교들을 '종교

유사단체'로 분류함으로써[1] 기독교와 함께 불교가 공인 종교로서의 지위를 갖게 하였다.

그런데 불교가 이렇게 공인종교로서 활약하고 발전할 기회를 갖게 되었을 때 새로운 장애요소가 등장하였으니 그것이 바로 기독교 세력의 확장이었다. 국교로서의 유교의 지위가 해체되었을 때 그 공백을 대신할 종교로는 불교가 유력했다. 하지만 서구에서 전래된 기독교는 그러한 불교의 기대를 무력화시킬 기세로 폭발적 성장을 보여주고 있었다.[2]

이렇게 된 배경에는 '종교의 자유'가 한불조약(1886)을 통해 법적 보장을 받게 됨으로써 기독교의 전교(傳敎)와 신교(信敎)가 용이해졌다는 점,[3] 사회·역사적 환경 속에서 기독교를 통해 현실적 위안을 얻고자 했던 기독교인들의 입교 동기가 강력하게 나타나고 있었다는 점,[4] 개항 초기 개신교가 펼친 의료선교와 교육선교 등 '간접선교'를 통하여 기독교가 '문명종교'로 인식됨으로써 식자층과 대중들의 호응을 얻을 수 있었던 점[5] 등 다양한 요인들이 복합적으로 작용했다고 할 수 있다.

---

1 〈포교규칙〉(조선총독부령 제83호),『조선총독부관보』제911호, 大正 4년(1915) 8월 16일, 154-155쪽.
2 이만열,『한국 기독교 수용사 연구』, 두레시대, 1998, 458-502쪽.
3 최종고,「한국에 있어서 종교자유의 법적 보장과정」,『교회사연구』3, 1981 참조.
4 이만열, 앞의 책, 466-468쪽. 한말에 정치적 한계를 느낀 지도자들은 구국도민(救國導民)하는 한 방편으로 기독교에 입교하였고, 일반 민중의 경우 생명과 재산을 보호받기 위하여 서구계 종교에 투입하는 경우가 많았다고 한다. 따라서 당시 한국의 민중이 기독교에 입교한 동기는 순수한 종교적 이유보다는 사회적 요인이 더 강하게 작용하고 있었다고 보고 있다.
5 신순철,「개화기 언론의 기독교 인식」,『교회사연구』3, 1981, 171-173쪽.

2) 불교에 대한 기독교의 인식과 불교의 대응

한편, 한국에 들어온 기독교는 불교를 미신이나 우상숭배, 무신론 등으로 비판하면서 배척하는 등 매우 공격적인 태도를 보였다. 19세기 천주교 선교사들의 공통적인 입장은 모두 한국불교가 '천한 미신행위' 혹은 '기복을 일삼는 종교행위'라는 것이었다.[6] 기독교는 하나님 이외의 다른 존재에 숭배하는 것을 우상숭배라고 하며 이를 금했다. 그렇기 때문에 기독교의 신앙이 한국에 들어왔을 때, 부처나 여러 민간의 신격들에 대한 숭배 행위를 생활 전통으로 여기고 있던 한국사회에서는 심한 갈등을 겪게 된 것은 피할 수 없는 일이었다.

교회는 불상에 대해, 나무와 흙이나 돌로 만들고 여기에 단청이나 도금을 하여 사람의 이목을 현란케 하는 것이지만 그것은 보고 듣고 말하고 운동함이 없는 죽은 물건일 뿐이며, 그렇기 때문에 그것에는 아예 어떤 영험이 있을 수 없다고 가르쳤다. 기독교는 부처에 대한 숭배, 신주를 모시고 제사하는 유교의 의식도 우상숭배로 간주하였다. 그리하여 '부처를 경신하여 마귀를 숭봉하는' 불교의 풍속은 온 나라 사람들이 큰 병에 걸린 결과요, 마찬가지로 유교 의식에 따른 제사도 효도와는 무관한 것으로 인식하였다.[7]

이러한 기독교의 불교 비판의 영향으로 개화기를 거쳐 일제 강점기에 이르기까지, 불교는 우상숭배의 종교이기 때문에 문명개화나 근대화에 장

---

6 여동찬, 「개화기 불란서 선교사들의 한국관」, 『교회사연구』 5, 1987, 412-414쪽.
7 이만열, 앞의 책, 420-421쪽.

애가 될 뿐이라는 인식이 강하게 남아 있었다. 문명개화와 불교와의 관계는 특히 《독립신문》에서 자주 논의되었는데, 여기에서 조선은 불교와 유교를 극복하고 기독교를 통해 문명국으로 나아갈 수 있음을 강력하게 피력하였다. 이들은 기독교를 통한 서구적인 근대화의 모델을 추구하면서 불교의 입지를 위협하고 있었다.[8]

이와 같이 근대 한국사회에서 불교는 조선시대와는 달라진 높은 정치적·사회적 위상을 확보하게 되었지만, 이제는 유교가 아닌 기독교를 종교자유시대의 라이벌로 삼아 경쟁해야 했다. 이에 불교는 신문이나 잡지 등 다양한 지면을 이용하여 기독교에 대한 불교의 입장을 표명하고 자기 종교의 우월성을 홍보하는 등 기독교를 의식한 다양한 활동을 펼치게 된다.

주로 1910-1930년대 불교잡지에 비쳐진 기독교의 이미지는 크게 세 가지 모습으로 나타난다. 첫째 서구 문명의 상징으로서 조선이 근대화를 통해 나아가야 할 방향과 부합하는 종교라는 점, 둘째 종교 경쟁의 시대에 불교의 종교적 근거를 위협하는 가장 막강한 라이벌로서 마땅히 경계해야 할 상대라는 점, 셋째, 그런데 기독교 교리의 구조와 내용은 매우 생소하고 낯설고 이질적이어서 도저히 이해하기 어렵다는 점 등이었다. 이러한 복합성 속에서 불교는 기독교를 대면하게 되었으며, 이 때 한국 불교의 기독교 이미지는 전형적 인식틀을 형성하면서 이를 둘러싼 다양한 이해가 구성, 탄생하게 된다.[9]

---

8 신순철, 「개화기의 민중종교 인식」, 『한국근현대사논문선집』 37, 사상(4), 삼귀문화사, 2000, 239-241쪽.
9 이 주제에 대해서는 필자의 다음과 같은 논문이 있다. 송현주, 「근대 한국불교의 기독

2. 불교의 기독교 인식

1) 기독교에 대한 긍정적 인식

(1) 새로운 종교의 모델

기본적으로 기독교[10]에 대한 불교의 인식은 선망과 폄하라는 이중적 인식이 교차하는 복잡한 양상을 보여준다. 무엇보다 당시 불교는 조선시대 오백여년 간 긴 억불정책의 영향으로 교세가 매우 빈약해져 있었다. 물론 일본의 종교정책에 따라 그 세력을 다소 회복할 수 있는 기회를 얻었지만, 기독교의 성장과 교세에 비하면 여러 가지 측면에서 열등감을 느끼지 않을 수 없었다. 이에 대해 불교는 교리적으로는 자신의 진리성을 완강히 고집하는 한편, 다만 제도적·실천적 문제에서는 기독교의 우월함을 인정하고 그것을 과감히 모방하고자 했다. 따라서 기독교의 교리는 불교보다 열

교인식과 그 쟁점: 일제하 불교잡지를 중심으로」,『한국문화와 종교적 다양성』, 이상훈 외, 한국정신문화연구원, 2003, 95-142쪽. 이 책은 이 글의 내용을 일정부분 요약, 반영하고 있다.

10 이 글에서 '기독교'는 천주교와 개신교를 모두 포괄하는 개념으로 사용하고 있다. 만일 양자를 구분해야할 필요가 있을 때는 구체적으로 명시할 것이다. 한편 다음과 같은 글이 있었음을 볼 때, 당시 근대불교인들에게 기독교는 천주교와 개신교를 아우르는 총칭으로 '경교'로도 통용되었고, 천주교는 '라마교', 개신교는 '개정교(改正敎)' 혹은 '야소교'로 불렸음을 알 수 있다. 박한영,「佛光圓徧은 미래에 當觀(續)」,『조선불교월보』 18, 1913, 13쪽. "기독교(또는 景敎라고도 한다)는 지금 천하에 전하는 바 삼종(三種)에 불과하니, 하나는 희랍교(希臘敎)로 당시의 동라마교(東羅馬敎)]요, 둘째는 라마교(羅馬敎)로 즉 당시의 서라마교 즉 금일 동양에 전해진 천주교(天主敎)요, 셋째는 개정교(改正敎)이니 즉 루터[路得]가 고친 바의 신교(新敎) 즉 금일 동양에 전해진 야소교(耶蘇敎)요."

등한 것으로 보는 가운데에서도 기독교의 포교, 구제사업 등은 높이 평가했다. 이러한 불교의 기독교에 대한 이중적 태도는 크게 긍정적 인식, 부정적 인식의 두 방향으로 나누어 살펴볼 수 있다.

19세기 말 한국에 온 초기의 개신교 선교사들은 직접적인 전도 활동보다는 교육·의료·출판 사업 등에 중점을 두었으며, 이러한 선교 사업으로 건립된 교회·학교·병원이나 출판 활동 등은 한국의 개화를 촉진시키는 중요한 방편으로 간주되었다. 이 점은 기독교가 전파 초기에 단순히 내세의 행복만 약속하는 종교로서가 아니라 한국사회의 여러 부분에 침투하여 생활을 개혁하는 등 봉건적 의식을 변화시켜 나가고 있었음을 의미한다.[11] 많은 사람들이 기독교를 믿는 나라가 가장 문명한 나라이자 가장 개화된 나라이며, 한국사회의 개화도 기독교의 수용과 발전을 통해서만이 가능하리라 생각했다. 이 같은 생각은 1890년대 이후 기독교 선교사들의 사회교육사업, 의료, 자선활동이 매우 활발해지면서 그 성과가 국민들에게 호감을 불러일으킬 수 있었기 때문이다.[12]

이러한 기독교의 교육, 의료, 선교, 자선활동은 불교가 따라야 할 새 시대의 이상적 종교의 모델로 기능하기에 충분했다. 많은 불교인들은 기독교를 모델로 삼아 불교를 반성하거나 불교가 나아갈 방향을 설정했다. 다음의 글은 달라진 문명 세상에 대한 놀라움을 표현하면서, 이러한 문명에 적응하지 못하고 있는, 혹은 이러한 문명을 주도하지 못하는 불교의 현실을 한탄하고 있다.

---

11 이만열, 앞의 책, 456-457쪽.
12 신순철, 「개화기 언론의 기독교 인식」, 173쪽.

금일의 천하는 … 완전한 문명(文明)의 경지로 전진을 계속하며 걸음을 재촉하는도다. 보이지 않는가. 허공에 걸려있는 전선과, 땅에 널려있는 철도와, 하늘을 지나가는 비행기와, 땅을 줄여 가깝게 하는[縮地] 자동차와, 천이통(天耳通)과 같은 무선전신과, 천안통(天眼通)과 같은 망원경, 현미경과, 양양한 큰 파도 위에 종횡무진 남극 북극을 왕래하는 배[艨艟] 등과, 기타 백천만의 일용(日用) 이기(利器)로써 … 기묘하고도 장쾌한 이 문명이여. … 그러나 눈을 돌려 우리 불교계 지금의 형세를 일람할지어다. 저 유형적 문명의 진보와 같은 속력으로써 전진하는가. … 오호라 금일의 불교는 진보치 못하고 퇴보하며, 확장치 못하고 수축하며, 물질적 문명을 동반하지 못하고 반대의 현상을 보이며, 날로 하늘에 오르는 세력은 보이지 않고 외로운 성(城), 지고 있는 해의 비경(悲境)에 떨어지는 도다.[13]

불교 쇠락의 한 원인으로는, 불교가 현실에 무능하고 물질 방면을 등한히 해왔기 때문이라는 반성의 소리가 높았다.[14] 한마디로 과학적 지식은 없으면서 오직 출세간적 자세로 불타의 교리에만 마음을 두어 선후를 살피지 않음으로써 세상에서 불교를 '허무적멸'의 종교라 부르는 사실에 대해 반성해야 한다는 것이다.[15] 이에 반해 기독교의 경지가 "비록 얕으나 그 행동함은 매우 광대한 바가 있"다고 평가하면서,[16] "기독교는 비교적 천박

---

13 금정법룡, 「맹성할지어다 만천하 청년 승려제군이여」, 『조선불교월보』 19, 1913, 40-41쪽.
14 김명식, 「속인의 불교관」, 『조선불교총보』 21, 1920, 24-25쪽.
15 김창운, 「오반도불교와 인격양성」, 『조선불교총보』 22, 1921, 56-58쪽.
16 박한영, 「불광원편(佛光圓編)은 미래에 당관(當觀)(속)」, 『조선불교월보』 19, 1913, 12쪽.

한 교의로써 과학적 두뇌가 가장 예민한 영국과 미국의 인간에 위대한 세력을 가지고 심중한 존경을 받음은 일견 기이하다"[17]고 생각하였다. 기독교인들의 전도수단은 '적극적주의' 즉 '활동적, 실행적, 응용적'인 것으로 높이 평가하면서,[18] 이러한 기독교의 실천적 구제사업과 전도사업을 불교의 모델로 제시하였다.

(2) 다신교 보다 진화한 일신교

기독교에 대한 긍정적 인식의 또 다른 하나는, 기독교가 인류의 고대적 종교 형태인 다신교 상태에서 벗어나 더욱 진화한 고등종교라는 시각이었다. 종교 진화적 관점은 근대 한국에 유입된 다윈과 스펜서의 진화론을 이론적 기초로 삼고 있으며, 탄스통(譚嗣同, 담사동, 1866-1898) 등 근대 중국사상가들의 사상으로부터도 영향을 받았을 것으로 추측된다.

예컨대 박한영은 세계 종교의 발전이 "그 먼 옛날의 초매자연(草昧自然)한 무교시대(無教時代)를 과도(過渡)하여 다신교시대(多神教時代)에 들어가며, 그다음에 일신교시대(一神教時代)에 경유하여 구경은 무신교시대(無神教時代)에 도달하면 대동태평(大同太平)을 기약할 수 있다하니 현금 세월은 어느 시대에 가당한고"라고 하여, 그것이 당시 '세계 통담(通談)'으로서 유포된 종교 진화의 도식임을 보여주고 있다.[19] 이 '무교시대→다신교시대→

---

17 이지광, 「영미의 종교담」, 『조선불교총보』 2, 1917, 25쪽. 이 글은 기독교의 특징을 13가지로 소개하면서 기독교의 장점으로 보고 배울만하다고 평가하였다.
18 위의 글.
19 영호생(映湖生, 박한영), 「장하이포교이생호(將何以布教利生乎)아」, 『해동불보』 2, 1913, 2-3쪽.

일신교시대→무신교시대'라는 도식 속에서 기독교는 일신교시대의 종교를, 나아가 불교는 무신교시대의 종교를 상징하고 있다. 이렇게 볼 때 기독교는 다신교보다 진화한 일신교의 종교이며, 불교는 기독교의 일신교보다 또 한층 진화한 무신교의 종교가 된다. 따라서 불교는 기독교를 '무신교(불교)'보다야 못하지만 다신교보다는 진화한 종교로 평가하는 등, 어느 정도 긍정적 태도를 보여주고 있다.

이능화도 「다신교 일신교 무신교(多神敎 一神敎 無神敎)」(1915)에서 유교를 다신교로, 기독교를 일신교로, 불교를 무신교로 규정하였다.[20] 종교의 발전이 다신교, 일신교, 무신교의 순서로 진행되며, 그 최종적 형태인 무신교는 바로 불교라고 보는 견해는 일찍이 중국 사상가 탄스통에게도 발견되는 것으로서[21] 근대 불교기에 유통된 대표적 담론이라 할 수 있다. 그런데 이능화의 기독교관은 매우 긍정적이었다. 비록 "기독교는 단지 타력만을 의지하고 자력은 알지 못하니 가히 (불교에) 한 칸[一間] 못 미쳤다."고 하여 기독교가 불교보다는 한 수 아래임을 천명했지만,[22] 그럼에도 그는 다른 어떤 종교 즉 유교나 민간신앙 보다 기독교를 높이 평가했다. 그는 기독교의 장점이 "일신(一神)을 숭배하여 그 영(靈)을 존중함에도 민지(民智)를 개발함에 어느 방면이던지 유교보다 간명직건(簡明直建)"한 점에 있다고 설파하였다.[23] 또 기독교인은 잡신교인(雜神敎人)에 비해 그 지혜가 한층[一等]

---

20 이능화, 「다신교 일신교 무신교」, 『불교진흥회월보』 4, 1914, 13-21쪽.
21 담사동, 「인학속의 불교인식」, 정세현 편역, 『근대중국사상가의 불교관』, 동국대 불전간행위원회, 1982, 101-102쪽.
22 이능화, 「조선인과 각 종교」, 『불교진흥회월보』 9, 1915, 7쪽. 원문의 '(불교에)'는 필자의 추가.
23 이능화, 「종교와 시세」, 『유심(唯心)』 1, 1918, 35쪽.

뛰어나며, 기독교국의 사람들이 모두 부유하고 지혜로운 것은 실로 "종교사상이 전일(專一)하고 신력(信力)이 견확(堅確)한 까닭"이라고 하였다.[24]

이렇게 이능화가 일신교의 종교이지만 기독교의 가치를 인정한 것은 기독교가 조선인의 '무리지음사(無理之淫祀)' 또는 '조상제사'를 타파한 공이 있기 때문이다. 그리고 그렇게 '잡신교인들이 유일신을 섬긴 연후에 능히 불교의 가르침을 알 수 있게 되기' 때문이다.[25] 이것 역시 중국 사상가 탄스통이 "반드시 일신교의 단계를 거쳐서 비로소 무신교에 들어갈 수가 있다. 만약 다신교에서 한꺼번에 무신교에 들어간다면, 그 무신교에는 반드시 다신교의 여러 가지 협잡물이 들어가게 된다."고 하면서, "그리스도교가 들어와 일신(一神)을 숭배하고 분쇄, 숙청의 힘에 의해서 다신교를" 타파해야 한다고 주장했던 견해와 같은 맥락이다.[26] 즉 기독교의 일신숭배는 다신교의 잡다한 숭배물과 신앙양태를 타파해주는 과정적 의미를 지닌다는 것이다. 이렇게 종교의 최종적 형태이며 최고의 결정체인 무신교, 즉 불교에 아직 미치지는 못했지만 다신교의 조야한 상태를 벗어난 종교로 이해된 기독교는 그만큼 근대 한국불교인들에게 후한 평가도 받았다.

2) 기독교에 대한 부정적 인식

(1) '서구종교'로서의 기독교
그러나 한편으로 기독교는 주로 두 가지 측면에서 부정적으로 인식되고

---
24 이능화, 「조선인과 각종교」, 7쪽.
25 위의 글.
26 담사동, 앞의 글, 101-102쪽.

있었다. 그것은 첫째 '서구종교'라는 것, 그리고 둘째 '미신' 또는 '인천교(人天教)'[27]에 불과하다는 것 때문이었다.

근대 한국의 많은 불교인들은 기독교의 문명적·제도적 차원에서는 선망의 태도를 지니고 있었지만, 기독교의 포교와 성장의 배경에 대해서는 곱지 않은 시선을 보내고 있었다. 기독교의 성장은 기독교 신앙의 본질과 그 의미, 장점에 기인한 것이 아니라 그 배후의 문명(文明)과 금력(金力)에 의한 것으로 대중을 현혹시킨 것에 불과하다는 비판적 시각이 지배적이었다. 즉 대중들이 기독교를 믿는 이유는 신앙을 빙자해서 다른 것을 얻기 위함이라고 생각하였다. 한 불교인은 기독교를 믿는 자들은 "우선은 신앙에 거짓 의탁하여 서구의 학문을 배우는 것이며, 둘째는 서적을 빙자하여 따뜻하게 입고 배부름을 구하는 것이며, 다음으로는 그 교세를 빌려 동족을 업신여기는 것이니 그것이 바로 조선의 야소교는 참된 종교가 될 수 없는 까닭"이라고 하였다.[28] 이능화 역시 기독교의 발전은 기독교 교리에 대한 신도들의 신앙심보다는 외적인 데에 기인한다고 보고, '일반신도는 그 교리를 신복(信服)하기보다 세력에 더 의뢰하는 경향이 있다'고 비판했다.[29]

사실 일반 민중의 경우, 기독교로의 입교는 당시 그들의 압박받고 있는 생활과 밀접하게 관련되어 있었다. 그들은 생명과 재산을 보호받기 위하여 서양 종교에 투신하는 경우가 많았는데,[30] 불교인들은 이 점을 간파하

---

27 중국 종밀(宗密, 780-841)의 교판에 의하면, 인천교는 가장 낮은 수준의 가르침으로서 대승에 비해 매우 열등한 것이다.
28 만향당, 「선민정상(鮮民頂上)에 일침(一針) (속)」, 『조선불교총보』 11, 1918, 6쪽.
29 이능화, 「종교와 시세」, 35쪽.
30 이만열, 앞의 책, 467쪽.

고 그 입교 동기가 순수하지 못하다는 점을 비판한 것이다.

또한 기독교가 비판적 시각에서 이해된 것은 그것이 '서구인의 종교(歐人之宗敎)'이기 때문이었다. 기독교는 서양의 종교이지 우리 동양의 종교가 아니라는 비판이 제기되었다. 만일 기독교를 믿는다면 그것은 '상제(上帝)'를 믿는 것이 아니라 '서제(西帝)'를 믿는 것이라고 경계하였다.[31] 또 기독교는 순수한 종교라 볼 수 없으니, 그것은 그 배후에 서구의 강대국이 있어 그 침투의 수단으로 삼고 있기 때문이라는 것이다.

> 경교(景敎) 등의 종교는 우리 민족과 더불어 그 감정이 마치 둥근 구멍에 네 모진 물건을 끼워 맞추려 하듯 서로 맞지 않음이 오래되었다. 그런데 하물며 그 종교의 뒤를 좇아 여러 강국이 그것으로써 낚시의 미끼로 삼아 이용하니 그 끝에 이르는 폐단이 장차 측량키 어렵다.[32]

이처럼 '기독교=서구의 종교= 제국주의적 종교'라는 도식에 의해 기독교가 이해되고 있었다. 또한 불교는 기독교를 당시 조상제사문제에 있어서도 조선 전래의 윤리와 어긋난다는 이유로 '충효예의가 없는 도(道)'로 비판하였다.

> 내가 듣기에 야소교인들은 부모의 상(喪)에도 곡하고 울지 않으며, 부모의 죽음에도 제사지내지 않는다 하니, 인륜을 멸절하고 종사(宗祀)를 폐기함

31　만향당, 앞의 글, 4-5쪽; 예운산인, 「경하모범수재(敬賀模範守宰)」, 『해동불보』 4, 1914, 63-64쪽.
32　만향당, 「선민정상에 일침(속)」, 『조선불교총보』 12, 1918, 3쪽.

이라. 아, 슬프도다!³³

이와 같이 기독교는 한국에 유입된 지 얼마 되지 않은 '외래종교'로서 한국 땅에 뿌리를 내려야 하는 과제를 지니고 있었다.³⁴ 전래 당시 기독교에 대한 일반사회의 부정적 인식이 '양이관(洋夷觀)'으로 대표되는 서양 문화에 대한 평가와 '무부무군(無父無君)의 교'라는 윤리적 비난으로 집약할 수 있듯이,³⁵ 불교도 이와 같은 시각에서 기독교를 파악하고 그것을 비판의 논리로 삼고 있었다.

(2) '미신'과 '인천교'로서의 기독교

미신(迷信)이라고 비판한 것은 어찌 보면 기독교에서 먼저 시작한 것이라고 볼 수 있다. 근대 한국의 불교인들은 타종교를 비난하지 않는 것을 하나의 미덕으로 생각하는 태도를 지녔던 것으로 보인다. 한마디로 불교는 다른 종교와 다투지 않는 '무쟁(無諍)의 종교'라고 공표하기도 했다.³⁶ 백용성 역시 『귀원정종』의 서문[序言章]에서 '예부터 지금까지 불교에서는 먼저 다른 종교를 비방한 일이 한 번도 없었다.'고 강조한다. 단지 '기독교가 먼저 불교를 비난하기 때문에 변론하기 위해서 책을 쓰게 되었을' 뿐이라고 설명한다.³⁷ 반면에 기독교는 불교를 "목상(木像), 금상(金像)에게 절을 하고 기도를 해주

---

33 위의 글, 6쪽.
34 노치준, 「근대 한국의 종교와 민족주의의 문제-외래종교인 그리스도교를 중심으로」, 『인문과학연구』 창간호, 1919, 59쪽.
35 이만열, 앞의 책, 468쪽.
36 남사 허각, 「오교(吾敎)는 무쟁」, 『조선불교월보』 3, 1912, 7-9쪽.
37 백용성, 『귀원정종』, 중앙포교당, 1913, 1쪽.

느니 불공을 드리느니 하여 사람들에게 돈을 속여먹는 미신교(迷信敎)이고 이단교(異端敎)라" 비난하였다.[38] 그러므로 불교가 기독교를 '미신'이라고 비판한 것은 기독교의 공격에 대한 대응의 성격을 지닌다고 할 수 있다.

그렇다면 어떤 이유에서 불교는 기독교를 미신이라고 판단했는가? 당시 불교가 기독교를 잘못된 믿음, 즉 미신이라고 규정한 이유는 크게 두 가지로 모아진다. 하나는 기독교가 '타력에 의한 구원신앙'이라는 점에서 불교의 '자력수행(自力修行)'의 원리와 정면으로 맞부딪치기 때문이었다. 한 여성불자는 다음과 같이 기독교를 신랄하게 비판하였다.

> 금일의 종교를 나누면 '자력의 종교'와 '타력의 종교'에 불과하도다. 먼저 저들의 종교를 논술하면 일종의 망신(妄信) 즉 미신(迷信)에 불과하도다. 왜 인가. 석가와 기독이 특별한 사람이 아니라 자기의 수양이 사람들 보다 뛰어남에 불과한 데, 야소교는 나를 믿으라, 나를 믿으면 너희들이 영생을 얻으리라 하였으니, 이 말을 비유하여 말하면 '나는 이미 진미(珍味)의 공물을 포식하였으니 너희 배고픈 자들은 진미에 포식된 나를 믿으라. 나를 믿으면 너희들은 자연히 공복을 채우리라' 함에 불과하니, 갑자(甲者)의 진미포식이 을자(乙者)의 기아에 무슨 관련이 있으리요. 이런 사실들은 보통 상식으로도 진위를 단정할 수 있으리라.[39]

그리고 다른 하나는 기독교의 교리가 비합리적이어서 인간의 이성으로

---

38 김일엽, 「불문투족이주년(佛門投足二週年)에」, 『불교』 68, 1930, 55쪽.
39 김한갑, 「자각적 정신과 종교」, 『조선불교총보』 17호, 1919, , 26쪽.

이해할 수 없는 잘못된 믿음, 즉 맹목적 신앙을 강요하기 때문이라는 것이다. 불교의 교리는 '철학적'이며, 과학과 공존 가능할 뿐만 아니라 그것을 넘어서는 진리인 반면, 기독교는 철학과 과학의 시대에 폐기처분되어야 할 과거의 그릇된 신념체계의 유산일 뿐이라 생각했다.[40] 불교는 철학과 유사한 것으로 누구나 그 교리의 요체를 알면 수긍할 수 있으나, 기독교는 참으로 그 교리가 의심스럽고 모호하여 믿을 수 없음에도 불구하고 믿으라 하니 잘못된 믿음 곧 '미신'이며 '맹신(盲信)', '강신(强信)'이라는 것이다.[41] 더욱이 기독교는 '철학'은 없고 '신학(神學)'만 있으니, '만고불변의 진리'를 기재한 불교의 '철학'에는 비교될 수 없다고 폄하하였다.[42] 이와 같이 많은 불교잡지의 기사들에서 기독교는 '미신', '맹신', '강신'으로, 불교를 믿는 것은 '지신(智信)', '정신(正信)', '진신(眞信)' 등으로 묘사되었다.[43] 특히 근대 한국의 불교인들에게 가장 믿을 수 없는 부분의 하나는 바로 기독교의 '말일심판설(末日審判說)'이었다.

> 말일심판이라 함은 숙초공산(宿草空山)에 죽은 대중을 말일 기한에 이르면 묘가 자연 벌어지고 육체와 혼백이 가운데로부터 일어나 나와 전지전능자의 심문을 받는다 함이니, … 경교(景敎)는 … 말일심판을 표출하였으니 거친 시대에 야매한 식견을 아직도 벗어나지 못함과 같다.[44]

---

40 김문연,「종교중의 불교」,『불교진흥회월보』 9, 1915, 14쪽; 김한갑, 위의 글, 26쪽.
41 김문연, 위의 글, 14쪽.
42 일우생,「불야(佛耶)의 교리를 비교ᄒ야 여(余)의 적심적(赤心的) 신앙을 술(述)ᄒ노라」,『조선불교총보』 19, 1919, 36쪽.
43 김문연, 앞의 글, 14쪽.
44 위의 글.

이 기독교의 '최후의 심판사상'은 역시 많은 불교인들로부터 논리적 허구라고 비판받았으며, 기독교를 미신·망신(妄信)이라고 판단하는 주요 근거의 하나였다. 근대 불교의 대표적 논객이었던 한용운도 기독교·유대교·이슬람교 등 서구의 종교를 미신이라고 평가절하하면서 불교는 미신이 아닌 종교적 성질, 철학적 성질을 동시에 겸비한 종교라고 주장했음은 널리 알려져 있다.[45]

한편, 기독교의 천당·지옥설은 불교의 천계설(天界說)과 유사한 것으로 인식되어 불교인들에게 비상한 관심을 끌었다. 불교 교리에 이미 천(天)[46]에 대한 사상이 있었기 때문에, 기독교의 천당·지옥설은 불교가 기독교를 쉽게 이해할 수 있는 한 근거가 되었다. 그러나 그것은 또한 기독교를 불교의 최하위 단계에 불과하다고 판단하는 빌미가 되기도 했다. 불교인들은 최후의 심판과 부활이라는 교리만큼이나 천당·지옥설이 허황되며, 불교의 그것보다 유치하다고 판단하였다.

본래 기독교의 천당·지옥설은 유가(儒家)에 의해 불교의 극락·지옥설과 유사한 것으로 지목되었던 것이다. 기독교의 천당·지옥설이 불교의 설과 유사하다는 인식은 일찍이 마테오 리치(Matteo Ricci, 1552-1610)의 『천

---

45 한용운, 「조선불교유신론」, 이원섭 역주, 『한용운전집 2』, 불교문화연구원, 2006, 37쪽 참조.
46 불교에서 '천'은 육도윤회(六道輪廻: 지옥, 아귀, 축생, 아수라, 인간, 천상) 중의 하나이다. 미혹한 중생이 업인(業因)에 따라 윤회하는 과정 중의 하나이므로 아직 해탈한 상태는 아니다. 일반적으로 삼계(三界)로 구성되며, 그 각각에 여러 '천'이 속해 있다고 본다. 즉 욕계(欲界)의 6천(六天), 색계(色界)의 18천(十八天), 무색계(無色界)의 4천(四天)으로 총 이십팔천(二十八天)이다.

주실의(天主實義)』(1603)에서도 발견된다.[47] 기독교가 유입되자 한국의 유가들도 그것을 '불가의 한 지류'라고 보았던 것은 기독교와 불교가 영혼과 내세를 말하는 구조에서 상호 유사성이 있다고 판단했기 때문이었다.

> "예수의 가르침인 소위 천당, 화복의 설은 불씨(佛氏)의 지류(支流)에 가까운 것으로서 권선(勸善)하여 사람을 가르치는 소이는 여항(閭巷) 천속지담(淺俗之談)에 지나지 않는다."[48]

마찬가지로 대표적 불교 지식인인 이능화도 '기독교의 선악(善惡)에 따라 천당과 지옥에 가는 것은 불교의 유계설(有界說)[49]과 비슷하다'고 파악했다. 하지만 이러한 유사성에도 불구하고 그는 기독교의 천당·지옥설은 불교의 설명보다 못하다고 평가했다. "비록 계설(界說)이 있다 하나 선악의 크고 작음에 대해서는 말하지 않았고, 천당과 지옥은 계급이 나누어져 있지 않으니 그 소상하게 분석함은 불교 교리에 있는 것만 같지 못하다"는 것이 그 이유였다.[50] 그에 비하면 "불교의 종지는 일심지리(一心之理)와 만법지원(萬法之源)이라 광대원만하여 포함하지 않는 것이 없으며, 천당과 지옥, 인과, 화복등의 설도 지극히 깊고 절실하여 조리가 있다. 부처 이후의 여러 종교가 역시 천당과 지옥설을 만들어냈으나 부처가 설한 범

---

47 마테오 리치, 『천주실의』, 이수웅 역, 분도출판사, 1988, 47쪽.
48 신기선, 『유학경위』, 1896, 41쪽, 이만열, 『한국 기독교 수용사 연구』, 두레시대, 1998, 469쪽에서 재인용.
49 불교의 삼계, 즉 욕계, 색계, 무색계를 말한다.
50 이능화, 「조선인과 각종교」, 7쪽.

위 밖을 벗어나지 못한다."[51]고 평가하였다.

이런 평가들은 불교인들로 하여금 기독교와 불교의 천국・내세설을 비교하여 불교의 우월성을 주장하는 것으로 나아가게 했다. 그리고 불교와 기독교 사이의 우열을 가리는 기준으로 불교의 전통적 교상판석(敎相判釋)의 방법론이 동원되었다. 다음과 같은 논설이 한 예이다.

> "경교(기독교)는 부처의 소승법(小乘法)을 부연한 것이다. 그러나 아주 다른 천국을 표방하여 세인을 권유하거니와, 지혜의 눈으로 간파하면 이승(二乘)과 성문계(聲聞界)에 떨어진 자이다."[52]

여기서 기독교의 천국설이 성문((聲聞)과 연각(緣覺), 즉 소승불교와 같은 부류에 놓여 있음을 알 수 있다. 나아가 기독교의 '천당・지옥설[堂獄之說]'도 불교의 '인천인과교(人天因果敎)'의 모방에 지나지 않는다고 해석되었다.[53] 백용성은 『귀원정종(歸源正宗)』(1913)에서 불교의 천(天)의 종류를 상세히 구분하여 기독교의 천당설과 불교의 차이를 설명하는 가운데, 기독교가 불교의 '천교(天敎)'와 유사하다고 파악했다.[54] 기독교에 대해 비교적 긍정적 인식을 가지고 있었던 이능화도 기독교의 천국설은 불교의 인천승(人天乘)에 불과하며, 불교의 극락(極樂)에 비해 한계가 있다고 평가했다.

---

51 이능화(상현거사), 「제교지중(諸敎之中)에 불교최구(佛敎最舊)호고 제교지중에 불교최신론」, 『불교진흥회월보』 3, 1915, 8쪽.
52 김문연, 「본교의 우승」, 『불교진흥회월보』 8, 1915, 13쪽.
53 만향당, 「문명과 종교의 인연」, 『조선불교월보』 17, 1913, 6쪽.
54 백용성, 앞의 책, 98-116, 186쪽.

"기독교인이 십계를 지키고 세인을 인도하여 천국에 왕생케 하는 것은 불교의 인천승(人天乘), 즉 십선업(十善業)을 닦아 지키면 생천(生天)의 과보를 얻는 인천인과설(人天因果說)의 범위에 벗어나지 않는다 … 세인은 소위 천국이 불교에서 말하는 소위 극락세계와 같은 것으로 상상하는 자 많다. 이것은 세간(世間)과 출세간(出世間)의 의미를 알지 못하기 때문이다. 기독교의 천국은 아직 삼계를 벗어나지 못한 것이며, 아미타불의 극락세계는 삼계 천국의 밖으로 벗어나 있는 것일뿐더러 시방 불토 중에서도 가장 뛰어난 것인즉, 종교연구자들은 이 점을 분석 변별해야 한다."[55]

권상로도 이와 유사한 논설을 펼쳤다. 그는 '불교에서 말하는 정토와 천당이 같은 것이라 주장하는 서양사람[西人]들이 있으나 그것은 전혀 다른 것'임을 알아야 한다고 강조했다. 기독교의 천국은 불교의 천의 체계에서 일부에 불과하며, 그것 또한 낮은 단계를 넘어서지 못한다는 것이다.[56] 이런 담론 과정을 거치면서 '인천교' 혹은 '인천승'으로서의 기독교 이해가 정착하게 되었다.

이처럼 기독교를 '인천승', 혹은 '인천교'라고 표현한 것은 불교의 전통적 교상판석(이하 '교판') 시각에 맞춰 기독교의 천당 개념을 이해했기 때문이다. 교판이란 부처의 여러 가르침을 그 시기 혹은 내용의 심오한 정도에 따라 낮은 것(혹은 이른 것)으로부터 높은 것(혹은 늦은 것)까지 단계적으로 정리한 것으로, 종파에 따라 각자 나름의 독특한 교판을 발전시켰다. 그 가운데 중국 화엄학의 대가 종밀(宗密, 780-841)의 교판에 의하면 불교가

---

55 이능화, 「포교규칙과 오인(吾人)의 각오」, 『조선불교계』 1, 1916, 9쪽.
56 권상로, 「천(天)과 정토(淨土)의 계설(界說)」, 『불교진흥회월보』 9, 1915, 23쪽.

유교·도교 상위에 위치하며, 불교는 다시 아래에서부터 위로 인천교, 소승교, 대승법상교(大乘法相敎), 대승파상교(大乘破相敎), 일승현성교(一乘顯性敎) 순서로 오교(五敎)를 구성하고 있다.[57] 이 때 인천교와 소승교는 이 서열구조에서 최하위와 하위에 자리하고 있다. 이와 같이 근대 한국불교에서 기독교의 천당설은 불교의 '천'사상과 비교되면서 교상판석의 분류체계에 따라 불교교판의 최하위단계로 인식되었다.

3) 불교와 기독교의 교리적 쟁점: 불성론 vs 신론, 인과론 vs 구원론

불교가 기독교를 잘못된 믿음이라고 여기게 된 배후에는 결코 넘어설 수 없는 불교와 기독교 사이에 커다란 사상적 차이가 존재하고 있기 때문이다. 그것은 이른바 두개 패러다임이 서로 충돌하면서 야기되는 구조적 문제이다. 근대 한국 불교인들이 기독교의 교리와 가장 첨예하게 입장의 차이를 드러낸 것은 크게 두 가지 문제 때문이었다. 그중 하나가 불교의 '불성론(佛性論)'이며 다른 하나는 '인과론(因果論)'이다. 이 두 가지 기본 원리는 불교 사상의 핵심으로 불교로서는 결코 양보할 수 없는 절대적인 중요성을 갖는 것이었다. 이 두 가지의 원리가 상호 보완적으로 작용하면서 한편으로는 모든 중생의 '깨달음의 보편성'을, 다른 한편으로는 인간의 '자력수행(自力修行)'의 가치를 주장할 수 있기 때문이었다. 만일 이 두 가지가 무너진다면 불교의 정체성은 확보될 수 없었을 것이다.

---

57 정순일, 「종밀의 회통사상연구-'원인론(原人論)'을 중심으로」, 『한국불교학』 8, 1983, 88-91쪽.

(1) 불성론과 신론의 충돌

근대 한국의 불교인들은 불성론이 불교의 가장 중요한 교리 중 하나라고 파악했던 것으로 보인다. 수많은 논의에서 불성론을 기독교나 여타 다른 종교와 구별하는 불교의 고유한 특성의 하나로 간주했고, 바로 그 입장에서 기독교의 낯선 신론(神論)과 기독론(基督論)을 평가하고 비판했다.

불성론은 불성의 내재적 편재성과 보편성을, 그로 인한 만물의 평등성을 강조한다. 이에 반해 기독교의 교리는 세계에 초월적인 유일신을 상정한다. 물론 기독교도 '신 앞에서의 평등'을 강조하지만 불교의 평등론은 그 '신마저도 포함한 평등'이라는 점에서 기독교의 신관과 부딪칠 수밖에 없었다. 김문연은 불교의 평등사상을 다음과 같이 표현했다.

> 본교는 평등하는 주의요 차별하는 주의가 아니라. 타교(他敎)는 중생을 이끌어 오직 유일무이한 교조(敎祖)를 존봉하거니와 본교의 주지(主旨)는 그렇지 않고 '일체중생(一切衆生)이 개유불성(皆有佛性)'이라 하였고, 또 이르기를 '일체중생이 본래 성불(成佛)이오 생사열반이 개여작몽(皆如昨夢)'이라 하여 집집마다 사람들이 부처와 평등함을 구하였으니….[58]

이처럼 일체중생이 모두 한결같이 '불성'을 간직하고 있다는 사상은 어떤 예외노 두시 않는 불교의 평등사상과 연결되어 있다.

불성론은 다음과 같은 몇 가지 차원에서 기독교의 교리와 첨예하게 대립하였다. 먼저 불교는 기독교가 신과 인간 사이에 거리를 두고 차별하는 것

---

58 김문연, 「본교의 우승」, 13쪽.

이 평등한 인격적 관계가 아니며 '노예적 인격'의 관계라고 비판했다. 이것은 불성의 평등한 일원론적 성격에 비추어보면 그 부당함이 자명하기 때문이다. 반면에 불교의 인격은 누구나 수행을 통해 성불의 가능성이 있기 때문에 부처와 동등한 '자주적 인격'이라고 평가하였다.[59] 나아가 기독교의 신은 '전제군주'에, 부처는 '공화국 대통령'에 비교하기도 했다. 전제군주는 저 '위의 세계'에 자리 잡아 인간이 가까이 할 수 없는 존재인 반면,에 공화국 대통령은 누구나 노력하면 될 수 있는 가능성이 열려있는 지위이기 때문이다.[60]

이처럼 근대 한국의 불교인들은 불성론에 입각하여 기독교의 신과 인간의 이원론적 구조를 비판하였고, 그 연장선에서 기독교는 '타력교'이며 불교는 '자력교'라고 규정하면서 기독교와 불교의 궁극적 차이를 강조하고자 했다.

(2) 불교 인과론과 기독교 구원론의 대결

또한 불교인들에게서 불교의 가장 기본적 원리로 이해된 것은 인과론이었다. 불교는 자인자과(自因自果), 자작자수(自作自受), 또는 자수자증(自修自證), 자업자득(自業自得)이라는 인과법칙을 기본적 진리로 삼고 있다. 그리고 그럴 때에만 비로소 깨달음을 향해 정진하는 자력수행도 중요한 의미를 갖게 된다. 그런데 이 자작자수의 인과법칙을 전제하는 불교에서는 그리스도의 대속, 또는 속죄의 의미를 도저히 이해할 수 없었다.

근대 한국의 불교인들은 그리스도를 통해서만 신에 다가갈 수 있다는 '그리스도의 매개성(媒介性)'을 비판했다. 그리스도가 신과 중생의 사이를 중

59　일우생, 앞의 글, 35쪽.
60　이종천,「기독교와 불교의 입각지」,『조선불교총보』14, 1919, 35-36, 38쪽.

재해야만 중생 구제가 가능하다는 대속성(代贖性) 혹은 중개자로서의 매개성은, 불성의 평등성에 비추어 보면 용납하기 어려웠을 뿐만 아니라, 불교의 인과사상과도 어긋나는 것이기 때문이었다. 불교인들은 인과의 법칙에 의한 불교 수행관 또는 윤리관을 통해 기독교의 핵심 신앙인 '그리스도를 통한 구원'이라는 사상을 맹렬하게 비판했다. 어쩌면 '그리스도의 대속성'은 근대 불교인들에게 가장 이해하기 어려운 부분에 속했을지도 모른다.

> 자기가 지은 죄를 대속할 자 그 누구인가. … 군신, 부자, 형제지간에도 능히 죄를 대신할 수 없거늘, 한 사람의 몸으로 널리 천하의 죄인을 대속하였다 함은 이치에 가깝지도 않다. 또 범죄자가 야소 앞에 자복(自服)하면 그 죄를 용서한다 하니, 가령 아침에 범죄하고 저녁에 자복하여 그 범죄 사실이 소멸된다면 세계의 재판소는 다 무슨 소용인가. 옛말에 주나라 감옥은 텅텅 비었고 한나라는 형벌을 폐하여 쓰지 않았다 하니, 주나라와 한나라 시대에도 야소씨(耶穌氏)의 능력이 미쳤던 것은 아닐 것이다. 천당 지옥은 그렇다 하여도 속죄 사죄는 가히 믿을 수 없다.[61]

이처럼 당시 불교인들에게 그리스도 대속론은 매우 이해하기 어려운 주제였다. 엄연한 인과율의 법칙이 지배하는 우주에서 그 예외적 경우가 있다는 것을 용납하기 힘들었을 것이다. 또한 불교의 인과사상에 따르면 기독교 신의 '상벌의 권한'은 불합리한 것으로 파악되었다. 신의 초월적 의지에 의해 인간의 죄와 보상이 결정된다는 기독교 구원론과, 엄밀한 인과법칙에 의해

---

61 여시관인, 「시야비야(是耶非耶)」, 『조선불교계』 2, 1916, 59-60쪽.

그 과보(果報)가 결정된다는 불교의 인과론은 서로 부딪힐 수밖에 없었다.[62]

이와 같이 근대 한국 불교계에서 기독교 교리와 가장 첨예하게 부딪친 것은 불교의 불성론과 기독교의 초월적 유일신론, 불교의 인과론과 기독교 구원론의 갈등이었고, 그것은 두 종교의 가장 기본적인 사상구조에서 유래한 본질적 문제였다.

3. 종교 개념의 등장과 불교의 '종교 정체성' 인식

1) 근대 한국에서 종교 개념의 문제

개항 이후 불교는 새로 유입된 서구세계의 사상·사조와 만나 자신을 재정의해야 했다. religion의 번역어로서의 '종교'는 서구의 역사적 경험 속에서 등장한 개념으로 한국사회에 수입되면서 수많은 문제와 논쟁을 야기했다. 이 개념의 출현으로 각 종교는 여러 종교의 하나로 위치 지워졌으며 다른 종교와의 차별성과 유사성이 인식되기 시작하였다. 따라서 근대 한국의 종교지형의 정착 과정에서 '종교(religion)' 개념을 중심으로 초래된 한국불교의 의식 변화는 불교 정체성 형성에 매우 중요하게 작용한다. 따라서 우리가 여기서 살펴보고자 하는 것은 개항을 계기로 새롭게 형성된 종교지형 속에서 불교가 '종교' 개념을 어떻게 인식하면서 스스로를 변형시켜 나갔는지, 구체적으로는 한편으로 어떻게 저항하면서 다른 한편으로는 타협·수용했는지 하는 문제이다. 또한 이러한 문제를 살펴보는 것은

---

62 일우생, 앞의 글, 34쪽.

다름 아닌 근대 한국불교의 종교적 정체성 찾기의 다양한 시도 및 인식 과정과 그 의의를 파악하는 과정이라 할 수 있다.[63]

오늘날 우리가 너무나도 당연한 개념으로 사용하고 있는 '종교' 개념은 사실상 근대성의 산물이다. religion의 번역어로서의 '종교' 개념은 일본에서 1867-1868년부터 사용하기 시작하여 메이지(明治) 10년대인 1877-1887년에 광범위하게 쓰여지기 시작했다. 19세기 말까지 그런 개념을 지니지 못했던 중국에서도 근대적 지식의 유입과 함께 비로소 사용되기 시작했다. 한국에서는 1883년 11월 10일에 간행된 《한성순보》에 '종교'라는 말이 처음으로 등장한다.[64] 본래 불교에도 '종교'라는 어휘는 존재했었다. 그러나 그것은 오늘날 통용되고 있는 '종교'의 의미가 아니었다. 즉 '종교' 개념은 근대 이후 새로운 의미를 지닌 단어로 변형된 것이다. 불교에서 '종(宗)'과 '교(敎)'의 정의의 기원은 당(唐)의 실차난타(實叉難陀)가 번역한 7권본 『대승입능가경(大乘入楞伽經)』에서 찾을 수 있다. 그는 궁극적인 진리, 즉 싯단타(siddhanta)를 종취(宗趣), 데샤나(desana)를 언설(言說)이라고 번역하였다. 여기서 언설은 가르침, 즉 교(敎)를 뜻한다. 즉 종(宗)은 언어로 표현할 수 없는 스스로 체득한 깨달음 그 자체이며, 교(敎)는 그것에 대한 언표

---

63 이에 대해서는 필자의 다음과 같은 연구가 있다. 송현주, 「근대한국불교의 종교정체성 인식」, 『불교학연구』 7, 2003. 이 책은 이 논문의 내용을 많은 부분 반영, 재정리하였다.
64 장석만, 「개항기 한국사회의 종교 개념 형성에 관한 연구」, 서울대학교 박사학위 청구논문, 1992, 38-39쪽. 이 글에서 장석만은 근대적 종교 개념에 비교될 수 있는 전통적 개념으로 '교(敎)', '도(道)', '학(學)' 등이 있었다고 설명한다. 같은 글, 32-37쪽; 한편, 방원일은 유길준이 집필한 『세계대세론』(1883)을 한국에서 religion의 번역어로 '종교'가 사용된 첫 용례로 제시한다. 방원일, 「한국 개신교계의 종교 개념 수용 과정」, 『한국기독교와 역사』 54, 2021 참조.

(言表)이다. 말로써 표현할 수 없는 것을 드러내는 것, 이것이 '종교'였다. 또 중국에서는 불교에 대한 어떠한 견해를 같이한 무리를 종(宗) 또는 종파(宗派)라고 하였고, 그 가르침을 '종교'라고도 하였다.[65]

그런데 나중에 일본에서는 이 '종교'가 불교만이 아닌 종교 일반을 가리키는 유개념(類槪念)으로서 사용하게 되었다.[66] 나아가 이 용어는 근대화의 흐름 속에서 중국과 우리나라 등 한자 문화권에 널리 통용되기 시작했다.

religion이란 본래 라틴어 religio에서 유래한 단어로, 로마시대로부터 두 가지로 해석되었다. 기원전 1세기의 키케로는 '다시 읽는다'는 뜻을 나타내는 re-legere를 반복 낭송하는 종교의식에 초점을 맞추어 초월자에 대한 경외심을 나타내는 말로 설명했다. 반면 4세기 그리스도교 저자인 락탄티우스는 그것을 '다시 묶는다'는 뜻의 re-ligare에서 나온 단어로 이해했다. 그래서 신과 인간의 관계에 초점을 맞추어 죄로 끊어진 관계를 재결합시켜 주는 뜻을 가진 말이라 해석했다.[67]

결국 서구문화에서는 '종교'란 본래 어떤 특정한 의례적인 예배 행위를 가

---

65 小口偉一, 堀一郎 監修, 『宗敎學辭典』, 東京大學出版會, 1973, 254-256쪽. "종(宗)은 불교의 근본진리를 파악함으로 도달한 구극적(究極的)인 지고(至高)의 경지(境地)를 가리킨다. 그것 자체로서는 언설문자에 의해 다할 수 없는 극치(極致)이지만, 그것을 언어로써 표현하고자 하는 데에 교(敎)가 성립한다. 즉 사람들을 인도하여 종(宗)에까지 도달하게 하기 위해 여러 각도에서 서술되어온 언설이 교(敎)이다"; 곽철환, 『불교 길라잡이』(시공사, 1995), 274-275쪽. 또 religion이라는 말이 일본에 처음 들어 왔을 때, 이노우에 데쓰지로(井上哲次郎) 등이 편찬한 『철학자휘(哲學字彙)』(1881)에서 이 religion을 종교라고 번역하였다는 설을 소개하고 있다.
66 1869년(명치2년)의 도이치 북부연방과의 수호통상조약에서 'Religionsubung'의 역어로서 '종교'가 사용되게 되었다. 장석만, 앞의 글, 38쪽.
67 김승혜, 「종교학의 역사」, 김승혜 편저, 『종교학의 이해』, 분도출판사, 1986, 25쪽.

리키거나 신과 인간의 특수한 관계에서 비롯된 것으로 이해되어 왔다. 더욱이 기독교 신학자 아우구스티누스(Augustinus, 354-430)는 이러한 의미에서 진정한 religio란 바로 기독교라고 보았으며, 이러한 해석을 토대로 서구 문화권에서 종교=기독교라는 등식이 성립하게 되었다. 그러므로 religion은 종교 일반을 가리키는 추상적 개념이면서 동시에 기독교라는 특수한 개별 종교를 지칭하는 두 가지의 함의를 가져왔다. 즉 기독교만이 religion이며 다른 문화권에서의 '종교'는 여기에 해당하지 않는다는 사고방식이었다.[68]

이렇게 서구의 특수한 역사적 경험 속에서 등장한 '종교' 개념은 근대적 전환기를 거치면서 아시아에서도 보편개념으로 정착하게 된다. 사실 이러한 서구적 개념의 출현으로 각 종교는 여러 종교의 하나로서 위치 지워지게 되었으며, 동시에 다른 종교와의 차이와 유사성이 인식되기 시작하였다. 달리 표현하면 종교의 다원성과 보편성이 지각되기 시작했던 것이다. 그러나 여기에 내재된 문제는 이 개념이 서구종교, 즉 기독교를 모델로 하고 있다는 사실이다. 즉 기독교가 전제하는 유일신이나 내세관념 혹은 기독교와 같은 경전, 교회, 성직자 등의 요소가 각 종교의 자격을 결정하는 기준이 되었던 것이다. 따라서 '종교'란 용어가 동양사회에 그대로 적용되는 데는 상당한 어려움이 뒤따랐다. '유교가 과연 종교인가'에 대한 논쟁은 사실상 이러한 서구의 종교 개념을 여과 없이 동양사회에 적용시킨 데에서 비롯된 것이라 볼 수 있다.[69]

이상에서 보듯 본래 불교에서 쓰이던 종교라는 말에는 기독교적 의미, 즉

68　황선명,『종교학개론』, 종로서적, 1982, 36쪽.
69　한국종교사회연구소 편저,『한국종교문화사전』, 집문당, 1991, 580쪽.

'신과의 재결합', 또는 '신이나 절대자에 대한 신앙'이라는 의미는 전혀 없었다. 그런데 이후 이러한 종교의 의미가 널리 사용되기에 이르면서, 전통적으로 '불교 안에서' 사용되었던 '종교'라는 말이 주객이 전도되어 '종교 속에' 불교를 포함시키게 되는 의미의 역전 현상이 벌어지게 된 것이다.[70] 결국 종교 개념이 내포한 의미의 전도로 말미암아, 역설적으로 '불교는 과연 이 종교라는 개념의 범주를 통해 어떻게 이해될 수 있는가'라는 문제가 발생하게 된다.

2) 불교의 종교 정체성 문제를 야기한 기독교의 비판

서구사회에서 형성된 종교 개념은 동양사회에 와서도 그대로 자신의 시각에서 다른 종교를 이해하는 도구로 이용되었다. 서구사회, 구체적으로 기독교는 불교와의 만남에서 자신의 시각으로 불교를 이해하고 평가했다. 물론 그 결과 불교는 기독교와 너무 달랐고, 그 다른 점은 곧 기독교가 가진 것의 '결핍'으로 간주되었다. 그러한 인식은 곧 불교가 결코 '종교'일 수 없다는 결론으로 연결되었다. 그래서 기독교는 불교를 '미신과 우상숭배', '기복', '쇠퇴일로에 있는', '진정한 종교로서의 기능을 상실한' 종교 또는 '무신론'으로 폄하했다.[71] 불교의 신앙 대상인 수많은 '보살'도 모두 무의미한 존재로 여겨졌다. 한국 최초의 장로교 선교사인 호러스 그랜트 언더우드(Horace Grant Underwood, 1859-1916)는 불교를 하나의 '종교'로 인정한 후, 붓다의 본래적 메시지는 무신론적 철학의 성격을 띠었지만 이제는 '다양한 종

---

70 곽철환, 앞의 책, 274-275쪽.
71 여동찬, 앞의 글, 412-414쪽.

류의 다신론'으로 귀결되었다고 보았다. 그러나 그것은 결국 불교의 '비종교성(irreligiousness)'을 지적하는 것일 뿐이었다. 왜냐하면 그의 견해에 의하면 다신신앙은 여러 신격을 전제하므로 '혼합주의(eclecticism)'로 나아가게 되고, 마침내는 '비종교성'으로 귀결되는 것이기 때문이다.[72] 이처럼 불교를 무신론과 다신론의 성격으로 구별해서 보는 것은 17세기 선교사들에 의해 정립된 고전적 방식의 분류체계 덕분이기도 했다. 즉 그들은 소수의 엘리트를 위한 무신론적 불교와 다수의 일반대중을 위한 다신론적 불교, 이 두 가지 불교를 구별하였다.[73] 불교는 이 두 측면을 모두 가지고 있는 만큼, 보는 관점에 따라 달리 해석될 수 있었다. 그 중에서 불교를 미신과 우상숭배로 보는 견해는 주로 불교의 다신적 측면에 집중한 것이라 할 수 있다.

또한 불교는 종교가 아니라 철학으로 읽혀졌다. 처음 동남아시아에 식민지 건설을 시도했던 유럽은 대체로 남방불교를 접했고, 그들은 그곳에서 초기불교(Early Buddhism)의 철학체계를 발견했다. 거기에서 그들은 자신들이 가지고 있었던 종교 개념에 비교할 만한 아무것도 발견하지 못했다. 그래서 그들은 '원시불교가 종교일 수 있는가?'라는 의문을 가지게 되었다.[74] 서구에서는 19세기 후반부터 "불교는 철학인가, 종교인가?"의 문제를 두고 여러 학자들이 논쟁을 벌여 왔다. 이 논쟁은 남방불교가 그 어떤 신이나 초자연적인 힘에 대해서도 언급하지 않는다는 사실이 알려지면

---

72 H. J. 언더우드, 『동아시아의 종교』, 한창덕 옮김, 연세대학교 대학출판문화원, 2012, 151-161쪽; 이진구, 「근대 한국 개신교와 불교의 상호인식 - 개신교 오리엔탈리즘과 불교 옥시덴탈리즘」, 『종교문화연구』 2, 2000, 151쪽.
73 프레데릭 르누아르, 『불교와 서양의 만남』, 양영란 옮김, 세종서적, 2002, 171-172쪽.
74 윌프레드 캔트웰 스미스, 『종교의 의미와 목적』, 길희성 역, 분도출판사, 1991, 91쪽.

서 시작되었다. 지금까지는 종교가 성립하려면 신이나 성령, 초자연적 능력 등이 구비되어야 한다는 것이 그들의 통념이었다. 그런데 신이나 또는 인간이 교감할 수 있는 초자연적 힘을 모두 부정하는 것으로 보이는 교리를 어떻게 종교라고 간주할 수 있는가? 불교가 종교가 아니라면 이는 철학이라고 해야 했다. 왜냐하면 서구인들이 말하는 철학이란, 신화나 종교와는 달리 인간의 이성에만 근거를 두는 것이기 때문이었다.[75] 즉 기독교 중심의 '종교' 정의는 불교를 종교의 범위에서 배제시키는 결과를 낳았으며, 그 결과 불교는 '철학'이나 '무신론'으로 정의되었던 것이다.

이와 같이 불교를 종교의 영역이 아니라 '철학'의 하나로 이해하려는 시도는 서구 기독교 문화권에 속하는 사람들에게는 일반적인 흐름이었다. 그들이 생각하는 종교의 체계에 맞지 않았기 때문에 불교는 서구인에게 종교이기보다 하나의 철학체계로서 파악하는 경향이 있었다.[76] 한국의 경우 정동 교회의 장로였던 강매(姜邁, 1878-1941)는 종교를 분류하면서 불교를 만유신교로 소속시켰다. 그리고 "극히 철학적인 종교가 이것(만유신교)이다. (그리고) 이것(萬有神敎)을 대표하는 것이 불교"라고 하였다.[77]

3) 종교 정체성을 지키려는 불교의 대응

(1) 불교는 '철학적 종교'

이와 같이 불교의 '종교성'을 둘러싼 기독교계의 도전에 대해 불교는 먼

---

75 프레데릭 르누아르, 앞의 책, 170쪽.
76 김영호, 「서양인들의 불교에의 접근: 그 방법과 내용」, 『종교연구』 5, 1989 참조.
77 강매, 「종교는 하(何)이뇨」, 『기독신보』, 1917년 7월 25일-9월 5일.

저 자신이 '철학을 포함한 종교'임을 내세워 반박하고 나섰다. 불교는 철학을 포함한, 또는 철학과 조화를 이루는 종교로서 한마디로 '철학적 종교'라는 것이다. 19세기 말 '종교'라는 용어가 한국사회에 등장한 것과 마찬가지로 '철학(哲學)'이라는 용어 역시 19세기 말 우리나라에 수입되었다. 철학은 서양 학문의 한 분야로 개항기에 유입되었으며, 마침 밀려오는 일본 제국주의 세력에 실려 우리 사회에도 퍼지게 되었다.[78] 불교도 이제 신조어(新造語)인 '종교'와 '철학'을 통해 자기 정체성을 규정해야 했다. 중국의 경우 이와 같은 상황을 잘 드러내준 것이 어우양징우(歐陽竟无, 1871-1943)이다. 그는 「불법(佛法)은 비종교(非宗教)요 비철학(非哲學)이라」(1922)는 논문에서 불교는 종교나 철학이라는 범주로 도저히 담아낼 수 없는 더 큰 그릇임을 공표했다. 여기서 그는 "종교나 철학이라고 하는 것은 원래 서양 명사(名詞)들로서 중국에서 번역함에 억지로 불법(佛法)에 비유하지만, 저 두 가지는 의의가 각각 다르고 범위도 서로 다르니 어찌 가장 광대한 불법을 능히 포함할 수 있겠는가. … 불법은 다만 불법일 뿐이다."라고 하면서 종교나 철학의 개념 모두를 거부하였다.[79]

반면 량치차오(梁啓超, 1873-1929)의 경우는 불교는 '철학적 종교'라고 하

---

78 '철학'이란 용어는 서양어 'philosophia'의 번역어로서 일본인 니시 아마네(西周)가 번역한 것이라고 한다. 백종현, 「서양 철학 수용과 한국의 철학」, 『철학사상』 5, 서울대학교 철학사상연구소, 1995, 10쪽. 그리고 그가 '필로소피아'를 '철학'이라고 번역한 것은 1874년이었다. 김성근, 「메이지 일본에서 '철학'이라는 용어의 탄생과 정착 - 니시 아마네(西周)의 '유학'과 'philosophy'를 중심으로」, 『동서철학연구』 59, 2011, 8쪽.
79 구양경무(歐陽竟无), 정환(頑晥) 초(抄), 「불법(佛法)은 비종교(非宗教)요 비철학(非哲學)이라」, 『불교』 7, 1925, 30쪽. 『불교』 제 7-11호에 어우양징우의 논문이 번역, 게재되어 있다.

는 타협안을 선택했다.[80] 우리나라의 경우 량치차오의 사상적 영향을 많이 받은 것으로 알려진 한용운 역시 불교는 종교적 성질과 철학적 성질을 겸비하고 있다고 주장함으로써 두 개념을 모두 끌어안는 방법을 선택했다.[81] 근대 한국의 불교 지식인들은 대체로 이렇게 불교를 '철학을 포함한 종교'로 규정하려는 경향을 보였다.

예운산인(猊雲散人)[82]은 불교가 종교의 범위에 속하는 것이지만, 철학을 포함하기 때문에 곧 종교인 셈이라고 주장하였다. 그는 서양의 학자들은 종교와 철학을 서로 반대되는 것이라 주장하고 그 둘의 경계를 나누었으나, 동양에서는 예부터 소위 학(學)과 교(教)를 나누는 일이 없었다고 주장했다.[83] 다른 한편으로는 불교의 전통적인 방편설(方便說)을 이용하여 철학과 종교의 관계를 설명하는 경우도 나타났다.[84] 또는 철학과 종교의 관계를 이론과 실천이라는 측면에서 설명하는 경우도 있었다. 즉 철학은 다만

---

80 黃夏年,「梁启超先生与佛学」,『近现代著名学者佛教文集·梁启超集』, 中国社会科学出版社, 1995, 3쪽.
81 한용운, 앞의 글, 36-38쪽. "나는 이에 불교의 성질을 두 가지 면에서 말해보고자 한다. 첫째로 들 것은 종교적 성질이다. … 둘째는 불교의 철학적 성질이다. … 중국인 양계초가 말했다. … 기독교는 오직 미신을 주로 하여 그 철리(哲理)가 천박해서 중국 지식층의 욕구를 만족시키지 못한 데 대해 불교의 교리는 본래 종교 면에서 철학인 양면을 갖추고 있었으니 그 증도(證道)의 이상을 깨닫는 데 있고, 도(道)에 들어가는 법문(法門)은 지혜에 있고, 수도하여 힘을 얻음은 자력(自力)에 있으니, 불교를 예사 종교와 동일시해서는 안 된다."
82 해동불보사에서 편집을 맡았던 최예운(催猊雲)의 필명으로 추정된다. 노권용,「박한영의 불교사상과 유신운동」,『숭산 박길진박사 고희기념 한국근대종교사상사』, 원광대 출판국, 1984, 395쪽.
83 예운산인,「논불지종교(論佛之宗教)는 철학을 함포(含包)홈」,『조선불교월보』 16, 1913, 16호(1913), 4-5쪽.
84 이종천,「불교와 철학」,『조선불교총보』 9, 1918, 28-29쪽.

냉정한 이론적 연구임에 반하여 불교는 그 이론에 생명을 부여하여 이상을 향해 활동하게 만드는 안심입명관(安身立命觀)이라고 정의했다.[85] 나아가 불교가 타종교보다 우수한 것은 철학적 방면인데, 실재를 설명함에 있어 어떤 종교보다도 완벽하기 때문이라고 주장하였다.[86]

이와 같이 근대 한국에서 '불교가 종교인가 철학인가?'라는 질문이 성행했던 것은 아직 불교의 종교적 정체성에 대한 당시 사회의 일반적 인식이 매우 불투명하고 모호했음을 암시한다. 즉 불교는 당시 사회에서 때로는 종교로, 또 때로는 철학으로 범주화되었던 것이다. 따라서 불교는 이에 대한 대응을 통해 자신의 종교적 입지를 확보할 필요를 느꼈을 것이다. 또 기독교를 중심으로 한 서구 신학 및 종교학의 종교 개념이 불교의 가치를 소외, 배제시키고 있는 상황에서 자신의 종교정체성을 확고히 규명할 필요가 있었으리라 추정된다.

(2) '종교의 완성'으로서의 무신론

근대 한국에서 불교무신론을 말할 때에는 두 가지 의미가 있다. 하나는 말 그대로 서구적 의미에서 '숭배와 예배의 대상으로서의 신이 없다'는 의미의 무신론이며, 다른 하나는 종교진화론적 도식에서 제시된 종교발전의 최정점으로서의 무신론이다. 본래 기독교에서 불교에 인격적 주재신의 존재가 없다는 의미에서 붙인 '무신론'이란 용어는 근대 한국불교계에서는 다른 용례와 혼용되어 쓰이고 있다. 즉 기독교에서 지적한 것과 같은

---

85 김철우, 「불교철학개론」, 『조선불교총보』 15, 1919, 38쪽.
86 위의 글, 54-55쪽.

순수한 무신론적 의미와 서구 계몽주의 산물인 종교진화론(宗敎進化論)에서 사용된 무신론이란 용어가 함께 쓰이고 있었다. 이것은 그 용어가 사용되는 맥락에 따라 해석과 의미부여가 다르기 때문에 발생하게 된 것이다. 기독교적 의미에서 무신론이라 지칭한 것은 불교에 신 관념이 결핍되었음을 암시하는 공격적 단어였다. 그러나 불교에서 자신을 스스로 무신론으로 규정하면서 그것을 '인본주의적 종교(人本主義的 宗敎)'로 해석하거나 '진화론적 종교발달상의 최상의 종교'로 규정하는 것은 기독교가 불교를 '미신'으로 규정한 데 대한 대응의 성격을 지닌 것이다.

근대불교 지식인들의 논설 속에는 무신론이란 용어가 이처럼 한편으로는 부정적 개념으로, 다른 한편으로는 긍정적 개념으로 착종되어 사용되고 있다. 무신론이란 규정이 부정적으로 느껴지는 이유는 그것이 곧 불교의 '무종교성(無宗敎性)' 혹은 '비종교성(非宗敎性)'을 나타내는 개념이기 때문이다. 반면에 적극적으로 사용될 때는 기독교의 비과학성, 시대착오성을 비판하는 개념으로 불교의 우월성을 보장해주기 위한 것이다. 특히 사회주의 유물사상이 유행하면서 반종교운동이 성행하기 시작한 1920년대 중반부터는 특히 불교의 무신사상에 대한 불교계의 적극적 옹호론이 전개되기도 했다. 그 이전에는 불교의 무신론적 측면이 비종교적인 것으로서 비판적으로 이해되었다면, 이제 불교는 유물론의 무신론적 사상에서 불교의 우월성을 확보하기라도 한 듯 그것을 환영했다.

일찍이 근대 한국불교계에서 일종의 종교진화론적 도식을 통해 불교의 무신론적 성격을 종교의 최상급 단계로 표현한 것은 이능화의 글이었다. 이능화는 「다신교 일신교 무신교(多神敎 一神敎 無神敎)」(1915)에서 유교를 다신교로, 기독교를 일신교로, 불교를 무신교로 규정하고, 불교를 일신교와 다신교의 특성을 다 갖추고 있으면서도 그것을 넘어선 종교로 설명하였다.[87] 이것은 종교의 발전이 다신교·일신교·무신교의 순서로 진행되며, 그 최종적 형태인 무신교는 바로 불교라고 보는 중국 사상가 탄스통의 견해와도 매우 흡사하다.[88] 이렇게 보면 불교의 무신론은 매우 적극적 의미에서 고등종교의 위상을 확보하게 된다. 이와 같이 근대 한국불교는 개항 이후 서구에서 수용된 진화론적 도식을 통해 무신론을 적극적 의미에서 재해석한 것이다. 이러한 흐름은 1880년대 이후 수용된 다윈의 진화론과 스펜서의 사회진화론으로부터 일정 정도 영향을 받은 것으로 해석할 수 있다.[89]

(3) '종교의 한 유형'으로서의 불교

불교의 종교적 정체성에 대한 기독교의 비판에 불교가 효과적으로 대응할 수 있었던 또 하나의 방법은 종교학 및 인접학문에서 발달한 종교연구 결과들을 적극 수용하여 활용했기 때문이었다. 한국의 불교인들은 기독교적 신학과 직접적으로 대면하기도 했지만, 이와 더불어 종교학이라는 중립적 성격을 지닌 학문의 채널을 통해 종교일반에 대한 학문적 성취를 접할 수 있게 되었고, 이를 통해 다른 종교에 대해서도 객관적 태도를 취

---

87 이능화, 「다신교 일신교 무신교」, 13-21쪽; 김종서, 「한말, 일제하 한국종교 연구의 전개」, 『한국사상사대계 6』, 한국정신문화연구원, 1993, 291쪽.
88 담사동, 앞의 글, 101-102쪽. 그에 의하면 종교의 발전은 다신교, 일신교, 무신교로 진행되며, 기독교는 일신교로서 다신교를 일소하는 데 도움을 주었다. 따라서 이제는 불교의 무신교가 시대에 적합할 것이라고 한다.
89 근대 한국불교와 진화론의 수용의 관계 문제에 대해서는 이재헌, 「근대 한국 불교학의 성립과 종교 인식 - 이능화와 권상로를 중심으로」, 한국정신문화연구원 한국학대학원 박사학위 청구논문, 1998, 27-39쪽 참조.

할 수 있게 되었다. 구체적으로는 당시 활용되고 있었던 비교연구 방법과 종교사회학적 연구, 종교유형론적 연구 방법 등을 통해 불교는 자신과 타 종교를 객관화할 수 있는 시각을 갖게 되었다. 특히 종교유형론의 방법은 각 종교의 특징을 객관적으로 비교함으로써 서로의 특징이 더욱 잘 드러나게 하는 방법이라고 할 수 있다. 1920년대가 지나 1930년대가 되면 불교는 점점 종교학의 연구 성과를 반영하면서, 불교의 종교성에 대한 수동적 평가에 머물지 않고 적극적 평가의 장으로 뛰어 들게 된다. 즉 '불교의 종교적 특징'에 대해 적극적으로 답을 구하기 시작하는 것이다. 물론 그 흔적은 매우 미세하다. 그러나 분명히 당시 발달하고 있었던 종교학의 성과들을 적극 활용하면서, 그것을 통해 불교의 종교적 의미 혹은 특징을 규명해 내려는 몇 개의 노력들을 발견할 수 있다.

1925년 『불교』에 발표된 「종교의 본질과 불교」는 일본인 학자 기무라 다이켄(木村泰賢)의 글로서 당시 종교 개념의 이해에 중요한 변화가 나타나고 있음을 보여준다. 그 글의 요지는 다음과 같다.

> 오늘날에도 불교가 종교냐 아니냐 하는 논의(議論)가 종종 있으므로 학술 상으로 보면 불교가 과연 종교인가 아닌가 하는 의문이 생길 여지가 있다. 서양에서 종교라 함은 라틴어 Religio 즉 결합(結合)이라는 말로부터 생긴 것인데 … 오늘날까지도 구주 일반의 종교학자 및 철학자는 종교라는 것은 신과 사람의 인격적 관계라는 의견에 대개 일치하여 있다. … (그래서) 기독교도의 다수는 불교가 철학이요 종교가 아니라는 생각을 가졌다. 또 불교도중에도 불교는 종교가 아니라고 주장하는 자가 있다. … (그러나) 요사이는 '종교의 근본은 어디 있는가? 인류는 어찌하여 종교를 요구하느냐?'

와 같은 종교의 선천성까지 구명하지 않으면 안 되게 되었다.[90]

즉 '종교'의 정의를 내리는 문제에서 과거 서구 기독교적 관점에서 정설로 내려온 견해와는 다른 차원과 방향으로 종교연구가 점차 전환되어 가고 있다는 것이다. 이제는 '신과 인간의 결합, 또는 그 관계'라는 종교 정의와 달리, 인간의 내면적 종교성 또는 종교의 필연성을 통해 종교의 정의를 내리려는 시도가 나타나고 있다는 것이다. 이렇게 종교의 개념이 변화한다면, 그것은 불교를 기독교와 나란히 '종교'라고 하는 커다란 범주 안에 놓이게 하는 중요한 계기가 될 수 있었을 것이다. 이것은 한마디로 종교 정의의 변화이자 종교 개념의 확대라고 할 수 있다. 이러한 변화 속에서 불교는 스스로를 '해탈의 종교'라는 하나의 종교 유형으로 자리매김하고자 하는 희망을 드러냈다.[91] 이 글은 종교의 본질을 '소아(小我)의 해방'이라고 보는 새로운 관점을 소개하는 한편, 서구 학자들이 '신과 인간의 관계를 중심으로' 규정한 종교 정의를 벗어나 불교를 '해탈을 중심으로' 하는 하나의 종교로 인정하기 시작했다고 말하고 있다. 이처럼 당시 많은 종교연구자들은 일방적인 기독교 중심의 틀 속에 머물러 있지 않고 개념의 외연을 넓혀 종교의 의미를 해명하려는 진지한 모색을 하고 있었다.

1938년에 나온 장원규(張元圭, 1909-1995)[92]의 논문도 종교의 본질에 대한 학계의 논의 수준이 달라졌음을 보여주고 있다. 이 글은 분명히 그 이전의 다른 논문들처럼 불교의 종교성을 일방적으로 주장하거나, 무신론적 성격

90　木村泰賢, 「종교의 본질과 불교」, 『불교』 13, 1925, 3-5쪽.
91　위의 글, 8-9쪽.
92　일본 유학파. 일본 고마자와대학 불교학과 졸업. 동국대 불교대학장을 역임하였음.

을 강조함으로써 타종교보다 우위를 점하려는 시도는 하지 않는다. 다만 불교가 타종교와 나란히 같은 '종교'의 범주에 속한다는 것, 그렇지만 그것은 오직 '다른 유형의 종교'임을 밝히고 있을 뿐이다. 장원규는 종교 정의에 대한 종교학계의 달라진 관점에 대해 이렇게 말하고 있다.

> 일세기 전까지는 종교학자가 제창한 (종교)정의는 대개 기독교의 신의 관념을 기초로 하여, 신과 인간의 관계를 근본조건으로 하여 정의를 제창하였다. 그리하여 불교가 처음 서양 종교학자에게 알려졌을 때는 신을 조건으로 한 종교적 개념으로는 이해할 수 없음으로, 불교는 허무론(虛無論)이요 인생철학(人生哲學)이라고 하며 종교성을 부인하였다. 근간 영국이 인도를 식민지로 한 후에 인도의 사상연구에 힘쓴 결과 종교의 개념을 신과 인간과의 관계에 두지 않고 성(聖)과 속(俗)이라는 데에 두게 되었다. 따라서 불교의 선정(禪定)을 연구하여 선정이 종교의 필연(必然)의 표준(標準)됨을 인식하고, 기독교는 '기도(祈禱)의 종교'요 불교는 '선정의 종교'라고 공인하게 되었다.[93]

즉 1938년대의 불교계에 종교학의 중요개념인 '성과 속'이 소개되고, 그것은 기존의 신 중심의 종교 정의의 외연을 넓혀 타종교들도 종교의 범주에 포괄할 수 있다는 안목을 제공하게 된 것이었다. 또한 단순한 교리적 차원을 떠나 의례(ritual)나 수행(practice)의 차원에서 기독교와 불교의 특징을 '기도'와 '선정'으로 유형화하여 대비함으로써 종교이해의 시각을 확장시키는 결

---

93 장원규, 「불교의 종교적 특이성」, 『금강저』 24, 1938, 63쪽. 밑줄은 필자.

과를 가져왔다. 이와 같이 종교 개념의 외연 확대 및 종교유형론의 발전은 근대 한국 불교가 자신의 종교적 정체성을 주장하는 데 효과적인 도구로 사용되고 있었다. 그것은 유형론이 각 종교들의 특징을 잃지 않으면서도 모두 종교라는 하나의 유(類)개념 밑에 포섭될 수 있는 근거를 제공하기 때문이다.

물론 '기도'와 '선정'이 기독교와 불교의 특징적 유형을 나타내는 유일한 개념은 아니다. 기독교와 불교의 비교나 유형화는 논자와 그 관점에 따라서 얼마든지 다양하게 이뤄질 수 있다. 다만 근대 한국 불교에 '기도와 선정'이라는 종교 유형론이 소개됨으로써 그 이전까지의 종교 정체성 논의와는 그 차원이 달라졌으리란 추론은 가능할 것이다. 즉 이제는 단순히 '불교는 종교냐 철학이냐?', '불교는 무신론인가?' 하는 물음의 차원을 넘어서 '불교는 어떤 종교인가?'라는 진전된 물음의 상황이 전개되기 시작했다는 것이다. 이러한 대응의 과정을 통해 불교는 서구의 종교 개념이나 기독교 중심적 신 개념을 넘어 하나의 '고유한 특성을 지닌 종교'로서 자신의 위치를 찾아간 것으로 보인다.

4. 불교개혁운동의 전개와 기독교

근대 한국불교의 큰 특징 중의 하나는 이 시기에 불교개혁이 주요한 쟁점이 되고 있었다는 점이다. 이런 의미에서 근대불교는 개혁불교라는 특징을 지닌다. 그것은 근대불교가 정치사회적 상황이 격변하는 개화기를 맞이하여, 시대 사명을 자각하고 스스로 개혁하지 않으면 존립할 수 없다는 사실을 인식하고 있었음을 의미한다. 그에 대한 대응은 불교교단의 전통적인 모습에 대한 반성과 함께, 새로운 존재양식을 추구하기 위한 강력한 실천이념을 제시해야 한다는 두 가지 과제로 나타났다.[94] 그것은 오랜 역사를 통해 불교가 잃어버린 사회적 지위와 교화의 역할을 근대라는 시대적 변혁의 분위기를 통해 새롭게 회복하기 위한 움직임이기도 하다. 그리고 그것은 구체적으로는 종풍(宗風)의 확립이나 승단 제도와 의식(儀式)의 개혁, 교육과 포교의 변화 추구, 그리고 계몽적 활동에 이르기까지 다양한 모습으로 나타났다.[95]

도성출입 금지가 해금된 이후 불교계에 나타난 최초의 개혁운동은 결사(結社)를 통한 교단의 자체 개혁운동이었다. 대표적인 것이 경허(鏡虛)에 의해서 주도된 정혜결사(定慧結社)였다. 영・호남을 중심으로 경허의 정혜결사가 추진된 1899년부터 1903년에는 안으로 조선조의 배불정책의 영향으로 불맥(佛脈)이 쇠퇴해져 발심수행(發心修行)의 의욕이 상실되어 있었고, 밖으로는 일본불교의 유입으로 한국불교의 전통이 변질되기 시작하는 등 혼돈의 시대를 거치고 있을 때였다. 이러한 시기에 선(禪)의 중흥을 통해 불교의 근본으로 돌아가자고 주장한 것이 경허의 결사운동이다.[96]

그러나 한일병탄 이후의 불교는 이런 전통적 결사 운동만으로는 문제를 해결할 수 없는 복잡한 정치적, 종교적 구도 속에 놓여 있었다. 그 구체적인 하나의 예가 사찰령(寺刹令)이다. 1911년 6월 3일 일본은 한국의 불교계를 장악하기 위해 사찰령을 발표하였다. 사찰령으로 한국불교는 많은 변화를 겪게 되는데, 그 중에서 가장 중요한 것은 한국불교가 자체의 특색을

94　양은용, 「근대불교개혁운동」, 『한국사상사대계 6』, 한국정신문화연구원, 1993, 139쪽.
95　양은용, 「권상로 불교개혁사상의 연구」, 『한국종교사상의 재조명』 上권(진산 한기두 박사화갑기념논총), 원광대출판국, 1993, 437쪽.
96　김경집, 『한국근대불교사』, 경서원, 1998, 22-24쪽, 155-196쪽 참조.

상실하고 인위적 제약 속에 갇혀지게 됨으로써 독자적 발전의 기회를 상실하게 되었다는 점이다.[97] 이어 한일병탄과 동시에 한일 불교의 통합 움직임이 본격화되면서[98] 한국불교의 정체성은 더욱 위협받게 되었다.

이러한 상황 속에서 일제하 불교계는 항일(抗日)의 모습을 띨 수밖에 없게 되었으며, 그것은 대략 다음 세 가지 부류로 나뉜다. 첫째, 송경허(宋鏡虛, 1848-1912), 신혜월(申慧月, 1892-1937), 방한암(方漢岩, 1876-1951), 송만공(宋滿空, 1871-1946) 등의 전통불교수호운동이다. 이 운동은 고래로 전승되어 온 사찰 경내에서 산을 떠나지 않고 불교 본래의 진면목을 찾아 그것을 수호해 나가는 것이 무엇보다도 한국불교의 장래에 도움이 된다고 생각한 산승(山僧)들이 주축이 되었다. 둘째, 백용성(白龍城, 1864-1940), 박한영(朴漢永, 1870-1948), 한용운(韓龍雲, 1879-1944) 등의 사회참여(사회정화)운동이다. 이들은 불교를 수행하는 승려의 신분으로 직접 사회운동에 뛰어들어 일제에 항거하는 한편, 한국사회 자체 내에서 불교수행자들 스스로 생활을 개혁하여 시대조류에 맞는 제도와 방편을 펼쳐야 한다고 주장했다. 마지막으로 이능화(李能和, 1869-1943), 박한영, 권상로(權相老, 1879-1965) 등의 학자 불교운동이다. 이 운동은 일제의 침략정책에 대한 반항과 부정적 태도로 직접 부딪치는 것만으로 그것을 해결할 수 없다고 생각하는 것에서 출발한다. 결국 한국인의 전통의식과 한국인의 특색이 무엇이며, 한국의 역사적 정통성은 어떻게 지속해 왔는지 등을 더듬어 이를 체계화하고 현대화해야 한다는 것이다. 이들은 주로 문화전통의 수호자적 입장에서 이른바

---

97 위의 책, 275-276쪽.
98 양은용,「근대 불교개혁운동」, 153-155쪽.

국학개발(國學開發)을 서두른 불교학자들이었다.[99] 이들 중 첫째 부류는 주로 선불교(禪佛敎)의 입장에서 전통불교 수호운동을 주창하는 사람들이었고, 둘째 부류는 전통불교의 개혁을 외치며 독립운동과 사회 유신을 추진했던 개혁론자들이었다. 반면 셋째 부류에 대한 평가는 양면적이다. 이들 중 많은 학자들이 후에 친일불교학자로 변신한 만큼 그 한계를 지적하기도 하지만,[100] 또한 동시에 불교학 연구의 새로운 지평을 열었다는 점에서 불교개혁운동의 또 다른 형식이었다는 평가[101]를 받는다.

어쨌든 이상의 세 부류는 모두 일제하 한국불교의 각성운동이라는 측면에서 불교개혁운동이라 부를 수 있다. 다시 이들이 주장하였던 불교개혁운동의 주된 요지를 개별적으로 살펴보면, 백용성의 대각교운동(大覺敎運動), 백학명(白鶴鳴, 1867-1929)의 반농반선운동(半農半禪運動), 박한영의 포교현대화운동, 경허의 격외선생활화운동(格外禪生活化運動), 한용운의 조선불교유신론, 박중빈(朴重彬, 1891-1943)의 조선불교혁신론(朝鮮佛敎革新論) 등이다. 이들이 주장했던 개혁사상의 공통점은 종래 불교의 전통적 폐단을 청산하고 불조(佛祖)의 근본정신을 찾아 새 불법(佛法)에로의 개조를 시도했다는 점이다.[102] 그리고 그것은 구체적으로 불교인의 정신적 자각과 교단의 개혁, 경제의 자립, 포교 방법의 시대화 등의 요구로 나타났다.[103] 한용운, 백용성,

---

99 유병덕,「일제시대의 불교」, 불교사학회 편,『근대한국불교사론』, 민족사, 1988, 157-158쪽.
100 유원곤,「〈조선불교유신론〉과〈조선불교혁신론〉의 성립배경 연구」,『한국종교』17, 1992, 188쪽.
101 양은용,「근대불교개혁운동」, 155쪽.
102 한기두,「불교유신론과 불교혁신론」, 한종만 편,『현대한국의 불교사상』, 한길사, 1980, 233-234쪽.
103 한종만,「불교유신사상」, 한종만 편,『현대한국의 불교사상』, 한길사, 1980, 221쪽.

이능화, 권상로의 불교개혁운동은 이러한 상황 하에서 이루어졌으며, 불교 의례의 개혁도 이러한 전반적인 개혁운동 속에서 중요한 한 부분으로 등장했다. 의례는 종교 구성의 3대요소의 하나로서 종교 성립에 필수불가결한 것이므로,[104] 불교개혁에서 다루지 않으면 안 될 중요한 부분이었다.[105]

그런데 주목해야 할 것은 이 당시 많은 불교개혁론들에는 알게 모르게 기독교의 모델이 들어 있었다는 점이다. 예를 들어 포교 방법의 개혁론을 살펴보면 다음과 같다. 불교는 기독교에 비해 생기 없는 자신의 현실을 타개하기 위한 방법으로 포교 방법의 변화를 모색하는데, 당시 불교계가 모색한 방법은 다름 아닌 기독교의 모델을 십분 수용·응용하자는 것이었다. 박한영은 불교 개선의 6개조의 항목을 내세웠는데, '1) 계정혜를 닦을 것, 2) 이타(利他)와 공덕(公德)을 함양할 것, 3) 고루한 훈고(訓詁)를 벗어나 학교를 세우고 지식을 넓혀 영재를 배양할 것, 4) 포교를 개량하고 법력을 널리 베풀 것, 5) 신도는 식산흥업(殖産興業)으로 가람과 자신을 보호할 것, 6) 자선사업 즉 병원, 고아교육, 빈민구제 등을 실시하여 구세의 허명이라는 조롱을 해결할 것'[106]을 제시하였는데, 이 중 교육과 포교 및 자선사업 등 많은 부분에서 기독교의 영향과 자극이 있었음을 부인할 수 없다.

이지영(李智英) 역시 기독교적 모델을 응용하여 포교 방법론을 제시했다. 그는 '참된 포교'의 방법으로 '사회상식과 지식을 겸비한 포교사의 확보, 포교당을 웅장하고 세련되게 건축하여 신도들을 다수 수용할 것, 법상

---

104 J. Wach, *Types of Religious Experience*, Univ. of Chicago Press, 1972, pp. 30-47 참조.
105 이와 관련하여 송현주, 「근대 한국불교 개혁운동에서 의례의 문제 - 한용운, 이능화, 백용성, 권상로를 중심으로」, 『종교와문화』 6, 2000 참조.
106 영호생(映湖生, 박한영), 「불교와 세신의 상화」, 『해동불보』 2, 1913, 8-9쪽.

에 앉아 경전을 해석하던 옛 설교 형식에서 연설체로 바꿀 것, 포교당의 부속사업으로 자혜병원·유치원 등을 설립해 병자 치료 등의 자선사업을 할 것, 간단한 포교문을 인쇄해 무료 배포할 것'을 제안했다.[107] 이 가운데 실생활과 문명의 개선에 유효한 지식의 요청, 설교 방식의 교체, 자선사업과 문서 포교는 기독교의 포교 방식과 구제사업의 영향 때문이라 할 수 있다.

이처럼 기독교는 한국불교에 새로운 종교의 모델로 인식되었다. 그렇기 때문에 동시에 과연 어느 정도까지 불교가 기독교적 모델을 수용해야 하는가의 논쟁이 일어난 것 또한 당연한 일이었다. 이능화는 불교의 포교의식, 포교서적 편찬과 관련해 일어난 당시의 무성한 논의 내용을 소개하면서, 불교가 무조건 기독교의 형식을 따라가서는 안 된다는 입장을 분명히 했다.

이제 점점 유지들이 불교를 진흥하고자 하는 자는 모두 포교의 법을 강의하지 않을 수 없다고 여겨 인민에게 보급하기를 도모하니 이와 같다.
제 1: 포교의 책을 새롭게 편집하되 마땅히 경교(景敎)의 신약, 구약 성서와 같이 하여 책을 펴면 몇 장 몇 절을 가리키게 하여 설교(說敎) 시에 강의하고 듣기에 모두 편하게 할 일. 제2: 이제 포교의 책을 제작하려면 여러 경 중에서 단장취의(斷章取義)하여 세속에 가까이 하기를 힘쓰며, 언문과 한문을 함께 사용하여 평이하게 하기를 힘쓸 일. 제3: 포교의식도 역시 변통(變通)하여야 마땅하여 가찬(歌讚)하여 화창(和唱)하며, 설법할 때는 일어서 연설하여 서교(西敎)가 현재 하고 있는 바와 같이 할 일.

---

107 이지영, 「반도불교 장래에 대한 관견(關見)」, 『조선불교총보』 22, 1921, 36-37쪽. 이지영은 1929년에 동경의학전문학교를 졸업한 불교 유학생이었다. 이경순, 「일제시대 불교 유학생의 동향 - 일본 유학생을 중심으로」, 『승가교육』 2, 1998, 290쪽 참조.

이러한 논의가 있는데 이 세 가지 설에 대해 나는 생각하되, 불교에는 불교의 제도가 있고 기독교에는 기독교의 법제가 있거늘[佛有佛制, 景有景制] 하필 우리 불교의 제도를 버리고 도리어 저들 기독교의 제도를 따르리오. 그들로 하여금 우리를 따르게 함은 가하나 우리로 하여금 그들을 따름은 불가하다.[108]

이능화의 입장은 불교는 불교 전통의 예법과 경전의 형식을 존중하는 것이 마땅하다는 것이다. 그러므로 설교 의식과 포교의 방법을 당시 성행한 기독교 중심으로 변화하려 논의하는 것에 분명히 반대의 뜻을 표명한 것이다. 그는 불교의 전통의식 속에서도 얼마든지 새로운 시대의 포교 형식과 내용을 찾을 수 있다고 생각했다. '설교의식에 불전(佛前)에 예참하며 혹 송주게(誦呪偈)하며 혹 나란히 성창(聲唱) 귀의삼보 하니 매우 간단하여 승속으로 하여금 함께 행하게 함이 합당하고, 가장(歌章)에 있어서는 조선의 옛 음악인 영산회상에 불가(佛歌)가 있으니 그것을 좇아 일제히 화창하면 그것이 불교의 음악[佛樂]이니 다른 곳에서 구할 필요가 없으며, 부처가 설법할 때에 사자좌에 앉고 선사가 설법할 때 법상[繩床]에 앉음은 고래로 전해온 위의(威儀)이니 바꿀 필요가 없고, 만일 마을 포교 등을 행할 때는 제도를 정함에 구애되지 말고 상황과 풍속에 따라 앉아 강연하고 서서 연설함이 균형을 이룰 수 있으며, 포교서적은 승려가 매일 강의하고 배우는 바의 여러 대승경론(諺譯)이 그것이오, 기타 여러 종류를 취해 만든 책은 단지 보조적인 참고서에 불과하다'고 함으로써, 기독교 성경과 같은 형

---

108 이능화, 「조선불교계포교서적에 대한 관견(管見)」, 『불교진흥회월보』 8, 1915, 3쪽.

식으로 불전을 재편할 필요는 없다고 못 박았다.[109]

그러나 이능화의 이런 입장도 역시 당시 근대 불교인들에게 기독교가 그 문명과 대중의 구제에 기여하는 측면, 전도의 열성과 헌신, 포교 방법의 효율성 등 많은 차원에서 불교인들에게 모범으로 여겨지고 있었다는 사실을 반영하고 있음을 부인할 수 없다.

결론적으로, 1886년 한불수호통상조약으로 신교(信敎), 혹은 전교(傳敎)의 자유가 주어짐으로써 자유로운 선교를 할 수 있게 된 기독교와의 만남은 근대 한국불교에 몇 가지 도전적 과제를 던져주었다. 이 새로운 환경은 '종교의 자유'와 '정교분리', 그리고 그와 함께 주어진 '종교다원주의'라는 시공간의 탄생이었다. 기독교와의 만남과 경쟁은 일본불교의 한국 진출과는 또 다른 문제를 가져다주었다. 어떤 의미에서 기독교는 일본불교보다 더욱 위협적이었다. 일본불교는 무엇보다 불교라는 공통적인 종교적 세계관을 공유하고 있었다. 하지만 기독교는 서구의 이질적이며 배타적인 세계관을 배경으로 하고 있었으며, 그 종교적 성격에 있어서도 공격적 선교를 임무로 하고 있었다. 이 시기 불교는 기독교라는 낯선 종교를 빠른 시간 내에 이해하고 그들의 장점은 모방하되, 그들의 한계는 지적하는 방식으로 대응하고자 했다. 불교가 이른바 명실상부한 하나의 근대적 '종교'로서 스스로의 정체성을 확인하게 된 주요한 계기는 기독교의 도전에 대한 대응에 의한 것이었다고 해도 과언이 아니다. 근대적 환경에 적응할 수 있는 새로운 체질의 종교로 거듭나고자 노력하게 된 계기가 바로 기독교의 자극에 의한 것이었다고 할 수 있기 때문이다.

---

109 위의 글, 4-6쪽.

IX

한국불교 전통의 발견과 조계종의 탄생

1. 한국불교 종단 설립과 한국불교의 원형 탐구
2. 한국불교 성격론의 역사적 배경
3. 한국불교 성격론의 등장과 전개
4. 한국불교 성격론과 전통의 발견

지금까지 이 책은 한국 근대불교 형성에 영향을 미친 다양한 주제들을 거쳐왔다. 초반에는 서구유럽에서의 '종교' 개념(2장) 및 근대불교의 형성(3장)을 깊게 다루었다. 이어 근대불교가 유럽뿐 아니라 동아시아에서 어떻게 다양한 형태로 전개되었는지에 대해서도 소개했다.(4장) 그리고 직접적으로 한국 근대불교에 영향을 미친 타종교들과의 관계에 대해서도 설명했다. 유교(6장), 일본불교(7장), 기독교(8장)가 한국 근대불교 형성에서 어떤 길항관계를 구성하고 있었는지를 논의하였다. 한국불교가 근대를 추구하는 과정에서 하나의 종교가 모델이나 우군이 되기도 하고 동시에 저항과 적대의 대상이 되기도 했던 이중적 관계를 주로 살펴보았다.

이제 이 책은 한국 불교에 대해 직접 다루고자 한다. 그것도 '근대'와 관련해 한국불교가 어떤 주체적 노력을 기울였는지를 살펴보고자 한다. 물론 조선시대의 불교가 어떻게 인식되었는지에 대해 논의하기는 했지만(5장), 그것은 한국 근대불교를 논의하기 위한 역사적 배경이었을 뿐이다. 한국불교가 근대적 종교로 '태어나기' 위해 무엇보다 중요한 부분은 주체적 대응이라 할 수 있다.

한국불교와 '근대성'을 주체적으로 결합하는 과정을 설명하기 위해 필수적으로 요청되는 부분은 '전통의 발견'이다. 일제 강점기 한국불교 성격론의 등장에 주목해야 하는 것도 바로 이런 이유 때문이다. 그 가운데서도 '통불교(通佛教)' 담론은 1930년 최남선에 의해 주장된 이후 현대에 이르기까지 한국불교의 특성을 논의하는 데에서 결코 빠질 수 없는 주제이다. 이 장에서는 한국불교를 '통불교'라고 보는 관점과 그 담론의 무용성을 주장하는 관점이 팽팽하게 대립하는 가운데, 그 주요 논점을 정리하고 그것이 한국불교 전통의 수립 및 교단 설립과 어떠한 관계가 있는지 살펴보고자 한다. 한국불교 전통을 어떻게 규정하느냐 하는 문제는 한국불교 종단의 정체성을 정리하는 것과 아울러 그에 걸맞는 제도를 수립하는 문제였던 만큼 근대 한국불교에서 초미의 관심사가 아닐 수 없었다. 그리고 당연한 일이지만, 당시 파악된 한국불교 전통의 원형은 현재까지도 한국불교에 영향을 미치고 있다.

근대불교에서 제기된 한국불교 전통의 성격은 외형상 모두 통불교론으로 모아진다. 하지만 표면적으로는 동일한 통불교론이지만, 그 구체적인 내용에서는 미묘하게 구별되는 두 가지 노선이 있었다. 그 하나는 '초종파적(超宗派的) 통불교론'이고, 다른 하나는 '선종(禪宗) 중심적 통불교론'이다. 그리고 이들 두개의 통불교 담론들은 한국불교의 종단을 설립하는 문제, 혹은 종파의식을 정돈하는 문제와 밀접게 연관되어 있었다. 한국불교의 두 가지 통불교 담론 가운데 '초종파적 통불교론'은 근대의 이상주의적 불교관을 한국불교에 투영함으로써, 한국불교의 이상적 면모를 부각시키는 역사적 기능을 수행했다. 반면 '선 중심적 통불교론'은 '조계종'이라는 선종 종단을 창출하는 데 실질적으로 기여함으로써, 자신의 이념을 역사적 실체로 구체화한 현실주의적 담론이었음을 입증하였다.

1. 한국불교 종단 설립과 한국불교의 원형 탐구

일제하 한국불교는 원종(圓宗, 1908) ⇒ 임제종(臨濟宗, 1911) ⇒ 조선불교선교양종(朝鮮佛敎禪敎兩宗, 1911, 1929) ⇒ 조선불교선종(朝鮮佛敎禪宗, 1935) ⇒ 조선불교조계종(朝鮮佛敎曹溪宗, 1941)[1] 순서로 종명을 개칭하는 과정을 거쳐왔다. 원종은 일본의 조동종과 연합한 종파명이었던 만큼, 한국불교계의 반발을 샀으며 그 연장선상에서 임제종운동이 발생했다.[2] 임제종운동은 한국불교를 선종 중심으로 파악하고 종단명을 선종으로 표방한 근대적 움직임의 신호탄이었다. 한용운, 박한영 등을 중심으로 일어난 임제종운동은 한국불교를 일본불교와 다른 독자적 불교종단으로 정의하려는 움직임이었으며, 그 이면에는 민족주의적 성격이 다분히 깔려 있었다. 이 임제종운동에서부터 시작된 한국불교 '작명(作名)'의 움직임은 결국 많은 시행착오 끝에 '조계종'이라는 이름으로 귀착되어 오늘날 현대 한국불교의

---

1 이 종명은 해방과 더불어 다시 '조선불교'(1945), '조선불교조계종'(1954), '대한불교조계종'(1962)으로 바뀌게 된다. 조선불교선교양종이 1911, 1929년 두 번에 걸쳐 창종의 시기가 있는 것은, 하나는 1911년 사찰령 체제와 함께 총독부에 의해 정해진 교단명이며, 다른 하나는 1929년 조선불교선교양종승려대회를 거쳐 설립한 교단명을 말한다. 이와 관련하여 불교사학회 편, 『한국조계종의 성립사적 연구: 조계종 법통문제를 중심으로』, 민족사, 1986; 김순석, 「근대 불교 종단의 성립과정」, 대한불교조계종 교육원 불학연구소 편, 『불교 근대화의 전개와 성격』, 조계종출판사, 2006; 김상영, 「일제강점기 불교계의 종명(宗名)변화와 종조(宗祖)·법통(法統) 인식」, 대한불교조계종교육원 불학연구소 편, 『불교 근대화의 전개와 성격』, 조계종출판사, 2006 참조.
2 김광식, 「1910년대 불교계의 조동종 맹약과 임제종 운동」, 『한국근대불교사연구』, 민족사, 1996; 김순석, 「근대 일본 불교 세력의 침투와 불교계의 동향」, 『한국학연구』 제18집, 2008; 그런데 원종과 조동종의 맹약을 친일과 항일의 이분법으로 볼 수 없다는 관점도 있다. 이에 대해 김환수, 「불교적 식민지화? -1910년대 한국 원종과 일본 조동종 연합에 대한 새로운 해석의 가능성」, 『불교연구』 36, 2012.

대표적 종단명이 되었다.[3]

그런데 임제종운동에서부터 조계종 성립까지 한국불교의 사상계 내부를 살펴보면, 한국불교의 성격 규정과 관련하여 다양한 논의가 등장하고 있었음을 발견할 수 있다. 특히 주목을 끄는 것은 한국불교를 통불교(通佛敎)로 규정한 최남선(崔南善, 1890-1957), 그리고 한국불교의 종파적 성격에 관해 대조적 입장을 피력한 김영수(金映遂, 1884-1967)와 허영호(許永鎬, 1900-1952)의 입론들이다. 이들 사이에는 미묘한 차이가 있어, 한국불교를 선종으로 규정하는 데 처음부터 불교계에 전반적 합의가 조성되어 있었던 것은 아니라는 사실을 보여준다. 더 거슬러 올라 근대불교 초기에도 한국불교를 선종으로 보고 선종의 종파명을 부여하자는 취지에 대해 견해가 일치하지는 않았던 것 같다. 그렇다고 조선불교의 종명 논쟁이 해방과 더불어 끝난 것도 아니었다. 해방이 되면서 다시 종단명을 '조선불교(朝鮮佛敎)'(1945)로 개칭하고 그것이 다시 1962년에 '대한불교조계종'으로 바뀌는 상황을 보면, 종단명에 대한 의견이 그다지 확고하게 일치하지 않았음을 알 수 있다. 더구나 이른바 '불교정화' 이후 한국불교가 수많은 종단의 창종과 분파로 이어져 오늘에 이르고 있다는 사실은, 종단명 문제가 여전히 해결되지 않고 남아있음을 보여준다고 할 수 있다.

지금까지 근대 한국불교의 종단 형성에 대한 많은 연구가 있었다. 그 연구들은 대체로 조계종의 성립 과정을 일제의 불교정책, 법통설의 맥락, 교

---

[3] 김상영, 앞의 글, 251-256쪽; 김광식, 「조선불교조계종의 성립과 역사적 의의」, 『새불교운동의 전개: 성찰로 본 20세기 우리 불교』, 도피안사, 2002, 77-78쪽. 조계종의 종명은 김영수와 권상로에 의해 1920년대부터 주장되어 실현된 것이다. 일본불교와 구별되고 한국불교의 특색이 드러날 것을 목표했다고 한다.

단사의 차원 등에서 조명하고 있다. 그런데 이 글에서는 조계종이 단일종 단으로 귀착하는 과정에서 선결과제로 떠오른 것이 한국불교의 성격론이었다는 것에 주목하고자 한다. 근대 한국불교계는 자신의 역사를 회고하며 어떤 것이 한국불교의 특성이며 정체성인지에 대해 지속적 관심을 보여 왔다. 그리고 그것은 1941년 총본산이 건설됨으로써 일차적으로 정리된 것으로 보인다.

그 과정에서 등장한 대표적인 한국불교 성격론은 바로 최남선의 '통불교론'이다.[4] 최남선의 '통불교론'은 오늘날에도 여전히 논란의 대상이 되고 있는 개념으로, 그것이 어떻게 한국불교에 등장하게 되었고 또 그 의미와 기능이 무엇인지를 살피는 일은 매우 중요한 문제이다. 그런데 오늘날 우리가 잘 알고 있는 최남선의 '통불교론'은 근대 한국에서 유일한 '통불교론'이 아니었다. 즉 당시 적어도 두 가지의 '통불교론'이 있었으며 그 둘은 그 내용에 있어 상당한 이질성을 보여주고 있었다. 그런데 아이러니하게도 이들 통불교 담론 간의 차이는 역사의 흐름 안에서 큰 주목을 끌지 못하고 사라졌다. 이 차이를 가장 잘 보여주는 것이 허영호의 담론과 김영수의 담론이다.

한국불교가 선종을 표방하고 그것을 핵심 종지로 삼아 단일 종파로 성립되는 과정은, '초종파적 불교'를 지향하는 최남선 계통의 통불교론과 그

---

4   물론 '호국불교담론', '기복적 불교' 등의 한국불교 성격론이 있었다고 볼 수 있지만 그것은 종파의 형성과 밀접한 관련이 없으므로 이 글의 범위에서는 제외하고자 한다. 호국불교 등 한국불교 성격론의 몇 가지 유형에 대해서는 길희성, 「한국불교 특성론과 한국불교연구의 방향」, 『한국종교연구』 3, 2001, 67-92쪽; 최병헌, 「한국불교사의 체계적 인식과 이해방법론」, 최병헌 외, 『한국불교사연구입문(상)』, 지식산업사, 2013, 85-106쪽을 참조할 것.

것과 달리 선종 중심의 뚜렷한 '종파의식'을 지향하는 또 다른 하나의 통불교론 사이의 경쟁 구도 속에서 진행된다. 즉 근대 한국불교에는 '통일 불교'를 추구하려는 지향성과 더불어 종파의식의 성장과 구체화를 강조하는 흐름이 공존했던 것이다.

근대 한국의 '통불교론'의 의미를 충분히 파악하기 위해서는 한국불교의 종단 설립 운동과 함께 살펴보아야 한다. 근대 한국불교의 통불교론은 일본에 대한 민족주의적 대항담론으로 평가될 수 있지만, 비단 그것에만 머물지 않고 통불교적 교단 수립을 위한 실질적 이념으로도 작용했기 때문이다.

이 글은 바로 이러한 복합적 성격을 보여주는 한국불교 성격론의 두 흐름을 살펴보고 근대한국불교사에서 갖는 실질적 의미를 찾아보고자 한다. 이 작업을 위해 최남선의 통불교론 계통을 '초종파주의 통불교론', 김영수로 대표되는 선종파 중심의 통불교론을 '선종파주의 통불교론'으로 부르기로 한다. 선종파주의 한국불교 성격론도 일종의 통불교론으로 부르는 이유는 그것이 한국불교의 특성이 순수 선종이 아니라 여러 종파의 수행을 아우르는 선종임을 표방하기 때문이며,[5] 또한 일반적으로도 한국의 선종(조계종)은 '통불교적 선종'이라고 부르고 있기 때문이다.[6] 그럼에도

---

5 최병헌도 김영수가 '통불교의 전통'을 한국불교의 특색으로 주장했다고 설명한다. 물론 최남선과 '다른 시각에서'라는 단서를 달았지만 넓은 의미에서는 통불교론자라고 할 수 있음을 시사한다. 최병헌, 앞의 글, 86쪽.
6 오늘날 조계종 내부에서도 조계종을 통불교 정신의 구현체로 보고 있다. 조계종 『종헌』의 기본정신은 '통불교 정신'이라고 설명되고 있다. 구체적으로는 "선불교의 전통을 중심에 놓되 교학 연찬과 정토 수행, 밀교 수행까지 포괄하는 통불교 전통을 드러낸다"고 표현한다. 대한불교조계종 교육원 불학연구소 편찬, 『조계종법의 이해』, 조계

이 두 개의 담론은 동일한 통불교론이 아님은 이미 강조한 바 있다. 하지만 오늘날 한국의 불교학계에서 많은 경우 최남선의 통불교론과 김영수의 통불교론을 다 같이 '통불교론'이라는 큰 범주에 넣어 함께 파악함으로써 그 두 담론을 서로 혼동될 수 있는 가능성을 열어 놓고 있다.[7]

2. 한국불교 성격론의 역사적 배경

1) '한국(조선)'이라는 민족 정체성 자각

한국불교의 성격 논의는 한국 불교의 단일종단 구성을 위한 이데올로기 창출 문제와 직결된다. 이 논의의 중요성만큼, 그것의 출현과 정립 과정도 결코 단순하지 않았다. 한국불교의 성격을 논의하기 시작하면 가장 먼저, 과연 '한국불교'라 부를 만한 역사적 실체가 있는가 하는 문제가 제기될 수밖에 없다. 또 우리 민족이 언제부터 불교를 '중국불교', '일본불교', '한국불교'라고 하는 식으로 생각해 왔는지에 대해서도 묻지 않을 수 없다.

로버트 버스웰(Robert Buswell) 등 일군의 학자들에 의하면, '근대 이전 시대에 불교는 보편적 종교로 인식되었고, 불법은 영원하며 통일된 것이라고 믿어 왔으므로, 뚜렷한 역사의식과 시대의식, 그리고 국가라고 하는 하나의 개별적 단위와 연결하여 불교를 생각하기 시작한 것은 근대적 의미의 불교사학의 태동과 함께 있었던 일이며, 특히 일본의 식민통치가 본

종출판사, 2011, 41-43쪽.
7   길희성은 이 두 개의 성격론의 차이를 일찍이 지적하고 그 각각의 의미를 나누어 고찰한 바 있다. 길희성, 앞의 글, 69-75쪽.

격화되는 1910년을 전후로 시작되었다.'고 주장한다. 말하자면 조선시대까지 문제되지 않았던 '범불교적 문화권' 패러다임이 근대에 와서야 '국가 단위의 불교'라는 새로운 패러다임으로 전환하게 되었다는 설명이다.[8] 버스웰은 전근대 시대의 한국불교는 자신을 '한국' 불교로 상상하지 않았고, 그보다 더 넓은 학맥과 문중 중심으로 구성된 학파 혹은 전통적 관습의 일부로 간주했을 것이라 추론한다. 근대 이전의 한국 불교도들은 자신들이 중국 및 인도, 나아가 붓다 자신으로까지 연결되는 다르마(法)의 보편적 전수과정에 참여하는 것으로 인식했다는 것이다. 나아가 한국 '민족'이라는 개념은 19세기 말 동아시아에서 제국주의의 부상과 20세기 전반기 일본의 식민 지배에 대한 저항 과정에서 만들어진 근대의 구성물일 뿐이라고 설명한다. 따라서 전근대 시기에 "중국적 전통으로부터 실질적으로 구별되고 독립된 '한국' 민족의 불교 전통이 있었다고 가정하는 것은 지나친 주장"이라고 강조한다.[9] 그러나 버스웰의 이와 같은 견해에 대해 최병헌은 "1,300여 년의 장기간에 걸쳐 동일한 문화공동체를 형성하였고, 강력한 중앙집권체제를 경험한 한국의 역사와 문화전통에 대한 이해 부족의 소산"이라고 비판했다.[10]

---

8 이에 대해서는 로버트 버스웰, 「국가시대 이전의 한국불교」, 『21세기 문명과 불교』, 동국대학교 개교 90주년 기념 세계불교학술회의 논문집, 1996, 598-615쪽; 로버트 버스웰, 「한국불교 전통의 출현」, 『동아시아불교사 속의 한국불교』, 금강대학교 국제불교학술회의 논문집, 2004, 21-38쪽; 존 조겐센(John Jorgensen, 존 요르겐센), 「16-19세기 한국과 중국불교 비교상의 제문제」, 『동아시아불교사 속의 한국불교』, 금강대학교 국제불교학술회의 논문집, 2004, 91-121쪽; 길희성, 「한국불교정체성의 탐구: 조계종의 역사와 사상을 중심으로 하여」, 『한국종교연구』 2, 2000, 165-169쪽 참조.
9 로버트 버스웰, 『한국불교 전통의 출현』, 21-23쪽.
10 최병헌, 앞의 글, 88쪽.

그런데 이 글은 '과연 한국불교라는 개별적 전통이 있는 것인가?'라는 본질적 문제를 직접 다루고자 하지 않는다. 다만 근대불교 시기에 그러한 한국적 전통에 대한 한국인들의 주체적 자각이 생성되었고 그에 대한 탐구가 시도되었다는 '사실', 즉 담론에 주목하고자 한다. 이 담론이 중요한 이유는, 근대 한국불교에 그 이전과는 전혀 다른 새로운 문제의식이 발생했던 만큼 그에 대한 논의가 절실히 필요했기 때문이다.

근대한국불교사학계의 대표적 인물인 포광(包光) 김영수는 '일본불교가 없었다면 조선불교라는 자각도 없었을 것'이며 '일본의 조동종, 임제종 등 종파불교에 대항하여 조선불교에도 종명과 종지가 필요하게 되었다'고 설명한다.[11] 또 조선불교는 일본의 종파불교[各宗佛敎]와 다른데도 단지 염불과 참선을 하는 모습이 같다며 사람들이 혼동하고 있음을 통탄하면서, 일본불교의 『불교성전(佛敎聖典)』을 그대로 재역하여 조선불교의 성전으로 삼자는 논의가 있음을 비판하고, 한국불교와 일본불교를 엄격히 구분할 것을 제안한다.[12] 물론 우리나라 뿐만 아니라 일본의 경우도 근대의 불교학이 도입되기 이전까지, 그리고 인접국가와의 상호교류가 활발해지기 이전까지는 중국불교와 구별되는 일본불교에 대한 자각이 그다지 뚜렷하게 나타나지 않았다.[13]

마찬가지로 한국불교 전통에 대한 탐구도 일본학자들의 한국불교 연구

---

11 김영수(김포광), 「조선불교 종지에 대하야」, 『불교』 105, 1933, 7쪽.
12 김영수(김포광), 「조선불교의 특색」, 『불교』 100, 1932, 30쪽. 여기서 말하는 『불교성전』이란 난조분유(南條文雄)와 마에다 에운(前田慧雲)의 공저(東京: 三省堂書店, 1905)를 말하는 듯하다.
13 Chen Jidong, "The Other as Reflected in Sino-Japanese Buddhism: Through the Prism of Modernity", *The Eastern Buddhist*, vol. 43(1&2), 2012, pp. 57-58.

에 자극을 받기도 했다. 일본의 식민통치는 우리의 민족의식을 고취시켰고, 일본불교의 전파와 자극은 한국불교의 특성에 대한 관심을 촉발시켰다. 더구나 초기 일본 학자들의 한국불교 연구는 노골적인 식민정책의 일환으로 추진되었으며, 이러한 태도는 학문의 이름으로 한국불교에 대한 왜곡과 폄하를 초래했다. 이에 대항하여 자연히 한국 불자들과 학자들 중심으로 한국불교의 독자성과 역사적 성격을 규명하려는 작업이 싹트기 시작했다.[14]

일본 학자 다카하시 도루(高橋亨, 1878-1967)는 『이조불교(李朝佛敎)』(1929)를 통해서 한국불교가 독창성이 결여됐다는 시각을 노골적으로 드러냈다. 그는 "조선인은 사상상 특성으로 현저한 고착성과 비(非)독립성을 갖고 있다"고 평가하고, "조선의 유학은 실은 주자학에 불과"하며, "조선의 불교라 하여도 실은 지나 불교의 이식(移植)에 지나지 않는다"고 주장했다.[15] 또 1936년에 쓴 논문 「조선불교의 역사적 의타성」에서는 '한국불교가 역사적으로 권력에 종속되어 왔으며 독립성 내지 독자성을 결여한 무기력한 종교'임을 강조하고 있다. 엄청난 억불정책에도 불구하고 변변한 항거조차 제대로 못한 조선조 불교야말로 바로 이러한 무기력성의 전형적 사례라고 설명한다.[16]

또 다른 일본학자 누카리야 카이텐(忽滑快天, 1867-1934)은 『조선선교사

---

14 길희성, 「한국불교사 연구의 어제와 오늘」, 『한국종교연구』 1, 1999, 49쪽.
15 다카하시 도루, 『조선시대 불교통사』, 이윤석·다지마 데스오 옮김, 민속원, 2020, 28-29쪽.
16 高橋亨, 「朝鮮佛敎の歷史的依他性」, 『朝鮮』 250, 1936; 길희성, 「한국불교사 연구의 어제와 오늘」, 58쪽; 다카하시의 한국불교 연구 전반에 대해서는 조남호, 「다카하시 토오루(高橋亨)의 조선불교연구」, 『한국사상과 문화』 20, 2003 참조.

(朝鮮禪教史)』(1930)에서 한국불교사의 흐름을 선(禪)과 교(敎)로 파악하여 각 시대를 특징짓고 있다. 이 책은 한국불교사 전체를 체계적으로 파악하고 서술한 최초의 저서로 평가받기도 한다. 그런데 이 책의 저자인 누카리야 역시 "조선의 불교는 지나불교(支那佛敎)의 연장으로서 선종(禪宗) 같은 것도 지나선종(支那禪宗)의 직수입에 불과하다."고 평하면서 한국불교의 독특성이나 창조성을 부정하는 식민사관적 견해를 드러내 보였다.[17] 이러한 일본 학자들의 부정적 언급은 한국의 불교연구자들로 하여금 한국불교의 특성과 정체성에 대해 탐구하도록 촉발시킨 계기로 작동했다.

2) 이상적 통일불교의 추구

이른바 근대불교(Modern Buddhism) 시기는 사회진화론, 성서에 대한 역사비평학, 그리고 서구 근대불교학의 영향 아래 불교의 원형과 본질을 추구하던 때이다. 서구 근대불교학의 경우 이러한 경향은 더욱 현저하여 테라바다불교(상좌부 불교), 즉 초기불교(남방불교)를 불교의 본질이자 완성태로 보고자 했다. 반면, 그 이후 다양하게 전파된 불교의 형태는 그 완성에서부터 타락한 것으로 보는 관점을 분명하게 드러냈다. 이에 따라 동아시아의 대승불교권에서는 '대승비불설(大乘非佛說)' 등의 문제가 불거지면서, 북방불교의 진리와 가치를 재평가하고 복원해야 할 과제가 시급하게 요청

---

17 高橋亨,『朝鮮佛敎の歷史的依他性』,『朝鮮』250, 1936; 길희성,「한국불교사 연구의 어제와 오늘」, 61쪽; 이 밖에 일본학자들의 한국불교에 대한 연구 목록은 다음 자료에서 확인 가능하다. 김용환,「해방이전 일본에 있어서 한국불교연구 현황」,『한국민족문화』16(1), 2000.

되고 있었다.

이에 따라 일본불교에서는 진화론적 발전도식을 이용하여 일본의 불교야말로 진화의 정점이자 완성상태에 이른 것임을 강조하는 담론이 형성된다. 여기에는 '삼국사관(三國史觀)'이라는 역사적 도식이 응용되었다. '삼국사관'이란 가마쿠라시대의 교넨(凝然, 1240-1322)의 저술인 『삼국불교전통연기(三國佛法傳通緣起)』(1312)에 기원한 불교사관으로, 불교의 역사를 인도·중국·일본 3국 중심으로 이해하는 사관이다.[18] 즉 불교는 인도를 거쳐 중국에 당도하고 드디어 일본에 와서 최후의 완성에 도달한다는 것이 이 삼국사관의 요점이다. 이런 도식을 응용하여 메이지 시기 일본은 남방불교 ⇒ 북방불교 ⇒ 동방불교(=일본불교)라는 불교사관을 탄생시키고, 동방불교로서의 일본불교가 세계의 가장 우수한 불교임을 주장하게 된다.[19]

이처럼 일본불교의 정체성을 만들기 위해 필요했던 것이 불교 본질의 발견이며, 다른 한편 일본 내 불교의 통일이었다. 실제 종파불교로 구성된 일본불교의 특성상 조직적 통일이 어려웠던 만큼 이상적 차원에서나마 종파불교를 뛰어넘는, 그들을 하나로 묶어주는 불교의 '본질'을 찾고자 했다. 그 '본질'은 당시 일본불교의 다양한 요구가 수렴된 개념이었다. 여러 개로 분열되어 있는 일본불교에 통일성을 부여해줄 뿐만 아니라, 일본불교의 역사적 전개를 '보편'의 관점에서 설명해줄 수 있는 개념이 요청되고 있었

---

18 최병헌, 「근대 한국불교사학의 전통과 불교사 인식」, 최병헌 외, 『한국불교사 연구 입문』 상, 지식산업사, 2013, 76-77쪽.
19 여기서 주의할 것은 이 '삼국사관'에 의하면 한국(조선)은 이 불교사의 전개과정에 나타나지 않는다는 것이다. 말하자면 일본에 불교를 전해준 한국의 고대역사는 무시되고 있다.

다. 즉 복잡하게 전개된 일본불교사를 하나로 꿰어주고 그것에 공통의 일관된 역사적 관념을 부여해줄 수 있는 '핵'이 필요했던 것이다.[20] 당시 일본 종파불교들은 메이지 유신 이후 탄압을 받게 되면서 공생을 모색해야 했다. 이처럼 다급한 위기의식에 직면한 그들은 통일되고 단합된 일체감이 요구되었기 때문에 더욱 그 '본질'에 대한 추구가 절실했다. 이런 맥락에서, 메이지 불교의 특징을 한마디로 '통일불교' 운동이었다고 보는 견해도 있다.

일본 연구자 제임스 케틀러(J. Ketelaar)에 의하면, 메이지 시기 일본의 통불교 주창자들은 불교의 가르침이 오랜 시간 동안 분화과정을 거쳐왔으나, 이제는 좀 더 단순한 형태로 돌아가 통불교를 예비하는 단계로 진입해 있다고 주장했다. 그 새로운 발전단계가 곧 불교에 대한 통합적 비전(unified vision)을 실현하는 것으로, 그 형태나 의미에 있어서 어느 한 종파의 입장을 따르는 것이 아니라 불교의 본체 그 자체를 지향하는 것이었다. 따라서 메이지 불교는 그들의 통일불교적 비전을 초종파적 (transsectrian)·초국가적(transnational)·범인류적(cosmopolitan) 이념을 표방하는 발전 담론으로 개발하게 되었다.[21]

한국불교가 근대적 의미에서 명확하게 자신을 하나의 '종교'로 인식하기 시작한 것도 서구 종교와 일본불교와의 만남 이후부터였다고 할 수 있을 것이다. 물론 조선시대까지도 불교라는 실체는 있었지만, 그들이 자신

---

20 James Ketelaar, *Of Heretics and Martyrs in Meiji Japan*, Stanford: Stanford University Press, 1990, p. 175.
21 Ibid., pp. 184-191, 특히 p. 177; 조은수, 「통불교 담론을 통해 본 한국불교사 인식」, 『불교평론』 21, 2004, 36쪽 참조.

을 명확하게 근대적 의미의 '종교', 그리고 '불교(Buddhism)'라는 틀 속에서 체계적으로 이해하였던 것은 아니다. 조선시대 불교는 세종의 불교통폐합 정책으로 탄생한 '선교양종' 체제[22] 아래 민간신앙과 혼합된 상황 속에서 오랫동안 민중의 신앙으로 존재해 왔던 만큼 특정한 종단이나 종명을 갖고 있지 않았다.

그러나 개항 이후 불교는 억불정책 해제라는 새로운 환경을 맞게 되었고, 일제의 종교정책에 따라 '종교'로서 공인받게 된다.[23] 그리고 기독교라는 서구 종교와 경쟁할 수 있는 유일한 민족종교의 위치를 확보하게 된다. 이 과정에서 한국불교는 메이지 유신 이후 일본불교의 통일을 모색하는 이론-즉 '불교통일론'-에서 영향을 받아 '불교의 통일'이라는 문제에 대한 관심을 증폭시키게 된다.[24] 그리고 이 불교의 통일을 위해서는 무엇을 가지고 통일할 것인가의 문제에 부딪치게 되고, 이에 따라 한국불교 고유의 특성과 정체성에 대한 탐구가 진행된다.

하지만 한국불교는 일본불교의 상황과 달랐다. 한국불교는 일본과 같이 분화된 종파불교의 상태가 아니었던 것이다. 따라서 개항 후 일본인들에

---

22 세종 6년(1424년) 실시.
23 1915년 일제의〈포교규칙〉에 의해 일본의 교파신도, 불교, 기독교, 이렇게 세 종교만 '종교'로서 공인되었다. 따라서 불교는 제도적으로 안정적 기반을 가지고 종교교단으로 존재할 수 있게 되었다.
24 『불교통일론』을 저술하여 일본불교계에 큰 영향을 준 무라카미 센쇼(村上專精)는 1917년 내한하여 강연하였다. 이 때 이능화, 권상로, 한용운 등이 그를 면담했으며, 이 때 그의 강연내용은『조선불교총보』5호(1917)에 번역 게재되었다. 또 그의『불교통일론』은 권상로에 의해 번역되어『조선불교월보』3~19호(1912~1913)에 17회에 걸쳐 연재된 것은 그가 한국학자들에게 상당히 주목받았던 사실을 보여준다. 최병헌,「근대 한국불교사학의 전통과 불교사 인식」, 28-29쪽.

게 발견된 조선불교의 모습은 마치 일본의 종파불교가 그 당시 찾아 헤매고 있었던 이상적 '통일불교', 즉 '통불교'의 이상이 이미 실현되어 있는 것처럼 보였다. 다카하시 도루의 다음과 같은 말에서도 이러한 인식을 느낄 수 있다.

> 몇 해 전부터 지금까지[輓近] 일본불교의 대세를 관하니 종종(여러) 종파가 많음에 고민이 되고 있는 모양새다. 눈 밝은 승려들은 종파의 대합동을 모색하여 타력문과 자력문의 두 종문을 정함으로써 신시대에 응하라는 자 역시 왕왕 있다. 실로 안으로는 신도(神道) 제교(諸敎)가 날로 만연함과 밖으로는 야소교의 포교에 노력함이 있다. 일본불교는 배와 등에 적(敵)을 가지고 있는 자이다. 작은 종문의 역사적 집념으로 인해 아무리 시간이 흘러도 큰 같음(大同) 속의 작은 차이에 집착[局鯢]해서는 계책[策]을 얻지 못할 것이다. 조선의 불교는 이 점에서 일본보다 몇 년 (오래) 앞섰다고 말하지 않으면 안 된다.[25]

최남선이 조선불교가 '통불교'라고 주장한 것은, 바로 이런 시각에서 한국불교의 근대성과 선진성 및 우월성을 드러내고 싶었던 것은 아니었을까 추정해볼 수 있다. 즉 세종 이후 무종, 무파의 혼돈 상태였던 조선불교의 현실이 이런 통불교적 시각에서는 오히려 동서양의 모든 근대불교가 찾고 있었던 불교의 완성, 즉 역사적 개별화 및 분화과정을 거쳐 드디어 모든 불교 종파를 종합하여 하나의 형태로 완성된 불교로 해석될 수 있기 때문

25　高橋亨,「朝鮮に於ける佛敎宗旨の變遷」,『朝鮮總督府月報』, 4(10), 1914, 38-39쪽.

이다.

당시 일본불교는 메이지 유신 이후 폐불훼석의 위기를 맞았으나, 잠시 불리했던 국가의 불교 정책이 바뀌게 되면서 불교의 새로운 가치를 발견하게 된다. 서구문화에 대한 열등감 해소, 기독교에 대한 대응, 주변 국가들에 대한 제국주의적 침투의 도구로서 일본불교의 가치를 적극 활용할 수 있게 된 것이다. 그 과정에 일본에서는 다양한 종파불교를 넘어서 지역의 경계를 초월하는 하나의 '불교'라는 범세계적 종교적 단위가 필요했다. 그러나 이와는 달리 한국의 경우에는 일본불교와 기독교 등 타종교에 대응하고 불교계 내부의 통합을 위해 한국불교의 본질, 즉 정체성을 찾는 문제가 시급했다. 사찰령(1911)으로 사찰의 주지 임면권을 총독부가 갖게 되자 한국불교는 결속되기는커녕 더욱 해체되었다.[26] 이에 1935년 8월 '31본산주지회의'의 결의를 시작으로 한국불교 통합운동이라 할 수 있는 '총본산건립운동'이 시작되었고, 1938년 마침내 각황사를 중심으로 총본산이 건립되었다. 1941년 조선불교조계종의 성립도 바로 그 연장선상에 있다고 할 수 있다.[27]

---

26 일본의 사찰령(1911)으로 30본산체제(1924년 화엄사가 본산으로 승격하여 31본산으로 변경)가 성립된 이후 오히려 전국의 사찰의 통합과 단일한 통솔의 필요성이 제기되었다. 사찰이 주지 임면권이 총독부에 있었던 관계로 한국불교는 오히려 결속되지 않았던 것이다. 또한 31본산의 개별적인 운영구도로 인해 각 본산의 대표인 주지들이 각종 실권을 행사하는 이른바 '주지전횡(住持專橫)'시대가 되기도 했다. 김광식,「일제하 불교계의 총본산 건설운동과 조계종」,『한국근대불교사연구』, 민족사, 1996, 401-404.
27 위의 글, 414-458쪽. 각황사는 1939년 5월 태고사(太古寺)로 사명(寺名) 개정을 신청하여 1940년 5월 일제 당국으로부터 사명 인가를 받았다. 1940년 11월 주지회의는 '조계종'으로의 종명 개정을 결정하였고, 1941년 4월 23일 총독부령 제125호로 조선불교조계종과 태고사 사법이 성립하게 되어 한국불교계가 추진해온 통일기관으로서의 총본

3) 종단 설립의 현실과 종파의식의 성장

최병헌에 의하면, 일제강점기의 한국불교사연구는 초기부터 유난히 종파사에 관한 저술에 집중되어 있다. 권상로의 『조선불교약사(朝鮮佛敎略史)』(1917), 김해은(金海隱)의 『조선불교사대강(朝鮮佛敎史大綱)』(1920), 김영수의 『조선불교사고(朝鮮佛敎史藁)』(1939), 권상로의 『한국선종약사(韓國禪宗略史)』(연도 미상) 등은 모두 교재로 편찬된 책들이다. 그런데 이들 사서(史書)들은 모두 종파의 역사와 선종의 정통성을 강조하고 있다는 점이 특징이다. 특히 김해은의 『조선불교사대강』은 그 부제를 '조선불교종파변천사론'이라고 붙이고, 그 부록에 13개 종의 개요를 서술하고 있다.[28]

따라서 이 시기는 한국불교의 종파의식의 성장이라는 측면에 주목할 필요가 있다. 김상영은 조선후기부터 한국불교에 분명한 종파의식이 있었음을 언급하고 있다. 이와 같은 사실은 근대 한국불교에도 여전히 종파 관념이 남아 있었고, 그 종파를 계승하겠다는 승단의 의식이 잔존해 있었음을 알려준다.[29] 또 조선후기부터 법맥록, 법통론이 활발히 만들어지고 있었던 것도 이 종파의식의 성장과 관련되는 것이다.[30] 김성은의 연구도 조

산 건설은 일단 완성되었다.
28 최병헌, 「근대 한국불교사학의 전통과 불교사 인식」, 39쪽. 한편, 김해은은 김태흡의 여러 필명 중 하나이다. 황인규, 「한국 근현대 한국불교사의 서술과 고승」, 『한국불교사연구』 1, 2012, 145쪽.
29 김상영, 앞의 글, 236-238쪽.
30 조선불교는 17세기 전반에 계파와 문파가 형성되면서 법맥이 중시되고 법통설이 대두하였다. 법통인식이 처음 표명된 것은 1612년(광해군 4년) 사명(四溟) 유정(惟政, 1544-1610)의 유훈에 의해 그 문도들이 휴정의 문집을 간행하고 유정의 비를 세우면서부터였다. 이후 몇 가지 법통설이 경쟁하다가 17세기 전반, 태고보우를 통해 전래

선후기 승려들의 정체성 인식이 뚜렷하게 나타나고 있는 것이야말로 조선 초기·중기의 불교교단과 다른 특징으로 파악하고 있다.[31]

다카하시는 한국불교가 하나의 종명과 종파를 만들고자 원종과 임제종 설립을 시도한 사실을 설명하면서, 이 두 교단 모두 선본교종(禪本教從), 교선혼일(教禪混一)의 한 종파를 표방하고 있다고 말한다.

> 명치44년(1911) 현 해인사주지 이회광이 일본 조동종과 연합조약을 체결하여 오니 이회광은 실로 원종 종무원의 대표자로서 내걸었다. 원종이란 송(宋)의 영명사 연수(延壽)의 종경록에 같은 종(宗)으로써 선교겸수종문이라 칭해 나오니, 그 수년 전부터 조선승려가 스스로 종명(宗名)을 만들게 한 것이다. 그러나 그에 대하여 범어사의 한용운 백양사의 박한영 등을 필두로 경남 전남의 사찰에서 반대운동을 야기하니 스스로 임제종이라 칭하였다. 이것은 조선 선교양종 스스로도 필경 선이 주가 되고 교가 종이 되는[禪本教從] 법계(法系) 임제(臨濟) 적전(嫡傳)으로 나온 것이라는 말이다. 승려 자신이 원종이라고 말하고 임제종이라고 말하는 것은 모두 조선불교가 선교혼일(禪教混一)되어 일종파(一宗派)로 돌아가는 것을 증명하는 것이라고 말

뒤 중국 임제종의 정맥이 휴정에게 이어진다는 '임제태고법통설'이 정립되고 대세가 되었다. 이 법통설은 조선불교가 임제종의 정통을 계승한다는 선종으로서의 자의식과 조선 선종의 정체성 확보로 해석된다. 김용태, 「조선후기·근대의 종명(宗名)과 종조(宗祖) 인식의 역사적 고찰 - 조계종(曹溪宗)과 태고법통(太古法統)의 결연」, 『선문화연구』 8, 2010, 47-48, 53-54쪽; 김용태, 「조계종 종통의 역사적 이해-근현대 종명, 종조, 종지를 중심으로」, 『한국선학』 35, 2013 참조.

31 김성은, 「조선 후기 선불교 정체성의 형성에 대한 연구: 17세기 고승 비문을 중심으로」, 서울대학교 종교학과 박사학위 논문, 2012.

할 수 있다.[32]

이런 가운데 출현한 최남선의 '통불교론'은 일본불교에 대항하기 위한 민족주의적 성격을 지닌 담론이었다고 볼 수 있다. 그의 논술에 나와 있는 조선불교의 위대성과 독자성에 대한 강조는 그런 우리의 추정을 가능하게 한다. 사실 1930년대 당시는 특히 한국불교가 일본 총독부의 사찰령 통제에서 벗어난, 하나의 자율적이고 단일한 종단의 성립이라는 목적을 향해 나아가던 시대이기도 했다. 당시 한국불교는 일본과 구별되는 독자적 정체성, 그리고 한국불교의 본질적 성격을 구현하는 종단과 정통성을 추구해야 하는 상황에 처해 있었다.[33]

이런 가운데 1930년대 한국불교에는 크게 두 가지 목표가 병존하고 있었다고 할 수 있다. 그 하나는 최남선처럼 한국불교를 진화론적 발전의 정점에 이른 '통불교'의 완성으로 보고 그 이상적 정체성을 추구하는 것이다. 그리고 다른 하나는 김영수처럼 현실적·제도적 차원에서 한국불교의 정체성을 실현하는 종단을 만드는 것이다. 즉 차원을 달리하는 두 개의 목표가 통불교론을 중심으로 동시에 추진되고 있었다고 할 수 있다. 이처럼 한국불교는 일본 종파불교의 한계를 넘어서는 '통불교성'을 포기하지 않으면서도, 다른 한편으로는 실제적인 하나의 통일된 종단설립을 위해 강한 종파성을 추구해야 하는 이중적 목표를 갖게 된 것이다.

따라서 당시 한국불교의 성격론은 종단 설립을 위한 종파의식의 성장과

---

32 高橋亨,「朝鮮に於ける佛敎宗旨の變遷」, 38쪽.
33 김광식,「조선불교조계종의 성립과 역사적 의의」, 67-102쪽; 김광식,「일제하 불교계 통일운동과 조계사」,『한국민족운동사연구』 29, 2001 참조.

함께, 한국불교 전통의 실체를 발견하고자 하는 지적 관심을 발전시켜 나갔다. 그 결과, 한국불교 통일 종단의 수립이라는 이상은 교리적 차원에서 '선종파주의 통불교' 담론으로, 그리고 제도적 차원에서는 총본산 설립 운동으로 귀결되었다. 김영수의 주장이 넓은 공감대를 얻으며 조계종으로의 종명 개정 논의가 구체화된 시점과, 한국불교 총본산 설립 운동이 본격적으로 진행된 시기가 거의 비슷하게 맞물리고 있는 것이 바로 그 예증이다.[34] 이처럼 한국불교의 '통불교적 성격'은 단순히 사상적 담론에만 그치지 않고 실제적 조직체로서 역사 속에 구체화되어야 할 필요가 있었다. 여기서 등장하는 중요한 화두가 다름 아닌 '어떤' 통불교적 종단이 한국불교 전통에 더욱 부합하느냐 하는 문제였다.

---

34 김상영, 앞의 글, 253-254쪽; 그러나 총본산(혹은 총본사) 설립 운동과 종명 확정의 배경에 대해서는 다른 해석도 있다. 김순석은 정광호와 김광식이 총본산 설립 운동을 조선불교계의 자주성과 정체성 수호 노력으로 평가하고, 조선총독부는 그것을 인정할 수 밖에 없었다고 본 것에 대해 다른 의견을 제시한다. 즉 총본산 설립은 전시체제 수행을 위해서 조선총독부가 조종한 결과물이라고 보는 것이다. 이에 따르면, 총본사 설립은 1937년 조선총독부가 전달한 31본사 주지회의의 의제였으며, 총본사설립위원회가 조직될 무렵 불교계에서는 종명 개정에 관한 논의가 이루어졌다. 이러한 과정을 거쳐 1941년 태고사가 총본사로 인가된 것은, 총독부가 총본사를 31본사의 통제관리기관으로 이용하려 한 것이라고 설명한다. 김순석, 『일제시대 조선총독부의 불교정책과 불교계의 대응』, 경인문화사, 2003/2004, 187-199쪽; 정광호, 「일본 침략시기 불교계의 민족의식」, 『윤병석교수화갑기념한국근대사논총』, 1990 참조.

3. 한국불교 성격론의 등장과 전개

1) 최남선의 조선불교론

한국불교는 일본의 종파불교의 영향과 그 대응으로, 일본불교·중국불교와 구별되는 한국불교의 정체성을 모색하게 되었다. 그 가운데에서도 특히 한국불교를 중국불교의 아류 정도로 보는 일본 학자들을 의식하면서 한국불교의 특성을 밝히려는 시도가 본격적으로 등장하게 된다. 그 대표적인 것이 최남선의 「조선불교(朝鮮佛教): 동방문화사상(東方文化史上)에 있는 그 지위」(1930)이다. 1930년 7월 하와이에서 열린 '범태평양 불교대회'에서 발표한 이 글에서 최남선은 한국불교의 특징이 원효의 사상에서 구현된 '통불교(通佛教)', '전불교(全佛教),' '종합불교(綜合佛教),' '통일불교(統一佛教)'의 실현에 있음을 강조하면서, 그것을 인도의 서론적 불교나 중국의 각론적 불교와 대비하여 설명한다. 이러한 관점은 그 후 줄곧 한국불교의 특징을 규정하는 지배적 담론으로 자리 잡게 되었으며, 그 담론적 지위는 오늘날까지도 크게 흔들리지 않고 있다.

최남선의 앞의 글 「제4장: 원효, 통불교의 건설자」에서 최남선은 다음과 같이 말하고 있다.

> 조선이 불교에 가지는 진정한 자랑과 독특한 지위는 따로 조선적 독창의 위[上]에 있을 것이다. 곧 불교의 진생명(眞生命)을 투철히 발양하야 - 불교의 구제적 기능을 충족히 발휘하여 이론과 실행이 원만히 융화해진 〈조선불교〉의 독특한 건립을 성취했음에 있다. 인도 및 서역의 서론적(緒論的)

불교, 지나의 각론적(各論的) 불교에 대하여 조선의 최후의 결론적(結論的) 불교를 건립하였음이 있는 것이다. 그런데 반도불교에서 이 영광스런 임무의 표현자 된 이가 누구냐 하면 실로 당시로부터 대성(大聖)의 칭(稱)을 얻은 원효가 그 인(人)이다.[35]

최남선은 조선불교가 불교의 진화·발전의 전개사에서 완성의 정점인 '결론적 불교'라고 높이 평가하고, 그 결론적 불교가 오래 전 통일신라의 원효에서 이미 나타나 있다고 강조한다. 그는 불교가 '원심적(圓心的) 경향으로 분화·발전해 오다가 조선(=신라)에 와서 구심적(求心的) 경향을 나타내어 마침내 원효에 의해 단일교리(單一敎理)에 의한 최후의 완성을 실현'했다고 설명한다.[36]

이와 같이 한국불교 성격 논의가 공식적으로 구체화된 것은 최남선의 한국불교 통불교론에서 출발했다고 할 수 있다. 일본에 대항하기 위해 최남선이 추구한 한국 고유의 정신성은 "불함문화론"으로 나타났다면, 그가 강조하고 싶었던 한국불교의 가치는 '원효의 발견'으로 구체화되었다. 이 같은 원효로의 회귀는 당시 불교지식인이었던 허영호, 김경주,[37] 조명기 등으로 이어졌다. 그리고 후대에 이기영 등 한국의 불교학자들을 통해 원효의 통불교성은 한국불교의 위대한 성성취로 평가되면서 불교의 보편적 담론의 중심을 차지하게 된다.

35　최남선, 「조선불교 - 동방문화사상에 있는 그 지위」, 『불교』 74, 1930, 12쪽. (원문의 고어 투는 되도록 살렸으나 필요한 경우 약간의 윤문. 이후의 인용문들도 동일함)
36　위의 글, 16쪽.
37　김경주, 「현하세계의 불교대세와 불타일생의 연대고찰」, 『불교』 77, 1930.

그런데 이 최남선의 '통불교'론은 1980년대 중반 이후 호된 비판에 직면하게 된다. 이런 비판을 선도한 것은 심재룡이다. 그리고 그 뒤를 이어 여러 연구자들이 이 논쟁에 가세하여 '한국불교 성격론'이라는 거대한 담론의 장을 형성한다.[38] 이 논의에서 핵심적인 비판은 최남선의 통불교론이 '사실'에 입각해 있다기 보다는 '민족주의적 감정'에 의거해 있으며, 원효의 『십문화쟁론』에 회통의 요소가 있다하나 그것이 그리 대단한 내용이 아니며, '회통'이란 한국불교만의 성격이라고 하기엔 너무나 광범위하고 불교 전체의 내용에 해당하는 성격이라는 것이다.[39] 또 최남선이 사용한 '통불교'라는 용어는 그의 독창적 개념이 아니라 이미 메이지 시대 일본불교에서 유행한 용어('通佛敎, Tsūbukkyō')이며, 특히 유신기 일본의 다카다 도오켄(高田道見)의 『통불교안심(通佛敎安心)』(1904)과 이노우에 세이코(井上政共)의 『최신연구통불교(最新研究通佛敎)』(1905) 등에 구체적으로 나타난다는 것이다.[40]

---

38 심재룡, 「한국불교는 회통적인가?」, 제5회 한국학 국제학술대회 발표논문, 한국정신문화연구원 주최, 1988; 심재룡, 「한국불교 연구의 한 반성 - 한국불교는 회통적인가?」, 『동양의 지혜와 선』, 세계사, 1990; 심재룡, 「한국불교는 회통불교인가」, 『불교평론』』 3, 2000; 조은수, 앞의 글; 이봉춘, 「회통불교론은 허구의 맹종인가 - 한국불교의 긍정적 자기 인식을 위하여」, 『불교평론』 5, 2000 겨울; 존 요르겐센, 「한국불교의 역사쓰기 - 미래를 위한 과거의 교훈」, 『불교연구』 14. 1997; 로버트 버스웰, 「국가시대 이전의 한국불교」; 로버트 버스웰, 「한국불교 전통의 출현」; 김상영, 「한국불교의 보편성과 특수성: 그동안의 담론 검토를 중심으로」, 『불교연구』 40, 2014.

39 심재룡, 「한국불교는 회통적인가?」; 심재룡, 「한국불교는 회통불교인가」, 186-189쪽; 길희성도 원효사상을 앞세운 통불교담론은 시대적 요청에 의한 치우친 견해라고 비판한다. 길희성, 「한국불교 특성론과 한국불교연구의 방향」, 80쪽.

40 James Ketelaar, op.cit., pp. 184-185; 조은수, 앞의 글, 36쪽; 존 요르겐센, 「한국불교의 역사쓰기」, 208-209쪽. 그런데 마츠다니 후미오에 의하면 후쿠다 교우카이(福田行誡, 1809-1898)에게서 이미 '통불교' 용어의 사용이 보인다. 增谷文雄, 『近代佛敎思想

이와 같이 일본불교의 '통불교' 담론과 한국불교의 '통불교' 담론을 연결시켜 살펴보는 것은 우리에게 매우 중요한 정보와 시각을 제공한다. 한국불교가 그토록 강조하는 '통불교'라는 개념이 우리만의 것이 아니라 다른 나라에서 이미 유행을 하고 있던 개념이라는 사실은, 우리가 지금까지 생각했던 것과는 다른 새로운 차원에서 이 문제를 바라보고 접근해야 할 필요성을 제기한다.

사실 통불교론은 그 의미를 확대해보면 근대불교(Modern Buddhism)의 일반적 추세인 불교의 보편성(universality)에 대한 탐구, 작게는 동아시아 특히 근대일본의 불교통일론과 연결될 수 있는 개념이다. 일본에서 통불교론은 불교종파들을 묶어 하나의 세력을 형성하고자 한 이념적 기제이기도 했고, 불교의 완성이라는 이상주의적 불교를 지향한 담론이기도 했다. 하지만 어찌 보면 그 개념 자체에 현실적 한계를 내포했던 담론이었다고도 할 수 있다. 왜냐하면 일본의 통불교담론의 전개에는 동시에 종파주의가 대항담론으로 등장할 수밖에 없었고, 통불교담론이 전개되면 될수록 종파주의가 보다 공고화되었기 때문이다.[41] 이런 맥락에서 한국과 일본 모두 통불교론은, 자신들의 개별 교리와 이념에 따라 종단을 설립하려는 종파주의와 예민한 관계에 놓이게 되지 않을 수 없었다.

史』, 三省堂, 1941, 36-37쪽. 또 한국에서 최남선 보다 먼저 권상로가 「조선불교사의 이합관」(『불교』 62, 1929)에서 '통불교' 용어를 사용했다는 것도 밝혀졌다. 최병헌, 「한국불교사의 체계적 인식과 이해 방법론」, 85, 89쪽.

41　John S. Lobreglio, "Uniting Buddhism: The Varieties of Tsūbukkyō in Meiji-Taishō Japan and the Case of Takada Dōken", *The Eastern Buddhist*, Vol. 37(1-2), 2005, pp. 39-76. 이 글은 일본의 메이지 시기 통불교운동의 이념과 특징을 4가지로 분류하여 그 다양한 전개양상을 심층적으로 설명하고 있다.

2) 두 가지 성격론의 혼재: 통불교(通佛敎)와 선불교(禪佛敎)

그런데 근대의 한국불교 성격론을 둘러싼 논의에서 이와 같이 단편적인 통불교성을 강조한 것만은 아니다. 최남선이 한국불교의 통불교성을 강조한 것과는 다르게, 권상로(權相老, 1879-1965) · 김영수 등은 한국불교의 정체성이 '통불교'에 있는 것이 아니라 '선불교'에 있음을 강조하였다. 권상로와 김영수는 선불교가 '주(主)'이고 교종이 '종(從)'인 '선주교종(禪主敎從)'적 선종 중심론을 펼쳐나갔다. 그들도 물론 한국불교에 통불교적 성격이 있다고 보기는 하지만, 한국불교의 핵심은 선종에 있다고 보는 '선불교적 통불교론'을 주장하였다. 근대한국불교의 성격론은 이 두 노선의 경쟁, 즉 '통불교'냐 '선불교냐'를 둘러싼 논의로 이루어져 있으며, 그것은 오늘날까지 한국불교의 주요 성격 논쟁의 테마가 되고 있다.

(1) 김영수의 선(禪) 중심의 한국불교 성격론

권상로와 김영수는 조계종의 종명, 조계종 역사와 종지, 종풍을 정리하는 일에 매우 중요한 역할을 담당했다. 권상로는 1910년대 「불교의 골자는 선(禪), 선은 만법의 총부」[42]에서부터 선에 대한 관심을 표명하였고, 이후의 다양한 글 속에서 조계종지에 대한 자신의 관점을 피력하고 있다.[43] 그러나 아무래도 선종으로서의 한국불교, 그리고 그 가운데에서도 조계종으로서의 한국불교의 정체성 확립에 공헌한 사람은 포광(包光) 김영수라

---

42 권상로, 「불교의 골자는 선(禪), 선은 만법의 총부」, 『조선불교총보』 4, 1917.
43 권상로, 「조선불교의 3大 특색」, 『불교』 50-51, 1928; 권상로, 「조선에서 자립한 종파」, 『불교』 54, 1928; 권상로, 「조계종지」, 『신불교』 49, 1943.

고 할 수 있다.[44]

김영수의 연구 가운데 무엇보다 중요한 것은 『진단학보』에 실린 그의 두 편의 논문이다. 그의 「오교양종(五教兩宗)에 대하여」[45]는 한국불교 종파사의 맥을 정리한 논문으로 후대에도 커다란 영향을 미치게 된다. 또한 「조계선종(曹溪禪宗)에 대하여」[46]는 조계종의 전통을 고찰하는 논문으로서 조계종의 종지를 지눌의 돈오점수(頓悟漸修) 사상에서 찾고 있다. 그는 기본적으로 같은 견해를 「조선불교종지(朝鮮佛教宗旨)에 대하여」와 「조계종(曹溪宗)과 전등통규(傳燈通規)」[47] 등에서도 밝히고 있다. 김영수의 이론 가운데서 오교양종설은 대체로 학계의 정설로 받아들여져 왔으나 최근에는 여러 가지 이설이 제기되고 있다.

김영수가 주장한 조선불교 성격론은 많은 연구자들에게 또다른 하나의 통불교론이라고 평가된다. 왜냐하면 그가 한국불교의 특징을 '조계선종으로서 염불과 간경을 종합한 것'이라고 설명하고 있기 때문이다.[48] 따라서 김영수의 통불교론이 최남선의 통불교론과 어떻게 같고 다른지 살펴볼 필요가 있다.

우선 김영수는 한국불교의 전통을 '통불교적'이면서도 명확한 '선종'으

---

44 김영수에 대한 포괄적 연구는 다음을 참조할 수 있다. 유병덕, 「포광 김영수의 학문과 인간상」, 『한국종교사연구』 12, 2004; 양은용, 「포광 김영수의 불교사학 연구」, 『한국종교사연구』 13, 2005.
45 김영수(김포광), 「오교양종에 대하여」, 『(신)불교』 28-29, 1940-1941.
46 김영수(김포광), 「조계선종(曹溪禪宗)에 취(就)하야」, 『진단학보』 9, 1938.
47 김영수(김포광), 「조계종과 전등통규」, 『(신)불교』 43, 44, 45, 1942-1943.
48 최병헌, 「근대 한국불교사학의 전통과 불교사 인식」, 41쪽; 김용태, 「근대불교학의 수용과 불교 전통의 재인식」, 『한국사상과 문화』 54, 2010, 331쪽.

로 규정하고 있다. 그는 조선불교를 '선교양종'으로 부르는 것은 "희미맹랑(希迷孟浪)"하다고 비판하면서, 선교양종의 종명을 거부하고 순수한 선종으로서 한국 고유의 종명을 가질 것을 희망한다.

> 조선불교가 선종으로서 염불, 간경을 숭상하는 것이 조선불교의 특색일 것이다.…우리 조선불교는 임제조동 등 5파의 선종도 아니요 정토화엄 등 교종도 아니라 순일무잡(純一無雜)한 조선의 구산선종(九山禪宗)으로서 염불(念佛)도 하고 간경(看經)도 한다….[49]

또한 김영수는 조선불교의 특색을 정초한 사상의 연원이 보조국사 지눌에 있다고 밝히고 있다. 조선불교의 종지가 '선종으로서 염불과 간경을 숭상하는 것'은 보조국사의 정혜쌍수와 돈오점수설에 따른 것이라고 설명한다. 보조국사의 주장은 '달마선종의 좌선법에 의하여 돈오하고 화엄경등에 의해 점수하자는 것'이며, 선종의 입장에서 교학의 교리를 융섭하여 염불도 하고 간경도 한다는 것이다.[50] 김영수는 조선불교의 특색이 이 지눌의 사상에서 완성되었고, 그 사상의 핵심은 '참선이 주이고 교학은 그것의 보완'이라고 주장한다.[51]

이렇게 보면 김영수의 한국불교 성격론에서 선과 교는 평등한 위치에 놓여 있는 것이 아니다. 이러한 김영수의 입장은 원효가 완성한 통불교가 한국불교의 특성이라는 최남선의 입장과는 다른 것이다. 최남선은 원효

---

49 김영수(김포광), 「조선불교의 특색」, 30쪽.
50 위의 글, 32-33쪽.
51 위의 글, 33쪽.

가 화엄종과 동시에 정토사상 역시 중시하였고, 여러 종파(혹은 학파)를 주종관계나 우열의 시각에서 다루지 않았다고 보았다. 최남선에 따르면 원효의 사상에서는 불교의 통일과 조화가 중시되었으며, 그 안에서는 어떤 차이나 구별도 강조되지 않는다는 것이다.

최남선은 원효의 저작이 50종 100여 권에 달하지만, "각파(各派) 그대로를 말미암아 구극일원(究極一源)을 붙들어서 전일적(全一的) 불교를 표현하려 함"이었다고 보며, 원효가 다룬 찬술들이 다방면에 걸쳐 있으나 "그 일체의 부분들을 합해 통일적 불교를 고조하려"했다고 말한다. 원효의 불교사상은 '통불교 전불교(全佛敎)의 실현'이며 그 거룩한 포부를 담은 것이 『십문화쟁론』 2권이었다고 주장한다.[52] 이와 같이 최남선의 원효 이해는 여러 불교종파와 교학들의 수평적 통일과 종합에 집중되어 있으며, 그 이해의 기초는 원효의 『십문화쟁론』이었다.

그러나 김영수는 조선불교의 근본 종지가 역사 속에서 '조계종'이라는 종명과 '태고보우(太古普愚)'라는 조종(宗祖)를 통해 전통을 구현해 왔다고 주장하며, 태고보우는 또한 보조국사의 종지를 계승했다고 강조한다. 그는 조선불교의 종조인 태고보우가 구산(九山) 중 가지산(迦智山)의 법손으로서 보조국사의 종지를 계승하여 오늘날 조선불교의 근본 종지를 확립시켰다고 본다. 따라서 조선불교는 "순일무잡한 조선 선종"으로서, '참선오도의 준비를 위해 간경하고 또 참선오도한 후 그것을 보존하고 수행하기 위해 간경'하는 것이며, 그 종풍은 임제종, 조동종과 다르고 화엄종, 정토

---

52 최남선, 앞의 글, 17쪽.

종과도 다른 조선불교만의 특색이라고 설파한다.[53]

이러한 김영수는 자신의 입장은 그 연원을 태고보우의 전등(傳燈)에 연결시키며, 조계종의 전통을 명확히 선종으로 규정짓고 있다. 조계종은 분명히 선종의 정신을 본질로 한다는 것을 그는 다음과 같이 말한다.

> 조선불교의 본조(本祖) 되는 태고화상의 전등이 조계종 가지산의 법통에 속하였고 따라서 종명이 조계종이고 종지가 불립문자(不立文字) 즉심즉불(卽心卽佛)을 표방하는 것이므로 조선불교는 선과 교를 쌍으로 숭상하는 선교양종의 불교가 아니라 반드시 선을 치우쳐 숭상하는 선종불교이다.[54]

이러한 김영수의 논지에는 몇 가지 특징이 있다. 먼저 김영수에게 한국불교의 특성 또는 정체성 논의에는 원효가 중심을 차지하지 않는다. 김영수가 한국불교의 선종은 염불과 간경을 겸수한다고 하고, 또 한국불교의 특성은 선과 교를 겸하는 선종이라고 규정할 때, 그것은 지눌과 보우의 전통일뿐 원효의 전통은 아니라고 본 것이다.

또한 김영수는 한국불교의 정체성의 핵심을 사상적 전통뿐만 아니라 교단이라는 제도적 차원에서 찾고 있다. 그에게 종지(宗旨), 종통(宗統), 종맥(宗脈), 법통(法統), 법맥(法脈) 등의 용어는 중요한 것이다. 그는 조선불교의 종지와 종명을 찾기 위해서는 먼저 그 전등(傳燈)의 계보부터 살펴보아야 한다고 제안한다.[55] 그는 한국불교가 조선 중기까지 선과 교의 다양한 종

---

53 김영수(김포광),「조선불교의 특색」, 34쪽.
54 김영수(김포광),「조선불교 종지에 대하야」, 14쪽.
55 위의 글, 7-8쪽.

파들이 존재했으나, 청허 유정의 시대에 이르러 화엄과 천태 등 모든 종들의 '법통'은 모두 소실되고 오직 조계종만이 '법맥'을 계승하게 되었다고 강조한다.

김영수는 조계종 선종의 계보를 두 가지 측면으로 나누어 보고 있다. 즉 하나는 '전등(傳燈)'의 차원이며, 다른 하나는 '종지(宗旨)'의 차원이다. 그는 "전등 상으로 볼 때에는 보조국사는 굴산범월(崛山梵月)의 법손이요 조선불교의 종조인 태고화상은 가지산(迦智山) 도의국사(道儀國師)의 후손이지만, 종지상으로 볼 때에는 태고화상도 보조국사의 불교사상을 계승한 것이 사실"이라고 한다.[56] 즉 보조국사와 태고보우는 그 전등의 계보는 다르나 종지의 계보에서는 일치한다는 것이다. 이와 같이 보조와 태고를 동시에 그 계보로 삼는 선종 중심의 불교 종지의 구성은 김영수에 의해 체계화되었고, 이후 그것은 한국불교에서 보편적 담론이자 통설로 받아들여지게 되었으며, 오늘날 대한불교조계종의 종헌에도 그대로 반영되어 있다.

(2) 허영호의 통불교론

일반적으로는 조계종 종명과 종지에 대한 김영수의 주장은 특별한 반대에 부딪히지 않고 무난히 조계종 창종으로 이어진 것으로 보고 있다. 그럼에도 이러한 김영수를 중심으로 추진한 한국불교의 '선 중심의 종지' 규정은 전혀 저항이 없었던 것은 아니다. 한국불교의 선종으로서의 정체성 확립 과정은 처음부터 만장일치로 진행되었던 것이 아니며, 그에 대한 반발 혹은 우려도 만만치 않았다. 그것은 일제가 막을 내리던 무렵인 1944년에

---

56 김영수(김포광), 「조선불교의 특색」, 32쪽.

이르기까지 불교 잡지 속에서 한국불교의 종명과 종지에 대한 논쟁이 끊이지 않았던 사실에서도 엿볼 수 있다.[57]

선종 중심으로 한국불교를 정의하려는 움직임에 글을 통해 명확하게 반대의사를 제시한 사람은 허영호였다.[58] 그는 일본에 유학하여 『반야심경』의 산스크리트어 원전과 한문본을 비교·대조하여 한글 주석을 붙이기도 했던 인물로, 지적인 엘리트에 속했던 범어사 출신 학승이다. 그는 한국불교의 정체성이 '통불교'에 있다고 주장하며, 단일한 선종의 종명으로 조선불교를 규정하는 데 이의를 제기했다. 그리고 그는 통불교 정신을 구현하는 종단의 건립을 주장했다. 그는 다음과 같이 말한다.

전체적으로 조선불교를 일종(一宗)으로 규정하려는 것은 현재의 조선불교로 보나 석존불타의 본의로 보나 결코 타당한 견해가 아니라 생각합니다. 그러므로 조선불교의 재조직은 통불교(通佛敎)로서의 조선불교의 확립을

57　예를 들어 김영수는 1941년 조계종의 종단설립이 완료된 후에도 계속 다음과 같은 글을 쓰고 있다. 김영수, 「태고화상의 종풍에 대하여」, 『(신)불교』 39-40, 1942; 김영수, 「조계종과 전등통규」; 김영수, 「종조, 종명의 질의에 대하여」, 『(신)불교』 61, 1944.
58　허영호는 근대불교학연구방법론을 도입하여 범어 경전을 번역하는 등 활발한 활동을 하였지만, 6.25 전쟁 때 월북하여 그 연구의 흐름이 일찍 끊겼다. 또 친일 행적으로 후대의 평가가 그다지 긍정적이지 않다. 하지만 1937년 『불교』 잡지의 발행인을 맡는 등 당시 불교계의 중요한 인물이었다. 그는 반야부의 성립 경위·과정 등을 고증·분석하였고, 산스크리트어·빨리어와 한글의 발음을 비교하는 언어학적 관심을 발전시키기도 했다. 『불교성전』 『불타의 의의』 『사종의 원리』 등을 저술하였고, 다수의 한역경전도 번역하였다. 허영호에 대해서는 조명제, 「허영호의 전쟁 협력의 담론과 근대불교」, 『항도부산』 27, 2011; 조명제, 「1920~30년대 허영호의 현실인식과 근대불교학」, 『대각사상』 14, 2010; 조명제, 「근대불교의 지향과 굴절- 梵魚寺의 경우를 중심으로」, 『불교학연구』 13, 2006.

전제하지 않으면 안 될 것이라 생각합니다. 통불교라는 것은 결코 단순히 근본불교에의 회귀를 의미하는 것은 아닙니다. 근본불교의 원의(原義)에서 삼천년의 역사불교를 양기통일(揚棄統一)하여 현재의 조선불교에 귀납시키자는 것입니다.[59]

허영호는 한국불교를 단일한 하나의 종파명(일종, 一宗)으로 규정하려는 데 대해 반대한다. 허영호에 의하면 무엇보다 불교의 선이나 교 모두 결국은 "불교 수도(修道)의 수단 방법"에 불과한 것으로서, 그 사실을 무시하고 '선을 목적으로 하거나 교를 목적으로 하는 것'은 모두 "한 종에 치우친 것[偏宗의 風]"에 불과한 것이다. 그리고 "선은 불심(佛心)이오 교는 불어(佛語)"라고 하는 것도 감상적 명제에 불과한 주장이라고 비판한다.[60] 그는 여기서 선을 부처의 마음이라고 하여 더 우월한 것으로 생각하는 선종적 경향을 비판하는 것으로 보인다.

그렇다면 허영호는 무엇을 주장하는 것일까? 그는 한국불교의 현실 속에 있는 다양한 종파와 수행법을 있는 그대로 수용하는 통불교적 전통의 수립을 주장한다. 그리고 그 통불교적 전통을 지지하는 근거를 원효의 『십문화쟁론(十門和諍論)』에서 찾고 있다. 허영호에 의하면 조선불교의 종파와 수행 방법이 다양한 것은 신라시대 이후 원효에 의해 완성된 통불교적 정신의 영향에 의한 것이며, 원효의 정신이 지금까지 계속 조선불교의 역사 속에 작동해 왔기 때문이다. 그는 조선불교에 '선도 있고 화엄도 있

---

59 허영호, 「조선불교와 교지 확립 - 교단의 미래를 전망하면서」, 『(신)불교』 3, 1937, 9쪽.
60 위의 글.

고 법화도 있고 정토도 있고 밀교도 있고 삼론도 있고 유식도 있고, 선원이 있고 강원이 있고 염불당이 있고 선사(禪師)가 있고 교사(敎師)가 있고 율사(律師)가 있고, 좌선이 있고 간경이 있고 염불이 있고 송주(誦呪)가 있고 설계(說戒)가 있는 것이 과거 종파불교의 결과라고 볼 수 없으며, 본래 조선불교에 통불교적 사상이 흐르기 때문'이라고 설명한다. 그러한 불교관을 가장 잘 보여주는 것이 원효의 통불교 사상이며, 그것이 바로 조선불교의 역사성과 특수성이라고 주장한다.[61]

따라서 허영호는 조선불교가 하나의 종파가 되는 것을 극구 반대한다. 그는 조선불교가 어떤 특정 종파의 이름을 갖는 것을 바라지 않는다. 그는 1937년 무렵 조선불교를 하나의 종파로서 설립하려는 흐름이 형성된 것을 가리켜 '종파적 경향'이라고 부르며, 조선불교를 임제종이나 화엄종과 같은 방식으로 부르는 것을 긍정할 수 없다고 반박한다. 그가 볼 때 조선불교에는 어디에도 "종파적 대립과 주장이 보이지 않는다."는 것이다.[62]

그는 조선불교가 통불교적인 것은 조선시대의 선교양종 통폐합 때문이라고 보지 않으며, 원효의 통불교 정신이 조선불교의 특징으로서 계속 영향을 미쳤기 때문이라고 본다. 허영호는 '조선의 불교가 중국과 일본과 같이 종파적 유대가 강고하지 못할 뿐 아니라, 원효에서 확립된 통불교 사상이 조선불교의 모든 조류에 삼투(滲透)하여 종파적 특색을 종학적(宗學的)으로, 또 교단적(敎團的)으로도 잃어버리게 하였다.'고 한다. 그러므로 교단, 즉 사찰을 중심으로 한 종파의 색을 구별하여 해당 사찰 소속 승려의

---

61 위의 글.
62 허영호, 「조선불교의 입교론」, 『(신)불교』 9, 1937, 8쪽.

종파 소속을 논의하는 것은 역사적으로나 조선적 불교의 면에서나 정당한 근거에 입각한 것이라고 할 수 없다고 한다. 그러므로 "조선에 전등(傳燈)이 명확하지 못하고 종승(宗丞)이 착종(錯綜)한 까닭은 모두 이런 경향에서 결과된 까닭"이라고 강조한다.[63]

그런데 허영호의 논변에 하나 유의할 것은 그가 불교의 '선(禪)'이 '선종'만의 유일한 전통이 아니라고 주장하는 점이다. 그는 불교에서 '선'이라는 것을 하나의 종파의 정체성을 나타내는 요소로서가 아니라 불교 수행의 근본이며 모든 불교 종파의 공통 요소라고 보고 있다. 그는 다음과 같이 말한다.

> 조선불교를 선종의 하나이라고 하는 이는 진실로 선종(禪宗)과 선정(禪定)을 모르는 이의 말이오 따라서 조선불교의 교의(敎義) 형태까지도 모르는 말이다. 현재 조선 사찰의 어느 하나나 선종적인 사찰은 없다. 종(宗)은 주(主)라 전(全)을 의미하는 것이 아니니 조선불교에 선이 주(主)되는 까닭에 선종이라 할 수 있다고 말할 것이나 단혹증지(斷惑證智) 조심이욕(調心離欲)이 선정을 말미암음이 많거늘 하필 조선불교만 선종이라 이르랴. 그러한 의미라면 불교 전체가 선정을 중시하는 것이니 조선불교만을 잡아서 선종이라는 것은 맞지 않은 일이다.[64]

위의 허영호의 글에서 그가 펼치고 있는 논지는 대략 두 가지로 정리할

---

63   위의 글, 8-9쪽.
64   위의 글, 9-10쪽.

수 있다. 첫째, 그는 한국불교의 정체성을 통불교로 보고 있으며, 만일 그렇다면 한국불교의 종단명도 당연히 통불교성을 반영하는 것이어야 함을 주장한다. 한국불교가 전통적으로 통불교의 성격을 가지고 있고, 또 통불교적 성격을 지향해 왔다면 당연히 한국불교의 종단명도 통불교적이어야 한다는 것이다.

둘째, 허영호는 선종의 종파성을 나타내는 '선(禪)'과, 불교라는 종교를 구성하는 보편적이며 핵심적 구성성분인 수행으로서의 '선(dhyāna, 즉 禪定)'을 구별하고 있다. 그는 하나의 종파이자 교단조직의 정체성을 나타내는 선종의 '선'과 불교의 수행적 요소인 선정의 '선'의 개념을 구별하며 그 두 개를 혼동하지 말 것을 강조하고 있다. 허영호에 의하면 당시 조선의 사찰에서 선을 행하고 있으나 그것은 불교 보편의 선수행(禪修行)일 뿐, 선종만의 선수행이라고 볼 수는 없다는 입장이다.[65]

따라서 허영호에게 선이란 모든 불교에 내재된 것이고, 결국 그 선을 실행해 온 조선불교의 모든 다양한 수행과 실천들은 지금 있는 그대로 존중되어야 하는 것이다. 그에 의하면 조선불교가 결코 "일경일률(一經一律) 또는 일론(一論) 위에 입종(立宗)된 것이 아니오 항상 전체 위에 입교(立教)되었음"을 알아야 하며, "불타의 근본교법이 본래 일법(一法) 일학(一學)에 치우치지 않는 것"임도 알아야 하며, "조선불교가 종파적 불교에 시종(始終)

---

65 이렇게 '선'이라는 실천수행을 한 종파의 전유물로 보는 것이 아니라 불교 모든 종파의 공통적 요소이며, 불교의 본질로 바라보는 관점은 이 당시 어느 정도 공유되고 있었던 것 같다. 허영호의 「조선불교와 교지확립」이 게재된 『신불교』제3호에 김진원의 글이 함께 실려 있는데 비슷한 논지를 발견할 수 있다. 김진원, 「불교사상상 선교의 지위와 관계」, 『(신)불교』 3, 1937, 14-18쪽.

하지 않고 항상 통불교 일승불교(一乘佛敎)의 기초"에서 발전된 것임도 알아야 하며, "종파에 치우쳐서 조선불교를 정돈하려는 것은 더욱 과오를 범하"는 것임을 알아야 한다.[66]

그렇다면 결국 허영호에게 조선불교란 어떤 것인가? 허영호에게 조선불교란 곧 "조선적 불교"를 말한다. '조선적 불교'란 "자연히 인문의 모든 영향에서 교단적으로 경제적으로 의식적(儀式的)으로 조선적 요소를 가지게 된 불교이다. 조선 사람의 생활과 예지를 통해서 조선적 이해를 가지게 된 불교이다."[67]

따라서 허영호는 전통적 종파의 명칭을 조선불교에 부여하는 것을 반대하였다. 다시 말하면 그는 조선불교를 하나의 종파로 만드는 것, 즉 '종파화'하는 것을 반대한 것이다. 그는 조선불교의 여러 다양한 종파적 양상의 공존 현상을 무시하며 선종 중심의 종단명을 통해 통일을 시도하는 일련의 움직임에 대해 반대를 명확히 한 것이다.

이러한 허영호의 종파에 대한 견해는 훗날 김동화(金東華, 1902-1980)에게서도 거의 그대로 발견된다. 김동화도 선종인 조계종을 중심으로 단일종파를 세우는 것을 강하게 비판하였다. 그는 한국불교가 "사실상으로는 선교 양종으로서 특히 교종의 내용은 매우 복잡한 상태가 되어 있는데, 이것을 무시하고 선종인 조계종 하나만을 인정하려고 한다는 것은 어불성설에 그치는 것이 아니라 비정상적인 것이다."[68]라고 비판했다. 그리고 허영

66　허영호, 「조선불교의 입교론」, 10-11쪽.
67　위의 글, 10쪽.
68　김동화, 『한국불교사상의 좌표』, 동국대학교 불교사회문화연구원 편, 『뇌허 김동화전집11』, 뇌허불교학술원, 2001, 549쪽. 이 책은 본래 1979년 탈고하고 1984년 보림사에

호와 마찬가지로 불교사상을 하나의 원리로 종합·정리하여 하나의 종파를 만드는 한국식 '종합불교'를 지향하였다. 그리고 그 종합불교의 전형을 원효로 보았다.[69] 김동화는 선종 위주의 단일종파가 조선의 불교를 대변하게 되는 모순적 상황이 오늘날 교종을 표방하는 수많은 종파들이 우후죽순 식으로 생겨나는 현상을 만들었다고 보았다.[70] '이러한 김동화의 견해와 더불어, '총화론'과 '화쟁론'으로 유명한 조명기(趙明基, 1905-1988)도 최남선의 원효 중심의 통불교 사상을 계승하고 있음이 분명해 보인다.[71]

이처럼 근대 한국불교의 특성과 정체성에 대한 논의는 단순하지 않았고, 선종 중심으로 조계종의 종명과 종지·종조를 정립하는 데에 하나의 의견으로 일치되지 않는 여러 논의들이 동시에 전개되고 있었다.

4. 한국불교 성격론과 전통의 발견

근대 한국불교에서 조계종 종명, 종지의 확립은 근대적 의미에서 하나의 통일적 불교교단을 수립하기 위한 필수적 전제였다. 밖으로는 통일적 교단을 통해 기독교 등 다종교 상황에 대응하는 것과 동시에, 일본불교에 대항하기 위해 무엇보다 먼저 한국불교의 정체성 확립이 필요했기 때문이다. 그리고 안으로는 전국에 걸쳐 널리 분포해 있는 한국의 많은 사찰들에

서 출판한 것을 전집에 포함시킨 것이다. 한자경, 「김동화가 본 한국불교의 정체성: 일심의 회통」, 『한국불교사연구』 3, 2013, 6쪽에서 재인용.
69 한자경, 위의 글, 4-34쪽.
70 권오민, 「뇌허 김동화의 불교학 관(觀)」, 『문학 사학 철학』 13, 2008, 24쪽.
71 고영섭, 「효성 조명기의 불교사상사 연구 - '총화론'과 '화쟁론'을 중심으로」, 『한국불교사연구』 3, 2013.

대해 이념적으로 일사불란한 통일성을 갖출 필요가 있었다. 다시말해 외부의 도전에 대응하고 자신의 과제를 해결하기 위해 한국불교의 어떤 것이 전통이고 핵심인지에 대한 논의가 진행된 것이다. 여기서 중요한 것은 한국불교의 현장에 공존하고 있는 선과 교의 관계, 염불, 진언수행 등을 어떻게 이해해야 할 것인가 하는 문제였다. 바로 이 점 때문에 한국불교의 성격론은 통불교론과 관계될 수밖에 없었다. 이 글에서 밝히고자 한 것은 다음과 같이 정리할 수 있다.

첫째, 근대 한국불교의 통불교론은 단일한 것이 아니었고, 적어도 두 계통의 서로 다른 통불교론이 있었다. 그것은 각각 '초종파주의 통불교론'과 '선종파주의 통불교론'이었다. '초종파주의 통불교론'은 최남선과 허영호, 조명기, 김동화, 이기영으로 이어지는 원효 중심의 통불교론이다. '선종파주의 통불교론'은 김영수와 권상로에 의해 기본 노선이 정해지고, 오늘날 조계종의 종헌 성립에 기여한 지눌과 태고보우 중심의 통불교론이다.

둘째, 이 두 가지 통불교론은 종단 설립을 위한 종명과 종지 설정을 두고 서로 대립하였는데, 오늘날 조계종의 기본 이념이 된 것은 '선종파주의 통불교론'이다.

셋째, 이처럼 불교교단 내에서는 '선종파주의 통불교론'이 우위를 점하였으나 해방 후 한국사회 일반에서는 '초종파주의 통불교론'이 큰 영향을 미쳤다. 해방 후에도 이 두 가지 통불교론이 계속 공존했으며, 이 두 계통의 통불교론은 단지 근대불교 시기에 나타났던 일회적 현상이 아니라 우리 사회에 아직도 계속되고 있는 두 개의 통불교 패러다임이라고 볼 수 있다.

역사적 결과를 놓고 볼 때 근대불교에서 전개된 두 가지 통불교론 가운데 '선종파주의 통불교론'이 조계종 종단 형성의 이데올로기로 채택된 반면, '초종파주의 통불교론'은 조계종단의 주변부로 밀려난 형태가 되었다. 그렇다면 왜 당시 유력했던 '초종파주의 통불교론'을 제치고 '선종파주의 통불교론'이 종단 형성의 주요 이념으로 자리잡게 되었는가?

이런 의문에 대해 아직 더 밝혀져야 할 부분이 많이 남아있다. '선종파주의 통불교론'이 한국불교의 전통과 사실에 더 부합했기 때문인가?[72] 아니면 그 담론을 추진하던 세력이 현실적으로 더 강한 힘을 가졌기 때문일까? 아니면 초종파적 통불교담론 자체가 태생적으로 종단 성립이라는 제도적 실현으로 이어지기에는 너무도 비현실적인 이상주의 담론에 불과하기 때문인가?[73]

원종(1908) ⇒ 임제종(1911) ⇒ 조선불교선교양종(1911, 1929) ⇒ 조선불교선종(1935) ⇒ 조선불교조계종(1941) ⇒ '조선불교'(1945) ⇒ '조선불교 조계종'(1954) ⇒ '대한불교 조계종'(1962)으로 진행되는 한국 근현대불교의 종

---

72 길희성은 현재의 조계종 형성에 미친 김영수의 사상이 어느 정도 한국불교 전통의 역사적 사실에 부합하는 면이 있다고 긍정적 평가를 내리고 있다. 즉 한국불교의 특징을 종합불교적 성격으로 파악한 김영수의 식견이 설득력이 있다는 것이다. 길희성,「한국불교정체성의 탐구」, 187-191쪽; 길희성,「한국불교 특성론과 한국불교연구의 방향」, 74-75쪽.
73 이 문제는 매우 중요하다고 생각하며 이후의 연구과제로 삼고자 한다. 종파성 혹은 종파의식(sectarian consciousness)을 갖지 않는 통불교주의가 과연 하나의 종단 설립을 가능하게 할 것인가, 또는 종교의 세계에서 구체적 힘을 가지고 기능할 수 있는가 하는 것은 종교사의 보편적 주제가 될 수 있다. 실제 일본의 경우, 통불교주의는 종파주의와 대립적 관계를 형성했으며 결국은 이상주의적 공허한 수사로 끝나는 경우가 많았다. Lobreglio, op. cit. 참조.

단명과 이들의 종헌·종지·종조의 내용을 살펴보면, 이들은 '초종파주의 통불교론'과 '선종파주의 통불교론' 사이를 왕래했다고 볼 수 있다. '원종'은 송(宋)의 영명사 연수(延壽)의 통불교사상에서 온 명칭으로 통합적 성격을 보여주었으며,[74] '조선불교선교양종'도 선과 교를 아우르는 명칭임이 분명했다. 그리고 1945년의 '조선불교' 역시 종파적 특성이 뚜렷하지 않은 통합주의적 성격을 보여주었다. 반면에 임제종과 조선불교선종, 조선불교조계종은 그 종명에서부터 선종으로서의 종파의식을 분명하게 드러내고 있다.[75]

여기서 우리는 한국불교 역사상의 '종파' 문제에 좀 더 관심을 기울일 필요가 있음을 깨닫게 된다. 흔히 조선중기 이후 불교는 이른바 '무종 산승시대(無宗山僧時代)'[76]의 400여 년의 역사라고 표현되지만, 서산 휴정 이후 선가 법통을 복원하기 위해 노력했던 승려들은 다분히 선종(조계종)의 종파의식을 지니고 있었다고 할 수 있다. 정치적 공인을 받지는 못했으나 이 시기 승려들은 나름대로 종파의식을 가지고 있었던 만큼, 종파 인식은 계

---

74 高橋亨,「朝鮮に於ける佛教宗旨の變遷」, 38쪽; 영명연수는 대표적 통불교론자의 하나이다. 增谷文雄, 앞의 책, 33쪽.
75 김순석,「조선불교선교양종과 조선불교선종의 종헌 비교연구」,『보조사상』 34, 2010; 김광식,「대한불교조계종의 성립과 성격: 1941-1962년의 조계종」,『한국선학』 34, 2013, 205-206쪽; 문찬주(성원),「정화불교운동(1954-1962): 통합주의와 종파주의의 교차로」,『대각사상』 14, 2010, 264, 268-269쪽 참조.
76 대한불교조계종 교육원 편,『조계종사: 근현대편』, 조계종출판사, 2005, 118쪽. 이처럼 조계종은 '무종 산승시대'라는 표현을 공식적으로 사용하고 있다. 또한 김영태도 조선시대를 '무맥(無脉)', '무종(無宗) 산승의 시대'라고 표현했다. 김영태,「근대불교의 종통 종맥」,『근대한국불교사론』, 민족사, 1988, 185-186쪽.

속 지속되어 왔음을 알 수 있다.[77] 이런 점을 고려한다면, 근대 조계종단 성립에 기여한 '선종파주의'의 문제는 앞으로도 좀 더 세밀한 연구가 필요할지도 모른다.[78]

이와 같은 과정을 거쳐 탄생한 조계종과 선종 중심 성격론은 시대정신의 산물이었다고 볼 수 있다. 그러나 물론 그것이 현실에 부합했는지에 대해서는 이론의 여지가 있다. 심재룡은 "선교양종이 '표면적으로' 선종인 조계종으로 통합된 것은 역사의 우연, 그것도 다양성의 상실이라는 측면에서 불행한 우연"이라고 표현했다.[79] 당시 통불교 담론이 그처럼 유행했음에도 불구하고, 왜 선종을 표방하는 담론이 주류를 형성하게 되었는지 의문을 갖게 되는 것은 당연한 일이다.[80] 그러므로 조계종 혹은 선종으로 자리를 잡아가는 과정에서 한국불교의 정체성 논의가, 과연 당시에 존재

---

77 김상영, 「일제강점기 불교계의 종명변화와 종조·법통 인식」, 236-238쪽; 김상영, 『전근대 조계종 역사의 전개양상과 그 특성』, 『선학』, 2013, 483-486쪽.
78 다만 1941년 조계종 성립 때, 선종의 종파성이 강한 선학원 계열 전체가 조계종에 합류하지는 않았다는 사실은 종파주의와 종단 설립의 관계에 대해 더 세밀한 분석을 요구한다. 김광식, 「대한불교조계종의 성립과 성격」, 203쪽 참조.
79 심재룡, 「한국불교는 회통불교인가」, 190쪽. 심재룡은 한국불교가 다양한 경론과 종파적 행법을 허용하며 화해의 정신과 회통성을 주장하지만, 현실을 살펴보면 "다양성을 보여준다는 여러가지 교리, 행법, 의례의 공존도 아무 원칙도 질서도 없다. 마치 중앙권력이 무력할 때 지배세력들이 난립하고 있는 형국과 비슷하다"고 평가했다. 그렇다고 통불교론의 긍정적인 면까지 아주 부정하는 것은 아니며, 다만 화해와 회통이 어떻게 구현될 수 있는지 더 고민이 필요하다고 제언한다.
80 여기에는 17세기 이후 등장한 조선불교의 법통 형성의 문제와 이에 대한 승단의 노력이 있었을 것이다. 김용태, 「조계종 종통의 역사적 이해」 참조. 김용태는 도의-(지눌)-태고보우-청허로 이어지는 법맥이 어떻게 형성되었는가를 추적한다; 또한 박해당, 「조계종의 법통설에 대한 비판적 검토」, 『철학사상』 11, 2000; 박해당, 「조계종 종조 논쟁」, 『불교평론』 62, 2015 참조.

했던 다양한 모습의 한국불교를 있는 그대로 포착해 내는 정확한 서술어로 제대로 기능했는지 좀 더 자세히 살펴볼 필요가 있다.

다시 정리하면, 당시 한국불교의 성격론은 선(禪) 우위의 규범적 가치관에 입각해 한국불교의 본질이나 원형을 찾는 방향으로 정리된 것은 아닐까 추정해 볼 수 있다. 그렇다면 결과적으로 조계종 성립론은 당시 한국불교가 가지고 있던 다양한 형태의 불교 현상을 의도적으로 재단하고 제외한 운동이었던 셈이다. 이런 맥락에서 조선시대 불교가 일관되게 지켜왔던 '선교양종'이라고 하는 포괄적 종단명이, 이 시기에 와서 선종 이외의 다른 종파가 주변화되면서 선종 중심의 종단과 종명으로 귀착되었다는 사실에 특별히 주목할 필요가 있다.

따라서 일제시기에 전개된 한국불교 성격 논쟁은 그 일정한 긍정적 기능과 공헌에도 불구하고 몇 가지 문제를 남긴다.

첫째, 한국불교의 성격 규정이 당시 불교의 객관적 상황에 과연 부합했던 것인가 하는 의문이 남는다. 이능화의 『조선불교통사』를 보아도 당시 선을 수행하는 출가승의 비율은 교학에 전념하는 수행승보다 현저히 낮았다.[81] 따라서 조계종이라는 종명과 종지가 당시 한국불교 전체를 아우르는 통칭과 이념으로 적절했는지 의문이 제기된다.[82]

---

81 이능화, 『조선불교통사』 하편, 신문관, 1918, 962쪽. 이능화는 당시 30본산 주지와 유명한 고승은 50여 명 가운데 선종은 3-4명뿐이고 나머지는 교학을 종(宗)으로 하고 강학을 업으로 삼는다고 하였다. 또 조선의 전체 승려 7천 명 중에 8-9할은 교종에 속한다고 하였다; 또한 김용태, 「근대불교학의 수용과 불교 전통의 재인식」, 330쪽 참조.
82 예를 들어 길희성은 1941년 당시 한국불교에 선불교가 주류였던 것은 사실이며, 한국불교 지도자들이 조계종이라는 종명을 통해 선종으로서의 한국불교의 정체성을 분명

둘째, 이 성격 규정은 철저하게 출가자 중심의, 즉 사찰 선방의 법통 중심으로 진행됨으로써 불교의 4부 대중을 이루는 많은 재가신도와 그들의 신앙은 중시되지 않았다. 민간 대중들의 불교 신앙은 제외되었고, 엘리트 중심의 출가자 전통 중심의 성격을 띠고 있었다. 요르겐센은 대부분의 한국불교사가 한국불교를 호국불교, 회통불교, 또는 통불교 등으로 규정하는 '역사 쓰기'라고 지적하고, 그러한 글쓰기는 엘리트주의와 프로테스탄트적 취향에 불과하다고 비판한다. 그는 '엘리트주의'란 소수 수행자들, 즉 승려들이 가장 핵심적인 불교인이라는 인식을 바탕으로 불교의 교리와 법통의 '위대한 전통'에만 집중적 관심을 쏟는 것이라 설명한다. 그리고 '프로테스탄트적 취향'이란 문헌연구에 치중함으로써 대중의 신앙이나 수행, 고고학과 민속학적 자료를 무시하는 것이라 비판한다. 이에 따라 일반 대중들의 수행을 미신적이고 기복을 추구하는 민속종교로 둔갑시키고 한국불교사에서 제외시키게 된다는 것이다.[83]

셋째, 이처럼 조계종이라는 종명과 성격 규정은 당시 현실과 부합하지 않는 측면이 많았고 또 일반적 합의에 의해 이루어지지 않았기 때문에, 당

히 천명하는 이념적 선택을 했다고 파악한다. 하지만 조계종이라는 명칭은 당시 한국불교 전체를 지칭하기에는 적합하지 않았다고 평가한다. 왜냐하면 사실상 당시 한국불교는 초종파적이었고, 조계종이라는 명칭은 그 명(名)과 실(實)이 부합하지 않았다는 것이다. 길희성,「한국불교정체성의 탐구」, 186-187쪽; 김용태도 1941년 조계종은 확고하게 선종으로서의 정체성을 분명히 했지만 선교겸수의 한국불교 전통의 계승을 위해서는 그 외연을 확대해야 한다고 제언한다. 김용태,「조선후기·근대의 종명과 종조 인식의 역사적 고찰」, 44쪽; 김용태,「조계종 종통의 역사적 이해」, 145, 162-163쪽.

83 존 요르겐센,「한국불교의 역사쓰기」, 210-217쪽.

연히 그 후에 조계종·태고종 등 다양한 종파 분립의 원인이 되었다.[84]

결론적으로 한국불교 성격론과 대한불교조계종 종지와 법통설은 정확한 역사적 사실에 근거해 있다기 보다는 그 당시 시대의 필요와 시대정신에 의해 창조되었다고 볼 수 있다. 어쩌면 한국불교 전통에 대한 통불교적 성격 부여, 조선불교 후기에 만들어진 태고법통설, 그리고 조계종 창립자들이 발견한 지눌의 위대성 등은 근대 불교계의 지도층이 만들어낸 지적 협동 작업의 산물이었던 것은 아닐까?[85]

> 통상 낡은 것처럼 보이고 실제로 낡은 것이라고 주장하는 이른바 '전통들(traditions)'은 실상 그 기원을 따져 보면 극히 최근의 것일 따름이며, 종종 발명된 것이다.[86]

홉스봄의 설명처럼, 그들은 '전통의 발견'의 얼굴을 하고 있지만 사실상 '전통의 발명'일 수 있다.[87] 그러나 '전통의 발명' 혹은 '전통의 창조'라는 것

---

84 길희성,「한국불교정체성의 탐구」, 186쪽. 길희성은 사실상 초종파적이었던 한국불교에 선종인 조계종의 명칭을 부여한 결과, 현대 한국 불교계에 다수의 종파들이 옛 종파명들을 내걸고 출현하게 되었다고 설명한다.
85 김용태는 조계종의 종명과 종조론은 "조선후기의 역사상과 근대의 전통인식에 의해 형성된 것"이며, "조계종 전통과 태고 법통의 역사성이 결합된 통시적, 복합적 구조"라고 설명한다. 1941년에 성립된 이러한 인식체계가 '조계종-보조', 그리고 '임제종-태고'라는 순리적 조합보다 상위개념이 되었고, 이러한 관념의 창출을 통해 "고려불교와 조선불교의 차별성이나 양자 사이의 역사적 단절을 초극하여 불교 전통은 하나의 고리로 연결되게 되었다"고 표현한다. 김용태,「조선후기·근대의 종명과 종조 인식의 역사적 고찰」, 46쪽, 74쪽.
86 에릭 홉스봄,『만들어진 전통』, 박지향·장문석 옮김, 휴머니스트, 2004, 19쪽.
87 이 점에서 길희성은 두 개의 조계종을 구분해야 한다고 강조한다. '고려시대의 조계종'

이 반드시 부정적 평가를 받아야 할 이유는 없다. 전통은 누군가에 의해 주어지는 것이 아니라, 길게 보면 계속 만들어지는 과정 속에 있는 창조의 누적적 결과물이기 때문이다. 따라서 '전통의 창조'라는 것 자체가 역사 속에서 또한 '전통의 일부'가 될 수 있다. 다만 우리가 그 전통이 '창조'되었다는 사실을 잘 인식하지 못하고 있을 뿐이다.

과 1941년 구성된 '현대의 조계종' 사이에는 시간적으로나 이념적으로나 엄청난 간격이 있다는 것이다. '한국불교의 총칭'으로서의 조계종과 '순수 선종'으로서의 고려시대 조계종 사이의 불연속성을 간과하고 전자가 후자를 그대로 계승했다고 보는 시각을 경계한다. 물론 길희성은 두 조계종 사이에 이념적으로는 어느 정도 연속성이 있다고 보기도 한다. 길희성, 「한국불교정체성의 탐구」, 171-192쪽.

X

한국불교의
근대적 종교 정체성 형성

1. 근대 일본에서 '종교'와 '세속'의 형성
2. 근대 한국에서 '종교'와 '세속'의 형성
3. 근대 한국불교에서 '세계종교' 및 '종교의 본질' 담론

이 장에서는 한국에 '종교' 개념이 수용된 후 '종교' 영역의 형성에 따른 불교 의미의 재편성 과정에 대해 검토해 보고자 한다. 연구의 주요 방법론으로는 개념의 계보학(genealogy)을 따라, 종교담론 분석을 중심으로 진행하고자 한다. '종교' 개념이 들어왔다는 것은 종교를 위한 하나의 영역이 마련되었다는 것을 의미한다. 그리고 '종교'라는 영역의 창조는 동시에 종교와 분리된 '세속'이라는 영역이 새롭게 주어진다는 것을 의미한다. 그 결과가 다름아닌 '정교분리'라는 현상이다. 이러한 변화는 관념상의 변화에 국한된 것이 아니라, 정치적·법률적·제도적 변화를 포함한 과정이다. 근대에 일본과 한국은 모두 '종교' 개념의 수용과 함께 제도적·법률적으로 '정교분리'와 '종교의 자유'를 정착시켰다.

그러나 사실상 한 인간이 한편으로는 종교적으로, 그리고 다른 한편으로는 정치적으로 분리해서 살 수 없기 때문에, '정교분리'라는 원칙은 매우 기이한 담론이 아닐 수 없다. 사회의 전체 영역에서 '세속'을 밀어내고 종교의 영역이 구성되어야 했듯이, 인간의 마음속에도 종교만을 위한 자리가 필요해진다. 그것이 바로 '신앙'이라는 자리이다. 그것을 동양적 언어로 간략히 표현하면, '지(智)'와 '치(治)'를 제거하고 '신(信)'이 자리 잡은 영역이다. 여기서 '지'는 과학과 철학, '치'는 정치, 그리고 '신'은 종교를 의미한다. 이제 종교적 인간은 과학, 철학, 정치와 구별되는 마음의 세계를 따로 만들고, 그것을 '종교', '신앙' 혹은 '믿음'이라고 부르게 된다. '종교' 개념과 관련하여 이 장의 내용은 크게 두 부분으로 구성된다.

첫째, 먼저 일본과 한국에서 '정교분리'라는 큰 틀이 정착되면서 그 틀 안에 불교가 자리잡게 되는 과정을 살펴본다. 여기서 초점은 '정교분리'라는 새로운 근대적 종교지형에서 불교가 어떻게 '협의의 종교'로 규정되어 가는지 살펴보는 것이다. 이때 '협의의 종교'란 '유(類)'개념인 종교의 하나의 '종(種, species)'으로서 개별 종교를 말하는 것과 아울러 "시설이나 인적 조직을 둔 뚜렷한 종교집단"을 말한다.[1] 이와 더불어 불교가 이러한 종교의 분류체계 안에 들어감으로써 전근대와 다른 어떤 성격이 부과되었는지에 대해서도 살펴본다.

이와 관련하여 중요한 과제로 등장하는 것이 전근대 동아시아의 '교(敎)'의 체계와 서구에서 들어온 새로운 '종교(宗敎)' 체계의 비교이다. 전통적으로 불교는 전 근대 동양의 '교'의 체계에 속해 있었고, 그것도 종종 '삼교(三敎)'의 범주로 묶여 함께 논의되었다. 이제 새로운 근대의 종교체계에서는 불교가 '삼교'의 범주를 벗어나 단독으로 '세계종교'의 한 구성원이 된다. 그리고 유교뿐만이 아닌 다른 문화권의 많은 종교들과 경쟁하며 서로의 공통점과 차이점을 비교하는 관계에 놓이게 된다. 특히 다른 종교와의 차이가 불교에게 어떤 영향을 미쳤는지 자세하게 살펴볼 것이다.

둘째, 그다음으로는 '협의의 종교'가 된 불교가 '광의의 종교', 즉 '총칭으

---

[1] 이것은 시마조노 스스무(島薗進)가 말하는 '협의의 종교' 개념이며, 이 글도 그 의미로 사용한다. 호시노 세이지, 『만들어진 종교: 메이지 초기 일본을 관통한 종교라는 물음』, 이예안·이한정 옮김, 글항아리, 2020. 51쪽 참조.

로서의 종교'에 맞추기 위해 어떤 '담론적' 노력을 해야 했는지 살펴본다. 기독교를 롤 모델로 삼은 불교의 근대적 개혁 등 구체적이고 실제적인 노력은 앞 장(8장)에서 이미 살펴보았다. 여기서 논의는 주로 근대 불교계 내부의 '종교담론(religious discourses)'에 초점을 맞출 것이다. 이때 '담론'이란 '일차적으로 언어적 구성물로서 제도화된 언어 사용(institutionalized language usage)'을 의미한다.[2] 그것은 "한 공동체에서 지식을 조직하는 실천들"로서, "특정한 하나의 토픽에 대해 체계적으로 조직되고 반복적으로 관찰되는 진술, 발화, 견해들"로 형성된다.[3] 담론의 가장 큰 기능 중에 하나는 '담론이 실재를 생성한다'는 것이다.[4] 즉 담론은 단순히 기존 사회 질서의 의미를 표현하는 것이 아니라 오히려 사회의 의미와 질서를 구성한다. 이처럼 담론은 텍스트와 맥락을 모두 포함하는 것이다.[5]

최근 일본의 연구는 대부분 일본불교가 종교 개념을 참조하여 자신의 전통을 재귀적(再歸的)으로 재구축해 갔다고 평가한다.[6] 마찬가지로 한국불교도 서구의 근대적 '종교' 개념에 맞추어 종교로서의 자기 이해를 어떻게 발전시켜 나갔는지, 또 그 양상은 어떠했는지 살펴보고자 한다. 한국의 경우, 구체적 텍스트로는 1910-1940년대 한국의 불교잡지에 실린 '종교' 관련 담론들을 주로 살펴볼 것이다. 그리고 최종적으로 그 담론들을 구성하

---

2 Tim Murphy. *The Politics of Spirit : Phenomenology, Genealogy, Religion*. SUNY Press, 2010, p. 1.
3 Kocku von Stuckrad, "Discursive Study of Religion: Approaches, Definitions, Implications", *Method and Theory in the Study of Religion*, 25, 2013, p. 15.
4 Ibid., p. 11.
5 Tim Murphy, op.cit., pp. 33-35, 45.
6 호시노 세이지, 앞의 책, 12쪽, 47쪽.

는 주요 논리가 무엇인지 구체적으로 분석해볼 것이다.

1. 근대 일본에서 '종교'와 '세속'의 형성

1) 근대 일본의 정치상황과 '종교'의 문제

(1) 근대 일본의 종교구조와 국가신도

동경대 명예교수 시마조노 스스무(島薗進)는 근대 일본의 종교구조를 이중구조로 설명했다.

> 근대 일본의 종교구조의 전체상을 보면, 국가에 관한 '치교(治敎)'나 '제사(祭祀)'를 관장하는 국가신도(國家神道)와, 사람들의 구원이나 생사 및 사적인 일상생활에 관한 여러 '종교(협의의 종교)'가 이중구조를 이루고 있다. 이러한 국가의 정신적 질서라는 틀을 만든 후에는, 국가신도에 우위가 부여되고 있다.[7]

즉, 근대 일본의 종교구조 안에는 '제사', '치교', '종교(협의)'라는 세 개의 영역이 있으며, 그 가운데 '제사'와 '치교'가 국가신도를 이루면서 우위를 점하고 있고, 그 아래에 '협의의 종교'가 놓여 있다는 것이다. 여기서 '협의의 종교'란 "신사나 사원, 신관이나 승려 등과 같은 '종교' 고유(proper)의 시설이나 인적 조직을 가진 것"만을 가리키는 매우 좁은 의미의 '종교' 개

---

7   島薗進,「國家神道と近代日本の宗教構造」,『宗教研究』75(2), 2001, 338쪽.

념이다.[8] 그런데 시마조노는 이와 같은 협의의 종교만을 종교의 전체로 알게 되는 경향이 생긴 것은 바로 서구의 종교(religion) 개념의 영향이라고 비판한다.

> 신사신도만을 취출(取出)하여 '국가신도'라고 부르는 것은, 행정적 용어나 '신도지령(神道指令)'의 정의에 미혹된 것으로서, 종교집단 중심으로 '종교'를 정의하는 근대 서양적 종교 개념에 이끌린 협의의 것이며, 일본종교의 실정을 이해하는 것으로는 적절하지 않다.[9]

마찬가지로 서구의 좁은 종교 개념을 사용하여 국가신도를 파악함으로써 국가신도 개념을 이해하는 데 방해가 되고 있다고 시마조노는 설명한다. 그는 우선 신도를 '협의의 국가신도'와 '광의의 국가신도'를 구별한다. 이렇게 구별할 수 있는 기준은 '천황숭경이나 국민도덕의 실천' 등 통치이데올로기적 요구(즉, 治敎)를 포함하고 있느냐의 여부이다. 우리가 알고 있는 일반적 국가신도는 시마조노가 말하는 협의의 국사신도에 해당한다.

협의의 국가신도란 "신사신도(神社神道)와 교파신도(敎派神道)로 신도를 나누고, 교파신도를 종교의 일부로 취급하여 불교나 기독교와 병치시키는 한편, 신사신도는 비종교(非宗敎)로 취급하여 종교의 카테고리로부터 분리하여 국가의 직접 관리 아래 배치하는 종교제도"를 말한다.[10] 신사에서 여러 종교의 범주를 분리하기로 결정하게 된 것은 1882년 신관(神官)의 교도

---

8 위의 글, 328-329쪽.
9 위의 글, 332쪽.
10 위의 글, 323-324쪽.

직 겸보(兼補)를 폐지하여 장의(葬儀)에 관여하지 않도록 규정했을 때이다. 관청의 제도로서는 1900년 내무성에 신사국(神社局)이 설치되고 사사국(社寺局)이 종교국(宗敎局)으로 변경됨으로써, 신사와 여러 종교의 관할이 나누어진 것이 국가신도가 확립된 계기였다. 이것이 소위 '일본형정교분리(日本型政敎分離)'[11]로서, 국가에 소속된 신사의 존재양태를 '국가신도'라고 부르게 된 것이 그것의 구체적인 표현이다.[12]

그런데 시마조노는 이러한 '협의의 국가신도' 개념으로는 일본의 종교 구조의 전체상을 잘 살펴 볼 수 없다고 안타까워한다. 일본의 전통에는 좁은 의미의 종교 개념으로 다 담을 수 없는 더 넓은 의미의 종교 개념이 있었고, 그 영향으로 '광의의 국가신도'가 구성될 수 있었다고 주장한다. 그에 따르면 메이지 초기에 일본인은 좁은 의미의 '종교' 개념만을 가지고 사회체제 및 사상체계의 존재 방식을 고찰하고 있지 않았다. 말하자면, "유교나 신도의 경우, 반드시 특정화된 '종교' 집단과 결합되지 않고서도, 사람들의 귀의심, 구도심, 숭경심을 인출하고 유지하는 것이 가능한 측면"이

---

11 일본의 역사학자 야스마루 요시오(安丸良夫, 1934-2016)가 근대 일본의 종교구조를 설명하기 위해 사용한 용어이다. 일본형 정교분리의 특징은 "국가 이데올로기적 요청에 대해, 각 종파가 스스로 유효성을 증명해 보이는 자유경쟁"이다. 1872년 교부성이 〈삼조교칙〉을 만들었으나, 1875년 시마지 모쿠라이(島地黙雷, 1838-1911) 등이 정교분리론을 내세워 이탈하였다. 그러나 그들은 '삼조교칙'을 준수하면서 독자적 포교활동을 하는 것을 공약의 원칙으로 삼았고, 그 구도 아래 각 종교들 간에 자유로운 경쟁이 모색되었다. 야스마루에 의하면 1882년에 있었던 신관(神官)과 교도직(敎導職)의 분리 이후, 신관이 장례에 관여하지 않게 되고, 소위 교파신도들이 신도에서 분리하고 독립함으로써 '일본형정교분리'가 결정적이 되었다. 야스마루 요시오 지음, 『천황제 국가의 성립과 종교변혁』, 이원범 역, 소화, 2002, 305-306쪽.
12 島薗進, 앞의 글, 324쪽.

있었다. 즉 당시에 서양의 Religion의 역어로서 '종교'라는 말이 유력한 제도적 개념으로 정착해 갔지만, 그것과 함께 '치교'나 '교학(敎學)', '황도(皇道)'라는 개념을 사용하는 사고방식도 함께 공존해 왔다는 것이다. 예를 들면, 신도나 유교의 경우 '종교'의 카테고리에 속하는 것보다도 '치교'에 속한다는 입장이 계속 유지되고 있었다.[13]

따라서 시마조노는 '교'가 '종교' 보다 넓은 개념이었고, '교' 안에 '종교(협의)'와 '치교'가 포함되어 있다고 설명한다. 그리고 일본에는 '교'와는 구별되는 '제사(祭)'의 영역이 따로 존재한다는 관념도 계속 남아있었다고 소개한다. 이런 바탕 위에서 메이지 유신 정부가 추구하는 이념의 핵심에 '제정일치'가 존재하게 된 것이다.[14] 이처럼 신도국교화 과정에 종교와 치교를 포함하는 '교'에다 '제'를 더하여 '광의의 국가신도'가 구축될 수 있었던 것이다. 이런 의미에서 시마조노는 메이지 초기 정부가 추진했던 신도국교화 정책을 '제정교일치(祭政敎一致)'라고 표기하기도 한다.[15]

그렇다면 '광의의 국가신도'의 내용은 무엇으로 구성되어 있는가? 그것은 "천황을 성스러운 것으로 인식하며, 일본의 국토나 신들, 그리고 그들을 둘러싼 정신전통이 높은 가치를 지닌 것이라고 전제하고, 국가가 주도권을 지니고 국민에게 천황숭경이나 국민도덕의 실천을 요구하는 것"이다. 그리고 '광의의 국가신도'의 형식은 "한편으로는 천황과 일본의 신들

---

13 위의 글, 329쪽.
14 위의 글. 시마조노에 의하면 '교'가 '종교' 보다 넓은 개념이었고, 또 '교' 보다 넓은 개념으로 '도(道)'가 있었다.
15 위의 글, 331쪽; 島薗進,「近代日本における〈宗教〉概念の受容」, 島薗進・鶴岡賀雄 編,『〈宗教〉再考』, 東京: ぺりかん社, 2004, 203쪽.

을 둘러싼 제사나 의례 시스템, 다른 한편으로는 천황과 일본고유의 정신 전통을 둘러싼 언설을 학교, 군대, 전쟁, 축제일, 이벤트, 미디어(신문, 잡지, 책, 라디오) 등과 신사를 통해 보급하는 것"이다. 특히 학교는 '치교'의 장(場)이며, 1890년에 제정된 〈교육칙어〉는 대일본제국을 지지하는 '치교'의 핵심이다. 시마조노에 의하면 이것이 넓은 의미에서의 종교적 행위이며, '광의의 의미'에서의 신도의 실천에 포함되는 것이다.[16] 시마조노는 이러한 광의의 의미에서 '국가신도' 개념을 사용하는 것이 일본의 종교구조 이해에 매우 중요하다고 강조한다.

시마조노는 근대 일본의 종교구조를 '정교분리와 제정일치의 이중구조'라고도 설명한다.[17] 이에 따르면, 1870년대부터 1889년 〈대일본제국헌법〉의 공포에 이르기까지 종교제도와 법체계에서 '국가신도'는 '종교'가 아니라 '제사'에 관한 것으로 규정되었다. 그것은 국가통치의 의례[祭]나 도덕적 가르침[敎]에 속하였고, 그런 점에서 '제정일치'나 '제정교일치(祭政敎一致)'라고 할 수 있었다. 여기서 국가신도의 제사는 제정일치의 공적인 표현으로 간주되었다. 반면, 각 개인의 '종교' 영역은 별개였다. 여러 '종교' 집단은 국정(國政)과는 다른 것으로 본래의 공간이 있다고 여겨졌으며, 그 공간 안에서 자유로운 사적 활동을 인정받고 있었다. 즉 근대 일본에서는 '정교분리'도 '제정일치'도 그 나름대로 성립, 공존하고 있었다. 이와 같은 설명은 앞에서 시마조노가 말한 '근대 일본의 이중적 종교구조'와도 일맥상통하는 것이다. 지금까지 시마조노가 말한 근대 일본의 이중적 종교구조를

---

16 島薗進, 「國家神道と近代日本の宗敎構造」, 332-333쪽.
17 시마조노 스스무, 『근대 일본 국가신도의 창출과 그 후』, 최석영 옮김, 소명출판, 2024, 26-27쪽.

살펴보면 크게 두 가지 주목할 점이 있다.

첫째, '교'는 '치교'와 '종교'로 구성된다는 관념이 존재한다. 그리고 '치교'와 '종교'를 분리하여, '치교'는 국가신도에, 그리고 '종교'는 기타 여러 종교들의 영역으로 배치한다. 이처럼 신도가 '치교'의 영역에 배당됨으로써, '신사비종교론(神社非宗敎論)'의 논리가 되었고, 사실상 황실에 대한 국민의 도덕적 충성심을 장악하는 제정일치를 이룰 수 있었다.

둘째, 다른 한편으로 이런 구조를 이해하기 위해서는 일본 전통의 종교 개념이 아니라, 서양의 '종교' 개념과 당시의 정치적·외교적 상황에 의해 촉발된 '종교의 자유(신교의 자유)' 개념이 필요하다. '신교의 자유'는 지식인층의 광범위한 여론의 호응과 정치적 필요성에 의해 1889년 〈일본제국헌법〉 제28조에서 명문화된다. 일단 이것으로 종교의 자유문제가 일단락되어 일본에서 형식적이나마 '정교분리'가 완성되었다. 즉 좁은 의미의 서구적 '종교'개념이 도입되어 그 영역을 설정하고 그것을 정치와 분리시킴으로써 명목상으로는 '종교-세속 분리'를 성취하게 된 것이다.

(2) '종교' 개념 도입과 정교분리

'종교' 개념은 근대 일본의 정치상황에서 매우 급박한 문제였다. 1867년 에도 막부가 천황에게 국가의 통치권을 돌려준 대정봉환(大政奉還) 이후, 신정부는 왕정복고를 통해 천황 중심의 근대국가를 만들어 서양 제국에 대응하려 했다. 이것이 바로 메이지 유신(明治維新)이며, 1868년 메이지 천황의 즉위로 메이지 시대가 열린다. 일본의 '근대화'의 특징은 천황제를

'복고'시켜 제정일치의 정치체제로 정돈했다는 점이다.[18] 제정일치의 제도적 정립을 위해 신기관(神祇官)이라는 제도를 부활시켜 중세 이후 쇠퇴하고 있던 제사들을 부흥시키고, 천황의 친정 아래 중앙집권화를 도모하였다. 그런데 불교는 막번제 아래서 민중과 긴밀하게 결합되어 있었기 때문에 신정부는 사원에 부여된 특권을 빼앗아 그 영향력을 배제할 필요가 있었다. 이런 맥락에서 메이지 원년인 1868년 〈신불분리령(神佛分離令)〉이 실시되었다. 〈신불분리령〉으로 시작된 불교 배척의 움직임은 1870-1873년에 그 정점에 이르면서, 신도 국교화정책의 전개에 큰 영향을 미쳤다. 그러나 사회적으로 큰 힘을 가지고 있었던 불교를 무시하고 신도만을 국교화하는 일이 불가능하다는 사실을 곧 깨닫게 된다.

한편, 정부가 쇄국을 해제하고 서구 제국과의 교류를 활발하게 전개하면서 기독교는 점차 그 세력을 넓혀가게 되었다. 신정부는 천황의 절대적 권위를 부정할 가능성이 있는 기독교 신앙을 쉽게 인정할 수는 없었다. 하지만 각국 공사들과 기독교도들로부터 맹렬한 항의에 직면했다. 또 이와쿠라 토모미(岩倉具視) 등의 정부 관계자들이 유럽과 미국을 시찰하는 중에도 기독교 금지와 박해에 대한 비난을 받게 되면서, 장차 문명국으로서 인정받기 위해서는 기독교의 금지 정책을 풀어야 한다는 사실을 깨달았다. 메이지 6년(1873), 정부는 기독교 금지령을 철회하였다.[19]

그러나 친황 중심의 제정일치의 정치체제가 필요했기 때문에, 기독교에 대한 직접적 탄압 대신에 황도선포(皇道宣布), 즉 대교선포로 기독교를

---

18 카미벳부 마사노부, 『근현대 한일 종교정책 비교연구』, 지식과교양, 2011, 67쪽.
19 위의 책, 78-79쪽.

억제하는 방법을 택할 수밖에 없었다. 이를 위해 1872년 교부성(敎部省)을 설치하고, 신도뿐만 아니라 불교도 참여하는 가운데 황국교법을 설교토록 하는 신도 국교화 정책을 강력하게 추진하였다. 이에 부응해 불교 각 종은 서로 연합하여 신정부에 대교원(大敎院)의 설치를 건의했다. 신정부가 이 건의를 받아들여 1872년 대교원을 도쿄에 설치하였는데, 이는 신도 교도직도 함께 참가하는 신불(神佛)합동의 선교기관이라 할 수 있었다. 정부는 대교선포의 기본방침만 결정하고 그 운용은 기본적으로 신관과 승려에 맡겼다.

대교 선포의 기본방침은〈삼조교칙(三條敎則)〉으로, 다음과 같다.

> 제1조 경신애국(敬神愛國)의 뜻을 체현할 것.
> 제2조 천리인도(天理人道)를 밝힐 것.
> 제3조 황상(皇上)을 섬기고[奉戴] 조지(朝旨, 조정의 뜻)를 준수하도록 할 것.[20]

그런데 대교선포운동은 신불합동포교의 형식이지만 기본적으로 신도 국교화와 국민계몽정책의 성격을 띤 것이었다. 따라서 이 제도에 따르면 각 종교와 종파들은 자신들만의 독자적 교의를 설교할 수 없었다. 특히 대교원의 설립을 건의한 불교계는 자기의 교의를 선전할 수 없는 것에 불만을 갖게 되었다. 특히 정토진종의 승려들은 타종에 비해 그 세가 우세함에도 불구하고 자유로운 전도를 하지 못하고 있는 것에 불만이 매우 높아져 갔다.

---

20 시마조노 스스무, 앞의 책, 34쪽; 카미벳부 마사노부, 앞의 책, 81쪽.

이러한 시기에 이와쿠라 일행을 따라 구미를 순방하고 있던 정토진종 서본원사파(西本願寺波)의 시마지 모쿠라이(島地黙雷, 1838-1911)는 구미 각국의 종교상황을 견문하면서 일본에도 '종교의 자유'와 '정교분리'를 확립할 필요를 느끼게 된다. 그는 1872년, 〈삼조교칙〉이 정치와 종교를 혼동한 것이라고 비판하는 〈삼조교칙비판건백서(三條敎則批判建白書)〉를 해외에서 정부에 보냈다. 그리고 1873년에 귀국해서는 교부성에 〈대교원분리건백서(大敎院分離建白書)〉를 제출했다. 그리하여 메이지 8년(1875) 정토진종은 교부성의 승인을 얻어 타종에 앞서 대교원을 이탈하고, 이에 대응해 정부도 신불합동 포교를 금지하는 포고령을 연달아 공포하였다. 이렇게 해서 대교원은 사실상 그 기능이 정지되고 해산되었다.[21] 이러한 일련의 사태는 일본의 종교집단이 '정교분리'나 '신교의 자유'를 자각적으로 지향, 설정한 최초의 계기였던 것으로 평가된다.[22]

이처럼 이 사건은 대교원을 무대로 전개된 신불의 싸움만이 아니라는데 중요한 의미가 있다. 스에키 후미히코(末木文美士)에 의하면 이 대교원 해산은 '그것에 의해 종교의 자유가 확립되었다'고 간주될 만큼 중요한 사건이었다. 사실 1872년에 교부성 설치를 강력하게 청원하면서 신도 단독의 국교화를 반대하고, 교부성 아래 신도·불교·유교가 연대하여 기독교를 배격할 것을 역설한 것은 바로 시마지 모쿠라이였다. 그런데 1873년부터 종교 자유의 이념을 가지고 대교원 반대운동을 지도한 것 역시 시마지 모쿠라이였다. 어떻게 1년 사이에 이와 같은 태도의 전환이 가능했던 것

---

21 카미벳부 마사노부, 위의 책, 82-83쪽.
22 시마조노 스스무, 앞의 책, 35쪽.

일까? 스에키 후미히코는 서구의 종교 사정을 두 눈으로 접하게 된 시마지의 충격이 가장 큰 영향을 미쳤을 것으로 추측했다.[23]

1872년 12월 시마지 모쿠라이가 정부에 제출한 〈삼조교칙비판건백서〉의 취지는 유럽의 종교 사정을 토대로 정교분리를 주장한 것이었다. 시마지는 '경신, 애국의 뜻을 몸으로 익힐 것'이라는 삼조교칙의 '제1조'에 대해 다음과 같이 격렬하게 비판하였다.

> 정교(政敎)는 다르기 때문에 혼효(混淆)해서는 안 됩니다. 정(政)은 인사(人事)이고, 오직 형태[形]만을 제어할 뿐입니다. 따라서 한 나라의 영토[邦域]에 국한됩니다. 교(敎)는 신의 행위[神爲]로서 마음(心)을 다스립니다[心ヲ制지]. 따라서 만국에 통하는 것입니다. 정은 감히 타인을 관리하지 않고 오로지 자신을 이롭게 하는 데만 힘씁니다. 그러나 교는 그렇지 않아서 추호도 자신을 돌보지 않고 오로지 타인을 이롭게 하려고 노력합니다. 정에 있어서는 영토가 한정된 공화국에서 옳다고 여겨지는 것이 군주가 있는[立君] 나라에는 맞지 않고, 자율적 정부의 나라에서 취하는 바는 입헌정부에서는 거부됩니다. 각 나라가 건국(建國)의 근본[本]에 의지하여 행하는 정책은 옳고 그름[是非]이 얼음과 숯[氷炭]처럼 화해 불가능합니다. 교가 만국에 통하고 만인에 미치는 것이라는 것이 어찌 진리가 아니겠습니까?"[24]

---

23 스에키 후미히코, 『근대 일본과 불교』, 이태승·권서용 옮김, 그린비, 2009, 32-33쪽.
24 島薗進, 「近代日本における〈宗敎〉槪念の受容」, 202-203쪽; 스에키 후미히코, 앞의 책, 33쪽 번역 참조; Hans Martin Krämer, *Shimaji Mokurai: and the Reconception of Religion and the Secular in Modern Japan*, Honolulu: University of Hawai'i Press, 2015, p. 145. 해석 참조.

위의 글에서 시마지는 종교가 '신의 행하심'에 의한 것이기 때문에 정치권력이 '조작'할 성격의 것이 아니라는 인식을 뚜렷하게 보여준다. 또 정치의 특징은 특수성에 있고, 종교의 특징은 보편성에 있다고 주장하고 있다.[25] 그리고 '종교'를 '정치'와 별개로 분리된 영역으로 설정하였고, 정치가 '외적인 형태(external affairs)'를 취하고 있다면 종교는 '내적인 마음(inner heart)'에 관여하는 것이 그 특징이라 설명한다. 이 문헌은 이처럼 시마지가 자신의 '정'과 '교'의 분리 주장을 처음으로 밝힌 것으로서, 그것은 향후 그의 '정치-종교 분리' 담론의 기본 토대가 된다.[26]

예컨대 시마지는 1873년의 〈대교원분리건백서〉에서도 "무릇 종교의 요체는 심정(心情)을 올바르게 하고, 사생(死生)을 편안케 하는 것을 달리 벗어나지 않는다."고 설명하면서, 종교는 어디까지나 개인의 마음과 생사의 문제에 관련하는 것이라고 강조했다. 그러므로 "인격은 믿음에 있다. 어찌 자신의 믿음을 뒤로 하고 달리 믿는 바를 따르겠는가."라고 반문하면서 나름대로 종교의 자유를 주장하는 근거를 밝히고 있다. 스에키 후미히코는 이렇게 종교의 관습적 성격을 버리고 개인의 문제로 한정한 것은 한편으로 종교의 다양한 기능을 축소한 것이기도 하지만, 그러나 다른 한편으로는 개인 내면의 마음의 문제가 깊이 다뤄지게 되는 근대적인 종교의 단서를 제공했다는 점에서 긍정적으로 평가하기도 한다.[27]

나아가 시마지에게서는 '신도'에 대한 부정적 인식이 표출되기도 하였다.

---

25 스에키 후미히코, 앞의 책, 33쪽; 島薗進, 「近代日本における〈宗教〉概念の受容」, 203쪽.
26 Krämer, op.cit., p. 67.
27 스에키 후미히코, 앞의 책, 33-34쪽.

이 둘(政과 敎)을 혼동하여 경신·애국을 같이 말하는 것은, 모든 신을 받들 것을 권하고, 나중에 기독교의 신을 끌어들이려고 하는 것인가? 아니면 우리나라만의 신들을 받들어야 된다고 하는 것인가? 만약 그것이 천신·지기와 물·불·나무·풀 등의 소위 팔백만 신을 받들게 하려는 것이라면, 유럽의 아이들조차 쓴웃음을 지을 것이고, 이보다 더 황당하고 미개한 생각은 없을 것이다.[28]

이처럼 시마지는 종교의 발전단계론적 입장에 기초해 신도를 가장 미개한 것으로 폄하한 반면, 오직 아미타불 일불(一佛)만 믿는 정토진종이야말로 가장 근대적인 것으로 생각하였다.[29] 그것은 서구를 여행한 경험을 통해 일신교를 믿는 나라들의 문명을 보고 얻게 된 확신의 결과였다. 그것은 또한 시마지가 신도를 종교의 범주에서 제외하는 하나의 좋은 근거가 되기도 했다.

그러나 시마지의 태도는 이후 약간 변화하여, 〈삼조변의(三條弁疑)〉(1874) 등에서는 "교칙에서 '경신'이라고 할 때의 '신'이라는 것은 종교적인 뜻은 아니다. 무릇 우리나라의 신이란, 황실 역대의 조상, 혹은 우리 각자의 조상, 국가에 공을 세운 명신·선비를 가리키는 것이다."라고 설명하였다. 그리고 천황의 조상이나 혈통, 그리고 국가에 공적이 있었던 사람들이나 조상에 대한 숭배는 불교의 가르침과 전혀 상충되는 것이 아니라고 강조하였다. 이러한 생각은 국가적 신들의 수용과 신앙의 자유는 모순되지

---

28 시마지 모쿠라이, 「삼조교칙비판건백서」, 야스마루 요시오, 앞의 책, 298쪽에서 재인용.
29 야스마루 요시오, 앞의 책, 296쪽; 카미벳부 마사노부, 앞의 책, 88쪽.

않는다는 것을 역설하고자 하는 것이다. 야스마루 요시오(安丸良夫, 1934-2016)는 시마지의 이러한 생각이 이후 메이지 정부의 국가신도 체제 원리인 '신사비종교론(神社非宗敎論)'의 선구적 성격을 지닌다고 지적했다.[30]

사마지의 견해는 진화론의 입장에서 8백만신을 미개한 종교로 비판하기에 이르렀지만, 천조대신(天照大神)은 황실의 종묘(宗廟, 祖先)이기 때문에 어떤 종[宗派, 宗敎]을 불문하고 존숭해야 한다고 주장함으로써, 제정일치의 최저라인이라 할 수 있는 천조대신과 역대황령(歷代皇靈)의 존숭이 지켜질 수 있도록 설정하였다. 정부와 신도 세력도 여기에 일정 정도 타협함에 따라, 정부는 대교원을 해체하고 정교분리도 형식상으로는 달성하게 되었다. 이 천조대신과 역대황령의 존숭에 관한 이론과 태도는 이후에 신사의 비종교론의 모태가 된다. 시마지의 정교관계론은 처음에는 불교에 의한 국민교화라고 하는 정교상의(政敎相依)로부터 시작되었으나, 결국 이것이 좌절되고 포교의 자유를 구하는 정교분리로 귀결되었다고 정리할 수 있다.[31]

스에키 후미히코도 시마지의 신도에 대한 태도의 변화, 즉 초기의 강한 폄하로부터 어느 정도 '황실 역대의 조상과 국가 유공자 등에 대한 경의의 표시'의 인정으로 변한 이중적 태도에 주목한다. 결과적으로 시마지가 주장한 불교와 신도의 분리는 메이지 정부가 신불 분리 정책으로 추구한 것과 같아져 결국 정부의 방침과 합치하기에 이르게 되었다. 신도를 종교의 영역에서 배제하고 비종교라고 규정함으로써 오히려 종교 자유의 테두리

---

30 야스마루 요시오, 앞의 책, 299쪽.
31 카미벳부 마사노부, 앞의 책, 88쪽.

밖에서 전 국민에게 강제하는 국가신도의 발상과 연결되어 버린 것이다. 이런 이유로 스에키 후미히코는 시마지의 급진적인 종교의 자유와 신도 비판은 역설적으로 메이지 정부의 방침과 거의 일치하는 결과를 낳았다고 평가한다. 나아가 그는 바로 이와 같은 출발점이 그 후 일본 근대종교의 성격을 규정하는데 중요한 역할을 했다고 강조한다. 일본에서 종교의 자유는 싸워서 쟁취하거나 종교전쟁 등의 비참한 역사를 통해 얻어진 것이 아니었다. 싸워서 얻은 듯한 외견상의 모습을 가지면서도 실은 권력이 지향하는 방향과 일치하고 있었다. 이런 맥락에서 스에키 후미히코는 정면으로 권력과 대치하는 경험을 갖지 않은 채 주어진 종교 자유는 취약할 수밖에 없으며, 그것은 마침내 권력에 쉽게 추종하는 체질을 만들게 되었다고 비판한다.[32]

한편, 시마조노는 메이지 초기의 종교정책을 다음과 같이 연표화했다.[33]

〈메이지 초기의 종교정책 대략 연표〉

1868년 제정일치, 신기관 부흥, 신불분리령 포고, 선교사 설치

1869년 황도를 불러일으킨다는 어하문(御下問)

1870년 대교 선포의 조(詔)

1871년 태정관포고(신사는 국가의 종사), 신기관을 신기성으로 격하

1872년 신기성 폐지, 교부성 설치(대교원을 중심으로 신도불교 합동 포교)

1873년 기독교 금지한다는 고찰(高札, 널빤지) 철거

---

32 스에키 후미히코, 앞의 책, 33-34쪽.
33 시마조노 스스무, 앞의 책, 32쪽.

1875년 진종 4파, 대교원을 탈퇴, 대교원 폐지, 신교 자유에 대해 말로 전달
[口達](교부성)

1877년 교부성 폐지, 내무성 사사국(社寺局)으로 사무 이관

1822년 신관의 교도직 겸보직을 폐지하고 장의에 관여하지 않도록 하다

1884년 신불교도직 전면 폐지(성직자의 국가인정제 폐지)

1885년 신사개정의 건(이세신궁 이외의 신사에는 재정을 지원하지 않는다고 예고)

1889년 대일본제국헌법 발포

1890년 교육칙어 발포

1900년 내무성, 신사국을 설치, 사사국은 종교국이 됨

1906년 국고공진금(國庫供進金) 제도(신사에 재정지출의 제도화)

시마조노는 이런 경과를 소개하면서 겉으로 보기에는 '신도의 국교화' 정책이 철회 내지는 수정되는 과정인 것처럼 보인다고 설명한다. 그러나 그 배후에서는 신도가 오히려 국교의 자리를 지키며 그 지위가 높아져 갔다고 분석한다. 확실히 '정교분리'로 나아가는 과정이 충실하게 진행되고 있었지만, 다른 한편으로는 '제정일치'의 이념도 내면적으로 강화되어 갔다고 강조한다. 구체적으로 1868년부터 1870년대 중반까지 몇 가지 시책들에서 보이는 특징을 살펴보면, 강제적인 강요나 종교집단에 대한 공격과 배제는 피하면서도 황실 제사와 신사와 관련이 있는 특정 신도의 방식을 국민에게 유효하게 침투시키려는 정책이 착착 진행되어 갔다고 평가한다.[34]

---

34 위의 책, 32-33쪽.

이와 같은 국가신도[35]의 정착 과정은 크게 3기로 설명할 수 있는데, 초기의 신도국교화정책기(1868-1871)에 이어 국민교화정책기(1871-1877)를 거쳐 마지막에는 국가신도의 이론적·제도적 완성기로 이어진다.[36]

이에 따르면, 1기에 '대교(大敎)' 선포의 칙령(1870년)이 내려지고, 전국 신사의 사격(社格)이 제정(1871년)되었으며, 태정관에 의해 전국 신사는 모두 국가의 종사(宗祀)임이 선언되었다. 이것은 신사신도가 황실신도를 기축으로 재편성되었음을 의미하며, 그것은 곧 '국가신도의 탄생'이라 해석할 수 있다.

2기는 이후 1872년 새로 교부성이 신설되고〈삼조교칙〉이 제정되어 대교원 등을 통해 신불합동으로 국민교화를 펼칠 때이다. 그러나 이 때 한편으로 '신교의 자유'를 요구하는 흐름이 등장하면서 1877년 교부성이 해산되고 2기의 국민교화정책기도 막을 내린다.

3기는 메이지 정부가 이런 시행착오를 반복하면서도 계속 국가신도의 이론적, 체제적 완성을 도모하여 마침내 국가신도의 틀을 완성한 시기이다. 그 노력은 한편으로 제사와 종교를 분리함으로써 신사신도를 일반 종교위에 군림하는 초종교로 삼고, 신도의 종교적 측면을 이른바 '교파신도'로 독립시키는 정책으로 나타났다. 그것은 1889년 공포된〈대일본제국헌

---

35 "국가신도"란 일본을 점령한 연합군 최고사령부가 1945년 12월 내놓은 '신도지령(神道指令)'에서 일본의 전쟁의 동기 부여 및 정당화와 국가주의를 선전해 왔다고 판단되는 전전의 신사신도를 가리켜 명명한 용어이다. '국가신도'의 정의에 대해서는 논란이 많으며, 시마조노 스스무는 '협의의 국가신도'와 '광의의 국가신도'라는 용어로 설명을 시도한 바 있다. 이 글에서는 크게 중요한 경우에만 그 정의를 미세하게 구분하여 사용할 것이고, 보통은 일반적 의미로 사용할 것이다.
36 박규태,「국가신도란 무엇인가」,『종교연구』29, 2002, 230-231쪽.

법〉의 제28조에 "신교(信敎)의 자유" 항목을 둠으로써 종교와 정치의 분리를 천명하는 정책으로 구체화되었다. 그리고 그다음 해인 1890년에 〈교육칙어〉가 반포됨으로써 국가신도의 사실상의 교전(敎典)이 출현하였고, 이와 동시에 국가신도는 마침내 이데올로기적 완성에 도달하게 된다.

이처럼 일본에서 '종교의 자유', 그리고 '정교분리'의 정책이 제도화되는 데에는 많은 우여곡절이 있었다. 그리고 그 초기의 과정 한 가운데에 핵심 인물로 시마지 모쿠라이가 있었음을 확인할 수 있었다. 다음은 시마지가 '종교의 자유'와 '정교분리'를 주장할 때 어떠한 논리를 사용했는지를 살펴봄으로써, 근대 일본의 종교 개념 형성기의 또 다른 하나의 특징을 발견해 보고자 한다.

2) '교(敎)'에서 '종교(宗敎)'로

(1) 시마지 모쿠라이의 '신도치교론'과 국가신도의 비종교화

근대 일본의 종교사를 연구해 온 한스 마틴 크레이머(Hans Martin Krämer)는 일본을 포함한 동아시아 국가들이 '종교'와 관련하여 근대에 직면한 과제에 대해 다음과 같이 말한다.

> 유럽에서 '종교'는 중세에도 존재해 왔고, 단지 근대 초기에 여러 맥락의 변화로 인해 그 의미를 갑자기 바꾼 것일 뿐이지만, 동아시아에서는 19세기 중반까지도 근대적 의미의 종교 개념은 없었다. 그런데 그 시점 이후 수십 년 동안 해결해야 할 하나의 문제가 되었다. 그 결정적 시간이 훨씬 짧을 뿐만 아니라 19세기 동아시아가 마주친 서양의 충격이라는 특수한 상황으

로 인해 복잡성이 더해졌다. 19세기 후반 일본은 동아시아에서 '종교' 개념을 형성한 최초의 동아시아 국가이다. 따라서 일본에서 근대적 종교 개념의 출현은 근대의 제국주의 권력관계에서, 즉 자발적 수용과 위압적 부과의 두 축 사이의 관계로 분석되어야 한다.[37]

위에서 말한 것처럼, 동아시아에서 '종교' 개념에 따른 사회구조의 재편은 몇십 년이라는 짧은 기간 동안 완수되어야 할 과제였다. 다만 여기서 중요한 것은 종교 개념의 수용이 서양으로부터의 단순한 이식이었는지, 아니면 수용 주체에 의한 자율적·주체적 적용이었는지 여부이다.

결론적으로 크레머는 일본의 경우, 종교 개념의 수용과 근대 종교 지형의 형성이 서구 종교 개념의 일방적 이식이 아닌 일본의 다양한 주체들의 적극적 참여에 의한 '일본적 구성물'이었다고 주장한다. 그는 『시마지 모쿠라이: 근대 일본에서 종교와 세속의 재개념화』(2015)[38]라는 저서에서 근대 일본은 '신사비종교론(神社非宗敎論)'과 '종교의 자유'를 절충시키는 프로젝트를 통해 일본적 종교구조를 탄생시켰다고 보았다. 그리고 그 탄생에 시마지 모쿠라이(島地黙雷)라는 한 명의 정토진종의 승려가 큰 역할을 했다고 평가했다.

1870년대 초반, 한 개인과 그가 속한 조직체가 이 새로운 범주('종교')에 대한 토론에 그 누구보다도 큰 영향을 행사했다. 그가 바로 불교 승려 시마지

37　Krämer, op. cit., p. 2.
38　Ibid.

모쿠라이와 정토진종이었다. 시마지는 유럽에 여행한 초기의 일본인 중 한 사람으로, 그 시대의 종교에 관한 이론적·실천적(즉 정책-지향적) 토론의 최전선에 서 있었다. 시마지는 메이지의 명육사(明六社, めいろくしゃ)[39]의 인물들과 더불어 미래의 종교에 대한 일본적 이해를 형성할 것이었다. 특히 '종교의 자유'와 '종교와 국가'의 관계, 그리고 특히 1889년 〈대일본제국헌법〉의 반포를 이끌 것이었다.[40]

크레이머의 요지는 일본의 불교계가 서양의 '종교' 개념을 수입할 때, 기독교적 의미와 구조를 그대로 이식·모방한 것이 아니라 일본불교의 입장에서 주체적으로 수용했으며, 그 과정에서 불교의 전통사상과 용어·관념들이 중요한 역할을 했다는 것이다. 크레이머에 의하면 시마지 모쿠라이는 '종교'와 '세속'의 관계를 '왕법불법상의(王法佛法相依)', '진속이제(眞俗二諦)'라는 불교의 전통적 용어로 이해했다. 그것을 통해 '종교'와 '세속'의 분리를 강조하면서도 상호 의존을 긍정적으로 받아들였다. 하지만 이것은 표면상으로는 종교와 세속의 상호의존이었지만, 궁극적으로는 종교의 세속에의 종속을 의미한 것이었다.

그런데 크레이머는 이러한 전통적 불교 용어 이외에, 시마지가 불교의 자리를 마련하기 위해 동원한 하나의 비판적 용어(a critical term)가 일본에서 '종교의 발명'에 핵심적 역할을 했다고 설명하고 있다. 그것이 다름아닌

---

39 메이지 시대 초기에 설립된 일본 최초의 계몽 학술단체. 영국 유학과 미국의 초대 공사를 지내고 돌아온 모리 아리노리(森有礼, 1847-1889)가 조직했다. 회원으로는 니시 아마네(西周, 1829-1897), 후쿠자와 유키치(福澤諭吉, 1835-1901) 등이 있다.
40 Krämer, op.cit., p. 2.

바로 '치교(治敎)'라는 개념이었다. 시마지에게 '종교'는 '정치'와 반대 개념일 뿐만 아니라 '치교'와도 반대 개념이었다.⁴¹ '종교'와 '정치'가 반대 개념 쌍을 이룸으로써, 이 세상은 '종교'와 '세속'으로 나누어진다. 그것이 바로 '정교분리' 구조의 논리적 근거이다. 그런데 '종교'가 '치교'와 반대 개념이라는 것은 무엇을 의미하는가?

일본불교는 전통적으로 '왕법불법상의'의 관념에 의해 '종교'와 '세속'의 상호 의존관계에 안주할 수 있었다. 하지만 메이지 정부의 신불분리와 폐불훼석, 신도국교화를 통한 제정일치의 추구로 불교와 정부 사이의 전근대적 의존관계가 깨어지게 되었다. 메이지 정부는 신도국교화를 통해 불안정한 권력을 안정화하고 전국민을 통합시키고자 했다. 따라서 신도가 아닌 다른 종교들은 탄압과 폐지의 가능성 앞에 놓여지게 되었다. 이 때 시마지 모쿠라이에게 일어난 일이 '치교의 발견(discovery of jikyō)'이었다. 시마지는 전통적 개념인 '교(敎)'를 '치교'와 '종교'로 분리하는 전략을 사용하고, '신도'를 '종교'가 아닌 '치교'에 속하는 것으로 배치하였다.⁴² 신도와 종교를 아예 서로 비교하고 경쟁할 상대가 아닌 별개의 존재로 범주화한 것이다.

시마지 모쿠라이는 일본의 종교 자유 형성에 공헌한 인물로 알려져 있는데, 그 밑바탕에는 '신도'가 '종교'가 아니라 '치교'라는 시각을 깔고 있었다. 이러한 시마지 모쿠라이의 견해를 '신도치교론(神道治敎論)'이라고 한다. 1873년(明治6年) 시마지는 「교도직 치교, 종교혼동 개정에 관하여(敎導

---

41 Ibid., pp. 65-66. 크레이머는 '치교'를 chikyō, jikyō, 영어 번역어로는 'civic teachings' 또는 'indoctrination'을 사용한다.
42 Ibid.

職治教, 宗教混同改正ニツキ)」라는 건백서를 제출하여 신도는 '치교'라고 명시적으로 주장했다.

> 신도(神道)의 일에 관해서 신(臣)은 다 알지 못하지만 그것이 종교(宗敎)가 아님은 확실합니다. 신도란 조정의 <u>치교</u>(治敎)입니다. 예로부터 천황은 <u>신도의 치교</u>(神道の治敎)를 지켰습니다. 종교로서는 유불(儒佛)을 사용하고, 제도로서는 중국과 서양[漢洋]의 풍조를 모방하여도, 역대 천황은 천조(天祖) 계승의 길을 받들어 국민에게 군림해 주었습니다. 이것이 오직 신의 길(神の道)이며, 조정의 여러 제도, 법령, 모든 것이 신도입니다. 이 황실의 신도야말로 진정한 신의 길입니다. 다만 근세에 신도자(神道者)라고 칭하면서, 종교와 같은 설(說)을 세워, 마음대로 자신의 한 사설(私說)을 가지고, 그것을 황실의 〈신도〉인 것처럼 곡해하려는 자가 있지만, 그것은 황실의 신도를, 왕정(王政)을 작은 것이 되게 하려는 오류입니다. 신도란 본래, 결코 <u>종교가 아니며</u>(宗敎に非ざる者であり), 천조 이래 <u>치교의 대도</u>(天祖いらいの治敎の大道)입니다.[43]

'치교'와 '종교'를 구별하는 이 이론은 근대의 신도를 둘러싼 제도를 형성하는데 크게 영향을 미쳤다. 그렇다면 시마지가 정치와 종교를 분리하는 것에서 그치지 않고, 종교를 치교와 구별한 이유는 무엇이었을까? 그것은 종교를 치교와 반대 개념으로 설정하고 다시 치교와 황도를 관련시킴으로

43　島薗進,「島地黙雷の神道 '治敎'論」, *The Earth of Free Green* 20, NPO東京自由大学-EFG, https://freegreen.jimdofree.com/%E7%AC%AC20%E5%8F%B7/%E5%B3%B6%E8%96%97%E9%80%B2/ (2022.08.12. 검색)

써, 황도(혹은 신도)를 종교로부터 단절시키려는 의도가 있었다고 볼 수 있다.

일본의 신도학자 아시츠 우즈히코(葦津珍彦, 1909-1992)는 『국가신도는 무엇이었는가(国家神道とは何だったのか)』(1987)에서 위 인용문의 구절을 소개하면서, 시마지의 이 논리가 이후의 메이지 정부의 종교정책에 큰 영향을 미쳤다고 분석했다. 그리고 그렇게 함으로써 종교로서의 신도를 비종교화하는 결과를 만들었다고 비판했다.[44]

> 이「황실의 신도는 종교가 아니다」라는 이론은 이른바 이후의「국가신도」, 즉「신사비종교」의 발단이 되는 논리이지만, 그 최초의 유력한 제창자가 진종의 시마지 모쿠라이라는 사실, 그리고 그 논리가 의도하는 것이 종교적 신도를 봉살(封殺)하기 위한 불교도의 대(對) 신도 정략(政略)이었다는 사실, 이것은「국가신도사」의 추이 발전을 보고 가는 데 있어서 가장 중요한 사실임을 명기해 두어야 한다. 이 로직은 10년 후에는 메이지 정부의 공식 견해가 된다.[45]

아시츠에 의하면 시마지가 '치교'를 사용하는 이유는 신도를 '치교'라는 용어를 통해 황도(皇道)에 연결시키기 위해서였다. 시마지의 의도는 황제에 의해 행해지는 의례의 '종교성'을 부정하는 것이었다. 시마지가 두려워한 것은, 기독교를 국교로 가진 유럽의 나라들처럼 신도가 일본에서 국가

---

44 葦津珍彦, 『国家神道とは何だったのか』, 2006, 39쪽.(初版, 1987). 島薗進, 「島地黙雷の神道 '治教'論」에서 재인용.
45 葦津珍彦, 앞의 책, 41쪽. 島薗進, 「島地黙雷의 神道 '治教'論」에서 재인용.

종교의 지위를 얻는 것이었다. 그는 신도가 황제의 제사를 지냄으로써 신도 기반의 새로운 종교가 성립되고, 결과적으로 지방의 수많은 신사들을 거느리는 가공할 만한 반(反)불교적 세력이 될 것을 걱정했다. 이런 이유로 시마지는 비정치적인 신도(apolitical Shinto)를 만들기 위해 전력을 다했다는 것이다.[46]

하지만 크레이머는 시마지에게 '치교' 개념은 더 넓은 의미로 사용되었다고 주장한다. 시마지에게 있어서 '치교'는 바로 '황도'만을 의미하지 않으며 '시민적 교화'의 문제까지 포함한다는 것이다. 크레이머는 이런 의미에서 '치교'가 일종의 '정치철학(political philosophy)'으로 해석될 수도 있다고 본다.[47]

이것은 시마지의 「교부개정에 대하여(敎部改正ニツキ)」(1874)에서 명백히 드러난다고 크레이머는 설명한다. 시마지는 교부성에 대한 청원서를 썼는데, 정토진종과 대교제도의 충돌이 최정점에 있을 때였다. 그는 다음과 같은 점을 고려하여 교부성 개혁을 제안했다.

> 치교를 별도로 세울 필요는 없다. 만일 문명이 이미 널리 퍼졌다면, 만일 과학이 이미 번성했다면, 만일 종교에 의한 해로움(宗弊)이 이미 구제되었다면, 그리고 만일 종교전문가들이 잘 교육되었다면. 그러나, 사람들의 지식은 아직 그렇게 진보되지 않았고, 제국은 아직 [사람들에게] 미치지 못했다.[48]

---

46 Krämer, op.cit., p. 68.
47 Ibid., p. 67.
48 島地黙雷,「敎部改正ニツキ」, 1874, 53쪽. Krämer, op.cit., pp. 68-69에서 재인용.

시마지는 여기서 두 개의 목적을 설명하기 위해 '치교'를 사용했다. 문명을 전파하는 것, 그리고 황실의 의지를 국민들에게 전달하는 것이 바로 그것이다. 그 구체적 개혁 방법으로서 시마지는 학교 체계에 등록되지 않은 사람들을 가르치는 것이 국가의 교도직의 임무라고 정의했다. 그는 "일반 학교 체계의 교육적 원리에 입각하여 일반적인 일상의 이성을 그 안내자로 만듦으로써, 국가의 교도직은 경제, 생산, 가정경제학, 도덕성 등을 가르쳐야 한다. 문화를 향해 드러내고 지도하며 황제의 의지를 이해하게 만들어야 한다."라고 말하고 있다.[49] 따라서 크레이머는 시마지에게 '치교'는 단순히 신도와 동일한 것도 아니고, 또 백성들에게 황실의 제도를 설명하는 것만도 아니었다고 해석한다.

그런데 1870년대의 토론에서 '치교'의 복합성은 시마지의 동료인 불교 저자들에 의해서도 나타난다. 대교반포운동에 또 다른 공헌자인 정토진종 승려 쿠스노키 센류(楠潛龍, 1834-1896)는 1874년 그의 『십칠논제약설(十七論題略說)』에서 '치교'의 개념을 사용한 것으로 유명하다. 그는 불교와 국가의 역할에 대한 토론에서 다음과 같이 말했다.

'교(kyō)'에는 두 가지 방법이 있다. 그것들은 '치교(jikyō)'와 '종교(shūkyō)'이다. 치교에 관련해 본다면, 정치와 별개로 교법(敎法, kyōhō) 같은 것이 존재하는 것은 아니다. 법률을 교정함으로써 국가의 관습을 아름답게 하는 것, 보상과 처벌을 명확히 함으로써 일반 백성의 도덕성을 증진하는 것, 국가에 불충한 국민이 없도록 보살피고 가정에 불경한 아이가 없게 하고,

---

49 島地默雷, 위의 글, 57쪽. Krämer, op.cit., p. 69에서 재인용.

이름을 바로잡고 인간관계를 명확히 하는 것. 이것을 <u>치교</u>라고 하며, 위에 있는 사람들이 가르치면 아래에 있는 사람들이 따른다. 그러나 치교는 <u>외적인 형태와 과거의 사건에 대해 보상과 처벌을 내리는 반면, 내면의 마음</u>과 아직 형성되지 않은 것의 옳고 그름을 장려하거나 처벌하지는 않는다.⁵⁰

여기서 쿠스노키는 '교'를 그 하위범주인 '치교'와 '종교'를 포함하는 것으로 파악하고 있다. 또 치교가 가르치려는 내용과 정치가 이루고자 하는 목표가 별개가 아닌 것으로 표현하고 있다. 그런데 '치교'와 '종교'의 차이에 대해서는 문답식 대화를 통해 다음과 같이 명료하게 설명하고 있다. 어떤 한 사람이 쿠스노키에게 묻는다.

질문: 만일 치교와 종교가 그 목적이 다르다면, 종교가 정치를 돕는 일에 효과적일 수 없다는 의미인가?

답: '정치'는 종교 없이 작동할 수 없음을 알아야 한다. 질병이 피부 밖에 나타나면 그것은 이미 내부 기관에 영향이 미친 것이다. 외부의 피부를 고치려면 내부의 장기를 고치지 않고는 병의 뿌리를 제거할 수 없고 건강을 유지하지 못할 것이다. 마찬가지로, '정치[政]'는 피부 밖으로 드러난 질병을 고치는 것이며, '교'는 내부의 기관과 관련된 <u>뿌리를 자르는 것이다</u>. 만일 마음 아래 잠복해 있던 악(惡)이 이미 표면을 뚫고 나왔다면, 도둑질을 하고 다른 사람을 살해한 자를 처벌하거나 법률로 징계할 수 있다. 그러나 만

50　楠潛龍,『十七論題畧説』, 國文社, 1874. Krämer, op. cit., p. 70에서 재인용. 밑줄은 필자.

일 도둑질하고 살해하고자 하는 마음이 오직 잠복해 있고 아직 표면에 나오지 않았다면 정치가 할 수 있는 일이 무엇이겠는가? 아직 표면화화지 않은 악을 다스려서 사람들을 진실하게 하고, 반듯하게 하고, 선하게 하는 것이 바로 종교이다. '교'는 인간의 마음 안에 영원한 행복을 초대하는 법을 보여준다. … (자연과학의 발전이) 지식의 발전을 이끌지만, 그것은 마음의 깊이를 측정하는 것을 도울 수 없다. 비록 우리가 귀와 눈을 측정할 수 있지만, 어디로부터 영혼(reikon)이 오고 마음이 어디로 가는가에 대해서는 분석과 발명이 미치지 못한다. (영혼의) 기원을 설명하고 마음의 운명을 보여주는 것은 믿는(believe) 수밖에 없다."[51]

여기서 발견할 수 있는 것은 쿠스노키 센류가 종교를 인간의 내면의 마음의 문제로 분명하게 특정화하고 있다는 것이다. 그것은 앞에서 시마지 모쿠라이가 〈삼조교칙비판건백서〉에서 보였던 견해와도 일치한다. 또 쿠스노키는 '교'를 '정치(政, sei, politics)'에 대한 반대어로 사용하고, '교'에는 종교와 치교를 나란히 배치한다. 그리고 쿠스노키가 거론한 윤리적 계율의 목록은 결정적으로 공자의 가르침을 반영하고 있다. 이처럼 쿠스노키와 시마지는 둘 다 '치교' 영역의 합법성을 긍정하면서도 치교를 종교의 하위로 놓으면서 인간의 삶에서 덜 중요한 것으로 다룬다.[52]

정리하면, 시마지 모쿠라이와 쿠스노키 센류에게서 '종교'는 '정치'와 반대되는 것이며, '치교'와는 같은 그룹의 '교'에 속한다. 그러나 그 '교' 안에

---

51 Ibid., p. 70.
52 Ibid., p. 71.

서 '종교'의 지위는 '치교'보다 더 높다. 이러한 평가는 정토진종의 승려로서 종교를 가장 숭고하고 높은 가치를 지닌 것으로 인식했기 때문이었던 것으로 보인다.

(2) '종교'의 상위 개념으로서의 '치교'

이처럼 시마지 모쿠라이에 의해서 '치교'는 '종교'보다 낮은 범주로 사용되고 있었음을 살펴보았다. 그런데 문제는 이 '치교'라는 개념은 시마지 모쿠라이만의 발명이거나 정토진종 측에서만 사용한 용어가 아니란 사실이다. 이 용어는 이미 메이지 초기 신도국교론자들의 기획 속에 들어 있었던 개념이다. 즉 '치교'는 일본의 문화에서 전통적이고 역사적 의미가 있었던 단어였고, 제정일치의 기획 단계에서부터 이미 중요한 개념으로 사용되고 있었다. 여기서 주목되는 것은 '치교'가 '종교'보다 상위개념으로 사용되었다는 점이다. 이런 상황에 대해 시마조노는 다음과 같이 자세히 논술하고 있다.

즉, 메이지 유신체제가 출발할 때 위정자들은 천황의 친정(親政)과 '제정일치'를 핵심 이념으로 설정했다. 이 제정일치를 구체화하기 위한 정책으로 1868년 하늘과 땅에 제사를 지내는 신기관(神祇官)을 설치했다. 이에 따라 천황과 신도와의 관계를 '황실신도'로 강화해 가면서 전국의 신사를 계열화하고 정비하였다. 나아가 1869년 신기관 아래에 선교사(宣敎使)를 설치하여 새로운 국가의 기초가 되는 〈교〉, 즉 〈대교(大敎)〉를 널리 펼치기 위한 국민 교화지도 기관으로 만들고자 하였다. 이 때 하달된 조칙이 〈대교선포의조(大敎宣布の詔)〉(1870년 1월 3일)이다. 그 내용은 다음과 같다.

짐(朕)이 공손히 생각하니 천신천조(天神·天祖)가 극(極, 즉 皇位)을 세워 통(統, 즉 皇統)을 드리우니, 역대 천황[列皇]은 서로 이어받아(相承) 계승하고 있다. 제정일치(祭政一致), 억조(億兆)는 동심(同心)이고, 치교는 위로 밝고, 풍속은 아래로 아름답다. 그런데 중세 이후 때[時]로 쇠함과 융성함[汚隆], 오류]이 있고, 도(道)에는 나타나고 숨기는 것[顯晦, 현회]이 있다. 이제 천운이 순환하여 백가지 법도[百度]가 전혀 새롭게 되었다(維れ新なり). 마땅히 치교를 밝혀서 신의 뜻을 따라 대도(大道)를 선양해야 한다. 이에 새로 선교사를 명하여 천하에 포교하게 한다. 그대 군신무리들은 그 뜻[旨]을 명심하라.[53]

여기서 주목되는 것은 일본 정부가 일관되게 추구하고 있던 〈교〉를 지시하는 말과 더불어 '치교'를 겹쳐 사용하고 있다는 것이다. 〈대교선포의 조〉에서 '치교'라는 말은 두 번 나온다(인용문에서 밑줄). 그런데 이 조칙에 앞선 1869년 메이지 천황이 하달했던 〈황도흥륭에 관한 어하문(皇道興隆に關する御下問)〉(1869.5.21.)에도 '치교'라는 말이 빈번하게 등장하고 있다.

우리 황국의 신성한 조상들(天神天祖)께서 극(極, 확고한 근원)을 세우고 기초를 마련해 주신 이후, 역대 성군들께서는 하늘의 뜻을 대신하여 천직을 다

---

53 島薗進,「近代日本における〈宗教〉概念の受容」, 197쪽; 시마조노 스스무, 앞의 책, 134쪽 참조; 번역에 다음 문헌의 도움도 받았음. 歷史研究会,『戰後日本の回想・S 34年』, 川村一彦(Kazuhiko Kawamura), 33쪽. 전자서적판, 2021.1.22. 참조. https://books.rakuten.co.jp/rk/5fa5edc16a483e27b84e3e429779fd46/ 번역문 가운데 밑줄과 괄호 안 설명은 필자.

스리시고, 제사와 정치를 하나로 묶으시어[祭政維一], 상하가 한마음이 되어, 위로는 <u>치교가</u> 밝아지고 아래로는 풍속이 아름다워져 황도는 찬란히 빛나며 만국에 탁월하게 우뚝 서게 되었다. 그러나 중세 이후로 인심이 쇠락하고 외래 종교(外敎)가 이에 편승하여 황도가 쇠퇴하게 되었으며, 최근 그 현상이 더욱 심각해졌다. 천운이 순환하여 오늘날 유신의 때에 이르렀으나, 기강은 아직 충분히 확립되지 않았고 <u>치교도</u> 아직 널리 미치지 못하고 있다. 이는 황도가 찬란하게 빛나지 못한 데에 원인이 있다고 깊이 염려하시어, 이제 제정일치 천조(天祖) 이래의 고유한 황도를 부흥하고자 하신다. 억조창생들이 근본에 보답하고 시작으로 돌아가는 뜻을 중히 여기며, 외래의 유혹에 미혹되지 않고 한 방향을 향하여 나아가 <u>치교가</u> 널리 미치도록 하기를 바라신다. 그 실천 방법에 대해 각자 의견을 거리낌 없이 제시하기 바란다."[54]

이 글에서 '치교'는 세 번 언급된다. 여기서는 또한 '교'를 지시하는 말로서 일관되게 '치교'와 '황도'가 거듭 사용되고 있다. 시마조노는 이 글에서 '치교'와 '황도'는 거의 같은 의미로 사용되고 있다고 설명한다. 여기서 '치교', '대교', '유신의 대도(惟神の大道)', '황도'는 국가의 근간이 되어야만 하는 '교'이며 '도'이다.[55] 그리고 '치교'와 '황도'는 '외교(外敎)'와 날카롭게 대치된다. 여기서 '외교'에는 메이지 이진의 일본불교, 그리고 메이지 초기의 기독교가 상정되고 있다.

---

54 『太政官日誌』「明治2年(1869) 53号」. 번역문에서 밑줄과 괄호 안 설명은 필자.
55 島薗進,「島地黙雷の神道'治敎'論」참조.

시마조노는 이 〈황도흥륭어하문〉과 〈대교선포의조〉에 나타난 메이지 천황과 일부 국가지도자들의 의지는 메이지 시기 내내 꺾이지 않고 강한 힘을 발휘했다고 본다. 그것이 한편으로는 '여러 종교'와 '제사로서의 신도'를 분리하는 방향으로 나아가게 하였고, 다른 한편으로는 〈교육칙어(敎育勅語)〉(1890)라는 형태로서 학교라는 장(場)을 통한 '치교'의 실천으로 나아갔다고 설명한다. 그 결과 '제사'와 '치교'를 합친 '황도'라고 불리는 영역이 만들어지고, 그 황도는 제도적으로 '종교'로부터 분리하게 되었다는 것이다.

시마조노에 의하면 이 '황도'는 항상 일본 역사의 중심이자 신들과 관련되어 있다고 믿는 천황에 대한 숭경을 핵심으로 삼는다. 아울러 그것은 유교적 요소를 포함하면서도 기본적으로는 신도를 중핵으로 간주한다. 메이지 유신 초기부터 '종교'의 범위에는 '넓은 의미의 신도'가 애당초 담길 수 없는 구조였다. 결국 이후에 신사신도는 '제사(祭祀)'의 영역에 배치되고, '치교'는 '교육'이나 '도덕(국민도덕)'의 영역에 할당됨으로써 메이지 시기 '종교'를 좁게 한정하는 제도의 틀이 결정된다.[56]

즉 메이지 초기에 일본정부는 국학자들에 의한 신도 중심의 정책, 기독교를 존중해 달라는 여러 외국의 압력, 그리고 기독교에 대항하는 불교측의 반발을 모두 고려해야 했다. 결국 근대국가로서 '종교(信敎)의 자유'를 인정하는 방향으로 정책을 결정하고 그것과 동시에 신사(神社)에 대해서도 특별한 지위를 부여하게 된다. 1880년대가 되면 행정상 신사는 '국가신도'로서 '교파신도(종교신도)'와 구별되고, 신도조직체의 주체는 '종교'가

---

56 島薗進,「近代日本における〈宗敎〉槪念の受容」, 199쪽.

아니라 '제사(祭祀)'의 영역에 있다고 규정된다. 그 결과 '제사'로서의 신도에 여러 '종교'보다 더 높은 국가의 정신적 지주로서의 지위가 부여된 것이다. 그런데 이 때 '종교' 보다 상위에 놓이게 된 것은 '제사'만이 아니라 '치교' 혹은 '황도'라고 부를 수 있는 영역들도 포함되었고, 이들 영역은 신민의 정신적 수련의 한 방법으로 활용되었다. 이들은 1890년에 〈교육칙어〉라는 형태로 정립되어 주로 학교교육을 통해 구체화되어 간다. 물론 메이지 초기에는 이러한 영역 구분이 모호했고, 이 같은 구분이 확정되는 것은 메이지 중기 이후였다.[57]

(3) 문명의 기반으로서의 '종교'와 '신교(信敎)의 자유'

제도상으로 '종교'가 근대 일본 국가의 정신적 질서 하부에 종속되어 가는 동안, '종교'는 인류문화의 고도의 성취이며 문명국가의 기둥이 될 수 있다는 인식도 점차 확산되어 간다. 개개인의 내면적인 원리로서 종교는 자유에 맡겨져야 한다는 생각이 일본 내부에 널리 퍼져나갔고, 여기에는 기독교의 포교를 허용하라는 서양의 요구도 영향을 미쳤다. '종교[信敎]의 자유'에 대한 여론이 확산되면서 종교를 개인의 정신적 자유의 문제로 파악하는 관념은 더욱 힘을 얻어 갔다. 이처럼 계몽사상가들을 중심으로 서양의 종교 개념이 본격적으로 소개되면서, 정교분리에 대한 요구도 함께 높아졌다.[58]

---

57 위의 글, 196-197쪽.
58 이들 계몽사상가들의 종교관에 대한 전반적 개괄은 김용덕, 「메이지 초기 일본 지식인의 기독교 이해 - 명육사(明六社)를 중심으로」, 『일본비평』 9, 2013; 이새봄, 「메이로쿠샤(明六社) 지식인의 religion 이해의 맥락 - 니시 아마네(西周)의 교문론 분석」, 『일본

그 가운데 대표적 인물로 영국 유학을 거쳐 미국 초대공사를 지냈던 모리 아리노리(森有礼, 1847~1889)[59]를 꼽을 수 있다. 모리는 1872년 외교관으로 워싱턴에 주재하고 있을 때, 「일본에서의 종교의 자유(Religious Freedom in Japan)」라는 글을 영문으로 발표했다. 이 글에서 그는 신앙의 자유는 인간의 제일 기본적인 권리로서 목숨을 걸고 지켜야 할 가치임을 주장하면서 종교의 자유를 철저하게 강조하고 있다.[60] 그는 "많은 중요한 인간적 제 관심사 중에서 종교적 신앙은 가장 중대한 것이다."라고 하여, 양심의 자유, 특히 종교의 자유는 인류의 천부의 권리이며 문명 진보의 기본이라고 선언하였다. 그에 따르면, 일본에는 종교의 자유가 신성한 권리라는 인식의 전통이 없었기 때문에 일본의 우민정책이나 자연관에 길들여진 사람들은 양심의 자유라는 사상을 두렵게 느껴질 수도 있다. 그래서 그는 우선 편견이나 무지의 제거가 필요하다고 주장한다.[61]

그리고 신불 합동 포교를 시도하면서 대교원 아래에 새로운 종교를 창설해 이를 국교화하려는 교부성의 정책을 정면에서 비판했다. 종교라는 것은 결코 외부로부터 강제당할 수 있는 것이 아니라는 이유였다. 그는 개

사상』 32, 2017 참조.
59 모리는 일본의 근대적 계몽학술단체인 명육사(明六社)의 초대회장, 메이지의 6대 교육가로 꼽히는 인물이다. 모리는 영국 유학 후 미국에서 체류할 때 한 유토피아적 기독교 공동체에 살았다. 그로 인해 정부의 고위 관료로 일하는 동안 그의 기독교 신앙에 대해 계속 의심을 받았다. 결국 42세의 나이에 그의 황제에 대한 충성심을 의심한 사람에 의해 암살되었다. Terumichi Morikawa, "Mori Arinori and Japanese Education (1847-1889)", *Education About Asia: Online Archives*, vol. 20(2), 2015(Fall) 참조.
60 야스마루 요시오, 앞의 책, 303쪽.
61 카미벳부 마사노부, 앞의 책, 84-85쪽.

인의 신앙에 정부가 간섭할 수 없으며, 국가와 종교 단체의 관계에 대해서도 정교분리를 요구했다. 또「대일본제국 종교 헌장」의 초안을 첨부하여, 양심 및 종교의 문제는 이성 및 신념에 의해서만 결정되고, 강제나 폭력에 의해 억압받아서는 안 된다고 밝히고 있다.[62]

메이지 초기 계몽사상가들 가운데, 종교를 인류문화에 보편적인 것으로 파악하면서 진화론적인 종교학에 가까운 사고방식을 제시한 것은 니시 아마네(西周, 1829~1897)였다. 네덜란드 유학을 경험하기도 했던 니시는 religion을 '교문(敎門)'이라고 번역한 후, '종교란 무엇인가'에 대해 다음과 같이 설명했다.

> 교문은 믿음(信)에 의해 확립된다. 신(信)은 지(知)가 미치지 못하는 곳에 뿌리를 둔다. 사람이 이미 이것을 안다면, 그 원리[理]란 자기 것이다. 그러나 다 알 수 없기에 그 아는 바를 미루어 알지 못하는 것을 믿을 뿐이다. 그러므로 그 원리라는 것은 자신의 것이 아니다. 그렇다면 평범한 사람들(匹夫匹婦)이 나무와 돌, 벌레, 짐승을 신(神)이라고 믿는 것과, 고명하고 박식한 사람이 하늘(天)을 믿고, 리(理)를 믿고, 상제를 믿는 것 모두 모르고 믿는 것이다. 여기에 차등이 있다고 말할 수는 있어도 그 방식은 동일하다.[63]

---

62 위의 책, 85-86쪽.
63 西周,「敎門論」,『明六雜誌』4, 1874, 71쪽.「교문론」은 1874년『메이로쿠잡지(明六雜誌)』4, 5, 6, 8, 9, 12호, 즉 총 6회에 걸쳐 연재된 것이다.「교문론」의 번역으로는 다음을 참고할 수 있다. 후쿠자와 유키치 외,『메이로쿠 잡지 - 문명개화의 공론장』, 이새봄 역, 빈서재, 2021, 149-171쪽.

위 인용문은 「교문론」 전체의 기본개념을 잘 대변한다. 니시는 지식과 믿음을 차원이 다른 것으로 구별하고 있다. 그는 나아가 종교의 자유에 대해 다음과 같이 밝히면서 정교분리의 이념을 강조한다.

> 믿음이라는 것은 사람들의 마음속에 존재하는 것인 까닭에 용자(勇者)라도 힘으로 타인의 믿음을 빼앗을 수 없고, 지자(知者)라도 타인에게 믿음을 강요할 수 없다. 그러므로 정부는 종교에 관하여도 역시 사람들이 믿는 바를 [정부의] 마음대로 저것은 믿으면 안 되고 이것을 믿어야 한다고 할 수 없다.[64]

니시의 「교문론」은 총 6회에 걸쳐 연재되었으며, 이 밖에도 다양한 내용들이 포함되어 있다. 하지만 전체의 취지는 '지(知)'와 '신(信)'을 대비시키면서 '신교의 자유'를 주장하는 것에 있다. 다시말해 그에게 있어서 종교는 '믿음[信]'에 관한 사안임을 명확히 하는 것이다. 하지만 시마조노는 니시의 이러한 종교 이해는 말할 것도 없이 기독교를 모델로 한 것이고, 일본의 종교현실로부터는 유리된 것이라고 평가한다. 실제로는 일본에서 '지'와 '신', '정치'와 '종교'가 쉽게 분리될 수 없는 것이라고 보았기 때문이다.[65]

한편, 요스마루 요시오는 니시의 교문론이 철저한 신앙의 자유를 주장하고 있는 것 같지만, 그 안에는 "국가 정치와 어긋나는 것만을 금지시키면 된다."라는 부분이 있다고 지적한다. 즉 니시는 "종교를 관장하는 관청

---

64 西周, 위의 글; 김용덕, 앞의 글, 221쪽 참조.
65 島薗進, 「近代日本における〈宗教〉概念の受容」, 202쪽.

은 사람들이 마음속에서 신봉하는 바가 무엇인지는 상관하지 말고, 다만 겉으로 나타나는 것이 국가 정치와 어긋나는 것만을 금지시키면 된다."고 하였다. 따라서 그것은 만세일계(萬世一系)의 천황의 혈통에 대한 세속적 숭배를 절대화하는 역설적 효과를 가져왔으며, 이런 측면에서 요스마루 요시오는 니시의 견해가 결과적으로 시마지 모쿠라이와 크게 다를 바 없다고 비판했다.[66]

(4) 〈대일본제국헌법〉과 '신교의 자유'

마지막으로 살펴볼 것은 〈대일본제국헌법〉 제28조의 '신교의 자유' 문제이다. 제국헌법은 메이지 22년(1889)년 2월 11일에 반포되어, 다음해 11월 29일에 시행되었다. 헌법을 만드는 과정에서 프로이센, 오스트리아, 덴마크 등의 제 헌법을 참조하여 종교의 자유에 관한 조항을 자세히 검토하게 되었으며, 그 결과 비록 제한적이기는 하지만 종교의 자유를 헌법에 공식적으로 명기하게 되었다. "일본신민(日本臣民)은 안녕질서를 방해하지 않고, 또한 신민으로서의 의무를 위배하지 않는 한 신교(信敎)의 자유를 갖는다."라는 제28조가 바로 그것이다.[67]

여기서 문제는 "안녕, 질서를 방해하지 않고 신민으로서의 의무에 어긋나지 않는 한도"라는 막연한 제한이 붙어 있다는 데에 있다. 이 막연한 제한 규정 아래서는 '신앙의 자유'란 국가가 요구하는 질서 및 원리에 기꺼이 동조하는 것과 같은 뜻으로 해석될 우려가 있다는 비판이 제기된다.[68]

66　야스마루 요시오, 앞의 책, 302-303쪽.
67　카미벳부 마사노부, 앞의 책, 93쪽.
68　야스마루 요시오, 앞의 책, 306쪽.

특히 제국헌법 작성에 직접 참가했던 이토 히로부미(伊藤博文, 1841-1909)가 1889년 개인적으로 발간한「대일본제국헌법의해(大日本帝國憲法義解)」는 제28조에 대해 다음과 같이 해설하고 있다.

> 본심(本心)의 자유는 사람의 <u>내부</u>에 있는 것이고 원래부터 국법이 간섭하는 구역의 밖에 있다 … 단, 신앙귀의가 한결같이 <u>내부</u>의 심식(心識)에 속한다고 하더라도, 더욱 <u>외부</u>에 대해 예배 의식 포교 연설 및 결사집회를 실시함에 있어 원래, 법률 또는 경찰상 안녕질서를 유지하기 위한 일반의 제한에 따르지 않으면 안 된다 … 따라서 <u>내부</u>에 있어서의 신교의 자유는 완전히 아무런 제한도 받지 않고, 또 <u>외부</u>에 있어서의 예배의 자유는 법률 규칙에 대해 필요한 제한을 받지 않으면 안된다.[69]

이 해설의 핵심은 사람을 '내부'와 '외부'로 나누고, 종교의 자유는 사람의 내부의 일이라고 규정하는 것이다. 전통적으로 불교에서 주로 사용하는 '심식'이라는 단어를 사용하면서, 종교를 인간의 마음의 문제로 치환하고 있음을 간파할 수 있다. 따라서 헌법 제28조로 보장된 자유는 사실상 '내심에 속하는 신앙의 자유'일 뿐이라고 해석할 수 있다. 이런 이유로, 이처럼 마음속의 신앙의 자유만을 보장하는 것은 이 헌법의 규정을 완전히 무의미하게 만드는 것이라는 비판이 등장한다. 만일 '종교의 자유가 내심의 자유만을 의미하는 것이라면 외부에 나타날 일도 없기 때문에 헌법 조

---

69 카미벳부 마사노부, 앞의 책, 96쪽. 밑줄은 필자.

문에 규정할 필요도 없다'는 것이다.⁷⁰

일본의 근대종교 연구자인 제이슨 아난다 조셉슨(Jason Ānanda Josephson)은 특히 언어적 표현에 주목하였다. 즉 일본제국헌법이 사용한 표현은 '종교(shūkyō, sect and teaching)의 자유'가 아니라 '신교(信敎, shinkyō, belief and teaching)의 자유'였다. 일본 정부는 '종교'를 외적인 (external) 것이며 제도적이고 문화적인 것으로 이해하였고, '신교'는 내적인 믿음 또는 신념(internal belief or conviction)으로 이해했다. 그리고 이러한 구별과 더불어 일본정부는 내적 신념을 수사적 차원에서는 자유로운 것으로 방치하는 대신, 외부적인 종교적 사항들은 규제하고자 했다.⁷¹ 조셉슨은 이처럼 '종교의 자유'와 '신교의 자유' 사이에서 드러난 의미의 차이를 예리하게 포착하여, 일본제국헌법에서 '신교의 자유'란 인간 마음 내면의 자유일 뿐이라는 결론에 귀착한다.

2. 근대 한국에서 '종교'와 '세속'의 형성

그렇다면 근대 한국의 경우 언제 어떤 경로로 '종교'와 '세속'이 분할되었으며, 종교의 영역은 어떻게 새롭게 형성될 수 있었는가? 그리고 이 과정에서 '종교' 개념 또한 그 내포가 어떻게 변화했으며, 이런 변화는 우리의 종교 지형에 어떤 영향을 주게 되었는가? 이제 이 장에서는 이런 문제의식을 중심으로 근대 한국의 종교지형의 변화 과정을 살펴보고자 한다.

---

70 위의 책, 96-99쪽.
71 Jason Ānanda Josephson, *The Invention of Religion in Japan*, Chicago and London: The University of Chicago Press, p. 236.

1) '종교-세속 이분법'을 둘러싼 주요 담론들

근대 한국에서 '종교'와 '세속'의 형성을 말한다는 것은, 전근대 한국에서는 이 두 범주가 뚜렷하게 성립되어 있지 않았다는 것을 의미한다. 전근대 한국에서 종교와 세속은 미분화 상태였으며, 정치적 영역과 그로부터 분리된 어떤 영역이 존재할 수 있다는 생각은 보편적이지 않았다고 볼 수 있다. 물론 현세와 분리된 어떤 초월적인 영역을 전혀 상상할 수 없었던 것은 아니지만, 근대에 형성된 '종교'라는 영역만큼 확실한 경계선을 지닌 것이 아니었다. 예컨대 중국과 한국에서 정치와 종교의 관계를 살펴보면, 정치의 영역과 종교적 영역이 별개라는 주장이나, 왕권(王權)보다 교권(敎權)이 우월하다는 인식은 살펴보기 힘들다. 역사적으로 보면 한국 불교의 경우도 언제나 왕권과 세속의 정치질서를 존중해 왔다.[72]

근대 한국에서 '세속'과 '종교'의 형성 과정 및 주요담론들을 살펴보기 위해서, 이 글은 중요한 두 논문을 통해 논의를 전개하고자 한다. 하나는 장석만의 연구이며, 다른 하나는 돈 베이커의 논문이다. 장석만은 「세속-종교의 이분법 형성과 근대적 분류 체계의 문제」(2014)[73]에서 전통시대의 '세속' 용어를 찾고, 그것이 근대성의 형성과 함께 만들어진 '종교-세속 이분

---

72 쉬샤오웨, 『중국 전통문화와 유불도』, 탕쿤 · 심규호 옮김, 민속원, 2020; 강돈구, 『근대 불교와 민족주의』, 집문당, 1992, 90-115쪽; 이삼성, 「동서양의 정치전통에서 성속(聖俗)의 연속과 불연속에 관한 일고」, 『현대정치연구』 4(1), 2011; 부남철, 「조선건국 이후 17세기까지 불교 승려의 정치의식과 행동: 기화, 보우, 휴정의 사례를 중심으로」, 『한국정치학회보』 49(2), 2015 참조.
73 장석만, 「세속-종교의 이분법 형성과 근대적 분류 체계의 문제」, 김상환 · 박영선 엮음, 『분류와 합류: 새로운 지식과 방법의 모색』, 이학사, 2014, 249-270쪽,

법'에서의 '세속'과는 그 의미가 어떻게 다른지 설명한다. 그에 따르면 '종교-세속 이분법'에서 종교와 세속은 그 형성과정에서부터 상호 의존적 범주이다. 다시 말해 한국에서 '종교-세속 이분법'은 우선 종교 영역이 자리잡고, 그 이외의 영역을 세속이 관할하게 되면서 형성될 수 있었다.

한국에서 종교 개념은 19세기 말에 처음 등장하였다. 이에 대해 장석만은 종교 개념의 핵심 성격을 "종교에는 벗어나서는 안 되는 범위가 있으며, 그 범위를 벗어나면 종교의 성질을 잃어버리게 된다."는 것으로 설명한다. 이와 달리 종교 개념 이전에 존재했던 '교(敎)', '도(道)', '학(學)'의 개념에는 이런 국한의 성격이 없다는 점에 주목한다. 이처럼 종교가 국한된 것, 한계가 정해진 것으로 나타나게 되면서 근대에 비로소 '세속'이라는 개념도 등장할 수 있게 되었다고 강조한다. 그의 설명에 따라 종교개념을 둘러싸고 등장하는 주요 담론들을 정리하면 다음과 같다.[74]

첫째, 근대적 개념인 '종교'는 비(非)종교를 '세속'이라 정의하게 되고, 그에 따라 '종교'와 '세속'은 서로 구분하며 자신을 상대적으로 규정하게 된다. 그러나 전통적 '교' 개념의 특징은 그러한 이분법에 의지하지 않으며 양자택일적 구획을 만들지 않는다는 데에 있다.

둘째, '교' 및 '도'의 체제에서 준거점은 유교이지만, 종교의 체제에서 기준은 서구 개신교이다. 근대 종교의 지형에서는 서구의 개신교를 종교의 원형(prototype)으로 삼고 그것을 기준으로 다른 종교를 평가하게 된다. '유교가 과연 종교인가?'라는 질문도 이런 맥락에서 제기될 수 있었다. 이

---

74 장석만, 위의 글, 263-265쪽.

런 질문이 등장한다는 것 자체는, 이전의 체제에서 기준점으로 작동하던 것이 이제 주변부로 내몰려지고 있는 상황임을 의미한다.

셋째, 한국의 경우 식민지 상황에서 종교가 국권 회복의 중요한 기제로 간주되어 '사적 영역으로서의 종교'의 영향력은 그리 크지 못했다. 물론 서구화를 지향하는 계몽주의 지식인 및 일제 식민주의 관료는 종교의 사사화(私事化)를 주장하였다. 하지만 일제에 저항하는 지식인과 개신교 평신도들은 종교를 국권 회복을 위한 수단으로 이용하고자 했으며, 그것을 단순히 개인의 내면에만 묶어 두려고 하지 않았다.

넷째, 1910년 이후 조선총독부에 의해 종교와 정치의 분리, 종교와 교육의 분리가 식민정책으로 시행되면서 '종교-세속의 이분법'이 강력하게 추진되었다. 총독부가 종교로 인정한 이른바 '공인 종교'는 이런 분리를 준수해야 부여될 수 있는 특권이었다. 법률을 통해 강요된 종교의 사사화와 탈정치화는 '정교분리'의 이데올로기를 의심할 여지가 없는 수준으로 고양시켰다.

이와 함께 장석만은 한국에서 '종교-세속의 이분법'을 공고하게 자리잡는 과정을 구체적으로 다루고 있다.[75] 그는 근대적 외교관계가 수립되면서 '종교 신앙 자유의 담론'이 본격적으로 등장한 것이 19세기 말이며, 이를 위해 종교의 영역 및 용어의 설정이 요청되었음을 상세히 설명한다. 이어 개신교의 전파와 '정치와 종교의 분리 담론'에 대해서도 추적한다. 가톨릭과 달리 종교불간섭의 종교 이미지가 만들어진 개신교가 의료·교육 등

---

75   장석만, 『한국 근대종교란 무엇인가?』, 모시는 사람들, 2017, 111-116쪽.

간접적 선교방식으로 교세를 확장하여 가톨릭을 능가하게 되자, 가톨릭 교회도 정교분리 원칙에 따르게 된다는 점을 밝힌다. 그리고 1915년 개정된 〈개정 사립학교 규칙〉을 통해 '교육과 종교의 분리 담론'이 어떻게 전개되었는지에 대해서도 중요하게 다루고 있다.

장석만은 이런 과정을 통하여 한국에 종교와 세속의 분리 및 각 영역의 설정, 구체적으로는 정교분리와 종교의 자유가 제도 뿐만 아니라 관념적으로도 정착되어 갔다고 강조한다. 그런데 여기서 주목할 부분은, 근대 한국에서 '세속'과 '종교'의 형성은 모두 각 영역의 분할과 분리의 방법에 의해 진행되어 왔다는 사실이다. 즉 '정치와 종교의 분리', '교육과 종교의 분리'도 한국사회가 근대화되면서 사회 각 부분이 분리, 체계화되는 과정의 일환이었다. 이처럼 근대는 사회 영역의 분화 과정을 통해 체계화되고 있었으며, 그 가운데 종교의 영역도 새롭게 만들어져 가고 있었다. 그와 더불어 과거의 통합적 세계관이 분할되기 시작했으며, '교'와 같은 전통적 가르침의 영역도 점차 축소되어 '종교'라는 더 명확한 영역을 만들어 가고 있었다.

2) '종교와 세속', '성스러움과 비속함'의 교차: 돈 베이커의 4가지 유형

한편, 캐나다 브리티쉬 콜럼비아대학 교수 돈 베이커(Don Baker)는 「식민지 한국에서 성과 속의 창조」[76]에서 현대 한국의 종교 개념, 그리고 오늘날 한국에서 보이는 '성스러움과 세속의 구분(the sacred-secular divide)'에

---

76 Don Baker, "Creating the Sacred and the Secular in Colonial Korea", *Journal of Korean Religions*, vol. 12(2), 2021, pp. 69-103.

대한 연구를 수행하였다.[77] 베이커에 따르면 일제 강점기 36년(1910-1945)은 한국의 전통적 종교 개념에 심각한 변화를 초래했다. 그리고 그것은 이후에도 줄곧 성(聖 the sacred)과 속(俗, the secular)에 대한 한국인의 이해에 커다른 흔적을 남겼다. 베이커에 의하면 1910년 이전의 전근대 한국에는 '종교'에 대한 명확한 정의가 없었으며, 일본의 강점기를 거치면서 일본의 관료적 종교 정의를 흡수하게 되었다. 나아가 일본은 국가신도를 한반도에 가져와, 그것을 '성스럽고 세속적인 것이지만 종교적인 것은 아니다'(즉 신사비종교론)라고 선언함으로써 한국인들의 사고를 자극했다. 그 영향으로 한국인들은 '성스러움(sacred)'과 '비속함(profane)', 그리고 '종교'와 '비종교(세속)'를 구별하면서도 두개의 범주 쌍들이 서로 교차하는 새로운 4개의 조합을 생각해야만 했다.

대표적인 경우로, 국가신도는 '성스러운 세속'(sacred secular)으로 취급되었다. 그렇게 함으로써 식민지 권력은 '성스러운 세속'이 '종교적 영역'보다 우월한 것이라는 암묵적 이해를 강요했다. 나아가 일본이 부과한 '유사종교'라는 범주는 한국인들로 하여금 '세속적이며 용납할 수 없는(secular and unacceptable)' 샤머니즘과 같은 것들과, '성스럽고 종교적이라고 주장하지만 역시 용납할 수 없는(sacred and religious but unacceptable)' 것들 사이에 구별을 짓게 만들었다. 베이커는 이러한 범주들이 사용됨으로써 일제강점기가 끝나는 1945년에 이르렀을 때, 한국인들의 종교문화와 그것을

77　Ibid., p. 70. 베이커는 이 분야에 대한 연구가 너무 없음을 지적한다. 영어 논문으로 Kawase(2009)와 Hwansoo Kim(2012, 2018)의 연구가 있을 뿐이며, 장석만(1992)의 박사논문(「개항기 한국 사회의 종교 개념 형성에 관한 연구」)은 1910년까지의 시기만을 다루고 있다고 논평한다.

구성하고 있는 범주들은 1910년경과는 매우 달라져 있었다고 결론짓는다.[78]

결론적으로 베이커는 오늘날 한국인들이 누리는 '종교의 자유'는 일본 지배의 유산이라고 평가한다. 오늘날 한국은 종교를 하나의 분리된 성스러운 영역으로 인정하고 있으며, 국가는 종교 조직체에게 자율적 운영의 공간을 부여해 주고 있다. 그런데 그와 같은 현상은 조선시대에는 찾아볼 수 없었던 일이라고 말한다. 조선시대에는 시도하지 않았던 '세속'과 '종교적이면서 성스러운 것'의 구별을 도입하게 된 것은 일본 정부에 의해서였다는 것이다. 그 이후 한국인들도 세속국가로부터 종교를 개념적으로 분리할 수 있는 상상력을 가지게 되었고, 심지어 그것이 오늘날 남한의 민주주의 발전을 가능케 한 하나의 요인이라고 설명한다.[79]

그런데 이 책의 초점은 베이커가 말한 이 마지막 결론의 정당성을 검토하는 데 있지 않다. 다만 그가 논문을 통해 제시한 일제강점기 하에서의 한국 종교구조에 주목하고, 그것을 참조하여 근대 한국의 종교 개념의 특징을 밝히는 데 도움을 받고자 할 뿐이다. 베이커 논문의 핵심은 근대 한국의 종교지형, 특히 세속과 종교의 형성 과정에 근대 일본의 종교 정책뿐만 아니라 일본의 종교구조 자체의 영향도 매우 컸다는 사실을 구체적으로 밝혀낸 것이다.

78　Don Baker, op. cit., p. 69.
79　Ibid, p. 97. 베이커는 대한민국의 민주주의 발전에 일본의 작은 공헌이 있음을 인정해야 한다고 제안한다. 그러나 일본의 종교정책은 한국불교를 일제에 예속시키고, 한국의 민족종교(신종교) 계열을 탄압하기 위한 전략이었다는 비판도 고려해볼 가치가 있다. 이에 대해 박광수·조성환, 「근대 일본의 '종교' 개념과 종교의 도구화 - 일제 강점기의 종교정책과 신종교지형을 중심으로」, 『신종교연구』 34, 2016 참조.

1910년 한국을 지배하게 된 일본은 1868년 메이지 유신 이후 자신들이 만들어 온 정책들을 그대로 한국에 적용하기 시작했다. 그중 하나가 '종교의 자유' 개념이었으며 그 개념과 함께 '세속'과 '성스러움' 사이의 구별이라는 관념도 함께 들어 왔다. 물론 조선에도 성스러움과 세속의 구별이 전혀 없었던 것은 아니다. 하지만 그 이전에는 뚜렷하지 않았던 그 구별이 좀 더 명확한 용어로 표현되기 시작했다고 베이커는 설명한다.[80] 베이커는 전근대 한국에서 성스러움(the sacred)은 경외심과 존경을 요구하는 초자연적인 힘과 중요성을 가진 신성불가침적인 것이었다고 해석하고, 그에 해당하는 것이 왕실과 왕실의 무덤, 왕족과 평민들의 조상, 그리고 유교 등이었다고 강조한다. 반대로 불교와 애니미즘, 샤머니즘 등의 민간전통, 그리고 심지어 가톨릭도 세속적(secular)일 뿐만 아니라 비속한(profane) 것으로 취급되었다고 설명한다.[81] 그러나 일본의 조선 통치 이후 한국에서 '종교'와 '세속', 그리고 '성스러움'의 범주에 변화가 발생하게 된다. 이런 과정의 중심에는 일본 국가신도의 도입 및 정착이라는 거대한 종교기획이 작동했다. 베이커의 설명에 따르면, 일본은 한반도에 활동하고 있었던 기존의 종교상황을 정비할 필요가 있었다.

무엇보다 먼저 유교의 특권적 지위를 제거했다. 유교가 그간 누려왔던 성스러움의 후광을 벗겨내고자 성균관을 '경학원(經學院)'으로 격하시켰다. 반면, 불교를 아시아는 물론 전 세계 사람을 묶어줄 수 있는 강력한 종교로 인식하고 그 지위를 격상시켰다. 그러면서도 동시에 1911년 〈사찰

---

80 Don Baker, op. cit., p. 70.
81 Ibid., pp. 77-78.

령〉으로 총독부의 권위 아래 확고하게 묶어 놓았다. 한국 최초의 근대화주의자들이자 민족주의자들이었던 개신교 개종자들에 대해서는, '종교의 자유'를 보장해주는 대신 일본정부에 대한 도전은 허용하지 않는 방식으로 어려운 균형을 모색했다.

그리고 뒤이어 제도적 변화를 시도한다. 1915년 〈포교규칙〉을 통해 일본의 '교파신도(敎派神道)'를 합법적 종교로서 공인해 준 것이다. 총독부는 한국에서 종교로서 법적 인정을 받는 세 종교에 '기독교, 불교[佛道], 신도'만을 포함시켰다. 그 조치에 따라 교파 신도들은 한반도에서 포교가 허락되었다.

그런데 베이커는 이와 같이 세 종교에만 합법적 종교의 지위를 부여한 것에는 일본 식민지 당국 나름의 기준이 있었다고 해석한다. 그것은 곧 어떤 한 종교가 자신의 경계를 넘어 다른 종족이나 집단을 개종시킬 수 있는 능력이 있는가의 여부였다. 그럴 가능성이 있는 경우에는 존경할 만한 종교로 분류되었고, 근대 한국에서 그에 부합하는 것이 불교와 기독교, 그리고 몇몇의 교파신도들이었다는 것이다.

그에 비해 한국의 신종교(新宗敎)들은 한국인 이외의 다른 사람들에게 포교나 개종의 노력을 하지 않았다는 이유로 존경받을 수 없는 종교들로 간주되었다. 이에 따라 그들은 〈포교규칙〉에서는 진짜 종교가 아니라 종교와 비슷한 '유사종교(類似宗敎)'로 분류되었다. 동학(천도교)·대종교·보천교 등의 한국의 민족종교들이 바로 이 범주에 들어가게 되었고, 이들은 공식적인 포교활동을 허가받지 못했다. 유일하게 원불교만이 주류 불교의 한 부분으로 인정되어 포교가 허락되었다.

이런 조치의 궁극적 지점에는 국가신도가 자리 잡고 있다. 국가신도는 일본 정부에 의해 '종교가 아닌 것'으로 공식 인정됨과 동시에 가장 높은 정신적 지위를 부여받게 되었다. 국가신도는 일본의 정체성을 압축적으로 표현한 것이었고, 황실에 대한 존경의 의례는 모든 신하들의 시민적 의무로 요구되었다. 여기에도 일본 정부 나름의 논리가 개입되어 있다고 베이커는 해석한다. 즉 일본 정부는 "종교는 전체 공동체 가운데 오직 일부의 사람들에게만 해당하는 믿음과 실천"이라고 정의한다. 따라서 국가신도는 일부의 신민에게만 해당하는 것이 아니라 전 국민에게 해당되는 믿음과 실천이기 때문에 종교가 아니라는 것이다.

 일제는 국가신도에 대한 참배 의무를 기독교 등의 종교들에 대한 의례나 도덕적 의무보다 더 높은 가치를 부여함으로써, 식민지 한국에서 성스러운 영역의 맨 꼭대기에 국가신도의 신사와 의례를 두게 하였다. 그와 동등한 높은 지위에 있었던 것이 또한 일본 황실이었으며, 그것은 조선시대에 왕가와 유교가 누렸던 역할을 대체한 것이었다. 하지만 비록 국가신도와 황실이 누렸던 높은 성스러운 지위를 가지지 못하게 되었지만, 유교와 유교의례는 여전히 존경받는 지위를 유지했다. 또한 신도, 황실, 유교와 더불어 성스러운 지위를 공유한 것은 불교, 기독교, 교파신도였다. 베이커는 일제 강점기 때 비로소 여러 종교들에게 부여된 존경과 자유의 의미를 다음과 같이 말한다.

> 한국에서 정부에 의해 그와 같은 존경이 허락되었던 것은 불교에는 5세기 넘도록 처음이었고, 기독교는 정말 최초였다. 한반도의 정부가 종교조직을 사회의 하나의 특별한 지위를 누리는 것으로 인정한 것도 최초였다. 비록 식민당국이 명백하게 이들 종교들을 '성스러운 것(sacred)'이라고 부르

지 않았어도, 그들은 이 종교들에게 다른 조직들에게는 부여하지 않았던 존경과 특권을 허락했다. 그러므로 그들은 어느 정도는 '성스럽다'고 다뤄졌다고 말해도 부적절하지 않을 것이다.[82]

그리고 식민당국은 이들의 종교 활동이 규정된 경계를 넘지 않으면서 사회질서를 어지럽히지 않는다고 판단되는 한, 그들의 종교활동에 대한 자율성을 보장하였다. 베이커는 "그런 종교적 자율성(religious autonomy)의 허락이 한국에서는 새로운 개념이었다."고 강조한다. 그리고 그것은 서양에서 들어온 '종교 개념'과 종교조직의 '성스러운 지위'에 대한 공식적 승인이라고 보았다.[83]

여기서 주목할 것은, 식민지 정부가 '성스러운 세속'과 '성스러운 종교' 사이를 구별했다는 것이다. 이 새로운 범주의 등장은 당시 종교의 위상을 이해하는 데 중요하다. 일본 정부는 다음과 같이 구별하였다.

> 국가신도, 황실, 유교는 세속의 성스러움(secular and sacred)으로 정의되었다. 불교, 기독교, 교파신도는 종교적 성스러움(religious and sacred)으로 정의되었다.[84]

82　Ibid., p. 87.
83　Ibid., p. 88.
84　Ibid., p. 88. 베이커의 글에서 사용되는 'secular'의 적절한 번역어를 찾기가 매우 어렵다. 우리 말의 '세속적'이라는 말은 폄하나 비난의 의미로 사용되는 경우가 많아서, 베이커가 일본 황실이나 국가신도에 적용한 'secular'를 '세속적'이라고 번역하기는 곤란하다. 따라서 이와 같은 경우는 'secular'를 '세속의'로 번역하여 중립적 의미를 나타내기로 한다.

총독부는 성스러움과 세속을 단순히 구별하는 데 멈추지 않고, 더 나아가 '세속의 성스러움(secular sacred)'과 '종교적 성스러움(religious sacred)'을 구별하고, '세속의 성스러움'에 더 많은 존경과 가치를 부여했다. 그 논거는 분명했다. '세속의 성스러움'은 사회 구성원 모두에게 적용되는 것인 반면, '종교적 성스러움'은 전체 공동체 가운데 오직 일부의 사람들에게만 적용되는 것이기 때문이다. 바로 그런 이유에서 기독교인들은 성스러운 지위를 가진 조직의 일원으로 인정되었음에도 불구하고, 좀 더 성스러운 국가신도의 신사참배에 참여해야 한다고 명령을 받았던 것이다. 바로 이러한 논리는 국가신도와 황실 숭배를 합리화하려는 것이었음은 두말할 필요가 없다.[85]

그리고 일제는 성스러움의 두 개의 범주를 창조함과 동시에 그것과 반대되는 '비속(卑俗, the profane)'이라는 범주도 창안했다. 그것은 존경이나 법적 보호를 받을 만한 가치를 전혀 지니지 않은 것들을 말한다. 비속, 또는 저속하다고 생각되는 사회의 여러 요소들에게는 여러 라벨들이 주어졌다. 예를 들면 '유사(quasi-)'와 '미신(迷信, superstition)'과 같은 것들이며, '미신'은 한국의 근대에 처음 만나게 된 용어였다. 그리고 비속의 범주 안에서도 '종교'와 '세속' 사이의 분열이 반복된다. 식민정부는 '세속적인 비속함(secular profane)'보다 '종교적인 비속함(religiously profane)'에 더욱 관심을 기울였다. 왜냐하면 종교적으로 동기화된 비속한 행동들이 비종교적인 전근대의 관습들보다 더 위험하다고 생각했기 때문이다.[86] 유사종교는

---

85 Ibid., p. 88.
86 Ibid., p. 89.

제국의 권위에 대한 도전이 될 수 있기 때문에 합법적 종교로서는 부적합하다고 여겼다. 마찬가지로 미신에 불과한 것으로 보이는 샤머니즘은 공동선을 신장시키는 데 도움이 되기는커녕 장애물로 판단했다. 한국의 자생적 신종교운동과 무속신앙은 '성스럽고 종교적인' 라벨이 주는 보호를 부정당했을 뿐만 아니라, 세속적인 것으로 밀려난데 이어 비속하다는 비난을 받아야 했다.[87]

이처럼, 일본 총독부는 한국의 전통적인 성과 속의 구별에 대한 인식을 흔들고, 대신 그 자리에 더욱 정교하게 고안된 위계질서를 적용했다. 일제 식민당국의 의도는 한국을 일본의 근대사회에 대한 비전과 일치시키려는 것이었다. '종교와 세속'의 구분보다도 '성스러움과 비속함'의 구분을 더 중요하게 여긴 이유도 바로 그것이었다. 이와 같이 일본이 들여온 성스러움과 비속함의 위계 질서를 도표화하면 다음의 표와 같다.

---

87 Ibid., p. 95.

〈돈 베이커, 「식민지 한국에서 성과 속의 창조
(Creating the Sacred and the Secular in Colonial Korea)」(2021)〉

식민지 한국에서 성과 속의 위계				
분류	지위	범주	적용 대상	특징
성스러움 (sacred) 경외 존경 불가침성	• 성스러운 세속 (sacred secular) : 성스럽지만 종교는 아님 (secular sacred, not religious)	비종교	• 국가신도 • 일본 황실	① 최상의 존경, 불가침성, 국가지원 ② 모든 국민에 해당
			• 유교	① 존경과 불가침성 ② 국가지원이 국가신도 · 황실숭배 보다 한 단계 아래
	• 성스러운 종교 (sacred religion) : 성스럽고 존경할 만한 종교 (religious sacred, not secular)	종교 (religion)	• 불교 • 기독교 • 교파신도 ※포교규칙(1915)	① 종교: 법적 인정 범주. 근대의 새로운 용어 ② 전체가 아닌 일부 국민에만 해당하는 것 ③ 존경할 만한 가치가 있는 것 - 국경 넘어 전파 가능성, "세계종교"의 지위 ④ 서양에서 종교에 인정하는 정도만큼만 신성성 인정 ⑤ 식민권력에 위협적이지 않는 한 허용
비속함 (profane) 멸시 폄하	• 성스럽지 않은 종교 (profane religion) : 종교를 닮았으나 성스럽지 않고, 따라서 법적 보호의 가치가 없는 종교 (religious profane)	유사 종교 (quasi-religions)	• 한국의 자생 종교 (민족종교, 신종교) - 동학(천도교) - 보천교 - 대종교 등	① "유사종교"는 신조어 ② 타민족 포교 불가능성 ③ 제국 권위에 위협
	• 성스럽지 않은 세속 (profane secular) : 성스럽지 않을 뿐만 아니라 사회의 장애물 (secular profane)	미신	• 민간신앙 • 무속 • 전근대적 관습	① 제국 권위의 위협. ② "미신(superstition, 迷信)" ③ "미신"은 신조어. ※ 조선시대의 "음사(淫祀)"

이 도표를 볼 때, 돈 베이커가 설명한 일제강점기 한국의 '성과 속', 혹은 '종교와 세속'의 영역 배분과 배치는 일본 본토의 종교구조를 그대로 이식한 것임을 알 수 있다. 즉 앞에서 살펴본 '일본의 종교구조'에 대한 논의를

빌려와 설명한다면, 최상층에 '성스럽지만 종교는 아닌' 국가 신도가 놓여 있다. 국가신도는 황실에 대한 '제사'와 '치교'를 담당하므로 가장 높은 단계에 올려져 있다. 유교는 '치교'에 참여하는 것으로 최상층에 속하기는 하지만 그 지위에 있어서 국가신도보다 한 단계 아래에 놓여 있다. 이 때 '치교'란 모든 사람, 즉 전 국민을 대상으로 하는 가르침이라는 의미를 갖고 있다.

그다음 두 번째 층에 불교, 기독교와 같은 '종교들'이 놓여 있다. 종교는 '성스럽고 존경할 만한 것'으로 분류되었다. 주목되는 것은 이 때 '종교'란 전 국민을 대상으로 한 가르침이 아니라 특정 집단에게만 유통되는 가르침이라는 것이다. 또 자민족의 경계선을 넘어 타민족을 개종시킬 수 있는 능력을 가지고 있느냐의 여부가 중요하며, 정치적으로 정권에 안전한 세력이어야 한다.

그 아래 세 번째 층은 '종교적이지만 비속한' 것들로, 이에는 유사종교가 해당된다. 이때 사용된 '유사종교'는 근대 일제에 의해 만들어진 신조어로서, 다른 민족에게 포교가 불가능하며, 제국의 권위에 위협적인 종교이다. 마지막 네 번째 층은 '세속적이면서 비속한 것'의 범주이다. 여기에는 민간신앙과 샤머니즘, 낙후한 전근대적 관습 등이 해당되며, 이들은 '미신'과 같은 것으로 낙인찍힌다.

3) 근대 종교지형의 탄생과 종교의 위상

지금까지 두 사람의 논의를 통해 '종교'의 등장과 함께 근대 한국의 종교지형이 어떻게 형성되어왔는지 살펴보았다. 장석만은 주로 근대 한국사회의 분화과정을 통해 종교의 의미와 영역이 어떻게 협애화되어 왔는지에 대해 주목했다. 그리고 돈 베이커는 '세속 - 종교 이분법'에 '성스러움'과 '비속함'을 교차시켜 4가지 유형을 분류, 제시했다. 그는 일제가 국가신도에 최상위의 가치를 부여하고 나머지 종교들을 그 하위에 배치하기 위해 창안한 이 유형들을 한국에 그대로 적용하면서, 한국의 종교지형이 어떻게 구조적으로 변형되는지에 대해 설명했다. 이제 지금까지 이 책이 소개한 다양한 논의에 위의 두 사람의 설명을 덧붙여 근대 한국의 종교지형을 다시 정리하고자 한다. 그 내용은 크게 4가지로 요약할 수 있다.

첫째, 앞의 도표에서 근대 한국의 종교지형은 크게는 일본의 종교구조와 종교정책의 영향, 그리고 다른 한편으로는 서양의 기독교적 종교 개념의 영향이 혼재되어 있음을 발견할 수 있다. 따라서 근대 한국의 종교구조는 일본문화의 영향과 서구 기독교적 종교 개념이 중첩되어 있는 이중적 성격으로 구성되어 있음을 살펴볼 수 있다. 우선 '종교(협의)'가 국가신도와 '치교'의 영역 아래 존재하고, 그 가치가 매우 협소하게 규정되어 있음을 알 수 있다. 여기에서 국가신도를 기본 틀로 하는 일본 종교구조의 강력한 영향을 발견할 수 있다. 이와 더불어 작은 범위의 종교 안에 '종교의 자유'의 영역이 제공되고 있으며, 이것은 서양의 기독교적 종교 개념의 영향이라고 할 수 있다. 따라서 사실상 정치권력에 종속되어 있지만 일정한 한계 내에서라도 '정교분리'가 행해지고 있었다고 설명할 수 있다.

여기서 우리는 지금까지 근대의 종교지형을 '종교'와 '세속' 범주의 문제로만 생각하고, '정교분리'도 너무 단순하게 이해해 왔던 것은 아닐까 자문해 볼 필요가 있다. 일본의 경우만 해도 그 지형이 매우 복잡하다. 단순히 종교와 세속이 분리되고 그것이 다시 상호 의존의 관계로 구성되어 있다기보다는, 그 지역의 전통적 관념과 관성이 그 관계를 비틀어 여러 모양을 조합해냈기 때문이다. 대표적으로 일본의 '신사비종교론'이 그 예일 것이다. '종교'의 영역과 '세속'의 영역은 언제나 동등하게 설정되기보다는, 경우에 따라서 한편이 훨씬 비대해지거나 반대로 약화될 수 있다. 식민지 상황의 국가에서는 대체로 '종교'가 '세속(정치)'에 심각하게 종속될 수밖에 없을 것이다. 이 경우, '종교의 자유'라는 원리는 종교의 영역을 보호해줄 수 있는 최소의 안전장치일 수도 있지만, 반대로 다만 허상에 불과한 위로를 제공하는데 머물수도 있다.

둘째, 이 도표를 통해, 과거 조선시대까지는 전통적으로 하나의 '교'라는 범주 속에 있으면서 '삼교(三敎)'를 함께 구성해 온 불교와 유교가 각각 다른 위계질서와 범주에 귀속되어 있다는 사실을 발견할 수 있다. 근대 일본의 종교구조에 있어서 유교는 '치교'의 영역으로 분류되어 넓은 의미의 국가신도에 귀속되었다. 이 도표에서도 마찬가지로 한국의 유교는 일제강점기에 '종교'가 아니라 '성스러운 세속', 즉 국가신도의 자장 안에 놓여 있었다. 물론 황실과 국가신도보다는 그 지위가 낮았지만, '종교'보다 높은 위상을 부여받아 '종교가 아닌 세속'으로 분류되어 있었다.

반면에 불교는 기독교, 교파신도와 함께 '종교'라는 범주에 속하면서 유교와는 다른 것으로 분류되었다. 이것이 오늘날 유교에 대해 '종교인가 아닌가?'라는 물음이 등장하게 된 여러 배경 중에 하나라 할 수 있다. 즉 전근대에서 근대로 넘어오면서 우리 사회의 영역을 구분하는 분류체계가 뚜렷하게 변화하게 되었고, 이에 따라 유교의 위상을 새롭게 설정할 필요가 있었기 때문이다.

이 도표에서 알 수 있듯이 '불교'는 이제 분명히 '종교'가 되었다. 긍정적으로 본다면, '성스럽고 존경할 만한 가르침'의 범주 안에 귀속되었고, '세계종교'로서 그 가치를 인정받았다는 것을 높이 평가할 수 있다. 그러나 부정적으로 본다면, 불교적 가르침이 모든 국민, 혹은 모든 인간을 대상으로 행해지는 것이 아니라 특정 집단, 즉 불교신자들에게만 유효한 것으로 그 의미가 축소되었다고 해석할 수 있다. 이 책의 2장에서 캔트웰 스미스가 강조했듯이, 동아시아 전통에서 유교와 불교, 그리고 도교는 특정 신자들만을 위해 배타적으로 행해지는 가르침들이 아니었다. 하지만 이제 불교는 기독교 등 다른 종교들과 경쟁하는 구도에 놓이게 되었고, 여러 종교의 신자들 사이에도 경계가 생기게 되었다.

셋째, 이 도표에서 '종교'는 앞에서 시마조노 스스무가 말했던 '협의의 종교'가 되었음을 알 수 있다. 과거 '교'의 의미는 지금의 '협의의 종교' 보다 더 넓은 것으로서, 그 안에 '치교'를 포함하는 범주였다. 이런 이유로 메이지 시기 일본은 서구의 '종교' 개념을 받아들일 때 과거의 '치교' 개념을 불러들여 여러 복잡한 논쟁을 벌였던 것이다.

이와 관련하여, '불교'가 본래 전근대 한국에서 '협의의 종교'보다 더 큰 '치교'의 영역에 속해 있었던 것은 아닌지 검토하는 작업이 필요해 보인다. 과거 한국불교에는 '원광법사(圓光法師, 579-632)', '서산대사 휴정(休靜, 1520-1604)', '백곡처능(白谷處能, 1619-1680)' 처럼 '불국토' 사상과 '정법치국(正法治國)'의 차원으로 불교를 인식하고 국정을 도운 사례들이 많다. (5장 참조) 물론 불교가 본래 탈속적이며 탈정치적이라는 인식도 있지만, 오늘날 근대의 '좁은 의미의 종교'로 지나치게 불교의 의미를 한정하는 것은 아닌지 검토할 필요가 있다. 불교의 이러한 협애화와 더불어, 불교가 식민권력에 위협적이지 않아야 주어지는 '공인 종교'의 영역에 놓이게 된 것은 불교의 시각을 넘어 '민족주의적 시각'에서 한번 쯤 다시 생각해 볼 여지를 남겨 놓았다.[88]

넷째, 한국에 기독교가 전래된 것이 '종교'와 '세속' 범주의 형성에 큰 영향을 미쳤다는 사실을 확인할 수 있다. 돈 베이커가 지적하듯이, 기독교의 전래는 다만 다른 믿음과 행위를 지닌 '가르침'의 등장을 의미하는데 그치지 않았다. 그것은 근대 한국에서 전통적 '종교들'이 갖고 있지 않았던 두 개의 결정적 특징을 가지고 있었다. 그것은 '고백주의(confessionalism)'와 '회중주의(会衆主義, congregationalism)이다.[89] 그것은 정기적인 공동 집회에 의해 강화되는 공통의 믿음과 그것에 의해 결속된 공동체들을 지시한다. 이 공동체들의 성격은 크게 두가지로 요약할 수 있다. 첫째, 의례 전문가들만으로 구성된 전통적인 종교 공동체보다 훨씬 큰 일반 신자들의 집단을 구성한다. 둘째, 정교(政敎)의 관계에서 획기적인 반전을 수반한다. 전통적으로 동아시아의 유교와 불교는 언제나 세속정권을 존중하는 경향을 보여왔다. 하지만 이 전통이 처음으로 깨진 것이 1784년 가톨릭의 전래 이후이다.[90]

---

88 강돈구, 앞의 책, 90-115쪽 참조.
89 Ibid., p. 73.
90 박종주, 「한국에서의 국가-종교관계 변화분석: 제1-6공화국의 종교정책을 중심으로」, 『한국사회와 행정연구』 5(1), 1994, 199쪽.

이처럼 기독교를 중심으로 들어온 '종교' 개념은 세속보다 더 높은 권위를 종교적, 초월적 영역에 부여하였다. 따라서 전근대까지 지속되었던 성스러운 왕권에 대한 가장 심각한 위협이 종교의 영역에서 발생하였다. 그러므로 '정교분리'는 이러한 긴장관계를 해소하기 위한 정치적 완충지대였던 셈이다. 근대 이전까지는 논의될 필요가 없던 '종교의 자유'와 '정교분리' 담론이 형성되기 시작한 것도 바로 이런 이유때문이었다.

3. 근대 한국불교에서 '세계종교' 및 '종교의 본질' 담론

1910~1940년대 한국의 불교잡지들에는 '종교' 개념 및 '종교의 본질'과 관련된 크고 작은 기사들이 산재해 있다.[91] 이들은 근대 이전 불교에서는 찾아볼 수 없었던 '종교담론들(discourses about religion)'로,[92] 한국불교가 근대 한국에 수용된 새로운 문화적 범주인 '종교(religion)'에 포섭되기 위한 단계적 노력의 산물들이라고 할 수 있다. 이는 근대 이전에는 없었던 '종교' 영역이 새롭게 등장하게 되면서 그에 발맞추어 불교도 '종교'와의 관계를 분명하게 설정할 필요가 있었기 때문이다. 과거 조선시대를 거치면서 유교와의 공통점이나 친화성을 강조하면서 자신의 존립 근거를 찾으려 했던 것과 달리, 이제 서구에서 유입된 '종교' 개념에 부응하면서 새로운 정

---

91 이하의 내용은 필자의 논문 「근대 한국불교에서 '세계종교' 및 '종교의 본질' 담론」(『동아시아불교문화』 64, 2024)의 내용을 수정·보완한 것이다.
92 '담론(discourse)'이란 세계를 경험하고 관계를 맺기 위해 인간이 사용하는 매체로서 "제도화된 언어사용(institutionalized language usage)"을 말한다. 담론에는 언어적 표현 뿐만 아니라 비언어적 표현, 즉 그 언어가 사용되는 상황적 맥락도 포함된다. Tim Murphy, op.cit., p. 35.

체성을 구성해야 하는 상황이 되었다. 물론 담론의 수준이기는 하지만, 주로 불교 지식인들 중심으로 전개된 이러한 논의들은 나름대로 '종교' 개념의 등장과 더불어 그에 적응하려는 치열한 노력이었다.

이 과정에서 눈에 띄는 것은 몇 가지 이론들이 이 논의의 주요한 소재로 등장하고 있다는 점이다. 우선 1910년대 후반에 네덜란드의 종교학자 코르넬리우스 페트루스 틸레(Cornelius Petrus tiele, 1830-1902)의 종교론이 종교에 대한 중요한 설명 논리로 소개되고 있다. 틸레의 종교론은 진화론적 분류체계에 따라 구성된 종교발달사의 관점을 기본 골격으로 삼고 있다. 틸레는 종교가 열등종교로부터 고등종교로 진화한다는 종교사(the history of religion)를 구성하는 한편, 종교 진화의 마지막 단계로서 '세계종교(world religion)' 혹은 '보편적 종교(universal religion)'라는 범주를 창안하였다. 틸레는 동경대 종교학과 교수였던 아네사키 마사하루(姉崎正治, 1873~1949)가 큰 영향을 받았던 학자이기도 하다.[93]

그리고 일본에서 전해진 '지(知) · 정(情) · 의(意)' 범주 또한 근대 한국의 불교계에 중요한 영향을 미쳤다. '지 · 정 · 의' 담론은 근대 일본의 문학 · 과학 · 철학 · 도덕 등의 학문분과 형성과 관련된 담론으로, '종교의 본질' 논의에도 중요한 역할을 하게 된다. 일본에서 유행한 '지 · 정 · 의' 담론의 사상적 연원은 여러 가지로 추론되고 있다. 그 중 하나가 근대 일본의 교육학에 지대한 영향을 미친 요한 F. 헤르바르트(Johann Friedrich Herbart, 1776-1841)의 사상이다.[94] 그러나 그보다 더 근원적으로는 임마누엘 칸트

---

93 이소마에 준이치, 『근대 일본의 종교 담론과 계보: 종교 · 국가 · 신도』, 제점숙 옮김, 논형, 2016, 122쪽.
94 김영범, 「1900년대 중후반 근대문학의 저변과 지 · 정 · 의(知情意) 담론」, 『우리문학

(Immanuel Kant, 1724-1804)의 '인간 정신의 삼분법(threefold faculties of soul)', 그리고 그러한 칸트에 영향을 준 요하네스 니콜라스 테텐스(Johann Nicolas Tetens, 1736/38-1807)까지 거슬러 올라간다.[95] 이러한 사실은 '지·정·의' 담론이 단지 불교계만의 문제가 아니라 근대 동서양 모두에게 중요한 주제 중에 하나였음을 시사한다.

이처럼 근대 한국불교계의 종교담론은 1910년대에서 1940년대에 이르기까지 틸레의 종교이론과 '지·정·의' 담론이 함께 공존하는 양상을 보였다. 그런데 여기에 프리드리히 슐라이어마허(Friedrich D. E. Schleiermacher, 1768-1834)의 종교론이 등장하여 또 다른 한 축을 담당하면서 종교가 '지·정·의' 가운데 '정'의 범주로 귀속된다는 관점을 유력하게 만들었다. 이처럼 '지·정·의' 범주가 종교담론의 중심을 차지하게 된 것은, 종교를 인간의 내면의 영역과 연관지어 설명하려는 노력의 일환이었다 할 수 있다.

이렇게 외견상 그 근원이 다른 세 종류의 논의가 한국 근대불교의 종교담론에서 공존하고 있었다. 이 과정에서 주목할 점은 서구 근대불교학과 종교학이 나름의 방식으로 근대 한국의 종교담론 형성에 큰 준거를 제공하고 있었다는 것이다. 근대 한국 불교계는 근대불교학과 종교학, 그리고

연구』 61, 2019, 165-169쪽.
95 David E. Leary, "Immanuel Kant and the Development of Modern Psychology", William Ray Woodward and Mitchell G. Ash, edt., *The Problematic Science: Psychology in Nineteenth-Century Thought*, New York, NY: Praeger, 1982, pp. 18-20. 요하네스 테텐스의 "마음의 삼분(三分) 기능 심리학(tripartite faculty psychology)"의 영향이 칸트의 인간 정신의 영역 혹은 기능을 세 가지로 나누는 것에 영향을 준 것으로 본다. 그 세 가지는 사고(knowing), 의지(willing), 감정(feeling)이다.

최신 학문을 바탕으로 전근대의 세계와 다른 풍경을 구성하게 되었다. 한국불교는 이들 최신 학문을 통해 자신을 근대적 사고로 인식할 수 있는 장(場)을 확보했을 뿐만 아니라, 불교사상에 대해 새로운 모더니티를 부여할 수 있게 되었다. 여기서 당시 글로벌한 차원에서 전개되고 있었던 종교 영역 설정에 한국불교도 나름대로 적극 참여하려 노력하고 있었음을 확인할 수 있다. 이런 정황들은, 종교연구사를 온전히 재구성하기 위해서는 근대 한국 불교계의 종교담론에 대한 더욱 심층적 연구가 필요하다는 점을 상기시켜 준다.

1910년대부터 불교잡지를 통해 등장한 근대적 의미의 학술적 종교담론들은 주로 일본에 유학했던 유학생들을 통해 유입된 것이었다. 여기서는 근대 한국불교의 '종교담론' 형성 과정과 그 의미를 파악하기 위해 1910~1940년대 한국의 불교잡지에 등장하는 대표적 논술들을 주로 살펴볼 것이다. 이 잡지들에 주목하는 이유는 그것이 근대 한국 불교계 지식인들이 '종교' 및 '세계종교' 개념의 등장에 주체적으로 대응하기 위해 다양한 이론과 견해를 소통하는 대표적 공론장(公論場)이었기 때문이다.[96]

---

96 근대 한국 불교계의 종교 개념에 대한 선행연구가 많지는 않다. 대표적인 연구로는 양정연, 「근대시기 '종교' 인식과 한국불교의 정체성 논의」, 동국대학교 불교문화연구원 엮음, 『아시아 불교, 전통의 계승과 전환』, 동국대학교출판부, 2011; 송현주, 「근대 한국불교의 종교정체성 인식 - 1910~1930년대 잡지를 중심으로」, 『불교학연구』 7, 불교학연구회. 2003 등이 있다.

1) 근대적 종교담론 출현의 시대적 배경

근대 한국불교계의 '종교본질'과 '세계종교' 담론은 19세기에서 20세기 초에 등장한 종교 개념과 그 전개과정의 일부이자, 그것이 동아시아에 와서 정착하는 과정에서 나타난 인식의 변화를 반영한 것이다. 이러한 과정은 유럽 중심주의가 동아시아의 근대를 지배했던 만큼, 회피할 수 없는 일이었다. 이미 앞(6~8장 등)에서 살펴본 바와 같이, 동아시아에서 근대성과 더불어 종교담론이 야기한 인식의 변화는 다음과 같이 정리할 수 있다.[97]

첫째, 종교 개념의 부상이다. 서양의 'religion'의 개념이 등장함에 따라, 그것을 어떻게 이해해야 할 것인지가 커다란 과제가 되었다. 특히 근대성과 종교가 어떻게 조화를 이룰 것인지도 중요한 문제의 하나였다.

둘째, 여러 종교의 경합, 갈등의 문제이다. 여러 종교들은 처음에는 서로 경쟁하고 충돌하면서 각자의 생존을 모색했다. 시간이 지나면서 '종교'라는 공통점을 통해 연대하거나, 국가나 사회에 대한 봉사의 형식으로 공존을 도모했다.

셋째, 종교 개념과 다른 여러 문화 영역과의 경합의 문제도 등장했다. 종교는 그 개념 자체가 근대의 소산이었다. 세속화가 진행됨으로써 종교는 그로부터 분화된 다른 문화적 가치나 영역, 즉 교육·과학·윤리·사

---

97 深澤英隆,「姉崎正治と近代の〈宗教問題〉- 姉崎の宗教理論とそのコンテクスト」, 磯前順一·深澤英隆 共編,『近代日本における知識人と宗教: 姉崎正治の軌跡』, 東京: 東京堂出版. 2022, 150-151쪽 참조.

회운동 등과 경쟁하면서 스스로의 존재 이유를 주장해야 하는 상황이 되었다.

이런 문제상황은 근대 한국불교에도 그대로 재현된다. 1925년 사불산인(四佛山人) 김대은(金大隱, 1899-1989)[98]은 「종교의 본질을 논(論하)야 - 종교가에 고하노라」라는 글을 통해, 당시 불교계에 유통되는 종교의 본질에 대한 견해가 일관성이 없고 혼란스럽다며 다음과 같이 한탄하고 있다.

> 몸을 이미 종교에 바친 자 또는 종교를 믿으려고 하는 자는 무엇보다도 먼저 종교의 본질(本質)을 알고자 하는 요구가 생김은 말할 필요가 없다. 그러나 이 요구의 충동으로 인하여 종교학, 종교철학, 종교심리학, 종교발달사 등의 다수의 서적을 번역하고 독서하면 독파할수록 의문이 한층 더 생기어, 필경에는 요령을 얻을 수 없고 기로에서 방황하는 고통이 적지 않다. 왜냐하면 종교를 연구하는 학자를 따라 학설이 부동(不同)한 까닭이다. 말하자면 부분적으로 연구한 자도 있고, 종합적으로만 연구한 자도 있어서, 갑론을박에 귀추가 부동하고 결론이 애매한 까닭이다.[99]

김대은은 여기에 덧붙여, "근본적으로 동양에서 발생한 종교 - 무신교(無

---

98 김대은은 김태흡의 법명. 1906년 출가하고, 1919년 21세에 법주사의 강사가 되었다. 1920년 일본 동양대학 인도철학과에 입학하여 2학년에 중퇴했다. 이영재, 최범술 등과 재일불교 청년회의 기관지 『금강저』 창간을 주도했다. 1935년 이후 친일 행적이 논란이다.
99 김대은, 「종교의 본질을 논(論하)야-종교가에 고하노라」, 『불교』 13, 1925, 11-12쪽. 약간의 윤문과 밑줄은 필자. 인용문의 경우 이하 동일.

神敎) - 와 서양에서 발생한 종교 - 유신교(有神敎) - 의 취지가 다르고 그 조직이 부동함에도 불구하고, 오늘날 종교를 말하는 자들, 소위 지식계급 학계에 있는 자는 그 지식이 구미의 종교, 즉 기독교 일교(一敎)에만 있을 뿐이요, 그 외에는 어떠한 위대한 종교가 있어도 알지 못하여, 현재 발행되는 종교서적은 모두 기독교에 편파한 감이 적지 않을뿐더러, 종교라는 명사까지도 기독교를 위해 있는 듯한 느낌이 없지 않다."고 비판했다.[100]

위 인용문에서 특히 눈에 띄는 것은 '종교발달사' 개념의 등장이다. 이것은 종교철학이나 종교심리학이라는 학문분과와는 차원이 다른 것으로, 특정 종교의 관점이 투영된 종교연구의 경향 혹은 종교이론이 전제되어 있는 것이라 할 수 있다.

같은 잡지인 『불교』13호에는 일본 동경제국대학 교수였던 기무라 다이켄(木村泰賢, 1881-1930)이 「종교의 본질과 불교」라는 글을 싣고 있다. 글을 싣는 이유에 대해서는 "이 문제에 대해 단편적으로는 여러 번 논한 일이 있으나 이 제목으로 조직적으로 정리한 적이 없으므로 이제 시험하고자 한다."[101]고 밝혔다. 다만 이 작업은 "매우 곤란한 문제"로서, "도저히 근소한 시간"에 다 마칠 수 없는 것이므로 큰 줄기만 잡아 말하겠다고 덧붙였다.

> 내가 이와 같은 제목을 걸은 이유는 금일에도 오히려 "불교가 종교이냐 아니냐" 하는 의론이 왕왕 있기 때문이다. 세계의 3대 종교라 하면 말할 것도 없이 기독교, 회회교(回回敎), 불교다. 그러나 학술상으로 보면 불교가

---

100 위의 글.
101 木村泰賢, 「종교의 본질과 불교」, 『불교』13, 1925, 3쪽

과연 종교인가 아닌가 하는 의문이 생길 여지가 있다. 그러므로 불교가 종교라고 할 것 같으면 무슨 의미에서 그러한가 그 논거를 설명할 필요가 있다.[102]

위 인용문에서 주목할 부분은 1925년까지도 '불교가 종교인가 아닌가'의 논란이 계속되고 있었다는 것, '세계의 3대 종교'라는 호칭이 등장하고 그들을 '기독교, 회회교(이슬람), 불교'라고 언급하고 있다는 점이다. 그렇다면 왜 이 세 종교들이 세계의 3대 종교가 되었고 그 근거가 무엇이었을까? 이른바 '세계종교(world religions)'라는 카테고리에 '이슬람'이 들어가기 시작한 것은 그렇게 오래된 일도, 또 그렇게 쉬운 일도 아니었다.[103] 그럼에도 '세계의 3대 종교'라는 제한된 그룹에 '이슬람'이 들어간 것에 대해, 기무라 다이켄은 당연하다는 듯이 말하고 있다. 1925년대에 일본과 한국에는 어떤 일이 있었던 것일까?

1915년 일본 총독부의 〈포교규칙〉이 선언한 조선의 3대 종교는 "불교, 기독교, (교파)신도"였다. 물론 그것은 한국의 3대 종교를 공식화한 것이었을 뿐, 세계의 3대 종교를 공식적으로 정의한 것은 아니었다. 1920년 문세영(文世榮, 1888~?)의 글에서도 세계의 3대 종교를 '불교, 유교, 기독교'로 기술하고 있다.[104] 즉 1920년까지 한국에서는 세계의 3대 종교를 당연히 기

---

102 위의 글, 3쪽.
103 Tomoko Masuzawa, *The Invention of World Religions,* Chicago: The University of Chicago Press, 2005, pp. 23-24. 이 책에서 마스자와는 서구에서 '이슬람'을 세계종교 범주에 넣게 되는 과정에 대해 설명한다. 불교가 세계종교로 쉽게 인정된 것과 달리 이슬람에 대해서는 여러 논란이 있었다고 한다.
104 문세영,「나의 종교관」,『취산보림』 4, 1920, 36쪽. 1938년 우리나라 최초의 뜻풀이(주

독교, 이슬람, 불교라고 보는 인식이 아직 보편적이지 않았다는 것이다.

또한 일제에 의해 〈포교규칙〉이 발표되지 않았던 1914년까지는 불교가 기독교를 하나의 동등한 경쟁상대라기보다 적대적 상대로 보는 관점이 우세했다. 예를 들면 이능화의 『조선불교통사』(1918)의 서문을 썼던 최동식(1851~)의 견해가 대표적이다. 필명이 '만향당(晩香堂)'[105]이었던 그는 1914년 「논발휘종교지요소」에서 종교를 과학 및 철학과 관련시켜 논하거나 윤리적 덕목으로 보는 경향을 비판하면서, 진정한 종교는 오직 불교뿐이라고 주장했다. 그는 "내가 말하는 종교는 공노야회(공자, 노자, 야소교, 회회교)가 아니다. 천상천하유아독존의 불교다."라고 말하면서, '과학·철학과 비교하여 불교는 지혜와 철리(哲理)에 부합한 유일한 종교이며 그리스도교는 망론(妄論)'이라고 주장했다.[106]

1913년 간행된 만해 한용운(1879~1944)의 『조선불교유신론』도 불교를 제외한 다른 모든 종교는 "미신(迷信)"이며, "사람을 이끌어 우매의 구렁으로 몰아넣는 것"이라고 비판했다. 그는 불교와 다른 종교들을 구별하여, 오직 불교만이 진리의 종교임을 피력한다. 한용운에 의하면 불교는 미신이 아니라는 점에서 다른 종교와 구별되며, 기독교·유대교·이슬람교 모두 속임수이며 미신일 뿐이다.[107]

석) 국어사전인 『조선어사전(朝鮮語辭典)』편찬자. 1917년 일본 동양대학 윤리교육과에 입학하고 1921년에 졸업했다. 문세영에 대해서는 박용규, 「『조선어사전』 저자 문세영 연구」, 『사총』 73, 2011 참조.
105 최동식의 다양한 필명에 대해서는 김종진, 「불교 지성들 활동상 소개」, 『고경』 94, 2021, 72-79쪽.
106 만향당 국인, 「논발휘종교지요소」, 『해동불보』 3, 1914, 12-15쪽.
107 한용운, 「조선불교유신론」, 『한용운전집 2』, 불교문화연구원, 2006, 36쪽.

이런 가운데 1915년 8월 16일 조선총독부령 제83호로 〈포교규칙〉이 선포된 것이다. 그 규칙 제1조에 의하면 "종교라고 칭하는 것은 신도(神道), 불도(佛道) 및 기독교를 말한다."[108]라고 하여 그 숫자를 한정하고 있다. 이제 공식적으로는 '종교'의 범주에 신도, 불도, 기독교 3개의 종교만 포함될 수 있게 되었고, 나머지 종교들은 대부분 유사종교(類似宗敎)로 분류되었다. 이능화는 〈포교규칙〉 발표 이후의 시기를 "신교(信敎)의 자유를 따라서 여러 종교들도 각자 교권을 신장하는 시기"라고 파악했다. 그리고 세상은 '종교경쟁'의 시대가 아니라 '종교공존'의 시대가 되었다고 강조한다. 그는 인지가 발달한 근대라는 시기에서는 정치와 종교가 상호 분리되면서, 유교는 이제 종교로 인정되지 않고 오히려 하나의 철학(一科哲學)으로 여겨지게 되었다고 논평했다.[109]

한편, 김대은의 글과 기무라 다이켄의 글의 제목에 '종교의 본질'이라는 어휘가 사용되고 있다는 사실도 흥미롭다. 한국과 일본의 대표적 불교지식인인 두 인물 모두 1925년의 한국과 일본의 불교계에서 '종교의 본질' 문제를 매우 중요하게 다루고 있음을 증언하는 것이다. 1910년대부터 일제강점기가 종식되는 1945년까지 불교잡지에는 '종교의 본질' 혹은 '종교의 정의'에 대한 논의가 무수히 등장하고 있다. 그 가운데는 종교의 본질만을 독자적으로 다루는 경우도 있지만, 종교와 불교를 관련시켜 이해하려

---

108 『조선총독부관보』(1915.8.16.). 〈포교규칙〉에서 특징적인 것은 불교가 '불도'로 표기된 것이다. 당시까지도 '불교'라는 용어와 '불도'라는 용어가 지시어로 혼용되고 있었음을 보여준다.
109 이능화, 「불교와 타교의 경쟁」, 『조선불교계』 3, 1916, 7쪽. 일제는 1911년 6월 15일, 조선총독부령 제73호 「경학원설립규정 합17조」를 통해 "경학을 강구하며, 풍교덕화로 비보함을 목적으로 함"이라고 하여, 유교를 종교라기보다 '학문'으로 간주했다.

는 시도들도 적지 않다. 예를 들어 1930년 『불교』 70호에 실린 「종교의 일반을 뭇습니다」는 '종교의 정의'에 대한 독자의 질문에 권상로가 몇십 개의 종교정의들을 소개하고, 그 내용을 설명해주는 기사이다.[110] 종교와 불교를 관련시켜 이해하는 시도들로는, 기무라 다이켄의 「종교의 본질과 불교」 외에도 「불교와 사회사조」의 '불교의 종교상 지위'(유엽, 1931),[111] 「불교의 종교적 특성」(한춘, 1938),[112] 「불교의 종교적 특이성」(장원규, 1938)[113] 등과 같은 글이 있다.

이처럼 근대 한국과 일본의 불교계에서 '종교의 본질'과 '세계종교'라는 범주가 등장하고, 그와 관련된 담론들이 활발하게 형성·유통되었다. 근대 한국불교는 새롭게 전래된 '종교' 개념, 그리고 서구불교학의 영향으로 그 의미가 확장 혹은 재구성된 근대적 의미의 '불교(Buddhism)' 개념을 통해 자신의 전통을 재인식하고 재구성해야 했다. 그 과정에서 중요한 주제로 등장한 것이 '종교의 본질'이었다. 이를 중심으로 근대 한국불교는 어떻게 종교 개념과 조화를 이룰 것이며, 그 종교의 스펙트럼 안에 자신의 위치를 어떻게 설정해야 할 것인지 등의 문제도 함께 논의되지 않을 수 없었다.[114]

---

110 권상로, 「불교결의 제53회 문답: 종교의 일반을 뭇습니다」, 『불교』 70, 1930, 63-68쪽. 이 글에서 권상로는 일방외생(一方外生)의 질문에 답하면서, 제임스 루바(James H. Leuba)의 책을 기반으로 종교정의에 대해 소개하고 있다.
111 유엽, 「불교와 사회사조」, 『불교』 79, 1931, 109-112쪽.
112 한춘, 「불교의 종교적 특성」, 『룸비니』 2, 1938, 19-28쪽.
113 장원규, 「불교의 종교적 특이성」, 『금강저』 23, 1938, 63-69쪽.
114 이와 관련된 전반적 상황에 대해서는 장석만, 「개항기 한국사회의 '종교' 개념 형성에 관한 연구」, 서울대학교 대학원 종교학 전공 박사학위논문. 1992 참조.

2) '종교의 본질'과 '세계종교' 담론

이와 같은 상황에서 일본으로부터 수입된 근대적 학문, 즉 종교학이나 철학 및 신학 등이 한국불교의 종교담론 형성에 큰 역할을 했다. 그리고 이 근대적 학문의 유통과정의 중심에는 일본 유학생들이 있었다. 그들은 '종교의 본질'과 '세계종교'에 대한 담론을 통해 근대 한국 불교계를 글로벌 표준에 맞춰 재해석하려는 역할을 했다. 물론 종교와 관련된 모든 담론이 일본 유학생들에 의해 이루어졌다는 것은 아니다. 다만 그들이 근대적 의미의 종교담론을 신속하게 국내에 전달하면서 그 논의를 촉발하는 역할을 했음은 부인할 수 없을 것이다.

일본에서 유학하고 돌아온 젊은이들이 불교지식계의 중심으로 등장하면서, 1910년대 후반 한국불교계는 불교와 철학에 대한 이해가 한층 깊어지게 되었다.[115] 이러한 분위기는 1940년대까지 그대로 이어져 종교와 불교를 둘러싼 중요한 근대적 담론들이 출현하게 된다. 특히 1918~1919년도에는 종교의 본질과 관련하여 의미 있는 글들이 집중적으로 한 근대불교잡지에서 쏟아져 나온다. 『조선불교총보』를 통해 이종천(李鐘天, 1890~1928)의 「불교와 철학」,[116] 김철우(金喆宇, 호는 晶海, 1879~?)의 「불교철학개론」,[117] 이지광(李智光, 1885~?)의 「불교윤리학」[118] 등이 발표되었다. 이

---

115 김영진, 「근대 한국불교의 형이상학 수용과 진여연기론의 역할」, 『불교학연구』 21, 2008, 347쪽.
116 이종천, 「불교와 철학」, 『조선불교총보』 9-13, 1918.
117 김철우(정해), 「불교철학개론」, 『조선불교총보』 15-22, 1919.
118 이지광, 「불교윤리학」, 『조선불교총보』 9-13, 1918.

잡지는 창간호부터 10호까지는 이능화가 편집과 발행 업무를 전담하였으나, 11호(1918)부터는 유학생 출신 불교청년들이 주필과 필진으로 참여하면서 내적 변화를 거치게 된다. 일본 조동종대학에 유학한 불교청년 3인(이지광, 이혼성, 김정해)이 1918년 여름 귀국하여 집필진에 합류하면서 잡지는 커다란 변신을 꾀하게 된 것이다.[119] 물론 이종천도 그에 앞서 일본의 조동종 제일중학과 동양대학에서 수학하고 1919년 졸업한 유학파였다.[120] 그는 1918년 『조선불교총보』 제9-13호에 연재한 「불교와 철학」에서 일본 동양대학의 설립자이자 일본 근대불교의 중요한 사상가 이노우에 엔료(井上圓了, 1858-1919)의 이론을 상당 부분 반영한 글을 발표하기도 했다.[121]

(1) 틸레의 종교론과 '세계종교(보편종교)' 개념의 유입

코르넬리우스 틸레는 프리드리히 막스 뮐러(F. Max Muller)와 더불어 종교학의 창시자 반열에 오른 인물로, 진화론적·역사학적 방법론의 관점에서 종교를 연구했다.[122] 틸레는 극단적 진화론자는 아니지만 기본적으로

---

119 김종진,「『조선불교총보』의 전개 양상과 시론(時論)의 지향성」,『대각사상』 35, 2021, 171쪽; 이경순,「일제시대 불교 유학생의 동향 - 일본 유학생을 중심으로」,『승가교육』 2, 1998, 258쪽; 佐藤 厚,「一九一〇年代 曹洞宗大学で学んだ四人の朝鮮留学生 - 李混惺, 金晶海, 李智光, 鄭晄震」,『駒澤大學佛教學部研究紀要』 80, 2022 참조.
120 이경순, 앞의 글, 290쪽.
121 이종천이 불교와 철학, 종교학, 과학 등의 분류체계를 시도한 도식은 거의 엔료의 것을 계승하고 있는 것으로 보인다. 사토 아쓰시(佐藤 厚),「100년 전의 동양대학 유학생 이종천 - 논문「불교와 철학」과 이노우에 엔료(井上円了)의 사상」, *Journal of International Philosophy*, No.4, 2015; 윤종갑·박정심,「동아시아의 근대불교와 서양철학」,『철학논총』 75(1), 2014; 김영진, 앞의 글 참조.
122 Eric J. Sharpe,『종교학의 전개』, 유요한·윤원철 옮김, 서울: 시그마프레스, 2017, 40-41쪽, 140쪽.

진화론적 관점에서 종교현상을 바라보았다. 그것은 다윈(Darwin)적 진화론이 아닌 헤겔(Hegel)의 관점, 즉 정신(Geist, Spirit)이 자기운동을 통해 보편성에 도달한다는 진화론적 시각이었다.[123]

틸레에게 종교란 "변함없이 종교적이라고 말해지는 그 모든 현상들의 덩어리 … 윤리적이고, 미적이며, 정치적인 것 등의 다른 것과는 구별되는 것"이다.[124] 틸레는 종교의 존립 근거가 인간(human)과 초인간적 존재들(superhuman beings) 사이의 관계에 있고,[125] '종교의 본질(essence of religion)'[126]은 경건(piety)과 신앙(faith)이며, 신앙의 본질은 귀의(adoration)에 있다고 보았다. '귀의'를 다른 말로 하면 신에게 가까이 가고자 하는 느낌(feeling), 결국 자신이 찾는 대상에 대한 '사랑(Love)'이다.[127] 틸레에 의하면 "인간은 단지 이성적 추론의 힘뿐만 아니라 누구에게도 양도할 수 없는 감정의 권리가 있다. 종교의 권리란 곧 감정의 권리이다."[128]

---

123 Arie L. Molendijk, "Religious Development: C. P. Tiele's paradigm of Science of Religion", *Numen*, vol. 51(3), 2004, p. 325; Thomas Ryba, "Comparative Religion, Taxonomies and 19th Century Philosophies of Science: Chantepie de la Saussaye and Tiele", *Numen*, vol. 48, 2001; 황나리, 「최자실 목사와 대행 선사의 마음 성장론 비교연구 - 코르넬리스 페트루스 틸레의 마음 종교학을 중심으로」, 서강대 대학원 종교학과 박사학위논문, 2022, 10쪽 참조.
124 월터 캡스, 『현대종교학 담론』, 김종서 외 5인 역, 까치, 1995, 176쪽.
125 Arie L. Molendijk, "Tiele on Religion", *Numen*, vol. 46, 1999, p. 262.
126 "본질(essence)"이란 "다양한 종교의 형태들 속에서도 변하지 않는 것"이고, 그 본질을 찾아내는 것이 틸레의 종교연구의 목표이다. 위의 책, p. 260.
127 C. P. Tiele, *Elements of The Science of Religion*, Part 2: Ontological, Edinburgh & London: William Blackwood And Sons, 1898, pp. 196-199. 여기서 '경건', '신앙', '귀의'라는 단어는 일본어 역을 참고한 것이다. チ-レ,『チ氏 宗敎學原論』, 鈴木宗忠, 早船慧雲 譯, 東京: 內田老鶴圃, 1916 참조.
128 Tiele, op.cit., pp. 235-236.

틸레는 종교의 본질과 근원을 밝혀내기 위해서는 무엇보다 먼저 많은 종교 공동체들을 비교하는 형태론적(morphological) 연구가 선행되어야 한다고 믿었다. 그래서 종교들의 분류(classifications)에 전념하는 동시에 그것의 발전도식(developmental scheme)을 만들고자 하였다. 이런 통시적 분류체계(diachronic classification)는 많은 논란을 불러일으켰지만,[129] 이러한 노력에 힘입어 그는 종교를 현상학적으로 연구한 '최초의 종교현상학자'라는 칭호를 얻었다.[130]

조나단 스미스(Jonathan Z. Smith, 1938-2017)에 의하면 19세기에 '종교들(religions)'에 의해 야기된 매우 시급한 문제는 종교에 대한 분류학적 질문이었다. 예컨대, 다음과 같은 질문이 대표적이다. 다양한 '종교들'은 류(類)의 범주인 '종교(religion)'의 '종(種, species)'으로 이해해야 할 것인가? 여러 '종교들'은 어떻게 분류될 수 있는가? '종교들'에 대한 이런 질문은 관련 자료들이 폭발적으로 증가함에 따라 자연발생적으로 등장할 수밖에 없는 것이었다.[131]

---

129 Molendijk, "Tiele on Religion", p. 243.
130 월터 캡스, 앞의 책, 175-177쪽. 하지만 '종교현상학(Phenomenology of religion)'이란 용어를 처음 사용한 사람은 샹트피 드 라 소세이(Chantepie de la Saussaye, 1848-1920)이다.
131 Jonathan Z. Smith, "Religion, Religions, Religious", Mark C. Taylor edt., *Critical Terms for Religious Studies*, Chicago: The University of Chicago Press, 1998, p. 275-276. 조나단 스미스에 의하면 19세기 이전 서구에서 통용되고 있던 종교의 분류체계는 오직 4종류로 이루어져 있었다. 대표적으로 에드워드 브레어우드(E. Brerewood)의 『세계 주요 지역의 언어와 종교들의 다양성 연구(Enquiries Touching the Diversity of Languages and Religions through the Chiefe Parts of the World))』(1614)는 세계의 종교들을 기독교, 유대교, 이슬람, 우상숭배(Idolatrie)로 분류했으며, 이 4가지 분류도식은 19세기까지 이어진다.

종교에 대한 여러 분류들이 시도되었지만, 그중에서 가장 영속적인 장치로 개발된 것이 이른바 '세계종교(World religions)' 또는 '보편종교(Universal religions)'라는 분류군이었다. '세계종교'라는 영어식 표현을 가장 먼저 사용한 사람이 바로 틸레였고,[132] 그것은 역사와 지역 모두를 아우르는 개념이었다. 그 용어는 이전의 구별들을 종합한 하나의 체계로서, 종교학에서 첫 번째 고전을 대표하는 틸레의 『종교사개론(Outlines of the History of Religion to the spread of Universal Religion)』(1876 네덜란드어 출판, 1877 영어 번역본 출판)에서 도입·정착되었다. 틸레의 '형태론적' 분류체계는 '자연종교(Nature Religions)'와 '윤리종교(Ethical Religions)'의 구분을 기본원리로 삼아 각 종교가 도달한 '발전단계'를 도식화하였고, 그 발전 도식의 최정점에 '세계종교'를 두었다.

틸레의 종교발달사 도식에서 '자연종교'는 세 개의 형태로 나누어진다. 애니미즘적 종교, 주술적 종교, 고대의 '신인동형론적 다신교'가 바로 그것이다.[133] 한편, '윤리종교'는 "국가적 의율적(儀律的 National nomistic, nomothetic)[134] 종교공동체"와 "보편적 종교 공동체(Universalistic religious communities)"로 나누어진다. 전자에는 도교, 유교, 브라만교, 자이나교, 원시불교, 조로아스터교, 유대교 등이 해당된다. 후자에는 세 개의 종교, 즉 이슬람, 불교, 기독교만 해당된다. 이 '보편종교들'은 한 국가나 민족

---

132 Tomoko Masuzawa, op.cit., p. 109.
133 Ibid., p. 110. "자연종교"의 구성원을 간단히 표현하면, "애니미즘 하의 악마적 마법종교", "정화되거나 조직화된 주술종교들", "비조직화된(부족적) 종교와 조직화된(제국적) 종교"가 이에 해당한다.
134 "nomistic" 종교란 '규범주의적, 법리론적' 성격의 종교라는 의미이다.

에게만 한정되지 않고 인류 전체에 관심을 갖는 선교 전통들(proselytizing traditions)을 가리킨다.[135] 틸레는 다음과 같이 말한다.

> 근대의 종교사는 주로 불교, 기독교, 이슬람의 역사이며, 그들의 고대 신앙 및 원시적 예배 형태와의 싸움의 역사이다. 그 옛날 (종교들의) 모습은 그들 (세 개의 종교)의 잠식 앞에서 차츰 사라져 가며, 세계의 어느 지역에서 아직 살아 있고 보다 우월한 종교의 모델을 따라 스스로를 개혁하지 않을 때 점차 소멸될 것이다.[136]

틸레의 종교론은 이지광(李智光)에 의해 한국에 본격적으로 소개되었다. 이지광은 건봉사 출신 승려로 일본 조동종대학 유학파이다. 그는 1918년 『조선불교총보』 제9호에서 13호에 걸쳐 「불교윤리학」을 게재했다. 이 글의 '3절: 세계의 종교학상으로 인(認)한 불교의 지위'에서 '종교발달사'적 관점에서 세계 각 종교를 분류했다. 이것은 한국 불교계에서 틸레의 이름을 분명하게 거론하면서 그의 종교이론을 본격적으로 소개한 최초의 논문이라 할 수 있다.

> 불교와 윤리는 어떤 관계를 가지는가? 이 관계를 논하기 전에 종교학상 불교의 지위를 논하고자 하노라. 종교발달상으로 세계 각 종교를 분류하면 1은 자연교, 2는 윤리교이다. 자연교 중에 열등자연교(劣等自然敎)와 고등자

---

135 Jonathan Z. Smith, op. cit., pp. 278-279. '선교전통'이란 부족이나 국가의 경계를 넘어서 개종할 수 있는 종교라는 의미이다.
136 Ibid., p. 279에서 재인용. 괄호 내용은 필자의 추가.

연교(高等自然敎)가 있으니, 열등자연교라 함은 야만 미개의 시대에 유치한 신앙 즉 무조직적 마술적(魔術的) 다령교(多靈敎)를 말하니, … 일월성신 하해초목 등 천연물에 각각 그 신이 있다고 하는 천연숭배(天然崇拜)와 … 정령숭배와 … 주물숭배를 말함이요. 고등자연교라 함은 … 점차 조직으로 발전하여 종교의 형식을 현출하고, 신의 초상과 신화 등이 있는 자이니, … 예를 들면 애급의 태양신의 초상을 암소(牝)[137]나 매(鷹) 등에 표현하는 등의 수형신시교(獸形神視敎) … 등 다신교를 말함이요. 윤리교에는 유태교, 파사교(波斯敎), 바라문교, 공자교 … 와 같은 의율교(儀律敎)도 있고, 마호메트교, 기독교, 불교와 같은 보편적 종교(또한 세계적 종교라고도 부른다)도 있다. … 화란의 라이덴 대학교수 디-레(Tilé)박사의 표시를 들면 (이렇게) 하였도다."(<그림1> 참조)[138]

이 인용문에서 이지광은 일본 유학을 통해 얻게 된 최신 종교학의 성과를 담아내고 있다. 그는 불교가 이 종교발달사의 도식에서 윤리교에 해당하며, 석존이 '인도 원시시대 즉 미개시대 자연교의 미신을 최멸하고, 의율교 바라문의 나쁜 차별적 계급주의를 타파하여 세계적(보편적)인 한 신종교를 건설했다'고 평가했다.[139]

이지광이 인용한 종교의 형태론적 분류체계는 틸레의 중요한 이론적 업적의 하나이다. 이지광이 사용한 '열등자연교', '고등자연교', '윤리교'라는

---

137 여기서 '빈(牝)'은 한때 태양신으로 숭배되고 암소 모양으로 묘사되기도 했던 하토르(Hathor)를 의미한다고 생각된다.
138 이지광, 「불교윤리학」(承前), 『조선불교총보』 10, 1918, 17-19쪽. (이렇게)는 필자의 첨가.
139 위의 글, 19쪽.

표현은 틸레의 저서의 일역본(1916 출간)에서 동일하게 발견된다.[140] 이는 당시 일본 유학생들이 이노우에 엔료와 같은 일본 사상가들의 영향을 받았을 뿐만 아니라, 동시에 서구 종교학의 영향권 안에도 들어 있었음을 의미한다.

이와 같이 1910년대 후반 한국불교계에 틸레의 종교발달사 도식에서 진화의 최종단계인 '세계종교(World religions)' 범주에 불교가 기독교, 이슬람과 함께 포함되어 있음이 상세하게 소개되었다. 이지광은 '종교발달사' 개념을 가지고 있었음은 물론, 틸레의 세계종교 범주에 불교가 포함되어 있음을 분명히 인식하고 있었다. 이를 통해 당시 근대의 한국불교계에서 불교가 보편종교, 세계종교에 포함된다는 사실이 널리 공유되고 있었다고 볼 수 있다.

이지광이 도표로 소개한 틸레의 형태학적 종교분류(morphological classification)는 1931년 유엽(柳葉, 1902~1975)의 글에서도 나타난다. 유엽은 일본유학 시절 동경유학생 기관지 『학지광(學之光)』에서 '조선인문사(朝鮮

140　チーレ, 앞의 책 참조. 이지광이 틸레의 종교발달사 이론을 접한 텍스트는 1877년 출판된 틸레의 『보편종교의 전개에 대한 종교사 개론(Outlines of the History of Religion to the Spread of Universal Religion)』을 통해서거나, 1897~1899년 틸레의 미국 기포드 강연(Gifford Lectures)을 모아 출판한 『종교학의 요소들(Elements of the Science of Religion)』의 일역본인 『종교학원론(宗教學原論)』(1916)을 통해서였을 가능성이 있다. 영어 원서는 두 권으로 구성되어, 각각 부제가 '형태론적 부분'(Part 1. Morphological)과 '존재론적 부분'(Part 2. Ontological)이다. 일본어 역은 이 두 권을 하나로 합쳐 출판하면서, '1부: 종교발달론'과 '2부: 종교본질론'으로 번역했다. 본 논문에서 '종교발달론' 혹은 '종교발달사'라고 부른 것은 이 번역에 따른 것이다. 틸레의 『종교사개론(Outlines)』(1877년 영역본)은 종교발달사가 『종교학원론(Elements)』보다 간단하고, 1960년에 일역본이 출판되었다. C. P. チーレ, 比屋根安定 譯(1960), 『宗教史概論』, 東京: 誠信書房, 1960.

人文士)중 제일[一]을 점령한 재주꾼(才操軍)'이라고 소개될 정도로 문단의 주목을 받았다.[141] 1931년 『불교』 제79호에 실린 「불교와 사회사조」의 제3장 '불교의 종교상 지위'에서 유엽은 종교를 자연종교와 윤리적 종교로 나누고, 윤리적 종교가 발달하여 보편적 종교, 즉 세계적 종교가 된다고 피력했다.[142] 이 글에서 유엽이 틸레의 이름을 직접 언급하지는 않았지만, 그 내용에서 이 글이 틸레의 종교론에 입각해 있음은 쉽게 유추할 수 있다.

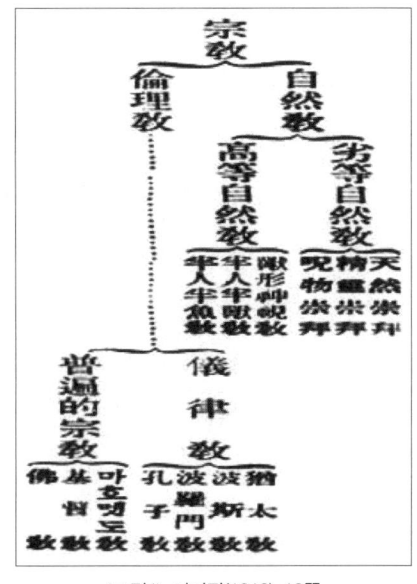

〈그림1〉 이지광(1918), 18쪽.

틸레의 종교발달사 이론에 대한 언급은 1940년대에도 등장한다. 범어사 출신 일본 유학생인 정중환(丁仲煥)은 「원시종교의 사회학적 일고」(1940)에서 타일러(E. B. Tylor)와 틸레의 종교발달사론을 설명하고 있다. 그는 "제령(諸靈) 중 유력한 자는 점점 발전하여 신격으로 승격되어 갔다. 이 신격화는 발달사적으로 보면 국민적 종교기에 들어 틔-레(Tiele) 교수가

---

141 소웅(1937), 「유엽씨의 참선문답박의를 평 「창」함」, 『금강저』 22, 1937, 55쪽. 유엽은 1923년 시문학지 『금성』 창간에 참여한 문학인이었고, 1927년 금강산으로 출가했다. 일본 와세다대학 부속 고등학원에서 2년간 수학했다. 변화영, 「유엽의 자전적 소설에 나타난 사랑의 의미」, 『현대문학이론연구』 69, 2017 참조.
142 유엽, 앞의 글, 112쪽.

말한 것같이 정령이 일정한 명칭과 기능과 특수한 성격을 획득하는 것"이라고 말한다.[143]

이 외에도 앞서 언급했던 김대은의 글(1925)에서도 틸레의 종교이론과 무관하지 않은 '종교발달사'나 '원시인의 열등종교' 등의 개념이 등장하고 있으며,[144] 또 기무라 다이켄의 글(1925)에서도 틸레가 언급되고 있다.[145] 이처럼 틸레의 종교발달사와 종교형태론은 1910년대 말 한국 불교계에 본격적으로 소개된 이후 1940년대까지도 유력한 종교이론으로 활용되고 있었다.

(2) 종교의 본질과 '지·정·의(知·情·意)' 담론

한편, '지·정·의' 범주를 통해 종교의 본질을 설명하려는 노력들도 다수 나타나고 있다. 이에 해당하는 글로는 조학유의 「종교의 기초적 관념」, 김경주의 「종교의 본질과 철학의 극치」, 양건식의 「불교라는 것은 여하한 자인가」,[146] 김정해의 「불교철학개론」[147] 등이 대표적이다. 이들 저자들은 모두 유학을 했다는 공통점을 가지고 있다. 1910년부터 10여년간 중국 유학을 한 거사였던 양건식(梁建植, 1889~1938)[148] 외 다른 3인은 모두 일본 유

---

143 정중환, 「원시종교의 사회학적 일고」, 『금강저』 24, 1940, 26쪽. 정중환은 1937년 일본에 유학하여 1940년에는 대정대학 종교학과에 재학했다.
144 김대은, 위의 글, 11쪽, 13쪽.
145 木村泰賢, 앞의 글, 4쪽.
146 양건식, 「불교라는 것은 여하한 자인가」, 『조선불교계』 2, 불교진흥회, 1916.
147 김철우(정해), 앞의 글.
148 양건식의 학술활동에 대해서는 이행훈, 「양건식의 칸트철학 번역과 선택적 전유」, 『동양철학연구』 66, 2011 참조.

학파 승려였다. 이들은 '지·정·의'를 통해 종교의 본질을 설명하려는 데 공통점이 있지만, '지·정·의' 가운데 무엇을 강조하는지에 대해서는 일치하지는 않는다. 예를 들어 '지·정·의'의 조화를 강조하는 사람이 있는가 하면, '지·정·의' 가운데 어느 하나가 중요하다고 강조하는 등 서로간에 약간의 관점의 차이가 드러난다.

근대 한국불교계에서 '지·정·의' 담론이 등장하게 된 배경을 이해하기 위해서는 근대 일본에서의 '지·정·의' 담론의 전개과정을 먼저 살펴볼 필요가 있다. 일찍이 일본에서는 1890년에 모토우 유우지로(元良勇次郎, 1858-1912)의 『심리학』에서 '지·정·의'를 거론하고 있는데, 그때부터 일본에서는 심리학자이자 교육학자였던 F. 헤르바르트(1776-1841)의 사상이 소개되기 시작했다. 그리고 헤르바르트에게 영향을 준 칸트에 대한 학술적 연구도 이때부터 본격적인 궤도에 오르게 된다. 칸트의 세 비판서는 플라톤의 영혼삼분설과 무관하지 않으며, 칸트가 정신을 지성·감정·의지로 분류하여 각각의 작용을 서술했다고 이해했다. 헤르바르트 학파의 교육론에서는 '지·정·의' 모두 마음의 종합적 양성을 위해 중요하다는 점을 강조하였는데, 특히 '미적·정서적 의지'가 '정'과 연관되어 있다고 보았다.[149]

이처럼 근대 일본과 한국에서 '지·정·의' 담론은 인간 활동을 설명하기 위해 이론적 토대를 제공한 중요한 가설이었고, 근대적 문학론이 수립되는 초창기 논의에서도 중요한 역할을 하게 된다. 예컨대 이광수는 '지·

---

149 김영범, 앞의 글, 165-169쪽.

정·의'론에 근거하여 문학이 '정'을 기초로 성립한다고 주장했다.[150] 이 '지·정·의' 담론은 근대한국 불교계에서도 종교와 관련하여 중요한 역할을 하게 된다. 대표적으로 '지·정·의' 담론의 양상을 뚜렷하게 잘 보여주는 조학유와 김경주의 논설을 살펴보면 다음과 같다.

① 조학유: '지·정·의' 담론과 '생존욕망에 기초한 종교'

조학유(曹學乳, 1894-1932)[151]는 1910년대 후반인 1918년~1920년에 『조선불교총보』에 '종교의 본질'과 관련한 다수의 글을 실었다. 1918년 제9호에 「종교기원에 대하야」,[152] 제10호에 「종교의 기초적 관념」,[153] 제12호에 「종교의 이상」,[154] 1920년 제19호에 「종교와 지식」[155]이란 글을 실었다. 이 가운데 「종교의 기초적 관념」이 그의 종교이론의 특징을 가장 잘 나타내고 있다.

「종교의 기초적 관념」에서 조학유는 "욕망은 인생의 본능이며 만위(萬爲)의 기초"라고 말하며, 종교의 기초는 '생존욕망'이라고 주장하고 있다. 즉 종교적 기초란 "자신의 육체상 향상(向上)적 행복 또는 정신상 안립(安

---

150 황종연, 「문학이라는 역어(譯語) - 〈문학이란 何오〉 혹은 한국 근대 문학론의 성립에 관한 고찰」, 『동악어문논집』 32, 1997, 468쪽. 한편, 일본에서 지·정·의 담론의 유행은 헤르바르트 보다 크리스티안 볼프(Christian Wolff, 1679-1754)와 그의 영향을 받은 칸트의 '인간 정신의 삼분법'에 그 근원이 있다고 보기도 한다.
151 해인사 소속 승려. 1914년에 일본 제일중학교, 1920년에 일본 풍산대학에서 유학했다. 이경순, 앞의 글 참조.
152 조학유, 「종교기원에 대하야」, 『조선불교총보』 9, 1918, 43-51쪽.
153 조학유, 「종교의 기초적 관념」, 『조선불교총보』 10, 1918, 37-43쪽.
154 조학유, 「종교의 이상」, 『조선불교총보』 12, 1918, 27-31쪽.
155 조학유, 「종교와 지식」, 『조선불교총보』 19, 1920, 38-40쪽.

立) 행복을 구하여 완성코자하는 생존 욕망에 있다." 그리고 그것은 단지 하나의 종교에 대한 기초가 아니라 "우주 제 종교의 일반적 기초"라고 보았다.[156] 그리고 생존 욕망의 발동은 공포심에서 비롯되고 있다고 설명한다.

> 고대의 종교기초를 공포에 인한 의뢰심의 생존욕망으로 정할진대, 현금 문명시대와 같이 그들의 공포하는 뇌전(천둥과 번개, 雷電) 등을 외계 법칙을 발견하는 동시에 도리혀 기계작용의 일 역할로 사용하니 이처럼 공포심이 없는 동시에 의뢰심이 절무할지요, 의뢰심 즉 생존욕망심이 절무하는 동시에는 기초가 없을지니, 이 때에는 종교가 무엇으로 기초일까 역시 생존 욕망이다.[157]

그리고 종교에는 지·정·의(知·情·意) 세 가지 원소가 있다고 설명하면서 그 가운데 '정'과 '의'가 종교와 관련되어 있다고 주장한다. 대신 그는 '지'가 철학의 영역에 속하기 때문에 종교와 관련성이 없다고 배제한다.

> 종교는 철학과 달라서 그의 중대한 성분은 지·정·의(知情意) 3자(者) 중 뒤의 2자(者)의 작용에 속함이니, … 제악막작, 제선봉행 하라는 절대적 명령 즉 도의심(道義心)으로 종교기초를 삼는 설이 있으니 과연 그럴 듯하여 … 진선을 취하고[取眞善] 사악함을 버리는 것[揲邪惡]의 공용(功用)은 의(意)요 이 목적을 향해 나아가는 공능은 정(情)에 속하며, 따라서 우주간에 최

---

156 조학유,「종교의 기초적 관념」, 41쪽.
157 위의 글, 40쪽.

고 최대의 행복을 완성하고자 하는 정(情), 즉 생존욕망으로 일반 종교의 기초로 삼고자 한다.[158]

그 취지를 종합하면, 조학유는 종교의 기초가 '생존욕망'에 있으며, 그 생존욕망은 '지·정·의'라는 심리적 개념 가운데 '의'와 '정'에 부합했다고 본다. 그는 이처럼 '의'에 대해서도 일단 종교의 영역으로 보는 듯하지만, 그러나 결론적으로는 종교가 '의' 보다는 '정'에 더 부합한다고 보면서, '정'이야말로 '생존욕망'과 관련되어 있다고 본다.

이와 같이 종교를 인간의 심리문제로 이해하려는 점은 일본 동경대학 교수였던 아네사키 마사하루(姉崎正治, 1873-1949)의 종교학에서도 나타난다.[159] 아네사키의 종교학에서는 종교를 모든 인간이 공통적으로 지니는 의식의 표현으로 이해하였는데, 이처럼 종교를 심리적 차원에서 이해하려는 경향은 당시 서양 종교연구의 일반적 동향과 유사한 양상을 보여주고 있었다.[160] 그것은 종교적 정서(emotion)에 종교의 본질이 있다는 틸레의 견해와도 부합한다.[161]

---

158 위의 글, 42-43쪽.
159 아네사키는 쇼펜하우어(Arthur Schopenhauer)의 『의지와 표상으로서의 세계(상·중·하)』(意志と現識としての世界 上·中·下)(1910, 1911)를 번역하기도 했다. 따라서 아네사키와 쇼펜하우어 사상의 관련성이 추론된다. 姉崎正治,「テール氏の宗敎學緖論」,『哲學雜誌』 14-148, 東京: 哲學會. 姉崎正治, 1899; ショペン・ハウエル, 姉崎正治 訳,『意志と現識としての世界(上·中·下)』, 東京: 博文館, 1910, 1911 참조.
160 이소마에 준이치, 앞의 책, 263쪽.
161 아네사키는 틸레에 대한 논문도 썼을 정도로 틸레에게 관심이 많았다. 또 틸레에게 종교는 궁극적으로 심리학적 현상(psyhological phenomenon)이다. 姉崎正治, 앞의 글; Molendijk, "Tiele on Religion", p. 237 참조.

② 김경주 : '지·정·의' 담론과 틸레의 종교유형론의 공존

범어사 출신으로 일본 동양대학 유학생이었던 김경주(金敬注, 1896~?)[162]는 1931년 「종교의 본질과 철학의 극치」라는 글을 『불교』지에 발표했다. 동양대학 철학과 출신답게 그의 글은 플라톤, 아리스토텔레스, 데카르트, 헤겔, 칸트, 훗설, 스피노자, 슐라이어마허 등 서양의 철학자들을 망라하고 있다. 그의 글의 특징을 정리하면 다음과 같다.

첫째, 종교를 과학이나 철학과 분리함과 동시에, 종교의 초월성, 자율성, 그리고 '종교심'의 존재를 강조한다. 인간에게는 '종교심(宗敎心)'이 있으며, 이 종교심이 모든 종교의 근원이라고 보았다.[163]

둘째, "지·정·의의 통일"이 종교의 목적이라고 말한다. 종교는 "경험 통일의 욕구이며, 그 본질은 전체 인생과 자연의 절대적 통일", 즉 "안심입명(安心立命)의 도"이다.

셋째, 김경주에게서 '종교(religion)'와 '종교들(religions)'의 구별은 보편과 특수의 관계로 나타난다. 그는 "종교는 개성을 초월한 보편적 원리의 일반 종교에 등(登)하여 생의 구체적 내용의 특수 종교에 재강(再降)해야 한다."고 표현했다.[164] 여러 종교들을 '종(種, species)'으로 거느리는 유(類) 개념으로서의 '종교' 범주는 17세기 이후 서구에서 등장한 특별한 역사적 산물이

---

162 법명은 영담(瑛潭). 1908년 동래 범어사에 출가했다. 일본 동양대학 철학과에 진학하여 1923년 졸업했다. 귀국하여 심전개발 운동에 참여하고 1937년 중일전쟁에 협력한 행적이 있다.
163 김경주, 「종교의 본질과 철학의 극치」, 『불교』 86, 불교사, 1931, 8-10쪽.
164 위의 글, 11-12쪽.

다. 김경주는 이 때 이미 근대 서양의 종교 개념에 상당히 근접한 지식을 가진 인물이었다는 점이 특히 주목된다.

넷째, "종교발전순(宗敎發展順)"을 표시하는 도표를 만들었다.[165] (〈그림2〉) 그것은 틸레의 도식을 포함하면서도 이지광의 〈그림1〉보다 복합적이고 세밀하게 작성되었다. '자연교'와 '윤리교'라는 두 개의 구별이 전면에 내세워져 있지는 않지만, '자연숭배'와 '인문적 윤리적 종교'라는 항목을 통해서 틸레의 종교유형론이 사전에 인식되어 있음을 보여준다. 그리고 '부락적 종교' → '국민적 종교' → '개인적 종교(보편적 세계적 종교)'라는 3분법에 따른 종교발달사도 틸레의 종교분류 체계와 크게 다르

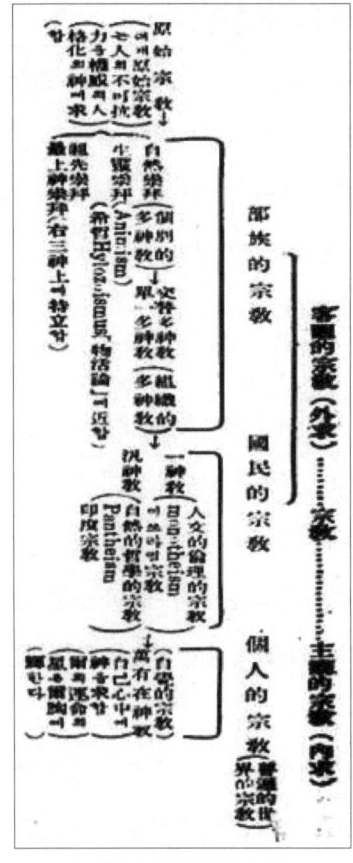

〈그림2〉 김경주(1931), 14쪽.

지 않았다.

뿐만 아니라 막스 뮐러의 분류나 용어도 동원되고 있다. '국민적 종교'와 '개인적 종교'라는 분류는 1907년 일본에서 번역·출판된 막스 뮐러의 『비교종교학』에 나오는 종교분류법과도 일치한다. 또 도표에 등장하는 '교체 다신교'라는 용어는 막스 뮐러의 '단일적 신교(Henotheism)'라는 용어와도

---

165 위의 글, 14쪽.

관련된다.[166] 따라서 김경주의 〈그림2〉는 틸레의 종교형태론에만 국한하지 않고 1931년 당시 종교적 지식을 나름의 관점에서 종합, 재구성한 것으로 이해할 수 있다. 결론적으로 김경주에게는 틸레의 종교발달사와 유형론, 그리고 '지·정·의' 담론이 함께 공존하고 있음을 알 수 있다. (〈그림2〉 참조)

(3) 슐라이어마허와 '감정'으로서의 종교

프리드리히 슐라이어마허(Friedrich Schleiermacher, 1768-1834)는 신학을 자기의식에 기반을 두고 구축하려고 시도한 최초의 현대 유럽 신학자이다.[167] 그는 "신학에서 코페르니쿠스적 혁명을 개시"했다고 평가되며, 현대 기독교 신학의 연구자들은 거의 예외 없이 슐라이어마허를 '현대 신학의 아버지'라 부른다.[168] 슐라이어마허는 칸트와 마찬가지로 인간 정신 기능의 삼분법을 받아들여 인간에게는 이성적(rational), 윤리적(ethical), 심미적(aesthetic) 차원이 있다고 파악했다. 그가 칸트와 달랐던 것은 종교가 이성이나 도덕의 영역이 아닌 심미적 차원에서 발생한다고 주장했다는 점이다. 슐라이어마허는 종교가 인간 안에 존재하는 "절대 의존의 감정"에서

166　馬格師摩勒,『比較宗教學』, 南條文雄 譯, 東京: 博文館, 1907, 123쪽; マクス・ミユラー,『宗教學綱要』, 淸水友次郎 譯, 東京: 秀英舍, 1921, 69쪽, 72쪽.
167　Louis Roy, "Consciousness According to Schleiermacher", *The Journal of Religion*, vol. 77(2), 1997, p. 217.
168　로저 올슨,『현대 신학이란 무엇인가』, 김의식 옮김, 서울: IVP, 2021, 116-135쪽. 슐라이어마허가 현대 신학의 아버지로 불리게 된 계기는 르네상스, 종교개혁, 과학혁명, 르네 데카르트의 코기토 철학, 칸트의 비판이론으로 이어지는 현대성(modernity)의 도전에 가장 적합한 신학을 제시했기 때문이다. 이러한 신학을 '자유주의 신학(liberal theology)'이라고 부른다.

발생한다고 주장했는데,[169] 이런 그의 종교론은 이후 신학계와 종교학계, 그리고 일반 사상계에 큰 영향을 미쳤다.

1920년, 슐라이어마허는 이종천의 「종교론」(1920)을 통해 본격적으로 한국 불교계에 소개된다. 슐라이어마허가 한국의 근대 불교잡지 논설에서 중요한 인물로 그 존재감을 뚜렷하게 각인한 것은 이 글이 처음이었던것으로 보인다. 이종천은 이 글의 서론에서 자신의 글이 슐라이어마허를 기본적으로 참조했음을 밝히고 있다.

> 종교에 대한 해석은 학자의 각자 견해를 따라[隨] 다소의 차이가 없지 않다. 이 논지는 독일철학자 슈라히마화(Schlimacher)씨의 종교론에 의하여 다대(多大)한 참고를 득하였으니 다행히 독자의 예측을 바람. 또한 <u>신자(神字)는 불자(佛字)와 동의(同義)</u>이므로 설명상 편리를 위하여 여기서는 다만 신자(神字)로만 통용하노라.[170]

이종천은 이 글에서 슐라이어마허의 『종교론』의 내용을 '1. 종교적 요구', '2. 종교의 본질' 등으로 요약하여 소개하고 있다. 특징적인 것은 서론에서 슐라이어마허를 소개함과 동시에 '신(神)'은 곧 '불(佛)'과 같으니, 독자들이 각자 알아서 그 의미를 치환하여 이해하라는 암묵적 제안을 하고 있다는 점이다. 여기서 불교의 전통적 세계관을 기독교 중심의 세계관에 맞추어 이해해 보려는 근대 한국 불교인들의 노력이 감지된다.

---

169 Seth Kunin, & Miles-Watson, Jonathan, *Theories of Religion: A Reader*, Edinburgh: Edinburgh University Press, 2007, p. 86.
170 이종천, 「종교론」, 『취산보림』 1, 1920, 12쪽. 인용문 속 밑줄은 필자.

슐라이어마허는 이종천의 글 이후에도 불교잡지의 여러 논설에서 그 이름을 발견할 수 있다. 대표적인 경우가 기무라 다이켄의 글[171]이다. 그런데 1940년 슐라이어마허는 다시금 중요한 인물로 등장한다. 'UK생'이라는 필명의 저자가 기고한 「종교에 대한 감정의 지위」가 일본동경유학생회 발간지인 『금강저』 24호에 실렸는데, 슐라이어마허는 이 글에서도 중심 인물로 다뤄진다.[172]

UK생은 19세기 후반부터 영미에서 발달한 종교심리학에 관심을 표명하면서, "정신현상의 일측면인 감정과 종교와의 관계"를 고찰했다. 그는 먼저 종교심리학이 주로 기독교를 연구 대상으로 삼음으로써, 선정(禪定)의 종교인 불교에 대한 심리적 고찰이 너무 적다고 지적한다. 그리고 '정신현상의 일반적 고찰'이라는 항목에서 '마음(Mind)'은 지(知), 정(情), 의(意)의 세 방면을 가지고 있다고 강조한다.[173] 그런데 특이하게도 UK생은 '지·정·의' 가운데 감정을 다시 '감응', '정서', '정조'의 세 가지로 나누고, 그 가운데 '정조'를 다시 '지적 정조', '도덕적 정조', '미적 정조', '종교적 정조'의 4개로 분화시켜 설명한다. 그는 감정(feeling)의 종류를 도식화하여 위의 그림과 같이 정리했다.(《그림3》참조)[174]

---

171 木村泰賢, 앞의 글 참조.
172 UK생, 「종교에 대한 감정의 지위」, 『금강저』 24, 1940, 27쪽. UK생은 실제 누구인지 불분명한데, 당시 동양대 유학생 중 한 명일 것으로 추정된다. 저자는 동양대에서 나카지마 토쿠조오(中島德藏, 1864-1940)의 수업을 들었다고 밝히고 있다. 나카지마는 일본 동양대학의 6~7대 학장을 역임한 인물로, 동양대 재직기간은 1897-1940년이다.
173 위의 글, 27-28쪽.
174 위의 글, 29-30쪽. 이 도식에 따르면 감정에는 '감응'과 '정서'와 '정조'가 있으며, 감응은 쾌, 불쾌와 같은 단순한 감정으로 나뉜다. 정서는 분노와 공포 같은 기본 정서, 번민과 찬미와 같은 복합 정서로 나뉜다. '정조'는 다시 4개로 나눠지는데, 그 가운데 하나가

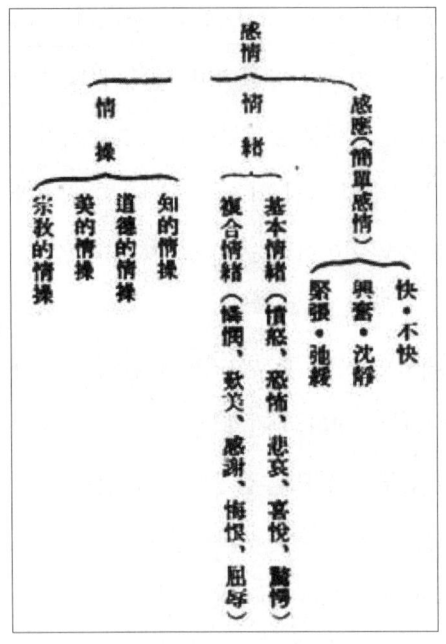

〈그림3〉 UK생(1940), 29-30쪽.

UK생은 슐라이어마허의 종교 정의를 인용하면서 종교는 '지·정·의' 가운데 '정'에 있다고 규정한데 이어, '종교적 정조'[175]라는 용어를 소개하는 데 중점을 두고 있다. 그는 종교적 경험이 '지·정·의' 세 방면의 작용 전체에 영향을 주지만, 종교의 본질의 측면에는 감정이 가장 우위에 있다고 강조한다. 왜냐하면 어떤 종교에도 신앙과 의례 면에서 "종교적 대상에 대한 평화, 희열, 만족, 경이 등 정서(情緖, Emotion)의 표현 작용이 없을 수 없기 때문"이며, "종

'종교적 정조(宗敎的 情操)'이다.

175 土屋 博,「日本における宗敎敎育の公共性:〈宗敎的情操〉をめぐって」,『北海學園大學學園論集』138, 2008, 2쪽. 일본에서 '정조' 라는 용어는 1879년(메이지 12) 니시 아마네(西周)가 'sentiment, feeling, Gefühl'의 번역어로 사용하기 시작했으며, 메이지 20년대 이후 sentiment의 역어로 정착했다. '종교적 정조' 개념은 일본의 종교교육사에서 중요한 논쟁의 중심이 되고 있다. 井上順孝,「近代日本の宗敎と敎育」, 國學院大學日本文化硏究所 編(井上順孝 責任編輯),『宗敎と敎育 : 日本の宗敎敎育の歷史と現狀』, 東京 : 弘文堂, 1997, 19-20쪽 ; 김세곤,「일본의 초·중등학교와 종교교육」,『종교교육학연구』3, 1997, 24-25쪽 참조. 일본에서 '종교적 정조'는 영어로 'religious sentiment'로 표현될 수 있으며, 일반적으로 '종교적 가치를 지닌 것에 대해서 발생하는 감정의 통합적 전체'를 말한다.

교에 이런 감정적 요소가 없다면 그 태도는 결코 종교적 태도라 말할 수 없다."고 보기 때문이다.[176]

그런데 그는 감정 중에서도 '정조'는 특별한 것이라고 소개한다. 그에 따르면 '정조(情操, sentiment)'는 "여러 가지 종류의 감정 가운데 지혜의 작용에 의하여 순화된 일종의 고상한 감정"이며, '종교적 정조(Religious sentiment)'는 "종교와 직접관계가 깊은 감정"으로, '거룩한 법전에 들어가서 느끼는 장엄한 분위기, 불사의의 감(Wonder), 호기(好奇)(Curiosity)의 본능, 자기의 왜소한 느낌[自卑의 感](Inferiosity), 상찬(賞讚)(Admiration)의 복합정서' 등을 일컫는다고 강조한다. 가령 "불타에 대한 외경의 느낌(Awe)"도 이에 해당한다고 본다.[177]

UK생은 불교의 깨달음도 진리에 대한 체험이며, 큰 범주에서 감정의 범위 안에 포함된다고 해석한다. 다시 말해 불교의 본질과 종교의 본질이 모순되지 않는다는 것이다.

> 불교는 일반종교의 종교적 성질을 전부 포용하고 있으면서 다시 타종교에서는 결코 발견할 수 없는 일대 구경의 목적을 갖고 있다. 이 목적은 견성성불이다. 그렇다면 이러한 감정과 큰 깨달음[大悟], 견성성불은 어떤 관계가 있는가?' 이 질문에 대한 해결책은 다음과 같다. '진리는 오직 자기의 체험으로서만 오득할 수 있다." 그리고 '이 체험은 감정이 아니면 할 수 없고,

---

176 UK생, 앞의 글, 29쪽.
177 위의 글, 31쪽. 한편, UK생은 종교와 감정의 관계가 불교와 조화되는지도 고민했다. 불교 전통에서는 '정'이 곧 미망(迷妄)이라는 인식이 있고, 정분(情分), 정욕(情欲) 등은 모두 부정적 의미였기 때문이다.

감정이 아니면 대오의 경지에 들어갈 수 없고, 대오의 경지는 언어나 기타 방편으로 표시할 수 없다.[178]

이와 같이 근대 한국의 불교계에서는 감정(emotion) 혹은 정서(feeling)를 종교의 본질로 파악하고 그것으로 종교를 정의하려는 움직임이 큰 흐름을 형성하였다. 그것은 분명히 근대 불교의 새로운 특징이었다. 그런데 그런 새로움은 바로 오늘날까지도 우리의 종교인식에 여전히 강한 영향력을 미치고 있는 '종교' 개념의 전래에 의한 것이었다고 볼 수 있을 것이다.

3) 근대 한국불교의 '종교 정체성' 찾기

1910~1940년대 한국불교는 서구 종교 개념의 유입에 대응하기 위해 여러 종류의 종교담론을 생산해냈다. 이 때 한국불교가 이론적 근거로 삼은 두 학자가 바로 틸레와 슐라이어마허였다. 슐라이어마허는 세속화되어 가는 사회에서 종교의 영역을 인간의 내면의식과 감정 중심으로 구축하려 한 학자이다. 슐라이어마허의 종교론이 종교현상학에 철학적 토대의 일부를 제공했다면, 이 종교현상학을 구현한 최초의 학자가 바로 틸레이다.[179] 이런 이유로 심리학자 제임스 루바(James H. Leuba, 1868-1946) 역시

---

178 위의 글, 32쪽. 밑줄은 필자.
179 Tim Murphy, op.cit., pp. 101-131, 특히 pp. 109-111. 머피는 종교를 심리학적 관점으로 설명하는 점, 즉 인간의 마음이 감성, 이성, 의지의 세 기능으로 구성되어 있으며, 종교는 마음의 뚜렷하고 자율적인 한 영역에서 나타난다고 본다는 점에서 칸트와 틸레, 슐라이어마허는 모두 동일한 맥락에 서 있다고 보았다.

틸레와 슐라이어마허를 모두 '정서주의적 관점(affectivistic point of view)'의 학자로 분류했다. 두 인물 모두 감정이 종교의 본질이라고 보았다는 점에서 공통적이라고 평가한 것이다.[180] 이렇게 볼 때 틸레와 슐라이어마허의 종교담론은 사실상 그 궁극적 효과의 측면에서 그다지 큰 차이가 있는 것은 아니라고 볼 수 있다.

결국 '지·정·의' 가운데 감정을 강조한 종교의 본질 담론은 근대성과 함께 유입된 서구 문화, 구체적으로는 '세속-종교 이분법' 속에서 기존의 종교전통을 인간의 내면 혹은 정신의 능력과 관련시켜 재해석하려는 노력의 일환이었다. 그것은 또한 세속으로 대표되는 사회의 여러 현상으로부터 종교의 고유한 영역을 확보하려는 기획이기도 했다. 근대 한국불교계는 이와 같은 종교담론들을 통해 '종교'와 '불교'의 관계를 설정하고자 시도했다.

한편, 근대 한국불교계의 종교담론은 앞에서 거론한 내용 이상으로 복잡한 양상을 보이고 있음을 언급하지 않을 수 없다. 예를 들자면, 근대 불교잡지 속 종교담론은 틸레나 슐라이어마허, 그리고 '지·정·의' 담론으로만 채워져 있지는 않았다. 아주 정밀하고 본격적인 차원은 아니지만, 당대의 서양철학·심리학·신학·불교학 등에 기반한 종교이론과 학자들이 다수 거론되고 있었다. 다만 그 정확한 근거를 확인하기 어려운 경우도

---

180 James H. Leubas, *A Psychological Study of Religion: Its Origin, Function, And Future*, New York: The Macmillan Company, 1912, pp. 346-351. 루바는 종교 정의를 크게 3개로 분류했다. 즉 지성주의적 관점(intellectualistic point of view), 정서주의적 관점(affectivistic point of view), 자발주의적 또는 실천적 관점(voluntaristic or practical point of view)이다.

많은데, 당시에는 출처를 밝히는 글쓰기가 아직 보편화되지 않았기 때문이었던 것으로 보인다.

또한 근대 한국불교계에서 틸레나 슐라이어마허의 종교론이 다른 종교론을 완전히 압도했다고 주장하기도 어렵다. 그들은 다른 담론들과 경쟁하거나 공존하는 등, 복합적으로 전개되고 있었음을 발견할 수 있기 때문이다. 그럼에도 분명한 것은 한국의 근대 불교계에서 틸레의 종교론과 '지·정·의' 담론, 그리고 슐라이어마허의 종교론이 종교의 본질 이해를 위한 중요한 사상적 교두보의 역할을 했다는 점은 부인할 수 없다.

그렇다면 틸레의 종교발달사 도식과 진화론적 분류체계는 근대 한국불교에 어떤 영향을 미쳤는가? 1910년대부터 한국불교는 틸레의 종교이론을 통해 여러 종교들 사이의 우열과 구별 의식을 자연스럽게 수용했다고 볼 수 있다. 틸레의 분류체계는 세계의 많은 종교들 가운데 불교에 '윤리교'라는 명예와 '세계종교'라는 높은 위상을 부여했기 때문에 불교계에 큰 저항 없이 수용된 듯하다. 그의 분류체계와 종교발달사, 그리고 '세계종교' 담론에는 기독교 중심주의와 유럽중심주의가 숨어 있었음에도 불구하고 불교계에서 그것에 대해 문제 삼는 경우를 찾아보기 어렵기 때문이다.

사실, 틸레에 의해 불교가 '세계종교'의 범주에 들어갔다고 해서 불교의 위상이 썩 좋아졌다고 볼 수는 없었다. 같은 '세계종교'라고 해도 틸레의 종교발달 도식에서 세 개의 '세계종교들'은 평등한 위치에 놓여 있지 않았다. 틸레는 이슬람이 "본래적이지 않고, 성숙한 열매가 아니며, 유대교와 기독교의 야생적 산물", 그리고 "확장된 유대교보다 조금 나을 뿐"이라고 폄하했다. 또한 불교도 "신성(神性)을 소홀히 하며", "그 기원에서 무신론적이었지만 곧 환상적인 신화와 가장 유치한 미신들에 감염된" 종교라고 낮게 평가했다. 기독교만이 "영혼과 진리에 따른 예배를 가르치며, 순수한 영적 성격의 자연스런 결과로 다른 경쟁자들 위에 높이 서 있다"고 강조했다.[181]

이처럼 당시 유럽의 많은 세계종교사와 비교종교 연구는 대부분 기독교 중심주의에 기초하고 있었다. 물론 불교에 대해서는 다른 종교들에 비해 매우 예외적인 존중의 태도가 담겨 있는 듯 보이기도 했지만, 그럼에도 불교는 항상 2인자에 불과했다. 하지만 근대 초기 한국 불교계에서 그런 미세한 부분까지 예민하게 인식했던 흔적은 잘 발견되지 않는다.

오늘날 세계종교를 단 3개라고 보는 사람은 없다. 틸레에 의해 만들어 졌던 종교발달론과 '세계종교' 체계는 현재 작동하지 않는다. 틸레의 이론은 어느날 갑자기 그 지배적 권위를 잃어버렸고, 20세기 초반에 전적으로 새로운 체계가 나타나 그것을 대체하였다. 즉 "유교, 불교, 도교, 유대교, 신도 등" 10개에서 12개에 이르는 "세계종교들(world religions)"의 목록의 등장이다. 토모코 마스자와에 따르면 이 새로운 세계종교들의 체계는 오래된 종교의 국가별 분류체계를 대체했고, 이후 하나의 관습이 되어 오늘날도 여전히 통용되고 있다. 이 목록은 지난 100여 년 동안 크게 바뀌지 않은 것은 물론 심각하게 도전받지도 않았다.[182]

여기서 주목해야 할 부분은 '세계종교'라는 용어가 '세계종교'와 '비(非)세계종교'의 구별을 내포하는 개념이라는 점이다. 그것은 인위적으로 '세계종교'를 설정하고, 그 이외의 종교들에 대한 차별을 내포하고 있다고 비

---

181 Cornelius Petrus Tiele, "Religions", in *Encyclopedia Britannica* 9th ed., 1884, pp. 358-371. 이 내용은 틸레가 브리타니카사전에 발표한 내용을 조나단 스미스가 요약, 소개한 것이다. Jonathan Z. Smith, op. cit., p. 279 참조.
182 Masuzawa, op. cit., p. xi.

판받고 있다. '세계종교' 개념에는 종교의 진화라는 패러다임이 작동하고 있으며, 문화의 우열을 나누고 있다는 것이다. 따라서 그것은 열등하다고 판단되는 종교문화권의 식민화와 배제의 논리로 사용될 수 있다는 의심을 받는다. 결론적으로 오늘날 '종교' 개념을 공고하게 뒷받침하고 있는 '세계종교' 패러다임은 세계의 모든 종교들을 공평하게 다루기에는 미흡한 체계라는 비판에 직면해 있다.[183]

그럼에도 '종교의 본질'과 '세계종교' 담론이 근대 한국불교계에서 중요한 문제로 다뤄졌다는 사실, 그리고 그것이 서구의 종교개념 유입과 종교지형 변화에 대한 근대 한국불교계의 대응담론의 성격을 지녔다는 사실은, 앞으로도 더욱 세밀하게 연구해야 할 가치가 있는 주제임이 틀림없다.

---

183 Jonathan Z. Smith, op. cit., p. 280-281; Catherine Bell, "Paradigms behind (And before) the Modern Concept of Religion, *History and Theory*, vol. 45(4), 2006, pp. 27-46; Suzanne Owen, "The World Religions paradigm: Time for a change", *Arts & Humanities in Higher Education*, vol. 10(3), 2011, pp. 253-268 참조.

마무리하며

이제 한국 근대불교 형성과정을 살펴보는 긴 여정을 마무리해야 할 지점에 이르렀다. 하지만 너무 많은 우회로를 거쳐 오면서 어떻게 이 여정을 마무리해야 할지 난감한 마음이 앞선다. 물론 그 과정 모두 한국 근대불교 정체성 형성 과정을 이해하는 데 빼놓을 수 없는 부분들이어서 하나하나 살펴보지 않을 수 없었다. 그렇다 보니 주제가 넓어진 것은 물론, 심지어 방만하게 펼쳐진 감도 없지 않다. 개별적인 주제 하나하나에 과도하게 집착하면서 전체 흐름을 다소 놓친 측면도 없지 않다. 그렇다고 이런 주제들 가운데 어떤 것들을 건너뛰는 것이 최선의 해결책이라고는 생각하지 않았다. 주제가 조금 나열되고 분산되어 일관된 논지를 보여주지 못하더라도 관련된 논의를 모두 다루는 것이 중요하다고 생각했다.

이 책은 한국 근대불교의 정체성 형성 과정과 관련되는 주제들을 거의 모두 다루려 했다. 그리고 그것을 역사적·사실적으로 다룬 것이 아니라, 그 과정에서 등장한 '담론' 및 '개념'들을 중심으로 논의를 전개하고자 했다. 종교의 경우 현실적 요소보다 종교를 신앙하는 사람들의 '정체성에 대한 자기인식'이 무엇보다 중요하다. 종교에서 다른 어떤 영역보다 자신의 정체성을 구성하는 '개념'이나 '담론' 분석이 필요한 이유도 그것 때문이다.

물론 근대 한국불교가 하나의 '종교'로서 그 정체성을 형성하는데, 정치 및 정책적 요인들의 영향은 결코 적지 않았다. 1886년 한불수호통상조약으로 신교(信敎)의 자유가 주어지면서, 한국에 종교다원주의라는 새로운 종교적 환경을 조성했다. 한국에서 '치교(治敎)'의 핵심을 담당했던 유교는 여러 종교 중에 하나로 격하되는 대신, 불교는 억불정책의 영향에서 벗어나 포교의 자유를 얻게 되었다. 1895년 승려들의 도성출입금지령(都城出入禁止令)이 해제됨으로써 불교는 일정 정도 그 지위를 회복하게 된다. 이런 과정은 물론 일본 제국주의가 효과적인 식민지 지배를 위해 자신들과 공유하고 있는 '불교'를 통해 그 정신적 기반을 확장하기 위한 것이었다.

불교가 종교로서 공식적, 제도적 지위를 갖게 된 것은 1915년 〈포교규칙〉을 통해서이다. 이로써 불교는 '공식적 차원의 종교'에서 제외된 유교를 대신해 우리의 민족전통을 대변하는 종교로 자리 잡게 되었다. 이처럼 불교를 '종교'로 공인한 일본 총독부의 종교정책은 제도적으로 한국불교의 종교적 지위를 공고하게 만들었다. 그러나 이러한 식민지 종교정책은 일본의 '국가신도' 중심의 종교정책을 적용·구체화하는 과정이었고, 그 결과 불교는 단순히 비종교(非宗敎)인 국가신도 하위에 존재하는 '종교' 영역에 배치되었다.(10장)

하지만 이 같은 정치적, 제도적 요인만으로 근대 한국불교의 정체성을 설명하는 것은 매우 제한적이다. 정확히 말하면, '종교'에 관한 한 그 논의는 본질적인 것이리 할 수 없다. 무엇보다 중요한 것은 한국 근대불교가 어떻게 자신의 정체성을 인식했고, 그것은 어떻게 구축되었는지를 해명하는 것이다. 따라서 한국 근대불교의 정체성에 대한 자기인식을 구성하는 다양한 '개념'과 '담론'을 살펴보는 것이 오히려 더욱 본질적 부분이라 할 수 있다. 한국 근대불교의 자기 정체성 인식에 영향을 준 것은 '종교' 개념,

'근대불교', 그리고 '기독교'로 압축할 수 있다.

   1. 근대 한국불교 정체성 형성과 관련, 무엇보다 중요한 사건은 근대 이후 유럽에서 형성된 '종교' 개념의 등장이다. 탈랄 아사드(Talal Asad)나 '비판적 종교학' 등의 관점에서 보면, 근대에서 '종교' 탄생의 핵심은 '세속주의의 등장'으로 요약할 수 있다. '근대성'의 다른 표현이라 할 수 있는 세속주의란 한마디로 '세속 - 종교 이분법'이다. 기독교의 전일적 지배 아래 있던 유럽이 정치·경제 등과 같은 세속의 영역을 독립시키고 '신앙의 영역'을 제한하는 대신, 인간 내면에서의 '신앙의 자유'는 무한정 인정해주는 선택을 하게 된 것이다. 그리고 제국주의와 더불어 다른 문화전통을 대상화·물상화하면서 '종교들' 혹은 '세계종교' 개념이 발생한다.(2장)

   이러한 '종교' 개념은 유럽 근대문명과 함께 동아시아로 들어왔고, 일본과 한국 등은 그 개념에 맞춰 자신들의 믿음을 스스로 구조 조정해야 했다. 물론 그것은 단지 개념적 수준에서뿐만 아니라 제도적, 물리적 힘을 동반한 것이어서 피할 수 없는 과정이었다. 기독교적 이념으로 채색된 '종교' 개념의 유입은 우리의 전통적 믿음 체계를 인간의 '내면적 성스러움', '초월적 신비함'에 제한하게 하였고, 우리의 전통 종교들도 스스로 그 개념에 부응하기 위한 노력을 경주해야 했다. 물론 이런 과정은 단순히 강요나 강제만이 아니었으며, 주어진 조건 속에서 나름의 주체적 대응을 시도한 결과이기도 했다.

   한국 근대불교도 예외가 아니었다. 일제시대 많은 불교 지식인들이 유럽의 종교학 관련 논의들을 소개하거나 나름대로의 담론을 형성하기도 한다. 진화론적 관점에서 '세계종교'에 이르는 종교발달사를 다룬다거나

(Cornelius Petrus Tiele, 1830-1902), '종교의 본질'이 무엇인가를 탐색하는 논의들을 전개하게 된다. 종교의 본질과 관련해서는, 프리드리히 슐라이어마허(Friedrich Schleiermacher, 1768-1834)의 '종교적 정서'나 일본의 '지·정·의' 담론이 논의된다.(10장) 이러한 노력들은 조선시대 기화(己和, 1376~1433)나 휴정(休靜, 1520-1604)의 삼교회통 노력과 비교될 수 있다. 조선시대에 불교는 대효(大孝)·대충(大忠)의 논리로 유교와의 조화를 시도했다. 그러나 이제 유교 중심의 '교(敎)의 체계'가 기독교 중심의 '종교(宗敎)의 체계'로 변화한 것이다. '종교' 개념은 기독교를 원형(prototype)으로 하는 만큼, 불교도 그에 부응하는 정체성을 새롭게 인식해야 할 필요가 있었다. 유(儒)·불(佛)·도(道) '삼교(三敎)' 체계에서 '교'로서 '정치교화'의 역할을 자임했던 불교가 재구조화 과정을 거치게 된 것이다.(5장)

또 '불교는 철학인가 종교인가?'를 둘러싼 논의도 크게 보면 '종교' 개념의 등장에 대한 대응담론의 성격을 지닌다. 불교의 우수성을 입증하기 위해 한용운(韓龍雲, 1879-1944) 등 한국불교 지식인들도 불교의 철학적 성격을 부각시키려 노력한다. 이는 비단 한국 근대불교에만 국한된 것이 아니라 이미 일본과 중국에서 논의되고 있던 담론이었다. 일본의 이노우에 엔료(井上円了, 1858-1919)와 중국의 량치차오(梁啓超, 1873-1929)가 이 담론을 주도한 대표적 인물들이다. 이런 담론들은 유럽에서 형성된 종교개념을 받아들이면서도, 근대적 개념인 '철학'을 통해 불교의 진리성을 논증하기 위한 주체적 개념전략이었다고 할 수 있다.

2. 다음으로 한국 근대불교에 영향을 미친 것은, 서양에서의 '부디즘(Buddhism)'의 창안이었다. 유럽문명이 동양으로 진출하면서 범어(산스크리

스트어) 경전을 수집하게 되었고, 이를 통해 당시 동아시아 지역에 넓게 퍼져있는 종교가 다름 아닌 2천6백여 년 전의 부처의 말씀으로부터 시작되었다는 사실을 인지한다. 그리고 문헌학에 기초하여 부처의 가르침을 정리하고 그것을 '부디즘'으로 명명했다. 나아가 그것은 수천 년간 아시아에서 진행된 믿음과 관련된 행위들은 모두 타락한 것으로 보고, 애초의 부처의 가르침(즉 원시불교, 초기불교)으로 돌아갈 것을 요구했다. 근대 이후 이런 인식이 '부디즘'을 구성하게 되었으며, 바로 그 '부디즘'이 세계종교의 핵심 구성원으로 자리 잡게 된다.(3장) 근대불교에 대한 이 같은 인식은 일본과 한국의 불교 정체성 형성 과정에 직, 간접적으로 영향을 미치게 된다.

그렇다고 근대불교가 모두 하나의 모습으로 나타난 것은 아니다. 새롭게 창안된 '부디즘'은 각 나라 사정에 따라 다양한 양상으로 전개된다. 팔리어 경전의 원산지라 할 수 있는 스리랑카에서 기독교 선교사 등의 영향으로 '프로테스탄트 불교(Protestant Buddhism)'가 형성된다. 그리고 중국에서는 양원후이(楊文會, 1837-1911)와 어우양징우(歐陽竟無, 1871-1943) 등에 의해 거사불교(居士佛敎) 운동이 전개된다.(4장) 이것은 대체로, 초기의 순수한 불교의 가르침에 비춰볼 때 기존의 종교적 삶의 구체적 양상은 오염된 것이어서 개혁되어야 한다는 의미를 내포하고 있다.

이 같은 경향은, 한국과 일본에도 영향을 미친다. 위기에 처한 불교를 구하기 위해 일본불교지식인들은 서구에서 문헌학자들에 의해 창안된 '부디즘'을 연구, 수입하면서 '미신타파 운동'을 전개했다.(7장) 이 같은 운동은 한국 근대불교에서도 유사하게 나타나는데, 이는 초기 불교의 순수한 원형이야말로 불교의 핵심이며 그 이후의 양상들은 불교가 타락하게 된 것으로 간주하려는 경향을 반영한 것이다.(9장)

그렇다고 근대 한국불교가 외부의 영향에만 의존해 자신의 정체성을 구축해 간 것은 아니다. 조선시대 불교는 '억불정책'에도 불구하고 종교로 살아남기 위한 다양한 방법을 모색했다. '치교(治敎)' 또는 '치도(治道)'의 일부로 유교와의 유사성을 강조하거나, 인간의 길흉화복을 관리하는 기능으로 자신의 역할을 잃지 않으려 했다.(5장) 하지만 근대와 더불어 '신교의 자유'가 주어진 환경에서 불교는 자신의 정체성을 새롭게 구축할 필요가 있었다. 그를 위해 한국 근대불교가 전개한 대표적 담론이 '한국불교 성격론'을 둘러싼 논쟁이다. '초종파적 통불교'와 '선중심의 통불교' 사이의 논쟁은, 결국 조계종의 성립으로 이어진다.(9장) 이 외에도 다신론·일신론·무신론 등으로 발전한다는 진화론적 종교론을 둘러싼 논의나, '철학이냐 종교냐'의 논쟁도 근대 한국불교가 자신의 정체성을 찾기 위한 논의의 일부로 기능한다.(8장)

3. 기독교의 영향을 한마디로 정리한다면, '경계'와 '모방'이었다. '신교의 자유'를 등에 업고 한국에 진출한 기독교의 열정적 포교는, 불교에 커다란 위협과 동시에 기회를 제공했다. 무엇보다 기독교는 불교에 포교의 자유를 확대해 주었고, 조선시대의 '치교(治敎)'였던 유교의 역할을 무력화시켰다. 세속에서의 역할에서 물러나 내면의 '숭고한 초월성'만을 추구해야 하는 기독교적 종교관에 따르면 유교는 더 이상 설 자리가 없었다. 더욱이 계몽적 성격을 지닌 기독교에 비해 실패한 '치교'였던 유교가 새로운 시대적 대안이 될 수 없다는 인식이 확산되었다. 이 같은 인식은 당시 한, 중, 일 지식인 사이에서도 그대로 드러난다.(6장)

기회를 얻게 된 근대 한국불교는 기독교의 위협을 경계하고 자신을 방어하기 위해 여러 가지 담론을 전개한다. 기독교와 달리 불교가 철학이라는 주장을 전개하거나, 종교유형론이나 종교진화론적 관점에서 불교가 가장 진보한 종교라는 주장들이 여기에 해당한다. 그중에서도 가장 핵심적 담론은 '불성론'과 '인과론'이다. 절대자를 가정하는 기독교와 달리, 불교는 모든 것에 불성이 있다는 철저한 평등론을 바탕에 두고 있다고 강조한다. 또 타력신앙에 의존하는 기독교와 달리, 불교는 철저하게 자신의 행위에 따라 결과를 책임지는 인과론을 기본 원리로 삼고 있다고 주장한다.(8장)

그렇다고 경계만 했던 것은 아니다. 한국 근대불교는 자신이 '내적 성스러움'과 '초월적 신비함' 등을 추구한다는 점에서 기독교와 유사함을 강조한다. 나아가 포교·교육·자선사업 등을 자신들의 종교활동의 모델로 모방해 나가기도 했다. 과거 조선시대에 유교와 그 내용에서 다르지 않다면서 '치국(治國)'에 도움이 된다고 자임했던 불교가, 이제 자신이 기독교와 다르지 않다는 점을 강조하기에 이른 것이다.

'개념' 및 '담론'의 특성상 그 전개과정이 수미일관되지 않기 마련이다. 그것들이 전개되는 과정에는 우연적인 요인들, 가령 가장 현실적인 조건에서부터 가장 추상적인 사상에 이르기까지 다양한 요인들이 작용하기 때문이다. 따라서 '개념' 및 '담론'을 연구하는 데 있어서 분명한 역사적 인과관계를 따진다는 것은 무리라는 것이 오늘날의 철학적 방법론의 대체적인 견해이다.

근대 한국불교의 자기 정체성을 만들어 가는 과정에서도 어떤 '개념'과 '담론'들 사이의 단선적 인과관계를 설정한다는 것은 현실적으로 가능하지 않을 것이다. 다만 할 수 있는 일이란 근대 한국불교 정체성 형성에 영향을 미쳤던 '개념'과 '담론'들을 서로 연결시켜 그것에 일정한 질서를 부여하는 정도일 것이다. 비록 이 책도 근대 한국불교 정체성 형성에 영향을 미친 주제들을 하나하나 꼼꼼하게 소개하고 있지만, 이런 작업의 궁극적 목표는 그들 사이의 개념적 영향관계나 담론적 질서를 정리하려는 것이었다. 그럼에도 여전히 아쉬운 부분이 적지 않은 상태에서 마무리하게 되었다. 이후 많은 연구자들이 이 주제들에 관심을 갖고 더욱 심층적으로 연구할 기회가 마련된다면, 그 논의의 수준을 한층 더 높여줄 것으로 확신한다.

다만 필자가 시간 관계상 여기에 다 싣지 못해 아쉽게 생각하는 부분들이 있다. 그중의 하나는 전근대의 '교(敎)'와 근대의 '종교' 개념 사이의 연속성과 불연속성을 보다 치밀하게 밝히는 일이다. 이는 전근대 시대의 '교(敎)', '삼교(三敎)', '치교(治敎)' 등이 근대의 '종교', '신교(信敎)' 등과 과연 비교될 수 있는지, 있다면 그 개념들의 기능 및 의미의 차이가 무엇이며, 그에 따라 믿음의 구조는 어떻게 변화하게 되었는지를 살펴보는 일이다. 이 주제는 이 책 이후에도 다뤄져야 할 중요한 과제로 여전히 남아있다.

참고문헌
출전
찾아보기

참고문헌

⟨1차 자료⟩

『조선총독부관보』

『太政官日誌』

⟨불교기록문화유산 아카이브⟩ (https://kabc.dongguk.edu)

⟨한국사데이터베이스⟩ (https//db.history.go.kr)

⟨한글 논저⟩

강돈구, 『한국 근대종교와 민족주의』, 집문당, 1992.

강매, 「종교는 하(何)이뇨」, 『기독신보』, 1917년 7월 25일-9월 5일.

강중기, 「근대 중국의 미신 비판과 옹호: 량치차오와 루쉰을 중심으로」, 『두 시점의 개념사: 현지성과 동시성으로 보는 동아시아 근대』, 푸른역사, 2013.

강호선, 「불교사상과 교단: 고려 불교의 성립과 변화」, 이종서·박진훈 외, 『고려시대사 2: 사회경제와 문화』, 푸른역사, 2017/2020.

겸전무웅(鎌田茂雄), 『중국불교사』, 정순일 역, 경서원, 1996.

고교형(高橋亨), 「승병과 이조불교의 성쇠」, 『불교』 4, 1924.

고영섭, 「효성 조명기의 불교사상사 연구 - '총화론'과 '화쟁론'을 중심으로」, 『한국불교사연구』 3, 2013.

고요한, 「선초(鮮初) 정치변혁과 정교(政敎) 이데올로기에 대한 연구: 정도전과 권근을 중심으로」, 『교육철학』 46, 2009.

곽철환, 『불교길라잡이』, 시공사, 1995.

구보타 료온(久保田量遠), 『중국유불도 삼교의 만남』, 최준식 옮김, 민족사, 1990.

구양경무(歐陽竟无), 정환(禎晥) 초(抄), 「불법(佛法)은 비종교(非宗教)요 비철학(非哲學)이라」, 『불교』 7, 1925.

권상로, 「천(天)과 정토(淨土)의 계설(界說)」, 『불교진흥회월보』 9, 1915.

권상로, 「불교의 골자는 선, 선은 만법의 총부」, 『조선불교총보』 4, 1917.

권상로, 「조선불교의 3대 특색」, 『불교』 50-51, 1928.

권상로, 「조선에서 자립한 종파」, 『불교』 54, 1928.

권상로, 「조선불교사의 이합관」, 『불교』 62, 1929.

권상로, 「불교결의 제53회 문답: 종교의 일반을 뭇슴니다」, 『불교』 70, 1930.

권상로, 「조계종지」, 『신불교』 49, 1943.

권오민, 「뇌허(雷虛) 김동화의 불교학 관(觀)」, 『문학 사학 철학』 13, 2008.

금장태, 「조선초기의 유불조화론」, 『종교연구』 8, 1999.
금정법룡, 「맹성할지어다 만천하 청년 승려제군이여」, 『조선불교월보』 19, 1913.
기화(己和), 『현정론』, 동국대학교 한국불교전서편찬위원회 편, 『한국불교전서』 7, 1994.
길희성, 「한국불교사 연구의 어제와 오늘」, 『한국종교연구』 1, 서강대학교 종교연구소, 1999.
길희성, 「한국불교정체성의 탐구: 조계종의 역사와 사상을 중심으로 하여」, 『한국종교연구』 2, 2000.
길희성, 「한국불교 특성론과 한국불교연구의 방향」, 『한국종교연구』 3, 2001.
길희성, 『종교에서 영성으로』, 북스코프, 2018.
김경주, 「현하세계의 불교대세와 불타일생의 연대고찰」, 『불교』 77, 1930.
김경주, 「종교의 본질과 철학의 극치」, 『불교』 86, 1931.
김경집, 『한국근대불교사』, 경서원, 1998.
김광식, 「1910년대 불교계의 조동종 맹약과 임제종 운동」, 『한국근대불교사연구』, 민족사, 1996.
김광식, 『한국근대불교사연구』, 민족사, 1996.
김광식, 「1910년대 불교계의 진화론 수용과 사찰령」, 『한국근대불교사연구』, 민족사, 1996.
김광식, 「일제하 불교계의 총본산 건설운동과 조계종」, 『한국근대불교사연구』, 민족사, 1996.
김광식, 「일제하 불교계 통일운동과 조계사」, 『한국민족운동사연구』 29, 2001.
김광식, 「조선불교조계종의 성립과 역사적 의의」, 『새불교운동의 전개: 성찰로 본 20세기 우리 불교』, 도피안사, 2002.
김광식, 「대한불교조계종의 성립과 성격: 1941~1962년의 조계종」, 『한국선학』 34, 2013.
김기영 역주, 『현정론·간폐석교소: 조선시대 호불론』, 한국불교연구원, 2003.
김동화, 「한국불교사상의 좌표」, 동국대학교 불교사회문화연구원 편, 『뇌허 김동화전집 11』, 뇌허불교학술원, 2001.
김대은, 「종교의 본질을 논(論)하야 - 종교가에 고하노라」, 『불교』 13, 1925.
김명식, 「속인의 불교관」, 『조선불교총보』 21, 1920.
김문연, 「본교(本敎)의 우승」, 『불교진흥회월보』 8, 1915.
김문연, 「종교중의 불교」, 『불교진흥회월보』 9, 1915.
김상영, 「일제강점기 불교계의 종명변화와 종조·법통 인식」, 대한불교조계종 교육원 불학연구소 편, 『불교 근대화의 전개와 성격』, 조계종출판사, 2006.
김상영, 「전근대 조계종 역사의 전개양상과 그 특성」, 『선학』, 2013.
김상영, 「한국불교의 보편성과 특수성: 그동안의 담론 검토를 중심으로」, 『불교연구』 40, 2014.
김성근, 「메이지 일본에서 '철학'이라는 용어의 탄생과 정착 - 니시 아마네(西周)의 '유학'과 'philosophy'를 중심으로」, 『동서철학연구』 59, 2011.

김성근, 「일본의 메이지 사상계와 '과학'이라는 용어의 성립과정」, 『한국과학사학회지』 25(2), 2003.
김성은, 「조선후기 선불교 정체성의 형성에 대한 연구: 17세기 고승비문을 중심으로」, 서울대학교 종교학과 박사학위논문, 2012.
김세곤, 「일본의 초·중등학교와 종교교육」, 『종교교육학연구』 3, 1997.
김순석, 「개항기 일본 불교종파들의 한국침투」, 『한국독립운동사연구』 8, 1990.
김순석, 「조선후기 불교계의 동향」, 『국사관논총』 99, 2002.
김순석, 「조선총독부의 〈사찰령〉 공포와 30본사 체제의 성립」, 『한국사상사학』 18, 2002.
김순석, 『일제시대 조선총독부의 불교정책과 불교계의 대응』, 경인문화사, 2003/2004.
김순석, 「근대 불교 종단의 성립과정」, 대한불교조계종 교육원 불학연구소 편, 『불교 근대화의 전개와 성격』, 조계종출판사, 2006.
김순석, 「근대일본 불교 세력의 침투와 불교계의 동향」, 『한국학연구』 18, 2008.
김순석, 「일제의 불교정책과 본사 주지의 권한 연구」, 『일본학』 31, 2010.
김순석, 「조선불교선교양종과 조선불교선종의 종헌 비교연구」, 『보조사상』 34, 2010.
김승혜, 「종교학의 역사」, 김승혜 편저, 『종교학의 이해』, 분도출판사, 1986.
김연재, 「중국 근대불교의 성격과 그 특징 - 대승불교, 민족불교 및 근대의식」, 『선문화연구』 2, 한국불교선리연구원, 2007.
김영범, 「1900년대 중후반 근대문학의 저변과 지·정·의(知情意) 담론」, 『우리문학연구』 61, 2019.
김영수(김포광), 「조선불교의 특색」, 『불교』 100, 1932.
김영수(김포광), 「조선불교 종지에 대하야」, 『불교』 105, 1933.
김영수(김포광), 「조계선종(曹溪禪宗)에 취(就)하야」, 『진단학보』 9, 1938.
김영수(김포광), 「오교양종에 대하여」, 『신불교』 28-29, 1940.
김영수(김포광), 「태고화상의 종풍에 대하여」, 『신불교』 39-40, 1942.
김영수(김포광), 「조계종과 전등통규」, 『신불교』 43-45, 1942.
김영수(김포광), 「종조, 종명의 질의에 대하여」, 『신불교』 61, 1944.
김영진, 「담사동의 인학과 불학」, 『한국불교학』 42, 2005.
김영진, 「근대 중국불교와 민족주의」, 『불교평론』 28, 2006.
김영진, 「근대 한국불교의 형이상학 수용과 진여연기론의 역할」, 『불교학연구』 21, 2008.
김영진, 『불교와 무의 근대: 장타이옌의 불교와 중국근대혁명』, 그린비, 2012.
김영태, 「불교적 치국의 사적 실체」, 『불교학보』 10, 1973.
김영태, 「근대불교의 종통 종맥」, 『근대한국불교사론』, 민족사, 1988.
김영태, 『한국불교사개설』, 경서원, 1993.
김영호, 「서양인들의 불교에의 접근: 그 방법과 내용」, 『종교연구』 5, 1989.

김용덕,「메이지 초기 일본 지식인의 기독교 이해 - 명육사(明六社)를 중심으로」,『일본비평』 9, 2013.
김용태,「근대불교학의 수용과 불교 전통의 재인식」,『한국사상과 문화』 54, 2010.
김용태,『조선후기 불교사 연구: 임제법통과 교학전통』, 신구문화사, 2010.
김용태,「조선후기·근대의 종명(宗名)과 종조(宗祖) 인식의 역사적 고찰 - 조계종(曹溪宗)과 태고법통(太古法統)의 결연」,『선문화연구』 8, 2010.
김용태,「한국 근대불교의 대중화 모색과 정치적 세속화 - 대처식육 문제를 중심으로」,『불교연구』 35, 2011.
김용태,「동아시아 근대 불교연구에 투영된 오리엔탈리즘」, 동국대학교 불교문화연구원 엮음,『아시아 불교, 서구의 수용과 대응』, 동국대학교 출판부, 2011.
김용태,「조계종 종통의 역사적 이해: 근·현대 종명, 종조, 종지 논의를 중심으로」,『한국선학』 35, 2013.
김용태,「조선불교, 고려불교의 단절인가 연속인가?」,『역사비평』 123, 2018(여름).
김용태,『토픽 한국 불교사』, 여문책, 2021.
김용환,「해방이전 일본에 있어서 한국불교연구 현황」,『한국민족문화』 16(1), 2000.
김윤성,「차이의 놀이, 보편의 그림자: 조나단 스미스와 윌리엄 페이든의 비교종교이론」,『종교문화연구』 7, 2005.
김응종,「논유불의 사업」,『불교진흥회월보』 7, 1915.
김일엽,「불문투족이주년(佛門投足二週年)에」,『불교』 68, 1930.
김종진,「불교 지성들 활동상 소개」,『고경』 94, 2021.
김종진,「《조선불교총보》의 전개 양상과 시론(時論)의 지향성」,『대각사상』 35, 2021.
김제란,「중국 근대불교 신불교운동과 대승기신론 논쟁」, 동국대학교 불교문화연구원 엮음,『근대 동아시아의 불교학』, 동국대학교 출판부, 2008.
김제란,「중국 근대 혁명사상에 미친 불교의 영향 - '평등' 개념을 중심으로」, 동국대학교 불교문화연구원 엮음,『동아시아 불교, 근대와의 만남』, 동국대학교 출판부, 2008.
김제란,「한·중·일 근대불교의 사회진화론에 대한 대응양식 비교」, 동국대학교 불교문화연구원 엮음,『아시아불교, 서구의 수용과 대응』, 동국대학교출판부, 2011.
김종명,『국왕의 불교관과 치국책』, 한국학술정보, 2013.
김종서,「한말, 일제하 한국종교 연구의 전개」,『한국사상사대계 6』, 한국정신문화연구원, 1993.
김진무,「중국 근대 유불융합과 인간불교」,『불교학보』 49, 2008.
김진무,「양문회의 불학사상과 금릉각경처」, 동국대학교 불교문화연구원 엮음,『근대 동아시아의 불교학』, 동국대학교 출판부, 2008.
김진무,「중국 근대 동서문화의 충돌과 민족주의 불교의 발현」,『한국선학』 24, 2009.

김진무,「중국 근대 거사불교의 성격과 사회적 역할」, 동국대학교 불교문화연구원 엮음,
『동아시아 불교의 근대적 변용』, 동국대학교 출판부, 2010.
김진영,「근대 인도불교학 형성과 문화제국주의 비판」, 동국대학교 불교문화연구원 엮음,
『아시아 불교, 서구의 수용과 대응』, 동국대학교 출판부, 2011.
김진영,「서구사상의 유입과 스리랑카 불교신앙체계의 변용」, 동국대학교 불교문화연구원
엮음,『아시아불교, 전통의 계승과 전환』, 동국대학교출판부, 2011.
김진원,「불교사상상 선교의 지위와 관계」,『신불교』3, 1937.
김창운,「오반도불교와 인격양성」,『조선불교총보』22, 1921.
김철우(정해),「불교철학개론」,『조선불교총보』15, 1919.
김철준,「신라상대사회의 Dual Organization(하)」,『역사학보』2, 1952.
김춘남,「양계초를 통한 만해의 서구사상수용 - 조선불교유신론을 중심으로」, 동국대학교
사학과 석사논문, 1984.
김태훈(金泰勳),「1910年前後における〈宗敎〉の行方 - 〈宗敎〉, 帝國史の觀點から」,『식민
지 조선과 종교 심포지엄 자료집(한국어번역본)』, 2012.
김한갑,「자각적 정신과 종교」,『조선불교총보』17, 1919.
김항수,「조선후기 유학사상 연구현황」, 근대사연구회편,『한국중세사회 해체기의 제문제
(상)』, 도서출판 한울, 1987.
김호동,『한국 고·중세 불교와 유교의 역할』, 경인문화사, 2007.
김환수,「불교적 식민지화? - 1910년대 한국 원종과 일본 조동종 연합에 대한 새로운 해석
의 가능성」,『불교연구』36, 2012.
남사(南史) 허각(許覺),「오교(吾敎)는 무쟁(無諍)」,『조선불교월보』3, 1912.
남희숙,「16-18세기 불교의식집의 간행과 불교대중화」,『한국문화』34, 2004.
노권용,「박한영의 불교사상과 유신운동」,『숭산 박길진박사 고희기념 한국근대종교사상
사』, 원광대 출판국, 1984.
노권용,「근세개화기 불교의 개혁이념 - 개화파의 불교사상 형성과정과 그 계보를 중심으
로」,『한국종교사연구』5, 한국종교사학회, 1996.
노엄 촘스키·에드워드 허먼,「여론조작」, 정경옥 번역, 에코리브르, 2006.
노치준,「근대 한국의 종교와 민족주의의 문제 - 외래종교인 그리스도교를 중심으로」,『인
문과학연구』창간호, 동덕여대, 1995.
다카하시 도루,『조선시대 불교통사(이조불교)』, 이윤석·다지마 데쓰오 옮김, 민속원, 2020.
담사동,「인학속의 불교인식」, 정세현 편역,『근대중국사상가의 불교관』, 동국대 불전간행
위원회, 1982.
대한불교조계종 교육원 편,『조계종사: 근현대편』, 조계종출판사, 2005.
대한불교조계종 교육원 불학연구소 편찬,『조계종법의 이해』, 조계종출판사, 2011.

도날드 로페즈,「서구불교학 연구의 과거와 미래」, 조은수 번역,『불교평론』 25, 2005.
도현철,「이색의 유교교화론과 일본 인식」,『한국문화』 49, 2010.
도현철,「훈민정음의 창제와 유교 교화의 확대」,『동방학지』 194, 2020.
드 용, J. W.,『현대불교학 연구사: 문헌학을 중심으로』, 강종원 편역, 동국대학교출판부, 2004.
로버트 버스웰,「국가시대 이전의 한국불교」,『21세기 문명과 불교』, 동국대학교 개교 90주년 기념 세계불교학술회의 논문집, 1996.
로버트 버스웰,「한국불교 전통의 출현」,『동아시아불교사 속의 한국불교』, 금강대학교 국제불교학술회의 논문집, 2004.
로저 올슨,『현대 신학이란 무엇인가』, 김의식 옮김, InterVarsity Press, 2021.
마테오 리치,『천주실의』, 이수웅 역, 분도출판사, 1988.
만향당,「문명과 종교의 인연」,『조선불교월보』 17, 1913.
만향당 국인(晚香堂 菊人),「논발휘종교지요소」,『해동불보』 3, 1914.
만향당(晚香堂),「선민정상(鮮民頂上)에 일침(속)」,『조선불교총보』 11-12, 1918.
모종감,「중국 종교 문화의 유형」,『종교와 문화』 13, 2007.
목촌태현(木村泰賢),「종교의 본질과 불교」,『불교』 13, 1925.
무라오카 츠네츠구(村岡典嗣),『일본 신도사』, 박규태 옮김, 예문서원, 1998.
문세영,「나의 종교관」,『취산보림』 4, 1920.
문찬주(성원),「정화불교운동(1954-1962): 통합주의와 종파주의의 교차로」,『대각사상』 14, 2010.
미야카와 토루・아라카와 이쿠오 엮음,『일본근대철학사』, 생각의 나무, 2001.
박경훈,「근세불교의 연구」, 불교사학회 편,『근대한국불교사론』, 민족사, 1988.
박광수・조성환,「근대일본의 '종교' 개념과 종교의 도구화 - 일제 강점기의 종교정책과 신종교지형을 중심으로」,『신종교연구』 34, 2016.
박규태,「국가신도란 무엇인가: 근대일본 국민국가와 종교」,『종교연구』 29, 2002.
박노자,「한국 근대 민족주의와 불교」,『불교평론』 28, 2006.
박명수,「한말 민족주의자들의 종교이해 -〈대한매일신보〉(1904-1910)의 논설을 중심으로」,『한국기독교와 역사』 5, 1996.
박병선,「조선후기 원당의 정치적 기반 - 관인 및 왕실의 불교인식을 중심으로」,『민족문화논총』 25, 2002.
박서연,「동아시아 불교의 승역(僧役) 양상 고찰 - 중국 북조(北朝) 시대와 조선 성종대(成宗代)를 중심으로」,『한국불교학』 77, 2016.
박용규,「『조선어사전』 저자 문세영 연구」,『사총』 73, 2011.
박종주,「한국에서의 국가-종교관계 변화분석: 제1-6공화국의 종교정책을 중심으로」,『한국사회와 행정연구』 5(1), 1994.

박진영,「형이상학과 반형이상학의 만남 - 근대 유럽정신과 불교」,『불교평론』 20, 2004.
박한영,「불광원편(佛光圓徧)은 미래에 당관(當觀)(속)」,『조선불교월보』 18-19, 1913.
박해당,「기화의 불교사상 연구」, 서울대학교 철학과 동양철학전공 박사학위논문, 1996.
박해당,「조계종의 법통설에 대한 비판적 검토」,『철학사상』 11, 2000.
박해당,「『현정론』과『유석질의론』의 삼교론」,『불교학연구』 10, 2005.
박해당,「조계종 종조 논쟁」,『불교평론』 62, 2015.
방립천(方立天),「중국 전통문화와 불교의 충돌과 융합 - 중국 유불도 삼교간의 교섭」,『한국종교』 19, 1994.
방원일,「한국 개신교계의 종교 개념 수용 과정」,『한국기독교와 역사』 54, 2021.
백용성,『귀원정종』, 중앙포교당, 1913.
백종현,「서양 철학 수용과 한국의 철학」,『철학사상』 5, 서울대학교 철학사상연구소, 1995.
변동명,「고려 불교사의 탐색」, 전남대학교출판문화원, 2019.
변화영,「유엽의 자전적 소설에 나타난 사랑의 의미」,『현대문학이론연구』 69, 2017.
부남철,「조선조 유교정치와 종교의 관계에 대한 서구적 연구관점」,『21세기정치학회보』 15, 2005.
부남철,「조선건국 이후 17세기까지 불교 승려의 정치의식과 행동: 기화, 보우, 휴정의 사례를 중심으로」,『한국정치학회보』 49(2), 2015.
불교사학회 편,『한국조계종의 성립사적 연구: 조계종 법통문제를 중심으로』, 민족사, 1986.
불교사학회 편,『근대한국불교사론』, 민족사, 1988.
사토 아쓰시(佐藤 厚),「100년 전의 동양대학 유학생 이종천 - 논문「불교와 철학」과 이노우에 엔료(井上円了)의 사상」, Journal of International Philosophy, No.4, 2015.
상가라크쉬따,『다르마빨라-불교 중흥의 기수』, 류시화・이경숙 편역, 고요한 소리, 1989/2024.
서경수,「개화사상가와 불교 - 승(僧) 이동인을 중심으로」, 불교사학회 편,『근대한국불교사론』, 민족사, 1988.
서경수,「일제의 불교정책 - 사찰령을 중심으로」, 불교사학회 편,『근대한국불교사론』, 민족사, 1988.
서산,『선가귀감』, 법정 역, 홍법원, 1989.
서영대,「이능화의《조선무속고》에 대하여」, 이종은 외,『이능화연구-한국종교사학을 중심으로』, 집문당, 1994.
석오진 편역,『파아나두라 대논쟁』, 도서출판 운주사, 2001.
석오진,「불교와 기독교의 역사적 대논쟁: 19세기 스리랑카 '파아나두라' 논쟁의 시말」,『불교평론』 38, 2009.
소웅,「유엽씨의 참선문답박의를 평「창」함」,『금강저』 22, 1937.
손성필,「조선 중종대 불교정책의 전개와 성격」,『한국사상사학』 44, 2013.

손성필,「조선시대 승려 천인신분설의 재검토: 고교형(高橋亨)의 주장에 대한 비판을 중심으로」,『보조사상』40, 2013.
손성필,「조선시대 불교사 시기구분 시론」,『불교학연구』45, 2015.
송석구,『한국의 유불사상』, 사사연, 1985/1988.
송현주,「근대 한국불교 개혁운동에서 의례의 문제 - 한용운, 이능화, 백용성, 권상노를 중심으로」,『종교와문화』6, 2000.
송현주,「근대 한국불교의 종교정체성 인식: 1910-1930년대 불교잡지를 중심으로」,『불교학연구』7, 2003.
송현주,「근대한국불교의 기독교 인식과 그 쟁점: 일제하 불교잡지를 중심으로」, 이상훈 외,『한국문화와 종교적 다양성: 갈등을 넘어서』, 한국정신문화연구원, 2003.
송현주,「근대한국불교의 타종교 인식: 1910-1930년대 불교 잡지를 중심으로」, 서울대학교 종교문제연구소 편,『종교와 역사』, 서울대학교 종교문제연구소, 2006.
송현주,「서구 근대불교학의 출현과 '부디즘(Buddhism)'의 창안」,『종교문화비평』22, 2012.
송현주,「"불교는 철학적 종교": 이노우에 엔료(井上円了)의 '근대일본불교' 만들기」,『불교연구』41, 2014.
송현주,「근대 한국불교 통불교론의 두 유형: '초종파주의 통불교론'과 '선종파주의 통불교론'」,『종교문화연구』24, 2015.
송현주,「한용운의『불교대전』과 난조분유·마에다 에운의『불교성전』의 비교연구: 구조의 차이와 인용 경전의 특징을 중심으로」,『불교연구』43, 2015.
송현주,「근대불교성전(Modern Buddhist Bible)의 간행과 한용운의『불교대전』: *Buddhist Catechism, The Gospel of Buddha*,『불교성전』과의 비교를 중심으로」,『동아시아불교문화』22, 2015.
송현주,「조계종 전통의 창조와 혼종적 근대성: 서구 근대불교와의 비교를 중심으로」,『종교문화비평』30, 2016.
송현주,「근대 한국불교에서 '세계종교' 및 '종교의 본질' 담론 - 1910~1940년대 불교잡지에 나타난 틸레, 슐라이어마허, 그리고 "지·정·의" 범주」,『동아시아불교문화』64, 2024.
숭양산인,「유불일체변」,『불교진흥회월보』3, 1915.
쉬샤오웨,『중국 전통문화와 유불도』, 탕쿤·심규호 옮김, 민속원, 2020.
스에키 후미히코,『근대일본과 불교』, 이태승·권서용 옮김, 그린비, 2009.
시마조노 스스무,『근대일본 국가신도의 창출과 그 후』, 최석영 옮김, 소명출판, 2024.
시모다 마사히로,「탈현대 불교학의 새 방향」,『불교평론』22, 2005.
신동하,「고대의 불교와 국가」, 최병헌 외,『한국불교사연구입문(상)』, 지식산업사, 2013.
신순철,「개화기 언론의 기독교 인식」,『교회사연구』3, 1981.
신순철,「개화기의 민중종교인식」,『한국근현대사논문선집: 사상』37(4), 삼귀문화사, 2000.

심재관,『탈식민시대 우리의 불교학』, 책세상, 2001.
심재룡,「한국불교는 회통적인가?」, 세계한국학대회 제5회 한국학 국제학술대회 발표논문, 한국정신문화연구원 주최, 1988.
심재룡,「한국불교 연구의 한 반성 - 한국불교는 회통적인가?」,『동양의 지혜와 선』, 세계사, 1990.
심재룡,「한국불교는 회통불교인가」,『불교평론』 3, 2000.
심형준,「종교 개념의 적용과 해석에 대한 연구: '삼교', 유교, 무속을 중심으로」, 서울대학교문학석사 학위논문, 2008.
쑨장(Sun Jiang),「'종교'(Religion)의 재구성: 1893년 시카고 세계종교회의에서의 '중국 종교'」, 이경구·박노자 외,『개념의 번역과 창조-개념사로 본 동아시아 근대』, 돌베개, 2012.
안계현,「조선전기(朝鮮前期)의 승군(僧軍)」,『동방학지』 13, 1972.
안승택·이시준,「한말·일제초기 미신론 연구 - '미혹(迷惑)된 믿음'이라는 문화적 낙인의 정치학」,『한국민족문화』 51, 2014.
안신,「조나단 스미스의 종교 현상학 연구: 형태론과 비교론을 중심으로」,『철학과 현상학 연구』 34, 2007.
앨런 스윈지우드,『문화사회학 이론을 향하여: 문화이론과 근대성의 문제』, 박형신·김민규 옮김, 파주: 한울, 2004.
야스마루 요시오,『천황제 국가의 성립과 종교변혁』, 이원범 옮김, 소화, 2002.
양건식,「불교라는 것은 여하한 자인가」,『조선불교계』 2, 1916.
양계초,『중국 근대의 지식인: 양계초의《청대학술개론》』, 전인영 옮김, 혜안, 2005.
양은용,「권상로 불교개혁사상의 연구」,『한국종교사상의 재조명』상(上), 진산 한기두박사화갑기념논총, 원광대출판국, 1993.
양은용,「근대 불교개혁운동」,『한국사상사대계 6』, 한국정신문화연구원, 1993.
양은용,「포광 김영수의 불교사학 연구」,『한국종교사연구』 13, 2005.
양정연,「근대시기 '종교' 인식과 한국불교의 정체성 논의」, 동국대학교 불교문화연구원 엮음,『아시아 불교, 전통의 계승과 전환』, 동국대학교출판부, 2011.
에드워드 사이드,『오리엔탈리즘』, 박홍규 역, 교보문고, 2007.
에릭 홉스봄,『만들어진 전통』, 박지향·장문석 옮김, 휴머니스트, 2004.
여동찬,「개화기 불란서 선교사들의 한국관」,『교회사연구』 5, 한국교회사연구소, 1987.
여시관인,「시야비야(是耶非耶)」,『조선불교계』 2, 1916.
영호생(映湖生, 박한영),「불교와 세신의 상화」,『해동불보』 2, 1913.
영호생(映湖生, 박한영),「장하이포교리생호(將何以布教利生乎)아」,『해동불보』 2, 1913.
예운산인(猊雲散人),「논불지종교(論佛之宗教)는 철학을 함포(含包)홈」,『조선불교월보』

16(5), 1913.
예운산인(猊雲散人), 「경하(敬賀) 모범(模範) 수재(守宰)」, 『해동불보』 4, 1914.
오경후, 「조선후기 불교계의 변화상」, 『경주사학』 22, 2003.
오노다 슌조(小野田俊藏), 「메이지의 폐불훼석이 낳은 불교승려의 아카데미즘과 탐험정신」, 최경진 옮김, 『일본불교사공부방』 5, 2008.
오지섭, 「한국 유·불 공존 의식의 배경에 관한 연구 - 월프레드 캔트웰 스미스의 종교 이해에 근거하여」, 서강대학교 대학원 박사학위논문, 2001.
와타나베 요시히로(渡邊義浩), 『후한 유교국가의 성립』, 김용천 옮김, 동과서, 2011.
와타나베 히로시, 『동아시아의 왕권과 사상』, 이새봄 옮김, 고려대학교 출판문화원, 2023.
원영상, 「일본 근대 군국주의 정책과 불교계의 수용」, 『한국선학』 24, 2009.
원영상, 「근대일본불교의 서양사상의 수용과 전개 - 정상엔료(井上円了)를 중심으로」, 『동양철학연구』 67, 2011.
월터 캡스, 김종서외 5인 역, 『현대종교학 담론』, 서울: 까치, 1995.
월프레드 캔트웰 스미스, 『종교의 의미와 목적』, 길희성 역, 분도출판사, 1991.
유병덕, 「일제시대의 불교」, 불교사학회 편, 『근대한국불교사론』, 민족사, 1988.
유병덕, 「포광 김영수의 학문과 인간상」, 『한국종교사연구』 12, 2004.
유석규, 「수마심경(須磨心經)」, 『룸비니』 3, 1939.
유엽, 「불교와 사회사조」, 『불교』 79, 1931.
유요한, 「새로운 비교종교방법론의 발전 가능성과 그 방향 - 조나단 스미스의 '같은 지점'의 확인을 통해」, 『종교와 문화』 13, 2007.
유원곤, 「〈조선불교유신론〉과 〈조선불교혁신론〉의 성립배경 연구」, 『한국종교』 17, 원광대학교 종교문제연구소, 1992.
윤기엽, 「폐불훼석과 메이지정부(明治政府)」, 『불교학보』 45, 2006.
윤기엽, 「근대일본불교의 해외포교 전개양상 - 아시아 지역의 포교에 한정하여」, 『한국선학』 20, 2008.
윤선자, 『한국근대사와 종교』, 국학자료원, 2002.
윤승용, 「한국 근대 종교의 성립과 전개」, 『사회와 역사』 52, 1997.
윤이흠·김일권·최종성, 『고려시대의 종교문화: 그 역사적 상황과 복합성』, 서울대학교 출판부, 2002.
윤종갑·박정심, 「동아시아의 근대불교와 서양철학」, 『(새한철학회 논문집) 철학논총』 75(1), 2014.
이경순, 「일제시대 불교 유학생의 동향 - 일본 유학생을 중심으로」, 『승가교육』 2, 1998.
이광린, 「개화당의 형성」, 『개화당연구』, 일조각, 1973/1985.
이광린, 「숨은 개화사상가 유대치」, 『개화당연구』, 일조각, 1973/1985.

이교영,「유석당상자불당상척(儒釋當相資不當相斥)」,『불교진흥회월보』 4, 1915.
이기백,『신라시대의 국가불교와 유교』, 한국연구원, 1978.
이능화,「다신교 일신교 무신교」,『불교진흥회월보』 4, 1915.
이능화(상현거사),「제교지중(諸敎之中)에 불교최구(佛敎最舊)하고 제교지중에 불교최신론」,『불교진흥회월보』 3, 1915.
이능화,「조선불교계포교서적에 대한 관견(管見)」,『불교진흥회월보』 8. 1915.
이능화,「조선인과 각 종교」,『불교진흥회월보』 9, 1915.
이능화,「불교와 타교의 경쟁」,『조선불교계』 3, 1916.
이능화,「포교규칙과 오인(吾人)의 각오」,『조선불교계』 1, 1916.
이능화,「종교와 시세」,『유심』 1, 1918.
이능화,『조선불교통사』 하편, 신문관, 1918.
이능화,「역주 조선불교통사 6: 하편 이백품제』, 조선불교통사역주편찬위원회 역편, 동국대학교출판부, 2010.
이만열,『한국 기독교 수용사 연구』, 두레시대, 1998.
이명호,「조선후기불교에 대한 부정적시각의 극복과 비판적 고찰」,『불교학보』 58, 2011.
이민용,「불교학 연구의 문화배경에 대한 성찰」,『종교연구』 19, 2000.
이민용,「서구 불교학의 창안과 오리엔탈리즘」,『종교문화비평』 8, 2005.
이봉춘,「회통불교론은 허구의 맹종인가 - 한국불교의 긍정적 자기 인식을 위하여」,『불교평론』 5, 2000.
이봉춘,「근대 한국불교의 역사와 정체성」,『회당학보』 6, 2001.
이봉춘,『조선시대 불교사 연구』, 민족사, 2015.
이삼성,「동서양의 정치전통에서 성속(聖俗)의 연속과 불연속에 관한 일고」,『현대정치연구』 4(1), 2011.
이새봄,「메이로쿠샤(明六社) 지식인의 religion 이해의 맥락 - 니시 아카네(西周)의 교문론 분석」,『일본사상』 32, 2017.
이석규,「조선초기 '교화'의 성격」,『한국사상사학』 11, 1998.
이소마에 준이치,『근대일본의 종교 담론과 계보: 종교·국가·신도』, 제점숙 옮김, 서울: 논형, 2016.
이순구,「조선초기 여성의 신앙생활」,『역사학보』 150, 1996.
이영림·주경철·최갑수,『근대 유럽의 형성: 16-18세기』, 서울: 까치글방, 2011.
이원순,「한불조약과 종교자유의 문제」,『교회사연구』 5, 한국교회사연구소, 1987.
이재헌,「근대 한국 불교학의 성립과 종교 인식 - 이능화와 권상로를 중심으로」, 한국정신문화연구원 한국학대학원 박사학위 논문, 1998.
이종익,「조선의 배불정책과 불교회통사상」, 조명기 외,『한국사상의 심층연구』, 도서출판

우석, 1986.
이종천, 「불교와 철학」, 『조선불교총보』 9, 1918.
이종천, 「기독교와 불교의 입각지」, 『조선불교총보』 14, 1919.
이종천, 「종교론」, 『취산보림』 1, 1920.
이지광, 「영미의 종교담」, 『조선불교총보』 2, 1917.
이지광, 「불교윤리학」, 『조선불교총보』 9-13, 1918.
이지영(李智英), 「반도불교 장래에 대한 관견(關見)」, 『조선불교총보』 23, 1921.
이진구, 「근대 한국 개신교의 타종교 이해 - 비판의 논리를 중심으로」, 『한국기독교와 역사』 4, 1995.
이진구, 「근대 한국 개신교와 불교의 상호인식 - 개신교 오리엔탈리즘과 불교 옥시덴탈리즘」, 『종교문화연구』 2, 2000.
이행훈, 「양건식의 칸트철학 번역과 선택적 전유」, 『동양철학연구』 66, 2011.
일우생(一雨生), 「불야(佛耶)의 교리를 비교ᄒ야 여(余)의 적심적(赤心的) 신앙을 술(述)ᄒ노라」, 『조선불교총보』 19, 1919.
임현수, 「조나단 스미스의 비교이론과 방법: 이해와 비판」, 『종교문화비평』 10, 2006.
장석만, 「19세기말 20세기 초 한중일 삼국의 정교분리담론」, 『역사와 현실』 4, 1990.
장석만, 「개항기 한국사회의 종교 개념 형성에 관한 연구」, 서울대학교 박사학위 논문, 1992.
장석만, 「인간과 관계된 것 치고 낯선 것은 없는 법이다: 조나단 스미스의 종교학」, 『현대사상』 7, 1999(봄호).
장석만, 「부디즘, 불교, 불연의 엘리아데」, 『불교연구』 36, 한국불교연구원, 2012.
장석만, 「세속-종교의 이분법 형성과 근대적 분류 체계의 문제」, 김상환·박영선 엮음, 『분류와 합류: 새로운 지식과 방법의 모색』, 이학사, 2014.
장석만, 『한국 근대종교란 무엇인가?』, 모시는사람들, 2017.
장원규, 「불교의 종교적 특이성」, 『금강저』 24, 1938.
정광호, 「조선후기 사원잡역고」, 『사학논지』 2집, 1974.
정광호, 「일제의 종교정책과 식민지불교」, 불교사학회 편, 『근대한국불교사론』, 민족사, 1988.
정광호, 「일본 침략시기 불교계의 민족의식」, 『윤병석교수화갑기념한국근대사논총』, 1990.
정광호, 『근대한일불교관계사연구』, 인하대출판부, 1994.
정순일, 「종밀의 회통사상연구 - '원인론(原人論)'을 중심으로」, 『한국불교학』 8, 1983.
정중환, 「원시종교의 사회학적 일고」, 『금강저』 24, 1940.
제임스 헌틀리 그레이슨 지음, 『한국종교사』, 강돈구 옮김, 민족사, 1995.
제점숙, 「일본불교의 근대인식과 개항기 조선 - 정토종의 교육사업을 중심으로」, 『일본 근대학연구』 32, 2011.
조남호, 「다카하시 토오루(高橋亨)의 조선불교연구」, 『한국사상과 문화』 20, 2003.

조너선 스미스, 『자리 잡기: 의례 내의 이론을 찾아서』, 방원일 옮김, 이학사, 2009.
조너선 Z. 스미스, 『종교상상하기』, 장석만 옮김, 청년사, 2013.
조명제, 「근대불교의 지향과 굴절 - 범어사(梵魚寺)의 경우를 중심으로」, 『불교학연구』 13, 2006.
조명제, 「1920~30년대 허영호의 현실인식과 근대불교학」, 『대각사상』 14, 2010.
조명제, 「허영호의 전쟁 협력의 담론과 근대불교」, 『항도부산』 27, 2011.
조명제, 「한용운의 『조선불교유신론』과 일본의 근대지」, 『한국사상사학』 46, 2014.
조성택, 「근대불교학과 한국 근대불교」, 『민족문화연구』 45, 2006.
조성택, 「근대한국불교사 기술의 문제: 민족주의적 역사기술에 관한 비판」, 『민족문화연구』 53, 고려대학교 민족문화연구원, 2010.
조성환, 「중국적 사상형태로서의 교(敎)」, 『철학사상』, 11·12, 서경대철학사상연구소, 2007.
조승미, 「근대일본불교의 전쟁지원 - 정토진종의 역할을 중심으로」, 『불교학보』 46, 2007.
조승미, 「메이지 시대 서구 불교문헌학의 수용과 난죠 분유(南條文雄) - 영국 유학시절 활동을 중심으로」, 『불교연구』 29, 2008.
조승미, 「일본의 근대불교학 형성과 대승 비불설(非佛說) 문제 - 아네자키 마사하루(姉崎正治)와 무라카미 센쇼(村上專精)의 비교」, 『불교연구』 30, 2009.
조은수, 「통불교 담론을 통해 본 한국불교사 인식」, 『불교평론』 21, 2004.
조학유, 「종교기원에 대하야」, 『조선불교총보』 9, 1918.
조학유, 「종교의 기초적 관념」, 『조선불교총보』 10, 1918.
조학유, 「종교의 이상」, 『조선불교총보』 12, 1918.
조학유, 「종교와 지식」, 『조선불교총보』 19, 1920.
조현범, 「근대 이행기 한국종교사 연구 시론: 19세기 한국 천주교사를 중심으로」, 『종교문화비평』 34, 2018.
존 요르겐센(John Jorgensen), 「한국불교의 역사쓰기 - 미래를 위한 과거의 교훈」, 『불교연구』 14. 1997.
존 요르겐센, 「조선왕조에서의 불교와 유학간의 대립」, 『불교연구』 15, 1998.
존 조겐센(John Jorgensen), 「16-19세기 한국과 중국불교 비교상의 제문제」, 『동아시아불교사 속의 한국불교』, 금강대학교 국제불교학술회의 논문집, 2004.
채미하, 『신라 국가제사와 왕권』, 혜안, 2008.
채상식, 「일본 명치년간 정토진종의 추이와 그 특성 - 한말 불교침탈 배경과 관련하여」, 『한국민족문화』 16, 2000.
최남선, 「조선불교 - 동방문화사상에 있는 그 지위」, 『불교』 74, 1930.
최병헌, 「'월인석보' 편찬의 불교사적 의의」, 『진단학보』 75, 1992.
최병헌, 「근대 한국불교사학의 전통과 불교사 인식」, 최병헌 외, 『한국불교사연구입문

(상)』, 지식산업사, 2013.
최병헌, 「한국불교사의 체계적 인식과 이해방법론」, 최병헌 외, 『한국불교사연구입문(상)』, 지식산업사, 2013.
최정화, 「'종교'에 해당하는 자료는 존재하지 않는가? : 종교사(history of religions)와 비판적 실재론(Critical Realism)적 접근」, 『종교문화비평』 40, 2021.
최종고, 「한국에 있어서 종교자유의 법적 보장과정」, 『교회사연구』 3, 한국교회사연구소, 1981.
최종고, 「한국에서의 유교와 법」, 『법제연구』 12, 1997.
카린 프라이젠단쯔, 「독일과 오스트리아의 불교학과 인도학: 배경, 역사, 맥락들과 방법론」, 우제선·강성용 역, 『불교학보』 43, 2005.
카미벳부 마사노부, 『근현대 한일 종교정책 비교연구』, 지식과교양, 2011.
카시와하라 유센(栢原祐泉), 『일본불교사 근대』, 원영상·윤기엽·조승미 옮김, 동국대학교출판부, 2008.
카츠라 쇼류(桂紹隆), 「인도불교연구의 회고와 전망」, 김수아 역, 『불교학보』 43, 2005.
탁효정, 「조선시대 왕실원당 연구」, 한국학중앙연구원 한국학대학원 박사학위논문, 2011.
프레데릭 르누아르, 『불교와 서양의 만남: 서양문화사에 얽힌 만화경 같은 불교 이야기』, 양영란 역, 세종서적, 2002.
한국불교총람 편찬위원회, 『한국불교총람』, 대한불교진흥원, 1993.
한국유학생 인도학 불교학 연구회 편, 『일본의 인도철학·불교학 연구-그 역사와 현황』, 아세아문화사, 1996.
한국종교사회연구소 편저, 『한국종교문화사전』, 집문당, 1991.
한국종교연구회, 『한국종교문화사강의』, 청년사, 1998.
한기두, 「불교유신론과 불교혁신론」, 한종만 편, 『현대한국의 불교사상』, 한길사, 1980.
한상길, 『조선후기 불교와 사찰계』, 경인문화사, 2006.
한상길, 「개화사상의 형성과 근대불교」, 동국대학교 불교문화연구원 엮음, 『동아시아 불교, 근대와의 만남』, 동국대출판부, 2008.
한석희 지음, 『일제의 종교침략사』, 김승태 옮김, 기독교문사, 1990.
한승훈, 「전근대 동북아 종교 범주로서의 교(敎)」, 『한국종교』 54, 2023.
한용운, 「조선불교유신론」, 이원섭 역주, 『한용운전집 2』, 불교문화연구원, 2006.
한자경, 「김동화가 본 한국불교의 정체성: 일심의 회통」, 『한국불교사연구』 3, 2013.
한정수, 「중세 통치규범으로서의 유교정치사상」, 『고려시대사 2』, 푸른역사, 2017/2020.
한종만, 「불교유신사상」, 한종만 편, 『현대한국의 불교사상』, 한길사, 1980.
한춘, 「불교의 종교적 특성」, 『룸비니』 2, 1938.
함허, 『유석질의론』, 송재운 역, 동국대학교 역경원, 1984.

허버트 더트(Hubert Durt), 「Etienne Lamotte, 그 생애와 저작들」, 조성택 역, 『불교연구』 3, 1987.
허영호, 「조선불교와 교지 확립 - 교단의 미래를 전망하면서」, 『신불교』 3, 1937.
허영호, 「조선불교의 입교론」, 『신불교』 9, 1937.
허지향, 「메이지 일본에 있어서 '철학' 개념의 역사적 위치 - 니시 아마네의 텍스트 재고, 『철학회잡지』 고찰」, 『인문학지』 44, 2012.
허흥식, 「불교와 융합된 사회구조」, 『고려불교사연구』, 일조각, 1986/1996.
허흥식, 「불교와 융합된 왕실의 조상숭배」, 『고려불교사연구』, 일조각, 1986/1996.
허흥식, 「승과제도와 그 기능」, 『고려불교사연구』, 일조각, 1986/1996.
허흥식, 「국사·왕사제도와 그 기능」, 『고려불교사연구』, 일조각, 1986/1996.
허흥식, 「한국불교사 시대구분론」, 불교신문사 편, 『한국불교사의 재조명』, 불교시대사, 1994.
호시노 세이지, 「만들어진 종교: 메이지 초기 일본을 관통한 종교라는 물음」, 이예안·이한정 옮김, 글항아리, 2020.
홍순택, 「아나가리카 다르마팔라의 불교 이해 : 전통신앙의 근대화」, 서강대학교 종교학과 석사학위논문, 2003.
황나리, 「최자실 목사와 대행 선사의 마음 성장론 비교연구 - 코르넬리스 페트루스 틸레의 마음 종교학을 중심으로」, 서강대 대학원 박사학위논문, 2022.
황선명, 『종교학개론』, 종로서적, 1982.
황순일, 「리즈 데이비스와 빨리경전협회의 성과」, 『불교평론』 26, 2006.
황순일, 「불교학과 오리엔탈리즘」, 『석림』 41, 동국대학교 석림회, 2007.
황순일, 「근대 돈황학의 성립과 오리엔탈리즘」, 동국대학교 불교문화연구원 엮음, 『아시아 불교, 서구의 수용과 대응』, 동국대학교 출판부, 2011.
황심천, 「중국 역사상 종교와 국가의 관계」, 『불교연구』 14, 1997.
황인규, 「한국 근현대 한국불교사의 서술과 고승」, 『한국불교사연구』 1, 2012.
황종연, 「문학이라는 역어(譯語) -〈문학이란 何 오〉혹은 한국 근대 문학론의 성립에 관한 고찰」, 『동악어문논집』 32, 1997.
후쿠자와 유키치 외, 『메이로쿠 잡지 - 문명개화의 공론장』, 이새봄 역, 빈서재, 2021.
Eric J. Sharpe, 『종교학의 전개』, 유요한·윤원철 옮김, 시그마프레스, 2017.
H. J. 언더우드, 『동아시아의 종교』, 한창덕 옮김, 연세대학교 대학출판문화원, 2012.
UK생, 「종교에 대한 감정의 지위」, 『금강저』 24, 1940.

〈일본 및 중국어 논저〉

C. P. テーレ, 『宗教史概論』, 比屋根安定 譯, 東京: 誠信書房, 1960.
ショペン・ハウエル, 『意志と現識としての世界(上・中・下)』, 姉崎正治 訳, 東京: 博文館,

1910-1911.

チーレ,『宗敎學原論』, 鈴木宗忠・早船慧雲 譯, 東京: 內田老鶴團, 1916.

マクス・ミユラ一,『宗敎學綱要』, 淸水友次郞 譯, 東京: 秀英舍, 1921.

ルノワール, フレデリケ,『佛敎と西洋の出會い』, 今枝由郎・富樫瓔子 譯, 東京: トランスビュー, 2010.

岡田正彦,「哲學堂散步: 近代日本の科學・哲學・宗敎」,『佛敎史學硏究』48(2), 2006.

古谷淸,「李朝佛敎史梗槪」,『佛敎史學』1-3, 1911.

高橋亨,「朝鮮に於ける佛敎宗旨の變遷」,『朝鮮總督府月報』4(10), 1914.

高橋亨,「朝鮮佛敎の歷史的依他性」,『朝鮮』250, 1936.

高橋亨,『李朝佛敎』, 大阪: 寶文館, 1929; 다카하시 도루,『조선시대 불교통사(이조불교)』, 이윤석・다지마 데스오 옮김, 민속원, 2020.

磯前順一,「近代日本の 宗敎言說とその系譜: 宗敎, 國家, 神道」, 東京: 岩波書店, 2003; 이소마에 준이치,『근대일본의 종교 담론과 계보: 종교・국가・신도』, 제점숙 역, 논형, 2016.

大谷榮一,「近代佛敎の形成と展開」, 末木文美士 編,『近代國家と佛敎』, 東京: 佼成出版社, 2011.

島薗進,「國家神道と近代日本の宗敎構造」,『宗敎硏究』75(2), 日本宗敎學會, 2001.

島薗進,「近代日本における〈宗敎〉槪念の受容」, 島薗進・鶴岡賀雄 編,『〈宗敎〉再考』, 東京: ぺりかん社, 2004.

島薗進,「島地黙雷の神道 '治敎'論」, *The Earth of Free Green* 20, NPO東京自由大學—EFG, https://freegreen.jimdofree.com/%E7%AC%AC20%E5%8F%B7/%E5%B3%B6%E8%96%97%E9%80%B2/ (2022.08.12.검색)

馬格師摩勒,『比較宗敎學』, 南條文雄 譯, 東京: 博文館, 1907.

末木文美士,『明治思想家論』, 東京: トランスビュ, 2004.

木村淸孝,「日本にらおける佛敎硏究の百年」,『宗敎硏究』78(3), 日本宗敎學會, 2004.

船山信一,『明治哲學史硏究』, 京都: ミネルヴァ書房, 1999.

峰島旭雄,「佛敎者の宗敎觀」, 比較思想史硏究會 編,『明治思想家の宗敎觀』, 東京: 大藏出版株式會社, 1975.

比較思想史硏究會 編,『明治思想家の宗敎觀』, 東京: 大藏出版社會社, 1975.

三輪政一 編,『井上円了先生』, 東京: 大空社, 1993.

森紀子,「梁啓超の佛學と日本」, 狹間直樹 編『(共同硏究) 梁啓超: 西洋近代思想受容と明治日本』, 東京: みすず書房, 1999.

三輪政一 編,『井上円了先生』, 東京: 大空社, 1993.

常盤大定,「佛敎活論序論解題」, 明治文化硏究會 編,『明治文化全集: 第19券 宗敎篇』, 日本評論社, 1967.

常盤大定, 「眞理金針(初篇)解題」, 明治文化硏究會 編, 『明治文化全集: 第19券 宗敎篇』, 日本評論社, 1967.

西周, 「敎門論」, 『明六雜誌』 4, 1874.

星野靖二, 『近代日本の宗敎槪念 - 宗敎者の言葉と近代』, 東京: 有志舎, 2012; 이예안·이한정 옮김, 『만들어진 종교: 메이지 초기 일본을 관통한 종교라는 물음』, 글항아리, 2020.

小口偉一, 堀一郎 監修, 『宗敎學辭典』, 東京大學出版會, 1973.

深澤英隆, 「姉崎正治と近代の〈宗敎問題〉- 姉崎の宗敎理論とそのコンテクスト」, 磯前順一·深澤英隆 共編, 『近代日本における知識人と宗敎: 姉崎正治の軌跡』, 東京: 東京堂出版, 2002.

林淳, 「宗門から宗敎へ-'宗敎と倫理'の前史」, 『宗敎とあなにか』, 東京: 岩波書店, 2003.

立川武臟, 「井上圓了の佛敎思想」, 『印度學佛敎學硏究』, 49(1), 2000.

姉崎正治, 「テール氏の 宗敎學緖論」, 『哲學雜誌』 14-148, 1899.

田村晃祐, 「井上円了と村上専精 - 統一的仏敎理解への努力-」, 『印度學佛敎學硏究』 49(2), 2001.

田村晃祐, 「井上円了の生涯と思想をめぐって」, 東洋大学井上円了記念学術センター 編, 『井上円了センター年報』 12, 2003.

井上順孝, 「近代日本の宗敎と敎育」, 國學院大學日本文化硏究所 編(井上順孝 責任編輯), 『宗敎と敎育: 日本の宗敎敎育の歷史と現狀』, 東京: 弘文堂, 1997.

井上圓了, 『佛敎活論本論 2: 顯正活論』, 東京: 哲學書院, 1890.

井上圓了, 『佛敎活論序論』, 東京: 哲學書院, 1887.

井上圓了, 『眞理金針』(1886-1887), 明治文化硏究會 編, 『明治文化全集 19: 宗敎篇』, 日本評論社, 1967.

井上圓了, 『哲學要領』(四聖堂藏版), 東京: 令知会, 1886.

井上円了, 『迷信と宗敎』, 『妖怪學全集』 第5卷, 東京: 柏書房, 2000.

井上哲次郞·有賀長雄, 『哲學字彙』(增補), 東京: 東洋館書店, 1883.

佐藤 厚, 「一九一〇年代 曹洞宗大学で学んだ四人の朝鮮留学生 - 李混惺, 金晶海, 李智光, 鄭晄震」, 『駒澤大學佛敎學部硏究紀要』 80, 2022.

增谷文雄, 『近代佛敎思想史』, 東京: 三省堂, 1941.

池田英俊, 「近代佛敎における哲學·宗敎の問題」, 『印度哲學佛敎學』 16, 2001.

池田英俊, 「井上圓了の近代佛敎論と慈善」, 『印度學佛敎學硏究』 49(2), 2001.

土屋, 博, 「日本における宗敎敎育の公共性: 〈宗敎的情操〉をめぐって」, 『北海學園大學學園論集』 138, 2008.

下田正弘, 「近代佛敎學の展開とアツア認識-他者としての佛敎」, 岸本美緒[等] 編, 『〈帝國〉日本の學知, 第3卷: 東洋學の磁場』, 東京: 岩波書店, 2006.

橫超慧日, 「敎と宗について」, 『印度學佛敎學硏究』 9(2), 1961.

佛光大辭典編修委員會 編, 『佛光大辭典』, 台灣: 佛光出版社, 1989.
黃夏年, 「梁啓超先生與佛學」, 『梁啓超集』, 北京: 中國社會科學出版社, 1995.

〈영어 및 불어, 독어 논저〉

Almond, Philip C., *The British discovery of Buddhism*, Cambridge, New York: Cambridge University Press, 1988.

App, Urs, *The First Western Book on Buddhism and Buddha: Ozeray's Recherches sur Buddou of 1817*, Wil/Paris: University Media, 2017.

Arnal, William, "Definition", in *Guide to the Study of Religion*, ed. by Willi Braun and Russell T. McCutcheon, London: Cassell, 2000.

Asad, Talal, "Anthropological conceptions of Religion: Reflections on Geertz", *Man*, vol. 18(2), 1983.

Asad, Talal, "The Construction of Religion as an Anthropological Category", *Genealogies of Religion: Discipline and Reasons of Power in Christianity and Islam*, The Johns Hopkins University Press, 1993.

Asad, Talal, "Reading a Modern Classic: W. C. Smith's The Meaning and End of Religion", *History of Religions,* vol. 40(3), 2001.

Asad, Talal, *Formations of the Secular: Christianity, Islam, Modernity*, Stanford: Stanford University Press, 2003.

Asad, Talal, "Autobiographical Reflections on Anthropology and Religion", *Religion and Society: Advances in Research*, vol. 11, 2020.

Baker, Don, "Creating the Sacred and the Secular in Colonial Korea", *Journal of Korean Religions*, vol. 12(2), 2021.

Baker, Don, "Privatization of Buddhism in the Chosŏn Dynasty", *Sungkyun Journal of East Asian Studies*, vol. 14(2), 2014.

Batchelor, Stephen, *The Awakening of the West*, Berkeley: Parallax Press, 1994.

Bechert, Heinz, *Buddhismus, Staat und Geselschaft in den Ländern des Theravada Buddhismus*, vol. 1, Berlin: Alfred Metzner, 1966; vol. 2, Wiesbaden: O. Harrassowitz, 1967; vol. 3, Wiesbaden: O. Harrassowitz, 1973.

Bell, Catherine, "Paradigms behind (And before) the Modern Concept of Religion", *History and Theory*, vol. 45(4), 2006.

Beyer, Peter, "Conceptions of Religion: On Distinguishing Scientific, Theological, and 'Official'

Meanings", *Social Compass*, vol. 50(2), 2003.

Beyer, Peter, "The Modern Emergence of Religions and a Global Social System for Religion", *International Sociology*, vol. 13(2), 1998.

Bretfeld, Sven, "Resonant paradigms in the study of religions and the emergence of Theravāda Buddhism", *Religion*, vol. 42(2), 2012.

Burnouf, Eugène, *Introduction à l'histoire du Buddhisme Indien*, Paris: Imprimerie Royale, 1844/1876.

Burnouf, Eugène, *Le Lotus de la bonne loi, traduit du Sanscrit accompagné d'un commentaire et de vingt et un mémoires relatifs au buddhisme*, Paris: Imprimerie Nationale, 1852.

Burnouf, Eugène, *Introduction to the History of Indian Buddhism*, trans., by Katia Bffetrille and Donald S. Lopez Jr., Chicago & London: The University of Chicago Press, 2010.

Carus, Paul, *The Gospel of Buddha: According to Old Records*, Chicago, London: The Open Court Publishing Co., 1894/1915.

Cavanaugh, William T., *The Myth of Religious Violence: Secular Ideology and the Roots of Modern Conflict*, Oxford University Press, 2009.

Chen Jidong, "The Other as Reflected in Sino-Japanese Buddhism: Through the Prism of Modernity", *The Eastern Buddhist*, vol. 43(1&2), 2012.

Cohen, Richard, "Why Study Indian Buddhism?", In Derek R. Peterson and Darren R. Walhof, eds, *The Invention of Religion: Rethinking Belief in Politics and History*, New Brunswick, NJ: Rutgers University Press, 2002.

Cox, James, "'Religion as the Transmission of an Authoritative Tradition: The Significance of Timothy Fitzgerald's Critique of Religious Studies for a Socially Embedded Definition of Religion", *Implicit Religion*, vol. 22(3-4), 2019.

Dubuisson, Daniel, *The Western Construction of Religion: Myths, Knowledge, and Ideology*, Trans. by William Sayers. Baltimore, MD: Johns Hopkins University Press, 2003.

Dubuisson, Daniel, *The Invention of Religions,* Martha Cunningham(trans.), Sheffield: Equinox, 2019.

Ellwood, Robert S., "Buddhism in the West", Mircea Eliade edt. in chief, *The Encyclopedia of Religion*, vol. 2, New York: Macmillan Publishing Company, 1987.

Fitzgerald, Timothy, "Hinduism and the 'World Religion' fallacy", *Religion*, vol. 20(2), 1990.

Fitzgerald, Timothy, "A Critique of 'Religion' as a Cross-Cultural Category", *Method and Theory in the Study of Religion*, vol. 9(2), 1997.

Fitzgerald, Timothy, *The Ideology of Religious Studies*, Oxford: Oxford University Press, 2000.

Fitzgerald, Timothy, edt., *Religion and the Secular: Historical and Colonial Formations*, Sheffeld: Equinox, 2007.

Fitzgerald, Timothy, "Critical religion and critical research on religion: Religion and politics as modern fictions", *Critical Research on Religion*, vol. 3(3), 2015.

Geertz, Clifford, *The Interpretation of Cultures*, New York: Basic Books, 1973/2017.

Godart, Gerard Clinton, "Tracing the Circle of Truth: Inoue Enryo on the History of Philosophy and Buddhism", *The Eastern Buddhist,* vol. 36(1-2), 2004.

Goldstein, Warren S., "What makes Critical Religion critical? A response to Russell McCutcheon", *Critical Research on Religion*, vol. 8(1), 2020.

Gombrich, Richard F., *Theravāda Buddhism: A Social history from ancient Benares to modern Colombo*, New York: Routledge & Kegan Paul Ltd, 1988/2006(Second edition).

Gombrich, Richard & Gananath Obeyesekere, *Buddhism Transformed: Religious Change in Sri Lanka*, Princeton: Princeton University Press, 1988.

Holt, John C., "Protestant Buddhism?", *Religious Studies Review*, vol. 17(4), 1991.

Horsley, Richard A., "Religion and Other Products of Empire", *Journal of the American Academy of Religion*, vol. 71(1), 2003.

Inoue Enryo, *Bukkyo katsuron joron(The Revitalization of Buddhism: Introduction)*, trans. by Staggs, Kathleen Marie, "In Defense of Japanese Buddhism: Essays from the Meiji Period by Inoue Enryō and Murakami Senshō", Princeton Univ. Ph. D., 1979.

Johnson, Irving C., "The Buddha and The Puritan: Weberian Reflections on 'Protestant Buddhism'", *Sri Lanka Journal of Social Sciences*, vol. 27(1&2), 2004.

Jong, J. W. de, *A Brief history of Buddhist studies in Europe and America*, Delhi, India: Sri Satguru Publications, 1987.

Josephson, Jason Ānanda, "When Buddhism Became a 'Religion': Religion and Superstition in the Writings of Inoue Enryō", *Japanese Journal of Religious Studies,* vol. 33(1), 2006.

Josephson, Jason Ānanda, *Taming demons: The anti-superstition campaign and the invention of religion in Japan (1853–1920)*, Stanford University. Ph. D. diss., 2006.

Josephson, Jason Ānanda, *The Invention of Religion in Japan*, University of Chicago press, 2012.

Josephson-Storm, Jason Ānanda, "The Superstition, Secularism, and Religion Trinary: Or Re-Theorizing Secularism", *Method and Theory in the Study of Religion*, vol. 30, 2018.

Ketelaar, James Edward, *Of Heretics And Martyrs in Meiji Japan: Buddhism and Its Persecution*, Princeton University Press, 1990.

King, Richard, "Imagining Religions in India: Colonialism and the Mapping of South Asian

History and Culture", Markus Dressler & Arvind-Pal S. Mandair, *Secularism and Religion-Making*, Oxford University Press, 2011.

Kippenberg, Hans G., "Comparing Ancient Religions. A Discussion of J. Z. Smith's 'Drudgery Divine'", *Numen*, vol. 39(2), 1992.

Krämer, Hans Martin, *Shimaji Mokurai: and the Reconception of Religion and the Secular in Modern Japan*, Honolulu: University of Hawai'i Press, 2015(Kindle Edition).

Kunin, Seth & Miles-Watson, Jonathan, *Theories of Religion: A Reader*, Edinburgh: Edinburgh University Press, 2007.

Leary, David E, "Immanuel Kant and the Development of Modern Psychology", In *The Problematic Science: Psychology in Nineteenth Century Thought*, edited by William Ray Woodward and Mitchell G. Ash, New York, NY: Praegerr, 1982.

Leubas, James H, *A Psychological Study of Religion: Its Origin, Function, And Future*, New York: The Macmillan Company, 1912.

Lobreglio, John S., "Uniting Buddhism: The Varieties of Tsūbukkyō in Meiji-Taishō Japan and the Case of Takada Dōken", *The Eastern Buddhist*, vol. 37(1-2), 2005.

Lopez., Donald S., *Curators of the Buddha*, University of Chicago Press, 1995.

Lopez, Donald S. Jr. ed., *A Modern Buddhist Bible: Essential Readings from East and West*, Boston: Beacon Press, 2002.

Lopez, Donald S. Jr., "Modern Buddhism: So new, So familiar", *Tricycle: The Buddhist Review*, vol. 12(1), 2002.

Lopez, Donald S. Jr., *Modern Buddhism: Reading for the Unenlightened*, London: Penguin Books, 2002.

Lopez Jr., Donald S., "The Ambivalent exegete: Hodgson's contributions to the study of Buddhism", David M. Waterhouse, edt., *The origins of Himalayan studies: Brian Houghton Hodgson in Nepal and Darjeeling 1820-1858*, London: New York: Routledge Curzon, 2005.

Lopez Jr.,Donald S. edt., *Strange Tales of an Oriental Idol: An Anthology of Early European Portrayals of the Buddha*, Chicago and London: The University of Chicago Press, 2016.

Lubac, Henri de, *La Rencontre du Bouddhisme et de L'occident*, Paris: Aubier, 1952.

Martin, Craig, "On the origin of the 'private sphere': A discourse analysis of Relgion and Politics from Luther to Locke", *Temenos*, vol. 45(2), 2009.

Masuzawa, Tomoko, *The invention of world religions, or, how European universalism was preserved in the language of pluralism*, Chicago: University of Chicago Press, 2005.

McCutcheon, Russell, *Manufacturing Religion: The Discourse on Sui Generis Religion and the Politics of Nostalgia*, New York: Oxford University Press, 1997.

McCutcheon, Russell T., "The Category 'Religion' in Recent Publications: Twenty Years Later", *Numen,* vol. 62, 2015.

McCutcheon, Russell, *Fabricating Religion: Fanfare for the Common e.g.,* Berlin: de Gruyter, 2018.

McCutcheon, Russell and William Arnal, *The Sacred is the Profane: The Political Nature of "Religion"*, New York: Oxford University Press, 2012.

McMahan, David L., "Modernity and the Early Discourse of Scientific Buddhism", *Journal of the American Academy of Religion* vol. 72(4), 2004.

McMahan, David L., *The Making of Buddhist Modernism*, Oxford University Press, 2008.

Molendijk, Arie L., "Tiele on Religion", *Numen*, vol. 46, 1999.

Molendijk, Arie L., "Religious Development: C. P. Tiele's paradigm of Science of Religion", *Numen*, vol. 51(3), 2004.

Murphy, Tim, *The Politics of Spirit : Phenomenology, Genealogy, Religion*, New York: SUNY Press, 2010.

Nagao Kayoko, "Paul Carus' Involvement in the Modernization of Japanese Education and Buddhism", *Japanese Religions,* vol. 34(2), 2009.

Nongbri, Brent, *Before Religion: A History of a Modern Concept,* Yale University Press, 2013.

Obeyesekere, Gananath, "Religious Symbolism and Political Change in Ceylon", *Modern Ceylon Studies*, vol. 1(1), 1970; reprinted in Bardwell Smith, ed. *Two Wheels of Dhamma, AAR Monograph*, vol. 3, Chambersburg: American Academy Of Religion, 1972.

Olcott, Henry S., *The Buddhist Catechism*, 44th edt., Adyar, Madras: Theosophical Publishing House, 1881/1915.

Owen, Suzanne, "The World Religions paradigm: Time for a change", *Art & Humanities in Higher Education*, vol. 10(3), 2011.

Oxford English Dictionary, London: Oxford University Press, 1989.

Paramore, Kiri, "Anti-Christin Ideas and National Ideology: Inoue Enryo and Inoue Tetsujiro's Mobilization of Sectarian History in Meiji Japan", *Sungkyun Journal of East Asian Studies*, vol. 19(1), 2009.

Petersen, Esben, "Varieties of 'Protestant Buddhism'", *Japan Mission Journal*, vol. 74(1), 2020.

Piovesana, Gino K. "The Beginnings of Western Philosophy in Japan: Nishi Amane, 1829-1897.", *International Philosophy Quarterly*, vol. 2(2), 1962.

Prothero, Stephen Richard, "Henry Steel Olcott(1832-1907) and the Construction of 'Protestant Buddhism'", Ph.D. Thesis, Harvard University, 1990.

Prothero, Stephen, "Henry Steel Olcott and 'Protestant Buddhism'", *Journal of the American Academy of Religion*, vol. 63(2), 1995.

Prothero, Stephen Richard, *The White Buddhist: The Asian Odyssey of Henry Steel Olcott*, Indiana: Indiana University Press, 1996.

Robinson, Richard H., Johnson, Willard L. & Bhikkhu, Thanissaro, *Buddhist Religions: A Historical Introduction*, Belmont, IL: Thomson Wadsworth, 2005.

Roy, Louis, "Consciousness According to Schleiermacher", *The Journal of Religion*, vol. 77(2), 1997.

Ryba, Thomas, "Comparative Religion, Taxonomies and 19th Century Philosophies of Science: Chantepie de la Saussaye and Tiele", *Numen*, vol. 48, 2001.

Said, Edward, "Orientalism Reconsidered", *Race and Class*, vol. 27(2), 1985.

Schilbrack, Kevin, "A metaphysics for the study of religion: A critical reading of Russell McCutcheon", *Critical Research on Religion*, vol. 8(1), 2020.

Schilbrack, Kevin, "The Concept of Religion", *Stanford Encyclopedia of Philosophy*, 2022. https://plato.stanford.edu/entries/concept-religion/ (2024.1.29 접속)

Schleiermacher, Friedrich, *Über die religion. Reden an die Gebildeten unter ihren Verächtern*, Berlin, 1799: 슐라이어마허 지음, 『종교론: 종교를 멸시하는 교양인을 위한 강연』, 최신한 옮김, 대한기독교서회, 2002/2010.

Schleiermacher, Friedrich, *On Religion: Speeches to Its Cultured Despisers*, translated with introduction by John Wood Oman, London: K. Paul, Trench, Trubner & Co., Ltd., 1893.

Schrimpf, Monika, "Buddhism Meets Christianity: Inoue Enryo's View of Christianity in shinri kinshin", *Japanese Religions*, vol. 24(1), 1999.

Segal, Robert A., "Classification and Comparison in the Study of Religion: The Work of Jonathan Z. Smith", *Journal of the American Academy of Religion*, vol. 73(4), 2005.

Shimazono Susumu, "Contemporary Religion and Religious Studies: The Concept of 'Religion' in Post Axial Civilization", *Tenri Journal of Religion*, vol. 32, 2004.

Shimazono, Sususmu, "State Shinto and the Religious Structure of Modern Japan", *Journal of the American Academy of Religion*, vol. 73(4), 2005.

Skilling, Peter, and Carbine, Jason A., and Cicuzza, Claudio, and Pakdeekham, Santi edt., *How Theravāda is Theravāda?: Exploring Buddhist Identities*, Thailand: Silkworm Books, 2012.

Smith, Cantwell, *The Meaning and End of Religion: A New Approach to the Religious*

Traditions of Mankind, New York: The Macmillan Company, 1962/1963: 윌프레드 캔트웰 스미스 지음, 『종교의 의미와 목적』, 길희성 역, 분도출판사, 1991.

Smith, Jonathan Z., Imagining Religion: From Babylon to Jonestown, Chicago and London: The University of Chicago Press, 1982: 조너선 Z. 스미스 지음, 『종교 상상하기: 바빌론에서 존스타운까지』, 장석만 옮김, 청년사, 2013.

Smith, Jonathan Z., "'Religion' and 'Religious Studies': No Difference at All", Soundings: An Interdisciplinary Journal, vol. 71(2-3), 1988.

Smith, Jonathan Z., Drudgery Divine: On the Comparison of Early Christianities and the Religions of Late Antiquity, Chicago: The University of Chicago, 1990.

Smith, Jonathan Z., "Religion, Religions, Religious," Mark C. Taylor ed., Critical Terms for Religious Studies, Chicago: The University of Chicago Press, 1998.

Snodgrass, Judith, "Buddha no Fukuin: The Deployment of Paul Carus's Gospel of Buddha in Meii Japan", Japanese Journal of Religious Studies, vol. 25(3-4), 1998.

Snodgrass, Judith, "The Deployment of Western Philosophy in Meiji Buddhist Revival", Eastern Buddhist, vol. 30(2), 1997.

Snodgrass, Judith, Presenting Japanese Buddhism to the West: Orientalism, Occidentalism, and the Columbian Exposition, The University of North Carolina Press, 2003.

Staggs, Kathleen M., In Defence of Japanese Buddhism: Essays from the Meiji Period by Inoue Enryo and Murakami Sensho. Ph.D. diss., Princeton University, 1979.

Strenski, Ivan, "On "Religion" and its Despisers", Thomas A. Idinopulos & Brian C. Wilson edt., What Is Religion: Origins, Definitions, And Explanations, Leiden; Boston; Köln: Brill, 1998.

Stuckrad, Kocku von, "Discursive Study of Religion: Approaches, Definitions, Implications", Method and Theory in the Study of Religion, vol. 25, 2013.

Sueki Fumihiko, "Introduction th the symposium on Modernity and Buddhism", The Eastern Buddhist, vol. 43, 2012.

Taira, Teemu & Suzanne Owen, "Twenty Years After The Ideology of Religious Studies", Implicit Religion, vol. 22(3-4), 2019.

Terumichi Morikawa, "Mori Arinori and Japanese Education (1847-1889)", Education About Asia: Online Archives, vol. 20(2), 2015.

Tiele, C. P., Elements of The Science of Religion, Edinburgh & London: William Blackwood And Sons, 1898.

Tiele, C. P., Outlines of The History of Religion, trans. by J. Estlin Carpenter, London: Kegan Paul, Trench, Trübner & Co. Ltd, 1877/1905.

Turner, Alicia, "Religion-Making and Its Failures: Turning Monasteries into Schools and Buddhism into a Religion in colonial Burma", Markus Dressler and Mandair, Arvind-Pal S., ed., *Secularism and Religion-making*, Oxford University Press, 2011.

Verhoeven, Martin J., "Americanising the Buddha: The World's parliament of Religions, Paul Carus, and the making of modern Buddhism", ph. D. Dissertation, University of Wisconsin, 1997.

Wach, Joachim, *Types of Religious Experience*, University of Chicago Press, 1972.

Wargo, Robert J. J., "Inoue Enryo: An Important Predecessor of Nishida Kitaro", *Studies on Japanese Culture*(『日本文化研究論集』), vol. 2, 1973.

Werblowsky, R. J. Zwi, "Modernism and Modernisation in Buddhism", *The Search for Absolute Values*, vol. 2, I.C.F., ed., New York: I.C.F. Press, 1998.

출전

3장은 다음 글을 수정·보완하여 많은 부분 반영하였다.

「서구 근대불교학의 출현과 '부디즘(Buddhism)'의 창안」, 『종교문화비평』 22, 2012.

4장, 6~9장은 각각 다음 글의 내용 일부를 수정·보완·발췌하여 반영하였다.

4장 「근대불교성전(Modern Buddhist Bible)의 간행과 한용운의 『불교대전』: *Buddhist Catechism*, *The Gospel of Buddha*, 『불교성전』과의 비교를 중심으로」, 『동아시아불교문화』 22, 2015.

6장 「근대 한국불교의 타종교 인식: 1910-1930년대 불교 잡지를 중심으로」, 서울대학교 종교문제연구소 편, 『종교와 역사』, 2006.

7장 「"불교는 철학적 종교": 이노우에 엔료(井上円了)의 '근대일본불교' 만들기」, 『불교연구』 41, 2014.

8장 「근대 한국불교 개혁운동에서 의례의 문제 - 한용운, 이능화, 백용성, 권상노를 중심으로」, 『종교와문화』 6, 2000.
「근대 한국불교의 종교정체성 인식: 1910-1930년대 불교잡지를 중심으로」, 『불교학연구』 7, 2003.
「근대 한국불교의 기독교 인식과 그 쟁점: 일제하 불교잡지를 중심으로」, 이상훈 외, 『한국문화와 종교적 다양성: 갈등을 넘어서』, 한국정신문화연구원, 2003.

9장 「근대 한국불교 통불교론의 두 유형: '초종파주의 통불교론'과 '선종파주의 통불교론'」, 『종교문화연구』 24, 2015.
「조계종 전통의 창조와 혼종적 근대성: 서구 근대불교와의 비교를 중심으로」, 『종교문화비평』 30, 2016.

10장은 다음 글을 수정·보완하여 많은 부분 반영하였다.

「근대 한국불교에서 '세계종교' 및 '종교의 본질' 담론-1910~1940년대 불교잡지에 나타난 틸레, 슐라이어마허, 그리고 "지·정·의" 범주」, 『동아시아불교문화』 64, 2024.

찾아보기

【ㄱ】

가나나트 오베예세케레 209
가마쿠라시대의 교넨 479
『간폐석교소(諫廢釋教疏)』 261, 295
간학문적 모델 96
강매 450
강수(强首) 256, 257, 258
강위(姜瑋) 337
개념적 폭력 101
개신교적 근대주의 220
개신불교 163
개항 19, 310, 312, 313
개혁불교 459
개화당 333
개화사상가 332, 333, 336
거사불교 26, 225, 228, 229, 231
결론적 불교 489
경허 460
고등자연교 589
고등종교 428
고백주의 571
공통관념 126
과학적 종교 203, 205
교(教) 36, 253, 261, 533, 536, 555, 617
「교문론」 550
교민조약 311
교상판석 438, 439
교회의 사업은 종교 128
구보타 료온 236, 261, 270, 284

구양경무 226, 229
국가신도 518, 519, 532, 533, 568, 569
국민국가 114
국체 346
권상로 439, 461, 492
그리스도적 종교 53
근대불교 12, 14, 16, 26, 180, 181, 183, 184, 189, 194, 308, 478, 612
근대불교론 187
근대불교학 25, 138, 355
근대성 15, 16, 23, 24, 26, 32, 131, 181, 182
근대종교 15, 16, 24
근대 종교지형 567
근본불교 155
글로벌 사회체계 112
글로벌 종교체계 112
금릉각경처 227
기무라 기요타카 167
기무라 다이켄 578
기요자와 만시 395
기욤 포스텔 125
기원정사 227
기화(己和) 173, 613
김경주 597, 598
김대은 577
김동화 503
김영수 471, 476, 486, 492, 493, 494, 496
김영태 17, 246, 287, 311, 507
김옥균 333, 334
김철우 583

【ㄴ】

나카무라 하지메 218

난조분유 355, 356
남방불교 21, 177, 178, 199, 449, 478, 479
낭만적 표현주의 184
누카리야 카이텐 477
니시다 기타로 364
니시 아마네 549

【ㄷ】

다니엘 고걸리 216
다신교 429
다카쿠스 준지로 356
다카하시 도루 317, 477
〈대교선포의조〉 543, 544
대교원 525
대속론 443
대승불교 21, 66, 149, 176, 327, 328, 330, 331, 352, 361, 404, 478
대승비불설 361, 383
〈대일본제국헌법〉 551
대처육식 418
데이비드 맥마한 182, 184
데이비드 흄 87
도(道) 555
도널드 로페즈 26, 144, 152, 187
도미나가 나카모토 352
도서관 안의 불교 159
도첩제 18, 283
도총섭제도 288, 289, 290
도키와 다이조 363
《독립신문》 424
돈 베이커 36, 554, 557, 566, 568
동방불교 21, 479
동양의 심성 164

동학 19
두 개의 불교 159

【ㄹ】

량치차오 323, 326, 451, 613
러셀 맥커천 35, 76, 89, 90, 91, 93, 94, 95, 96
로버트 버스웰 475
로버트 스펜스 하디 216
루돌프 오토 105
루드비히 포이에르바하 64
리스 데이비스 204
리차드 코헨 133
릴리지오 56, 57, 59

【ㅁ】

마르실리오 피치노 125
마르틴 루터 58
마테오 리치 436
마하보디협회 213
마하세투 208
마하야나 178
막스 뮐러 147, 148, 220, 355, 356, 584, 598
막스 베버 79, 181
말일심판설 435
매뉴 틴달 87
메이지 유신 345, 346, 357
메타이론적(metatheoretical) 연구 94
명진학교 414
모리 아리노리 548
모토우 유우지로 593
모호티왓테 구나난다 217

무부무군(無父無君) 31
무신교 429, 430
무신론 453, 454
문세영 579
문헌학 146
물상화 53, 54, 68, 69
물질성 106
미네시다 히데오 400
미셸 푸코 108
미셸 장 프랑수아 오즈레이 143
미신 392, 393, 394, 395, 396, 397, 433, 434, 454, 614
민족불교 323, 325, 330

【ㅂ】

박규수 334
박지원 334
박한영 428, 461, 463
방한암 461
배불론 351
백곡(白谷) 295, 296, 305, 570
백용성 461
버블로스키 182
법통설 511
『법화경역주』 148
변법자강운동 341
보편적 종교 192, 573
본질주의 66
부디즘 25, 69, 138, 141, 143, 145, 151, 176, 614
북방불교 21, 178, 199, 205, 478, 479
불교(佛敎) 165, 166, 170, 173, 176
불교개혁 223, 459, 462, 463

불교 근대주의 182
불교 모더니즘 212
불교무신론 453
불교신지학회 198, 213, 219
불교왕명시대 287
불교통일론 481
불교호국론 324, 353
『불교활론』 373, 374, 375, 379
불도(佛道) 21, 165, 168, 169, 173, 174
불법(佛法) 21, 165, 168, 169, 173, 451
불사의연구회 393
불성론 440, 441, 444
『불씨잡변』 272
불학연구회 227
『붓다의 박물관』 152
『붓다의 복음(The Gospel of Buddha)』 204, 207
브라이언 하우튼 호지슨 147
브렌트 농브리 35, 114

【ㅅ】

사교(邪敎) 252, 261, 266, 274, 275, 280, 281, 282, 301, 347, 397
사노 젠레이(佐野前勵) 413
사무엘 퍼처스 87
사문불경왕자론 237, 283, 284, 292
〈사찰령〉 22, 29
산스크리트 146, 147, 150
삼가(三家) 175
『삼가귀감(三家龜鑑)』 261
삼교(三敎) 36, 70, 175, 261, 266, 515, 617
삼교정분설(三敎鼎分說) 270
삼교회통론 322

『삼국불교전통연기(三國佛法傳通緣起)』 479
삼국사관 479
〈삼조교칙〉 524
〈삼조교칙비판건백서〉 526
〈삼조변의〉 528
샤쿠 소엔 203
선본교종 485
선정 459
선종파주의 통불교론 473, 505
성과 속 566
성도문 388
성리학적 교화론 27, 298
성스러운 세속 558, 563, 569
성스러움과 비속함 557
성찰적 전환 78
세계불교 191, 192, 199
세계불교도회의(World Fellowship of Buddhist) 창립회의 177
세계의 3대 종교 579
세계종교 24, 25, 37, 67, 88, 89, 117, 136, 188, 572, 573, 579, 582, 583, 584, 587, 606, 607, 608
세속오계 293
세속-종교 이분법 109
세속주의 65, 106, 109, 110, 111, 612
세속화 65
소승불교 21, 149, 177, 438
송경허 461
송만공 461
쇼펜하우어 596
순수불교 155
순정철학 385, 386
숭유억불 23, 244, 245, 250, 297, 312, 421
스에키 후미히코 26, 185, 525

스티븐 프로테로 215
스피노자 597
승려 입성 해금 313
시마조노 스스무 168, 517
시마지 모쿠라이 37, 355, 525, 533, 534
〈시무28조〉 240
신교의 자유 522, 551, 553
신기관 543
신도 국교화 정책 349
신도치교론 33, 533, 536
신불교운동 226
〈신불분리령〉 523
신불습합 347
신불일체 353
신사비종교론 33, 529, 569
신종교 19
신채호 318
신판석(新判釋) 358, 374, 375, 376
신해혁명 330
신혜월 461
심재룡 490
『십문화쟁론』 499

【ㅇ】

아나가리카 다르마팔라 220
아네사키 마사하루 596
아시츠 우즈히코 538
아우구스티누스 447
안계현 291, 292
알렉산드라 데이비드 니일 182
앙리 드 뤼박 139
앤드류 페어베언 88
야스마루 요시오 519, 528, 529, 548, 551

양건식 592
양문회 225, 229
양원후이 324, 614
어니스트 페놀로사 359
어우양징우 405, 451, 614
에드워드 브레어우드 87, 88
에릭 홉스봄 511
엘리아데 81
역사적 붓다 200
열등자연교 589
오경석 334
오리엔탈리즘 151, 153, 158, 162
왕주교종(王主敎從) 284
외유내불(外儒內佛) 302
외젠느 뷔르누프 141, 142
요괴박사 394
요하네스 니콜라스 테텐스 574
요한 칼빈 59
우어스 앱 143
원광(圓光) 293, 294
원시불교 155
원종 409, 470
원효 489, 499, 500, 504, 505
원흥사 17, 414
월폴라 라훌라 177
윌리암 존스 146
윌리엄 아널 132
윌리엄 제임스 105
윌리엄 카바노프 35, 114, 121
윌리엄 휘트니 88
윌프레드 캔트웰 스미스 34, 47
유교교화론 298
유대치 334
유불융합 327

유사종교 28, 564, 567
유엽 590
유일신론 444
윤리교 589
윤이흠 242
음사(淫祀) 261, 274, 275, 279, 280, 282, 396, 397, 566
이교(異敎) 274, 275, 277, 278, 279, 282, 301
이기백 294
이노우에 데쓰지로 395
이노우에 엔료 344, 357, 358, 372, 584, 613
이능화 429, 430, 431, 454, 461, 465
이단(異端) 27, 67, 236, 252, 261, 266, 274, 275, 276, 277, 278, 281, 297, 298, 299, 301, 305, 310, 312, 338
이동인 339, 340
이상적 불교 159, 160
이상적 붓다 209
이상적 통일불교 478
이색 275
이소마에 준이치 37
이시카와 슌타이 355
이신론 60
이종천 583, 600
이지광 583, 589, 590
이지영 463
이케다 에이슌 401
이회광 415
인격적 신앙 74
『인도불교사입문』 150
인도학 146
인식적 제국주의 101

인천교 431
일본형 정교분리 33, 37, 519
일신교 184, 429
임마누엘 칸트 573
임제종운동 415, 470

【ㅈ】

자력교 442
자연종교 60, 89
자장(慈藏) 238
장원규 457
장타이엔 327, 329
쟝 보댕 118
적멸의 종교 25, 136
전통불교수호운동 461
전통의 발견 32
전통의 발명 511
절대 의존의 감정 599
정교분리 24, 114, 133, 235, 237, 305, 311, 314, 466, 514, 515, 522, 529, 531, 533, 547, 557, 572
정도전 272, 275, 276
정몽주 275
정토진종 350, 351, 352, 353, 354
정혜결사 460
제라드 클린턴 고다르 404
제이슨 아난다 조셉슨 38, 392, 553
제임스 루바 604
제임스 케틀러 480
제임스 헌틀리 그레이슨 12
조계종 469, 470, 472, 495, 508, 510
조나단 스미스 35, 78, 80, 89, 92, 586
조동종 409

조로아스트리아니즘 143
조선불교론 488
『조선불교유신론』 32, 174, 406
『조선불교총보』 583, 584, 588
『조선불교통사』 336, 509, 580
조인빌 144, 145
조학유 594, 596
존 로크 118, 119
종교 개념 24, 44, 45, 47, 51, 57, 71, 112, 115, 122, 129, 172, 306, 364, 444, 534, 555, 576, 611
종교 고유성 95
종교다원주의 466
종교담론 516, 575
「종교론」 600
종교발달사 578
『종교사개론』 587
『종교 상상하기』 80
종교-세속 이분법 102, 554, 556
종교신론(宗敎新論) 358, 373, 376
종교심 597
종교와 세속 557, 566
종교와 세속의 이원성 발명 121
종교유사단체 313
종교의 발명 535
『종교의 본질』 64
종교의 본질 572, 581, 582, 583, 608, 613
『종교의 의미와 복석』 51
종교 일반 48, 52, 56, 74
종교자유 311, 314
종교적 성질 407
종교적 인간 95
종교적 정조(情操) 110, 116, 564
종교전쟁 118

종교 정체성 450
『종교 제작하기』 91
종교학 100, 455
종교현상학 90
종명 509
종지 497, 509
종합불교 504
쥘 바르텔레미 생틸레르 148
지나내학원 227, 229, 231
지눌 505
지·정·의 573, 574, 592, 593, 605
『진종교지』 410
쯔빙글리 58

치교와 종교의 이중구조론 33
치국(治國) 23, 239, 287, 616
치도(治道) 296, 615

【ㅋ】

카르마 201
카시와하라 유센 400
캉유웨이 324, 328
캔디 왕조 211
컨퓨셔니즘 143
케빈 쉴브라크 45, 78, 79
코르넬리우스 틸레 33, 88, 573, 584
쿠스노키 센류 540, 542
쿠자의 니콜라스 125
크리스마스 험프리 192
크리스티앙 라센 141
클라프로트 143

【ㅊ】

차이위안페이 327
책상 위의 불교 159
철학관 371
『철학요령』 405
철학의 응용 390
철학적 성질 407
철학적 종교 377, 378, 408, 450, 451
처베리의 허버트 경 60, 126
초종파주의 통불교론 473, 505
총본산 483, 487
최남선 471, 472, 482, 486, 488, 490
최동식 580
최승로 240, 271, 272
최치원 269, 270
축적적 전통 105
치교(治敎) 23, 517, 520, 521, 522, 536,
    537, 538, 539, 540, 541, 542, 543,
    545, 547, 567, 570, 617

【ㅌ】

타력교 442
타오이즘 143
타이쉬 405
탄스통 324, 329
탈랄 아사드 35, 102
태고보우 495, 505
태허 226
테라바다 불교 163, 177, 178
토마스 아퀴나스 57
토모코 마스자와 77, 607
토미나가 나카모토 361
통불교 469, 472, 473, 482, 486, 487, 491,
    492, 499, 500, 505

통일불교 482
티모시 피츠제럴드 35, 76, 96

【ㅍ】

파아나두라(Pāanadurā) 논쟁 187, 188, 217, 218
팡리텐 282, 292, 293
폐불훼석 345, 348, 349
〈포교규칙〉 22, 28, 309, 315, 421, 581, 611
폴 카루스 26, 196, 202
풍류 269, 270
프란시스 부캐넌 141
프레드릭 르누아르 143
프로테스탄트 불교 209, 213, 214, 215, 216, 217, 218, 220
프리드리히 슐라이어마허 33, 574, 599
피터 바이어 35, 112

【ㅎ】

하라 탄잔 218
하인츠 베케르트 212
학(學) 555
학문적 오리엔탈리즘 220
학자불교운동 461
한국불교 성격론 490, 511
《한성순보》 44, 445
한스 마틴 크레이머 37, 533
한용운 174, 406, 408, 436, 461, 580, 613
허영호 497, 498, 499, 500, 501
헤겔 63
헤와위타라날라헤 돈 데이비드 221

헨리 스틸 올코트 26, 196, 218
헬레나 블라밧스키 196
현실의 불교 159
『현정론』 173
형태학적 종교분류 590
혜원(慧遠) 265, 284
호국애리 362
호러스 그랜트 언더우드 448
호불론 402
호시노 세이지 37
환원주의 81, 96
황도 523, 545, 546, 547
『황벽대장경』 356
황시안난 326
황심천 285, 286, 304
회중주의 571
후루타니 기요시 32, 245
휴정(休靜) 613
히나야나 177, 178
힉카두웨 수망갈라 216
힌두이즘 69, 143

【기타】

D. T. 스즈키 223
religion 366, 367, 368, 445, 446, 447
The Buddhist Catechism 187
UK생 602, 603

한국/근대/종교 총서 03
한국불교, 근대종교로 태어나다

등록 1994.7.1 제1-1071
1쇄 발행 2025년 8월 31일

지은이   송현주
펴낸이   박길수
편집장   소경희
편집·디자인   조영준
관 리   위현정
펴낸곳   도서출판 모시는사람들
         03147 서울시 종로구 삼일대로 457(경운동 수운회관) 1306호
전 화   02-735-7173 / 팩스 02-730-7173
홈페이지   http://www.mosinsaram.com/

인 쇄   피오디북(031-955-8100)
배 본   문화유통북스(031-937-6100)

값은 뒤표지에 있습니다.
ISBN   979-11-6629-244-6   94200
ISBN(세트) 979-11-86502-63-1   94200

* 잘못된 책은 바꿔드립니다.
* 이 책의 전부 또는 일부 내용을 재사용하려면 사전에 저작권자와
  도서출판 모시는사람들의 동의를 받아야 합니다.

이 저서는 2011년 대한민국 교육부와 한국학중앙연구원(한국학진흥사업단)의 한국학
총서사업(모던코리아 학술총서)의 지원을 받아 수행된 연구임(AKS-2011-DAE-3101)